JN441437

집단 동기강화상담

Motivational Interviewing in Groups

Christopher C. Wagner · Karen S. Ingersoll 지음

신성만 · 권정옥 · 김성재
유채영 · 이미형 · 최승애 옮김

박학사

Motivational Interviewing in Groups
by Christopher C. Wagner ·Karen S. Ingersoll

역자 서문

집단 동기강화상담은 여러 가지 이유로 인해서 변화가 필요하나 그에 부합하는 변화행동을 지속적으로 실행하지 못하는 사람들의 변화 동기를 강화하는 것을 목적으로 하는 집단상담이다. 집단 동기강화상담이 필요한 이유는 여러 가지가 있겠지만 그 중 몇 가지를 열거해 보면 다음과 같다.

첫째, 지금은 집단MI 모델이 제안 될 시점이라는 것이다. 이제까지 행동의 변화를 돕기 위한 동기강화상담이 방법적으로 개인간의 변화를 위한 대화의 측면을 보다 더 강조하여 온 바, 접근에 대한 교육이나 훈련이 개인간의 대화를 중심으로 한 것이 대부분이었다면, 앞으로 요구되는 발달적 과제는 수십 년 간 쌓여 온 해당 분야의 지식과 경험을 바탕으로 과연 집단상담의 장면에서는 MI를 어떻게 적용하고 응용할 수 있는가를 고민해 보는 것이 될 것이다. MI를 집단 장면에 적용하려는 시도와 연구가 그 동안 간헐적으로 있었고 비교적 성공적이었지만 광범위한 작업으로 진행되지는 못했던 것이 사실이다.

둘째, MI가 인지행동치료(CBT)등과 같은 다양한 심리치료들과 접목되어 사용될 뿐만 아니라 이러한 연계접근의 효과성에 대한 연구들도 다수 나오기 시작했다. 이에 대한 메타분석들도 다수 있다. 이에 더 나아가 다양한 철학적, 이론적, 실천적 배경을 지닌 접근들과 통합되고 절충되어서 사용되기 시작했다. 앞으로 이러한 경향성은 더욱 증가해 나갈 것이며 응용과 변형 또한 방대해질 것이다. 특히 예측불가능성, 문화적 특성, 사회적 맥락과 구성원간의 역동에 의해 영향을 받는 집단상담의 경우에는 더욱 다양하고 복잡한 형태로 변형되어 나타날 수 있다. 다시 말해 집단상담이라는 장면에서 사용될 수 있는 MI의 이론적, 구조적, 과정적 모델이 반드시 필요하게 되어가는 실정이다.

셋째, MI와 집단 상담의 접목은 우리나라 상황에서 시급하게 필요하다. 인간관계와 체면, 집단의 역동을 무엇보다 중요시하는 우리나라의 문화에서 집단상담이라는 접근방법은 우리가 살고 있는 실생활의 역동과 가장 유사한 경험이 될 수 있다는 측면에서 특히 중요하며 상담과 심리치료 현장에서 개인중심적 문화권 국가들보다 더 많이 사용되고 있다는 점에서 그러하다. 따라서 우리 상황과 문화에 알맞게 보다 정교하고 효율적인 집단 동기강화상담이 연구되고 개발되어야 할 필요성이 높다.

Wagner와 Ingersoll이 다수의 전문가들과 함께 작업해 낸 이 책 집단동기강화상담은 이러한 필요를 충분히 해소해 주면서 집단상담과정 전체에 대해서 새로운 시각과 접근모델을 제시해 주는 근래에 보기 드문 역작이다. 다수의 책을 번역한 경험이 있는 역자도 이 책만큼 번역과정에서 그 유용성과 내용의 수준에 무릎을 치며 감탄했던 책이 많지 않았음을 고백한다.

이 책은 휴먼서비스의 분야에 오랜 동안 몸담아 온 다양한 학제의 전문가들이 번역에 참가한 데에 또 다른 의의가 있다. 상담심리학, 임상심리학, 정신간호학, 중독정신간호학, 정신보건사회복지, 중독심리학 등 여러 분야의 존경하는 최고의 전문가 선생님들로 역자진을 구성할 수 있었음을 대단히 기쁘게 생각한다.

각각의 전문가들께서 번역한 부분을 소개하면 권정옥 박사님이 3, 7, 8장을 김성재 교수님이 4, 5, 6장을, 최승애 교수님이 9, 10, 11, 12장을 유채영 교수님이 13, 14, 15장을 이미형 교수님이 16, 17, 18장을 그 외의 부분을 신성만 교수가 번역하였다. 번역 과정의 초벌 번역을 도운 연세대학교 신정미 선생과 한국도박관리센터의 배다현 선생에게 특별히 고마움을 전하고 싶고 전체적인 교정을 도운 한동대학교 상담센터의 박준영 선생과 이하림 선생의 기여도 상당했음을 밝히고 싶다. 박학사의 구본하 사장님과 편집부의 배려와 도움에도 깊은 감사의 마음을 전한다.

번역내용 전반을 교정하고 조정한 책임자로서 번역의 부족한 부분과 용어선택의 이견에 대해 번역과정의 흘린 땀과 눈물을 빌어 독자 여러분께서 널리 이해해 주시기를 청해 본다. 아무쪼록 집단상담에서 적용되는 MI가 많은 분들의 삶을 보다 가치 있고 의미 있게 변화시켜 나가는데 중요하게 사용되기를 기대하며 기도한다.

2016년 여름

한동대학교 연구실에서

역자대표

저자 소개

Christopher C. Wagner, PhD는 버지니아 커먼웰스 대학(Virginia Commonwealth University), 보건의료대학의 재활상담학부 부교수 및 부학과장으로서, 심리학부와 정신의학부를 함께 맡고 있다. Wagner 박사는 임상심리학자로서, 성인의 전반적인 정신건강 및 발달을 다룰 뿐만 아니라 중독행동, 성행동, 정체성, HIV 질병 대처, 조현병, 장기 이식을 주제로 심리치료적, 심리교육적, 지지적 집단상담을 진행해 왔다. Wagner 박사는 대인관계 이론 및 연구학회의 학회장과 MI 트레이너 네트워크(Motivational Interviewing Network of Trainers, MINT)의 운영위원을 역임한 바 있다. Wagner 박사의 관심 연구 분야는 MI 및 여러 치료에서의 대인관계 과정, 그리고 MI와 다른 치료접근의 비교이다.

Karen S. Ingersoll, PhD는 버지니아 의과대학에서 정신과 및 신경행동과학과의 부교수이다. Ingersoll 박사는 임상심리학자로서, 금연, 중독 행동의 재발 방지, HIV 치료 유지, 여성 건강, 친밀한 관계 내에서 이루어지는 폭력을 주제로 심리치료적, 심리교육적, 지지적 집단 상담을 진행해 왔다. Ingersoll 박사는 MI를 통해 임신 중 알코올 노출 위험을 감소시키는 연구를 수행하여 연구질병통제예방센터로부터 Charles C. Shepard Science Award를 공동 수상했다. Ingersoll 박사는 MI 트레이너 네트워크의 회원으로, 건강문제나 중독문제를 가진 사람들의 건강수준을 향상하는 기본적 접근으로 MI를 평가하고 있다.

기고자 소개

John S. Baer, PhD는 시애틀에 위치한 워싱턴 대학의 심리학과 연구 교수이다. 그는 또한 Veterans Affairs Puget Sound Health Care System의 약물 남용 치료와 교육을 위한 최고 기관의 트레이닝과 교육을 담당하는 부책임자이다. Baer 박사의 연구와 임상적 관심은 단기 개입, MI의 발전과 평가에 구체적인 초점을 둔 사정, 예방, 치료, 약물 사용과 남용의 재발에 있다. 그는 MI 트레이너 네트워크의 회원이다.

Susan Butterworth, PhD, MS는 오레곤 건강과학 대학의 부교수이자 MI 트레이너 네트워크의 회원이다. 그녀의 자문업무인 Q-consult를 통해 건강관리기관에서 프로그램, 개입, 교육활동에 행동변화과학을 통합시키는 것을 돕고 있다.

Ann Carden, PhD는 오하이오 주 Bowerston에서 개인실천 자문가와 훈련가이다. 정신건강과 중독 전문가로서의 30년 경력에서 Carden 박사는 심리치료사, 교육자, 연구자, 작가, 자문가로 지내왔다. 배우자 학대의 역동과 부부폭력으로 판결을 받은 사람들에 대한 접근으로 MI의 사용에 관한 그녀의 전문지식은 그녀가 맡은 장에 영향을 미쳤다. 그녀는 MI 트레이너 네트워크의 회원이다.

Sandra S. Downey, MS, LPC는 버지니아 주 Harrisonburg-Rockingham Community Services Board의 외래환자 치료자로서 경험이 풍부하다. 그녀는 MI 훈련을 실시하고 있으며 2004년부터 MI 트레이너 네트워크의 회원으로 활동 중이다.

Kelli L. Drenner, PhD는 브라운 대학교에서 지역사회 건강 증진 연구소의 연구원이다. Drenner 박사는 초이론 모델과 사회 인지 이론과 같은 행동변화 이론을 포함한 MI의 원리와 전략을 통합한 개입을 개발하고 알리는 데 경험이 있다. 그녀는 또한 MI 훈련가이다.

Erin C. Dunn, PhD는 캐나다 브리티시 콜롬비아 주의 심리학자로 등록되어 있으며 밴쿠버의 성 폴 병원 집중 입원 환자를 위한 섭식 장애 치료 프로그램의 진행자이다. 그녀는 MI 트레이너 네트워크의 회원이다.

Mark Farrall, PhD는 가정폭력과 학대, MI 분야의 전문적인 트레이닝을 제공하는 독립기관이자 자문회사인 Ignition의 임원이다. 그는 공인된 법의학 심리학자이자 심리치료사이며, MI에 기초한 혁신적인 프로그램 모델을 개발하고 알리는 데 힘쓰고 있다. 그는 MI 트레이너 네트워크의 회원이다.

Sarah W. Feldstein Ewing, PhD는 자격증을 소지한 임상 심리학자로 Mind Research Network에서 Translational Neuroscience의 조교수이자 뉴멕시코 대학에서 University Honors Program의 조교수이다. Feldstein Ewing 박사는 특히 기초 생물학적 메커니즘(예: 유전적 위험 요인, 기능적 뇌 활성화)과 건강 위험 행동(예: 치료 성과, 행동적 증상) 간의 연결을 조사하는 병진식 연구를 수행하는 데 매진하고 있다. 그녀의 목표는 건강 결과를 증진시키고 모든 배경의 고위험 청소년들의 현재 건강상의 차이를 감소시키는 것이다. 그녀는 MI 트레이너 네트워크의 회원이다.

Jacki Hecht, RN, MSN은 버틀러 병원의 선임 연구원으로 브라운 대학교의 Alpert 의과대학의 정신 의학과 인간 행동 학부와 연구 제휴를 맺고 있다. 그녀는 MI 트레이너 네트워크의 회원이다.

Winnie Hunt, MEd는 Trager사의 실천가이자 체화된 변형 변화(embodied transformational change)에 전문화된 신체 움직임(somatic movement) 교육자이다. 시인, 승인받은 상담자, 생활 기술 코치 트레이너로서 그녀는 집단과 개인이 그들의 건강과 안녕에 대한 감각을 확장할 수 있도록 한다.

Frances Jasiura, BPHE (Hons), BSW는 변화대화학회(Change Talk Associates)의 공동 설립자로 캐나다 전역에 근거중심과 외상에 대한 의사소통 실제(trauma-informed communication practices)에서 참여를 증진시키고 건강 관련 변화 동기를 강화할 수 있는 트레이닝과 코칭을 제공한다. 그녀는 MI 트레이너 네트워크와 Spiritual Directors International의 회원이며, 캐나다 브리티시 콜롬비아 주의 아카나간 대학의 전임 강사이다.

Wendy R. Johnson, PhD는 Portland VA Medical Center의 임상심리사이다. 그녀는 오레곤 주 교도소의 참석 명령을 받은 내담자들(mandated clients)과 함께 그녀의 중독 경력을 시작하여, 약물을 사용하는 내담자와 광범위하게 일해 왔다. Johnson 박사는 국제적으로 다양한 형사사법분야에서 MI에 대한 자문을 했었다. 그리고 MI 트레이너 네트워크의 회원이다.

Jonathan Krejci, PhD는 뉴저지 프린스턴에 위치한 Princeton House Behavioral Health의 수련과 연구 프로그램 책임자이다. 그는 MI 트레이너 네트워크의 회원이다.

Claire Lane, PhD는 영국 버밍햄 대학의 임상심리사 수련생이며, 건강관리 분야에서 광범위한 연구, 교육, 임상과 통합적 MI 경험을 가지고 있다. 그녀는 2005년부터 MI 트레이너 네트워크의 회원이며, MI 분야에서 신체적, 정신적 건강 실천가들을 훈련시키고 있다.

Steve Martino, PhD는 예일대학교 의과대학 정신과의 부교수이며 VA Connecticut Healthcare System의 심리서비스 부문 책임자이다. 그는 MI 분야의 실천가, 교육자, 연구자로 활동하며 특별히 약물남용의 이중진단에 MI를 적용하는 것, 정신병리적 상황과 훈련 전략, MI의 보급, 지역사회와 건강관리 장면에서의 접근에 MI를 적용하는 것 등에 관심을 가지고 있다. MI 트레이너 네트워크의 회원이다.

David S. Prescott, MSW, LICSW는 Professional Development and Quality Improvement for the Becket Family of Services의 책임자이다. 그는 성폭력과 관련된 주제로 9권의 책을 썼으며 Association for the Treatment of Sexual Abusers의 회장을 역임했다. MI 트레이너 네트워크의 회원이며 성적 학대와 관련된 문제에 대해 국제적 강사로 활동했다.

Marilyn Ross, PhD, LCSW, LSOTP는 MI 훈련가이며 개업한 임상가이다. Ross 박사는 성적 학대를 다루는 전문가이며 MI 트레이너 네트워크의 회원이다.

Elizabeth J. Santa Ana, PhD는 Medical University of South Carolina의 정신의학과 행동과학학부 임상 신경과학과의 조교수이다. 그녀는 'The impact of group motivational interviewing and in-home-messaging devices on dually diagnosed veterans'에 대한 연구에서 책임연구원으로 일한 것을 인정받아 VA Clinical Science Research and Development (CDA-2) Career Development Award를 수상했다. 그녀는 MI 트레이너 네트워크의 회원이다.

Linda Speck, DClinPsy는 임상심리 및 건강 자문가이며 영국 웨일즈 Abertawe Bro Morgannwg University Health Board 건강심리서비스의 책임자이다. 그녀는 MI 트레이너 네트워크의 회원이다. Speck 박사는 건강 행동 변화 전문가들과 영국 심혈관 질환 예방 및 재활 학회에서 전문가들을 훈련하고 있다.

Nanette S. Stephens, PhD는 임상심리학자이며 University of Texas at Austin에서 사회복지학부, Health Behavior Research and Training Institute의 연구원이자 책임자이다. Stephens 박사는 훈련가, 수퍼바이저, 교사, 연구자, 임상가, 자문가로서 MI의 원리와 초이론적 모델의 통합을 심도 있게 경험해 왔다. 그녀는 MI 트레이너 네트워크의 회원이다.

Cristine Urquhart, MSW, RSW는 변화대화학회(Change Talk Associates)의 공동 설립자이며 캐나다에서 관계를 증진시키고 건강과 관련된 변화 동기를 향상시키는 근거중심 대화실천을 가르치고 훈련해 왔다. MI 트레이너 네트워크의 회원이고 University of British Columbia의 강사이며 'Motivational Interviewing in Social Work Practice'의 기고 작가이다.

Mary Marden Velasquez, PhD는 University of Teaxs at Austin의 사회복지학부의 연구부학장이며 the Center for Social Work Research의 책임자이며 Health Behavior Research and Training Institute의 책임자이다. 그녀는 변화행동의 초이론적 모델을 사용한 연구 개념화, 설계, 실행 등에 종사하였으며, 변화와 MI 모델의 단계와 과정에서 개입에 대한 개발과 실행 등을 전문으로 한다.

Scott T. Walters, PhD는 Behavioral and Community Health at the University of North Texas Health Science Center의 교수이다. 그의 연구는 약물남용과 다른 문제 행동을 가진 사람을 돕는 MI와 다른 단기개입의 사용에 초점이 맞춰져 있다. 그는 MI 트레이너 네트워크의 회원이다.

시리즈 편집자 서문

1980년대 우리의 초기훈련에서 생긴 질문은 "MI를 집단에서 사용할 수 있는가?" 였다. 이 책이 답하는 것처럼, 지금 대답은 "그렇다"이다. 충분한 연구 근거들은 MI가 집단장면에서도 효과적으로 사용될 수 있음을 보여준다. 잠재적 비용 효과의 이익을 넘어서, 집단은 구성원들에게 서로의 지혜와 지지로부터 도움을 받을 수 있게 한다.

MI의 정신과 방법은 개인과 집단 모두에게 유용하다. 하지만 Wagner와 Ingersoll의 책이 분명하게 이야기하는 것처럼, 숙련된 실천은 단순히 개인 MI를 집단의 사람들에게 사용하는 문제가 아니다. 우리는 집단 MI를 시행하는 사람들이 MI를 집단에게 적용하기에 앞서 개인에게 사용할 수 있는 MI의 임상기법들을 훈련하라고 권고해 왔다. 집단장면에서 다루어야 할 사항이 훨씬 많다는 것이 명백하기 때문이다. 집단 안에 있는 개인의 변화과정 간의 균형을 맞추고, 구성원 서로가 서로의 변화를 돕는 것을 격려하며, 구성원들 간의 역기능적 대화를 피하기 위해서 추가적인 기술이 요구된다.

집단에서 MI를 제공하는 것은 과학일 뿐만 아니라 예술이다. 이 책은 그 예술을 아름답게 묘사하며 설명하고 있다. 저자들은 집단에서 MI를 개발하고, 제공하고, 평가하는 그들의 폭넓은 경험과 열정의 정수를 이 책을 통해 전달하고 있다. 또한 저자들은 여러 전문분야와 장면에서 희망적이며 건강한 관점과 조언을 제공한다.

물론, 여전히 배워야 할 것이 많이 남아있다. 집단에서의 MI 과정을 연구하는 기술들은 아직 상대적으로 초기단계에 있다. 어떤 문제들과 장면에서의 집단 MI는 다른 것들보다 더 많이 알려져 있다. 우리는 집단 MI를 실천하는 한 가지 "황금률"적 방법을 기대하지는 않는다. 긍정적인 변화를 예측하는 효과적 실천의 구성요소들은 연구가 계속됨에 따라 명확해질 것이다. 이렇듯 매우 자연스러운 임상 방법과 축적된 사례들을 통해 놀라운 일들이 생길 것은 의심의 여지가 없다. 이러한 시점에, 막

개척되는 분야에서 출판되는 본서와 함께, Wagner와 Ingersoll은 집단에 MI를 어떻게 적용할 것인지에 대한 최신의 설명을 제공한다. 우리는 MI 응용분야의 중요한 책인 본서를 만나게 되어 큰 기쁨을 느낀다.

STEPHEN ROLLNICK
WILLIAM R. MILLER

감사의 말

우리는 Bill Miller와 Steve Rollnick의 영감, 지도, 지지, 관대함에 대해 감사를 전하고 싶다. 또한 MI 트레이너 네트워크(Motivational Interviewing Network of Trainers, MINT)에 소속된 전 세계의 많은 동료들에게도 감사를 전한다. 그들은 수년에 걸쳐 계속 발전 중인 MI에 측량할 수 없는 기여들을 했다.

우리는 또한 이 책의 마지막 원고가 나오기까지 갈고 닦은 Jim Nageotte, Jeannie Tang, Jodie Beecher, Paul Gordon, Judith Grauman, Jane Keislar, Katherine Lieber와 Guilford 출판사의 모든 직원들에게 감사를 전하고 이 책의 초고에 대해 피드백을 준 Marian Upton, Rachel Green과 수많은 상담학과 학생들에게도 감사를 전한다. 1990년대에 버지니아에서 MI를 공공부문 서비스영역에 소개한 Dwight McCall의 리더십에 감사를 전한다. 그리고 초기 집단 MI 가이드를 우리와 함께 작업한 Sandy Gharib에게 감사를 전한다. 또한 집단 MI에 대한 우리의 초기 아이디어의 많은 부분을 시험적으로 실행해 볼 수 있는 실습장소를 제공해 준 Jim May, Karen Redford, Richmond Behavior Health Authority에 감사를 전한다. 마지막으로, MI 트레이너와 집단 개발자들로서 우리의 개발을 지지해 주고, 수년 동안 MI와 MINT 웹사이트를 지지해 준 Paula Horvatich와 Mid-Atlantic Addiction Technology Transfer Center에 감사를 전한다.

이들이 아니었다면 이 작업은 완성될 수 없었을 것이다.

차례

제2장 치료 집단 | 15

제3장 동기강화상담 개관 | 37

제4장 동기강화상담을 집단모임에 적용하기 | 63

제2부 집단 동기강화상담의 실제

제6장 집단 동기강화상담의 설계 | 107

제9장 단계 1 집단 시작하기: 관계 형성 | 181

제10장 단계 2 관점 탐색하기 | 215

제11장 단계 3 관점 확대하기 | 246

제3부 집단 동기강화상담의 적용

제13장 치료위탁된 물질남용 내담자를 위한 집단 동기강화상담 | 311

제14장 동기강화상담 — 중독자를 위한 초이론 모델 집단 | 333

제18장 체중 관리를 위한 집단 동기강화상담 | 410

제19장 배우자 폭력 남성을 위한 집단 동기강화상담 | 434

제20장 성폭력 가해 남성을 위한 집단 동기강화상담 | 456

제21장 청소년과 청년을 위한 집단 동기강화상담 478

제 1 부 집단 동기강화상담의 기초

본서는 3부로 구성되어 있다. 1부에서는 MI를 집단 상호작용에 적용하기 위한 토대에 대해서 다룬다. 1장에서는 집단 수준의 상호작용과 역학 관계에 저자들의 관점을 어떻게 적용할 것인지, 그리고 MI가 요즘의 다른 집단 접근법과 어떻게 다르고 또 보완할 수 있을지에 대해 다룬다. 2장에서는 집단 분위기, 응집력과 다른 집단 과정, 치료적 요인, 집단 발달, 리더의 기능과 같은 치료 집단과 관련한 이론과 연구의 핵심적인 측면에 대해서 살펴본다. 3장에서는 양가감정, 변화대화, MI 정신, 일반 의사소통 기법, 일반적인 치료 과정 및 전략과 같은 MI의 전반적 적용에 대해서 다룬다. 4장에서는 일관성 있는 MI 집단을 형성하기 위해서 MI와 근거중심 집단 실무(evidence-based group practices)를 어떻게 통합할 수 있을지에 대해 다룬다. 5장에서는 집단 MI와 관련한 근래의 근거중심에 대해 다룬다.

2부는 집단 MI의 실제에 초점을 맞춘다. 6장과 7장은 집단 MI의 계획 및 실행, 실무자 훈련 및 슈퍼비전, 집단상담의 효과성을 향상시키기 위한 방법에 초점을 맞춘다. 8장부터 12장까지는 집단 발달의 네 단계에 맞춰 어떻게 집단 MI를 할 것인지에 초점을 맞춘다.

본서의 3부인 13장부터 21장까지는 집단 MI를 실천하는 데 있을 수 있는 어려움과 다양한 환경에서 어떻게 집단 MI를 할 수 있을지에 대한 예시를 다룬다. 실무자들은 이 예시를 통해 집단 MI를 개발하고 진행하는 데 있어서 내담자들에게 도움을 줄 수 있는 풍부한 치료적 간접 경험과 아이디어를 얻을 수 있을 것이다.

제1장 도입

서양 문화에 속한 사람들은 자신을 타인으로부터 분리된 개체로 지각한다. 그래서 개인을 우선적으로 생각하고 그 다음으로 집단을 고려한다. 이들은 스스로 생각하고 행동하도록 배운다. 가족의 성을 물려받기는 하지만 보통 삶 속에서의 성공과 실패를 자신의 것으로 여기지 가족이나 지역사회 또는 관계된 사람들의 것으로 생각하지는 않는다. 또한 자신을 소개할 때 개인적 특징들에 대해 말하지 비서구 문화권에서 흔히 하듯 사회적 역할, 문화나 인종적 소속 등의 관계적 요인들을 통해 나타내려고 하지는 않는다(Triandis, McCusker, & Hui, 1990). 우리가 적절한 심리적 성숙을 표현하고자 사용하는 단어들인 분리나 개별화 등도 개인주의적 특성을 함축하고 있다.

심리학이나 상담분야가 제시하고 있는 대부분의 조력 서비스 접근들도 개인적 측면의 기회나 도전에 초점이 맞추어져 있고 개인의 특성, 기능저하, 또는 병리적 측면들도 이러한 관점에서 주로 해석되고 있다. 강점 중심의 접근들도 관계적 기회나 지지보다는 개인의 강점에 더 집중하는 경향을 보이고 있다.

그러나 사람들은 독립된 개체로 삶을 영위하고 있음에도 불구하고 본질적으로 집단속에서 타인과 항상 연계되어 살아가고 있다. 인류는 집단으로 존재하며 집단의 지지와 보호 속에서 발전해 왔다. 개인의 자아상은 가족, 동료 그리고 사회적 집단의 피드백에 의해 형성되고 사고, 의사결정, 태도, 가치 등도 집단의 영향을 받고 있다(Forsyth, 2011). 사람들은 목표를 위해 함께 일할 때 더 나은 결과를 얻게 되는데, 집단 전체로부터 보다 다양한 지식과 기술이 제공되어 결과적으로는 구성원 개인이 더 큰 이득을 얻게 되기 때문이다. 그래서 대부분의 사람들은 가족, 친구, 동료집단, 다양한 공동체 등을 통해서 타인들과 함께 하며 주거지와 식량, 그 외 생필품을 제공받을 수 있는 사회를 필요로 한다. 사람들은 생존의 많은 부분을 집단에 의지한다. 개인이 자신을 위해 할 수 없는 것을 집단은 해 줄 수 있기 때문이다. 사람들은 자기 주변의 지지적인 집단과 잘 어울릴 수 있을 때 스트레스가 적으며 외로움도 덜 느낀다. 또한 높은 자존감을 가지며 건강하고 장수할 가능성도 더 크다(Forsyth, 2011).

집단이 제공하는 힘을 인식하게 되면서 개인 단독으로는 달성하기 어려웠던 문제를 커플이나 가족, 집단이 함께 해결할 수 있도록 돕는 치료 서비스가 발달하기 시작했다. 개인 중심의 서비스에서는 얻을 수 없는 것을 집단으로부터 얻을 수 있는 이점이 있다. 치료적 집단은 집단 구성원 간 지지하는 마음으로 서로를 이해하며 보호하고 상대방에게 깨우침을 주는 방식으로 타인의 성장에 기여하는데, 이로써 자신도 성장할 수 있는 기회를 갖는다.

집단 서비스는 개인 서비스보다 훨씬 더 복잡하다. 양자 상호작용에서 보자면, 두 사람(A-B) 간에는 하나의 관계가 성립된다. 여기에 한 사람(C)이 더해지면 세 사람 간에 7개의 관계 조합이 가능해진다(A-B, A-C, B-C, A-BC, B-AC, C-AB, ABC). 집단 구성원이 네 명이라면 전체 집단 외에 25개의 하위집단이 형성될 수 있다. 집단의 크기가 커질수록 집단의 리더에게는 잠재적으로 발생할 수 있는 관계와 하위집단을 파악하는 능력이 필요하며, 전체 집단에 미칠 영향을 최소화하거나 희미한 상호작용의 패턴을 볼 수 있는 민감함이 요구된다.

집단 서비스에서는 한 사람에게 직접적인 관심과 넉넉한 시간을 투자하는 것이 진행상 어려워 개인 서비스에서 받을 수 있는 만큼의 주목이나 시간을 기대하기는 어렵다. 치료적 집단의 하위집단은 피해와 유익 모두를 안고 있으므로 개인을 위해 개발된 서비스를 적절하게 차용하여 잠정적 문제는 최소화하고 기회를 활용하는 것이 필요하다.

동기강화상담(Motivational Interviewing, MI)은 내담자 중심이면서 목표 지향적인 개인 치료 접근으로 발달해 왔다. MI는 전문가 입장에서 문제를 바라보지 않고 내담자의 관점이 어떠한지에 집중한다. 상담자는 저항감을 일으킬 수 있는 어떤 해결책을 제시하지 않으며 대신 관계 형성하기, 초점 맞추기, 유발하기, 계획하기의 진행단계를 통해 변화에 대한 내담자의 관

MI는 전문가 입장에서 문제를 바라보지 않고 내담자의 관점이 어떠한가에 집중한다.

심을 유발하고 구체적 행동에 대한 결심이 들어간 대화를 이끌어 내어 변화목표로 향하게 한다(Miller & Rollnick, 2013).

MI는 Rogers의 내담자 중심 치료에서 유래되었으며 인간중심주의를 바탕으로 하기에 인간을 본래 성장과 안녕을 추구하는 존재로 본다. 상담자의 역할은 내담자를 교육하려 들기보다 자신의 모습 그대로를 더 편안하게 느끼고 자신의 고유한 목소리를 더욱 선명하게 듣도록 해 줌으로써 자신이 믿는 바와 자신을 어떠한 사람으로 경험하는지를 보다 분명하게 할 수 있도록 돕는 것이다. 상담자는 내담자를 긍정적으로 바라보며 그 자체만으로 독특한 존재임을 수용하고 품는다. 내담자 중심의 조력자는 구체적인 방법을 제시해 주지 않으면서도, 내담자가 자신의 원하는 모습으로 바꾸어 가기 위해 하고 있는 노력을 긍정적으로 반영하면서 동시에 내담자가 스스로를 바라보고 있는 관점 또한 정확하게 반영해 줌으로써 보다 충만한 삶의 여정을 시작할 수 있도록 돕는다. 내담자는 자신을 누군가가 말한 대로 되어야 하는 것으로 제한시키지 않고 진정한 자신이 되어 갈수록 보다 자신에게 일치하는 방식으로 보고 행동하기 시작한다.

MI는 행동치료와 행동주의의 측면도 담고 있는데, 이 관점에서 볼 때 사람의 행동(사고)은 관찰가능하고 측정할 수 있으며 더 긍정적이거나 유익한 패턴으로 변할 수 있는 것이다. 상담자는 내담자의 사고와 행동에서 비건설적인 패턴을 찾아 더욱 건설적인 습관이나 양식을 구축하고 유지해 나갈 수 있도록 돕는다. 따라서 행동치료는 사람들이 보다 명확한 태도(clear-mind)를 가지도록 하고 목적 있는 삶이 되도록 돕는다.

MI는 인간중심주의와 내담자 중심 상담, 행동치료의 요소들을 통합한다. 사람들의 존재에 깊은 가치를 두며 그들이 변하고자 하는 부분이 무엇인지 명확히 하고 그러한 변화가 일어나도록 계획을 세운다. 상담자는 내담자의 삶에서 불만족스러운 부분과 개선하고 싶은 부분에 대하여 이야기한다. 내담자의 변화에 대한 양가감정을 존중하고 긍정적인 변화를 추진할 수 있는 각 요인들에 중점을 둔다. 내담자가 변화를 실천하는 것에 대해 자신감을 가질 때 함께 계획을 세운다.

이 책은 MI와 집단치료의 핵심 개념을 통합하여 집단 MI에 응집되도록 개인을 위한 근거중심의 MI 실제를 집단 구성에 맞게 각색한 것이다. 이 모델은 실무자, 개발자, 연구원, 종전에 집단 MI 치료 매뉴얼 또는 문서를 작성한 여러 동료들로부터 도움을 받아 집필되었다(W. G. Anderson, Beatty, Moscow, & Tomlin,

2002; Beatty & Tomlin, 2002; Ingersoll, Wagner, & Gharib, 1999; Krecji, 2006; Murphy, 2008; Noonan, 2001; Velasquez, Maurer, Crouch, & DiClemente, 2001). 우리는 또한 MI에 대한 이해와 함께 리더로서의 경험과 집단치료 개발자 및 연구원들의 근거중심의 권고와 긍정심리학의 흐름을 아울렀다.[1)]

정체상태에 놓인 집단

집단 MI가 무엇인지를 설명하기 전에 집단 서비스에 MI 개념과 전략을 적용하고자 할 때 부딪힐 수 있는 몇 가지 어려움들을 고려해 보고자 한다. 다음의 네 가지 시나리오를 살펴보자.

당뇨병 환자 지지 집단

간호사와 영양사는 한 달에 두 번 당뇨병 환자 지지 집단을 운영한다. 그들은 함께 집단 대화를 순조롭게 진행하려 하지만 각자 특정한 관심사가 있다. 간호사는 집단 구성원들이 신장과 췌장의 정상적인 생리과정을 알고 질병이 이러한 생리과정을 어떻게 방해하는지 환자들이 이해하는 것이 중요하다고 여긴다. 또한 환자의 신체가 건강한 상태의 적정 인슐린 수준을 유지할 수 없으므로 이를 위해 알맞은 인슐린 사용법에 대해 숙지하도록 하려는 것이 주 관심사이다. 한편 영양사는 인슐린 수준을 유지하는 것과 식이 습관, 운동, 수면, 음주와 같은 구체적인 생활양식을 각별히 주의하여 선택해야 하는 전반적인 건강에 관심을 가진다. 물론 이 집단은 지지 집단이기에 환자들이 경험하는 여러 어려움에 대하여 논의하도록 촉진되기도 한다. 이들은 집단 구성원들에게 자신들의 질병을 관리하는 데 있어 구체적인 어려움을 털어놓도록 하지만 상담자로 훈련받지 않았기 때문에 집단 구성

1) MI가 긍정심리학 운동의 한 부분이지는 않지만, 긍정심리학에서 중요한 영감을 받았고 이를 집단 MI 모델과 통합하여 이 책에 제시했다. Peterson(2006)과 동일하게 우리는 긍정심리학과 인간중심주의 심리학을 서로 다르다고 보기보다는 유사점이 더 많은 것으로 보며 상호관련이 있다고 본다. MI는 인간중심주의, 행동주의, 사회, 인지심리학의 요소들을 포함하며, MI 지지자들은 MI를 확실한 근거들로 축적된 접근으로 개정하는 것뿐 아니라 MI에 대한 과학적 연구에도 전념하고 있다.

원들이 개인적이거나 정서적인 주제로 방향을 틀 때는 매번 질병 관리의 어려움으로 대화의 주제를 이끈다. 초기에는 집단 구성원들이 이러한 논의에 큰 관심을 가지지만 시간이 갈수록 집단 구성원의 참여도가 줄어들고 참석률도 저조해진다. 리더들은 집단에 다시금 활력을 불어넣기 위해 무엇을 해야 할지 확신이 없다.

집단 인지행동 치료

심리학자와 인턴은 불안과 분투하는 사람들을 위해 인지행동에 중점을 둔 집단을 이끈다. 집단은 잘 구조화되어 있으며 인지적 오류를 밝히고 자동적 사고와 내적 대화를 인식하고 기능적으로 분석하여 행동계획을 세울 수 있도록 교육한다. 집단 구성원들은 인지행동 모델이 자신들의 삶과 기회들을 더욱 잘 이해하도록 해준다고 한결같이 말한다. 그러나 한 주 두 주 거듭할수록 다음주는 더 나아질 것이라는 자신감만 내비칠 뿐, 과제 완수를 해 오는 구성원은 거의 없다.

중독자 심리교육 집단

중독 상담자는 회복에 관심을 둔 외래환자 집단을 운영하면서 재발로부터 다시 일어설 수 있도록 돕고 교육과 유인물, 실제 연습을 통한 심리교육적 접근을 한다. 붙임성 있고, 격의 없고, 지지적인 상담자의 스타일은 자신들의 어려움에 대한 책임을 회피하거나 현실보다 더 미화된 삶을 그리려는 집단 참여자들에게 때로는 직설적이고 지시적으로 다가온다.

건강하지 못한 자신의 행동들을 합리화하려고 시도하는 집단 구성원들에 대해 직면하거나 지역사회 지지집단을 통해 배운 것에 근거해 실용적인 조언을 제공하는 이들도 있다. 이러한 집단 구성원들과 상담자가 가지는 한 가지 공통점은 사람은 자신의 문제를 인정해야 하며 알코올 중독자나 중독자라는 사실을 받아들여야 한다는 것이다. 어떤 이는 정말로 자신들이 중독되었는지 의심스러워하며 자신들을 중독자로 밝힌 사람들을 향하여 "당신 자신을 그런 식으로 낙인찍는 건 그다지 도움이 되지는 않을 거예요"라고 말하기도 한다. 어떤 집단 구성원은 알코올 자조집단(AA)을 거의 이교 종파와 같은 종교적 세뇌 집단이라고 본다. 집단 구성원들 서로 간에 격렬하게 논쟁하고 모임이 중단되기도 하는 등 한 집단 구성원이 말한 "여기는 마치 전쟁터 같을 때가 있어요"라는 표현이 정말 적합해 보일 때도 있다.

과정 중심 심리치료 집단

사회복지사는 과정 중심의 심리치료 집단을 운영한다. 집단 구성원들에게 중요한 문제를 중점적으로 자신들의 관점과 가치, 정체성을 이야기하는 데 시간을 할애한다. 어떤 집단 구성원은 다루고 싶은 특정 주제를 꺼내기도 하고 어떤 집단 구성원은 자신이 변하고 싶은 부분에 초점을 두어 말하기도 한다. 그 외 특별히 다루고 싶은 주제가 분명하지 않은 집단 구성원은 그저 자신이 행복하지 않다거나 삶에서 무언가 빠진 것 같은 느낌이 든다고 말하기도 한다. 집단은 순조롭게 진행되고 대화는 끊임없이 이어진다. 리더는 숙련되게 집단 구성원들의 관점을 반영하고 대화의 깊이를 촉진한다. 집단 구성원들은 회기동안 마음을 열고 이야기하며 유용한 피드백과 지지를 주고 공유한다. 하지만 몇 달 후 매 회기에 참석한 집단 구성원 중 어떤 이들이 집단 치료를 두고 *말만 하는 모임*이라는 회의를 갖게 되면서 뭔가 불만족스러운 느낌이 집단에 움트기 시작한다. 대화가 빙빙 도는 것 같고 집단 구성원 중에는 사람들이 자신의 삶이 더 나아지도록 뭔가 시도해 보기보다 불평만 늘어놓는다며 난감함을 내색하는 이마저 있다. 리더는 난감하다며 솔직하게 말하는 사람들과 푸념하는 사람들 모두의 자유를 인정하며 모든 집단 구성원들로 하여금 치료에 대한 각자의 관점과 목표를 규정해 보도록 한다. 그럼에도 집단이 막다른 골목에 이른 것 같아 리더는 동료에게 자문을 구해 보기로 한다.

동기강화상담이 이러한 집단에 어떻게 도움이 될 수 있을까

집단치료에서 경험할 수 있는 이러한 어려움을 다루는 데 있어 MI로부터 얻을 수 있는 것이 있다. 앞에서 예로 든 당뇨환자 지지 집단, 인지행동 치료(CBT), 회복 집단과 같은 집단 촉진(group facilitation)의 경우는 전형적인 집단 MI보다 더 상담자 중심이며 더 지시적이다. 심리치료 집단(psychotherapy group)은 내담자 중심의 접근을 따르는 반면, 집단 촉진은 안내하기보다는 비지시적으로 따라가는 접근에 더 가깝다. 내담자 중심의 태도와 목표 지향적인 과정이라는 MI 구성은 집단을 너무 지시적이지도 비지시적이지도 않게 이끌면서 전체를 긍정적인 변화로 몰아가는 데 도움이 된다.

MI를 알게 되면 당뇨환자 집단의 리더는 환자들의 꾸준한 질병 관리를 위해 꼭 전달하려 했던 정보량을 조금 줄이게 될 것이다. 방대한 정보를 제공하는 대신 이미 집단 구성원들이 알고 있는 것들을 이끌어 내고 부족한 부분을 채워 나가는 식으로 진행해 나갈 것이다. 동시에 건강 정보를 각 집단 구성원 개인의 생활에 맞추어 활용하도록 장려할 것이다.

유발하기 접근은 집단 구성원 각자 자신에게 중요한 변화에 집중하게 하며 강의식의 일방적 전달보다는 토의하고 논의하는 장을 마련하여 회기를 더 흥미진진하게 만든다. 또한 MI는 리더가 당뇨 관리와 간접적으로 연결되어 있는 삶의 다양하고 방대한 이슈를 다루는 것에도 좀 더 여유로울 수 있도록 도와준다. 건강이라는 목표를 염두에 두면서 다른 관련이슈를 다루면 환자의 광범위한 삶에 변화 전략을 엮어 넣을 수 있다.

집단 CBT에서는 인지와 행동이 분리된 것처럼 보인다. 집단 구성원은 인지행동 치료 모델이 자신들의 문제를 이해하고 그 문제들을 줄여갈 수 있는 전략을 제공할 수 있는 좋은 도구라는 점을 이해하지만, 이 모델을 변화를 일으키는 데 사용하지는 않는 것 같다. 그러나 MI 전략을 더하면 집단 구성원이 실질적인 변화를 시작하도록 도움을 줄 수 있다. 리더는 인지행동 모델에 기초하여 집단 구성원이 변화를 실행하도록 촉구하기에 앞서 집단 구성원의 목표, 희망, 가치를 끌어내는 데 시간을 할애하고 지금보다 나은 만족스러운 미래를 그려보며 그들이 달성하고자 하는 목표와 연결 짓게 한다. 그런 후 자신들의 역기능적인 사고를 점검해 보는 단계로 되돌아가면 자신들의 사고와 행동이 어떻게 목표를 달성하는 데 걸림돌이 되는지 이전보다 더 선명하게 알게 된다. MI 전략은 이런 식으로 집단 구성원이 자신의 특정 사고와 행동이 전반적인 희망, 열망과 어떻게 연결되는지를 볼 수 있도록 도와준다. 집단 구성원이 CBT를 인식과 사고의 문제를 다룰 뿐 아니라 보다 행복한 삶으로 나아가는 데 도움이 되는 것으로 여길 때, 과제에 투자하려는 의지가 더욱 증폭될 것이다. 이제는 과제가 자신들의 목표에 이르는 길을 더욱 단축시키기에 유용한 도구로 보인다.

또 다른 이슈로는 집단 구성원이 리더를 바라보는 입장인데, 그들이 기대하는 리더는 잘못된 점이 무엇인지 생각하고 행동을 분석하는 법을 그들에게 가르쳐 주는 전문가이다. 이런 관점은 집단 구성원 간 이야기를 나누거나 서로가 서로의 성장과 발전에 깊이 관여한다는 생각에 걸림돌이 될 수 있다. 이럴 때 리더는 유사한 문제, 생각, 행동을 연결하여 *메타* 수준의 반영을 통해 관련된 주제를 제시함으로써 집단의 응집력을 높이고 집단 구성원 스스로 자신을 승객이 아닌 변화의 방향으로 운행해 가는 운전자로 보도록 돕는다.

물질 남용 집단의 리더에게는 집단 구성원에게 양가감정을 유발할 수 있는 입장에 처할 위험이 도사리고 있다. 어떤 사람은 전통적인 회복 모델에 의구심을 가지고 있어 리더가 한쪽 편에 서게 되면 자연스레 다른 편을 주장하게 된다. 리더가 한쪽 입장을 취하는 것은 집단 구성원 개개인에게 맞는 변화를 다양한 방법으로 이루는 데 역점을 두기보다 그들이 경험할 수 있는 양가감정을 리더가 드러내는 셈이 되어 의도치 않게 집단을 두 부류로 분리하게 만든다. MI에서는 리더가 양가감정에 맞서 논쟁하기보다 그들로부터 이끌어 내고 탐색할 것을 권한다. 추가적으로 MI에서는 리더로 하여금 "그 곳에 이르는 길은 여러 가지가 있다"는 식의 수용을 장려하여 집단 구성원이 자신의 관점을 표현하는 데 안전감을 느끼고 지적받거나 비난당할 두려움을 갖지 않은 채 자신의 관점을 드러낼 수 있도록 촉진한다. 이로써 MI의 정신인 협동정신, 수용, 연민, 유발성은 집단 상호작용의 핵심적인 부분이 될 수 있다. 이는 충돌은 줄이고 지지적이며 참여하는 데 보다 관심을 갖도록 한다.

심리치료 집단은 숙련된 내담자 중심의 사회복지사에 의해서도 촉진될 수 있다. 이 집단에 MI가 제안할 수 있는 것은 방향성이다. 리더는 능숙한 공감적 반응에 지향성 있는 전략을 더할 때 집단 구성원들을 자신과 다른 집단 구성원에 대한 이해를 깊이 하면서 보다 만족스런 삶으로 전진하도록 안내할 수 있을 것이다.

MI가 집단이 봉착할 수 있는 난관을 피하거나 견뎌내도록 하는 데 도움이 될 수는 있으나 어느 접근도 어려움과 장애물을 모두 제거할 수는 없다. 어떤 어려움과 갈등은 비록 그것이 제거될 수 있을지라도 그대로 남겨두는 것이 더 유익할 때도 있다. 이를 통해 각각의 개인들이 보다 의미 있고 화합하는 작업 집단으로 탈바꿈해 갈 수 있기 때문이다. 이러한 변화의 순간에 많은 집단 구성원들이 자신의 목소리를 찾고 삶의 주도권을 되찾게 된다.

집단 동기강화상담 운영의 어려움

집단 상담에서 좋은 결과를 얻는 양질의 리더십을 발휘하는 것은 개인 서비스를 제공하는 것보다 더욱 어렵다. 집단 상담은 잘못 진행될 가능성이 많고 일단 부정적인 사이클이 돌기 시작하면 제대로 바로잡는 것이 더 어려울 수 있다. 한 명의 내담자에게 치우쳐 성과가 나타나는 쪽을 택하기보다는 다수가 진전을 보이도록 도와야 한다. 서로 다른 과거사와 신념, 가치, 의사소통 스타일을 가진 집단 구성원들 간의 상호작용을 보람 있게 하는 동시에 집단 구성원 몇몇에게 집중할 때는 상담자 자신의 내적 충동을 처리할 수 있어야 한다.

집단 운영하기가 이와 같이 어렵다면, 굳이 집단을 고려해야 할 필요가 있을까? 집단 MI에 대한 경험적 연구는 개인 MI보다 부족하나 여러 근거들이 집단과 개인 MI 모두가 전도유망함을 뒷받침하고 있다. 현재로서는 집단 MI의 효과성 수준은 보통으로 나오는데, 이는 집단 MI가 개인 MI보다 최근에 발달되었다는(여전히 개발 중) 점도 있고, 집단이 개인 서비스보다 연구하기가 더 어렵기 때문이기도 하다. 몇몇 통제집단을 사용한 연구들은 집단 MI의 전망이 밝다는 사실을 보여주나 개인 MI와 견주어 어떤 점이 다른지 상세히 비교 검토했다고 하기에는 아직 이르다.

> 집단 리더십은 개인치료를 다루는 것보다 더욱 어렵다. 잘못 진행될 가능성이 더 많으며 그럴 경우 바로잡기란 더욱 힘들다.

집단 MI에 대한 연구가 시작된 지는 10여 년 정도밖에 되지 않았지만, 집단 서비스는 훨씬 오래전부터 있어왔다. 여러 장면에서 집단은 이미 서비스 대열에 확고히 자리 잡았기에 집단의 활용을 지지할 만한 충분한 근거가 없더라도 그것이 집단 MI 효용에 변수로 작용하지는 않을 것이다. 또한 개인 서비스에서는 달성하기 어렵지만 집단이기에 가능한 몇 가지 집단 MI의 강점도 있다.

집단 동기강화상담의 이점

집단 MI는 집단 구성원의 사회적 고립감을 줄이고 고통이라는 것이 보편적이라는 인식을 증가시킨다는 이점이 있다(Yalom & Leszcz, 2005). 대개 집단 구성원들은 자신이 혼자이며 유별나고 다른 사람보다 가치 없거나 유능하지 못하다고 느끼며 힘들어한다. 이런 관점은 그들의 자존감과 성공적으로 변화를 이룰 수 있다는 *자기효능감*을 앗아간다. 집단 서비스는 이러한 문제를 개인 서비스보다 더욱 직접적으로 경감시킬 수 있는데, 이는 집단이 자신들의 염려를 공유하고 서로를 지지하며 희망과 자신감을 고양하도록 하기 때문이다. 집단에서는 개인 치료에서 느낄 수도 있는 고립감 없이 *함께 극복하기*를 통해 집단 구성원 서로가 성장하고 이루어 낼 수 있도록 상호 격려한다.

집단 MI의 또 한 가지 이점은 바로 유연성이다. MI를 다양한 장면이나 인원, 집단 구성에 맞추어 변형, 보완할 수 있다. 집단은 맥락 안에서 발전해 가는데 여기에는 집단 구성원의 필요나 목적 그리고 어느 장면에서 운영되느냐와 같은 것들이 포함된다.

집단 MI에서는 지지와 교육, 심리적 혹은 행동 변화 등 다양한 주제에 초점을 둘 수 있다. 의사소통 기술이나 그때 그때 가장 유용한 것이 무엇이냐에 따라 다양한 전략과 병합할 수 있다. 따라서 집단 MI는 다양한 삶의 주제를 바라볼 때 더욱 폭넓고 깊게 생각하도록 돕고 집단 구성원이 취하고자 하는 특정 행동을 구체적으로 좁혀서 사전에 생각하도록 돕는다. 이러한 과정을 거침으로써 회기가 끝났을 때 자신들의 방어력을 더욱 건강하게 재건할 수 있도록 돕는다. 관계 형성하기, 관점 탐색하기, 관점 확대하기, 행동으로 옮기기와 같은 자연스러운 단계를 통해 발달해 가면서 운영할 수 있는 여러 가지 방향들이 있다. 어떤 집단은 일회성으로 끝날 수도 있고 어떤 집단은 참석자들이 오가며 바뀔 수 있는데, 우리의 논의는 일정 기간 일정 집단 구성원이 거의 지속적으로 참여하는 식의 단일 집단을 대상으로 삼는다.

이 책에 대한 기대

집단 MI에 대한 지지적 근거가 여전히 축적되어 가는 중에 우리는 협업한 이들이 나누어 준 풍성한 아이디어와 치료 혁신에 깊은 인상을 받았다. 이후 장에서 제시될 여러 다양한 관심을 바탕으로 나온 집단 MI에 대한 풍부한 서술은 더 많은 혁신을 이루도록 고무할 것이다. 더불어 집단 MI 모델에 대한 기본적인 내용을 연구해 나가는 연구자들에게 더욱 포괄적인 이해를 제공할 수 있기를 바란다. 이 과정은 집단 MI의 가능성에 대한 우리의 이해를 확장시키고 나아가 더 많은 응용의 길잡이가 되어주며 현재 진행 중인 집단 MI에게는 새로운 도전이 될 것이다.

우리는 이 책이 MI로 치료 작업을 하고 계신 분이나 자신의 작업을 집단으로 확장시키고 싶은 분, 집단을 이끌면서 MI로부터 얻을 수 있는 것에 관심이 있는 모든 분에게 유용하기를 기대한다. 심리치료를 전문으로 제공하는 전문가들 그리고 건강돌봄이나 교정직과 같이 주 핵심 업무가 전통적 심리치료가 아닌 분들에게도 도움이 되길 바란다. 따라서 이 책은 순차적으로 읽어 나가도 좋고 독자의 배경과 관심에 따라 부분적으로 선택하여 읽어도 무관하다.

참고문헌

Anderson, P., Beatty, J., Moscow, S., & Tomlin, K. (2002). *Exploring change group.* Portland, OR: West Interstate Clinic, Kaiser Permanente Northwest Region, Department of Addiction Medicine.

Beatty, J., & Tomlin, K. (2002). *Engaging youth in treatment: Group and family curriculum.* Portland, OR: West Interstate Clinic, Kaiser Permanente Northwest Region, Department of Addiction Medicine.

Forsyth, D. R. (2011). The nature and significance of groups. In R. K. Conyne (Ed.), *The Oxford handbook of group counseling* (pp. 19–35). New York: Oxford University Press.

Ingersoll, K. S., Wagner, C. C., & Gharib, S. (1999). *Motivational groups for community substance abuse programs.* Richmond, VA: Mid-Atlantic Addiction Technology Transfer Center.

Krecji, J. (2006). *Motivational interviewing group treatment in behavioral health settings.* Princeton, NJ: Princeton House Behavioral Health.

Miller, W. R., & Rollnick, S. (2013). *Motivational interviewing: Helping people change* (3rd ed.). New York: Guilford Press.

Murphy, R. T. (2008). Enhancing combat veterans' motivation to change posttraumatic stress disorder symptoms and other problem behaviors. In H. Arkowitz, H. A. Westra, W. R. Miller, & S. Rollnick (Eds.), *Motivational interviewing in the treatment of psychological problems* (pp. 57-84). New York: Guilford Press.

Noonan, W. C. (2000). Group motivational interviewing as an enhancement to outpatient alcohol treatment. *ProQuest Digital Dissertations Database,* Publication No. AAT9998849.

Peterson, C. (2006). *A primer in positive psychology.* Oxford, UK: Oxford University Press.

Triandis, H. C., McCusker, C., & Hui, C. H. (1990). Multimethod probes of individualism and collectivism. *Journal of Personality and Social Psychology, 59,* 1006–1013.

Velasquez, M. M., Maurer, G. G., Crouch, C., & DiClemente, C. (2001). *Group treatment for substance abuse: A stages-of-change therapy manual.* New York: Guilford Press.

Yalom, I., & Leszcz, M. (2005). *The theory and practice of group psychotherapy* (5th ed.). New York: Basic Books.

제2장 치료 집단

집단은 그 구성원들의 태도, 가치, 지각에 지대한 영향을 미친다(Forsyth, 2011). 대부분의 사람들은 정보를 처리할 때 사회적 상호작용에 의존한다(Fishman, Ng, & Bellugi, 2010). 그리고 개념화, 평가, 브레인스토밍, 문제해결, 의사결정, 계획 세우기 등의 정보처리과정은 집단이라는 맥락 속에서 이루어진다. 집단을 통해서 보다 효과적인 의사결정이 가능해지는데, 그 이유는 사람들은 집단의 맥락을 통해서 새로운 생각과 관점을 접할 수 있고 모든 가용한 내용들을 개인 스스로 생각해 낼 필요 없이 다수의 사람들이 함께 고려하여 찾아낼 수 있기 때문이다(Kerr & Tindale, 2004). 집단 과정은 개인과정보다 보통 에너지를 덜 필요로 한다. 집단의 대부분의 구성원들이 어떤 관점이나 생각을 받아들이게 될 때 구성원 개인은 혼자일 때보다 훨씬 쉽게 그것을 따르게 된다. 시간이 지나면서 집단으로부터 얻어진 아이디어들이 믿을 수 있고 도움이 되어 만족스러웠던 경험이 쌓이게 되면 가능한 다른 아이디어를 찾는 데 시간을 더 들이기보다는 목표를 달성하기 위해 움직이는 데 시간을 쓰려고 하는 경우가 많다(Tindale & Kameda, 2000).

집단은 구성원의 정서적 반응의 형태나 강도에 영향을 미칠 수 있다. 정서는 함께 나누는 집단에 대단히 전염적인 특성이 있다. 폭도의 경우처럼 이러한 전염된 정서가 대단히 부정적인 경우도 있지만 긍정적인 측면으로 영향을 미치기도 한다. 성공적인 제품개발팀이나 스포츠팀처럼 상승효과를 얻기 위해 오랜 기간 유사한 기분이나 동기의 수준을 만들기 위해 함께 노력하는 경우가 이러한 예이다(Kelly, 2004). 지지적 환경의 치료 집단에서의 정서 표현은 구성원의 정서적 민감성을 높여주며 행동에 대한 책임감을 높여주고 타인의 감정을 더 고려하게 되며 다른 사람에 대한 공격성을 조절할 수 있게 해준다(Giese-Davis et al., 2002; Whelton, 2004).

집단은 구성원의 행동에 영향을 미친다. 개인의 행동이 가족이나 또래집단에게 어떤 영향을 미치는지 관찰함으로써 집단의 구성원은 행동의 근거를 얻는다. 이런 영향은 집단 밖에서 자신들이 취하던 통상적인 행동 패턴이나 습관으로 보았을 때는 도저히 예상할 수 없을 행동을 집단 내에서 보이도록 할 만큼 강력해질 수도 있다. 이런 과정을 단절 효과(discontinuity effect)라고 부른다(Wildschut, Pinter, Vevea, Insko, & Schopler, 2003). 이 과정은 보통 간과되는데, 그 이유는 우리가 사람의 행동을 그들 개개인의 성격 성향이라고 보고, 상황이 가지는 힘이나 강화물들을 미처 고려하지 못하기 때문이다(Gawronski, 2004). 집단 구성원의 행동에 대한 집단 영향력의 정도는 집단 내 관계의 강도와 집단 간의 경계, 집단의 구조와 응집력, 그리고 집단 구성원이 자기 운명의 상호의존에 대해 어떻게 자각하는지에 따라 달라진다(Forbyth, 2011). 우리는 이런 집단의 특징들을 이 장의 후반부에서 살펴보고자 한다.

치료 집단의 유형

집단은 환경, 실행계획의 쟁점, 치료적 방향에 따라 목표와 방법이 다양하다. 시간이 지나면서, 많고 다양한 집단의 유형들이 생겨났다. 예를 들어, 하향식 유형으로서 초기 가족 구조와 갈등을 다시 만들어 내기 위한 의도로 전문가가 설명하는 식의 위계적인 장기 집단에서부터, 시간 제한적이고 상호작용이 활발하며 집단 중심의 접근법을 취하는 유형으로, 성격 재구조화보다는 개별적인 변화에 더욱 집중하는 집단도 있다(Barlow, 2011; Barlow, Burlingame, & Fuhriman, 2000). 어떤 환경에서는 단일 세션도 흔히 있긴 하지만, 전형적으로 집단은 여러 세션으로 계속 진행된다. 지속형 집단들은 예를 들어, 새로운 질병에 대해 적응한다든지, 슬픔이나 상실의 문제를 겪고 있다든지, 물질에 중독되거나 파괴적인 습관을 가진 사람들의 회복을 관리하고 있는 경우처럼, 지속적인 유지가 필요한 삶의 전환점과 같은 상황들을 겪고 있는 사람들에게 지지를 제공할 수 있다. 이런 *지지 집단(support group)*들은 때로는 동료가 이끄는 경우도 있으며, 정보를 제시하거나 일반적인 토론을 이끌어 가는 데 주로 초점을 두는 전문가 리더가 있는 경우에는 보통 집단이 더욱 집중적인 목표를 두는 것과는 다르게 적응과 지지에 초점을 둔다.

다른 경우, 집단들은 집단 과정보다는 개개인의 문제에 더욱 초점을 두는 훈련을 받은 정신과 의사나 상담가가 이끌며, 특정 문제나 상태에 더욱 초점을 둘 수 있다. 이런 문제 중심의 *심리교육 집단(psychoeducational group)*은 행동의 변화나 문제의 인지와 감정적 측면에 초점을 두고, 집단은 새로운 정보를 탐색하고 새로운 기술들을 연습할 수 있는 기회와 지지를 제공한다. 구성원들이 재발 방지, 확언 기술, 또는 분노조절 기술을 배우든 그렇지 않든, 집단은 좀 더 기능적인 행동들을 발전시킬 수 있는 효율적이고 편안한 환경이 된다. 리더들은 학습과 변화를 촉진시키기 위해 몇몇 집단 과정들을 활용할 수 있지만, 과정에 대한 초점은 내용과 기술 개발보다 부차적이다.

마지막으로, 집단은 대인관계 과정과 개인 성장에 초점을 둘 수 있다. 주로 정신역동과 인간중심주의 전통에서 생겨난 이 *심리치료 집단(psychotherapeutic groups)*은 다른 접근법들과 비교했을 때, 집단 내 상호작용과 역동을 더욱 많이 탐색한다. 전문적으로 리더십 훈련을 받은 임상가들이 이끄는 이 집단들은 주로 정체성, 심리적 발달, 정서적 갈등, 역기능적 대인관계 양상을 다룬다. 집단 구성원들이 집단 밖의 삶을 살기 때문에 문제에만 초점을 두지 않는다. 그보다는 문제를 사회적 상호작용에 스며들어 있는 것으로 보고, 집단 내 역동을 집단 구성원들이 지금 여기에서 배우고 성장하는 것을 돕는 변화의 동인으로 직접 사용한다.

집단 치료의 근거

집단 치료는 건강, 정신건강, 중독, 그리고 형사 사법 환경에서 흔히 볼 수 있다. 집단 치료는 전반적으로 효과적이고(Brulingame, Fuhriman, & Mosier, 2003), 많은 문제에서 개인 치료만큼 효과적이다(Barlow, 2011; Bernard et al., 2008; Burlingame, MacKenzie, & Strauss, 2004; McRoberts, Burlingame, & Hoag, 1998;

Minniti et al., 2007; Oei, Raylu, & Casey, 2010; Weiss, Jaffee, de Menil, & Cogley, 2004). 최근 집단 치료에 대한 연구들은 집단 치료가 건강(Befort, Donnelly, Sullivan, Ellerbeck, & Perri, 2010; Howard, Dupont, Haselden, Lynch, & Wills, 2010; Lamb et al., 2010)과 정신건강(Marchand, Roberge, Primiano, & Germain, 2009; Muroff et al., 2009; Niccols, 2008; Oei & Dingle, 2008; Siskind, Baingana, & Kim, 2008)의 영역에서 개인 치료나 일반적인 돌봄보다 더 비용 효과적이라는 것을 발견했다. 몇몇 분석들은 집단치료가 중도하차하는 비율이 낮고(Minniti et al., 2007), 의사들의 일정을 집중적으로 활용하고, 한 번에 많은 사람들이 참여하기 때문에 전반적인 비용이 낮다(Sobell, Sobell, & Agrawal, 2009)는 점에서 효과적이라고 제안한다.

집단 특유의 여러 과정들은 긍정적인 결과와 관련이 있다. 가장 간단한 수준에서 살펴보면, 집단에 더 많이 참여하는 구성원들이 긍정적인 감정과 고통스러운 감정을 모두 탐색하기 때문에 굉장한 이득을 얻는다(Fielding, 1983; Piper, Ogrodiniczuk, McCallum, Joyce, & Rosie, 2003). 구성원들이 스스로를 변화의 동인이라고 믿을 때, 집단 과정에 더욱 참여하고 긍정적인 결과를 얻을 가능성이 더 높다(Delsignore, Carraro, Mathier, Znoj, & Schnyder, 2008). 환경과 그 사회적 배우(actor)들로 구성된 *대인관계 장*은 개인 치료보다 집단 치료에서 더 깊으며 넓다. 더 가까워지고 싶거나 멀리하고 싶을 수 있는 타인들을 경험하고, 이들과의 상호작용을 이끌거나 따를 수 있는 기회도 더 많다. 그렇기 때문에 대인관계 환경, 집단 내 관계, 그리고 다른 사람에 대한 주의는 개인 치료보다 집단 치료에서 더욱 의미 있다(Holmes & Kivlighan, 2000). 결과와 관련된 몇몇 요인들은 집단에 따라 독점적인 것으로 간접 학습, 보편성, 이타주의와 같은 것들이 있다(Bernard et al., 2008).

초점 또한 중요하다. 프로그램에서 주어진 단일 문제에 초점을 두는 집단에 비하여 참여자들이 직면하고 있는 문제의 모든 범위에 초점을 두는 집단은 문제를 이해하는 것보다는 해결책을 찾는 데에 더욱 집중하기 때문에(Smock et al., 2008) 더욱 효과적일 수 있다(Weiss, Griffin, Kolodziej, Greenfield, Najavits, et al., 2007).

집단이 효과적인지에 관한 의문을 넘어 무엇이 최선인지를 정의하는 것에 대한 문제는 다소 명확하지 않다. 그러나 최근의 두 정보는 경험적 문헌과 근거중심의 실천 권고사항들을 유용하게 요약하고 있다. 미국 집단 심리치료 협회(American Group Psychotherapy Association, AGPA)는 근거중심의 실천 권고사항들을 만들기 위해 전문가 집단을 소집했다(Bernard et al., 2008; Klein, 2008). 비록 그 초점은 "역동적이고, 상호적이며 관계중심의 집단 심리치료"(p. 456)였지만, 이 권고사항들의 많은 부분들이 집단 MI 치료와도 관련이 있다. 또한 *The Oxford Handbook of Group Counseling*(Conyne, 2011)은 많은 집단상담 전문가들이 문헌들을 요약하여 편찬한 책이다. 우리는 이 자료들을 치료적 요인과 메커니즘, 집단 과정, 리더의 기능과 관련된 문제들을 소개하기 위해 활용했고, 이것들이 구체적인 집단 MI 과정과 관련이 있기 때문에 이후 장들에서 더 자세히 살펴볼 것이다.

집단 분위기

치료 집단이 한 구성원에게 미치는 영향은 여러(중복되는) 요인들의 결과이다. 아마 가장 기본적인 요소는 *집단 분위기*일 것이다. 집단의 분위기는 집단 내의 기운을 만들어 낸다(McClendon & Burlingame, 2011). 초기 분위기는 종종 집단의 오리엔테이션, 또는 집단 구성원이 집단 치료실 내에 처음 걸어 들어올 때 형성된다. 리더의 환영과 집단 오리엔테이션에서부터 집단 안내지침의 수립과정과 집단 작업에 걸치기까지, 긍정적인 분위기는 참여를 증진시키고 집단생활 전반에서 갈등을 감소시킨다(MacKenzie, Dies, Coche, Rutan, & Stone, 1987). 집단의 분위기가 긍정적인 경우, 구성원들은 서로에게 관심을 주고, 스스로와 서로를 이해하려고 노력하며, 개인적인 이야기나 감정들에 대해 나누고 집단이 중요하면서 참여할 가치가 있는 것이라 느낀다. 또한 목표를 향해 나아갈 수 있도록 서로 격려한다(MacKenzie, 1983). 개인 치료 작업에서와 마찬가지로, 리더들은 관계를 돌보고 안전한 환경을 유지하면서 항상 기술이나 과업 중심의 요소 간의 균형을 맞춰야 한다. 두 가지가 모두 중요하지만, 안전하고 참여를 유도하는 적극적인 집단의 분위기는 긍정적인 결과를 가져온다. 그러나 치

과업에 지나치게 집중을 하는 경우 집단의 분위기에 해를 끼쳐서 효과성을 제한한다.

료 작업의 과업에 지나치게 집중하는 경우 집단의 분위기를 망치고 집단의 효과성이 제한된다(Kivlighan & Tarrant, 2001). 우리는 이후에 긍정적인 결과를 얻도록 하는 리더들의 구체적인 개입방법들을 살펴볼 것이다. 그러기에 앞서 우리는 일반적인 집단 분위기와 리더의 행동들에 대한 여러 집단의 측면들과 과정들을 전반적으로 알아보고자 한다.

집단 연합과 응집력

집단 연합과 응집력은 생산적인 치료 작업에 결정적이고, 긍정적인 결과에 필요한 요인으로 여겨진다(Johnson, 2007). 하지만 이러한 측면이 대단히 중요하게 간주됨에도 불구하고, 집단 연합과 응집력을 공식적인 정의나 측정으로 정확히 담아내는 것은 쉽지 않다.

개인 치료에서, 집단 *연합(alliance)*은 일반적으로 내담자와 치료자의 유대, 함께 작업하는 목표에 대한 합의, 그리고 이런 목표를 달성하는 것과 관련된 과업에 대한 합의이다(Bordin, 1979). 연합을 정의하고 측정하는 문제, 심지어 이를 조사할 때에 치료자, 내담자, 또는 관찰자 중 누구의 관점을 취해야 하는지 결정하는 것은 쉬운 일이 아니다. 그럼에도 불구하고 연합은 강력한 결과 예측 요인이다(Martin, Garske, & Davis, 2000).

집단 응집력은 연합보다 더 복잡하다. *응집력(cohesion)*은 구성원과 구성원의 연결, 구성원과 하위집단 또는 구성원과 전체 집단의 연결, 심지어 구성원과 리더의 연결(비록 구성원-리더의 연결을 연합으로 간주하는 것이 더 유용할 수도 있지만)을 포함할 수 있다. 집단 응집력은 구성원이 소속감, 집단에 대한 충성, 집단 결과에 대한 헌신을 경험할 수 있는 안전한 환경을 조장한다(Yalom & Leszcz, 2005). 미국집단심리치료협회(American Group Psychotherapy Association, AGPA) 전문가 집단(Gernard et al., 2008)은 개인 내적, 집단 내적, 대인관계 응집력에 초점을 두었다. 이들은 *개인 내적 응집력(intrapersonal cohesion)*을 "구성원의 소속감,

> 집단 응집력은 구성원이 소속감, 집단에 대한 충성, 집단 결과에 대한 헌신을 경험할 수 있는 안전한 환경을 조장한다.

수용, 헌신과 집단에 대한 충성"으로 정의했다(p. 467). *집단 내 응집력(intragroup cohesion)*은 집단 구성원들 간에 "상호 애호/신뢰, 지지, 돌봄 및 집단으로써 작업하는 데에 전념하는 것"을 포함한다(p. 467). 그리고 *대인관계 응집력(interpersonal cohesion)*은 개인 또는 집단 내 비공식적 하위집단 간의 긍정적인 상호작용에 초점을 둔다.

응집력은 시간이 지나면서 발달한다. 집단 발달의 초기에 볼 수 있는 *미숙한 응집력(immature cohesion)*은 집단 구성원 간의 피상적인 동의와 약한 일체감 등을 포함하여 나타내는데 집단토론을 이어갈 수는 있으나 응집력이 더 깊어지지 않는다면, 집단 구성원들은 집단 안에서 자신들의 취약한 문제를 나누지 못하고 서로 다른 관점을 가지게 된다. *성숙한 응집력(mature cohesion)*은 다른 관점을 수용하고 건강한 토론을 가능하게 하는 진정한 친밀함을 포함한다(Robbins, 2003). 집단 구성원들은 성숙하고 화합하는 분위기 속에서 자신의 방어를 낮추고, 새로운 생각과 경험에 개방되며, 자신들을 노출하여 더 드러내고, 상호적인 지지를 찾고 제공할 뿐 아니라 감정적인 위험도 감수한다.

응집력은 다수의 다른 집단 과정과도 분명히 관련되어 있다. 여기에는 참석과 참여, 개방성, 조화, 갈등을 감내할 수 있는 능력, 집단에 헌신하고 집단에 대한 만족도가 높아지는 것이 포함된다. 응집력은 또한 불안, 우울증, 폭식, 복합 애도, 중독, 그리고 여러 정신질환의 다양한 증상들에서 증상을 상당히 감소시키는 것과 연관성이 높다. 이런 효과는 다양한 집단 치료의 유형에 걸쳐 나타나는데, 단기 및 장기 정신역동과 관계중심 과정 집단, 시간 제한적 CBT 집단, 지지 집단이 포함된다. 모든 연구에서 응집력을 긍정적인 예측 인자로 여기는 것은 아니다. 결과가 유효하게 나타나지 않은 몇몇 연구들을 살펴보면 상대적으로 전반적인 응집력이 낮은 집단에 기반을 둔 연구들임이 확인된다. 리더가 겪는 어려움 중 한 가지는 응집력을 통해 가장 많은 이득을 얻을 수 있는 집단 구성원들이 흔히 집단 응집력을 발전시키기를 가장 어려워한다는 점이다. 예를 들면, 대인관계 문제, 심각한 정신 또는 신체적 질환이 있거나, 공격성과 관련된 관계의 문제가 있는 사람들이다(Marmarosh & Van Horn, 2011).

집단 응집력을 높이거나 낮출 수 있는 여러 리더와 구성원 요인들이 표 2.1에 요약되어 있고 이후의 장들에서 더 자세히 논의될 것이다.

표 2.1 | 응집력에 영향을 미치는 리더와 구성원 요인

긍정적 영향	부정적 영향
리더	
• 공유를 격려하는 것 • 책임에 초점을 둔 자기노출의 본을 보이는 것 • 비판단적인 피드백을 제공하는 것 • 따뜻함과 눈 맞춤 • 실수를 인정하는 것 • 자신과 타인의 분노를 마주하는 것 • 긍정적인 순간에 주의를 끄는 것	• 상호작용을 격려하는 데에 실패하는 것 • 방어적인 것 • 불안하거나 회피적인 애착 양상 • 비판적 또는 경쟁적 태도 • 진실한 연민을 나눌 수 없는 것 • 해를 끼치는 구성원들을 선별하는 데에 실패하는 것 • 책임전가를 허용하고 분석 없이 하위집단을 만드는 것 • 결석과 지각에 대해 언급하지 못하는 것 • 부정적 감정들을 허용하지 않는 것
구성원	
• 자신의 차례를 갖는 것 • 지지/수용 • 자기노출 • 마음가짐 또는 높은 교육적 경험 • 기꺼이 감정을 경험하는 것	• 비판적/평가적 반응 • 적극적이지 않은 것, 보복적이거나 침입적인 대인관계 문제 • 불안하거나 회피적 애착 양상 • 다른 사람에 대한 부정확한 관점 • 노출/위험 감수가 부족한 것 • 감정에 쉽게 압도되는 것 • 세션에 지각하거나 빠지는 것

협동과 응집력 이외의 다른 집단 과정

Hornsey, Dwyer, 그리고 Oei(2007)는 응집력이 위험 감수와 자기노출과 같은 다른 변수들과 개념적으로 얽혀 있다고 제안한다. 이 요인들은 때로 응집력 요인에 포함되기도 하고, 응집력에 앞서 나타나는 요인이나 그 결과로 여겨지기도 한다. 이들은 "응집력의 정의가 매우 광범위하기 때문에 중재 요인과 예측 요인을 분리시키는 것이 매우 어렵고, 따라서 집단 과정과 결과 간의 인과관계가 명확하게 설명되지 않는다"(p. 573)고 했다. 치료적 과정의 개념화를 개인, 한 쌍, 집단을 대상으로 하는 더 넓은 과학적 연구와 통합하려는 노력과 일관되게(Forsyth & Strong, 2004; Kivlighan, 2008), 사회-심리학적 문헌에서 일반적인 세 가지 구조들에 대해서도 검토했다. 바로 집단 동일시, 동질성, 과업 상호의존이다. 이들의 관련성을 이해하기 위해, 사회 정체성 이론을 개략적으로 살펴보는 것이 도움이 될 것이다.

*사회 정체성 이론(social identity theory)*은 개인과 집단의 관계에 관한 사회-심리학적 모델로서, 우리의 정체성은 일정 부분 우리가 사회집단에 참여하는 과정을 통해 형성되고 유지된다고 주장한다(Turner, Brown, & Tajfel, 1979). 이 이론에 따르면, 우리는 일정 부분 우리에게 소속감과 자신감, 높은 자존감을 주는 중요하고 다양한 집단들에 대해 스스로를 내재화된 구성원(사회 또는 종교적 집단 구성원, 가족의 일부 등)으로 지각하고 그러한 *우리*를 통해 자신을 정의한다(Forsyth, 2011). 개인 정체성이 주로 타인과 대조하여 독특하고 개별적인 것으로 정의되는 데 반해, 사회 정체성은 타인과 관련하여 서로 유사하고 연결된 것으로 정의된다. 몇몇 문화권에서 사회 정체성은 개인 정체성보다 더 두드러진다.

*집단 동일시(group identification)*는 치료 집단의 주요 요소가 될 수 있다. 사람들은 자신과 가장 밀접하게 동일시되고, 자신에 대해 긍정적으로 평가하여 자존감을 높여주는 집단에 충성심을 느끼게 된다. 치료 집단과의 동일시는 집단 규범과 가치에 대한 구성원의 헌신을 증가시킬 수 있고, 따라서 집단 과정에 참여하고 말을 행동으로 옮길 수 있도록 하는 데 필요한 잠재적인 자원을 제공한다. 변화에 대한 결심은 개인의 노력에 기반을 둘 때보다 집단에 대한 충성과 집단 구성원 간의 자신감 및 긍지와 얽히게 될 때에 더욱 향상될 수 있다. 집단 동일시는 또한 집단 치료에서 중도하차하게 될 위험을 감소시킨다. 왜냐하면, 집단을 떠나는 것이 다른 사람에 대한 지지를 철회하는 형태로 인식되기 때문이고, 이는 집단을 유지하는 강력한 사회적 강화물이 될 수 있다. 또한, 집단 구성원들은 *몰개성화 신뢰(depersonalized trust)*와 같은 것을 발달시키게 되고(Brewer, 1981), 다른 집단 구성원들에게 관심을 가지게 된다. 다른 집단 구성원의 행동이 몰개성화 신뢰를 통해 모두 서로 돕고자 하는 의도에서 나온 것이라고 간주하기 시작한다면 타인의 다른 견해에 대한 저항이 줄어들 수 있다. 이는 역기능적 관계에 대한 전력이 있거나 강압이나 요구와 관련하여 치료를 받은 전력이 있는 내담자들에게 특히 중요할 수 있다.

> 치료 집단과의 동일시는 집단 규범과 가치에 대한 구성원의 헌신을 증가시킬 수 있고, 구성원들이 말하는 것에서 행동하는 것으로 나아갈 수 있게 돕는다.

치료 집단의 이외 요소는 *집단 균질성(group homogeneity)*이다. 균질성은 인류학, 임상적 상태, 또는 대인관계 양식과 같은 기존의 변수들과 유사한 것으로 생각되곤 한다(Hornsey et al., 2007). 그렇지만 구성원들은 집단 상호작용을 통해 심지어 연령대, 문화적 배경, 임상적 어려움, 성격적 양상이 상당한 범위에 이를 때에도 주관적 유사성을 발달시킬 수 있다.

따라서 집단 구성원들은 몰개성화 신뢰를 보이는 집단을 동일시할 뿐 아니라, 집단 상황 밖에서 같은 사람을 만날 때에도 스스로와 다른 구성원들 간의 유사성을 더 인지하게 된다. 집단 구성원들 간의 이런 유대감과 결속감이 향상되면, 집단 구성원들이 서로에 대해 더 관심을 가지게 되고 가치감도 증가하며 더 많은 공감을 통해 타인의 관점을 받아들일 수 있게 된다. 리더들은 주제, 노력, 경험을 공유하는 과정을 통해 구성원들을 연결하여 이 집단 과정을 더욱 촉진시킬 수 있다.

세 번째 요소는 *인지된 과제 상호의존성(perceived task interdependence)*이다. 이를 통해 우리는 타인과 작업하는 것이 우리의 목표를 성취하도록 도와준다는 것을 믿게 되고, 다른 구성원들의 노력에 기여하게 되는 것이다. 인지된 과제 상호의존성은 집단 구성원들 간의 협력 및 자기노출의 정도가 높아지고, 타인의 문제를 돕는 것과 관련이 있다. 시간이 지나면서 이런 과정은 저절로 지속된다. 집단 구성원이 자신의 이익에 관심이 있었던 것을 넘어 다른 구성원이 성장할 수 있도록 진심으로 노력하게 되면서, 자부심이 높아지고 사회 역량감이 증진되는 것을 경험하기 시작한다. 이는 이타적인 목적으로 자신들의 힘을 쏟으면서 얻게 되는 일종의 보상과 같은 것이다. 구성원들이 자신의 노력이 타인의 성장과 더 큰 성취에 진정으로 기여하는 것을 지각할 때에 더욱 많은 투자를 하게 된다.

Faris와 Brown(2003)은 집단 치료와 집단 MI와 관련된 세 가지 또 다른 사회심리학적 구성 개념에 대해 기술했다. *정교화 가능성(elaboration likelihood)*은 사람들이 최근에 드러난 아이디어들과 지각을 심도 있게 탐색해 보는 정도이다. 사람들의 정교화 가능성이 낮을 때, 집단의 과정은 줄어들고 더욱 피상적인 수준에 머문다. 생산성 저지 현상(production blocking)은 사람들이 아이디어들을 발전시키고 의사소통하는 과정에서 장애물을 경험할 때 발생한다. *사회적 태만(social loafing)*은 목표를 성취하기 위해 노력을 추구하는 또 다른 타인이 있을 때 과업에 대해 노력을 덜 기울이는 경향을 말한다. Faris와 Brown은 이런 장애물들이 개인 상호작용에 비해 집단에서는 얼마나 더 흔히 나타나는지, 집단의 크기에 따라서는 어떻게 나타나는지, 그리고 집단 과정을 향상시키기 위해서는 어떠한 방법을 사용하는 것이 효과적인지에 대해 설명했다.

우리는 본서 전반에 걸쳐 이런 집단 심리학의 구성과 근거를 잘 이해할 수 있도록 설명해 보고자 한다.

치료적 요인

집단과 개인 치료는 여러 치료적 요인과 행동 메커니즘(인과관계 동인)을 공유한다. 집단 결과는 구체적인 치료 과업의 효과에 더하여 일반 요인들(즉, 특정 접근법에만 국한되지 않고 치료적 접근 전반에 걸쳐 작용하는 요인들)에 의해 상당히 영향을 받을 수 있다. 특정 내담자들은 치료를 통해 더 많은 이득을 얻는 경향이 있는데, 이는 그들의 심리적 마음가짐, 언어 처리 능력, 자기노출을 편안하게 생각하는 정도, 그리고 이외 개인적 특징들 때문이다. 다른 내담자 요인들은 치료적 환경에 더욱 구체적일 수 있다. 예를 들어, 치료 이유에 대한 수용, 치료 참여에 대한 헌신과 새로운 행동을 시도함에 대해 열려있는 정도, 가능한 결과에 대한 긍정적인 기대의 정도 같은 것들이다. 비록 서로 다른 치료 접근법들이 집단 구성원들 간의 서로 다른 유형의 관계적 특성을 개선시킨다 하더라도, 관계 요인 역시 일반 요인으로 여겨질 수 있다. 그러나 일반적으로 치료 접근법의 대부분에서 실무자와 내담자 간에 치료 연합이 강하게 발달하면 결과가 좋아진다. 실무자의 역량은 또 다른 일반적인 요인이다. 마지막으로 치료외적 사건도 내담자가 치료 과업에 참여하려는 준비성에 영향을 미치고 치료 효과를 억제하기도 하기 때문에 결과에 영향을 끼칠 수 있다.

특정 치료적 요인들은 집단 상담과 치료에 긍정적인 결과들을 촉진한다. 적어도 1940년대 이래, 다양한 이론가들과 연구자들이 한 가지에서 12가지 이상에 이르는 치료 요인 목록을 제안했다. 현재, 연구자들은 서너 가지로 가장 중요한 범주들을 나누고 이런 목록들이 어떻게 서로 잘 맞을 수 있는지에 대해 연구하고 있다(Joyce, MacNair-Semands, Tasca, & Ogrodniczuk, 2011). 기간 제한이 없는 대인관계 과정 집단에 대한 Yalom의 11가지 치료 요인 목록이 아마도 가장 잘 알려져 있을 것이다(Yalom & Leszcz, 2005). 이 요인들은 앞선 10가지 요인 목록을 개정한 것이다(Corsini & Rosenberg, 1995). Bloch와 Crouch(1985)는 이 목록을 수정하여 중요한 사건에 대한 집단 구성원의 인식 분석을 기초로 하여 더욱 발전시켰다. Yalom의 목록에서 삭제된 항목들(예, 가족 경험의 수정 개요, 실존적 요인들)이 상대적으로 MI와 크게 관련이 없거나 이미 개별적으로 깊이 숙고되었고(예, 집단 응집력) 추가된 요인들(예, 수용, 자기노출, 자기이해)이 MI와 관련되는 것으로 보이기 때문에, 우리는 집단 MI를 고려할 때 Bloch와 Crouch 목록을 사용하려고 한다. 이 정의들은 꽤 명확하기 때문에, 표 2.2에서는 집단 구성원에 대한 요인들의 잠재적인 이점에 주로 초점을 둔다. 이 치료 요인들의 몇 가지는 MI와 직접적으로 연결되지만, 몇몇은 그렇지 않다. 어떻게 집단 MI가 이러한 요인들을 이끌어내는지 제4장에서 살펴볼 것이다.

표 2.2 | 집단 치료적 요인

치료적 요인	잠재적 결과
수용	구성원들이 존중과 이해, 돌봄을 받고 있다고 느낀다.
이타심	구성원들이 타인을 돌보면서 자부심과 더 큰 공감을 얻는다.
카타르시스	구성원들이 떨쳐 버리지 못하는 부정적 감정이나 관점들을 "내려놓는 법"을 배운다.
안내	구성원들이 집단 참여를 통해 지식을 얻는다.
희망 주입	구성원들이 변화에 대한 더 큰 낙관성을 발달시킨다.
대인관계 상호작용으로부터 배우기	구성원들이 타인에 대한 자신들의 영향에 대해 더 많이 알게 되고, 더 나은 피드백을 주는 법을 배우며, 더욱 생산적인 방법으로 상호작용하는 것을 배운다.
자기노출	구성원들이 더 개방되고 진실해지는 법을 배운다.
자기이해	구성원들이 스스로에 대해 더 많이 알게 되고 개인적인 경험에 대해 더 많이 접근할 수 있게 된다.
보편성	구성원들이 혼자가 아니고 다른 사람들도 비슷하게 고통스럽다는 것을 인식하게 된다.
대리 학습	구성원들이 다른 사람의 예를 관찰함으로써 인식하고, 생각하고, 행동하는 더 생산적인 방법을 적용한다.

집단 발달

집단 구성원의 집단에 대한 참여도는 신뢰와 친밀성, 관계의 깊이, 그리고 집단 과정의 성숙도가 발달하는 것과 함께 시간이 지나면서 발달한다.

많은 모델들이 집단 발달에서의 변화들을 요약하여 제안했다. 가장 많이 포함되는 개념은 집단이 다양한 선형적 단계들을 거친다는 것이다. 집단마다 기간, 구성, 구성원들의 안정성과 이론적 기초가 다르기 때문에 모든 집단들을 아울러 설명할 수 있는 모델은 없다. 그러나 대부분의 집단 모델들은 몇몇 기본적인 요소들을 공유한다. MacKenzie(1994)는 다양한 모델 전반에 걸쳐 일반적으로 나타나는 특성들은 무엇이 있는지 알아보았다. 이와 같은 추정들은 장기간 외래환자 집단에서 가장 두드러지게 나타나지만 모든 종류의 집단에서 어느 정도 보여지는 것들이다. 첫째, 집단은 인식할 수 있는 패턴들을 발전시키기 때문에 가까운 시일의 사건에 대해 더 확실하게 예측이 가능하다. 둘째, 이런 양상들은 비슷한 집단에 걸쳐 유사하게 나타난다. 셋째, 집단의 이후 패턴이나 단계의 발달은 초기 패턴이나 단계의 성공적인 경로를 통해 나온다. 넷째, 집단 역동은 시간이 지나면서 더욱 복잡하고 미묘해지며, 급속한 변화나 스트레스의 기간 동안에 초기의 양상을 재순환한다.

많은 단계 모델들이 수십 년 전에 제안된 Tuckman의 *집합기-갈등기-규범 형성기-생산기-해체기* 모델을 변형하여 포함하고 있다(Tuckman & Jensen, 1977). 비록 단계의 수가 모델에 따라 다르긴 하지만, 대부분은 4~5단계를 포함한다. 일반적인 집단 발달 모델 중에서, 단기 집단의 MacKenzie(1997) 모델은 참여, 분화, 대인관계 작업, 종결의 단계를 포함하고, 우리가 이 책에서 제시하는 4단계 MI 모델과 가장 밀접하다.

리더의 기능

많은 집단 전문가들이 리더의 기능에 대해 기술해 왔다. Yalom과 Leszcz(2005)는 리더에게 세 가지 주요 과업이 있다고 제안한다. 집단을 만들고 유지하는 것, 집단 문화를 형성하는 것, 그리고 구성원들 간에 지금-여기의 상호작용을 활성화/조명하는 것이다. Trotzer(1977)는 리더의 기능은 구성원의 상호작용을 조장, 촉진, 시작, 인도하는 것으로 과정 지향적인 과업이라고 여겼다.

리더의 기능에 관한 여러 서술들을 살펴보면 최근 MI의 개념화와 유사하다는 것을 알 수 있다. 예를 들어, Bales(1958)는 리더들에게 과업과 기능 유지의 책임이 있다고 했는데, 이는 기술 및 상관관계 요소들을 내포하고 있는 것으로 보아 Miller와 Rose(2009)가 제안한 MI의 개념과 유사하다. Dinkmeyer와 Muro(1979)는 여러 가지 리더의 과업을 설명했다. 상호작용 촉진하기, 응집력 촉진하기, 요약하기, 갈등 해결하기, 분위기 환경 요소 *안내하기*, 구조화하고 제한 설정하기, 연결하기, 지지 제공하기, 반영하기, 보호하기, 질문하기, 저지하기, 규제하기이다. 유사하게, MI의 치료자 스타일은 지시하는 것과 따르는 것의 중간점인 *안내하기*로 여겨진다. 예를 들어, 협력하기, 유발하기, 격려하기, 이해시키기, 지지하기와 같은 것들이다(Miller & Rollnick, 2003). Schutz(1961)는 리더의 네 가지 기능을 제안했다. (1) 집단 목표와 가치 설립하기, (2) 인지 양식의 범위 협의하기, (3) 기술과 능력 불러일으키기, (4) 문제 해결 돕기이다. 이 모델은 우리가 본서에서 제안하는 4단계 모델과 Miller와 Rollink(2013)이 설명한 관계 형성하기, 초점 맞추기, 유발하기, 계획하기라는 네 가지 과정과 가장 유사하다.

리더의 책임이 집단 목표와 이론의 성향에 따라 매우 다양하지만, AGPA 실천 안내지침(Bernard et al., 2008)은 치료 요인의 이점을 최대화하고 발달 과정에 걸쳐 집단을 이끌기 위해 리더가 가져야 하는 주요 과업들을 제안한다. AGPA 지침서는 수십 년에 걸쳐 문헌(예, Lieberman, Miles, & Yalom, 1973)에서 소개되어 온 리더의 네 가지 기능을 포함하고 있다. 실행, 돌봄, 감정 자극, 의미 분배이다. AGPA 위원회는 다른 세 가지 기능도 추가했다. 내담자 자기 인식 조성하기, 집단 규범 형성하기, 투명성의 본 형성하기이다. 리더들은 집단 발달 과정에 따라 이 기능들에 다르게 접근할 것이다. 초기 단계에서는 직접적으로 조언을 제공하는 반면 이후 단계에서는 이끌어 내는 데에 더욱 초점을 둘 수 있다. 그러나 전체적으로 볼 때, 리더는 최적의 결과를 촉진시키는 책임을 지닌다.

리더는 집단의 운영자로서 수행한다. 리더는 집단을 체계화하고, 일반적인 목표와 변수를 설정, 발달을 관리하고 안내지침과 한계를 유지, 치료 회기를 생산적이고 시의적절하게 하는 것, 기록하는 것, 구성원들의 변동을 관리하는 것에 책임을 진다. 이와 같은 *경계 관리(boundary management)* 과업은 중요하다. Bernard와 그 동료들(2008)은 리더에게 책임이 있는 여러 경계들을 설명했다. 예를 들어, 구성원들, 시간, 주제 문제, 정서적인 문제, 불안 수준과 관련된 경계들이다. 리더가 이런 경계를 유지하지 못하면 치료 체제의 실패를 야기할 수 있다. 예를 들어, 리더가 강한 분노를 표현하는 것을 제한하지 않는다면, 집단이 붕괴될 수 있다. 그리고 내담자가 특정 신념이나 목표를 강압받는다고 느끼면 너무 불안해서 다음 회기에 참여하지 않을 수 있다. 리더는 집단 운영자로서 집단 의사소통의 초점이 생산적일 수 있도록 해야 하는 책임이 있다. 비전문가에 의해 인도되는 집단은 긍정적인 치료 관계를 통해 일시적인 개선을 보일 수 있다. 그러나 집단상담 전문가에 의해 진행되는 집단의 구성원은 리더를 통해 조심스럽고 생산적으로 문제에 초점을 맞추기 때문에 오랫동안 지속되는 변화를 성취할 수 있다(Barlow, Brulingame, Harding, & Behrman, 1997). 집단 MI에서 치료의 초점은 긍정 심리치료 집단과 비슷하게 긍정적 변화에 둔다(Seligman, Rashid, & Parks, 2006).

집단 구성원의 행복에 대한 투자와 집단 노력이 가져오는 잠재적인 도움에 대해 이야기하는 것은 중요하다. *돌봄 의사소통(communication of care)*은 치료 동맹을 끈끈하게 하는 데에 도움이 되고 동료에게 투자하는 것에 대한 가치를 경험하게 한다. 또한 집단 구성원들이 정서적으로(*감정적인 자극*) 참여하는 것이 도움이 된다. 집단에서 정보 제공, 문제 분석, 이점과 단점 평가, 의사결정 등과 같은 인지적 요소만 다루면 구성원들의 변화를 효과적으로 도울 수 없다. 몇몇 집단에서는 집단이 정서적으로 참여하는 부분에 있어서 리더의 책임이 그리 크지 않을 수 있지만, 구성원의 감정적 표현을 끌어내거나 감정이 스며든 의사소통을 할 때에는 상당한 노력이 필요하다. 집단이 효과적으로 기능하는 것과 관련된 정서적 참여에는 상부 및 하부 경계가 있다. 즉, 감정적 참여가 낮다면 집단은 무미건조해지고 구성원들이 참여를 하지 않을 가능성이 있다. 감정적 참여가 높은 경우, 다른 사람에게 자신을 개방하는 것에 있어서 특정 구성원은 너무 격하게 할 수 있고, 감정적인 상호작용에서 벗어나 이로부터 배우는 것이 어려워질 수 있다.

집단의 참여를 자극하는 것은 그 유용성이 다소 제한되어 있지만, 만일 구성원들이 자신에 대해 더 많은 이해를 하지 못하고 머물러 있다면, 참여를 자극하는 것을 통해 가능성을 열어주고 이를 목표에 도달할 수 있는 수단으로 활용할 수 있다. 리더가 제공하는 일반적인 정보들을 개인화하여 적용하고 다른 구성원들이 제안하는 예들로부터 아이디어를 조정하는 것을 통하여 집단 경험에 *개인적 의미를 부여하고 귀인*하는 과정은 내담자가 목적을 지니고 변화해 갈 수 있도록 하는 틀을 제공한다. 감정적인 참여가 구성원들을 변화의 과정으로 이끌어 간다면, 통찰력은 방향을 설정하고 의미 있는 목표를 장기적으로 추구할 수 있도록 유지해 준다. 리더들은 의사소통을 특정 경험에서 더욱 일반적인 주제로 확대시키고, 집단 상호작용을 통해 그들이 무엇을 배웠는지에 대한 내담자의 생각을 이끌어 냄으로써 의미를 귀인시키도록 조장할 수 있다. 중요한 초점은 *내담자의 자기인식 패턴을 조성*하는 것이다. 이는 삶의 경험뿐 아니라 그들의 대인관계 상황에서의 패턴들을 통합시켜 볼 수 있도록 도와준다.

리더들은 집단이 기능하는 데에 필요한 일반적인 안내지침을 수립하도록 돕는 것을 넘어서 *집단 규범을 형성*하는 책임도 지고 있다. 이러한 집단 규범은 암묵적으로 형성된 집단의 핵심적 상호작용 방법을 통해서, 또는 표면적인 안내지침을 통해서, 아니면 다양한 집단의 이슈에 대해 집단 구성원들이 민감해지도록 격려하는 과정을 통해 만들어진다. 각 구성원이 얼마나 자주, 어느 정도의 시간 동안, 어떤 내용에 초점을 두고 말을 해야 하는가? 구성원들은 어떻게 상호작용해야 하는가? 집단 내에서 일어나는 사건과 비교하여 집단 밖 내담자의 삶에서 나타나는 사건들에 얼마나 초점을 두어야 하는가? 과거, 현재, 미래에 어느 정도 초점을 두어야 하는가? 구성원들이 자신들의 문제에 대해 논의하는 것을 고수해야 하는가, 아니면 다른 사람의 문제에 전념해야 하는가? 조언이나 지지를 보내야 하는가? 다른 사람에게 더 정직해지거나 집중하도록 요구해야 하는가? 구성원들은 자신들이 본 다른 사람들의 비언어적 행동에 피드백을 제공해야 하는가? 구성원들이 한 회기나 그 이상의 회기에 불참했다면, 리더들은 어떻게 해야 하는가? 구성원들은 집단 자체의 규범과 방향을 형성하는 데에 얼마나 의견을 표명할 수 있는가? 구성원들이 리더의 수행에 대해 피드백을 제공하는 것이 수용할 일인가, 아니면 금지할 일인가? 리더는 규범에 대해 직접 지시할 수 있고, 특정 패턴들을 끌어내기 위해 연상 질문을 사용할 수 있으며, 행동을 통해 규범에 대한 본을 보일 수 있다. 집단 규범은 리더들이 그런 경향을 가졌는지와 상관없이 발달한다. 유능한 리더는 구성원들의 치료적 이득을 위해 집단 규범을 의도적으로 발전시켜 나가고 집단의 효과성을 저해할 수 있는 패턴이 시작되는 경우 자연적으로 개선되기를 희망하기보다는 적극적으로 개입한다.

마지막으로 리더가 갖춰야 하는 기능은 *투명성*이다. 여기에는 자기노출, 피드백, 메타커뮤니케이션(metacommunication), 그리고 내적 과정에 대한 개방성이 있다. *자기노출*은 중요하지만 위험도 따른다. 경험이 부족한 리더들은 자신의 개인적이고 일시적인 동기에 의한 노출과 치료적 목표에 도움이 되는 노출을 구별하는 것이 어렵기 때문에, 자기노출을 자제하도록 흔히 조언받는다. 자기노출을 분별력 있게 사용하여 내담자도 스스로를 개방하고 제공한 사례에서 배울 수 있는 정보를 공유하도록 하는 것은 결코 쉽지 않다. 분별력 있는 자기노출은 적절하게 노출하되 과도하게 세부적인 정보를 제공하지 않는 것이고, 초점을 내담자에게 두며, 자신을 과장하는 이야기를 피하는 것이다(Bernard et al., 2008). *피드백*은 내담자의 상황이나 선택에 대한 관점을 공유하는 것이다. *메타커뮤니케이션*은 내담자의 의사소통 스타일과, 그러한 내담자의 대화방법이 리더와 다른 집단 구성원에게 어떠한 영향(다른 사람들이 어떻게 느끼고, 생각하고, 행동하도록 만드는지)을 미치는지와 관련한 문제를 논의하는 것을 말한다. *내적 과정에 대한 개방성*은 집단 과정에 대한 내적 반영, 집단이 어디로 진행해 갈 것인가에 대한 내적 숙고뿐 아니라, 각 구성원을 그 과정에서 어떻게 도울 것인지에 대한 생각들을 공유하는 것이다. 리더는 구성원들이 고의로 부정적 과정을 못 본 척하는 것처럼 보일 때에 집단이 암묵적으로 덮고자 하는 *말할 수 없는* 것들을 언급할 수도 있다. 예를 들어, 집단 구성원이 집단의 안내지침을 무시하는 것, 대화를 지배하는 것, 또는 수동적으로 앉아 있는 것 등이다. 리더는 다른 개입과 마찬가지로 상대적으로 제한된 투명성과 노출에 대한 신중하고 우호적인 태도를 견지하며 시작할 수 있고, 집단이 발달하고 깊어짐에 따라서 점차 개방적으로 될 수도 있다.

성공적인 리더는 구조를 제공하고 자율성을 허용하는 것, 그리고 직접 참여를 통해 집단 상호작용을 관리하는 것과 상호작용 밖에서 반영적인 피드백을 제공하는 것 사이에서 균형을 찾을 수 있다. 리더들은 집단에서 균형을 유지하는 역할을 하는데, 집단이 더 깊은 곳으로 들어가고자 할 때에 흔들리지 않게 안정시켜 주는 역할을 한다. 성공적인 리더의 스타일은 다양하다. 어떤 리더는 더 교훈적이거나 위계적일 수 있고, 다른 리더들은 영감을 자극할 수 있으며, 또 다른 리더들은 촉진하는 역할을 할 수 있다. 그러나 모든 성공적인 리더들은 집단 발달 과정의 단계가 변함에 따라 필요한 것이 변하더라도 그 순간에 필요한 것을 제공할 수 있는 지혜와 유연성을 가지고 있다.

집단 MI의 리더는 적용 가능한 다양한 집단 전략들을 선별적으로 차용하여 방향을 제한할 수 있으며, 집단이 MI의 주요 과업을 수행하기 위해 집중해야 할 때면 딴 방향으로 흐르지 않도록 제한하는 역할을 해야 할 수도 있다. 예를 들어, 과거의 사건이 현재 기능에 미치는 영향을 탐색하는 것은 일반적으로 MI에서 최소한으로 제한된다. MI는 과거보다는 미래에 더 초점을 두기 때문이다. 그렇지만, 리더들이 다른 접근법에 관한 지식을 두루 갖추면, 구성원의 변화하고자 하는 노력을 가장 적절하게 지지할 수 있는 자신의 스타일을 창의적으로 적용할 수 있을 것이다. 이런 일반적인 집단 실천 안내지침을 MI 형식에 어떻게 조정하고 적용할지에 대해서는 4장에서 알아볼 것이다. 그에 앞서 다음 장에서는 MI 접근법에 대해 살펴본다.

> 성공적인 리더는 구조와 자율성, 그리고 직접 참여와 반영적 피드백 사이에서 균형을 찾을 수 있다.

참고문헌

Bales, R. F. (1958). Task roles and social roles in problem-solving groups. In E. E. Maccoby, T. M. Newcomb, & E. L. Hartley (Eds.), *Reading in social psychology* (pp. 437–447). New York: Holt, Rinehart & Winston.

Barlow, S. H. (2011). Evidence bases for group practice. In R. K. Conyne (Ed.), *The Oxford handbook of group counseling* (pp. 207–230). New York: Oxford University Press.

Barlow, S. H., Burlingame, G. M., Harding, J. A., & Behrman, J. (1997). Therapeutic focusing in time-limited group psychotherapy. *Group Dynamics: Theory, Research, and Practice, 1,* 254–266.

Barlow, S. H., Burlingame, G. M., & Fuhriman, A. (2000). Therapeutic application of groups: From Practt's "Thought Control Classes" to modern group psychotherapy. *Group Dynamics: Theory, Research, and Practice, 4,* 115–134.

Befort, C. A., Donnelly, J. E., Sullivan, D. K., Ellerbeck, E. F., & Perri, M. G. (2010). Group versus individual phone-based obesity treatment for rural women. *Eating Behaviors, 11,* 11–17.

Bernard, H., Burlingame, G., Flores, P., Greene, L., Joyce, A., Kobos, J. C., et al. (2008). Clinical practice guidelines for group psychotherapy. *International Journal of Group Psychotherapy, 58,* 455–542.

Bloch, S., & Crouch, E. (1985). *Therapeutic factors in group psychotherapy.* Oxford: Oxford

University Press.

Bordin, E. S. (1979). The generalizability of the psychoanalytic concept of the working alliance. *Psychotherapy: Theory, Research, and Practice, 16,* 252–260.

Brewer, C. L. (1981). Something for everyone. *PsycCRITIQUES, 26*(11), 872–874.

Burlingame, G., Fuhriman, A., & Mosier, J. (2003). The differential effectiveness of group psychotherapy: A meta-analytical perspective. *Group Dynamics: Theory, Research, and Practice, 7,* 3–12.

Burlingame, G. M., MacKenzie, D., & Strauss, B. (2004). Small group treatment: Evidence for effectiveness and mechanisms of change. In M. J. Lambert (Ed.), *Bergin and Garfield's handbook of psychotherapy and behavioral change* (5th ed., pp. 647–696). New York: Wiley.

Conyne, R. K. (Ed.). (2011). *The Oxford handbook of group counseling.* New York: Oxford University Press.

Corsini, R. J., & Rosenberg, B. (1955). Mechanisms of group psychotherapy: Processes and dynamics. *Journal of Abnormal and Social Psychology, 51,* 406–411.

Delsignore, A., Carraro, G., Mathier, F., Znoj, H., & Schnyder, U. (2008). Perceived responsibility for change as an outcome predictor in cognitive-behavioural group therapy. *British Journal of Clinical Psychology,* 47(Pt. 3), 281–293.

Dinkmeyer, D. C., & Muro, J. C. (1979). *Group counseling: Theory and practice* (2nd ed.). Itasca, IL: Peacock.

Faris, A. S., & Brown, J. M. (2003). Addressing group dynamics in a brief motivational intervention for college student drinkers. *Journal of Drug Education, 33*(3), 289–306.

Fielding, J. M. (1983). Verbal participation and group therapy outcome. *British Journal of Psychiatry, 142,* 524–528.

Fishman, I., Ng, R., & Bellugi, U. (2010). Do extraverts process social stimuli differently from introverts? *Cognitive Neuroscience, 2,* 67–73.

Forsyth, D. R. (2011). The nature and significance of groups. In R. K. Conyne (Ed.), *The Oxford handbook of group counseling* (pp. 19–35). New York: Oxford University Press.

Forsyth, D. R., & Strong, S. R. (2004). The scientific study of counseling and psychotherapy: A unificationist view. *The interface of social and clinical psychology: Key readings* (pp. 290–300). New York: Psychology Press.

Gawronski, B. (2004). Theory-based bias correction in dispositional inference: The fundamental attribution error is dead, long live the correspondence bias. *European Review of Social Psychology, 15,* 183–217.

Giese-Davis, J., Koopman, C., Fobair, P., Butler, L. D., Classen, C., Cordova, M., et al. (2002). Change in emotion-regulation strategy for women with metastatic breast cancer following supportive–expressive group therapy. *Journal of Consulting and Clinical Psychology, 70,* 916–925.

Holmes, S. E., & Kivlighan, D. M. (2000). Comparison of therapeutic factors in group and individual treatment process. *Journal of Counseling Psychology, 47,* 478–484.

Hornsey, M. J., Dwyer, L., & Oei, T. P. (2007). Beyond cohesiveness: Reconceptualizing the link between group processes and outcomes in group psychotherapy. *Small Group Research, 38,* 567–592.

Howard, C., Dupont, S., Haselden, B., Lynch, J., & Wills, P. (2010). The effectiveness of a group cognitive-behavioural breathlessness intervention on health status, mood and hospital admissions in elderly patients with chronic obstructive pulmonary disease. *Psychology, Health and Medicine, 15,* 371–385.

Johnson, J. (2007). Cohesion, alliance, and outcome in group psychotherapy: Comments on Joyce, Piper, & Ogrodniczuk (2007). *International Journal of Group Psychotherapy, 57,* 533–540.

Joyce, A. S., MacNair-Semands, R., Tasca, G. A., & Ogrodniczuk, J. S. (2011). Factor structure and validity of the Therapeutic Factors Inventory–Short Form. *Group Dynamics: Theory, Research, and Practice, 15,* 201–219.

Kelly, J. R. (2004). Mood and emotion in groups. In M. B. Brewer & M. Hewstone (Eds.), *Emotion and motivation* (pp. 95–112). Malden, MA: Blackwell.

Kerr, N. L., & Tindale, R. S. (2004). Group performance and decision making. *Annual Review of Psychology, 55,* 623–655.

Kivlighan, D. M., Jr. (2008). Comments on the practice guidelines for group psychotherapy: Evidence, gaps in the literature, and resistance. *International Journal of Group Psychotherapy, 58*(4), 543–554.

Kivlighan, D. M., Jr., & Tarrant, J. M. (2001). Does group climate mediate the group leadership–group member outcome relationship?: A test of Yalom's hypotheses about leadership priorities. *Group Dynamics, 5,* 220–234.

Klein, R. H. (2008). Toward the establishment of evidence-based practices in group psychotherapy. *International Journal of Group Psychotherapy, 58,* 441–454.

Lamb, S. E., Hansen, Z., Lall, R., Castelnuovo, E., Withers, E. J., Nichols, V., et al. (2010). Group cognitive behavioural treatment for low-back pain in primary care: A randomised controlled trial and cost-effectiveness analysis. *Lancet, 375*(9718), 916–923.

Lieberman, M., Miles, C., & Yalom, I. D. (1973). *Encounter groups: First facts.* New York: Basic Books.

MacKenzie, K. R. (1983). The clinical application of a group climate measure. In R. R. Dies & K. R. MacKenzie (Eds.), *Advances in group psychotherapy: Integrating research and practice* (pp. 159–170). New York: International Universities Press.

MacKenzie, K. R. (1994). The developing structure of the therapy group system. In H. S. Bernard & K. R. MacKenzie (Eds.), *Basics of group psychotherapy* (pp. 35–59). New York: Guilford Press.

MacKenzie, K. R., Dies, R. R., Coche, E., Rutan, J. S., & Stone, W. N. (1987). An analysis of AGPA institute groups. *International Journal of Group Psychotherapy, 37,* 55–74.

Marchand, A., Roberge, P., Primiano, S., & Germain, V. (2009). A randomized, controlled clinical trial of standard, group and brief cognitive-behavioral therapy for panic disorder with agoraphobia: A two-year follow-up. *Journal of Anxiety Disorders, 23*, 1139–1147.

Marmarosh, C. L., & Van Horn, S. M. (2011). Cohesion in counseling and psychotherapy groups. In R. K. Conyne (Ed.), *The Oxford handbook of group counseling* (pp. 137–163). New York: Oxford University Press.

Martin, D. J., Garske, J. P., & Davis, M. K. (2000). Relation of the therapeutic alliance with outcome and other variables: A meta-analytic review. *Journal of Consulting and Clinical Psychology, 68,* 438–450.

McLendon, D. T., & Burlingame, G. M. (2011). Group climate: Construct in search of clarity. In R. K. Conyne (Ed.), *The Oxford handbook of group counseling* (pp. 164–181). New York: Oxford University Press.

McRoberts, C., Burlingame, G., & Hoag, M. (1998). Comparative efficacy of individual and group psychotherapy: A meta-analytic perspective. *Group Dynamics: Theory, Research, and Practice, 2,* 101–117.

Miller, W. R., & Rollnick, S. (2013). *Motivational interviewing: Helping people change* (3rd ed.). New York: Guilford Press.

Miller, W. R., & Rose, G. S. (2009). Toward a theory of motivational interviewing. *American Psychologist, 64,* 527–537.

Minniti, A., Bissoli, L., Di Francesco, V., Fantin, F., Mandragona, R., Olivieri, M., et al. (2007). Individual versus group therapy for obesity: Comparison of dropout rate and treatment outcome. *Eating and Weight Disorders, 12*, 161–167.

Muroff, J., Steketee, G., Rasmussen, J., Gibson, A., Bratiotis, C., & Sorrentino, C. (2009). Group cognitive and behavioral treatment for compulsive hoarding: A preliminary trial. *Depression and Anxiety, 26,* 634–640.

Niccols, A. (2008). "Right from the start": Randomized trial comparing an attachment group intervention to supportive home visiting. *Journal of Child Psychology and Psychiatry and Allied Disciplines, 49,* 754–764.

Oei, T. P., & Dingle, G. (2008). The effectiveness of group cognitive behaviour therapy for unipolar depressive disorders. *Journal of Affective Disorders, 107,* 5–21.

Oei, T. P., Raylu, N., & Casey, L. M. (2010). Effectiveness of group and individual formats of a combined MI and cognitive behavioral treatment program for problem gambling: A randomized controlled trial. *Behavioural and Cognitive Psychotherapy, 38,* 233–238.

Piper, W. E., Ogrodniczuk, J. S., McCallum, M., Joyce, A. S., & Rosie, J. S. (2003). Expression of affect as a mediator of the relationship between quality of object relations and group therapy outcome for patients with complicated grief. *Journal of Consulting and Clinical Psychology, 71*, 664–671.

Robbins, R. N. (2003). Developing cohesion in court-mandated group treatment of male spousal abuses. *International Journal of Group Psychotherapy, 53,* 261–284.

Schutz, W. C. (1961). On group composition. *Journal of Abnormal and Social Psychology, 62,* 275–281.

Seligman, M. E. P., Rashid, T., & Parks, A. C. (2006). Positive psychotherapy. *American*

Psychologist, 61, 774–788.

Siskind, D., Baingana, F., & Kim, J. (2008). Cost-effectiveness of group psychotherapy for depression in Uganda. *Journal of Mental Health Policy and Economics, 11,* 127–133.

Smock, S. A., Trepper, T. S., Wetchler, J. L., McCollum, E. E., Ray, R., & Pierce, K. (2008). Solution-focused group therapy for level 1 substance abusers. *Journal of Marital and Family Therapy, 34,* 107–120.

Sobell, L. C., Sobell, M. B., & Agrawal, S. (2009). Randomized controlled trial of a cognitive-behavioral motivational intervention in a group versus individual format for substance use disorders. *Psychology of Addictive Behaviors, 23,* 672–683.

Tindale, R. S., & Kameda, T. (2000). "Social sharedness" as a unifying theme for information processing in groups. *Group Processes and Intergroup Relations, 3,* 123–140.

Trotzer, J. P. (1977). *The counselor and the group: Integrating theory, training, and practice.* Monterey, CA: Brooks Cole.

Tuckman, B. W., & Jensen, M. A. C. (1977). Stages of group development revisited. *Group and Organizational Studies, 2*(4), 419–427.

Turner, J. C., Brown, R. J., & Tajfel, H. (1979). Social comparison and group interest in ingroup favouritism. *European Journal of Social Psychology, 9,* 187–204.

Weiss, R. D., Griffin, M. L., Kolodziej, M. E., Greenfield, S. F., Najavits, L. M., Daley, D. C., et al. (2007). A randomized trial of integrated group therapy versus group drug counseling for patients with bipolar disorder and substance dependence. *American Journal of Psychiatry, 174,* 100–107.

Weiss, R. D., Jaffee, W. B., de Menil, V. P., & Cogley, C. B. (2004). Group therapy for substance use disorders: What do we know? *Harvard Review of Psychiatry, 12,* 339–350.

Whelton, W. J. (2004). Emotional processes in psychotherapy: Evidence across therapeutic modalities. *Clinical Psychology and Psychotherapy, 11,* 58–71.

Wildschut, T., Pinter, B., Vevea, J. L., Insko, C. A., & Schopler, J. (2003). Beyond the group mind: A quantitative review of the interindividualintergroup discontinuity effect. *Psychological Bulletin, 129,* 698–722.

Yalom, I., & Leszcz, M. (2005). *The theory and practice of group psychotherapy* (5th ed.). New York: Basic Books.

제3장 동기강화상담 개관

MI는 변화에 대한 관심과 에너지를 증폭시키고 변화에 방해가 되는 거리낌이나 자연스레 생길 수 있는 방어의 강도를 느슨하게 하고 낮추는 데 도움이 된다. MI 임상가들은 수용적이며 지지하는 분위기를 제공하고 내담자가 삶에서 지금보다 더욱 충족감을 느끼면서 살 수 있는 길이 무엇일지 그에 대한 내담자의 열망과 계획을 유발하는 대화를 만들어 간다.

MI는 인간중심주의, 인지, 행동 치료에서 도출된 개념과 함께 사회, 인지심리학 연구에서 나온 결과들을 통합하고 있기는 하지만 특정 이론에 근거한 접근이라기보다는 실제 경험으로부터 발달된 것이다. 실제적으로 MI는 변화의 핵심으로 동기의 강화에 역점을 둔다. 변화를 향한 동기가 부족한 사람은 외부 압력에 의해 간혹 변화할지도 모른다. 하지만 그들이 보이는 변화는 자신들이 원해서 시작하거나 유지한다고 볼 수는 없다. MI는 외적 요인에 의해 강요받거나 어쩔 수 없는 변화가 아니고 자신들이 진정 원하는 변화가 되도록 돕는다

양가감정

미해결 된 양가감정은 변화에 가장 보편적인 장애로 작용한다. 양가감정은 지금까지 살아온 대로 사는 것과 뭔가 새롭게 시도하는 것 사이에서 논쟁하도록 양쪽에서 끌어당기는 상황과 같다. 인지적으로 사람이 어딘가에 빠져 옴짝달싹할 수

없으면 어떤 것에 대한 결정이 불가능하다. 행동적으로는 한걸음도 내딛지 못한다. 움직인다는 것은 생각조차 할 수 없으며 실패할 조짐을 보여주는 신호만 자꾸 되새기게 된다. 어떤 사람은 무턱대고 앞으로 내달리는데 이는 변화하고자 하는 열망이 전혀 준비되지 않았음을 빠르게 경험하도록 해줄 뿐이다. 그러다 실망하면 금방 포기한다. 정서적으로 이 상황의 사람들은 앞으로 일어날 일들에 대한 흥분, 자신감, 결의를 경험하는 것에서부터 앞에 놓인 변화와 현재상태의 안락함을 떠나야 한다는 것에 대한 두려움, 분노, 슬픔을 느끼는 것까지 모든 범주의 감정들을 경험한다.

사람들은 변화에 이만한 노력과 대가를 지불할 가치가 있는지 고심하기도 하고, 이루어 낼 만한 의지를 갖기 위해 고군분투할 수도 있다. 또한 실패할 가능성 때문에 두려워하기도 한다. 그들은 세부적인 사항들을 살펴보기도 하고, 선택할 수 있는 것들이 무엇인지, 기회는 있는지, 망신을 당할 위험은 없는지 고려한다. 변화가 시작되면 현재까지 살아온 방식에 묻어 있던 익숙함과 편안함은 잃게 된다. 첫 성공마저도 그다지 큰 위안을 가져다주지는 못한다. 그들이 감행하는 모험의 중요성을 인식하면 진정한 안심은 영구적인 변화가 가능할 때라는 사실을 이전보다 더욱 깨닫게 되기 때문이다. 잠깐 반짝하는 식이요법이 문제가 아니라 지속적인 식습관의 변화가 관건이다. 운동에 대한 필요성은 말해봐야 끝이 없다. 어떤 특정 쾌락은 영원히 포기해야 할 수도 있다.

생활양식과 관점, 습관에 있어 의도적 변화를 이루어야 한다는 것은 위압적으로 느껴질 수 있다. 사람들은 오래된 편안함보다는 즉각적인 보상을 주지는 않지만 더욱 가치 있는 일들에 대하여 배울 필요가 있다. 그들은 위기 상황을 극복하기 위해 순간적인 자극이나 몸에 배인 습관대로 하기보다 눈에 보이지 않는 추상적인 개념을 붙잡아야 할 때도 있다. 어쩌면 그들은 자신과 타인을 신뢰하는 법을 배워야 하는지도 모른다.

MI에서 우리는 변화를 원하고 필요로 하는, 또는 이전과 같이 살 수 없는 사람들을 만나고 있다. 내담자들은 보다 건강하고 충만한 삶을 창조하는 데 있어 우리의 연민과 존중, 지지를 경험한다. 그들은 우리가 자신들을 이해하려고 애쓰는 것과 자신들을 진심으로 받아들이고 새로운 미래를 그리며 그것이 실현될 길을 찾도록 돕는다는 것을 알게 된다. 우리는 내담자의 말을 주의 깊게 들으며 비언어적 표현을 유심히 보고, 변화를 향해 나아가게 하는 정서와 현재 상태 혹은 더 나쁜 상태로 되밀어 넣으려는 정서를 느낀다. 타성과 되돌아가려는 마음도 용납하나 보통 그것에 대해 활발하게 탐색하지는 않는다. 반면 긍정적 움직임을 이끌어내고 그것을 부각시킨다. 내담자와 협력적으로 작업하는 동안 그들이 선택할 수 있다는 사실에 대해 지속적으로 상기시키는데 그 과정을 통해 내담자들은 상당한 자율성을 발달시키고 삶의 주인의식을 지닌 채 자신 고유의 운명을 빚어갈 능력을 갖게 된다.

변화

MI는 내담자로 하여금 자신의 삶에서 개선할 수 있는 긍정적 변화에 초점을 두도록 돕는다. 아직까지는 MI의 활성 인자들이 명확하게 밝혀지지 않았지만 효과성에 기여하는 것으로 나타난 몇 가지 요인들은 있다. 그 중의 한 개념(Daryl Bem(1972)의 자기지각 이론)은 사람의 신념과 태도가 그들이 논하는 바에 따라 형성된다는 것이다. 특히 자기가 자신에 대하여 어떤 논의를 펼치는가에 의해 좌우된다는 것이다. 운동의 중요성에 대하여 말하는 사람일수록 이후에 운동이 중요하다고 기억할 가능성이 보다 높다. MI는 우리가 원하는 것을 사람들이 하도록 조장하는 것이 아니다. 문제를 야기하는 패턴에서 벗어나 보다 만족스런 삶을 향해 성장하고자 하는 동기를 탐색하도록 돕는 것이며, 이를 위한 핵심 전략은 내담자로 하여금 자신의 생각과 감정, 변화를 향한 충동을 탐색하도록 돕는 것이다.

*변화대화*란 변화를 향해 앞으로 나아갈 때 내담자가 말하는 언어이다. 초기 문헌(Rollnick, 1998)에서는 변화언어의 요소를 언급하면서 동기란 변화에 대한 중요성과 변화가 가능하다는 자신감의 조합으로 나타난다고 했다. 다르게 요약하자면 *준비와 의지 그리고 능력*이다(Rollnick, Mason, & Butler, 1999). Amrhein, Miller, Yahne, Palmer와 Fulcher(2003)의 심리언어학 연구는 변화대화를 다음과 같은 7가지 유형으로 나눈다.

> MI는 내담자로 하여금 자신의 삶에서 개선할 수 있는 긍정적 변화에 초점을 두도록 돕는다.

- 변화하고 싶은 열망(**D**esire)
- 변화할 수 있는 능력(**A**bility)
- 변화해야 하는 이유(**R**easons)
- 변화해야 하는 필요(**N**eed)

- 변화에 대한 결심공약(**C**ommitment)
- 실행활성화(**A**ctivation)
- 실천하기(**T**aking steps)

약자 DARN-CAT로 분류한다. DARN은 *변화준비언어(preparatory change talk)*로, 우리는 내담자들이 변화를 원하는지 원하지 않는지와 관련된 말을 한동안 하도록 하고 듣고 있다가 변화를 원한다에 해당하는 특정 대화를 더더욱 갈고닦게 한다. CAT에 해당하는 요소들은 *변화실행언어(mobilizing change talk)*로 간주한다. 이것은 내담자가 어떻게 변화를 이룰 것인지와 변화를 시작하는 것에 대한 요소들을 담고 있다.

Miller와 Rose(2009)는 MI에서 변화대화와 변화의 연관성을 선형모델로 제시하는데 특정한 상담자 행동은 변화준비언어(DARN)를 이끌어 내고 내담자로 하여금 변화에 대해 결심공약을 말하게 하는데, 이는 결국 변화를 향한 실행활성화와 실천하기로 이어지게 한다는 것이다. 이 모델을 뒷받침해 주는 근거가 있기는 하나(Moyers & Martin, 2006; Moyers et al., 2007; Moyers, Martin, Houck, Christopher, & Tonigan, 2009; Walters, Vader, Harris, Field, & Jouriles, 2009) 이 모델이 어떻게 완수되는지, 얼마나 정확한지, 행동의 어떤 특정 기제가 이 과정에 관여하는지와 같은 부분에 대해서는 아직 의문이 남아있다.

MI에서는 변화대화를 이끌어 내고 변화로의 가속을 위해 사용하는 몇 가지 전략이 있다. 이는 공감하기와 방향성에 균형을 맞추면서 협력하고 이끌어 내는 치료적 입장을 가진다. 그리고 특정한 의사소통 요소와 전반적인 진행과정을 병합하여 여세를 몰아 가기 위해 치료적 대화의 길잡이가 될 만한 몇 가지 광범위한 전략을 포괄한다. 우리는 여기서 그리고 이후 장에서 이에 대해 검토할 것이다. 이 접근에 능숙하길 원하는 조력자는 MI 전반을 다룬 저서(Miller & Rollnick, 2013), 건강돌봄(Rollnick, Miller, & Butler, 2008)과 정신건강(Arkowitz, Westra, Miller, & Rollnick, 2008), 불안(Westra, 2012), 청소년 상담(Naar-King & Suarez, 2011), 사회복지(Hohman, 2012), 교정(Walters, Clark, Gingerich, & Meltzer, 2007)과 같이 특정 대상을 위해 쓴 책을 읽어보길 권한다. 실무자들을 위한 훈련 워크북 '동기강화상담기술훈련' 또한 추천한다(Rosengren, 2009).

현상유지

양가감정의 한 면인 현상유지(status quo)는 변화할 마음이 내키지 않고 현재 생활양식을 고수, 유지하려는 입장이다. 변화는 힘들다. 여기에는 자신의 삶에서 심지어 자신에게 소중한 부분을 포기하는 것도 포함된다. 어색하기만 한 새로운 행동이 습관이 되도록 노력해 보기는 하나 단기간에 그만한 노력의 대가를 얻지 못할 수도 있다. 어떤 때는 변하는 과정 중에 예상치 못한 난관이 닥치거나 손해를 보기도 한다. 변화에 착수하기 전까지는 완전히 드러나지 않았던 여러 어려움들을 오랜 습관이 덮고 있었음을 발견할 수도 있다. 내담자의 변화를 도우면서 이 점을 어떻게 다룰 것인지의 관건은 바로 기술과 민감성, 타이밍이다.

저항이론(Brehm, 1966)이 이것과 상관이 있는데, *저항*은 누군가가 어떤 방법으로든 자신에게 제한을 가하려고 할 때 사람은 자신의 자유를 지키고 방어하려 한다는 개념이다. 때로 내담자들은 변화에 대한 자신들의 주저함에 대해 말하고 싶어 한다. 만약 우리가 변화에만 초점을 둔다면 우리는 그들의 내적 논쟁에서 *한쪽 편에* 선 존재가 된다. 따라서 우리는 내담자들로부터 자신들의 선택의 자율성을 제한하고 변화를 강요하려는 자들로 인식될 수 있다. 어떤 경우에는 양가감정의 한 측면인 현재상태(MI 모델에서는 *유지대화*로 간주함)를 탐색해 보는 것도 유익한데, 지속 가능한 변화를 촉진하고자 할 때 더욱 그러하다. 물론 문제나 위험, 손실에 너무 많이 집중하는 것에도 위험 요소가 있다. 우리가 현재 상태와 관련하여 거기에 너무 치중하다 보면 변화에 대한 동기를 짓누를 수 있으므로 주의해야 한다.

양가감정의 균형 맞추기(변화를 향한 기울임을 지닌 채)

MI의 목표는 변화를 유발해 내는 것이기에 대부분의 경우는 변화에 긍정적이고 우호적인 내담자의 생각과 감정, 행동에 초점을 맞춘다. 꼭 그렇게 해야 할 필요가 없는 이상은 양가감정의 현상유지에는 덜 주목한다. 적극적으로 변화대화를 탐색하고 현상유지에 대한 관심이 집중될 때 이를 수용하고 이해하지만 더불어 전환의 순간을 포착하여 내담자를 다시 변화의 가능성과 이점을 탐색하는 곳으로 재초청한다.

전반적인 전략은 변화의 움직임에 역점을 두고 유지하는 것이다. 그러나 전반적으로는 변화로 향하는 방향성을 견지하면서도 때로는 내담자가 현상유지에 대한 애착을 버릴 수 있도록 돕기 위해 비지시적인 태도를 병합하기도 한다. 만약 당신이 변화라는 결과를 보여야 하는 부담이 있거나 확신시키려는 마음이 너무 클 때는 변화대화를 포착하기 힘들 수 있다. 무언가를 너무 간절히 좇으면 그것을 오히려 내쫓게 된다.

획일성의 신화(uniformity myth)(Kiesler, 1966)—한 가지 올바른 접근이 모든 상황과 내담자에게 들어맞는다는 생각—에 빠지는 것은 매우 흔한 일이다. 한 사이즈의 옷이 모든 사람에게 맞을 수는 없다. 현상유지를 탐색하는 것이 유익할 때가 있는데, 특히 집단에서 집단 구성원들 간의 양가감정이 다르거나 변화를 향해 나아가는 데 필요로 하는 도움이 다를 경우이다. 양가감정 중 현상유지에 주의하는 것이 의미 있는 이유를 몇 가지 제시하면 다음과 같다.

- 내담자들과의 신뢰와 동맹관계를 증진시킨다.
- 내담자가 감정을 발산하게 되어 보다 또렷하게 사고할 수 있게 된다.
- 내담자의 변화에 대한 압박이나 저항감을 줄이도록 돕는다.
- 현재 행동으로부터 얻는 이익을 잘 이해한 후 그러한 이익을 얻을 수 있는 더 나은 방법들을 모색하게 한다.
- 변화의 장애물을 확인하고 그것을 극복할 수 있는 전략을 세우게 한다.

다음 절에서는 변화와 현상유지의 균형 맞추기가 어떻게 집단 MI를 빚어가고 다양한 내담자의 스타일과 집단 역동이라는 도전을 지닌 채 방향과 공감을 병합해 가는지 알아볼 것이다. 일반적 원리에서 보자면 그래도 변화라는 목표점을 향하여 균형을 맞추어 간다는 점을 기억하는 것이 좋다. 동시에 내담자로 하여금 강요에 맞서 자신들을 방어하기 위해 변화에 반하는 논쟁을 하고 싶은 마음이 들지 않도록 해야 한다.

공감과 방향성

MI는 적절한 방향성의 제시와 Rogers(1951)의 주요소인 공감을 겸비한다. Rogers는 종종 내담자 중심 치료가 비지시적이라고 표명했지만 어떤 연구는 Rogers가 사실상은 무엇을 반영하고 무엇을 무시할 것인지 선택했고 내담자들은 Rogers가 강화하고 싶은 것에 따라 방향성을 가지고 반응했다고 말한다(Truax, 1966).

MI는 내담자 중심 치료보다 더욱 면밀하다. MI는 내담자 중심이라는 입장을 유지하면서 내담자의 삶을 개선하기 위해 바꿀 수 있는 행동이 무엇인지 구체적으로 확인하고 명시하게 한다. MI는 내담자들이 자신의 삶에서 무언가 잘 되어가지 않을 때 치료 서비스를 찾는다는 가정을 갖고 있다. 이러한 변화를 향한 편향이 있지만 그래도 MI 실무자들은 내담자 중심으로 그들의 자율성을 존중하고 지지한다. MI는 외부로부터 누군가가 내담자에게 좋을 법하다고 여겨지는 지식이나 선택을 주입하는 것이 아니라 내담자 본인의 아이디어나 변화를 향한 추진력과 같이 그들 안에 있는 것을 밖으로 이끌어 낸다.

따라서 MI는 치료적 방향성(therapeutic direction)을 가진다. 이는 *지시적(directiveness)*이라는 말과 구분될 필요가 있는데, 여기에서의 지시적이라는 것은 누군가가 우월한 위치에서 상대방을 위해 결정을 내린다거나 상대방이 자신의 열망대로 하도록 영향을 미치려는 것을 뜻한다. 이를 긍정적인 방법으로 할 수도 있다. 가령 그들이 한 선택들 중 선별해서 승인하거나 당신이 더 낫다고 여기는 쪽으로 선택하도록 조언을 줄 수도 있다. 혹은 그들에게 동의하지 않거나 들은 대로 해야 한다고 노골적으로 지시하는 등 부정적인 태도로 대할 수도 있다. 그러나 지시적 양태의 어느 쪽도 MI에서 말하는 방향성의 개념에는 부합하지 않다. MI는 전반적으로 긍정적인 방향으로의 변화를 지향한다. MI에서 말하는 방향성이란 내담자가 직면한 변화와 관련된 이슈에 초점을 두는 대화, 내담자의 삶에 도움이 되지 않는 패턴을 바꾸려는 동기에 힘을 실어주는 방식의 상호작용을 말한다. 물론 MI에서도 조언하기나 권장하기 역할이 있기는 하나 여기에는 최소한의 비중을 두고 항상 내담자의 자율성과 선택을 강조하는 방식으로 대화가 이루어진다.

동기강화상담 정신

MI 정신은 첫째, 상호 존중을 바탕으로 협력하는 *협동정신(partnership)*이다. 내담자들은 건강한 변화를 이루는 데 있어 그들 자신에 관한 한 최고의 전문가이다.

MI 실무자들은 변화를 지지하는 대화를 용이하게 할 수 있는 전문성을 갖추고 있다. MI는 상대편 경쟁자와의 레슬링이라기보다 파트너와의 춤추기에 비유할 수 있다.

MI 실무자들은 내담자에 대한 깊은 *수용*의 태도를 견지하는데, 이는 변화가 용이하도록 이끈다. Miller와 Rollnick(2013)은 수용에 다음과 같은 몇 가지 요소들을 포함하여 제시한다. 첫째는 인간 존재로서 내담자의 *절대적 가치*를 인정하는 것이다. 내담자에게 동의할 때만 이해하고 수용하다가 그들과 의견이 다를 때는 무시하는 식으로 의사소통하지 않는다. 이런 조건적인 태도는 사회적 상호작용에서 흔히 볼 수 있는 일이다. 하지만 이런 태도는 변화를 이끌어 내는 데 그다지 효과적이지 않다. Rogers의 말(1961)에 의하면 "참 재밌는 역설은 내가 나 자신을 있는 그대로 받아들일 때, 그때서야 나는 변할 수 있다"(p.17). 물론 때로는 상담자도 추가적인 정보를 제공하거나 다른 관점을 공유하기도 한다. 그러나 이러한 부가적인 아이디어나 관점이 내담자에게 혹시나 유용할 수 있을까 하는 궁금함에서 하는 것이지 결코 내담자를 있는 그대로 받아들이지 못해서 하는 것이 되어선 안된다.

수용은 변화를 용이하게 한다.

*정확한 공감*은 수용의 다른 요소이다. 이는 내담자 중심 치료에서 차용한 것으로 정확한 공감의 목적은 내담자의 내면 세계—경험, 관점, 정서, 의미—를 인식하고 내담자의 경험을 더 잘 이해하며 더 잘 알아차리는 것이다. 또한 내담자의 *내면*의 변화 가능성을 고려하는 것이다. Rogers와 동료들은 이 과정을 내담자가 자신에게 *더 가까워*지도록 돕는 것이라고 말한다(Rogers, Gendlin, Kiesler, & Truax, 1967, p.105). 더 깊은 의미의 정확한 공감이란 내담자가 전적으로 인식하지 못한 경험이나 의미까지도 볼 수 있는 것을 말한다. 이것은 해석과는 다른 것으로 내담자가 고려하고 참조할 만한 어떤 외부적인 틀을 제공한다기보다 이미 내담자 안에 있는 것을 열어 보여주는 것이다. 이에 대한 내담자의 경험은 "새롭군요. 근데 … 완전히 낯설지는 않네요"와 같은 것이 되어야 한다(p.106). Rogers와 동료들은 정확한 공감적 이해를 발달시키려는 노력이 직접적인 유익을 주고 여기에 더하여 내담자는 상담자가 자신을 이해하려고 애쓴다는 사실을 가치롭게 경험하여 그 자체만으로도 보상이 된다고 말한다. 이는 내담자로 하여금 자신 고유의 경험과 관련된 것을 더 뚜렷히, 전체적으로 이해하고자 하는 동기를 증가시

킨다고 한다.

또한 MI 정신은 *내담자의 자율성*—선택하고 갖가지 사항들을 고려하고 행동을 취할 수 있는 능력과 권한—을 *지지한다*. 내담자의 삶은 우리의 것이 아닌 그들의 것이다. 자율성 지지는 간단히 말해 우리가 내담자로 하여금 무엇을 하도록 시킬 수 없다는 것을 아는 것이다. 이것은 사람들에게 동기를 만들어 주기보다 그들이 원하는 일련의 삶을 살지 못하도록 속박하는 어떤 습관이나 관점, 정서를 흔들어 거기서 나오도록 돕는다는 신념을 담고 있다.

인정하기는 의사소통의 기술로 차후에 상세히 다룰 것이다. *인정하기*는 단순히 우리가 동의하는 내담자의 선택을 칭찬하거나 승인하는 것을 말하지 않는다. 이것은 보여지는 약점이나 주저함, 과거의 문제보다 내담자의 강점과 노력, 비전에 집중하는 것이다. 잘 되지 않는 것을 고치려 들기보다 잘 되고 있는 것을 더욱 높이 쌓아갈 때 탄력이 붙는다.

다음 MI 정신은 *연민*의 마음이다. 우리는 우선적으로 모든 것이 내담자에게 최선이 되도록 돕는다. 사회나 가족 등의 필요가 동시에 있을지라도 MI는 내담자의 성장 욕구에 초점을 둔다. 윤리적 문제로 해로울 수 있는 관심사의 추구를 돕지 않기로 선택하는 경우가 있기는 하지만, MI는 내담자의 최고의 관심에 맞서지 않는다.

마지막 MI 정신은 *유발성*이다. MI 실무자들은 내담자로부터 어떤 행동이 문제가 될 수 있는지 정하고 자신들의 염려하는 바를 탐색하고 변화에 대한 낙관성이나 의도를 이끌어 낸다.

Miller(1999)는 실무자들의 역할을 *아가페*를 제공하는 것으로 개념화했다. 이는 타인의 안녕과 성장을 진작시키는 이타적인 사랑의 형태이다. *아가페*는 내담자로 하여금 자신을 용납하고 그들이 한 선택을 분별하게 한다. 이러한 수용은 그들에게 잠재력을 발휘할 수 있는 영감을 공급하기도 한다. 당신이 *아가페*를 할 때, 상징적으로 당신은 내담자의 양가감정과 몸부림을 끌어안는다고 할 수 있다. 그럴 때 내담자들은 안전감을 경험하고 방어하고자 하는 마음 없이 양가감정이 해결될 가능성을 드러낸다. 당신이 MI 정신을 수행하고 있음을 보여주는 신호는 내담자가 가진 문제나 부정적인 습관이 무엇이냐와 상관없이 내담자의 강함과 인간됨에 당신이 경외감을 느끼고 있는지에 달려 있다.

의사소통 스타일

MI 실행은 협력적 관계 위에서 OARS로 축약된 구체적인 의사소통 스타일을 구현함으로써 이루어진다. 열린 질문(**O**pen questions)은 정교함을 더하고 보다 깊이 생각하도록 돕는다; 인정하기(**A**ffirmation)는 내담자 안에 긍정적 감정을 고취한다; 반영하기(**R**eflections)는 조력자가 정확히 이해하고 있음을 보여주고 내담자에게 그만이 가진 특별한 이미지를 되돌려주는 것과 같다; 요약하기(**S**ummaries)는 기본적인 반영을 확장하여 특정 순간을 강조하거나 방향을 전환하는 것을 말한다. 우리는 이러한 기법을 라포를 형성하고 내담자의 이슈를 이해하는 과정과 논의를 촉진하거나 치료적 관계에서의 갈등을 해결하는 데 활용한다. 또한 내담자가 고려해 보면 더 유익할 측면으로 전환하여, 치료적 동맹관계가 견고한 그 관계 위에서 변화에 대한 결심을 공고히 하고자 할 때 활용한다. 우리는 각각의 의사소통 기법에 관하여 그것이 무엇인지 그리고 어떤 목적으로 사용하는지에 관해서 상세히 논의할 것이다.

*열린 질문*은 제한적인 응답보다 열린 대답이 가능하도록 한다. 열린 질문은 내담자로 하여금 여러 가능성을 탐색하게 하고 그들 스스로 다양한 관점에서 상상해 보게 한다. 이뿐 아니라 대화에 집중할 수 있도록 중요한 구조를 제공하는데, 예를 들면 "음주가 일상생활에 얼마나 적절한지 더 들어보고 싶습니다" 또는 "어떻게 달라지면 좋을 것 같나요?"와 같은 질문이다. 이 두 번째 질문은 내담자의 관점을 이끌어 내고 미래에 초점을 두게 하며 미래에 대한 변화대화를 유발해 낸다. 열린 질문의 상반된 질문은 닫힌 질문인데 예를 들어 "언제 이 일이 발생했나요?", "몇 번이나요?", "어디서요?", "~했나요?"와 같은 질문이다. 일반적으로 닫힌 질문은 내담자가 주제에 관해 폭넓게 탐색하기보다 실무자에게 특정 정보를 제공해 준다.

거시적으로 보면, 핵심은 우리가 사람들을 열리게 했느냐 아니면 닫히게 했느냐의 문제이다. 열린 질문은 사람들로 하여금 여러 선택사항들을 탐색하고 해결의 주도권을 갖게 하는 한편 닫힌 질문은 그들의 삶의 방향을 결정하는 데 타인이 영향력을 행사하도록 미리부터 맡겨 버리게 한다. 닫힌 질문은 "제가 주도할게요. 질문을 듣고 답하세요. 그리고 다음 질문을 기다리세요"와 같은 메시지를 줄 수 있다. 시간이 갈수록 닫힌 질문은 암묵적인 위계를 형성하고 묻는 사람이 더 권한을 행사하고 논의를 통제하며 답하는 사람은 더 수동적이고 부자연스럽게 따라가는 구도를 만들게 한다. 닫힌 질문의 과다한 사용은 우리를 전문가의 입장에 서게 하고 내담자는 자신의 문제를 해결하기에 무력하고 전문가의 안내를 받아야 하는 위치에 서게 만든다.

이는 MI가 지향하는 것과는 정반대이다. MI는 사람들이 타인이 제시한 계획을 고수하기보다 새로운 가능성에 개방되도록 도움으로써 그들의 관점과 열망, 희망을 이끌어 내려 한다. 이는 내담자로 하여금 삶을 살아가는 새로운 방식에 눈을 뜨게 하고 창의적으로 그것을 찾고 구하게 한다. 사람들이 자신의 운명에 휘둘리기보다 삶의 주인됨을 경험하여 삶을 통제할 수 있도록 돕는 것이다. "이것은 나의 삶이야. 이것을 하고 싶어. 이런 사람이 되고 싶어"와 같이 그들이 그들의 삶으로 신명나길 바란다. 그들이 변화의 가능성과 그것이 가져다줄 것에 대해 마음이 열릴 때, 잃어버릴 것이나 어려움, 낯설음, 불편함에는 덜 집중하게 된다. 사람들의 마음을 여는 것은 이러한 가능성들을 더 명확하게 생각해 보도록 도와주고 그 가능성을 향해 스스로 나아갈 수 있는 힘을 끌어모을 수 있도록 해준다.

물론 닫힌 질문이 금기시되는 것은 아니다. 때로는 구체적인 정보를 수집하는 것이 대화에 도움이 될 수 있다. 열린 질문은 특정 정보를 모으기에는 그다지 적합하지 않다. 닫힌 질문은 대화를 이끌어 가는 데 필요한 구체적이고 명확한 정보가 필요할 때 좋다. 논의의 깊이를 정하는 데 있어 초반에는 몇 가지 기본적 사실을 알 필요가 있는데, 이는 열린 질문으로 탐색하기에 앞서 토대를 마련하는 데도 도움이 된다. 닫힌 질문은 대화의 기준점이 되기도 하고 내담자의 이슈를 탐색하기 전 구체적 정보가 필요할 때 적합하다.

마지막으로 주의해야 할 것은 닫힌 질문이 때로는 질문으로 둔갑한 제안이 되는 경우이다. "결국엔 이 선택이 얼마나 해로운지 보이시나요?", "손 안을 벗어난 것 같지 않나요?", "다음 번엔 X를 해보는 것이 어떨까요?"와 같은 말은 표현상으로는 질문이지만 사실은 제안이라는 것을 알아차릴 수 있을 것이다. 미묘한 비판과 상냥한 직면이 내포되어 있다. MI가 지향하는 방향이 있기는 하나 이런 식의 태도가 *주도하는* 닫힌 질문은 오히려 대화를 그릇된 방향으로 이끈다. 열린 질문을 하면 MI 정신과 전혀 다른 이런 유형의 접근에 빠지거나 저항을 일으키거나 본래 정신에서 벗어날 가능성이 적다.

*인정하기*는 긍정적인 에너지와 기분을 고양하는 데 활용된다. 내담자에게서

인상 깊은 점을 발견하거나 혹은 내담자가 성공이나 목적을 이루기 위해 기울인 노력에 우리가 주목하는 것을 말한다. 인정하기는 양념과 같은 것이다. 양념이 너무 적으면 음식이 싱겁거나 구미를 당기지 못하고 과하면 입이 얼얼하거나 역겹기까지 하다. 인정하기의 정도와 타이밍, 자연스러움은 개인의 문화나 장면, 개개인에 따라 다채로울 필요가 있다.

인정하기는 실무자의 관점을 중심으로 둔 동의하기 혹은 승인하기와는 다르다. 내담자의 강점을 인정하고 특성을 알아주는 것은 어떤 의견을 내포하기는 하지만 여전히 초점은 우선적으로 내담자에게 있다. 그러나 내담자에게 동의를 표현하는 것은 마치 공로를 동등하게 나눠 가지는 것과 같고 내담자의 동기가 주로 내재적 이유에서 일어나기보다 당신의 동의에 묶여 있는 것처럼 보일 우려가 있다. 또한 동의하기는 혹시라도 내담자가 당신이 동의하지 않는 사항을 말할 경우에 당신을 곤란한 위치에 놓이게 한다. 일단 당신이 무엇인가에 동의하기 시작하면 이후 당신이 옳지 않다고 믿거나 당신의 가치에 반대되는 것을 내담자가 말할 때, 당신은 그에 동의하지 않는다는 것을 표명해야만 할 것 같은 압박감을 가지게 될 수 있다. 내담자의 선택이나 행동을 승인하는 것은 더욱 실무자 중심으로 내담자와 관련해서 당신을 상위 자리에 앉힐 가능성이 크다. 그러한 치료 관계에서의 힘의 불균형은 내담자의 취약성과 연결될 수 있는데, 이런 경우 내담자의 선택과 행동을 승인하는 것은 내담자 본의로 선택한 방향이라기보다 당신이 좋은 아이디어라고 여기기 때문에 하게 된 행동이라고 생각하게 만들 수 있다.

> 인정하기는 긍정적인 에너지와 기분을 고양시킨다.

결국 인간으로서 내담자가 누구인지, 그들의 특별함이 무엇인지를 발견해야 한다. 그들의 강점, 변화하려는 투지, 목적을 향해 기꺼이 노력하는 마음, 자녀를 잘 양육하는 것이 얼마나 그들에게 중요한지, 다른 사람에게 좋은 사람이 되는 것, 자신의 관점을 정직하게 나누는 것 등과 같은 것을 찾아야 한다. 구체적인 계획을 승인하거나 특정 의견에 동의하는 것은 주의 깊고 신중하게 하되 무엇이 그들을 빛나게 하는지에 주목하도록 한다. 이상적으로는 일종의 경외와 존중으로 내담자를 바라보고 그들의 재능과 에너지, 자질을 존경의 마음으로 보는 것이다. 일부러 그럴 필요는 없다; 그저 이러한 점들에 주의하고 그것을 알게 된다면 그것에 대해 감명 깊게 표현하면 되는 것이다. 내담자를 절실한 도움이 필요한 자들로 보기보다 동등한 위치에서 혹은 그들보다 더 낮은 위치에서 그들을 바라보고 당신이 닮고 싶은 점을 가진 사람들로 보는 것이다.

인정하는 자세를 취하는 것은 어떤 것을 인정해 주는 말 이상을 필요로 한다. 만나기로 약속한 정시에 내담자를 만나는 것, 온전히 관심을 기울이는 것, 도움이 되기 위해 최선을 다하고 마음을 열 때, 당신은 비언어적으로도 내담자를 인정할 수 있다. 당신의 희망과 그들이 나아질 수 있다는 확신, 앞으로의 가능성에 대한 당신의 기대와 그들 자체에 대한 진가를 알아보고 전달하는 것이 인정하기이다.

상황과 순간의 필요에 따라 인정하기를 조절할 수 있다. 누군가 벽에 부딪힌 느낌을 경험했거나 좌절스럽고 화난 경우, 사기가 저하되거나 무력하고 쓰라릴 때 특별히 인정하기가 중요할 수 있다. 이러한 시기에 누군가가 자신을 알아주는 것은 마치 우산 없이 비를 맞는 상황에서 누군가 기꺼이 자신과 함께 비를 맞으려는 것과 같이 여겨져, 보다 긍정적인 에너지를 생성할 힘을 얻게 된다. 또한 변화에 관심을 가지고 위험을 감수하며 조금 더 힘써 보려는 의지가 생긴다. 반대로 이미 충분히 긍정적이고 변화에 초점을 두며 자존감과 자기효능감이 높을 때 하는 인정은 오히려 그들에게 방해가 될 수도 있다. 변화에 기울이는 노력과 집중을 분산시켜 더욱 일반적인 자신의 모습으로 향하도록 되돌릴 가능성이 있다. 어느 때든지 지나친 인정은 윗사람 같은 행세를 하거나 가식적인 인상을 줄 위험도 내포하고 있다. 그러나 어느 때든지 진실되며 적정한 인정은 의기소침해 있는 사람들에게 힘든 변화를 지속할 에너지를 준다. 이는 사람들로 하여금 부정적인 생각을 돌파하고 깊은 자기에게로 닿게 한다. 더욱 안전감을 느끼면서 덜 방어적이게 만들고 과업을 지속할 힘을 얻는다.

*반영하기*는 내담자가 전달한 바(언어적, 비언어적으로)를 부분적이든 혹은 전체든 거울처럼 비추어 주는 것이다. 반영하기는 MI에서 다양하게 활용될 수 있는데, 가장 단순한 반영은 내담자가 말한 것을 들은 대로 돌려주어 확인시켜 주는 것이다. 이를 통해 내담자는 당신이 그들의 말을 경청하고 있다는 것을 알게 될 뿐만 아니라 당신이 얼마나 그들을 이해하고 있는지 가늠할 수 있게 된다. 외부의 누군가로부터 자신들의 생각을 다시 들어볼 기회를 제공함으로써 보다 깊은 탐색을 촉진한다. 이는 때때로 아주 유용한데, 사람들은 보통 이야기할 때 자신들이 말하는 바를 잘 듣고 있지는 않기 때문이다. 그들의 초점은 소통하려는 데 있지 자신이 전하고 있는 내용에 있지는 않다. 이것은 근본적으로 반영의 비지시적 사

용이다.

MI에서는 반영하기를 두 가지 형태로 나누는데 곧 단순반영과 복합반영이다. *단순반영*은 뜻을 더 분명히 하고 정확한 이해를 위해 그리고 깊은 탐색으로 나아가기 위해 내담자의 말을 바꾸어 말하는 것이다. *복합반영*은 기저에 있는 의미나 감정을 반영하거나 내담자의 말을 그들의 가치에 빗대거나 은유나 상징으로 재구조화하는 것과 같이 다른 어떤 것을 첨가하는 것이다. 내용이 무엇인가에 따라 그 외에 다양한 형식의 반영이 있다. 내담자의 양가감정을 반영하는 양면반영, 내담자가 이어 말할 수 있을 법한 것들을 짐작하여 반영하는 연결반영 등과 같은 것이다. 이 책에서는 우리가 달성하고자 하는 대화에 맞게 OARS와 MI 전략과 더불어 반영하기를 정리했다. 8장에서 *집단 대화 조성하기*로 개인과의 상호작용에도 적용가능할 것으로 보이는 틀을 제공한다. 대화의 폭과 깊이, 가속과 같은 점을 고려하며 논의를 형성해 가는데, 여기서는 초점을 어느 정도로 넓히고 좁힐지, 얼마나 깊이 있게 혹은 표면적으로 다룰 것인지, 과거와 현재의 요소에 반하여 미래를 향한 변화 탐색에는 얼마만큼의 비중을 둘 것인지와 같은 것을 고려한다.

인정하기와 마찬가지로 반영하기에도 다양한 목적이 있다. 반영하기는 한쪽 방향으로 조금씩 나아가게 하며 계속적인 탐색을 이어가게 한다. 인정하기에서도 그랬듯이 당신은 내담자가 원하는 속도와 스타일에 부응함으로써 비언어적인 반영을 할 수 있는데, 이를 통해 내담자는 당신에게 어떻게 말할지를 고민하는 대신 전적으로 자신의 이슈에 집중할 수 있게 된다. 또한 내담자의 논의 양식에도 맞출 수 있는데 그것이 분석적이든, 문제해결적 방식이든, 이야기를 통해서든 은유 혹은 유머 등을 통해서든 그들이 문제에 접근하는 방식에 맞추어 유연하게 적응할 수 있어야 한다.

*요약하기*는 어떤 면에서 더 긴 소통이다. 앞에서 나눴던 대화를 반영하기도 하고 주제에 맞게 이야기를 다시 제시하는 것이다. 요약하기는 내담자가 한 걸음 물러서 큰 그림을 볼 수 있도록 돕는다. 그들이 보인 다양한 패턴과 가능성을 생각하며 그들이 말한 관심과 걱정을 한데 모아 보여주는 것으로 나무만이 아닌 숲을 보게 하는 것과 같다. MI의 전반적인 초점이 변화에 있다는 것은 요약하기를 구성할 때 기준을 무엇에 두어야 할지를 알려준다. MI에서의 훌륭한 요약은 내담자가 향하고자 하는 방향성과 목적을 담은 언급이다. 변화에 대한 내담자의 생각과 느낌, 그들이 결정한 변화를 실행하려는 현재의 가속을 실은 요약이 좋다. 전

반적으로 변화에 대한 긍정적인 생각과 느낌을 부각하는 것이 좋으나 이때는 균형감을 갖도록 해야 한다. 수반되는 어려움들을 묵과하지 않으면서 내담자가 한 말 중에 부분적인 것만 들은 것 같다거나, 차후에 더 많은 설명이 필요할 수도 있는 현실적인 염려에 대해 너무 가볍게 다루어서는 안 된다. 당신이 전하길 원하는 메시지는 "변하기만 하면 모든 것이 잘 될 거예요"와 같은 것이 아니다. 그보다 "변하고 싶은 이유와 그것을 이루기 위해 가진 계획은 이러한 것으로 이해됩니다"가 되어야 한다.

MI에서는 몇 가지 다른 유형의 요약을 사용하는데, *수집요약*은 내담자의 다양한 진술을 한데 모아주고 방향과 여세를 몰아가기 위해 열린 질문 형식으로 끝맺기도 한다. 이를 통해 내담자는 다음에 하고 싶은 것을 더하기도 하고 보충하는 말을 하기도 한다. *연결요약*은 간혹 다른 주제를 말할 때, 현재의 대화를 이전에 나눈 대화와 연결하여 공통된 테마와 느낌 또는 갈등을 부각시켜 요약하는 것이다. *전환요약*은 화제를 마무리하면서 새로운 주제로 초점을 옮기고자 할 때 사용하는데, 이는 한 주제를 일단락짓고 다른 것을 탐색하도록 한다. 또한 요약하기는 회기를 마무리할 때 사용할 수 있다. 이로써 내담자는 전체 대화의 개요를 쉽게 상기할 수 있다.

동기강화상담의 과정과 치료 전략

OARS와 같은 미세 의사소통 기술이 순간 순간의 상호작용에 초점을 둔 것이라면 광범위한 의사소통 전략은 관계 형성하기, 초점 맞추기, 유발하기, 계획하기라는 네 단계의 치료과정으로 설명할 수 있다(Miller & Rollnick, 2013). 각 전략은 한 가지 이상의 목적을 추구할 수 있지만(예, 관계를 형성하는 동시에 초점을 맞춘다) 우리는 여기서 단계별로 각각에 가장 적합하다고 여겨지는 전략들을 기술할 것이다.

관계 형성하기

첫 번째 주요 단계는 *관계 형성하기(engaging)*이다. 치료적 관계 맺기는 치료 내내 적용되는 과정이며 MI에서는 필수적인 접근으로 내담자의 적극적인 참여 여하에 달려있다. 깊이 관여하는 내담자일수록 창의적으로 생각하고 새로운 아이디어와 해결책들을 모은다. 대개 시작하기 좋은 방법은 가능한 자연스럽게 마음을 열어 연결하고 신뢰를 키워 나가면서 깊은 관계를 형성하는 것이다. 내담자가 현재 지니고 있는 부담이 무엇이든지 간에 Will Rogers의 말대로 "낯선 사람은 그저 내가 아직 만난 적이 없는 친구일 뿐이다"라는 가정을 가지고 시작하는 것이 좋다. 물론 그들은 정서적으로 복잡한 상황에 처해 있거나 무신경해 보일 수도 있지만 당신은 곧 그들의 그런 표면적인 모습에 개의치 않고 의미 있는 협업 관계를 맺을 수 있을 것이다. 이러한 관계 형성하기는 내담자들이 마음을 터놓고 사적인 문제를 논의하도록 협력하게 하며 이해받고 수용받는 의미심장한 관계에 들어가도록 한다.

치료의 초반에 내담자들은 "상담이 어떻게 도움이 될까요?, "이 상담자는 얼마나 믿을 만한가요?", "상담자가 저나 제 관점을 존중할까요? 비판하거나 강요하지는 않을까요?", "어디까지 진실을 말해야 하고 어디까지 말하지 말아야 하나요?"와 같은 궁금증과 걱정을 내비친다. 내담자들은 자신들이 행한 것으로 인해 창피해할 수도 있고 상담자에게 말할 수밖에 없는 처지에 있는 자신을 비난할 수도 있으며 자신의 삶을 더 보람되고 생산적으로 관리할 만큼 자기-통제를 할 능력이 되는지 확신을 가지지 못해 두려워할 수도 있다. 그들의 마음 속에 이런 염려가 가득한 이상 자신을 드러내고 탐색할 능력은 물론이거니와 보다 나은 미래를 상상하고 그것을 실현하기 위해 전진하는 데에는 한계가 있다. 관계 형성하기는 공감적이고 지지하는 분위기와 신뢰의 관계를 토대로 이런 혼란을 줄이고 변화를 고려해 볼 믿음과 긍정적 에너지를 증가시킨다.

관계 형성하기는 내담자와의 관계를 발전시켜 가는 중에 조성되는 아주 자연스런 과정이다. 그렇다고 *자연스럽다*는 것이 자동적이거나 보장된다는 의미는 아니다. 새로운 관계를 시작하면서 도리어 관계 형성을 방해하는 실수를 저지를 수도 있다. 그러므로 신뢰가 형성되기도 전에 아주 민감한 문제나 취약한 부분을 심도 있게 탐색하려는 초기 함정, 다시 말해 *조급하게 초점 맞추기*와 같은 함정에 빠지지 않도록 조심해야 한다. 또 다른 함정은 *전문가 입장 취하기*인데 은연중에 내담자는 질문에 대답하고 정보를 주며 문제를 보여주는 역할을 하고 당신은 전문가로서 분류하고 해결을 제시하며 충고하는 식으로 대화가 흘러가는 것을 말한다.

관계 형성하기에서 가장 중요한 것은 내담자가 자신의 이야기와 가치, 느낌을 공유할 수 있도록 돕는 것이다. 이는 앞서 말한 열린 질문하기와 내담자의 관점과 경험에 대한 공감적 이해가 들어간 반영하기를 통해 달성할 수 있다. 열린 질문은 실무자가 내담자의 관점과 경험에 관심을 기울인다는 것을 알려줄 뿐 아니라 아주 짜임새 있는 질문을 통해 내담자의 이야기를 더 정교하게 만들어 준다. 이는 관계 형성하기에서 상당히 중요한 부분이다.

반영하기는 때에 따라 다른 목적으로 활용할 수 있다. 내담자와 관계를 형성하는 단계에서는 내담자의 메시지에서 당신이 이해한 핵심 단어나 생각을 단순하게 반영해 주는 것이 좋다. 내담자들은 방어적 자세로 상담실에 들어서는 경우가 많기에 첫 만남에서는 단순 반영을 하는 것이 깊은 의미나 주제를 반영하는 것보다 덜 위협적이다.

때로는 반영하기와 닫힌 질문을 혼동하는데 겉으로 보기에는 단순히 목소리의 억양 차이 같을 수도 있다. 가끔 상담자는 내담자의 경험이나 관점에 대한 말을 할 때 서술문보다는 의문문으로 하는 것이 조금 더 존중의 표현으로 받아들여지지 않을까 생각하는데, 일반적으로 내담자는 당신의 반영이 자신이 말하고자 하는 것과 다를 때 기꺼이 수정해 주며 이해하려고 애쓰는 당신의 노력에 고마워한다. 반대로 내담자가 방어적이고 불확실할 때는 닫힌 질문을 위장된 판단이나 비난으로 오해해서 들을 수 있다.

아래 두 문장을 보고 상상해 보자.

"코카인 사용은 문제가 안 된다고 보시나요?"
"코카인 사용은 문제가 안 된다고 보시는군요."

첫 번째 닫힌 질문은 실무자가 내담자의 대답을 요구한다. 이는 판단이나 직면처럼 여겨질 수도 있다. 두 번째 예문은 반영으로(일말의 비꼼 없이 수용하는 태도로 말한 경우) 내담자의 현재 관점을 존중하고 앞 문장보다 비판단적으로 동등한 위치에서 말하는 것 같다.

실무자는 이와 같은 미세한 소통의 차이점을 대수롭지 않게 여기기 쉬우나 내담자는 오가는 대화에 극도로 민감하여 감정적으로 혹은 직감적 수준에서 대응하게 된다. 특별히 누군가가 자신을 지배하려고 하는 듯 보일 때일수록 더욱 방어적이다. 이런 세세한 상호작용은 관계가 어떤 방향으로 나아갈지, 즉 마음을 열고 서로 존중하는 관계로 깊어질지 아니면 조심스럽고 방어적인 채 표면적인 관계를 형성할지에 막대한 영향을 미친다.

MI에서는 보통 각 질문에 두세 개의 반영을 하는데 이는 *질문-대답 함정*에 빠지지 않도록 도와준다. 너무 많은 질문 특히 닫힌 질문은 내담자로 하여금 받은 질문에 답하기만 하는 수동적인 자세를 취하게 하고 자신만의 창의적인 사고는 하려 하지 않은 채 전문가의 조언을 기다리게 만든다. 이것은 내담자로 하여금 변화에 대한 양가감정의 망설임에서 벗어나도록 돕고자 하는 MI의 진행에 상반된다.

내담자와 관계를 형성하는 단계는 초점을 맞추는 단계 이전에 구축되어야 하지만 완수되는 것이 아니다. 과정 내내 유대관계를 재건할 필요가 있을 때, 내담자의 초점을 흐리게 만들거나 안녕감을 위협하는 정신적 잡념을 없애기 위해 다시 관계 형성하기에 역점을 두는 것도 도움이 된다. 관계 형성하기는 매 회기를 시작할 때, 새로운 안건이나 취약한 문제를 다루게 될 때 또는 내담자가 주지화를 하거나 어찌할 바를 모를 때, 방어적이고 거리를 둔다든지 하는 여러 가지 경우에 다시 집중적으로 할 수 있다.

초점 맞추기

두 번째 주요 과정은 *초점 맞추기(focusing)*이다. 일단 내담자가 치료적 대화에 동참할 준비가 충분히 되면 이제 초점은 내담자의 변화로 좁혀진다. "당신의 삶에서 마음에 들지 않는 부분은 무엇인가요?", "나아진다면 어떤 점이 달라질까요?", "앞으로 계속 해 나가고 싶은 것은 무엇이며 버리고 싶은 것은 어떤 것인가요?" MI는 내담자의 지나간 이야기나 문제에 치중하기보다는 앞으로의 삶에 일어나길 바라는 것이 무엇인지에 초점을 둔다.

무엇에 초점을 둘 것인지는 상담자나 위탁자료에 따라 규정하지 않고 내담자와 협력적으로 만들어 간다. 동시에 MI에서는 고정된 치료 프로토콜대로 진행하기 위해 내담자를 저지하는 경우는 없다. 따라서 내담자가 걱정이나 관심사를 분명히 드러내면 그것에 대한 당신의 이해를 명확히 하는 데 초점을 맞추고 그런 후 변화의 가능성을 유발하고 목표를 세우는 쪽으로 진행한다.

그러나 치료에 들어서는 내담자들은 종종 달라지기를 바라면서도 여전히 그대로 머물기를 바라는 양가감정을 지니고 오기 마련이다. 그들은 상황을 두고 자신 혹은 타인을 비난하기도 하고 어떻게 이렇게까지 되었는지 하는 문제에만 몰두해 있기도 하다. 주목을 받거나 진단을 받고 변화를 강요받을지도 모른다는 생각에 방어적인 태도를 보일 수도 있다. 무력감과 두려움을 느낄 수 있으며 심지어 도망가고 싶을 수도 있다. 이러한 것들로부터 벗어나 초점을 나아갈 방향과 목표, 바라는 결과로 옮기고 한 걸음씩 내딛는 데는 상당한 노력이 필요하다. MI는 내담자가 자신에게 가장 유익하고 생산적인 것에 주의를 기울일 수 있도록 여러 가지 초점 맞추기 전략을 활용한다. 목표는 내담자가 지금 어디에 있든지 그 곳에서 합류하여 바로 그 지점에서부터 대화를 시작하는 것이다.

많은 내담자들은 초점 맞출 것들로 이런 저런 여러 가지 걱정을 제시한다. 이는 무엇이 가장 중요한지, 긴급한지 또는 산만함을 줄이고 변화를 향해 가속을 내고 그 중에서도 가장 쉽게 해결될 수 있는 부분이 무엇인지 분간하기 어렵게 한다. 이와 같은 진퇴양난의 상황에서는 *의제 설정하기(또는 의제도 작성하기)* 접근이 효과적이다. 우선 고려해 보고 싶은 목록을 기록하고 명확하지 않은 것은 더 구체화하여 그것들이 어떻게 서로 들어맞는지 조감해서 본다. 그런 후 나아갈 방향을 정하기 위한 계획을 시작할 수 있다. 물론 계획을 고정시킬 필요는 없지만 주제가 계획에서 벗어난 것처럼 보일 때 계획은 대화의 초점을 다시 맞추는 데 도움이 된다. 그 외에도 논의가 수렁에 빠진 것 같거나 진보가 너무 더딘 것 같은 때에 유익하다.

때로는 내담자들이 불행하다거나 불만족스러운 점들만을 표현할 때가 있다. 문제가 되는 행동이 이러한 불평과 연결되어 있을 수 있으나 그 연결점이 희미할 때 내담자들은 구체적으로 탐색해 보려 하지 않는다. 이럴 때는 그것에 초점을 두도록 힘을 뺄 것이 아니라 차라리 그들이 관심 있어하는 이슈에 우선 초점을 두고 작업해 가는 것이 좋다. 대안이 될만한 것으로는 가장 행복하거나 만족스러웠던 이야기를 시작으로 초점을 두다가 구체적인 개선점으로 좁혀가고 점차적으로 그러한 개선에 방해가 되는 습관이나 패턴으로 옮겨가는 것이다. 시간이 지나면서 협력적으로 목표를 세워가는 과정은 내담자가 이루고 싶은 변화의 전반적인 기반을 닦아줄 것이다.

초점을 둔 것에 대하여 내담자가 당신과는 다른 생각을 하는 경우가 있다. MI 모델에서는 실무자가 빠질 수 있는 함정으로 잘 되어 가고 있지 않은 것을 바로잡고 싶은 실무자의 마음을 제시하는데 이를 *교정반사*라고 부른다. 이때 실무자는 초점을 내담자가 바라보는 방향으로 맞추는 것이 아니라 자신이 원하는 방향으로 끌어오려 하게 된다. 그럴 때는 지금까지의 긍정적인 관계에 누가 되지 않도록 긴

안목을 가지는 것이 도움이 된다. 한 걸음 물러나서 연결지점을 찾기 위해 초점을 넓힐 필요가 있다. 그런 후 교차되는 통합지점에서부터 다시 진행하는 것이 좋다.

*이끌어 내기-제공하기-이끌어 내기 전략*으로 정보를 제공하는 것도 가능하다. 여기서는 먼저 주제에 대한 내담자의 현재 인식, 지식, 관점을 *이끌어 내어* 그들의 의사를 반영하고 잘못된 신념은 수정하고 그들이 놓치고 있거나 활용할 만한 것이 있다면 그것에 맞추어 정보를 *제공한다*. 내담자가 기타 다른 생각으로 집중하지 않을 수 있기 때문에 이러한 전략은 그들이 놓칠 수도 있는 정보를 놓치지 않도록 준비시킨다. 마지막으로 당신이 나눈 정보에 대하여 내담자가 어떻게 생각하는지, 본인의 상황과 관련하여 정보를 활용할 것인지 아닌지/어떻게 활용할 것인지를 묻고 그들의 반응을 *이끌어 낸다*.

MI는 때에 따라서 *조언하기*를 포함하기도 하나 이는 내담자의 허가하에서만 가능하다. 직접적으로 허가를 구할 수도 있고(거절한다면 조언하지 않는다), 간접적으로 몇 가지 제안을 한 뒤 그것들 중 내담자에게 해당될 만한 것이 있는지 고려해 볼 것을 요청할 수 있다. 만약 내담자와 관계 형성이 잘 되어 있고 그들 고유의 아이디어를 유발하는 데 초점이 맞추어지면 조언이 필요한 경우는 드물어지게 될 것이다.

유발하기

MI의 세 번째 단계는 변화에 대한 내담자의 관점과 아이디어를 유발해 내는 과정으로 우리의 관점에서 왜 그들이 변해야 하는지, 어떤 방법으로 변할 수 있는지와 같은 우리 생각을 제시하는 것과는 다르다. 사람들은 변화를 위해 자신을 스스로 동기화한다. 따라서 내담자의 변화를 이끌어 내는 효과적인 방법은 내담자가 자신들의 변화 이유와 열망, 필요를 말하고 자신 고유의 목표를 설정할 수 있도록 대화를 구조화하는 것이며 이것이 MI의 핵심이다. 양가감정, 즉 변화하는 것과 자멸적인 행동 유지 사이에서 오락가락 논쟁하고 있을 때는 내담자를 자극하지 않는다. 양가감정이 있는 사람들은 내면에 이미 양 측면에 대한 주장이 있기 때문에 상담자가 확고하게 변해야 한다는 입장을 취하면 그들은 "네, 하지만~"이라는 말로 변화가 주는 이점에 맞서 현재상태에서 얻는 이익을 말하게 될 것이다. 그래서 우리는 변화를 격찬하는 것을 조심스럽게 삼간다. 변화를 지지하기 위해서는 무엇을 하고 무엇을 하지 않을 것인지 내담자가 선택한 것을 명확하게 하고 내담자의 승인하에서만 어떤 제안을 제공한다. 그러나 이 또한 흔하지 않으며 조심스럽게 한다. 왜냐하면 MI에서 중점을 두는 것은 변화에 대한 내담자 고유의 동기를 유발하는 것이기 때문이다.

유발하기에 있어 핵심은 변화대화를 이끌어 내고 그에 반응하여 긍정적 변화로의 기세를 만들어 가는 것, 유지대화를 받아들이고 그에 응답하여 저항이나 되돌아가고 싶은 관성을 방지하는 것, 성공할 희망을 고취하고 내담자의 현재 행동과 가치나 목적 간에 어떤 불일치가 있는지 탐색하는 것이다.

유발하기의 첫 번째 기술은 내담자가 변화대화를 말했을 때 그것이 변화대화인지 알아차릴 수 있는 것이다. 너무나 많은 전문가들이 문제나 병리를 파악하고 알도록 훈련을 받아왔기에 대화 가운데 변화대화를 알아차리는 것이 생각보다 어려울 수 있다. 초반에는 변화대화가 미약하고 유지대화나 저항의 그늘에 가려져 있을 수 있다. 예를 들어 보자. "설교 듣는 데는 이제 진저리가 났어요. 나를 잘 아는 사람이라곤 정말 없어요. 그들이 해대는 충고는 아무 쓸모가 없답니다. 개중엔 내가 생각할 수 있는 것들도 몇 가지 있지만 대부분은 우스꽝스러운 것들이죠. 사람들이 생각하는 것처럼 그렇지 않다구요" 이 내담자의 불평과 타인의 아이디어를 경시하는 것, 문제를 부인하는 것 한가운데에 주옥 같은 보석이 있다. 바로 "개중엔 내가 생각해 볼 수 있는 것들이 몇 가지 있을 수 있어요"이다. 몇 가지 "생각해 볼"이라고만 말해서 희미하고 주저스럽긴 하지만 그래도 열려있다. 여기서 만약 "사람들의 간섭에서 벗어난다면, 조금 더 자유를 느끼고 변해 볼 만한 것들을 살펴볼 수도 있다는 말씀처럼 들리는데요. 조금 더 생각해 볼 만한 것들이란 어떤 것들을 말씀하는 건지요?"라고 한다면 좋은 MI 반응이라고 할 수 있겠다.

MI에서는 내담자 고유의 변화동기를 유발해 내는 데 중점을 둔다.

이러한 대화가 관계 형성하기나 초점 맞추기와 같은 상담 초반에 나올 수도 있다. 언제 일어났느냐와 상관없이 변화대화를 듣고 그에 관해 더 생각하도록 유발함으로써 대화의 방향을 안내한다(내담자가 저항할 때는 뒤로 물러선다). 유발하기 전략은 특히 변화 중요성, 변화 자신감, 변화 준비와 같은 측면을 중점적으로 다룬다.

변화 중요성 유발하기

내담자로 하여금 변화 중요성을 일깨울 수 있도록 돕는 몇 가지 전략을 소개하면 다음과 같다. 먼저 습관이나 지금의 처지에 대하여 논의하고 그와 관련해서 좋은 점과 그다지 좋지 않은 점들을 이야기하도록 하는 것이다. 양가감정의 한 측면인 현상유지를 파고드는 것이 꼭 필요하지는 않을 수 있으나 초반에 그러한 탐색은 내담자의 관점을 이해하는 데 도움이 되며 변화로부터 뒷걸음칠 수밖에 없는 어려움 등을 내담자가 다시금 발산하고 분출하게 만들기도 한다. 이는 내담자로 다시금 자신의 에너지를 변화에 쏟을 수 있게 하고 이후 과정에서 변화를 계획하고 노력하는 데 장애물이 될 만한 것들을 우리가 파악할 수 있도록 해준다.

*유발질문*은 앞의 예에서도 보았듯이 "좀 더 생각해 볼 만한 것들에는 무엇이 있을까요?"처럼 간단하지만 내담자에게 변화를 고려해 보게 하는 질문이다. "어떤 점이 달라지길 바라나요?"(열망), "도박을 줄인다고 한다면, 어떤 점이 나아질까요?"(이유), "더 나빠지는 것을 막기 위해서 당신이 할 수 있는 것 중 가장 중요한 것은 무엇인가요?"(필요)와 같이 변화대화를 응용하여 유발질문을 만들 수 있다.

*중요도 척도*는 변화가 내담자에게 얼마나 중요한지를 파악하고 변화대화를 이끌어 내는 전략이다. 이는 세 단계로 나눌 수 있는데 첫 번째는 0에서 10의 수치를 주고 내담자에게 변화하는 것이 얼마나 중요한지 점수를 매기게 한다. 이후 내담자가 말한 점수보다 낮은 점수를 제시하면서 왜 그 점수보다 더 높은 점수를 줄 만큼 그것이 더 중요한지를 묻고 변화대화를 유발한다. 마지막으로 점수를 높이려면 무엇이 필요한지 묻는다.

또 다른 전략은 *과거 회상하기*인데 이는 지금의 문제가 커지기 전, 이전에는 어떠했는지 물어보는 것이다. 이는 문제가 개선되는 잠정적 기준점이 될 수 있다. 거기서부터 시작하여 현재까지 거슬러 올라오며 내담자가 전체적으로 보고 더 명확하게 볼 수 있도록 돕는다. *미래 예상해 보기(또는 미래 상상하기)*는 변화하지 않았을 때 어떻게 될지 그리고 그 반대의 경우는 어떠할지 상상해 보는 것이다. *미래 그려보기*는 앞으로의 더 나은 삶을 상상하고 어떻게 보이는지, 무엇이 다른지, 어떤 느낌이 드는지를 묻고 그려보게 하는 것이다.

대개는 내담자의 가치나 목적과 그들이 선택하는 행동 간에는 불일치가 있기 마련이다. 이때는 *가치 탐색하기* 전략을 활용한다. 사람들은 그러한 불일치에 저항하기 쉽기 때문에 우리는 우선 긍정적인 부분에 초점을 두고 그들의 가치나 목적을 탐색하고 이끌어 낸다. 그런 후 어떻게 하면 보다 그에 가까운 삶을 살 수 있을지 탐색하게 한다. 얼마나 우리 모두가 이상적이라고 여기지 않는 것들을 하면서 지내는지 말하며 현재의 결점보다는 내담자가 가고자 하는 방향에 중점을 두도록 한다.

변화 자신감 유발하기

일단 내담자가 구체적인 변화에 관심을 기울이기 시작하면 우리는 변화가 성공할 수 있도록 여세를 몰아간다. 이와 관련하여 다시 한 번 *유발질문*을 통해 변화대화에 속하는 그들의 관점을 탐색하고 반영한다. "지금 시도해 볼 만하다고 자신 있게 말할 수 있는 것은 무엇인가요?", "무엇이 시작하는 데 자신감을 더 불어넣어 줄까요?" 중요도 척도와 마찬가지로 *자신감 척도*로 내담자에게 0에서 10점 중 해당 점수를 고르라고 하고 어떤 이유로 0이 아닌 그 점수를 택했는지 물어본다(이로써 목표를 달성할 내담자의 능력과 관련된 변화대화를 이끌어 낸다). 그 점수에서 2점을 더 올리려면 무엇이 필요한지 물어본다(이는 변화계획을 세우는 데 도움이 된다).

과거 성공경험 돌아보기 전략으로 과거의 경험을 상기시킬 수 있다. 이전의 성취나 자신이 사용했던 전략, 어려움이 닥쳤을 때 어떻게 극복했는지 내담자에게 묻고 말하게 한다. *실패 재구조화하기* 또한 점진적 변화 과정에 도움이 된다.

보통 내담자들은 자신의 강점이나 다른 사람이 제공하는 외적 지원에 대해서 말하기도 한다. 그것이 현재의 변화 문제와 직접적인 연관이 없을 때조차도 강점이나 사소한 성취는 내담자의 대응능력과 가치감을 키우는 데 유익하며 어려운 변화를 이루어 가는 데 도움이 된다.

변화 자신감을 높이는 마지막 전략은 *가상의 변화를 염두에 둔 브레인스토밍*이다. 책임이나 헌신에 대한 부담 없이 "만약 ~이라면"의 시나리오를 가지고 상상할 때 사람들은 두려움 없이 더욱 쉽고 편안하게 생각을 떠올린다. 마치 변화할 준비가 되어 있다고 가정하고 편안한 마음으로 그들의 생각과 감정을 안내하는 것이 좋다.

계획하기

어느 시점에 이르게 되면, 초점은 변화를 할 것인지 말 것인지, 왜 변화해야 하는지에 대한 문제에서 어떻게 변화할 것인지의 문제로 옮겨가게 된다. 이러한 전환은 "변해야겠어요" 혹은 "이런 식으로는 더 이상 안되겠어요"와 같이 갑자기 일어날 수도 있고 변화하는 것과 현 상태를 유지하는 것 사이에서 왔다 갔다 하면서 가상의 가능성을 생각해 본 뒤 각 가능성이 어떤 효과를 낼 수 있는지 그리고 그것을 위해 할 수 있는 것은 무엇인지 이야기하는 것과 같이 한번에 알아차릴 수 없게 점진적일 수도 있다. 그것이 어떻게 일어나든 상관없이 대화의 초점은 변화를 어떻게 실행할 것인지로 옮겨진다. 이때는 내담자가 변화계획을 세우고 행동으로 옮길 수 있도록 도와야 한다.

양가감정이 거의 해결되고 나면 계획하기 전략으로 변화를 준비하고 시작할 수 있도록 돕는다. 내담자가 말한 변화에 대한 자신감과 변화의 중요성 내용을 중점적으로 되풀이해서 요약한 뒤, "자, 이제는 어떻게 할까요?", "그럼, 어디서부터 시작해 볼까요?"와 같이, 구체적인 계획에 대한 결심을 요구하지 않고 무엇에든 개방되어 있다는 식의 질문을 한다. 다음으로 변화의 *목표를 명확히 한 뒤* 여러 가지 *변화의 선택사항*들을 찾아본다. 어떤 선택들이 있을 수 있는지, 그 중에 어떤 것이 시도해 볼 만한지 혹은 더욱 성공할 가능성이 높은지 탐색한다.

이렇게 말하는 가운데 변화실행언어를 듣고 반영하며 더 탐색하도록 한다. 변화실행언어는 "해 볼까 생각 중이에요", "할 수도 있고요", "해 봄직도 하죠"와 같이 뭔가 시작해 보려는 말과 관련이 있다. 한 번에 한 발씩 딛도록 하며 여전히 주저하는 내담자에게는 어떤 공약으로도 압박감을 주지 않도록 주의한다. 내담자를 변화로부터 돌아서게 하지 말고 변화의 기세를 쌓아 가도록 한다.

또 다른 전략은 *변화에 대한 단계를 계획하는 것*이다. 어떤 순서에 어떤 것을 할 것인지, 어떤 지원이 집중적으로 주어져야 하는지, 내담자가 기대하는 보상이 어떻게 드러날 것인지, 계획을 어긋나게 하는 난관에는 어떤 것들이 있는지를 고려한다. 변화계획을 글로 작성하길 좋아하는 내담자가 있는가 하면 단지 구두로 계획하는 것을 선호하는 내담자도 있다.

또한 장기 목표보다는 중간 행동 목표를 세우는 것이 더 효과적이다. 건강식하기나 운동하기는 중간 행동 목표가 되고(물론 더 구체화할 필요가 있다) 몸매 만들기나 20파운드 감량하기는 결과 목표가 된다. 새로운 습관을 길들이는 것이야말로 장기 변화의 핵심이 된다. 새 습관을 따라 결과가 나타나기 때문이다.

마지막으로 내담자가 고려하고 있는 아주 구체적인 계획이 있다면 그에 대한 자신감을 파악하고 변화에 착수하도록 *결심공약을 유발한다*. 만약 내담자가 계획대로 될지 의구심을 드러낸다면 계획을 적절히 수정하는 것도 좋다. 마찬가지로 계획은 탄탄하지만 아직 변화에 대해 헌신할 준비가 되어 있지 않다면 변화 중요도가 낮아졌을 가능성이 있으므로 그것에 관해 다시 이야기해 보는 것이 좋다.

내담자가 행동으로 옮길 때 지원과 안내를 지속적으로 제공하고 자신의 진보를 스스로 점검하도록 돕거나 서로 간 점검해 줄 수 있는 환경을 찾아보도록 한다. 행동으로 옮길 때는 새로운 기술을 배우는 것, 다른 치료나 수업, 연습에 가담하는 것 또한 도움이 된다. 그 외에도 외상 후 스트레스 장애나 관계 어려움, 공포증이나 수면기능장애와 같은 특정 문제를 다루는 치료를 받을 수도 있다. 이러한 것들이 MI에서 중점을 두는 변화와 직접적으로 연관되지는 않으나 내담자에게 유익함은 말할 것도 없고 스트레스 등을 감소시킴으로써 MI의 목표를 달성하는 데 뒷받침이 되어 줄 것이다.

4장에서는 MI 전략을 집단 치료 원리와 병합하여 집단 MI의 기초를 마련하고자 한다.

참고문헌

Amrhein, P. C., Miller, W. R., Yahne, C. E., Palmer, M., & Fulcher, L. (2003). Client commitment language during motivational interviewing predicts drug use outcomes. *Journal of Consulting and Clinical Psychology, 71,* 862–878.

Arkowitz, H., Westra, H. A., Miller, W. R., & Rollnick, S. (Eds.). (2008). *Motivational interviewing in the treatment of psychological problems.* New York: Guilford Press.

Bern, D. J. (1972). Self-perception theory. In Berkowitz, L. (Ed.), *Advances in experimental social psychology* (Vol. 6, pp. 1–62). New York: Academic Press.

Brehm, J. W. (1966). *A theory of psychological reactance.* New York: Academic Press.

Hohman, M. (2012). *Motivational interviewing in social work practice.* New York: Guilford Press.

Kiesler, D. J. (1966). Some myths of psychotherapy research and the search for a paradigm. *Psychological Bulletin, 65,* 100–136.

Miller, W. R. (1999). Toward a theory of motivational interviewing. *Motivational Interviewing Newsletter: Updates, Education and Training, 6,* 2–4.

Miller, W. R., & Rollnick, S. (2013). *Motivational interviewing: Helping people change* (3rd ed.). New York: Guilford Press.

Miller, W. R., & Rose, G. S. (2009). Toward a theory of motivational interviewing. *Amerian Psychologist, 64,* 527–537.

Moyers, T. B., & Martin, T. (2006). Therapist influence on client language during motivational interviewing sessions. *Journal of Substance Abuse Treatment, 30,* 245–251.

Moyers, T. B., Martin, T., Christopher, P. J., Houck, J. M., Tonigan, J. S., & Amrhein, P. C. (2007). Client language as a mediator of motivational interviewing efficacy: Where is the evidence? *Alcoholism: Clinical and Experimental Research, 31*(Suppl. 10), 40s–47s.

Moyers, T. B., Martin, T., Houck, J. M., Christopher, P. J., & Tonigan, J. S. (2009). From in-session behaviors to drinking outcomes: A causal chain for motivational interviewing. *Journal of Consulting and Clinical Psychology, 77,* 1113–1124.

Naar-King, S., & Suarez, M. (2011). *Motivational interviewing with adolescents and young adults.* New York: Guilford Press.

Rogers, C. (1951). *Client-centered therapy.* Cambridge, MA: Riverside Press.

Rogers, C. (1961). *On becoming a person.* New York: Houghton Mifflin.

Rogers, C., Gendlin, E. R., Kiesler, D. J., & Truax, C. B. (1967). *The therapeutic relationship and its impact: A study of psychotherapy with schizophrenics.* Madison: University of Wisconsin Press.

Rollnick, S. (1998). Readiness, importance, and confidence: Critical conditions of change in treatment. In W. R. Miller & N. Heather (Eds.), *Treating addictive behaviors: Processes of change* (2nd ed., pp. 49–60). New York: Plenum.

Rollnick, S., Mason, P., & Butler, C. (1999). *Health behavior change.* London: Churchill Livingstone.

Rollnick, S., Miller, W. R., & Butler, C. (2008). *Motivational interviewing in health care.* New York: Guilford Press.

Rosengren, D. B. (2009). *Building motivational interviewing skills: A practitioner workbook.* New York: Guilford Press.

Truax, C. B. (1966). Reinforcement and nonreinforcement in Rogerian Psychotherapy. *Journal of Abnormal Psychology, 71,* 1–9.

Walters, S. T., Clark, M. D., Gingerich, R., & Meltzer, M. L. (2007) *Motivat ing offenders to change: A guide for probation and parole.* Washington DC: National Institute of Corrections, U.S. Department of Justice.

Walters, S. T., Vader, A. M., Harris, T. R., Field, C. A., & Jouriles, E. N. (2009). Dismantling motivational interviewing and feedback for college drinkers: A randomized clinical trial. *Journal of Consulting and Clinical Psychology, 77,* 64–73.

Westra, H. A. (2012). *Motivational interviewing in the treatment of anxiety.* New York: Guilford Press.

제4장

동기강화상담을 집단모임에 적용하기

MI를 흥미와 관점이 다양한 사람들로 구성된 집단모임에 적용하기 위해서는 개인간 상호작용에 맞게 개발된 개인 MI의 개념과 전략, 기법 등을 수정해야 할 필요가 있다. 개인 MI의 몇 가지 요소들은 집단에 그대로 적용될 수 있지만, 어떤 것들은 집단 장면에 잘 맞지 않거나 권할 만하지 않다. 또한 집단 MI에서 고려할 어떤 요소들은 개인 MI에서는 아예 발생하지 않는다.

MI는 다양한 전략과 기술로 구성된 보편적인 치료 접근법의 하나이다. 개인 MI는 적용할 환경이나 장면, 그리고 특정 이슈에 맞춰서 적용된다. 즉 외래중독센터에서 사용하는 전략들은 정신병동에 입원한 환자들에게는 잘 사용되지 않는다. 예를 들어 외래환자에게 적용하는 MI는 장기적 계획을 세우고 이를 실행으로 옮기는 것에 초점을 맞춘다면, 입원환자나 안정화가 필요한 환자에게는 위기를 해결하거나 현재적 요구에 초점을 두어야 할 것이다.

집단 MI는 정신사회적 문제나 건강 문제가 집단 구성원의 삶을 지배하게 되었을 때 나타나는 힘겨운 생활방식에 대처하면서, 삶의 균형감을 되찾도록 돕는 것을 목표로 한다. 집단은 구성원들로 하여금 자신들의 삶의 가능성에 대해 생각하는 방식을 확장시키고, 이에 대한 안목을 되찾게 돕는다. 집단은 구성원들 서로가 긍정적인 방식으로 연결되도록 돕기도 하지만, 때로 소외감이나 수치심을 유발시킬 수 있다. 하지만 집단이 진행되면서 점차 구성원들의 시야가 넓어지게 되면, 집단 구성원 간의 어려움과 갈등이 상대적으로 작아지거나 그 장면 안에서 적절하게 다룰 수 있게 된다. 집단 구성원들이 변화하는 데 점차 성공하면서, 단지

> 집단 MI는 집단 구성원들이 삶의 균형을 되찾도록 돕는다.

삶에 이끌려 가는 것이 아니라 오히려 자신의 삶을 소유하고 있다는 것을 점차 느끼게 된다.

집단 동기강화상담 운영시 참고할 집단 치료 연구결과

2장에서 고찰한 집단치료 연구결과를 토대로, 집단 MI 운영자가 참고할 주요 안내 원리를 제시하면 다음과 같다.

- 집단 구성원들의 참여를 극대화하라.
- 집단 구성원들이 변화에 대한 주인의식을 갖도록 격려하라.
- 긍정적인 경험과 부정적인 경험 모두를 탐색하라.
- 집단의 응집력과 협동정신을 촉진시켜라.
- 구성원들의 경험과 흥미가 광범위하게 논의될 수 있도록 내용을 구성하라.
- 가능성 있는 해결책에 초점을 맞추어라.

집단 구성원의 참여를 높이기 위해서 다양한 전략(예, OARS)을 사용할 수 있다. 즉, 구성원의 관점 이끌어 내기, 구성원들의 문제와 그들의 경험 연결시키기, 자신의 이야기만 하는 것으로 한정 짓기 등이 있다. 또한 개인의 선택과 통제 강조하기, 전문가 입장 견지하기, 협동 정신 보여주기 등은 구성원들이 집단에 참여하고 더 많은 책임감을 갖도록 격려하는 MI 전략이다. 변화했을 때의 장점과 단점을 토의하는 것과 구성원들로 하여금 현실적인 계획을 이끌어 내도록 하는 것은 긍정적 감정과 부정적 감정 모두를 유발하게 될 것이다. 이는 중요한 삶의 변화를 추구하기 위해 적절한 준비를 하도록 돕고, 과거에 대한 분노나 슬픔에 묶여있지 않게 도와줄 것이다. 구성원들끼리 OARS를 사용하도록 코칭하는 전략은 집단 구성원 간의 상호작용을 강화시키고, 집단 내에서 긍정적인 대인관계를 형성하도록 돕는다. 이를 통해 집단은 더 적극적인 참여와 결속력을 갖게 된다. 집단 구성원의 역할(자신의 변화에 대한 책임감을 가지며, 각자의 선택을 서로 지지하고 존중하도록 격려하는 역할)에 관하여 기대하는 바를 분명하게 논의하는 것은, 집단의 결속력과 상호작용을 증진시킬 것이다. 참여자들의 요구에 맞춘 주제내용을 구성하는 것은 중요한 일이며, 실제로 집단 구성원을 소집하기 이전부터 구성원의 요구를 고려해 둘 필요가 있다. 불일치감 만들기, 자기효능감 증진시키기, 변화대화 이끌어 내기와 같은 MI 전략들은 과거의 문제에 지나치게 몰두하는 것을 방지하며, 문제의 해결방법에 초점을 두도록 돕는다. 집단 MI에 관한 최근의 문헌에서 언급하고 있는 집단 구성요소들은 5장에서 다루었다.

집단 동기강화상담에서의 치료적 요인

2장에서는 집단이 지닌 핵심적인 치료적 요인을 고찰했다. 이 요인들 중 몇 가지는 집단 MI에서도 기본적인 것들이다. 리더와 다른 구성원들 간의 *수용*이 집단 MI에서 가장 중요한 치료적 요인이다. *안내*도 치료적 요인인데, 특히 질병이나 새로운 환경에 적응해야 하는 상황에서는 더욱 필요하다. 그러나 집단을 운영할 때 정보제공적 요소가 포함된다 하더라도, 본질적으로 교육적이지 않은 것이 집단 MI의 특징이다. MI의 핵심 부분인 *희망의 주입*은 더 나은 미래를 상상하고, 과거의 성공과 개인의 강점을 검토하며, 이용할 수 있는 지지자원들을 고려함으로써 생긴다. 또한 희망은 다른 사람의 성공 경험을 듣거나, 그들의 변화를 지켜보거나, 다른 사람들로부터의 지지를 경험하고, 긍정적인 집단 분위기 속에서 느끼는 편안함을 경험하면서 생겨난다. *자기노출*은 집단 MI에서 중요한 요소인데, 집단 구성원들이 그들이 직면한 도전에 대하여 방어적인 감정을 느끼는 경우에 특히 중요하다(예, 법원명령 집단). 보다 많은 자기이해를 얻게 되는 것은 폭넓은 안목을 갖는 단계에서 핵심 요소이다. 왜냐하면 이는 집단 MI의 최종 회기에서, 구성원들이 더 나은 삶을 살기 위하여 새로운 행동을 시도하게 만드는 토대를 제공하기 때문이다.

개인 MI에서는 관계없지만 집단 MI에서는 중요한 치료적 요인이 몇 가지 있다. 그 중 *이타주의*는 집단 MI에서 중요한 역할을 한다. 특히 집단의 후기 과정에서 서로에게 제공한 도움과 지지가 구성원들에게 이익이 되는 결과를 보여주게 될 때에 이타주의가 작용하는 것을 관찰할 수 있다. 또한 개인 MI에서는 없는 요인인 *보편성*은 집단 MI에서 구성원들이 변화하게 만드는 강한 힘이고, 구성원들의 자기노출과 응집력을 증가시키며, 서로 지지하도록 만드는 요인이다. *대리학습*도 개인 MI에서는 없지만 집단 MI에서는 중요한 요소 중의 하나이다. 집단 MI에서는 리더가 모든 대상자로부터 변화대화를 이끌어 낼 시간이 충분하지 않다. 그 대신 리더가 한 대상자에게 초점을 맞추면서 동시에 구성원들의 상황을 연결시켜 주고 변화를 만들어 나가는 과정을 공유함으로써 대리학습의 기회를 제공할 수 있다. 비록 구성원들의 현재 문제와 변화목표가 다르다고 하더라도 이러한 대리학습은 가능하다.

집단의 치료적 요인 중 몇 가지는 비록 구성원들 개개인의 경험에서 작동할지라도, 집단 MI에서는 의도적으로 조성하지 않는다. 아마도 그런 것들 중 하나가 *카타르시스*일 것이다. MI는 *카타르시스적* 경험을 이끌어 내는 것에 초점을 두고 있지는 않지만, 심도있는 감정을 경험하는 동안에 구성원들이 변화하고 싶게 될 수 있다. *대인관계 학습* 요인은 집단 MI에서 변화를 촉진하는 역할을 한다. 하지만 일반적으로 집단 MI는 대인관계 스타일이나 영향에 대해 피드백을 주고 받는 것과 같은 대인관계 학습을 조성하지는 않는다. 다만 과정중심적인 집단 접근방법을 함께 적용할 때는 예외가 된다(예, Malat, Morrow, & Stewart, 2011).

지금까지 몇 가지 치료적 요인의 역할뿐만 아니라 리더의 기능과 집단 과정을 살펴보았다. 9~12장에서는 집단 MI에서의 네 단계에 대해 다룰 것이다.

집단 동기강화상담의 발달

MI의 상당부분은 Carl Rogers의 내담자 중심 치료에서 온 것이다. Rogers(1970)는 내담자 중심 치료집단을 위한 일반적인 집단 발달의 경로를 개념화했다. Rogers는 집단의 초기 시작시기에는 무엇을 논의할지 또는 그것을 어떻게 포함시키고 어떻게 발전시킬지에 대해 불확실하게 초점을 두지 않은 채, 과거의 사건이나 경험에 대해 관심을 갖도록 제안했다. 구성원들이 안전함을 느끼게 됨에 따라 점차 현재적 경험, 느낌, 염려에 대해 논의하게 된다. 이러한 방법이 구성원들 간의 관계를 돈독하게 하고, 개별적이고 분리되어 있는 개인들을 동질감을 가진 하나의 집단으로 변화시키는 힘이 된다. 집단 구성원들은 서로에게 더욱 진실하고자 보호적인 방어 태도를 버리게 되고, 제한적인 사회 규범에 구속을 덜 받게 된다. 구성원들이 새로운 경험자원으로써 집단을 바라볼 때, 그들의 개방성과 진실성은 깊어지며, 때로는 이전보다 좀 더 많이 진실된 생각과 느낌에 도달할 수 있게 된다. 결국 타인에 대한 신뢰와 그들이 경험하게 된 성장의 과정에 대한 믿음을 토대로, 집단 구성원들은 자기 자신의 정체성에 걸맞는 새로운 길을 개척할 뿐만 아니라 집단 밖에서의 인간관계도 개선하게 된다.

Rogers의 집단 발달에 대한 과정 중심적 관점은 이 책에서 다룬 집단 MI 4단계 접근법과 잘 맞아떨어진다. *관계 형성하기 단계(engagement phase)*에서 리더는 구성원들이 편안하게 집단에 참여할 수 있도록 돕고, 초기 집단 활동으로써 구성원들의 문제와 염려에 대해 더 많이 이야기하도록 편안하게 하는 것에 초점을 맞춘다. *관점 탐색하기 단계(exploring perspectives phase)*에서 리더의 역할은 구성원들의 개인적인 관점과 상황을 함께 탐색하게 함으로써 구성원 간 상호작용이 깊어지도록 돕는 것이다. *관점 확대하기 단계(broadening perspectives phase)*에서는 심도 깊고 폭넓은 상호작용을 지속적으로 유지하며, 리더는 구성원들이 새로운 가능성을 고려하도록 돕는다. 또한 사라진 희망이 되살아나도록 하며, 고려할 문제점에 대해 타인의 관점을 받아들일 수 있도록 한다. *행동으로 옮기기 단계(moving into action phase)*에서 리더는 구성원들이 실전 연습을 할 수 있도록 돕고, 그들의 목표를 향해 한 걸음 나아가도록 하며, 집단과 그들의 일상 모두에서 새로운 방법으로 지낼 수 있도록 한다.

공감과 방향

집단 MI의 리더는 집단 구성원들이 삶을 긍정적인 방향으로 변화시킬 수 있도록 공감을 유지하면서 균형을 맞춘다. 이 균형은 내담자가 한 명일 때도 쉽지 않은데 열 명이나 되면 얼마나 어렵겠는가. 어떤 구성원들은 고착감을 느끼거나 의견을 제안해 줄 것을 원할 수도 있다. 또 어떤 사람들은 다른 사람의 충고나 기대감에 대해 압박감을 느낄 수도 있으며, 구체적인 제안이 대상자에게 방어하려는 마음을 증가시킬 수도 있다. 어쩌면 그러한 조언이 없었다면 그들은 압박감을 느끼지 않았을지 모른다. 어떤 사람들은 떠오르는 생각에 대해 자세하게 이야기하고 싶어하는 반면, 또 다른 사람들은 타인과 토론하기 전에 자신의 생각을 충분히 정리하는 것을 더 좋아하기도 한다. 어떤 사람들은 집단의 지지를 몹시 즐기고 다른 구성원들과 친밀감을 형성하는 것을 좋아하지만, 또 어떤 사람들은 사회적 · 감정적 관계보다 일차적인 대안을 가진 자원으로서 집단을 보기도 한다.

개인 MI에서는 상담자가 행동변화의 방향을 이끌어 낼 때 내담자가 상담이 너무 빠르게 진행되는 것 같다는 반응을 보이면, 상담자는 더 깊이 공감하도록 초점을 바꿀 수 있다. 집단 MI에서는 모든 대상자의 반응을 동시에 보는 것이 불가능하다. 만약 동시에 보는 것이 가능하다고 하더라도 각 구성원의 반응에 특별히 초점을 맞출 수는 없다. 왜냐하면 동일한 문제에 대해서도 구성원마다 다른 방법으로 반응하기 때문이다.

그렇기 때문에 상담자는 어려움에 직면하게 된다. 각기 다른 구성원이, 각기 다른 요구를 가지고, 각기 다른 신호를 보낸다면 상담자는 어떻게 대상자의 신호를 이해할 수 있을까? 만약 몇몇 구성원들이 앞으로 나아갈 준비가 되어있지 않을 때, 상담자가 지지적이고 공감적인 탐색방향으로 전환한다면 그 집단은 수렁에 빠질 수 있다. 그러나 몇몇 사람들이 준비가 되어있지 않을 때 앞으로 나아가야 한다는 압박감이 있다면, 상담자는 그들 뒤로 물러서거나 불만을 이야기하도록 한다. 이것은 결국 집단의 갈등을 유발시키고 일시적으로 모든 집단 과정을 중단시킨다. 그러므로 개인을 상담할 때와 집단을 이끌어 갈 때는 다른 전략이 필요하다.

개인상담에서는 내담자의 변화에 대한 신호를 쉽게 이해할 수 있고, 속도를 빠르게 하거나 늦출 수 있으며, 분위기를 심각하게 하거나 밝게 할 수도 있고, 때로는 침묵을 통해 대상자가 생각하도록 휴지기를 가질 수도 있다. 만약 더 많은 도움이 필요하다고 생각되면, 변화에 대한 내담자의 관심을 증가시키거나, 신뢰감을 바탕으로 대화의 초점을 바꿀 수 있다. 준비된 내담자를 상담한다면 변화에 대한 언급이 없더라도 변화계획을 고려할 수 있다.

집단은 유사하게 운영될 수 있고, 당시 집단의 관심거리와 구성원의 준비도에 따라 비구조화된 방식으로 운영되기도 하지만, 그것이 잘 운영되기란 상당히 어렵다. 그러한 이유로 많은 리더들은 상담 회기에 대한 최소한의 사전계획을 갖고자 한다. 상담 회기를 어느 정도 구조화하느냐 하는 것은, 리더 자신의 편의뿐만 아니라 집단 구성원의 요구에 따라 달라질 수 있다. 리더는 세션이 전개되면서 자생적 구조가 드러나도록 처음에는 비구조화하여 운영하거나, 어떤 주제에 대해 차이를 허용하면서 나중에 다시 주제와 연결 짓는 반구조화된 방법으로 운영할 수도 있다. 또는 정해진 의제와 시간관리를 통해 처음부터 구조화된 방법으로 운영할 수도 있다.

하지만 구조화된 집단이라 할지라도 철저하게 순서대로 진행되는 경우는 거의 없다. 한 구성원의 견해나 의사표현이 (그것이 의도하지 않았거나 혹은 예견된 결과로 방향성을 가진 것일지라도) 다른 구성원의 반응을 촉진시키기도 한다. 어떤 사람의 변화에 대한 가속도가 또 다른 사람에게는 변화에 대해 주저하도록 만들기도 하며, 침묵을 불편해하는 대상자들을 다른 방향으로 나아갈 수 있게 만들기도 한다. 집단을 다시 정해진 주제로 돌아오게 하려는 상담자의 시도는 새로운 방향을 추구하려는 대상자들의 요구로 인해 어려움에 처할 수 있다. 때로는 토론을 이끌어 내기가 매우 어려운 상황이 되기도 한다.

훌륭한 리더는 인내심과 융통성, 창의성이 있으며, 여러 가지 아이디어와 지각력을 동시에 보유하는 능력이 있다. 리더십은 집단이 앞으로 나아가도록 견인하는 역할을 하고 방향을 벗어났을 때는 다시 돌아오도록 안내해야 한다. 개인 MI에서와 같이 안내원리는 가능한 항상 내담자가 앞으로 나아갈 수 있도록 돕는다. 그러나 그렇게 하는 것이 내담자로 하여금 방어를 유발해 낸다면 계속해서 압박하지 않도록 유의해야 한다. 너무 많은 방향성을 제시하거나 너무 적게 제시하는 것 사이에 균형을 이루기 위한 적절한 방법을 이용하고, 대상자로 하여금 강한 방어를 하도록 하는 너무 빠른 진행이나 집단 구성원이 흥미를 잃고 좌절하게 만드는 너무 느린 진행 사이에도 적절한 방법을 이용하여 균형을 찾을 수 있다.

Velsques, Stephens, Drenner(14장 참고문헌 참조)의 연구에서는 집단을 촉진하기 위해 은유법을 사용했다.

> 개인 MI를 적용하는 것이 왈츠를 추는 것이라고 한다면, 집단 MI는 교향곡을 합주하는 것이다. 각각의 구성원은 자신의 악기를 가지고 연주하여 집단의 멜로디를 만들고, 동시에 지휘자에게 반응을 한다. 다음 순서로 지휘자는 오케스트라의 전반적인 구성뿐만 아니라 개별 악기에 대한 반응을 살펴 부드럽게 이끌어 준다.

능력 있는 지휘자에 의해 이끌어지는 교향곡과 같이 그 기능이 잘 이루어지는 집단이라면, 때때로 그들의 악기를 처음으로 연주하는 청소년 즉흥 밴드와 같이, 음정을 벗어나 다른 곡으로 방향을 틀어볼 수 있다. 조화를 잘 이룬다면 결국 소음도 음악이 된다. 밴드의 구성원들은 조화를 배우고, 리드 부분을 교대로 연주하며, 무엇을 할지 계획을 세운다. 그들은 자신만의 연주에서 벗어나 함께하는 집단의 음악을 연주하는 것으로 변화한다. 학교 밴드부 선생님은 소음을 통해 음악의 주제를 듣고, 희망이 없어 보일 때 연주자들의 실력 향상을 위하여 인내심을 가지고 동기를 강화한다. 때로는 새로운 집단을 이끌어 가는 리더들에게도 이러한 인내심이 요구된다.

집단 동기강화상담 촉진하기

리더에게 필요한 핵심 연습법은 집단과 함께 계속 움직이는 것인데, 구성원들보다 빨리 달려가거나 천천히 뒤따라가는 것을 뜻하는 것은 아니다. 개별 단기회기가 연속적으로 행해지는 것을 피하고 대신에 전체 집단에 대한 초점과 함께 개인에게 초점이 맞춰지는 순간들을 연결하라. 구성원들의 관심과 주제, 변화에 대한 준비도를 파악하여 초점이 되는 개별적 사건과 연결시켜 준다. 그들은 서로 경청하고 다른 사람으로부터 배우며, 때로는 하지 말아야 할 것을 배운다. 또한 그들은 서로 지지하는 방법을 찾으며, 변화과정에 대한 더 큰 자신감을 얻을 뿐만 아니라 그들 자신의 방향을 발견하게 된다.

개인 MI 내담자에 비해서 집단 MI 구성원들은 변화대화에 훨씬 덜 의존한다. MI 집단 구성원들은 다른 사람이 어떻게 어려움을 다루고 어떻게 과정을 이루어 나가는지 경청하고 자신의 현재 상황에 대해 생각한다. 심지어는 다른 사람이 이야기하고 있는 동안에 자신의 계획을 만들어 나갈 수도 있다. 집단 MI와 개인 MI가 다른 점은, 변화대화를 만들어 내는 유일한 사람이 대상자라는 것이다. 리더는 구성원들의 공통된 주제, 어려운 점, 희망사항을 발견하여 집단 경험을 구성한다. 이러한 과정은 순차적인 단계로 이루어지는 것이 아니며, 기하급수적으로 이루어진다: 초기에는 느리지만 속도가 붙기 시작하여 산에서 눈덩이를 굴리는 것처럼 불어난다.

우리는 집단 MI에 대한 몇 가지 일반적인 원칙을 공유하고자 한다. 이 책의 9~12장에서는 집단 MI 4단계의 특정 변화를 제시했다.

- 긍정적 반응에 초점 맞추기
- 집단 구성원들을 그 순간에 참여시키기
- 관점 탐색하기와 현재에 초점 맞추기
- 불만사항을 경청하되 불평을 이끌어 내지 않기
- 관점 확대하기와 미래에 초점 맞추기
- 열망, 욕구, 계획 그리고 자신에 대한 긍정적 초점을 반영하고 탐색하기
- 자기효능감 지지하기
- 회기가 종료되기 전에 부정적 반응에 대응하기

긍정적 반응에 초점 맞추기

집단 MI는 정신병리적인 문제를 해결하거나 과거의 트라우마를 극복한다기보다는 긍정적인 성장에 더 초점을 둔다. 구성원들의 문제를 해결하도록 돕는 것보다, 그들이 더욱 낙관적이 되도록 돕는 것이 더 생산적이다(Seligman, Steen, Park, & Peterson, 2005). 긍정적 반응에 초점을 맞추는 것은 성공적인 집단 MI의 핵심이며 무엇을 강조해야 하고 무엇을 건너뛰어야 하는지에 대한 가이드라인을 제시해준다. 부정적 감정이나 불만족스러운 것에 초점을 맞추는 것은 개인 MI에서보다 집단 MI에서 더 위험하다. 개인 MI에서는 내담자가 불만족스러움을 이야기했을 때 살짝 넘어갈 수도 있지만, 집단 맥락 안에서는 모든 구성원에게 만족을 주지 않는 한, 다른 구성원의 반응을 조절하는 것이 어렵다. 구성원들이 불만족과 부정적 감정에 초점을 맞추게 되면, 다른 구성원들은 지지하지 않을 뿐만 아니라 조언이나 비평도 하지 않게 된다.

이와 유사하게, 집단 MI는 *엄한 사랑(tough love)*이나 다른 형태의 직면을 사용하면서 부정적인 감정의 카타르시스를 경험하게 하는 방법은 사용하지 않는다. 또한 어떤 형태의 집단은 집단 내 활동으로 체험학습을 하여 발전이 촉진되고 갈등이 해결될 수도 있지만, 이것 역시 집단 MI에 속한다

> 집단 MI는 정신병리적인 문제를 해결하는 것보다 긍정적인 성장에 더 초점을 둔다.

고 볼 수는 없다. 그 대신, 집단 MI에서는 변화에 대한 구성원들의 에너지와 자신감을 높이는 것에 초점을 맞춘다. 집단 세팅에서 변화를 향한 가속도를 높이는 것은 긍정적인 반응 요소(그들의 가치와 목표에 부합하는 중요성의 의미, 구성원 서로 간의 지지와 결속력, 자신의 삶을 만족스럽게 변화시키고 의미 있는 방향으로 변화시킬 수 있다고 믿는 자신감)에 초점을 맞춤으로써 보다 용이해진다. 그러한 이유로, 리더인 당신은 불만족보다 희망을 이끌어 내야 하고, 문제에 대한 해결책을 탐색하는 것보다 과정에 중심을 두어야 한다.

> 집단 MI의 리더들은 불만족보다 희망을 이끌어 내야 하고, 문제에 대한 해결책을 탐색하는 것보다 과정에 중심을 두어야 한다.

집단 구성원들을 그 순간에 참여시키기

내담자들은 전문적인 상담조력자들과 함께 그들의 삶에 대해 이야기할 때 종종 상처받기 쉬운 상태가 된다고 느낀다. 그들은 부끄러울 수 있는 내용을 노출하기를 꺼리거나 그것에 대해 수치심을 느끼고, 자신들이 평가를 받거나 어린아이처럼 보호를 받는다고 느끼면 불편해한다. 낯선 집단 구성원들로 가득 찬 방에 들어오면서 두려움과 걱정은 증폭된다. 만약 당신이 *저 곳*(과거 여러 사건, 현재의 문제들, 미래의 목표)에서부터 이야기하기 시작한다면, 이는 집단 구성원들로 하여금 이방인들 속에서 혼자인 것 같은 외로움을 증폭시키게 되고, 집단이 하나가 되기까지 더 오랜 시간이 걸린다. 그러므로 집단을 지금 여기로 끌어들여, 현재의 생각과 느낌에 맞추어 공감적으로 의사소통하는 것이 유용하다. 상담자는 구성원들에게 집단이 의도하는 것, 다른 사람을 돕는 것, 서로 소개하는 것에 대해 약간 언급하는 정도로 소개할 수 있다. 이 책의 8장에서는 *저 곳*으로부터 *지금 여기*로 옮겨 오도록 집단 구성원들을 도울 수 있는 관심전략 단계에 대해 다룬다.

관점 탐색하기와 현재에 초점 맞추기

일단 집단 안에서 연결된 구성원들은 자신의 삶의 관점, 가치, 상황과 경험을 탐색하기 시작한다. 이러한 과정을 통해서 집단 구성원들은 점차적으로 과거 일을 설명하려는 데서 벗어나게 되고 현재 삶의 경험에 대해서 이야기할 수 있게 된다. 일반적으로 MI는 주로 미래에 초점을 맞춘다. 그러나 대부분의 사람들은 미래에 초점을 맞추지 않고 현재에서 시작하기 때문에, MI에서 선호하는 토론 방법에 익숙해질 수 있도록 구성원들을 도와야 한다. 이것을 통해 당신은 구성원들을 인정해 주는 시간을 갖게 되며, 다양한 구성원들이 보여주는 노력과 관점에 대해 숙고하고 긍정적인 요소들을 강조하게 된다

이렇게 초점을 맞추는 것은 구성원들의 경험을 듣고 좀 더 알아가는 과정을 통해 서로 지지해 줌으로써 내담자의 방어를 낮출 수 있도록 도와준다. 또한 이 방법을 통해 집단 응집력도 강해진다. 이러한 모든 요소들(이해받고 수용되는 느낌, 방어적 태도를 취하지 않아도 되는 집단 내 환경, 집단 내에서 다른 구성원들과의 친밀감 경험)은 구성원들이 앞으로 나아가는 것을 가로막는 어려움과 도전에 맞서 대항할 수 있도록 돕는다.

불만사항을 경청하되 불평을 이끌어 내지 않기

구성원들이 탐색 과정의 일환으로 좌절감, 불평, 불만의 넋두리를 공유할 가능성이 있다. 이것을 수용하는 좋은 방법은, 무시와 거절로 대하는 것도 아니며, 받아들여 확대시키는 것이 아니라, 그것들과 *함께 구르는 것(rolling)*이다. 집단 구성원들이 자신의 감정을 표현하고 누군가 자신의 이야기를 들어주고 이해해 주는 경험은 그들로 하여금 좀 더 생산적으로 목표, 과업, 희망에 초점을 이동시키도록 도와준다. 때로는 이러한 좌절감 때문에 몇 가지 문제가 표출되기도 하지만, 변화에 대한 동기강화의 일부분이 될 수도 있다.

방어를 수용하고 *그것과 함께 구르는 것*은 집단 내에서 도전이 될 수 있다. 리더는 구성원들의 상황, 사회, 치료 체계를 둘러싼 방어뿐만 아니라, 집단 내에서 인지된 구성원들의 역할 경쟁 형태의 방어까지도 함께 굴러야만 한다(8장에서 다루고 있다). 집단의 외적 형태와 내적 내용에 관한 도전이나, 심지어는 집단을 이끌고 있는 리더의 능력에 대한 도전에 대해서도 함께 굴러야 한다.

Downey와 Johnson(13장)은 리더가 방어(또는 저항)를 기꺼이 받아들일 것을 권유하고 있는데, 우리는 이에 동의한다. 방어를 받아들이는 것은 불쾌하거나 부정적인 상호작용을 무시하는 것이 아니다. 그것은 불협화음에서 일어나는 에너지를 활용하는 것이며 더 생산적인 방향으로 전환하는 것이다. 때때로 이것은 불화를 더 조장하는 것처럼 보이고 염려를 표현하는 것에 대해 무시하는 것처럼 보이기 때문에 많은 시간이 필요하다. 대신에, 리더는 부정적인 견해들을 수용하려고 노력하는 동시에 그러한 부정적 견해 속에서 초점을 맞추어 볼 수 있는 긍정적인

요소들을 찾을 수 있어야 한다. 중요한 것은 비판에 직면했을 때 비방어적인 태도를 유지하는 것이다.

관점 확대하기와 미래에 초점 맞추기

구성원들의 현재 삶에 대해 아주 상세히 조사할 필요는 없다. 대신에 구성원들이 자신의 현재 상황에 대해 한 번쯤 서로 공유하고 자신을 한계 짓는 것처럼 보이는 것들에 대해 자유롭게 이야기하도록 해야 한다. 리더는 집단 구성원의 과거 성공 경험과 현재의 관심사항을 탐색하지만, 거의 대부분 집단에서 미래에 집중해야 할 것에 초점을 맞추어야 한다. 구성원들의 관점을 확대하도록 도와주는 목적은 선택의 폭을 넓혀주고 보다 만족스러운 미래를 향해 나아가도록 구성원들을 지지해 주기 위해서이다.

열망, 필요, 계획 그리고 자신에 대한 긍정적 초점을 반영하고 탐색하기

변화대화를 반영해 주는 방법은 여러 가지가 있다. 집단 구성원들은 변화에 대한 강력한 이유를 가지고 있는 경우가 종종 있다. 변화에 대한 동기를 증가시키도록 돕는 것보다 현재 상태를 유지함으로써 발생하는 손실과 실패를 볼 수 있도록 도와주어야 한다. 지속적인 불안, 반추, 자기 비하가 때로는 동기를 감소시키기보다 오히려 증가시키기도 한다. 더욱이 그런 감정적인 순간에 다른 구성원들의 동의("맞아요, 당신은 혼란스러웠겠군요"), 판단("당신은 너무 이기적이었어요"), 구원("다들 그래요. 별거 아니에요"), 조언("힘 내세요. 다시 잘 하면 돼요")을 이끌어 낼 수 있다. 이런 반응을 주고 받는 동안에 동기가 강화되기도 하지만, 역효과가 날 수도 있고 자기비난이나 비관적인 생각에 깊게 빠져들 수도 있다. 이러한 상황은 집단의 정신을 약화시킬 수도 있다.

따라서, 고통스러운 자아 발견이나 다른 사람에 대한 진실된 인정과 같은 순간을 두려워할 필요는 없지만, 집단이 긍정적인 변화를 향해 나아가도록 초점을 맞추어야 한다. 변화준비언어의 종류(열망, 욕구, 이유, 능력) 가운데 변화 열망에 대해 경청하거나(그들의 삶이 어떻게 나아졌는지), 변화의 이유와 욕구의 측면에서 긍정적인 방향으로 조정하라. 변화의 필요성에 대해 표현하면서("내가 지금 같은 생활을 지속한다면, 나는 모든 것을 잃을 거야. 그렇게 되지 않을 지점이 많이 있었어") 현실을 깨닫게 되면 가능성을 향해 몰두하게 된다("그런 일들이 무서워지기 시작하고, 가치 있는 것을 잡으려고 노력하는 군요. 당신의 인생에서 다시 붙잡고 싶은 것이나 다시 돌아가고 싶은 때는 언제인가요?").

이와 유사하게, 구성원들이 그들의 선택에 있어서 어려운 순간에 직면하면, 현실적 어려움을 인정하라. 그리고 그들의 계획이 실현 가능하도록 하는 자원 쪽으로 초점을 이동시켜라("이건 정말 도전적으로 들리는데… 성공기회를 늘리기 위해서 당신을 무엇을 할 수 있지요? 나머지는 우리가 어떻게 도울까요?").

때때로 구성원들은 그들 자신과 약점에 대해 부정적으로 반영한다. 구성원들의 자기 판단이나 자기 비난에 직접적으로 도전하는 것("당신은 실패자가 아니에요")을 피하라. 왜냐하면 그러한 안심시키는 말(reassurance)들은 부정적인 자기 판단의 저항("그렇다면 왜 나는 지금 혼자이고, 내 이름으로 된 것도 아무것도 없고, 진짜 친구가 한 명도 없는 거죠?")을 불러일으킬 수 있기 때문이다. 대신에 리더는 인정해 주는 태도를 취해야 하는데 이는 집단 구성원들이 스스로에 대한 생각을 확장시켜 갈 수 있도록 돕는다("당신이 실수하지 않았다고 말하는 것이 아닙니다. 하지만 나는 당신이 정직해지려고 애쓰며, 일을 되돌려 놓기 위해 필요한 것들에 열심인 것을 보았습니다. 비록 초점을 잠시 동안 잃었지만 다른 이를 돌보는 사람. 흩어진 것들을 다시 돌려 놓으려는 사람. 제가 보기에는 진실성이 있어 보이는 군요").

이러한 태도는 과장하거나 진실하지 못한 것처럼 보일 수 있는 위험이 있으며 집단 구성원들은 그런 반응을 그 순간에 온전히 받아들이지 못할 수도 있다. 하지만 목표는 이길 수 없는 논쟁을 피하고 대신에 긍정적인 부분을 향해 초점을 이동시키는 것이며, 지나치게 낙관주의적이지 않고 집단 구성원들의 스스로에 대한 염려를 무시하지 않는 태도를 유지하는 것이 필요하다. 리더가 양심, 정직성, 자율성, 용기, 또는 다른 강점에 초점을 맞추더라도, 그 목표는 구성원들이 자신의 문제를 인식하는 자기비하적 관점에서 나아가 긍정적인 면을 보도록 하는 것이다. 긍정적인 면을 재조명하는 것은 구성원의 부정적인 자기판단으로부터 벗어나도록 도움으로써 약간의 안도감을 경험하도록 하고, 새로운 계획을 세울 수 있는 강점을 발견하도록 돕는다.

자기효능감 지지하기

*자기효능감*은 스스로 세운 목표를 성취해 나갈 수 있다는 믿음이다. 보통 대부분

의 치료적 과제가 개인치료보다는 집단치료에서 더 성공적으로 완수하기 어려운데, 자기효능감을 지지하는 과업은 집단에서 오히려 더 쉬울 수 있다. 구성원들은 *그것을 함께 겪어 나간다*는 동질감으로 서로 지지해 줄 수 있고 자신감을 높이는 데 도움을 줄 수도 있다. 그들은 서로의 경험과 모범이 되는 것을 공유할 수도 있고, 새로운 방법이나 행동을 시도해 볼 수도 있다. 구성원들은 새로운 변화를 시도할 때 어려움에 처한 상대방을 위로해 주고 다시 시작할 수 있도록 도와준다. 그들은 함께 브레인스토밍을 해보고, 함께 연습해 보고, 변화를 계속 이어나갈 수 있도록 알고 있는 방법들을 공유한다. 구성원들은 공통적인 경험과 주제에 대해 반영해 주고, 과정을 기록하기도 하며, 과거에 억눌린 것으로부터 자유로워지도록 강점을 알아가도록 한다. 위험요소도 존재하는데 그들 자신의 성장에 초점을 맞추기보다 다른 개인의 목표를 자기 것으로 받아들일 가능성이 바로 그것이다. 그렇지만 당신은 집단 구성원들에게 상황이 나아지는 것은 각 사람마다 다른 의미를 가진다는 것을 상기시킴으로써 이러한 위험을 감소시킬 수 있다.

회기가 종료되기 전에 부정적 반응에 대응하기

만약 리더가 장기간 동안 집단을 이끈다면, 긴장과 갈등은 그 과정에서 거의 필연적으로 발생할 것이고(심지어 집단의 처음 시작부터 발생할 수도 있다!), 그것들을 다루기 위한 준비를 해두는 것은 중요하다. 집단 MI는 성공적인 갈등해결 방안을 모색하도록 하기 위해 문제를 펼쳐 놓고 의도적으로 갈등을 유발시키지는 않지만, 그럼에도 불구하고 갈등은 발생할 수 있고, 그런 경우 긍정적인 해결방안을 찾는 것은 중요하다. 당신이 구성원들이 합의점을 찾거나, 반대의견에 동의하도록 도울 수 있든 그렇지 않든, 구성원들이 수치심, 공격성, 굴욕감, 위협, 다른 집단 구성원으로부터의 고립감, 다른 사람을 향한 분노를 가진 채 상담 회기가 종료되지 않도록 노력하라. 수치심이나 공격성을 느끼며 집단을 떠난 구성원들은 이것을 마음에 새기고 다시 돌아오지 않는다(Malat et al., 2011). 어떤 공격으로부터 집단 구성원을 보호하는 것도 중요하지만 그 와중에서도 비판하며 공격하던 사람이 정서적으로 집단 밖으로 내몰리는 느낌이 들도록 그 사람을 차단시키지는 말아야 한다. 리더는 구성원들의 비평적 행동을 조절해야 하지만, 집단의 경험이 온정적이고 지지적인 구성원들뿐만 아니라 그렇지 못한 사람들에게도 치료적 경험이 되도록 해야 한다.

집단 동기강화상담의 정신

3장에서 소개한 바와 같이, MI 정신의 주요 구성요소는 협동정신(partnership), 수용(acceptance), 연민(compassion), 유발성(evocation)이다(Miller & Rollnick, 2013). 집단 구성원에 대한 깊은 존중감을 전달하고, 집단에서 MI의 기본 정신을 활용하여 그들의 가능성을 지지해 준다. 집단 구성원들이 비생산적인 선택을 할 수도 있고, 스스로 파괴적인 방법을 사용할 수도 있으며, 존경심과 가능성에 대한 믿음을 저버리고 방어적으로 반응하거나 심지어 다른 사람들과의 교류를 차단할 수도 있다. 그렇지만 이상적인 상태는, 그럼에도 불구하고 여전히 그들이 가치와 강점, 고유한 능력을 가진 인간이라는 것을 존중하는 것이다. 리더는 구성원들의 내면이나 앞에 놓인 가능성을 충분히 알고 있지 못할 수도 있다. 그러므로 목표는 구성원들의 삶이 향상될 수 있게 스스로 최선을 다하도록 그들을 돕는 것이다. 구성원들을 개별적 존재로서 존중해 주는 것은 집단 내에서 서로 존중해 주는 분위기를 만들어 가도록 하는 데 도움을 준다. 마찬가지로, 리더는 구성원들이 서로 최선의 상태를 이끌도록 격려하고 희망을 갖도록 도와야 한다. 낙관적인 구성원들은 행동을 시작하기 전에 제거해야 할 장애물이 있더라도, 실질적인 변화를 향해 움직이기 시작하면서 상황이 더 나아지도록 만들 수 있다. 낙관주의는 집단 MI에서 가장 중심적인 특성으로 여겨질 수 있다.

이러한 정신을 강화하는 방법은 언어 사용을 면밀히 관찰하는 것이다. 진단명 붙이기를 피하면서 시작할 수 있는 좋은 방법이 있다. *조현병*, *알코올 중독*, *범죄자*와 같은 진단명은 긍정적인 부분을 외면한 채 사람을 깎아내리고, 특정한 부정적 행동에만 초점을 맞추도록 만들 수 있다. 이것은 생각을 넓히고 자기수용을 향상시키고자 하는 구성원들에게 도움이 되지 않는다. 어떤 사람들은 다음과 같은 자기 정의를 통해 자신의 상태를 명확히 이해하는 것도 사실이다("알코올 중독이라는 것은 재발의 위험 없이 술을 마실 수 없다는 것입니다", "조현병이라는 것은 내가 약을 복용할 필요가 없다고 생각될 때조차 약을 먹어야 하는 상태입니다"). 그렇지만 자기 정의를 명확히 하는 것과 다른 사람에 의해 진단명이 붙여지는 것은 다르다. 따라서 리더의 반영기술을 통해서 내려지는 자기 정의가 가치 있다고 하더라도, 진단명을 붙여 현실성을 주는 것("알코올 중독자로서 당신은

> 낙관주의는 집단 MI에서 중심적 특성으로 여겨질 수 있다.

~")보다 내담자 중심적이며 개인의 지각을 강조한 상태로 두는 것("술에 의지해서 지내는 당신을 보면~")이 낫다. 그 상황 자체에 대한 예시로써 집단 구성원들에게 초점을 맞추는 것이 아니라 그들이 고군분투하고 있는 상황에서 집단 구성원들의 변화상에 놓여진 장애물들을 다루는 것에 초점을 맞추어야 한다. 그 개인에게 나타난 병리적인 상태를 보고, 그 사람에 대한 진단명 붙이기를 지양하라.

자율성을 강조하는 것은 집단 MI 정신의 또 다른 중요한 부분이며, 구성원들이 자신의 삶에 대한 주인의식을 갖게 함으로써 성장할 수 있는 기회를 제공한다. 15장에서 Jasiura, Hunt, Urquhart가 서술한 바에 따르면 "모든 가능한 결정 사항과 책임감을 포함하여 집단에 도움이 되는 행동을 인정하고, 도움이 되는 집단의 행동을 지지한다. 그것은 집단 안에서의 결정과 책임, 집단 구성원 개인들마다 좋아지고 싶은 선천적 욕구와 책임, 연민을 포함한다" 또한 구성원의 강조한다는 것은 "그들이 상대적으로 무력감을 느낄 때 자신의 삶을 조절할 수 있다"고 격려하는 것이고, 자신들이 저평가되고 오해받는다고 느껴질 때 그들의 관점을 비판단적으로 존중하고 있음을 보여주는 것이다. 그리고 그러한 태도는 시간이 지남에 따라 점진적인 변화가 발생할 수 있는 환경을 조성한다(Carden & Farrall, Chapter 19, p.358).

자율성을 강조하는 것은 집단 구성원들이 과도하게 많은 조언을 듣게 될 때 방향을 다시 잡아주는 것과 관련이 있다. 조언을 하는 것은 전형적으로 다른 구성원을 도와주는 데 진심으로 관심이 있는 사람에 의해 제공되며 좋은 의도로 이루어진다. 그리고 그 조언은 좋게 들릴 수 있고 상대방도 그것을 받아들이는 것처럼 보일 수도 있다. 그렇지만, 조언을 듣는 사람이 제안사항을 이행하기 바라는 기대감을 전달하는 조언은 구성원의 자율성을 고취시키지 못한다. MI는 계획대로 일이 진행되지 않을 때, 개인의 생각이나 느낌, 자신이 성취하고자 하는 가치들 간에 갈등을 일으킴으로써 행동 변화가 일어나도록 격려하려는 의도를 가지고 있다. 대신, 조언은 구성원들의 상황이나 스타일에 잘 맞지 않을 수도 있으며(혹은 저항할 수도 있음), 이는 구성원들로 하여금 최선을 다하기보다는 건성으로 생각을 행동으로 옮기려 하게 만드는 위험성을 야기한다. 그것은 종종 선택안에 대한 깊은 생각, 적절한 계획 및 차선책이 무엇인지 결정하는 것, 무엇을 시도해야 하고 왜 해야 하는지에 대한 명확한 비전에 기반을 둔 변화 결심이 함께 준비되어야 비로소 이루어지는 것이다.

원하지 않은 조언하기를 다루는 방법 중의 하나는 대상자에게 조언에 대한 허락을 구하는 것이다.

> 카르멘, 당신에게 일어났던 일과 같은 것이 메리에게 일어나지 않도록 도와주고 싶어하는 것처럼 보이는 군요. 그건 정말 따뜻한 마음의 발로입니다. 그렇지만, 그녀가 조언을 원하지 않을 때 메리에게 필요한 것이 무엇인지 이야기한다면, 당신의 이야기를 듣고 싶어하지 않을 수도 있습니다. 그래서 우선 그녀가 이번 일에 대해 조언을 듣고 싶은지 물어보아야 합니다. 만약 그녀가 조언을 듣기 원한다면, 그녀가 조언을 따라야 한다고 강요하지 않으면서 당신의 제안을 말하면 됩니다(Martino & Santa Ana, Chapter 16, p.309).

여기에서 리더들은 조언을 주는 구성원의 이타적인 취지를 알고 있고, 그들의 행동을 같이 걱정하고, 조언을 받는 사람에게 먼저 동의를 구하고 난 후, 그가 따라야만 하는 방향이 아닌, 고려할 수 있는 생각을 제시하도록 돕는다. 원치 않은 조언하기를 다루는 또 다른 방법은 변화에 대한 계획을 수립하기 전까지는 어떠한 조언도 하지 않고, 자신의 의견을 내세우고 그것을 위해 행동하거나 해야 할 것을 찾을 때까지 기다리는 것이다(반대로는 직접 제안하기). 제안사항을 구조화하는 것은 구성원들의 선택권을 보장하면서 자율성도 지지할 수 있다. 물론, 리더는 원하지 않은 조언을 하지 않아야 한다. 왜냐하면 집단 구성원들은 리더가 제시하는 방향성보다 그 행동을 따를 가능성이 더 크기 때문이다.

요약하자면, MI는 사람들이 그들의 삶에서 긍정적인 행동 변화를 시도하도록 돕는 것이다. 그러나 MI 정신은 사람들의 존재 자체를 수용하는 것이다. 이것은 변화를 만들어 나가는 과정에서 자유 의지를 느끼도록 하고 구성원들이 변화하도록 돕는다. 말을 조련하는 사람으로서 Monty Roberts(1999)는 다음과 같은 사항을 제안한다. "단지 15분만 주어진 것처럼 행동하라. 그러면 하루 종일 걸릴 것이다; 하루 종일 시간이 있는 것처럼 행동하라. 그러면 15분이 걸릴 것이다"(p.108). 사람들에게 수용받고 있다는 느낌을 갖게 해주는 것은, 그들 자신을 더 많이 수용하고 스스로 편안함을 느끼도록 해주며, 더욱 창의적인 생각을 하도록 한다. 또한 변화를 향해 나아가는 것이 따라야 하는 귀찮은 심부름이 아니라 해야만 하는 중요한 일을 하는 것이라고 생각하게 한다.

동기강화상담 과정 사용하기

3장에서 개인 MI의 네 가지 과정, 즉 관계 형성하기, 초점 맞추기, 유발하기, 계획하기에 대해 살펴보았다(Miller & Rollnick, 2013). 이러한 네 가지 과정과 집단 MI의 4단계는 서로 중복되고 보완적이다. Miller와 Rollnick은 개인 MI 과정이 근본적으로 순차적이지만, 항상 단계를 밟아야 하는 것은 아니라고 보았다. 왜냐하면 어떤 시점에서는 상담자에게 초점을 맞추는 한 과정보다, 다른 과정에 초점을 맞추는 것이 더욱 유용하기 때문이다. 예를 들면, 내담자의 변화대화를 이끌어 내는 동안 협력관계를 위협하는 내담자의 방어에 부딪혀 관계 형성하기 과정으로 되돌아갈 수도 있다. 이와 유사하게, 계획하기 과정에서 목표가 구체적으로 정의되지 않았다거나 더 나은 목표를 수립하는 것이 필요하다는 것을 명확하게 알게 될 수도 있다. 그렇다면 어떻게 개인 MI 과정이 집단 MI 단계에 적용될 수 있는지 살펴보자.

관계 형성하기 과정은 집단 MI의 첫 번째 단계와 명확하게 맞아떨어진다: *집단 관계 형성하기*. 9장에서 논의될 관계 형성하기 과정은 개인보다 집단에 더 깊게 적용된다. 함께 이야기하는 사람과 관계를 맺어야 하는 것은 물론이고 관계를 일대일로도 발전시켜야 한다. 서로 다른 선호도와 가치관, 대인관계 스타일을 추구한다 하더라도, 서로 마음을 열어 놓을 수 있는 여지를 가지고 있어야 하며, 함께 지켜야 할 규준을 만들고, 일관된 MI 방법 안에서 서로 지지해 주어야 한다. 집단 MI에서는 종종 첫 번째 집단 미팅에 앞서, 집단 구성원이 될 가능성이 있는 사람들과 함께 집단 시작 전 오리엔테이션을 통해 관계 형성하기 과정을 시작한다. 물론 우리는 4단계를 진행하는 동안 규칙적으로 구성원들이 관계를 형성하고 유지하도록 돕는다. 이는 집단 구성원들이 동시에 자신에 대한 탐색과 변화를 지지하는 집단 과정에 관여하도록 이끈다.

초점 맞추기 과정은 두 번째 집단 단계와 가장 밀접한 관계가 있다: *관점 탐색하기*. 초점 맞추기는 내담자가 움직이려는 방향의 목표를 명확히 하는 것과 관련이 있다. 개인 MI에서 더 좋은 결과를 만들기 위해 내담자의 성취목표를 명확히 하도록 돕는 것은 매우 어려운 일이다—보통 내담자가 확실히 아는 유일한 것은 지금 상황이 마음에 들지 않는다는 점이다. 그러나 상담자는 MI 전략들을 그때 그때 상황에 맞게 적용할 수 있다—가치관과 강점을 탐색하고 그런 다음 유망한 성취목표를 함께 연결시킨다. 특히 초반에 집단 구성원들이 서로의 개인적인 상황과 스토리들을 충분히 알지 못할 때 집단에서 집단 구성원들의 이야기 주제들을 빠르게 연결시켜 나가는 것은 대단히 어렵다. 이를 보완하기 위해, 집단 구성원들의 삶의 방식과 일상생활 그리고 그들의 가치뿐만 아니라 현재 상황에서의 양가감정과 변화에 대한 가능성들에 대해 탐색함으로 변화를 위한 기초를 쌓는 데 시간을 더 사용하라. 그리고 그들의 현재 상황과 변화 가능성에 대한 양가감정과 그들이 중요시하는 가치에 대해서 더 탐색해 보라.

유발하기 과정은 세 번째 단계에서 적용하기에 가장 적절하다: *내담자의 관점 확대하기*. 유발하기는 대상자의 생각과 감정, 변화에 대한 동기를 이끌어 내고 강화하는 것과 관련이 있다. MI에서 내담자의 관점들을 이끌어 내는 것은 다른 치료적 접근들과 다르다. 다른 치료적 접근에서는 설명하기, 충고하기, 제안하기, 또는 내담자의 증상에 이론적 모델을 적용시키기와 같은 전문적인 조언을 제공하는 것에 더 초점을 맞춘다(Wagner, Ingersoll, & Rollnick, 2013). 집단 MI에서는 유발하기 과정을 적용할 때, 개별적으로 접근하는 것과 비교해 집단으로 접근하는 것이 보다 효율적인지에 대한 물음이 다시 제기된다. 개인 내담자를 위해 할애할 수 있는 시간은 집단 장면에서 제한적이기 때문에 변화동기를 강화하기 위한 방법으로 변화대화를 명확하게 이끌어 내는 것에만 의지할 수는 없다. 그 대신, 우리는 집단 구성원들이 침묵하거나, 다른 사람들의 이야기를 듣거나, 그들 자신만의 반응을 보여준다 하더라도, 그들이 변화의 방향으로 움직일 수 있도록 집단을 이끌어야 한다.

따라서, 우리는 충분한 유연성을 가지고, 내담자들의 상황, 도전, 가능한 미래에서 그들의 관점을 넓히도록 돕는다. 우리는 Frederickson(2004)의 긍정적인 감정을 확장 및 형성하기 모델(broaden and build model of positive emotions)을 활용하는데, 이것은 긍정적인 감정의 역할에 초점을 맞추고 있다. 이는 집단 구성원들이 치료장면을 넘어서 이후에 자신들의 상황을 향상시키고자 할 때 신체적, 사회적, 인지적, 정서적 자원들을 증진시키도록 도와준다.

마지막으로 개인 MI 과정—*계획하기*—은 집단 MI 네 번째 단계에 적용된다: *행동으로 옮기기*. 개인 MI에서 계획하기는 변화계획을 발전시키고 헌신하는 것과 관련된다. 집단 MI에서는 일반적으로 계획하기를 넘어 행동으로 옮기기까지 확장시켜 나간다. 집단 MI를 엄격하게 준비과정으로만 국한시키고, 구성원이 일단 변화하기로 결심하면 끝나는 것으로 생각하는 것은 타당하지 않다. 대신, 생산적인 집단은 보통 변화에 대한 강력한 힘을 갖기 때문에 초기에 변화 시도가 부족할 때 지속적인 지지와 격려와 안내를 해주는 안전망으로 MI를 사용하는 것도 좋다고 생각한다. 집단 구성원들이 집단에서 얻은 변화를 향한 추진력은 그들이 *집단 밖* 삶에서 개개인이 만들어 내는 변화들에 대해서도 지지해 주는 힘이 된다. 반면에 모든 집단 MI가 행동 변화로까지 이어지는 것은 아니며 구성원들이 참여하는 상황에 따라 다른데(Martino & Santa Ana, 16장), 우리는 이것을 집단 MI 모델이 지니고 있는 특징으로 생각한다.

OARS 의사소통 스타일 사용하기

집단 MI의 리더로서 우리가 사용하는 기술과 전략에 대해 2장에서 설명했다. OARS(열린 질문, 인정하기, 반영하기, 요약하기)는 집단에서 결속력을 다지고 집단이 함께 초점을 맞추도록 도우며, 더불어 개개인의 변화 목표에 초점을 맞출 수 있도록 도와주기도 하는 근본적인 의사소통 기술이다. 14장에서 우리의 공동 저자인 Velasquez, Stephens, Drenner는 개별 구성원의 진술에 대해 주어지는 첫 번째 반영에 의해 집단의 대화가 촉진될 수 있으며, 집단에게 열린 질문을 하는 것이 공동의 주제로 집단이 형성되게 돕는다고 설명하고 있다.

우리의 동료들이 반영하기와 열린 질문을 특별히 강조하였더라도 당신은 같은 목적으로 인정하기와 요약하기를 적절히 사용할 수 있다. 당신의 인정하기는 진실해야 하며 절제되어 있는 것이 중요하다. 만약 당신이 지혜롭고 격려를 잘하는 사람이라면 잠깐 인정하기를 안해도 괜찮다. 왜냐하면 집단에서 내담자들은 인정하기를 비판을 내포하고 있는 것으로 해석하기도 하며 인정하기가 과장되거나 솔직하지 못할 경우 당신에 대한 신뢰를 잃을 수도 있기 때문이다.

다음은 14장에서 Velasquez와 그의 동료들이 언급한 내용이다.

> 가장 유용한 인정하기는 사려 깊고, 진정성이 있으며 구체적인 것이라고 믿는다. 우리는 따뜻하고 진정성 있는 방법으로 인정하기를 사용한다.

> 왜냐하면 성급하고, 우연히 던져지며, 눈맞춤 없이 전달되는 인정하기는 피상적으로 여겨지기 때문이다. 이러한 *스타일*적인 인정하기의 측면들은 위선과 껍질뿐인 칭찬을 알아챌 만큼 예민하고 경험 있는 구성원들을 대상으로 상담할 때 특히 중요하다(p.274).

인정하기는 칭찬하기와 구분되는데, 단순히 구성원들에게 좋은 경험을 주는 것이라기보다 변화에 대한 동기를 형성해 주는 것을 기저 목표로 한다. 반영하기에 대해서는 다음과 같은 내용을 추가적으로 제안한다.

> 우리는 내담자의 진술을 반영할 때 짧게 하는 것이 더 좋다는 것을 발견했다. 긴 반영은 집단 구성원의 걱정에 대해 공감적으로 초점을 유지하게 하기보다는 대화를 주도하고 지시적인 방향으로 이끄는 경향이 있다. 반면에 짧은 반영은 집단 구성원이 언급한 것에 대해 진실된 이해를 전달하고 더 크게 영향을 준다. 따라서 집단 구성원이 진술한 것에 대한 의미와 영향을 강화하는 한, 두 문장의 짧은 진술을 사용할 때 반영하기의 힘은 더 증가한다. 집단에서 반영하기는 집단 구성원들에 의해 드러난 중요한 요점들은 정교화시키고, 변화대화와 결심공약과 같은 집단 구성원들의 선택적인 반응들을 명료화하고 집중하도록 도와주는 역할을 전략적으로 한다(p.275).

요약하기는 개별 접근에서 사용했던 방법과 마찬가지로 집단에서도 적용할 수 있는데, 이전에 언급했던 것을 다시 연결해 주고, 중간 점검의 역할을 하며(대화를 하는 동안 주제가 앞서 가면 다시 전진할 수 있는 기반을 제공하기 위해 중심 주제로 되돌아오도록 한다), 새로운 주제로 이행하도록 하고, 변화에 대한 집단 구성원들의 진전과 논의된 사안들을 요약함으로 회기를 마무리하는 역할을 한다. 집단에서의 요약은 구성원들이 서로 어떻게 지지하고 상호작용하는지, 그리고 다른 사람들의 진술에 어떻게 반응하는지에 대한 *과정요약*(과정요약 하기는 서로 지지해 주고 서로의 견해들을 함께 나누는 것과 같이 집단 구성원들이 함께 작업한 것에 초점을 맞추는 것이다)을 하게 될 가능성이 크다. 이것은 공동체 의식을 강화할 뿐만 아니라 집단 구성원들을 집단 환경 밖으로 이동시켜 자신들의 삶에 적용할 수 있도록 한다.

이 장에서는 집단 상황에서 MI 구성요소를 어떻게 통합하는지에 관한 전반적인 것들을 살펴보았다. 8장에서는 집단 MI의 실제에 대한 내용으로 들어가기 전에 집단 MI의 근거에 대해 살펴보고 이후에 집단 MI의 설계와 실시에 대해 초점을 맞추고자 한다.

참고문헌

Fredrickson, B. L. (2004). The broaden-and-build theory of positive emotions. *Philosophical Transactions of the Royal Society of London B: Biological Sciences, 359*(1449), 1367–1378.

Malat, J., Morrow, S., & Stewart, P. (2011). Applying motivational interviewing principles in a modified interpersonal group for comorbid addiction. *International Journal of Group Psychotherapy, 61*, 557–575.

Miller, W. R., & Rollnick, S. (2013). *Motivational interviewing: Helping people change.* New York: Guilford Press.

Roberts, M. (1999). *Shy boy: The horse that came in from the wild.* New York: Harper Collins Publishing.

Rogers, C. (1970). *Encounter groups.* New York: Harper & Row.

Seligman, M. E. P., Steen, T. A., Park, N., & Peterson, C. (2005). Positive psychology progress: Empirical validation of interventions. *Amerian Psychologist, 60,* 410–421.

Wagner, C. C., Ingersoll, K. S., & Rollnick, S. (2013). Motivational interviewing: A cousin to contextual cognitive behavior therapies. In S. C. Hayes & M. Levin (Eds.), *Acceptance, mindfulness, and values in addictive behaviors* (pp. 153–186). Oakland, CA: New Harbinger Books.

제5장 집단 동기강화상담의 근거

집단 MI를 잘 수행한다는 것은 무엇을 의미하는가? 집단 MI는 개인 MI나 집단 치료, 그리고 일반적 치료 요인들과 어느 정도로 유사한가? 집단 MI 여러 모델 중 어떤 모델을 적용할 때 결과가 가장 효과적일 것인가? 다양한 상황과 대상에 따라 집단 MI가 미치는 영향은 어떻게 나타나는가? 집단 MI의 어떤 요소가 치료 효과와 가장 관련 있고 또 집단 응집력을 높이는가? 이 장에서는 집단 MI에 관한 여러 연구들을 통해 집단 MI에 대한 근거를 개관하고자 한다. 전반적으로 집단 MI에 대한 연구 근거는 긍정적으로 보이나 현재로서는 제한적인 수준에 있다. 이러한 수준은 Miller와 Rollnick(1991)이 개인 MI에 관한 저서를 집필할 당시의 수준과 유사하다고 할 수 있다.

집단 동기강화상담의 정의

집단 MI는 다음과 같이 정의된다: 집단 MI는 집단 치료의 상황에서 (1) MI의 정신과 과정, 그리고 기술을 사용하여 변화 동기를 강화하고, (2) 변화를 촉진하기 위해 리더와 집단 구성원들 간에 건강한 상호작용을 형성하며, (3) 같은 공간에서 한 명 이상의 리더와 두 명 이상의 집단 구성원들을 포함하는 것을 의미한다. 집단 MI에서는 MI 전략만 사용 가능하다. 여러 연구들에 따르면 MI는 임상현장에서 사용되고 있는 기존의 접근들(예, CBT)과 자주 결합해서 사용되고 있다. 집단 MI

는 변화를 촉발시키는 집단의 상호작용에 의존하고 변화에 대한 흥미를 불러일으키고 이를 유지하는 최소한의 정보만을 제공한다는 점에서 일반적인 교육적 강의와는 다르다. 연구 근거들 중 집단 MI가 아닌 개인 MI 단일회기와 다른 종류의 치료(예, CBT 치료)와의 결합, 그리고 인터넷 토론 집단과의 결합은 본 검토에서 제외했다.

집단 동기강화상담의 성과에 대한 근거

개인 MI는 행동변화와 여러 문제영역에서 나타나는 증상들을 개선하는 데 효과적이다. 이러한 사실은 잘 설계된 여러 실험연구들에 의해 지지되고 있다(Burke, Arkowitz, & Menchola, 2003; Hettema, Steele, & Miller, 2005; Lundahl, Kunz, Brownell, Tollefson, & Burke, 2010; Rubak, Sandbaek, Lauritzen, & Christensen, 2005). 반면, 집단 MI는 최근 부상하고 있기 때문에 현재 진행된 연구의 대부분에서는 물질 사용 행동을 중심으로 다루고 있다. 또한 집단 MI를 단독 치료로서 사용한 연구는 드물고 주로 다른 치료에 선행해서 이루어지고 있어 집단 MI의 효과성을 명확히 제시하는 연구는 제한적이다. 이러한 한계에도 불구하고 지금까지 이루어진 연구에 따르면 집단 MI의 효과성은 긍정적인 것으로 나타났다.

여기에서는 집단 MI, 그리고 집단 MI와 다른 치료와의 결합에 대해서 주로 검토하고자 한다. *집단 MI*는 집단 치료 상황 내에서 MI 정신과 전략 그리고 MI 과정만을 사용하는 것을 의미하며, 집단 MI와 다른 치료와의 결합(*MI 결합 집단*)은 MI 요소와 CBT와 같은 다른 개입의 요소들을 결합한 것을 의미한다.

집단 동기강화상담에 대한 연구

게재논문 12편, 박사학위논문 1편에 따르면 집단 MI는 다른 치료들과는 다른 특징을 지닌다. 외상 후 스트레스 장애(PTSD)를 대상으로 한 연구논문 1편을 제외한 다른 모든 연구논문에서는 개입 대상이 성인이나 청소년의 물질 사용 행동이다. 이 중 2개의 연구는 비무선화 임상실험연구이다(LaChance, Feldstein Ewing, Bryan, & Hutchison, 2009; Noonan, 2000). LaChance와 그의 동료들(2009)은 대학생의 음주량 감소를 목표로 집단 치료를 실시해 효과성을 평가했다. 그 결과 단일회기(3시간)로 구성된 집단 MI는 음주 제공 집단회기와 음주관련 염려 나누기 집단회기로 구성된 2회기(각 회기당 3시간)의 집단 치료와 비교했을 때 대학생의 음주량이 크게 감소한 것으로 나타났다. Noonan(2000)은 재향군인 54명을 대상으로 물질남용 치료를 위해 포괄적인 서비스를 제공하기 이전에 집단 MI 단일회기와 집단 교육회기를 실시했다. 비록 적은 수의 표본과 포괄적 치료의 맥락에서 단일회기 집단 MI의 효과성을 탐지해 내기가 쉬운 일은 아니었으나, 연구 결과 두 집단 간에는 차이가 없는 것으로 나타났다. 또 다른 5개의 연구에서는 집단 MI와 일상적 처치집단, 평가 통제집단을 비교하여 집단 MI의 효과성에 관한 정보를 제공하고 있다(Brown et al., 2006; Foote et al., 1999; Lincourt, Kuettel, & Bombardier, 2002; Michael, Curtin, Kirkley, Jones, & Harris, 2006; Santa Ana, Wulfert, & Nietert, 2007). 이외에 나머지 연구들은 비비교집단설계나 예비연구로 수행된 연구였다.

종합하면, 집단 MI에 관한 여러 연구들은 집단 MI는 변화 과정에 있어서 긍정적인 영향을 미치고, 물질사용을 감소시키는 다른 적극적 개입들과 상응한 효과를 지니며, 이후에 제공될 치료 및 사후관리에 참여하는 수준을 질적으로 높인다는 예비연구들을 제시하고 있다. 비록 집단 MI의 효과성을 평가하기 위해서는 질적 수준이 높은 방법론이 적용된, 그리고 보다 다양한 설계가 적용된 연구들을 필요로 하지만 이러한 집단 MI의 긍정적인 효과는 개인 MI에서 확인된 바와 유사하다(Burke et al., 2003). 집단 MI와 개인 MI에서 중요한 차이가 있다면 집단 MI에 관한 문헌연구에서는 그 개입 대상이 거의 물질사용에 한정되어 있다는 점이다.

집단 동기강화상담과 다른 치료의 결합에 대한 연구

다른 치료와 집단 MI를 결합한(MI 결합 집단) 연구들 중 게재논문은 무선화 실험연구 13편, 비무선화 비교연구 7편, 시간변화에 따라 변화과정을 관찰한 사례 연구 7편이 있다. 이 연구들에서는 이후 치료에 대한 선행 개입으로 1~4회기의 집단 MI 혹은 MI 결합 집단을 공통적으로 사용하고 있고, 무선화 실험연구에서는 물질남용을 중점적으로 다루고 있다(Bailey, Baker, Webster, & Lewin, 2004; Hayes, 2007; John, Veltrup, Driessen, Wetterling, & Dilling, 2003; LaBrie, Pedersen, Lamb, & Quinlan, 2007; LaBrie et al., 2008; LaBrie, Thompson, Huchting, Lac,

& Buckley, 2007; Marlatt, Baer, & Latimer, 1995; Norman, Maley, Li, & Skinner, 2008; Rosenblum, Foote et al., 2005; Rosenblum, Magura, Kayman, & Fong, 2005). 이 연구들에서는 음주자(청소년, 대학생, 성인), 물질 남용(외래환자, 노숙자, 정신과 환자), 청소년 흡연을 개입 대상으로 하고 있다. 3개의 연구에서는 여성 HIV 위험성(Carey et al., 2000), 성매개HIV/성병(STD)의 위험성(Schmiege, Broaddus, Levin, & Bryan, 2009)과 대학생의 사회공포증(Hayes, 2007)을 포함하고 있다.

이 연구들에 의하면 1~4회기 MI 결합 집단은 몇 가지 예외적인 경우를 제외하고, 비처치, 일상적 처치, 다른 적극적 개입과 비교했을 때 우수한 결과를 나타냈다. 이러한 결과는 개인 MI를 다른 적극적 개입과 비교했을 때 나타난 결과와도 유사한 결과이다. 그러나 이 연구들에서 집단 MI는 포괄적 치료 서비스의 일부였기 때문에 MI 결합 집단의 효과만을 따로 구분해 내기는 어려웠다.

MI 결합 집단에 대한 또 다른 연구에서는 만성정신질환이 있는 약물남용자들을 대상으로 하며 장기간의 MI/CBT 결합모델을 개발했다(Bradley, Baker, & Lewin, 2007). 먼저, 정신질환이 있는 약물남용자들의 관심사를 반영한 내용으로 모델이 구성되었는지 검증하였고(August & Flynn, 2007), 가정폭력에 대한 교육과정에서 물질 남용을 다루기 위하여 MI 전략을 적용했으며(Easton, Swan, & Sinha, 2000), 배우자(또는 파트너) 폭력에 개입하기 위해서 MI와 변화단계(SOC) 교육모델을 결합했다(Alexander, Morris, Tracy, & Frye, 2010). 또한 16주간 문제성 인터넷 사용을 다루기 위해 MI, CBT, SOC 내용을 결합한 폐쇄형 집단을 구성하였고(Orzack, Voluse, Wolf, & Hennen, 2006), 문제성 도박에 개입하기 위해 MI와 CBT를 결합했다(Oei, Raylu, & Casey, 2010). 대학생의 음주문제에 개입하기 위하여 MI/CBT 단일회기 집단을 적용했고(LaBrie, Lamb, Pedersen, & Quinlan, 2006), 음주운전의 위험성을 감소시키기 위해 MI 원리를 사용, 평가 피드백과 음주관련 정보를 제공했다(Beadnell, Nason, Stafford, Rosengren, & Daugherty, 2012). 연구 결과들의 효과성이 크다고 강력히 주장하지는 못하지만, 창의적으로 MI 결합 집단을 구성, 사용한 것은 추후 검증과정을 더 가치 있게 만들 수 있다.

기술 연구

Carter, Wilber와 Sahl(2005)은 물질 남용 문제로 정신과에서 단기치료를 받고 있는 청소년들을 대상으로 집단 MI를 적용한 사례를 기술했다. 변화에 대한 구성원들의 역량을 강화할 수 있도록 집단에서 다룰 주제를 이들이 제안할 수 있도록 했다. 또한 개인의 선택과 통제력 강조하기, 집단 구성원들의 물질 사용에 대해 토의하기, 반영적 경청을 통해 집단과 리더의 유대감 촉진하기, 인정과 지지 제공하기, 동료 지지하기, 청소년의 변화 동기 탐색하기, 작은 목표들부터 설정하기 등의 구체적인 기술을 집단에 적용했다. 한편, Valasquez, Stephens와 Ingersoll(2005)은 코카인 사용자들을 대상으로 한 반구조화 MI/SOC 결합 집단에 대해 기술했다. 집단의 주제는 집단의 토의를 거쳐 선정될 수 있게 했다. 리더는 구성원들의 변화 준비도에 따라서 주제를 연결시키고 변화 가속도를 높일 수 있도록 촉진했다. 동기강화상담 충실도 평가도구(MITI-2; Moyers, Martin, Manuel, Hendrickson, & Miller, 2005)로 리더를 평가한 결과, MI 정신과 공감에서 높은 점수를 받은 것으로 나타났다.

특정 집단의 욕구를 다루기 위해 다른 치료적 접근과 MI를 결합한 연구도 있다. 숙고 *단계*에 있는 섭식장애 여성들을 대상으로 12회기의 MI/관계치료를 개입한 사례가 있다(Tantillo, Bitter, & Adams, 2001). 또한 MI와 사이코드라마를 결합하여 정신과 입원환자들이 집단 과정에 참석할 수 있게 하고 약물 사용에 대한 양가감정을 탐색하기 위해 역할극에 참여할 수 있도록 개입한 사례도 있다(Van Horn & Bux, 2001).

다른 치료에 집단 MI가 포함되는 경우 그리고 그 역치값에 대한 염려

어떤 연구들에서는 집단 MI가 제대로 이루어지지 않거나 포괄적 치료의 일부로 포함되어 그 효과성이 나타나기 어려운 경우가 있다. 양쪽, 즉 전자와 후자의 연구에서 나온 결과로부터 집단 MI에 대한 결론을 충분히 이끌어 내기는 어렵다. 개입의 정도가 가장 낮았던 MI 결합 집단은 캐나다 학교에서 이루어진 웹기반의 흡연개입의 일부로 포함된 것으로서, 이 개입에서 집단 MI 회기는 단 10분 동안에 이루어졌다(Norman et al., 2008). 집단 MI의 리더들은 진행하는 10분 동안에 프로토콜 준수에 대해서 평가를 받았지만, MI 충실도에 대해서는 평가받지 않았다. 개입 결과 전반적인 흡연율은 MI 결합 집단과 통제집단에서 동일하게 나타났지만, 과잉흡연율은 MI 결합 집단이 통제집단에 비해 더 감소한 것으로 나타났다. John과 그의 동료들(2003)은 성인 알코올 의존에 대한 무선화 연구에서, 다중요소 치료집단 9회기에 포함된 집단 MI 단일회기의 효과성과 개인 MI 3회기의 효과성을 비교했다. 그 결과, 개인 MI로 개입했을 때보다(집단 MI가 포함된) 다중요소 집단으로 개입했을 때 자조집단에 더 잘 출석하는 것으로 나타났다. 이 같은 결과는 혼입변인들을 통제했을 때에도 마찬가지였다. Rosenblum, Magura와 그의 동료들(2005)은 성인 물질 남용자들을 대상으로 무선화 실험연구를 실시하여, 집단 MI 4회기와 CBT 16회기를 결합한 집단 치료의 효과성과 CBT 20회기의 효과성을 비교했다. 그 결과 두 집단 모두 참석률과 단약기간, 중독수준에서 비슷한 수준의 효과가 나타났다. 한편, Hayes(2007)는 사회불안, 사회공포증, 음주문제가 있는 대학생들을 대상으로 집단 치료를 실시했다. 한 집단은 집단 MI 단일회기와 집단 CBT 회기들을 결합하여 접근하였고, 다른 집단은 집단 CBT를 적용하여 두 집단 간 개입의 효과성을 비교했다. 그 결과 두 집단 모두에서 사회불안, 음주, 음주로 인한 부정적인 결과들에 대한 수치가 비슷하게 감소했다.

Oei와 그의 동료들(2010)은 문제성 도박에 대한 개입으로 집단 MI와 개인 MI+CBT(6주)의 효과성을 비교했다. 두 가지 개입 모두 대기자 목록에 있는 내담자들과 비교했을 때 도박 빈도와 도박 인지, 충동 수준이 상당히 감소하였고 삶에 대한 만족도 수준은 상당히 증가했다. 그러나 개입에서 MI와 CBT의 어떤 요소들을 사용하였는지 충분히 기술하지는 않았다.

Alexander와 그의 동료들(2010)은 남성 학대자들을 대상으로 MI+SOC 집단 치료와 CBT+성역할 재교육 집단 치료(GR)를 26주간 실시했다. 피학대 여성 파트너의 보고를 반영한 결과, MI/SOC 집단이 CBT/GR에 비해 폭력행동이 상당히 감소하였으며, 특히 개입 이전에 변화에 대한 준비도가 더 낮았던 남성들이 그러한 것으로 나타났다. Schmiege와 그의 동료들(2009)은 청소년 성범죄자들을 대상으로 집단 치료를 실시했다. 한 집단은 HIV/STD 위험감소를 주제로 개입(집단행동, 비디오 시청, 콘돔사용 시연 등의 활동)했으며, 다른 집단은 성행동 상황에서의 음주의 위험성과 관련한 주제로 개별화된 피드백을 실시하고, 여기에 집단 MI 단일회기를 추가하여 개입했다.

전반적으로 여러 연구들을 통해 집단 MI가 다른 치료와 어떻게 결합되고, 어떻게 다른 치료에 포함될 수 있는지 여러 예시를 제공하였으며, 집단 상호작용의 효과가 나타나기 위해 필요한 역치값(최고 수준)에 대해서도 연구 결과를 제시했다.

집단 동기강화상담이 치료 과정에 미치는 영향

집단 MI에 대한 연구가 임상 실제와 연구 방법에서 다양하게 이루어지고 있다. 집단 MI에 대한 통제실험 연구 수는 적지만, 최근에 나온 여러 연구에 따르면 집단 MI는 양가감정 인식, 자율성 지지, 변화 결심 정도, 치료개입과 참여 수준을 향상시킨다. 또한 집단 MI는 집단 치료에 대한 연구자들의 우려사항 중 하나인 의인성 효과(iatrogenic effects)의 부정적인 결과들을 예방하는 데 적용될 수 있다.

집단 MI는 양가감정을 인식하게 하고 자율성을 지지하며 변화에 대한 결심을 공고히 하고 치료개입과 참여도를 향상시킨다.

집단 동기강화상담은 자율성을 증가시키고 양가감정을 인식하게 한다

Foot 및 동료들(1999)의 연구에서 외래환자집단을 대상으로 약물남용치료를 실시했다. 치료를 실시하기 이전에 1회기의 개방형 등록집단과 4회기의 집단 MI를 추가한 경우, 표준치료(standard care)로만 구성된 집단에 비해서 구성원들의 자율성 수준과 지원에 대한 인식, 양가감정에 대한 재숙고 정도가 더 높게 나타났다. 이들은 집단 MI에서 OARS를 사용함으로써 상호작용에서 나타나는 문제를 의도적으로 재형성(reshape)할 수 있도록 했다.

집단 동기강화상담은 자기효능감, 변화 의도, 변화 준비도를 향상시킨다

음주관련법 위반으로 심리치료명령을 받은 대학생을 대상으로 무선화 실험연구를 실시했다. 집단은 집단 MI(3시간)와 개별화된 피드백으로 구성된 집단 치료 1회기를 받았다. 그 결과, 알코올 교육 및 가치 탐색하기로 구성된 집단 프로그램 2회기와 비교했을 때 집단 MI가 포함된 개입을 받은 대학생들의 자기효능감과 음주의 위험성에 대한 인식은 향상하였고, 음주에 대한 긍정 기대 수준은 감소한 것으로 나타났다(LaChance et al., 2009). 집단 MI는 사회적 압력, 정서적 스트레스, 음주 기회와 같은 세 가지 고위험 상황에서 음주거절 효능감을 증가시킴으로써 위험음주 수준을 감소시켰으며, 3개월과 6개월 후에도 자기효능감이 음주 수준을 매개하는 것으로 나타났다. Schmiege와 그의 동료들의 연구(2009)에서는 LaChance의 모델에 3시간의 HIV/STD 위험감소 집단 치료를 추가하여 집단 치료를 실시했는데, 그 결과 고위험군 청소년들의 안전한 성행동에 대한 태도가 긍정적으로 변화하였고, 성관련 규범에 대한 인식 수준, 안전한 성행동에 대한 의도가 더 높아졌고, 3개월 이후에 실시된 추수검사 결과 안전한 성행동과 그에 대한 의도, 자기효능감의 수준이 높게 나타났다. 비비교실험연구에서는 학습장애와 음주문제가 함께 있는 성인을 대상으로 집단 MI 3회기를 실시했다. 집단 MI를 실시하기 전에는 음주문제에 대해 전숙고 또는 숙고 단계였으나, 실시 이후에는 음주 행동변화 준비도와 자기효능감, 변화에 대한 결심 정도가 모두 증가한 것으로 나타났다(Mendel & Hipkins, 2002).

집단 동기강화상담은 치료 개입과 참여율, 치료 완수율을 높인다

물질남용으로 심리치료명령을 이수하는 외래환자를 대상으로 비무선화 연구를 실시했다. 기본 치료에 앞서 집단 MI 6회기를 실시한 결과, 환자들이 집단 MI에 참여하기 이전에는 치료목표에 반대했으나 집단 MI에 참여한 뒤에는 치료목표에 대해 긍정적인 태도를 지니게 되었다(Lincourt el al., 2002). 연구자들은 OARS와 MI 정신과 원리, MI 전략(중요도 척도, 준비도 척도, 변화대화 유발하기, 변화 계획하기, 결정 저울, 개별화된 피드백 등)을 통합했다. 집단 MI에 참여한 사람들은 표준적 치료(standard care)에만 참여한 사람들에 비해 치료 완수율이 더 높았고(56% vs. 32%), 약속을 더 잘 지켰다. 또한 집단 MI 이후에 실시된 치료에서 사전에 집단 MI를 참여한 사람들의 경우 참여하지 않은 사람들에 비해 치료목표 달성도가 더 높았다고 치료자들은 보고했다.

집단 동기강화상담은 사후관리에서 참여도를 향상시킨다

이중진단을 받은 입원환자를 대상으로 비무선화 연구를 실시했다(Santa Ana et al., 2007). 이 연구에서는 기본 치료에 앞서 집단 MI에 참여한 집단과 삶의 문제를 토론한 통제집단을 비교했다. 그 결과 집단 MI에 참여한 집단이 토론집단에 비해 사후관리 회기에 두 배 더 많이 참여한 것으로 나타났다. 연구자들은 MI 정신과 OARS 의사소통 기술, MI 전략(양가감정 탐색하기, 양가감정 정상화하기, 중요도 척도, 자신감 탐색하기, 가치 탐색하기, 강점 탐색하기)을 통합하였으며, 관련된 방법으로 결정 저울 활동과 개별화된 피드백을 포함했다. 또한 이들은 집단 구성원의 참여를 장려하고 논쟁을 감소시킬 수 있는 가이드라인을 개발했다.

집단 동기강화상담은 문제를 인식할 수 있도록 돕는다

Murphy, Rosen, Cameron과 Thomson(2002)의 예비연구에서 PTSD로 입원 중인 재향군인 출신 환자들의 분노와 과각성, 무기에 대한 집착적 사고, 그리고 물질남용 문제를 해결하기 위해서 집단 MI 7회기를 실시했다. 집단 MI에서는 문제행동에 대한 인식을 증가시키고 변화 동기를 강화하는 것을 목표로 했다. 또한 비직면적인 대화 스타일과 반영적 경청을 주로 사용하였으며, 집단 구성원들의 주인의식을 장려함으로써 집단 상호작용을 촉진하는 것에 강조점을 두었다. 1회기에서는 집단 구성원들을 돕는 이유에 대한 타당한 근거를 제공했다. 치료 이후 예상치 못한 상태에서 그 문제가 발생하여 구성원이 *기습당하지* 않게끔 예방할 수 있게 하려는 것임을 전달했다. 이후 회기에서는 집단 구성원들이 증상과 문제를 평가하고, *보통의 사람*과 자신을 비교함으로써 자신에 대한 자각능력을 강화하도록 도왔다. 집단 이후에 참여자들은 자신이 PTSD 증상의 40%를 갖고 있음을 인식하게 되었고, 초기에는 깨닫지 못한 문제행동들을 지니고 있음을 인식하게 되었다.

Beadnell과 그의 동료들(2012)은 동기증진접근("PRIME for Life") 집단(16시간)이 음주의도와 위험음주에 대한 인식, 문제에 대한 인식 수준에 어떤 영향을 미치는지 검증하기 위해서 비무선화 비교집단설계연구를 수행하여, 동기증진접근 집단에 배정된 집단 구성원들과 일상적 개입에 참여한 구성원들과 비교했다. 개입은 *알코올 및 약물교육 교통교육시설*에 의무적으로 참석해야 하는 소집단을 대상으로 이루어졌으며, 회기당 8시간, 총 2회기로 구성되었다. PRIME for Life에서는 집단 구성원들의 저항을 누그러뜨리고 협력정신을 강조하였으며, 명확한 개입 방향을 제시하여 위험음주에 대한 개별화된 피드백, 그리고 앞으로의 음주관련 문제 대처법(알코올 관련 문제를 피하는 방법)에 대한 교육을 제공했다. 그 결과 동기증진접근 집단은 문제 인식, 위험에 대한 지각 수준의 증가, 측정치에서 긍정적인 평가를 받는 등 긍정적인 변화 결과가 나타났다.

집단 동기강화상담에서 리더의 안내는 집단 과정에서 나타날 수 있는 부정적인 결과를 감소시킬 수 있다

집단 치료 연구자들은 집단 내에서 발생하는 의인성 효과나 집단이라는 형태 자체의 특성이 집단 구성원의 긍정적인 성장을 방해하고 부정적인 영향을 줄 수 있다는 사실에 대해 염려를 표하고 있다(예, Weiss et al., 2005). 이러한 의인성 효과는 가장 초기 집단 MI에서 우연히 나타났고, 의인성 효과의 부정적인 결과를 감소시키고자 했던 선구 작업은 최근에 집단 MI가 발달하는 데 도움을 주었다. 대학생 음주자들을 대상으로 사회적 규준 재형성을 위한 평가-피드백 접근을 사용한 초기 연구들에서는, 집단에게 교육적 접근방식을 적용할 때 집단 응집력을 강조하거나 변화 촉진을 위한 집단 경험을 사용하지 않았던 것으로 보고된다(Walters, Bennett, & Miller, 2000; Walters, Gruenewald, Miller, & Benett, 2001). 당시 연구자들은 강의 전달 형식(format)으로부터 어떠한 이점도 발견하지 못했다. 실제로, 메일을 통해 개별화된 피드백을 제공하는 것이 이후 대학생들의 음주에 더 도움이 되는 것으로 나타났다. 비록 연구자들이 기대했던 결과는 얻지 못했으나 이 연구를 통해 집단 MI를 어떻게 수행하는 것이 최선인지와 관련한 질문을 제기하는 데 도움이 되었다(Walters, Ogle, & Martin, 2002; Faris & Brown, 2003). 이 연구를 통해 얻게 된 교훈은 집단 치료에서 개별화된 피드백을 제공하는 것이 도전거리가 될 수 있다는 것이다. 이는 참여자들이 다른 집단 구성원들이 있는 가운데 낙인찍는 문제에 속하는 모든 정보들을 받아들이는 것이 불가능할 수 있기 때문이다(Lincourt et al., 2002). 또한 어떤 집단 구성원들은 집단 내에서 직면적으로 상호작용할 것이라고 예상하면서 직면당하는 대상이 되지 않더라도 방어하기도 한다.

Frais와 Brown(2003)은 집단교육의 형태로 MI 개념을 전달하는 것이 어떠한 영향도 미치지 않거나 부정적인 결과를 나타냄을 보고한 바 있다. 이들은 다른 연구에서 집단 과정이 부정적으로 나타날 때 치료의 효과성을 감소시킬 수 있다는 가설을 세웠다. 이 연구에서는 대학생의 폭음에 대한 개입으로 단일회기 집단 MI(기본 방식과 심화 방식)와 개별화된 피드백을 제공했다. 심화 집단 MI에서는 참여도 감소와 정보처리 감소(예, 다른 사람에 대한 과한 집중, 생산적인 대화 초점 피하기)와 같은 부정적인 집단 과정을 극복할 수 있는 지침이 제공되었다. 그 결과 집단 MI는 참여도는 높이고 부정적인 집단 과정의 빈도는 낮추며, 약물 사용의 결과에 대한 숙고수준은 높이는 것으로 나타났다.

집단 동기강화상담이 치료 성과에 미치는 영향

집단 MI의 치료 성과에 대한 연구에 따르면 집단 MI는 흡연과 음주, 약물 문제를 감소시키고 위기 관리능력과 질병 대처능력은 향상시키는 것으로 나타났다.

집단 동기강화상담은 알코올 사용 및 폭음 문제를 감소시킨다

Santa Ana와 동료들(2007)에 따르면 집단 MI 2회기를 실시했을 때 음주소비가 75%가량 감소했고, 폭음 삽화는 치료자 주도적 집단 치료와 비교했을 때 50% 이상 감소한 것으로 나타났다. Michael과 동료들(2006)은 음주 문제가 있는 대학생들을 대상으로 비무선화연구를 실시하여, 단일회기로 구성된 집단 MI와 평가 회기로만 구성된 집단 치료의 효과성을 비교했다. 집단 MI 단일회기에서는 MI 정신 및 원리, 유발 질문, MI 전략(예, 양가감정 탐색하기, 중요도 척도, 결정 저울, 목표 설정과 변화계획, 집단 구성원들 간에 라포 형성하기 등)을 통합했다. 그 결과 2주 후에 실시한 추수검사에서 집단 MI에 참여한 대학생의 중독 삽화의 빈도와 음주 소비량이 감소한 것으로 나타났다.

> 집단 MI는 흡연과 음주, 약물 문제를 감소시키고 위기 관리능력과 질병 대처능력은 향상시킨다.

LaChance와 동료들(2009)은 대학 알코올 치료 프로그램에서 집단 MI와 개별화된 피드백을 결합해서 대학생 음주자들을 대상으로 집단 치료를 실시한 결과, 위험음주 증상과 알코올 관련 문제, 하루 평균 음주 소비량이 모두 감소한 것으로 나타났다. 이는 대학생 음주자를 대상으로 한 알코올 위험감소 개인치료의 효과크기보다 더 큰 값이었다. 이 프로그램에서 리더는 OARS를 사용하여 집단 구성원들이 결정 저울 활동에서 활발히 대화할 수 있게 하고 위험음주에 대한 개별화된 피드백을 제공했으며 변화대화를 유발했다. 또한 회기 후반부에는 집단 구성원들의 음주관련 위험 상황을 다루기 위해 폐해감소 계획을 세울 수 있게 했다.

Brown과 그의 동료들(2006)은 예비연구에서 약물 남용이나 약물 의존이 있는 사람들을 모집해서 구조화된 집단 MI를 4회기 실시했다. 치료 결과 참여자들은 약물을 사용하지 않는 일수가 증가했고, 약물관련 문제가 감소했다. Marlatt과 그의 동료들(1995)은 알코올 사용 집단을 실험집단과 통제집단에 무작위로 할당했다. 집단 치료는 2회기로 구성되어 MI 정신 및 원리와 개별화된 피드백을 통합하였으며, 목표 설정하기, 알코올 내성과 관련 법, 사회 규범에 대한 정보를 제공했다. 그 결과 비처치 통제집단에 비해 처치집단의 알코올 사용이 유의미하게 감소하였으며, 치료 이전에 변화 준비도 수준이 높았던 사람이 낮았던 사람보다 더 효과가 크게 나타났으며 자발적으로 치료에 참여한 경우가 의무적으로 참여한 경우에서보다 더 좋은 결과를 나타냈다. 또한 본 집단의 리더는 동료 리더들과 비교했을 때 프로토콜 충실도가 매우 높았고, 전반적으로 뛰어난 리더십을 발휘하였으며, 이를 통해 집단 구성원들의 참여도와 집단 응집력을 강화했다.

LaBrie와 그의 동료들(2008, 2009)은 대학생 음주자를 대상으로 집단 MI와 CBT를 결합하여 집단 치료를 실시했다. 이 집단 치료는 단일회기로 구성되어 60~120분간 진행되었다. 집단 MI에서는 MI 정신과 전략(변화대화 유발하기, 양가감정 탐색하기, 목표 설정하기)을 통합·적용하였으며, CBT에서는 사회 규범과 관련된 기술을 적용했다. 여성 음주자들을 대상으로 집단 MI와 비처치집단 또는 처치집단과 평가집단을 비교하는 두 가지 무선화 실험 연구에서, 집단 MI에 참여한 집단의 주당 음주량, 알코올 중독상태, 알코올 관련 부정적 결과들이 더 감소한 것으로 나타났다. 사회적 동기로 인해 알코올을 섭취하는 여성들은 집단 MI를 통해 유익을 더 많이 얻은 것으로 나타났다.

마지막으로, 청소년 음주자들을 대상으로 MI와 CBT를 결합한 4회기의 집단 치료를 실시한 무선화 실험연구의 결과, 비처치 통제집단에 비해 처치집단의 변화 준비도가 향상되었고 음주 빈도수가 감소한 것으로 나타났다(Bailey et al., 2004). 집단 치료에서는 MI 정신과 OARS, 결정 저울을 통합·적용하였으며, 참여자를 자신에 대한 전문가로 인정하고 대할 것을 강조했다. 치료는 사전활동, 알코올 지식과 알코올에 대한 자신의 태도 탐색하기, 알코올 교육, 알코올 거절 기술 습득을 위한 역할 연기로 구성되었다.

집단 동기강화상담은 약물 사용 빈도와 부정적인 결과를 감소시킨다

Breslin, Li, Sdao-Jarvie, Tupker와 Ittig-Deland(2002)는 예비연구에서 청소년 약물 남용 외래환자를 대상으로 집단 MI 4회기와 피드백 회기를 결합한 집단 치료를 실시했다. 집단 치료는 MI 정신, OARS, 중요도 척도, 결정 저울, 개별화된 피드백으로 목표 설정하기, 고위험상황 확인하기를 통합한 내용으로 구성되었고, 치료 효과성에 대한 측정치로 회기 체크리스트와 충실도를 사용했다. 집단 치료 결과 약물을 사용하지 않은 일수가 많아졌고, 약물과 관련된 부정적 결과는 감소하였으며 자기효능감은 증가한 것으로 나타났다.

집단 동기강화상담은 금연율을 높인다

Kisely와 Preston(2006)은 약물 의존으로 정신과에 입원한 성인환자 중 흡연자를 대상으로 니코틴 대체치료에 대한 보충치료의 일환으로 MI+CBT 집단 치료 10회기를 실시했다. MI+CBT 집단 치료 내용은 MI 원리, 흡연의 이득과 손실, CBT 원리와 기술(예, 충동에 대처하기)을 적용한 변화대안 메뉴로 구성되었다. 집단 치료 결과 집단 MI에 할당된 집단 구성원들은 높은 금연율(24%)을 달성했다. Smith와 그의 동료들(2001)은 의사에게 금연 권고를 받았으나 듣지 않는 환자들을 대상으로 MI 금연 집단 16회기와 CBT 집단 치료 16회기를 실시하여 두 집단의 효과성을 비교하는 비무선화 연구를 실시했다. 집단 MI는 OARS 기술, MI 원리, 정보제공하기, 자신감 척도, 목표 설정하기, 변화 계획하기를 포함한 내용으로 구성했다. 참여자들 중 집단 MI에 참여한 대상자들의 13%가 1년 이후 생화학적 검사 결과에서 금연된 것으로 확인되었고, CBT 집단 치료에 참여한 대상자들은 10%가 금연한 것으로 확인되었다.

집단 동기강화상담은 위험감소율과 질병 대처능력을 향상시킨다

도시거주 여성 중 HIV 고위험군을 대상으로 MI+HIV 위험감소 집단 치료 4회기의 효과성과 건강증진 집단 치료의 효과성을 비교하는 무선화 실험연구를 실시했다(Carey el al., 2000). MI+HIV 위험감소 개입에서는 MI 정신과 OARS, HIV 위험감소 교육과 개별화된 피드백 제공하기, 개인적 위험요소와 양가감정 탐색하기, 기술 습득하기, 행동 계획하기가 포함되었다. 건강증진 집단 치료에 참여한 경우보다 집단 MI에 참여한 경우 위험감소에 대한 지식이 상당한 수준으로 증가했고 행동 변화에 대한 의도가 강해졌으며 파트너와의 대화 및 콘돔 사용률이 증가했다. 또한 콘돔 사용에 대해 양가감정이 있었던 사람들은 안전하지 않은 성관계 상황에서 많이 거절할 수 있게 되었다.

Schmiege와 그의 동료들(2009)은 소년 사법제도에 저촉된 청소년들의 위험성 행동에 개입하는 무선화 임상실험연구를 진행했다. 한 집단에는 성행동 상황에서의 위험음주에 대한 피드백과 위험성행동 감소를 위한 심리사회적 전략, 그리고 집단 MI를 결합하여 개입하였고, 또 다른 집단에는 심리사회적 전략(위험성행동 감소 개입)을 개입했다. 3개월 이후 위험성행동의 빈도수를 비교한 결과, 집단 MI가 결합된 개입에 참여한 집단의 위험성행동 빈도수가 더 크게 감소한 것으로 나타났다. MI+피드백 집단이 더 효과적인 이유에 대해 연구자들은, 고위험집단의 필요와 MI의 협동적이고 비판단적인 접근, 그리고 위험음주 정보에 대한 개별화된 피드백을 전달할 때의 중립적인 태도가 긍정적으로 작용하였기 때문이라고 설명했다.

Knight와 그의 동료들(2003)은 제1형 당뇨병이 있는 청소년들을 대상으로 MI 원리, OARS와 외현화 대화 전략을 결합하여 집단 치료 6회기를 실시했다. 6회기 동안 집단 구성원들이 자신의 당뇨 증상을 하나의 *다른 사람*으로 외현화하여 서로 대화할 수 있게 함으로써 질병 대처기술을 증가시킬 수 있게 했다. 그 결과 집단 MI에 참여한 청소년 당뇨 환자들은 참여하지 않은 환자들에 비해 적응적 대처 능력 수준이 훨씬 더 높게 나타나, 자신의 당뇨병에 대해 덜 위협적으로 지각하고 더 통제 가능한 것으로 여기게 되었다.

집단 동기강화상담 연구에 대한 고찰

집단 MI와 같이 현재 발전하고 있는 임상 영역에서는 독창적인 치료들이 종종 연구에 선행해서 이루어지고, 치료에 대한 연구 아이디어 및 방법에 관련한 연구들은 그 이후에 수행되는 경향이 있다. 그러나 예비연구 프로젝트, 비무선화 실험연구, 다수의 무선화 실험연구에서 집단 MI가 효과적이라는 긍정적인 근거들이 제시되고 있다. 이들 중 가장 긍정적인 근거로, 집단 MI가 음주량은 물론 그와 관련된 부정적인 결과 또한 감소시킨다는 연구 결과가 있다. 이러한 결과들은 다수의 연구들에서 일관되게 나타났으며, 집단 MI가 음주빈도와 음주량을 감소시킬 수 있음을 나타낸다. 집단 MI를 지지하는 근거들은 예비적으로 수행된 경우가 많으나 그 효과나 전망이 긍정적인 것으로 나타났다.

연구자들은 집단 MI에서 변화를 가져오는 집단 과정에 대해서 이미 연구하고 있다. 개인 MI에 대한 효과성은 수백 편 이상의 실험과 연구들을 통해 강하게 지지되었지만, 그 과정에 대한 연구는 최근에 나타나고 있다. 따라서 집단 MI에서의 과정에 대한 연구는 개인 MI를 앞선 것이며, 이미 몇 가지 사실은 분명해졌다. 첫째, 집단 MI에 접근 가능한 매우 다양한 방법들이 있다. 둘째, 집단 과정을 능숙하게 진행하는 것과 집단 구성원들의 관계 형성, 참여도, 집단 응집력이 연관된다. 셋째, 집단 MI는 자기효능감을 향상·유지시키고 이에 따라 결심공약과 행동 의도를 높임으로써 더 좋은 결과를 도출한다.

집단 치료에 대한 연구는 개인 치료에 대한 연구보다 수행하기에 더 어려운 측면이 있는데, 이는 집단 치료 설계와 평가, 동류집단의 모집과 유지 등의 집단 구성원 조직, 많은 수의 변수에 요구되는 큰 표본 수들을 다루는 것 등이 어렵기 때문이다(예, Morgan-Lopez & Fals-Stewart, 2006, 2008). 집단 MI에서 비록 연구하기 어려운 측면이 있을 수 있으나 향후 연구에서는 논리적 불편에 지나치게 제약되기보다, 현존하는 여러 집단 치료에 관한 문헌들에서 제시하는 연구설계에서 많은 것들을 이끌어 내기를 바란다. 또한 초기 연구에서의 약점들을 보완해야 할 것이다. 그 예로 역치값(threshold)이 있을 수 있는데, MI가 다른 치료적 접근과 결합될 경우 MI만의 고유한 효과성을 측정할 수 없다는 점이며, 집단의 상호과정과 응집력을 촉진하는 것과 같은 효과적인 집단 과정들을 사용하지 않는다는 점이다. 마지막으로, 집단 교육에 대한 연구와 MI 집단에 대한 연구를 서로 혼동하면 안된다는 점이다. 향후 연구에서 이러한 점들을 고려한다면 근거중심의 집단 MI는 차후 10년간 상당히 발전할 것이다.

집단 MI에 대한 연구는 최근 몇 년 동안 상당히 넓은 범위로 확장되고 있다. 초기에는 교훈적인 방식으로 수행되어 개별화된 피드백과 정보제공이 함께 이루어지는 경우가 많았고, 때로는 MI 정신과 전략의 핵심 요소들 없이도 이루어지곤 했다. 시간이 흐르면서, 개인 경험에 맞춘 MI 주제와 심리교육적 접근들이 결합되었다. 보다 최근에 수행된 집단 MI 연구에서는 더 많은 집단심리치료 전략들과 MI 기법 및 전략들을 통합하고 있고, 이와 함께 변화를 촉진시키기 위해 적극적으로 집단 과정을 최대한 활용하고 있다. 6장에서는 이러한 접근들을 집단 설계와 관련해서 고려해 보고자 하며, 이와 함께 특수 상황에 집단 MI를 적용할 때 나타날 수 있는 이슈에 대해서도 다룰 것이다.

참고문헌

Alexander, P. C., Morris, E., Tracy, A., & Frye, A. (2010). Stages of change and the group treatment of batterers: A randomized clinical trial. *Violence and Victims, 25,* 571–587.

August, J. L., & Flynn, A. (2007). Applying stage-wise treatment to a mixed-stage co-occurring disorders group. *American Journal of Psychiatric Rehabilitation, 10,* 53–63.

Bailey, K. A., Baker, A. L., Webster, R. A., & Lewin, T. J. (2004). Pilot randomized controlled trial of a brief alcohol intervention group for adolescents. *Drug and Alcohol Review, 23,* 157–166.

Beadnell, B., Nason, M., Stafford, P. A., Rosengren, D. B., & Daugherty, R. (2012). Short-term outcomes of a motivation-enhancing approach to DUI intervention. *Accident Analysis and Prevention, 45,* 792–801.

Bradley, A. C., Baker, A., & Lewin, T. J. (2007). Group intervention for coexisting psychosis and substance use disorders in rural Australia: Outcomes over 3 years. *Australian and New Zealand Journal of Psychiatry, 41,* 501–508.

Breslin, C., Li, S., Sdao-Jarvie, K., Tupker, E., & Ittig-Deland, V. (2002). Brief treatment for young substance abusers: A pilot study in an addiction treatment setting. *Psychology of Addictive Behaviors, 16,* 10–16.

Brown, T. G., Dongier, M., Latimer, E., Legault, L., Seraganian, P., Kokin, M., et al. (2006). Group-delivered brief intervention versus standard care for mixed alcohol/other drug problems: A preliminary study. *Alcoholism Treatment Quarterly, 24,* 23–40.

Burke, B. L., Arkowitz, H., & Menchola, M. (2003). The efficacy of motivational interviewing: A meta-analysis of controlled clinical trials. *Journal of Consulting and Clinical Psychology, 71,* 843–861.

Carey, M. P., Braaten, L. S., Maisto, S. A., Gleason, J. R., Forsyth, A. D., Durant, L. E., et al. (2000). Using information, motivational enhancement, and skills training to reduce the risk of HIV infection for low-income urban women: A second randomized clinical trial. *Health Psychology, 19,* 3–11.

Carter, A. L., Wilber, C., & Sahl, R. (2005). Motivational interviewing techniques and the harm-reduction model in a short-term substance-abuse group for adolescents with psychiatric problems. *Connecticut Medicine, 69,* 519–524.

Easton, C., Swan, S., & Sinha, R. (2000). Motivation to change substance use among offenders of domestic violence. *Journal of Substance Abuse Treatment, 19,* 1–5.

Faris, A. S., & Brown, J. M. (2003). Addressing group dynamics in a brief motivational intervention for college student drinkers. *Journal of Drug Education, 33,* 289–306.

Foote, J., DeLuca, A., Magura, S., Warner, A., Grand, A., Rosenblum, A., et al. (1999). A group motivational treatment for chemical dependency. *Journal of Substance Abuse Treatment, 17,* 181–192.

Hayes, B. B. (2007). Comparing the effectiveness of cognitive-behavioral group therapy with and without motivational interviewing at reducing the social anxiety, alcohol consumption, and negative consequences of socially anxious college students. *Dissertation Abstracts International B: The Sciences and Engineering, 67*, 5405.

Hettema, J., Steele, J., & Miller, W. R. (2005). Motivational interviewing. *Annual Review of Clinical Psychology, 1*, 91–111.

John, U., Veltrup, C., Driessen, M., Wetterling, T., & Dilling, H. (2003). Motivational intervention: An individual counselling vs a group treatment approach for alcohol-dependent in-patients. *Alcohol and Alcoholism (Oxford, Oxford-shire), 38*, 263–269.

Kisely, S. R., & Preston, N. J. (2006). A group intervention which assists patients with dual diagnosis reduce their tobacco use. In M. E. Abelian (Ed.), *Trends in psychotherapy research* (pp. 141–159). Hauppauge, NY: Nova Science.

Knight, K. M., Bundy, C., Morris, R., Higgs, J. F., Jameson, R. A., Unsworth, P., et al. (2003). The effects of group motivational interviewing and externalizing conversations for adolescents with type-1 diabetes. *Psychology, Health and Medicine, 6*, 149–157.

LaBrie, J. W., Huchting, K. K., Lac, A., Tawalbeh, S., Thompson, A. D., & Larlimer, M. E. (2009). Preventing risky drinking in first-year college women: Further validation of a female-specific motivational enhancement group intervention. *Journal of Studies on Alcohol and Drugs Supplement, 16*, 77–85.

LaBrie, J. W., Huchting, K., Tawalbeh, S., Pedersen, E. R., Thompson, A. D., Shelesky, K., et al. (2008). A randomized motivational enhancement prevention group reduces drinking and alcohol consequences in first-year college women. *Psychology of Addictive Behaviors, 22*, 149–155.

LaBrie, J. W., Lamb, T. F., Pedersen, E. R., & Quinlan, T. (2006). A group motivational interviewing intervention reduces drinking and alcohol-related consequences in adjudicated college students. *Journal of College Student Development, 47*, 267–280.

LaBrie, J. W., Pedersen, E. R., Lamb, T. F., & Quinlan, T. (2007). A campus-based motivational enhancement group intervention reduces problematic drinking in freshmen male college students. *Addictive Behaviors, 32*, 889–901.

LaBrie, J. W., Thompson, A. D., Huchting, K., Lac, A., & Buckley, K. (2007). A group motivational interviewing intervention reduces drinking and alcohol-related negative consequences in adjudicated college women *Addictive Behaviors, 32*, 2549–2562.

LaChance, H., Feldstein Ewing, S. W., Bryan, A. D., & Hutchison, K. E. (2009) What makes group MET work?: A randomized controlled trial of college student drinkers in mandated alcohol diversion. *Psychology of Addictive Behaviors, 23*, 598–612.

Lincourt, P., Kuettel, T. J., & Bombardier, C. H. (2002). Motivational interviewing in a group setting with mandated clients: A pilot study. *Addictive Behaviors, 27*, 381–391.

Lundahl, B. W., Kunz, C., Brownell, C., Tollefson, D., & Burke, B. (2010). A metaanalysis of motivational interviewing: Twenty-five years of empirical studies. *Research on Social Work Practice, 20*, 137–160.

Marlatt, G. A., Baer, J. S., & Latimer, M. (1995). Preventing alcohol abuse in college students: A harm reduction approach. In G. M. Boyd, J. Howard, & R. A. Zucker (Eds.), *Alcohol problems among adolescents: Current directions in prevention research* (pp. 147–172). Hillsdale, NJ: Erlbaum.

Mendel, E., & Hipkins, J. (2002). Motivating learning disabled offenders with alcohol-related problems: A pilot study. *British Journal of Learning Disabilities, 30,* 153–158.

Michael, K. D., Curtin, L., Kirkley, D. E., Jones, D. L., & Harris, R. J. (2006). Group-based motivational interviewing for alcohol use among college students: An exploratory study. *Professional Psychology: Research and Practice, 37,* 629–634.

Miller, W. R., & Rollnick, S. (1991). *Motivational interviewing: Preparing people to change addictive behavior* (1st ed.). New York: Guilford Press.

Morgan-Lopez, A. A., & Fals-Stewart, W. (2006). Analytic complexities associated with group therapy in substance abuse treatment research: Problems, recommendations, and future directions. *Experimental and Clinical Psychopharmacology, 14,* 265–273.

Morgan-Lopez, A. A., & Fals-Stewart, W. (2008). Analyzing data from open enrollment groups: Current considerations and future directions. *Journal of Substance Abuse Treatment, 35,* 36–40.

Moyers, T. B., Martin, T., Manuel, J. K., Hendrickson, S. M., & Miller, W. R. (2005). Assessing competence in the use of motivational interviewing. *Journal of Substance Abuse Treatment, 28,* 19–26.

Murphy, R. T., Rosen, C. S., Cameron, R. P., & Thompson, K. E. (2002). Development of a group treatment for enhancing motivation to change PTSD symptoms. *Cognitive and Behavioral Practice, 9,* 308–316.

Noonan, W. C. (2000). Group motivational interviewing as an enhancement to outpatient alcohol treatment. *ProQuest Digital Dissertations Database,* Publication No. AAT 9998849.

Norman, C. D., Maley, O., Li, X., & Skinner, H. A. (2008). Using the Internet to assist smoking prevention and cessation in schools: A randomized, controlled trial. *Health Psychology, 27,* 799–810.

Oei, T. P., Raylu, N., & Casey, L. M. (2010). Effectiveness of group and individual formats of a combined motivational interviewing and cognitive behavioral treatment program for problem gambling: A randomized controlled trial. *Behavioural and Cognitive Psychotherapy, 38,* 233–238.

Orzack, M. H., Voluse, A. C., Wolf, D., & Hennen, J. (2006). An ongoing study of group treatment for men involved in problematic Internet-enabled sexual behavior. *Cyberpsychology and Behavior: The Impact of the Internet, Multimedia and Virtual Reality on Behavior and Society, 9,* 348–360.

Rosenblum, A., Foote, J., Cleland, C., Magura, S., Mahmood, D., & Kosanke, N. (2005). Moderators of effects of motivational enhancements to cognitive behavioral therapy. *American Journal of Drug and Alcohol Abuse, 31,* 35–58.

Rosenblum, A., Magura, S., Kayman, D. J., & Fong, C. (2005). Motivationally enhanced group counseling for substance users in a soup kitchen: A randomized clinical trial. *Drug and Alcohol Dependence, 80,* 91–103.

Rubak, S., Sandbaek, A., Lauritzen, T., & Christensen, B. (2005). Motivational interviewing: A systematic review and meta-analysis. *British Journal of General Practice, 55,* 305–312.

Santa Ana, E. J., Wulfert, E., & Nietert, P. J. (2007). Efficacy of group motivational interviewing (GMI) for psychiatric inpatients with chemical dependence. *Journal of Consulting and Clinical Psychology, 75,* 816–822.

Schmiege, S. J., Broaddus, M. R., Levin, M., & Bryan, A. D. (2009). Randomized trial of group interventions to reduce HIV/STD risk and change theoretical mediators among detained adolescents. *Journal of Consulting and Clinical Psychology, 77,* 38–50.

Smith, S. S., Jorenby, D. E., Fiore, M. C., Anderson, J. E., Mielke, M. M., Beach, K. E., et al. (2001). Strike while the iron is hot: Can stepped-care treatments resurrect relapsing smokers? *Journal of Consulting and Clinical Psychology, 69,* 429–439.

Tantillo, M., Bitter, C. N., & Adams, B. (2001). Enhancing readiness for eating disorder treatment: A relational/motivational group model for change. *Eatzng Disorders, 9,* 203–216.

Van Horn, D. H., & Bux, D. A. (2001). A pilot test of motivational interviewing groups for dually diagnosed inpatients. *Journal of Substance Abuse Treatment, 20,* 191–195.

Velasquez, M. M., Stephens, N. S., & Ingersoll, K. S. (2005). Motivational interviewing in groups. *Journal of Groups in Addiction and Recovery, 1,* 27–50.

Walters, S. T., Bennett, M. E., & Miller, J. H. (2000). Reducing alcohol use in college students: A controlled trial of two brief interventions. *Journal of Drug Education, 30,* 361–372.

Walters, S. T., Gruenewald, D. A., Miller, J. H., & Bennett, M. E. (2001). Early findings from a disciplinary program to reduce problem drinking by college students. *Journal of Substance Abuse Treatment, 20*(1), 89–91.

Walters, S. T., Ogle, R., & Martin, J. E. (2002). Perils and possibilities of group-based motivational interviewing. In W. R. Miller & S. Rollnick, *Motivational interviewing: Preparing people for change* (2nd ed., pp. 377–390). New York: Guilford Press.

Weiss, B., Caron, A., Ball, S., Tapp, J., Johnson, M. & Weisz, J. R. (2005). Iatrogenic effects of group treatment for antisocial youth. *Journal of Consulting and Clinical Psychology, 73,* 1036–1044.

제 2 부 집단 동기강화상담의 실제

제2부에서는 집단 MI 설계하기와 실행하기 및 진행하기와 관련한 실제적인 사항에 초점을 맞추고 있다.

6장과 7장에서는 집단 MI 설계하기와 실행하기에 초점을 두고 있으며, 집단 MI 실무자들의 훈련 및 수퍼비전, 서비스의 효과성을 높이기 위해 지속적으로 양질의 프로그램을 개발하는 것에 초점을 맞춘다.

8장에서는 집단 MI를 진행할 때 발생하는 문제들을 다룬다. 먼저 MI와 일치하는 대화를 향해 집단 대화가 흘러가고 있고 치료적 초점을 설정했는지에 중점을 두고 있다. 그러고 나서 적절한 대화의 속도, 깊이, 범위와 관련한 심화된 대화 조성기술에 초점을 맞추고자 한다.

9장부터 12장에서는 집단 MI 회기에 포함되는 4단계의 연속적인 모델에 대해 다룬다. 이 연속적인 모델의 첫 단계는 *집단 관계 형성하기*이다. 이 단계에서 리더는 집단 구성원들을 서로 연결시켜 주고, 대인관계 방식과 역할에 대한 도전들을 함께 작업하고 집단의 이득을 최대화하기 위해 회기를 구조화하는 것을 통해 집단 발달을 촉진한다.

두 번째 단계는 *관점 탐색하기*이다. 이 단계에서는 집단 구성원들의 현재 삶의 상황과 도전들에 대한 그들의 공통되는 관점이 발달하게 된다. 우리는 집단 구성원들이 한 발 물러나서 그들의 상황을 보도록 하고 앞으로 나아가는 데 도움이 되었던 과거 경험들을 생각해 보게 하면서 그들이 겪고 있는 현재의 어려움을 해결하는 방법들에 대해 알아보도록 도와준다. 만약 과거의 도움이 되었던 경험이 없다면 현재에 초점을 맞춘다. 집단 응집력이 더 강해지면서 집단 구성원들은 그들의 가치, 관점, 정체성에 대해 더 탐색하고 구체적으로 알아가게 된다.

세 번째 단계는 *관점 확대하기*이다. 이 단계에서 집단 MI는 집단 구성원들의 상황과 도전들에 대한 새로운 관점을 가질 수 있게 도와주며, 더 만족스러운 미래를 상상하게 하고 그들의 삶에서 변화를 실행할 수 있도록 자신감을 갖도록 도와준다.

마지막 단계는 *행동으로 옮기기*이다. 이 단계에서 집단 구성원들은 다른 집단 구성원들과 협동하여 그들의 삶을 향상시켜 줄 수 있는 변화들을 알아보고 계획하며 실행하고 유지하게 된다.

우리는 이 단계들을 일반적으로 연속적인 것이지만 완전히 고정된 것으로 보지는 않는다. 모든 집단들이 우리가 제시한 모든 단계 또는 모든 주제나 활동들을 다루고 실행할 수는 없다. 또한 매우 간단한 단일 회기 접근에서도 그들의 목적과 가장 맞는 몇 개의 활동만을 적용할 수도 있다. 각 장은 집단 MI 전략들을 보여주기 전에 집단 역동, 치료적 요인, 리더의 기능에 대해 초점을 맞추고 있다. 이러한 내용들은 비구조화된 방식의 집단 MI를 진행하는 리더들에게 특히 더 관련이 있다.

제6장 집단 동기강화상담의 설계

집단 MI는 문제 상황에 갇혀 있거나 고통을 겪고 있는 사람들을 돕는 집단 서비스로서 가치 있는 역할을 수행한다. 집단 MI는 미해결된 양가감정이나 동기 저하로 어려움을 겪고 있는 사람들의 변화를 촉진하는 시간 제한적인 상담이며, 현존하는 여타의 접근들에서도 이 접근이 더 가치 있다고 믿는다. 그러나 집단 MI가 만병통치약은 아니기 때문에 다른 집단 서비스들을 MI로 대체할 것을 제안하는 것도 아니다. 오히려 돌봄 서비스들에 집단 MI를 추가함으로써 좋은 성과를 도출하기 위한 잠재력을 강화할 수 있을 것이다.

내담자의 욕구를 충족시키기 위한 방향으로 집단 접근이 이루어질 때 문제를 해결할 수 있다. 이 장에서는 집단 MI에서 고려할 사항을 논의하고, 실무자의 상황과 요구에 맞추어 집단 MI를 설계할 수 있는 몇 가지 단계들을 개관할 것이다.

집단 동기강화상담을 제안하는 이유

내담자가 변화에 대해서 양가감정을 느낀다거나, 목표달성 과정에서 어떤 도움을 얻을 수 있을지 모호하게 느낄수록 다른 집단 구성원이나 리더와 갈등이 발생할 가능성이 높다. MI는 내담자의 치료 참여율을 증가시키고 중도탈락을 감소시킴으로써 치료 성과를 향상시킨다(Hettema, Steele, & Miller, 2005). 또한 변화에 대한 양가감정을 해결하고 구체적인 목표를 발전시키며 목표 계획을 실행할 수 있도록 돕는다. 내담자가 더 분명한 목표를 가지면 스스로 서비스에 참여하게 되고 서비스를 자신의 목표에 도달할 수 있는 수단으로 여기게 된다.

집단 MI는 또 다른 이점을 제공한다. 집단 구성원들은 종종 자신과 비슷한 상황에 있는 다른 구성원의 경험과 지지로부터 이득을 얻곤 하는데, 이를 통해 집단 밖의 삶에서도 이러한 경험들을 연결시킬 수 있도록 해준다. 또한 집단 MI는 참석률이 저조한 내담자들의 중도탈락을 사전에 예방함으로써 서비스의 효과성을 증진시킬 수 있다. 마지막으로, 집단 MI는 대기자 명단으로 사용될 수 있어서 내담자와 형성한 관계를 계속 유지하고, 다음 서비스에 참여할 수 있도록 내담자를 준비시킬 수 있다.

집단 MI는 보통 물질 사용이나 신체화 등 치료에서 중도탈락할 가능성이 높은 문제를 다루면서도, 대인관계적인 어려움으로 치료에서 중도탈락할 가능성이 높은 성격(예, 내향형 성격, 적대적 성격)을 가진 내담자들을 잘 다루는 대화 스타일을 사용하기 때문에, 앞서 제시한 상황이나 목적들에 집단 MI가 잘 부합할 것이다(MacNair & Corazzini, 1994; Project MATCH Research Group, 1997).

집단 동기강화상담의 설계에 포함되는 기술

집단 MI를 설계할 유용한 경험과 기술이 몇 가지 있다. 이상적인 바로는 집단의 리더가 표적집단을 대상으로 집단 치료를 실시해 본 경험이 있어야 하고, MI 정신과 기법, 전략을 사용하는 데 친숙해야 한다. 또한 실무자가 속한 지역 서비스의 필요에 대해 충분히 숙지하고 있어야 한다. 다양한 기술이 필요하므로 집단 MI를 설계할 때 팀접근법을 사용하는 것이 유용할 것이다. 예를 들어 개인 MI에 숙련된 전문가는 집단 치료에 능숙한 다른 전문가, 그리고 상담료 대리 지급자나 의뢰기관의 기대상황에 대한 이해가 충분히 있는 프로그램 매니저와 협력할 수 있다. 이 세 명의 사람들은 각자 서로 다른 분야에서 전문성을 갖고 있으며, 이 장에서 개관한 이슈들을 고려하기 위해 협력할 수 있다. 또한 실무자는 자신의 필요에 맞게 집단 MI를 설계함으로써 집단 MI의 효과성과 효율성을 극대화

> 집단 동기강화상담을 설계할 때 팀으로 접근하라.

할 수 있다.

집단을 설계하는 순서는 다음과 같다. 먼저 집단 치료에 대한 계획을 세운 뒤 예비검증을 통해 이를 검증하고, 다른 접근법을 적용·시도하여 집단 구성원들에게 나타나는 효과를 관찰한다. 이러한 과정을 통해 개입과 내담자의 개입에 대한 자료를 수집할 수 있다.

집단 목표

첫 번째 단계는 집단에 대한 상담자의 목표를 고려하는 것이다. 원하는 결과에 대해 정의하는 것은 집단 형태와 구성, 구조를 결정하는 데 도움을 줄 수 있다.

참여율 높이기 및 다른 서비스에 대한 참여 촉진하기

집단 MI는 내담자가 *다른 연결된 서비스에 참여*할 수 있도록 촉진하는 역할을 한다. 집단 MI는 내담자가 서비스에 관심을 갖고 편안한 마음으로 참여할 수 있도록 도울 수 있다. 집단 MI는 서비스 참여를 주저하는 사람들에게 특히 유용하다. 회기 동안 집단 구성원들은 이미 서비스에 참여하고 있는 동료들을 관찰함으로써 적극적으로 참여해 얻는 이득이 많다는 사실을 알게 된다. 과거의 실패 경험으로 변화를 주저하는 내담자의 경우 자신의 어려움과 비슷한 어려움을 극복한 집단 구성원의 이야기를 들으면서 변화에 대한 현실적인 희망을 갖게 될 수 있다. 이와 같이 내담자의 긍정성과 자신감이 높아지면 집단에 참여하고자 하는 마음이 더욱 강해지고, 그 결과 서비스 참여 유지율을 높이고 긍정적인 결과를 낳게 된다(Katz et al., 2007; Walitzer, Dermen, & Conners, 1999).

집단 MI는 서비스 이동과정에서 나타나는 *변화에 내담자를 준비시킴으로써 다음 서비스에 대한 참여*를 촉진시킨다. 예를 들면, 물질남용치료에 등록된 사람들은 흔히 특정한 목표를 달성하기 위해 강도가 낮은 서비스로 이동하게 된다. 또한 병원에서 퇴원하기에 충분할 만큼 회복된 환자는 퇴원 후 가정방문 서비스가 필요한 경우도 있다. 집단 MI는 이와 같은 상황에서 내담자가 이후에 받게 될 서비스가 무엇이고, 또 무엇을 성취할 수 있는지 생각할 수 있게 도울 수 있다. 다른 치료 접근으로 옮겨갈 때 내담자는 자기규정(자신에 대해 규정짓고 있는 바)에서의 전환이 필요하게 되는데, 이때 집단 MI는 서비스 간 이동과정에서는 물론 다음 서비스에 적응하고 익숙해질 수 있도록 내담자를 돕는다. 예를 들면, 어떤 환자가 자신의 건강상태에 가장 잘 맞는 행동을 새로 시작하려고 할 때에는 자신에 대한 인식의 전환이 필요하게 된다. 즉 돌봄이 필요한 환자에서 지역사회 자원을 이용해서 자신의 건강을 적극적으로 관리해야 하는 사람으로 자신에 대해 규정짓는 바가 달라져야 한다는 것이다.

어떤 경우에는 다음 서비스에 함께 참여하게 될 구성원들을 중심으로 집단(동류집단)을 구성할 수 있다. 예를 들어, 현재 심장 발작으로 병원에 입원한 환자집단이 있다면, 이들이 퇴원한 다음 심장 재활치료 집단 프로그램에 함께 참여할 수 있게 집단 MI를 설계할 수 있다. 또한 청소년들이 미성년 음주 혐의 선고를 동일한 시기에 받았다면, 다음 서비스로 알코올 자각증진 프로그램에 함께 참여할 수 있도록 단일회기 집단 MI를 설계할 수 있다. 이러한 경우에는 위기상황에 있는 대상자들이 이전에는 관련 있을 것으로 생각해 보지 못했던 변화를 생각해 볼 수 있도록 집단 MI를 설계할 수 있을 것이다.

*집단 구성원들의 참여도를 초반에 높이는 것*이 중요하다. 중도탈락은 집단 응집력에 손상을 주게 되는데 이는 치료의 성공여부에 큰 요인으로 작용한다(Fieldsteel, 1996). 집단 MI는 집단 구성원들이 초반부터 적극적으로 참여하도록 설계될 수 있으며, 이를 위한 다양한 전략들이 있다. 그 예로서 집단 구성원의 양가감정을 이끌어 내고, 주요 관심사를 유발시키며 핵심 목표를 확인하고 설정할 수 있도록 하는 전략들이 있다.

집단 구성원의 동기와 변화 촉진하기

집단 MI는 동기를 강화하고 변화를 촉진하기 위한 목적을 갖는 독립적인 개입이다(9~12장). 흔히 폭넓은 영역에서의 변화를 기대하지만, 집단 MI에서는 몇 가지 특정 변화에 초점을 둔다. 집단 구성원에게 바람직한 결과는 *행동의 시작*과 *행동의 감소*, 그리고 *행동의 중단*의 결합을 의미한다. 예를 들어 환자는 의료진으로부터 운동과 규칙적인 약물복용, 혈당 체크 등의 행동을 시작할 것을 권유받고, 고당분 섭취나 과잉음주 등의 행동을 감소할 것을 권유받는다. 중독이 있는 내담자는 법원명령에 따라 모든 물질사용을 중단하게 되고, 지지집단에 참석하는 등 대체 행동을 시작하게 된다.

흔히 폭넓은 영역에서의 변화를 기대하지만, 집단 MI에서는 몇 가지 특정 변화에 초점을 둔다.

규칙적인 운동, 약물순응, 단약 등과 같이 목표가 이미 달성된 상태라면 집단 MI는 목표를 유지하는 데 중점을 두고 현재 문제와 관련한 양가감정을 다룰 필요는 없게 된다. 그 대신 내담자가 변화 행동을 통해 얻게 된 이익을 위태롭게 하는 문제들이 있다면, 그 문제들을 확인하고, 유지되고 있는 변화에 대해 양가감정이 더 커질 때에는 이를 점검하며, 과거 습관으로 다시 돌아가려고 할 때에는 재발의 유혹을 다룰 수 있도록 돕는다.

집단 MI에서는 일반적으로 여러 목표들을 다루게 된다. 아마 리더는 내담자가 적극적으로 참여하고 이러한 참여를 유지할 수 있도록 하며, 변화를 결정하고 실행할 수 있게끔 집단을 설계할 것이다. 상담자는 가능한 모든 목표들을 고려해야 하나, 집단 형태, 소요시간, 구성 등과 같이 다른 설계 요소들의 선택을 도울 수 있는 몇 가지 주요 목표들에 초점을 맞추어야 한다.

집단 형태

집단의 목표가 분명해지면 다음 단계로 집단 형태를 결정하게 된다. 일반적으로 세 가지 집단 형태를 고려해 볼 수 있는데, 지지집단, 심리교육 집단, 심리치료 집단이 있다. 여기에서는 형태를 세 가지로 구분해서 제시하고 있지만 이들은 구별된 형태라기보다는 연속선상에 존재하는 원형에 더 가깝다. 많은 경우 집단들은 보통 각각의 요소들을 결합한다.

*지지집단*은 특수한 상황(예, 암)을 공유하거나, 새로운 지위(예, 실업자, 구직자, 알츠하이머 환자)를 갖게 된 상황을 공유하는 사람들로 구성된다. 지지집단의 목표는 새로운 상황을 수용하고 적응하는 것을 촉진하는 것이다. 때로 지지집단은 집단토론에 따라 주제를 편성하기도 하고 초청강연을 개최하기도 한다. 이때 집단 치료 훈련 경험이 적은 리더가 집단을 촉진한다. 지지집단은 MI를 사용함으로써 집단 구성원들이 약물순응이나 건강한 식이습관 등 새로운 환경이나 행동에 적응할 수 있도록 변화하는 데 초점을 맞출 수 있다. 비교적 훈련 경험이 부족한

지지집단의 리더는 집단 구성원들이 변화할 수 있도록 기본적인 MI 기법과 전략(예, OARS 기술)을 사용할 수 있고, 가치 탐색하기, 미래 예상해 보기, 과거 성공경험과 개인적 강점 살펴보기, 변화에 대한 계획 발전시키기 등의 전략을 사용할 수 있다. 이러한 전략들은 그 자체로 변화에 대한 *내재된* 동기를 이끌어 내기 때문에, MI 심화기술을 사용하는 데 숙련도가 낮거나, 변화대화에 전략적으로 반응하는 데 미숙한 리더들에게 유용할 수 있다.

*심리교육 집단*은 새로운 상황에 적응하거나 기능에서 변화가 필요한 경우 집단 구성원들에게 개별적인 정보와 기술을 제공한다. 대부분의 심리교육 집단에서 리더들은 집단 구성원들의 임상적 상태와 관련된 정보를 제공하고, 집단 구성원들이 향상된 삶을 살 수 있도록 삶의 전환기에서 사용 가능한 대처 전략들을 교육한다. 리더들은 집단 구성원들이 교육받은 내용을 개인화할 수 있도록 하고, 일상에 통합할 수 있게 하며, 특수한 기술들을 연습할 수 있게 돕는다. 집단은 동기와 지식, 기술의 향상에 초점을 맞추고, 행동 이론이나 사회 학습 이론과 같은 이론적 모델에 근거할 수도 있다. 예를 들면, 많은 중독치료 프로그램들은 심리교육 집단을 대상으로 중독의 증상과 재발의 징후, 치료적 대안, 심리사회적 지원사항에 대해 안내하고, 약물 거부와 같은 기술들을 훈련한다. HIV 위험감소 집단, 주장훈련 집단, 도박중독자 대처기술 집단은 모두 심리교육 집단의 예가 된다. MI 심리교육 집단에서는 일상 탐색하기, 더 나은 미래 예상해 보기, 변화 성공담 나누기, 변화의 중요성과 자신감 탐색하기, 변화 계획하기 등의 주제를 중점적으로 다루며, 반구조화 형식으로 진행될 수 있다(Ingersoll, Wagner, & Gharib, 1999). 이러한 집단들은 변화단계 확인하기나 결정 저울 탐색하기 등과 같은 관련된 접근들과 통합해서 활용할 수 있다.

심리교육 집단은 다양한 형태를 띨 수 있는데, 평가 피드백과 피드백에 대한 토의 및 경험 등을 포함할 수 있다. 평가 피드백 집단은 종종 치료장면을 찾지 않는 사람들을 대상으로 문제행동에 대한 자각 수준을 높이는 데 사용된다. 또한 대학생들에게 음주에 대한 평가 피드백을 제공함으로써, 음주에 대한 규준(사회적 규준이 아닌 실제 규준)과 자신의 음주를 비교 평가할 수 있게 돕고, 음주 관련 위험에 근거해서 자신의 변화를 고려해 볼 수 있도록 격려할 수 있다. 지금까지 이러한 형태의 효과성에 대한 연구 근거는 비일관되게 나타나고 있는 것으로 보인다(LaBrie et al., 2009, LaBrie, Pedersen, Lamb & Quinlan, 2007; LaChance,

Feldstein Ewing, Bryan, & Hutchison, 2009; Walters, Bennett, & Miller, 2000). 한 가지 우려사항은 여러 사람들이 있는 곳에서 평가 피드백을 진행하는 것이 구성원에게 수치심이나 당혹감을 느끼게 할 수 있다는 점이다. 또 다른 염려사항은 집단 내에서 논의된 피드백이 규준을 재설정하는 과정에서 부정적인 영향을 미칠 수 있다는 점이다. 예를 들면, 혈중 알코올 농도가 위험수준인 음주자는 집단 구성원들이 자신에 비해 더 많이 음주를 할 때 자신의 위험수준의 혈중 알코올 농도를 정상인 것으로 인식할 수 있다. 어떤 집단은 이렇게 의도치 않게 위험행동이 규준화되는 것을 막기 위해서 집단 구성원 개인의 결과를 공유하지 않게끔 피드백 절차를 고안하기도 한다. 그리고 보다 변화에 대한 목표에 초점을 맞추는 것에 더 많은 시간을 할애해서 병리적인 방식으로 규준을 재설정하는 위험성을 감소시킬 수 있다. 이는 집단의 필요에 적합하도록 집단을 조정하는 하나의 예가 될 수 있다.

세 번째로 흔한 형태는 *심리치료 집단*으로, 집단 세팅에서 과정지향적인 치료가 수행된다(예, Malat, Morrow, & Stewart, 2011). 이러한 집단은 일반적으로 경험이 풍부한 숙련된 리더에 의해 촉진되고, 비구조화되어 있으며, 심리적 고통과 해결방안의 근원에 대해 구체적인 이론에 근거한다는 특징을 지닌다. 예를 들어, 대학생활 부적응을 경험하는 내담자 집단에서는 집단 구성원들이 자신의 상황과 반응을 논의하는 동안에 리더는 대상관계 이론에 근거해서 현재 문제를 다룰 수 있다. 리더는 문제의 원인이 초기 아동기의 양육자와의 경험에서 비롯된 것으로 보고, 이와 관련한 대인관계 역동과 갈등 패턴을 밝히고자 할 것이다. 비구조화 집단 MI의 한 가지 이점은 (개인 회기에서와 마찬가지로) 집단 구성원들의 관심과 에너지를 변화의 기폭제로 사용하는 데 매우 자유롭다는 점이다. 이러한 점은 리더가 반구조화되거나 구조화된 과정을 따르기보다는 창조성을 발휘할 수 있도록 해준다. 그러나 한편으로 리더는 집단을 그 순간에 완전히 집중할 수 있도록 이끌 뿐만 아니라 집단 내에서 발생할 수 있는 예상치 못한 사건들을 다루는 기술들에도 능해야 한다.

리더의 목표와 세팅에 맞게 형태 매치하기

집단 형태가 집단에 대한 리더의 목표들과 어떻게 매치될 수 있을지 고려해 보자. 만약 리더가 생각하는 주요한 목표가 *집단 참여*라면, 집단 구성원들이 다음 회기에 참여하기 위해서는 구성원들의 흥미를 불러일으킬 수 있는 형태가 좋을 것이다. 지지집단의 경우에는 구성원들 간에 경험한 비슷한 어려움에 대해 유대감을 형성하도록 함으로써 집단에 계속 참여하게 할 수 있다. 첫 회기에 개별화된 피드백을 제공하는 심리교육 집단은 집단 구성원들이 피드백을 더 원하도록 할 수 있다. 적극적인 참여의 위력을 경험할 수 있는 심리치료 집단의 경우, 응집력 있는 집단은 새로운 아이디어를 얻는 과정에서 흥미를 높일 수 있다. 만약 주된 목표가 *행동 변화*라면 리더는 심리교육 집단이나 심리치료 집단을 고안할 때 양가감정을 해결하고 변화에 대한 동기를 강화시킴으로써 집단 구성원들의 역량이 강화됨을 느끼도록 하는 데 중점을 둘 수 있을 것이다. 때로는 형태를 혼합하는 것이 유용할 수 있다. 리더의 목표가 *변화행동을 시작하는 것*이라면, 습관 변화에 대한 동기를 강화하기 위해 지지집단 형태를 사용함과 동시에 새로운 기술을 훈련할 수 있는 심리교육의 형태를 혼합하여 적용할 수 있다. 집단 MI는 모든 형태에 적용될 수 있으며, 다양한 형태의 긍정적인 가능성을 고려하면서 활용해 보기를 권한다.

집단 구조

구조화의 정도는 집단 구성원의 욕구, 능력, 선호도, 사용 가능한 시간의 양과 세팅의 규칙과 요구에 영향을 받는다. *비구조화된* 접근에서는 중립적인 방식으로 집단을 시작하고, MI 전략을 사용함으로써 대화에서 나타난 주제들을 다룬다. 또 다른 접근에서는 특정한 주제에 대해 논의해 볼 수 있도록 하면서 회기를 시작하고, 그런 뒤 내담자의 반응을 이끌어 내고 탐색한다. *반구조화된* 접근에서는 서로 확인된 주제에 초점을 맞추지만 집단 구성원들의 관심사와 열망에 대해서 유연하게 다룰 수 있도록 하고, 필요한 경우에는 정해진 의제에서 벗어나기도 한다. 마지막으로 *구조화된* 접근에서는 정해진 시간 내에 하위 주제와 계획된 예제로 구성된 의제들을 다룬다.

집단을 어느 정도로 구조할 것인가는 많은 요소들에 의해 달라질 수 있다. 심리적으로 준비된 자발적인 내담자의 경우에는 비구조화된 집단에 잘 반응할 것이다. 과정지향적인 집단을 이끄는 데 훈련된 리더들은 비구조화된 접근에 가장 익숙할 수 있는데, 이들은 MI 개념과 전략을 능숙하게 사용하게 되면 비구조화된 접근을 더욱 잘 활용할 수 있게 될 것이다. 치료명령을 받거나 비자발적인 내담자의 경우, 그리고 개인적인 문제를 공유하는 것을 선호하지 않는 상황이나 문화에 속해 있거나 그러한 경험이 있는 내담자의 경우에는 반구조화된 접근과 구조화된 접근이 더 효과적일 수 있다. 이러한 접근들은 인지행동 치료와 같이 구조화된 치료 경험이 더 많은 리더들에게 적합할 수 있다. 의료장면이나 교정시설, 중독 관련 분야에서 근무하는 리더들 또한 구조화된 접근을 사용하는 것이 더 편안할 수 있고, 리더 경험이 적은 경우에도 마찬가지이다.

여러 접근들을 조합하는 것도 가능하다. 여러 회기로 집단이 구성된 경우 초반에는 구조화된 방식에서 집단 구성원들이 서로를 알아갈 수 있도록 하다가, 집단 구성원들이 집단을 편안하게 느끼게 되면서 반구조화된 방식을 적용했다가, 집단 구성원들이 자신의 약점이나 개인적인 문제들을 드러내어 공유할 수 있을 때에는 비구조화된 방식을 사용할 수 있다. 또는 집단을 설계해서 어떤 회기들은 더 구조화되게, 또 다른 회기들은 덜 구조화되게 할 수 있고, 혹은 관심사에 대해 개방적으로 탐색하면서 회기를 시작한 다음 더 구체적인 과업에 초점을 전환할 수도 있다.

집단 구성

다음으로, 집단에 누가 속할 것인가를 고려해야 한다. 집단 MI는 내담자를 변화에 대한 열망과 자원을 가진 존재로서 이해하는 것과 내담자를 있는 그대로 수용하는 것 사이에서 균형을 맞출 수 있도록 해준다. 균형을 맞추려는 이러한 노력은 집단 구성 전략을 선택하는 것과 연결된다.

> 집단 MI는 내담자를 변화에 대한 열망과 자원을 가진 존재로서 이해하는 것과 내담자를 있는 그대로 수용하는 것 사이에서 균형을 맞출 수 있도록 해준다.

집단은 내담자가 느끼기에 편안한 곳으로서, 갈등이나 비판받는 것에 대한 두려움 없이 자신의 생각을 나눌 수 있고, 탐색할 수 있으며, 새로운 행동을 시도할 수 있어야 한다. 어떤 사람들에게는 이것이 동질집단으로 구성될 때 가장 잘 성취된다.

동질집단

*동질집단*은 핵심 변인이 유사한 변인을 공유하는 구성원들로 이루어진다. 예를 들면 체중감소와 같이 특정한 변화 목표를 갖는 구성원들이 동질집단에 포함될 수 있다. 구성원들은 각자 다른 습관을 변화시키고자 하겠지만(예, 음식 섭취량 감소시키기, 야식 제한하기, 운동량 증가시키기), 모두 체중감소라는 하나의 목표를 공유하고 있다. 동질집단은 더 넓은 범위에서 인생에서의 어려움을 공유하는 개인들(예, 배우자나 자식을 상실한 사람들)로 구성되거나, 우울이나 외상후스트레스장애(PTSD)와 같이 임상적 상태를 공유하는 사람들로 구성될 수 있다. 이러한 사례들에서, 집단 구성원들은 변화 목표에 도달하기 위해 서로 다른 접근들에 참여할 수 있고, 심지어는 유사한 목표를 공유하지 않을 수도 있다. 그러나 이들은 유사한 진단명과 과거력, 어려움, 치료 경험들을 공유한다.

또한 동질집단은 도시거주청년, 대학생, 여성 등과 같은 특수한 하위집단에 초점을 맞출 수 있다. 집단 구성원들은 집단에 참여하는 이유나 목표, 전략, 어려움에 있어서 서로 다를 수 있지만, 인구통계학적 배경이나 성별, 역할 등과 같은 공통된 정체성은 서로 공유할 수 있다.

집단 MI를 내담자의 변화 준비도나 변화단계 모델에 따라 설계할 수 있다. 예를 들면 집단은 변화단계 모델의 숙고, 준비, 행동, 유지 각각의 단계에 따라 설계될 수 있다. 숙고집단의 경우 교정장면에서 치료명령을 받은 내담자들이 표적집단이 될 수 있다. 이 집단의 구성원들은 변화에 전념할 것인지, 하지 않을 것인지 결정하지 않았을 것이다. 이들은 외부 압력과 법적 규제와 맞닥뜨린 상황에 있고, 집단 치료에 참여할 것인지, 수감될 것인지, 벌금을 낼 것인지 선택해야 한다는 점에서 유사하다. 의료장면에서도 이러한 집단이 있을 수 있는데, 건강 변화를 위해 조언을 받은 환자들이 자신이 구체적으로 어떤 변화를 만들고 싶은지 아직 불분명한 경우이다. 이 상황에서 내담자가 만약 자신이 원했던 변화를 결정 내릴 수 있게 된다면 그 다음 단계인 준비집단으로 이동할 수 있다. 준비집단에 속한 내담자는 이곳에서 다른 구성원들에게 변화에 대한 전념에 대해 공유할 수 있지만, 아직 이를 위해 구체적인 계획을 발전시키지는 않은 상태이다. 또 다른 가능성은 여러 단계들을 결합하는 것인데, 예를 들어 전숙고집단과 계획하기/실행 집단을 결합할 수 있다. 이러한 방식으로 집단을 나누게 되면 내담자는 자신과 비슷한 준비도에 있는 사람들과 함께 작업할 수 있다. 이러한 방식은 변화를 결정하지 않은 사람들로 인해 이미 변화하기로 결정한 사람들이 의사결정을 미루고 변화에 대한 양가감정을 다시 경험하게 될 가능성으로부터 보호할 수 있다. 또한 의사 미결정 상태에 있는 사람들은 이미 실행 단계에 있는 사람들로 인해 압박감을 느낄 수 있을 가능성으로부터 예방할 수 있다.

동질집단으로 구성할 경우 여러 이점들이 있다. 유대감은 공통된 상황과 유사한 어려움을 공유하는 구성원들 간에 더 쉽게 나타날 수 있다. 집단 논의의 초점은 제한된 사안들을 중심으로 다루어지는데, 이는 특정 사안에 대한 양가감정을 해결할 가능성을 높여준다. 집단 구성원은 자신의 어려움과 다른 구성원들의 어려움이 어떻게 관련 있는지 분명히 알게 될 때 자신의 염려를 더 많이 나누게 되고 낙인에 대한 두려움 없이 신뢰를 발전시킬 수 있다. 따라서 적극적인 참여와 관계구축, 응집력을 강화할 수 있고, 이들은 모두 더 나은 성과를 낳게 된다.

동질집단의 약점도 있다. 구조적인 어려움이 따르므로, 이러한 집단을 구성하기에 유사성을 공유하는 구성원의 수가 불충분할 수 있다. 또 다른 약점은 내담자들이 비슷한 어려움을 공유하는 과정에서 변화에 대한 두려움과 분개, 비관적인 태도를 더 얻게 될 수 있고, 이로 인해 부정적인 악순환에 빠질 수 있다는 점이다. 구성원들은 어려움을 함께 극복해 낼 수 있도록 서로를 고무시키지만, 때로는 다른 배경이나 사안을 가진 내담자들로부터 얻을 수 있는 다양한 관점과 창조성이 부족할 수도 있다. 치료명령을 받기 위해 참석한 내담자들은 리더를 자신을 집단에 참석하도록 물리력을 행사한 *체제(system)*의 대표로서 지각할 수도 있기 때문에, 리더는 집단을 촉진시키는 과정에서 원한을 품은 화난 무리를 대면하는 기분을 느낄 수도 있다. 이러한 하위집단화와 관련된 내용은 9장에서 다루고자 한다. 한가지 하위집단화에서 피해야 할 중요한 사항은 내담자들과 리더가 다른 하위집단으로 분리되지 않도록 해야 하며, 내담자와 리더 간에 긴장 또한 발생하지 않도록 해야 한다는 점이다.

이질집단

또 다른 대안은 상당히 다른 사람들로 집단을 구성하는 것이다. 이러한 유형의 집단은 구조적인 관점에서 가장 쉽게 운영될 수 있는데, 분리된 각각의 집단이 다른 배경이나 진단, 변화 목표, 변화에 대한 준비도 수준을 필요조건으로 하지는 않기 때문이다. 동질집단과 달리 선별과정에 소요되는 시간 또한 절약할 수 있는데, 이미 지정된 동질집단에 부합하는지 확인하는 절차가 없고 다만 해당 집단 서비스를 받기에 합당한 대상자인지만 선별하면 되기 때문이다. 이질집단에 구성원들을 배정하는 것은 이들의 관점과 경험을 확장시키고 성장 잠재력을 강화시킨다. 또한 진단이나 문제를 자신의 정체성과 동일시하여 스스로의 가능성을 제한시키는 함정에 빠지지 않도록 방지할 수 있게 도와준다. 이는 집단 구성원이 보편성이라는 치료요소를 경험할 가능성을 높여준다.

그러나 이질집단은 촉진작업이 더 어려울 수 있다. 구성원들 간의 공통 분모를 이끌어 내고 또 다양한 배경과 어려움이 있는 구성원들을 연결시키기 위해서 추가적인 노력이 필요할 수 있다. 문제나 하위문화의 유사성과 관련해서 구성원들 간의 응집력을 발달시키는 것보다, 상상하기나 목표 설정하기와 같은 변화과정과 관련해서 구성원들이 응집력을 발전시킬 수 있도록 더 강한 촉진적 기술들이 필요하다. 그러므로 구성원들이 응집할 수 있는 방향으로 참여하고 탐색할 수 있도록 집단을 구성하는 것이 좋다. 내담자들이 서로의 유사성을 인식하는 것이 가장 중요하기 때문에 표면적인 차이가 있음에도 더 깊은 연관성을 찾게 하는 이질집단이야말로 집단 MI들 중에서 가장 강력한 경험이 될 수 있을 것이다.

집단 규모

가장 효과적인 집단을 구성하기 위해서 몇 명의 구성원을 포함해야 하는가? 집단의 규모는 5~15명이 가능할 수 있는데, 집단의 규모가 더 커지면 집단 회기가 아니라 강의나 회의처럼 보일 위험이 있다. 구성원이 한 집단당 6명 또는 8명일 경우 어려움을 탐색하는 작업이 어려울 수 있으며, 12명 이상으로는 집단에서 탐색하려는 시도조차 하지 않을 것이다. 만약 지지집단에서 기본적인 지지를 제공하거나, 심리교육 집단에서 정보제공하는 것에 초점을 둔다면 한 집단당 10~12명의 내담자들로 구성할 수 있을 것이다. 심리치료 집단이나 민감하고 복합적인 문제에 초점을 두는 집단인 경우, 공동 리더가 2명일 경우에는 8~10명의 구성원들로, 리더가 1명일 경우에는 5~7명의 구성원들로 집단을 이루는 것이 이상적이다. 10명의 내담자가 있을 경우에는 리더 1명과 내담자 5명씩 2개의 집단으로 나누기보다는 리더 2명과 10명의 내담자로 1개의 집단을 구성하는 것이 더 효과적이라는 연구 결과들이 있다(Kivlighan, London, & Miles, 2012). 5명 이하의 내담자들로 집단이 구성되었으나 집단 구성원들 간에 깊이 있는 관계가 형성되지 않았다면 여러 회기의 개인상담이 집단상담을 대신할 수 있다. 만약 구성원들의 수가 너무 적다면 여러 회기의 단기 개인 MI가 집단 MI보다 더 나을 것이다.

어떤 내담자들은 소규모의 집단에서 더 안전감을 느낀다. 리더는 한 집단에 많은 구성원들을 포함시키려고 하지만, 결국 집단이 특정 수의 구성원으로 이루어질 것이라는 사실을 알게 된다. 이런 경우 구성원들은 불만을 표시하면서 집단을 떠나기도 한다. 리더는 이러한 반응들에 대해 지혜롭게 받아들이거나, 현실로 받아들이고 계획을 적절히 조정하는 것이 필요하다. 집단에 참석하지 않는 내담자의 경우, 연락을 취해 개별 상담서비스를 제안하거나 소규모 집단에 참여할 수 있는 기회를 제공할 수 있다.

종합해서, 특수한 집단에 대한 가장 적절한 규모는 다양한 요소들에 의해 영향을 받는다. 리더들의 수와 이들의 훈련경험과 기술수준, 집단 회기의 길이와 빈도, 내담자 문제의 심각도, 신뢰도, 사회기술, 내담자의 참여에 대한 개방성, 집단의 목표 등이 이러한 요소가 될 수 있다. 한편, 집단 설계의 잠재적인 한계를 현실적으로 받아들일 필요가 있다. 심각한 어려움과 비일관적인 출석습관, 부족한 사회기술, 집단의 노력에 대해 적대감을 갖고 있는 집단 구성원들은 훈련경험이 적은 리더 한 명이 격주로 50분 동안 진행하는 큰 규모의 집단상담에서는 중독으로부터 완전히 회복되거나, 기대한 만큼의 체중을 감소하거나, 약물순응에 완벽히 성공하는 등의 중요한 변화를 만들지 못할 가능성이 높다. 어느 곳에서든 자원을 구할 수 있지만 집단 MI는 불가능한 것을 성취하고자 하지는 않을 것이다. 그렇게 하기보다 내담자의 능력과 필요에 맞추어 집단 MI를 설계함으로써 자원을 효율적으로 활용하고, 이를 통해 내담자에게 의미 있는 영향력을 미칠 가능성을 높일 수 있다.

집단 지속기간

집단 MI는 구체적인 기간이나 회기 수를 정할 수 있다. 심리교육 집단은 보통 정해진 회기 수에 따라 특정 주제와 활동들로 이루어진다. 일반적으로 집단 MI는 *시간 제한적*이다. 단일회기로도 구성될 수 있고, 2~4회기의 간이개입, 4~12회기의 단기개입, 12~20회기 이상의 장기개입으로도 적용 가능하다. 집단의 기간은 집단의 목표와 기능에 따라 달라지게 된다. 예를 들면, 집단 참여가 목표라면 집단의 기능은 집단 구성원이 더 다양한 서비스를 받기 위해 대기하는 동안 이들을 수용할 만한 공간을 제공하는 것이며, 간이개입이 적합할 것이다. 만약 목표가 다양하고 독립적인 집단으로서의 기능을 하고자 한다면 장기개입이 더 나을 것이다. 내담자 회전율이 높은 장면에서는 집단 구성원들이 한 번 이상 모이지 않을 가능성이 높기 때문에 단일회기 집단을 구성할 수 있을 것이다.

또한 집단 MI는 구체적으로 정해진 기간 없이 *개방형*으로 이루어질 수 있다. 집단 구성원들은 자신의 목표가 달성되면 집단을 떠나고, 새로운 구성원들로 집단 구성원이 교체된다. MI 전략과 개방형의, 비구조화된 심리치료 집단을 통합할 수 있으나, 이미 정해진 순서대로 주제를 진행하는 것은 피해야 한다. 개방형 구조는 대기자 명단 집단에 사용되거나 다음 서비스를 위해 집단을 준비시키기 위해서 사용될 수 있는데, 특히 집단에 등록하는 기간이 상당히 짧은 경우에 사용 가능하다. 반구조화 접근을 사용한다면 4가지 정도의 주제들을 계속 전환시킴으로써 집단 구성원들이 자신에게 적합한 주제에 해당하는 회기에 등록해서 원하는 기간 동안 참석할 수 있다.

개방형 집단의 이점은 내담자가 자신의 상태와 진전 속도에 맞추어 집단에 합류하고 종결할 수 있다는 점이다. 변화에 대해 준비되고 열의가 있는 내담자들은 필요한 이수 시간이나 늦은 진전을 보이는 구성원에 의해서 방해받지 않는다. 진전 속도가 더 느린 내담자들은 기간이 종료된 다른 구성원을 따라 집단을 종결해야 한다는 압박감 없이 계속 참여할 수 있다. 이러한 집단은 변화 과정에서 경험할 수 있는 새로운 도전거리들로 인해 변화에 대한 양가감정이 강하거나 변화에 대한 장벽이나 어려움, 주저하는 마음이 강한 내담자들을 포함할 수 있고, 혹은 느린 속도를 선호하는 내담자를 포함할 수 있다. 개방형 집단의 약점은 변화에 압박으로 작용하는 종결 기간이 달리 규정되지 않아 변화에 대한 가속도가 더 늦추어질 수 있다는 점이다.

회기 소요시간

또 다른 고려사항은 회기 소요시간이다. 회기 소요시간은 집단의 규모 및 형태와 연관시켜 결정하는 것이 이상적이다. 집단 구성원이 6명 이하인 소규모 집단의 경우 1시간이, 6~10명인 경우에는 90분이, 10명 이상인 경우에는 2시간이 적절하다. 이는 모든 구성원들의 토론을 위한 시간과 각각의 구성원들에게 개별적으로 초점을 맞출 수 있는 시간, 그리고 회기를 마무리하는 시간을 제공하기 위함이다. 2시간 이상 회기가 지속되면 휴식이 필요하게 되므로 회기 진행에 어려움이 있을 수 있다. 2시간은 집단의 참여가 계속 유지되기에는 긴 시간이다. 리더는 어느 정도의 규모와 시간이 자신의 세팅에 가장 효과적인지 결정하기 위해서 다양한 시도를 해보는 것이 좋다. 어떤 세팅에서는 2개의 소규모 집단이 각각 1시간 동안 진행되는 것이 더 나을 수 있지만, 어떤 세팅에서는 1개의 더 큰 규모의 집단으로 2시간을 진행하는 것이 더 효과적일 수 있다. 추가적으로 고려할 사항은 형태이다. 지지집단은 보통 1시간, 심리교육 집단은 90분, 심리치료 집단은 90분~2시간 동안 진행된다.

집단 구성원을 선택하고 준비시키기

리더는 내담자들이 집단에 합류하기 전에 내담자들을 개별적으로 만나 집단에 대한 준비도를 고려하고 집단에 준비시키는 것이 유용하다. 사전모임을 통해 집단 MI에 적합하지 않은 사람들을 선별할 수도 있고 집단 세팅에서 다룰 필요가 있을 잠재적인 어려움을 확인할 수도 있다. 집단을 구성하는 과정에서 고려해야 할 중요한 사항은 집단 MI가 특정 내담자에게 이득을 주는 것도 아니고, 내담자의 유형이나 이슈들이 집단의 효과성을 감소시키는 것도 아니라는 점이다. 내담자들은 대인관계에서 경험할 수 있는 친밀감이나 스트레스, 갈등을 어느 정도 견딜 수 있어야 한다. 또한 내담자들은 집단 외부에서 경험하는 사건이나 자신의 행동에 대해 보고할 수 있어야 하고, 이러한 점들이 자신의 생각과 감정, 의사결정 과정에 어떻게 연관되는지 성찰할 수 있어야 한다. 그리고 집단 회기에 정기적으로, 기꺼이 참석해야 하며, 다른 구성원들과 적절하게 상호작용할 수 있어야 한다.

파괴적이거나 권력을 휘두르려고 한다거나 적대적인 성격 유형의 구성원은 집단 MI에 참여하는 데 어려움을 경험할 수 있다. 또한 다른 구성원들에게 집단에 대해 불쾌함이나 잠재적인 위험을 느끼게 함으로써 구성원들이 자신의 약점을 숨기게 한다거나 중도에 탈락할 수 있게 한다. 또한 연극성 성격 특징이 있는 구성원은 다른 구성원이 유대를 형성하고 신뢰를 발달시키려 할 때 그 능력을 손상시킬 수 있다. 반면에 사회불안이 심하거나, 인지능력이 손상되었다거나, 현재 심각한 위기상황에 있는 내담자의 경우에는 집단의 상호작용에 충분히 참여할 수 없을 가능성이 높기 때문에 개인상담 서비스를 제공받는 것이 더 나을 수 있다. 이들을 집단에서 제외하거나, 집단에 더 잘 준비될 수 있도록 개인상담을 통해 기초작업을 하게 할 수도 있다.

또한 사전모임은 내담자가 집단에서 성공할 수 있도록 준비시키는 역할을 한다. 리더는 사전모임을 통해 집단을 구성하게 될 잠재집단 구성원들을 참여시킬 수 있다. 그리고 이들에게 처음에는 집단에서 자기개방하는 것이 꺼려질 수 있음을 알려줄 수 있고, 집단 구성원들과 직접적인 관계를 발전시킬 수 있다. 이러한 관계는 이후에 어려움을 경험하는 내담자가 있거나, 집단 구성원들 간에 갈등이 발생할 때 유용할 수 있다. 또한 집단 참여에 대한 내담자의 준비도를 향상시키기 위해 내담자와 함께 작업할 수 있다. 리더는 내담자의 염려를 이끌어 내고 반응해 줄 수 있고, 집단이 지지적이고 유익할 것이라는 확신을 전달할 수 있다. 마지막으로, 내담자에게 비밀보장의 한계와 회기 동안 정서적으로 힘든 상호작용이 발생할 수도 있음을 안내하는 것이 중요할 것이다.

잠재적 집단 구성원들은 집단 참여에 대한 동의에 대해 집단 회기에서보다는 사전집단 개인 인터뷰에서 더 진심으로 응할 수 있다.

9장에서는 사전모임 수행에 대해 더 자세히 기술할 것이다. 사전모임을 쉽게 건너뛸 수 있는 부분이라고 생각하기 쉬우나, 특별히 부적합한 내담자를 선별하는 능력이 없다면 아주 예외적인 상황을 제외하고는 이 과정을 포함시킬 것을 권한다. 집단 상호작용과 별개로 사전에 내담자와 개별적인 관계를 형성하게 되면 집단 과정에서 난제를 경험할 때에 대비할 수 있다. 만약 절대적으로 사전 인터뷰를 수행하지 못하는 상황이라면 첫 번째 회기 이전에 새로운 구성원들에게 각각 30분을 제공해서 관계를 형성하고 첫 번째 집단 회기에 준비될 수 있게 할 수 있다.

등록 허가 절차

집단의 등록을 다루기 위한 여러 가지 방법이 있다. *폐쇄형 등록 집단*은 집단이 시작될 때부터 동류집단(cohort of members)이 등록하고, 정해진 기간 동안에 같은 *멤버십*을 유지한다. 이러한 방법은 주제가 있는 회기들로 구성된 반구조화 심리교육집단과 같이, 정해진 기간이 있는 집단에서 사용 가능하다. 또한 폐쇄형 등록은 외부 일정에 따른 제약이 있는 비구조화 치료집단에서도 사용될 수 있다. 이러한 집단은 대학교에서 한 학기 동안 진행되는 집단 치료나, 특별 집단처럼 연간 4회에 걸쳐 진행되고 또 내년을 위해 대기자 명단을 만들어야 하는 집단이 될 수 있다. 만약 중도에 집단을 떠나는 구성원이 있다면 집단에서 이를 중요하게 다루어야 할 것이다. 어떤 집단에서는 집단 구성원들이 집단 참여를 종결할 계획이 있다면 미리 알려줄 것을 요청하고, 이에 대해 자유롭게 나눌 수 있는 시간을 마련하기도 한다. 그럼으로써 떠나는 구성원이 잘 마무리할 수 있게 돕고 또 남은 구성원들이 받을 수 있는 영향에 대해서도 자유롭게 토의할 수 있다. 어떤 집단들은 떠나는 구성원을 위해 공식적으로 작별기념식을 갖기도 한다.

폐쇄형 등록 집단은 동일한 구성원들이 계속 유지되기 때문에 개방형 등록 집단에 비해 집단 구성원 간에 친밀도가 더 높고 결속력이 강하며, 서로 가깝다. 폐쇄형 등록 집단은 흔히 가족이나 친한 친구 관계에서 발견할 수 있는 가장 좋은 요소들을 내포하고 있다. 집단 구성원들은 서로에 대해 깊이 알아가고, 관계 속에서 발견하게 되는 자신의 모습에 대해 알게 되며, 이타적인 마음에서 서로를 돕는 것의 이득을 경험할 수 있다. 반면, 때때로 이러한 집단이 독이 될 때 리더가 위기를 통해 집단 구성원들 간에 깊은 수준의 인내와 친밀감, 신뢰를 이끌어 내지 못한다면, 그 경험은 외상이 될 수 있다.

반면에 어떤 집단 MI는 *개방형 등록 집단*으로 운영할 수 있다. 이 집단의 경우 각 회기마다 다른 구성원들이 참석할 수 있고, 계속 참석하는 사람이 있는가 하면 1회기만 참석하는 사람들도 있다. 개방형 등록의 구조적 이점은 현재 진행 중인 서비스에 바로 합류할 수 있다는 점이다. 이러한 점은 그 집단이 대기자 명단 서비스로 운영될 때 특별히 유용하다. 내담자를 대기자 집단에 들어가게 하기 위해서 내담자를 기다리게 하고 싶지는 않을 것이기 때문이다. 개방형 등록 집단의 약점은 구성원들 간에 서로 낯설기 때문에 상당히 피상적인 관계가 될 수 있다는 점이다.

시차형 등록 접근은 명시된 기간 동안에만 새로운 구성원들이 등록할 수 있다. 예를 들어 월별로 등록하거나, 하위집단의 구성원들이 집단을 종결하고 다른 서비스로 합류하게 될 때 등록할 수 있다. 이 접근은 개방형 등록 집단과 폐쇄형 등록 집단 모두의 강점을 활용한다. 새롭게 합류하는 내담자들은 참여를 위해 오랜 시간을 기다리지 않아도 되고, 기존의 구성원들은 이전부터 여러 회기에 걸쳐 함께 작업해 옴으로써 결속력과 신뢰감을 발전시킬 수 있다. 집단은 새로운 구성원들이 집단에 합류하면서 가져올 새로운 역동을 흡수하는 데 더 잘 준비되어 있다. 이러한 변화는 새로운 구성원들에게 기존 구성원들이 과거 집단을 시작할 때와 달리 현재 자신은 어떤 모습인지, 또 어느 시점에 있는지 등의 상황을 요약해 주면서 집단에 참여하는 동안 기존 구성원이 얻은 이득을 더욱 확고히 하도록 촉진할 수 있다.

설계 선택에서 상대적 어려움

마지막으로, 집단을 설계할 때 옵션을 선택하는 과정에서 경험할 수 있는 상대적인 어려움에 대해 고려해야 한다. 집단의 목표가 가장 중요하게 고려되어야 할 사항이지만, 어떤 설계 옵션은 내담자와 리더의 과거 경험에 따라 집단 촉진에 어려움을 가중시킬 수 있다. 그림 6.1에서는 설계 선택 시 상대적 어려움의 정도를 제시하고 있다.

	쉬운		어려운
형태	지지적	심리교육적	심리치료적
구조	구조화	반구조화	비구조화
구성	동질적		이질적
규모	5명		15명
회기 소요시간	60분		120분
집단 등록	시차형	폐쇄형	개방형

그림 6.1 설계 선택에서 상대적 어려움

이들 중 조합했을 때 가장 쉬워 보이는 요소들을 선택하고 싶을 수도 있다. 이 경우 의도치 않은 부정적인 결과가 나타날 위험성은 적지만 긍정적인 결과는 더 제한적이다. 이러한 접근은 다루기 쉬운 집단을 대상으로 하거나, 리더의 훈련 경험이 적은 경우라면 권할 만하다. 반대로, 어려운 요소들을 선택하게 되면 내면 깊은 곳에서의 변화를 이끌어 내는 데 효과적이지만, 더 심화 기술들을 요할 수 있다.

훈련 경험이 적은 리더가 어려운 요소들을 많이 선택해서 집단을 촉진하게 되면 굉장한 위험이 따를 수 있다. 아주 심한 정서적 고통이나 정신병리가 드러나게 되거나, 다루기 어려운 대인관계 갈등이 발생하거나, 이외에 집단 과정 중에 나타날 수 있는 난제들을 경험할 수 있다. 리더는 이러한 도전거리들을 완전히 피해야 할 필요는 없다. 왜냐하면 자신이 수월하게 다룰 수 있는 과제보다 조금 더 어려운 수준의 과제를 맡을 때 실력이 향상되기 때문이다. 하지만 집단에서 나타날 수 있는 예상 가능한 어려움들을 다룰 수 있어야 하므로, 리더의 기술 수준에 맞는 설계 난이도를 선택하는 것이 현실적으로 중요하다. 리더는 자신이 다룰 수 있는 영역을 넘어 시도해 보는 것도 좋겠지만 집단을 촉진하는 것이 패닉을 유발할 정도로 너무 복잡해서는 안 된다. 새로운 리더와 내담자들은 집단 회기가 순조롭게 진행되도록 서로 비슷해지는 것이 중요하다.

효과적인 집단 동기강화상담 설계하기

집단 MI를 설계할 때 여러 선택안들이 있다. 집단의 목표를 설정했다면 집단 형태와 구성, 각 회기 및 집단의 기간, 그리고 새로운 구성원들을 등록하기 위한 접근들을 선택할 수 있다. 표 6.1에서는 MI 지지집단, MI 심리교육 집단, MI 심리치료 집단을 위한 대표적인 설계 선택을 제시하고 있다.

이 템플릿은 단지 기준이 될 뿐이므로, 리더에게 가장 효과적인 요소들을 혼합, 매치하면 된다.

예를 들어, 지지집단의 초점이 새로운 의학적 상태에 구성원이 적응할 수 있도록 돕는 것이라면, 변화를 의뢰한 건강관리제공자와 관계를 형성할 수 있도록 도울 수 있을 것이다. 이때 비구조화 토의집단으로 집단 MI를 실시하여 구성원들이 현재 상황에서 직면하고 있는 주제들에 반응할 수 있다. 또는 반구조화 집단 MI를 실시하여 정해진 기간 동안 관련 주제에 대해 교육, 토론할 수 있다. 일반적으로 이러한 유형의 집단은 의학 상태에 해당하는 구성원들에게 집단이 제한될 것이다. 집단의 규모는 회기마다 다를 수 있고, 15명까지 개방형으로 등록 가능하며, 진단을 받게 된 환자들이 지지와 안내를 원할 때 즉시 참여할 수 있다. 회기 소요시간은 효과를 보기에 충분하면서도 상당한 시간을 소모하는 참여로 느껴지지 않을 정도인 45분에서 1시간이 가능할 것이다. 환자들은 의료제공자들과 사전에

표 6.1 | 집단 MI 설계의 템플릿

	지지집단 MI	심리교육 집단 MI	심리치료 집단 MI
목표	관계 형성	모든 주제	행동 변화
구조	구조화/반구조화/비구조화	반구조화	비구조화
구성	동질적	동질적	이질적
규모	모두 가능	8~12명	6~10명
기간	제한적/비제한적	제한적	비제한적
회기 소요기간	45~60분	60~90분	90~120분
등록 허가	개방형	폐쇄형/개방형	시차형
상담자의 준비도	낮음	보통	높음

약속한 주제들을 간단히 언급하기 위해서 자신들의 모임을 간호사나 의료제공자들과의 비공식적인 모임으로 활용할 수 있을 것이다. 집단은 현재 진행 중에 있는 집단으로 합류하거나, 개방형이거나, 기간이 정해져 있거나, 반복적으로 구성되는 집단이 될 수 있다. 지지집단을 촉진시키는 데 있어서 기초 수준의 MI 훈련과 리더십은 리더가 집단을 조직하거나 어려움(예, 구성원이 대화의 주도권을 잡으려고 한다거나 예민한 사안을 제기하는 등)에 대비할 수 있게 준비시킬 수 있다. 그러나 필요할 때 이런 어려움들을 상의할 수 있는 동료가 있다면 심화수준의 MI 훈련과 집단 치료가 필요하지 않을 수도 있다.

심리교육 집단은 집단 참여, 다음 서비스를 위한 준비, 행동 변화라는 목표를 성취할 수 있다. 이러한 집단은 보통 반구조화되어 있어 목표 대상과 계획된 활동이 있지만, 이와 함께 진행 동안에 떠오르는 주제들에 대해서도 탐색한다. 심리교육 집단은 한 개 이상의 특징을 공유하는 동질적인 구성원들을 포함한다. 집단 규모는 8명에서 12명으로 구성됨으로써, 서비스의 효율성을 높이면서도 단순히 강의적 기능보다는 치료적인 경험으로서의 기능을 유지할 수 있도록 한다. 회기에서 8명에서 10명의 정원을 보장하기 위해서 12명의 참여자들을 등록시킬 필요도 있다. 심리교육 집단은 보통 기간이 정해져 있고 세팅의 필요에 맞는 일련의 주제들이 있다. 예를 들어 8주 연속 회기의 지역사회기반 중독 프로그램 매뉴얼은 (1) 생활방식 소개 및 탐색, (2) 변화 단계, (3) 이득과 손실, (4) 미래 예상하기와 목표 탐색하기, (5) 결정 저울, (6) 양가감정 탐색하기와 불일치감 발달시키기, (7) 변화 성공 경험, (8) 변화계획 세우기로 구성될 수 있다(Ingersoll, Wagner, & Gharib, 1999). 대기 명단을 대체하기 위한 의도로 구성된 4회기 모델은 위에서 제시한 주제들 중 (1), (3), (5), (6)을 사용할 수 있다. 단일회기 모델은 (1) 생활방식과 스트레스, 물질 사용, (2) 건강과 물질 사용, (3) 일상적인 하루, (4) 이득과 손실, (5) 정보 제공하기, (6) 미래와 현재, (7) 걱정 탐색하기, (8) 의사결정 과정 돕기의 주제로 구성된 전략들 중에서 선택할 수 있다. 보편적으로는 모델을 정하지 않고 세팅에 가장 효과적인 요소들을 찾아 아이디어를 구상하고 실험을 하여 설계한다.

목표에 따라 더 짧은 시간이 가능할 수 있지만 60~90분이 회기 진행 시간으로 적합하다. 일반적으로 심리교육 집단은 회기마다 순차적으로 연결되는 주제들을 사용하게 되면 폐쇄형 집단이 되겠지만, 이전 회기의 참여가 이후 회기에 영향을 미치지 않는 경우라면 개방형 집단이 될 수 있다. 심리교육 집단은 단순히 교육적인 강의로 끝나게 될 경우 내담자의 변화를 촉진하지 못할 위험이 있다. 상담자의 준비도는 이러한 상황을 방지할 수 있는 중요한 역할을 한다(Faris & Brown, 2003; Miller & Wilbourne, 2002). 심리교육 집단의 리더는 MI에 정통해야 하고 훈련 경험이 많아야 하며 집단 서비스를 제공하기 위해서 멘토링 서비스와 교육훈련에 참석해야 한다.

심리치료 집단은 가장 어려울 수 있다. 집단의 초점은 임상적 변화이고, 사례관리나 여타 서비스와 함께 치료 서비스를 제공하는 것이다. 심리치료 집단은 비구조화적인 접근으로 회기 계획이 없다. 그러나 확인된 주제가 있으면, 리더는 MI를 암묵적인 방식으로 사용함으로써 내담자를 변화의 방향으로 안내한다. 리더는 순차적인 주제보다는 변화 경로에서 나타나는 사안들을 다룬다. 심리치료 집단은 보통 이질적인 내담자들로 구성된다. 심리치료 집단은 집단 구성원들의 상태나 상황, 역할을 공유하기보다는 의도적으로 만든 변화에서의 경험 공통점을 강조한다. 집단의 규모는 보통 5명에서 10명이고, 기간에는 제한을 두지 않는다. 각 회기는 집단의 규모와 복잡성, 주제의 민감성, 구성원들의 심리적 상태와 적극성에 따라 90분에서 120분 동안 지속될 수 있다. 또한 시차형으로 등록 가능해서 민감한 주제를 더 깊이 작업할 수 있고 기존 집단 구성원들의 안정성을 보장해 주는 역동을 더 많이 사용한다. 새로운 구성원들의 등록은 집단이 너무 소규모화되거나 진부하게 되지 않게 해주고, 그러면서 동시에 이들의 서비스 필요를 충족시킬 수 있도록 해준다. 비구조화적 접근과 주제의 민감성, 비구조화 동질집단 역동의 복잡성, 의미 있는 변화를 성취하고 유지하는 것을 목표로 하는 심리치료 집단의 특성 때문에 리더는 상당히 준비되어 있어야 한다. 집단을 효과적으로 이끌기 위해서는 리더는 전문적인 MI 기술은 물론 집단 리더십이 필요하다.

최고의 성과를 이루기 위한 단 한 가지의 설계는 없다. 세팅에 가장 효과적인 것이 무엇인지 고민하고, 집단 설계를 위한 초안을 만들어야 한다. 설계에서 중요한 부분은 처음 세운 계획을 기꺼이 개선하려는 의지이다. 결과에 대해 리더인 본인과 집단 구성원, 그리고 이해관계자들이 모두 만족할 수 있을 때까지 시도하고 수정하려는 의지가 가장 필요할 것이다.

참고문헌

Faris, A. S., & Brown, J. M. (2003). Addressing group dynamics in a brief motivational intervention for college student drinkers. *Journal of Drug Education, 33,* 289–306.

Fieldsteel, N. D. (1996). The process of termination in long-term psychoanalytic group therapy. *International Journal of Group Psychotherapy, 46,* 25–39.

Hettema, J., Steele, J., & Miller, W. R. (2005). Motivational interviewing. *Annual Review of Clinical Psychology, 1,* 91–111.

Ingersoll, K. S., Wagner, C. C., & Gharib, S. (1999). *Motivational groups for community substance abuse programs.* Richmond, VA: Mid-Atlantic Addiction Technology Transfer Center.

Katz, E. C., Brown, B. S., Schwartz, R. P., King, S. D., Weintraub, E., & Barksdale, W. (2007). Impact of role induction on long-term drug treatment outcomes. *Journal of Addictive Diseases, 26,* 81–90.

Kivlighan, D. M., Jr., London, K., & Miles, J. R. (2012). Are two heads better than one?: The relationship between number of group leaders and group members, and group climate and group member benefit from therapy. *Group Dynamics: Theory, Research, and Practice, 16,* 1–13.

LaBrie, J. W., Huchting, K. K., Lac, A., Tawalbeh, S., Thompson, A. D., & Larimer, M. E. (2009). Preventing risky drinking in first-year college women: Further validation of a female-specific motivational enhancement group intervention. *Journal of Studies on Alcohol and Drugs Supplement, 16,* 77–85.

LaBrie, J. W., Pedersen, E. R., Lamb, T. F., & Quinlan, T. (2007). A campus-based motivational enhancement group intervention reduces problematic drinking in freshmen male college students. *Addictive Behaviors, 32,* 889–901.

LaChance, H., Feldstein Ewing, S. W., Bryan, A. D., & Hutchison, K. E. (2009). What makes group MET work?: A randomized controlled trial of college student drinkers in mandated alcohol diversion. *Psychology of Addictive Behaviors, 23,* 598–612.

MacNair, R. R., & Corazzini, J. G. (1994). Client factors influencing group therapy dropout. *Psychotherapy, 31,* 352–362

Malat, J., Morrow, S., & Stewart, P. (2011). Applying motivational interviewing principles in a modified interpersonal group for comorbid addiction. *International Journal of Group Psychotherapy, 61,* 557–575.

Miller, W. R., & Wilbourne, P. (2002). Mesa Grande: A methodological analysis of clinical trials of treatments for alcohol use disorders. *Addiction, 97,* 265–277.

Project MATCH Research Group. (1997). Project MATCH secondary a priori hypotheses. *Addiction, 92,* 1671–1698.

Walitzer, K. S., Dermen, K. H., & Conners, G. J. (1999). Strategies for preparing clients for treatment: A review. *Behavior Modification, 23,* 129–151.

Walters, S. T., Bennett, M. P., & Miller, J. H. (2000). Reducing alcohol use in college students: A controlled trial of two brief interventions. *Journal of Drug Education, 30,* 361–372.

제7장 집단 동기강화상담의 실제

일단 집단을 설계하고 나면 그 뒤에 할 일은 집단을 실행하고 평가하기 위한 기초토대를 놓는 것이다. 집단 장면에서 MI를 실시할 때 생길 어려움을 예상하고 이해관계자와 리더의 생각을 모으는 것은 집단을 성공적으로 이끄는 데 도움이 된다. 그렇지만 가장 중요한 요소는 리더의 기술력과 준비정도이다. 따라서 집단 MI 리더가 능숙하게 집단을 실시할 수 있도록 돕기 위한 방법부터 설명할 것이다. 훈련이나 수련감독에 대한 설명과 함께 다른 기존 집단이나 동료집단에서 사용하는 촉진 기술에 대해서도 설명한다.

집단 동기강화상담을 위한 준비

예상되는 어려움

새로운 서비스를 시작할 때 어느 정도의 어려움을 예상할 수 있다. 보통 대부분의 사람들은 MI에 대해서 들어본 적은 있으나 그것이 어떤 것인지 정확하게 알지 못하기 때문에 집단형식의 MI가 지닌 잠재성에 대해 판단하기 어렵다. 제일 어려운 상황은 동료가 MI를 잘 모를 때이다. 만약 동료가 집단 MI를 실시해 본 적이 없다면 먼저 MI 준비를 위한 훈련, 특히 MI 정신에 대해 알도록 하는 것이 집단 MI의 목적과 방법을 이해하는 데 도움이 될 것이다. MI 개인상담에 대해서 잘 알고 있는 동료들은 종종 내담자를 위해서 MI가 더 많이 도입되어야 한다고 주장한다. 이렇게 비공식적으로 사적인 자기 의견을 말하는 전문가를 의견 리더(opinion leader: 수련 리더나 감독자를 지칭하는 것이 아니다!)라고 한다. 이러한 의견 리더의 지지를 얻을 수 있게 되면 동료집단의 저항을 피해가는 데 도움이 된다. 집단 MI 설계에 대한 어려움과 집단이 가지는 바람직한 효과에 대해 서로 의견을 나누는 것도 도움이 되며 집단을 설계하면서 의견 리더나 다른 사람들의 생각을 계속 묻고 포함시키는 것이 좋다.

두 번째 어려움은 집단 외부의 중요한 사람들이 집단 서비스가 동일하게 유지되는 것을 원한다는 것이다. 상담자가 집단 MI가 긍정적으로 진행되어 내담자의 상태가 한 발 진전되었다고 느끼더라도 의뢰한 사람 중에는 현재의 상담 결과가 원하던 것을 이루었는지에 더 관심을 가지는 사람이 있을 것이다. 다시 말하지만, 때로는 이러한 주저함의 근원이 정보부족에서 기인한 것일 때도 있다. 즉 MI, 집단 MI, 내담자의 변화가 다른 양식의 상담에 미칠 영향과 관련하여 상담자가 어떻게 계획하고 있는지에 대한 정보가 부족한 것이다. 따라서 내부의 지지를 얻는 것도 중요하지만 동시에 외부 이해관계자들에게도 새롭게 변화된 서비스에 대한 설명을 어떻게 할 것인지 생각해야 한다. 어떤 의뢰 기관의 직원은 MI 정신에 맞지 않은 진행보고서를 작성해 달라고 요구해 올 수도 있다. 만약 보고서 양식을 바꾸어 보고할 경우 변경사항 전부를 오리엔테이션하고 상담자가 제시한 양식을 검토해 봐 주도록 동료에게 요청할 수 있다. 상담자가 제공한 정보를 검토하다 보면 전문가들은 자신이 필요로 하는 특정 정보를 찾을 수 있을 것이고 자신이 원하는 방향에 맞게 상담자가 계획할 수 있도록 도와줄 것이다.

집단 MI 외에 다른 치료를 동시에 받고 있는 내담자를 위해서는 그 치료를 제공하는 동료에게 집단 MI에 대해 알려주는 것도 중요하다. 왜냐하면 A치료와 B치료가 어떻게 다른지에 대한 정보 없이 여러 종류의 치료를 받으러 다니다 보면 내담자가 혼란에 빠질 수 있기 때문이다. 집단 MI에 참여하면서 다른 치료도 받고 있을 내담자의 경험은 어떤 것일지에 대해 동료들과 함께 브레인스토밍으로 나누는 것이 좋다. 다른 체계의 돌봄을 제공하는 사람들이 상담자의 이러한 노력을 이해, 지지하고 또 상담자도 그들을 똑같이 대해주면 그 혜택은 내담자에게로 돌아갈 것이다.

마지막으로, 집단 MI를 설계할 때는 집단자료와 실행계획을 가지고 현재 내담자, 과거 내담자, 초점 집단에게 제시해서 검토해 줄 것을 요청해야 한다. 이런 과정을 거치면 상담자의 계획과 내담자의 실제 욕구를 맞추는 데 도움이 되는 중요한 피드백을 얻게 된다. 모든 이해관계자들로부터 피드백을 얻으면 의사소통이 원활해지고 집단을 위한 중요한 상황맥락과 내용이 마련되며 집단 MI에 대한 현실적인 기대가 형성된다.

집단 동기강화상담 리더가 될 준비

집단 MI를 능숙하게 촉진시킬 수 있는 기술을 습득하는 데까지는 시간이 오래 걸리고 여러 단계를 거쳐야 할 것이다. MI 기술과 집단상담 기술을 학습하는 데 시간과 노력이 필요하듯이 이 둘을 통합한 집단 MI 지도 기술의 습득도 마찬가지이다. 개인 MI 기술과 집단지도 기술이 능숙한 상담자가 집단 MI 훈련에 참가하는 것이 가장 이상적이지만, 리더 능력이 있는 사람 중에는 한쪽의 기술이 상대적으로 더 강한 사람도 있을 것이다. 어떤 사람은 훌륭한 MI(개인상담) 기술을 가지고 있어 MI를 위한 대상자와 문제에 대해 잘 알고 있을 것이다. 다른 사람의 경우 MI는 비교적 익숙하지 않으나 집단 치료, 물질남용 집단치료, 가족치료, 부부치료 훈련 경험이 있어서 집단역동을 다루고 개인과 전체집단 사이에서 균형 잡힌 초점을 갖고 하위집단을 관리하는 것에 익숙할 수 있다. 만약 상담자나 리더가 공감요소와 방향지시 요소 양쪽을 잘 다루고 집단역동에도 익숙하며 집단 구성원의 욕구도 빨리 알아챌 수 있다면 집단 MI 과정에 대한 개념을 이해할 수 있기에 약간의 훈련과 실습만으로도 집단 MI를 실시할 준비가 되었다고 볼 수 있다.

MI에서 자격을 얻으려면 보통 며칠간의 집중 MI 훈련을 필수적으로 받고 그 다음에는 상담사례를 가지고 계속적인 코딩작업과 코치를 받아야 신뢰할 수 있는 MI 기술을 획득하게 된다. 이와 마찬가지로 대부분의 상담자는 실제의 집단경험을 하면서 이론훈련과 실습을 받아야 하므로 훈련기간은 더 길어질 것이다. 이론훈련에 포함시켜야 할 것은 집단치료에 대한 개념과 기술인데, 예를 들어 개인행동, 인간관계 행동, 집단 과정 모니터하기, 집단 개입하기와 같은 것이다. 집단 촉진 기술을 발달시키는 데는 이를 대신할 더 좋은 실습방법이 없다. 우리는 도제실습 모델을 선호하는데, 도제실습 모델에서는 경험이 풍부한 동료리더가 집단의 보조리더가 되어 함께 집단을 발달시켜 나간다. 도제실습으로 리더들은 서로를 관찰하고 동료를 관찰하면서 경험을 쌓을 수 있다.

때로는 상담자나 임상가가 MI나 집단치료 분야에서 받아야 할 방대한 훈련을 덜 받은 상태에서 집단 MI를 실시하는 방법을 배우고 싶어할 때가 있다. 만약 이 글을 읽는 당신이 그런 상담자라면 집단 MI 훈련보다 자신이 서툰 영역의 훈련을 더 받아볼 것을 권한다. 내담자를 최고로 섬기려면, 6장에서 설명한, 비교적 덜 어렵게 설계된 집단 MI를 실시하고 이때 리더가 서툴다고 생각하는 그 분야를 더 잘하고 경험이 많은 공동 리더(co-leader)와 집단을 함께 이끌면 좋다. 이 실습내용을 가지고 수련감독을 꼼꼼히 받으면 학습량이 증가할 것이다.

MI와 집단치료에 대한 학문적 배경도 있고 기술도 좋다면 집단 MI를 경험하기 위한 훈련을 받고 그런 다음에는 집단 MI 실시내용을 가지고 코칭과 수련감독을 받을 것을 권한다. 학문적 배경과 훈련 이외에도 다른 집단(집단 MI가 아니어도 된다)에서 실시해 보거나 실습집단의 동료에게 집단 MI 기술을 시도해 봄으로써 기술이나 자신감을 향상시킬 수 있다. 집단 MI 기술을 실습하고 구축하는 것은 현재 처해있는 환경에서 집단 MI의 다양한 구성요인들을 순차적으로 시도해 봄으로써 가능할 수도 있다. 구체적으로 말하면, 만약 집단상담이 계속 실시되고 있는 환경에서 일을 하고 있다면 공동 리더로 집단에 참여하여 다음의 집단 MI 기술 몇 개를 시도해 보라.

첫째, 집단 MI의 기법을 선정하여 각 치료 단계에 맞는 집단 MI 촉진기술을 실시할 것을 권한다. 예를 들어, 집단 구성원들은 처음에 만나면 서로 관계를 쌓으면서 삶의 양식, 가치관, 양가감정과 관련된 서로의 관점을 탐색할 것이다. 이 단계에서는 *제공하기*를 하기보다 *이끌어 내기*와 *공감하기*를 하고 OARS를 전략적으로 사용하여 참여자들의 관점, 관심, 경험을 연결시키는 것이 좋다. 그러다 보면 집단이 시작되고 초기 대화가 형성되며 집단 구성원은 각자의 문제가 서로 관련이 있음을 공감적으로 이해하여 이를 표현하고자 하는 마음이 생긴다. 이와 동시에 집단 구성원은 서로 귀를 기울이기보다 조언을 주고자 하고, 변화를 지지하기보다 현 상태를 유지하는 것을 지지하여 변화 동기를 감소시킬 수도 있는데 이것을 주목하여야 한다. 가령 집단 구성원이 서로 말을 주고받다가 과잉반응을 할 때가 있는데, 그렇게 되기 전에 리더는 *재구조화하기*로 말을 바꾸거나 표현을 다르게 해보도록 지도하는 간략한 코칭이 이루어질 수도 있다.

나중에는 *관점 확대하기(broadening perspectives)* 전략 중에서 미래 전망하기(envisioning), 중요성과 자신감 탐색하기, 성공경험 변화시키기, 강점 불러내기와 같은 기술을 사용하라. 이 단계에서 다루어야 하는 쟁점은 공동 리더와의 작업, 집단의 내용수준(논의내용)과 과정수준(논의가 이루어지는 방식)에 대한 이해, 이질집단의 침묵이나 긴장 다루기 같은 것이다. 리더와 공동 리더는 이런 기술들을 구축할 수 있도록 특정 역할들을 시도해야 할 것이다. 예를 들어, 리더는 전체 집단을 관찰하고 반영과 질문으로 논의를 끌어내는 역할을 하고 공동 리더는 OARS 기술보다는 전략들에 초점을 맞추면 된다. 집단에 다른 관찰자가 있거나 음성녹음을 하고 있다면 특정 기술이나 전략의 사용에 대한 피드백을 받아라. *선택과 통제권 강조하기*, *MI 함정 피하기*, 집단 구성원이 더 까다로울 때 실시하는 *반영하기*와 *열린 질문하기*와 같은 요소들로도 시도하라.

변화계획에 초점을 맞춘 실행단계의 집단에서 집단 MI 기술을 실시할 때는 *행동으로 옮기기(moving into action)* 단계에 필요한 기법을 사용하라. 미해결된 양가감정을 다루거나 변화를 계획하고 실행하고자 하는 집단 구성원이 있는 반면, 여전히 꼼짝하지 않는 집단 구성원도 있는데, 이 일관성 없는 상황을 다루는 기술을 익히기 위해서는 여러 방법을 시도해 볼 수 있다. 또한 집단 구성원이 과거보다는 미래를 바라보도록 요청하여서 긍정적 흐름이 계속 유지되도록 하는 기술을 습득할 수도 있다. 리더와 공동 리더는 내용에 대한 촉진자와 과정에 대한 촉진자 역할로 나누어 시도해 볼 수도 있다. *내용 촉진자*는 변화계획이 논의되면 변화대화와 변화실행언어를 끌어내는 것에 초점을 맞춘다. 이때 핵심질문은 "이 변화로 무엇을 얻게 되기를 바라십니까?" "어떻게 그것을 해 내실 겁니까?" "그렇게 하면 효과가 있을 것이라는 걸 어떻게 알 수 있을까요?" "그것이 효과가 없음을 어떻게 알 수 있을까요?" "집단이(다른 사람들이) 자신에게 어떻게 도움이 될까요?"와 같은 것이다. 이런 논의를 할 때는 작업지(worksheet)를 이용할 수도 있는데, 집단 구성원은 논의 이전, 논의 동안, 논의 이후의 자기 생각을 작업지에 적어 넣고 내용 촉진자는 차트에 이들이 쓴 주 요점을 기록한다. 그러는 동안 과정 촉진자는 변화, 양가감정, 변화경로상의 집단 구성원 위치와 대인관계 측면—어떻게 서로 지지하고 있는가와 같은—에 대한 집단 구성원들의 느낌을 요약하여 그 연결점을 만들어 낸다. 회기가 끝나면 리더는 서로의 역할이나 관찰에서 배운 것을 토의하라.

집단에서 MI 기법을 시도해 볼 수 있는 다른 방법은 서로의 기술구축을 도와주는 것이다. 1명이나 2명은 집단을 실시할 때 촉진자 역할을 하고 나머지 3명이나 5명은 집단 구성원이 되어 모의집단을 하는 것인데, 이상적으로는 자신이 현재 겪고 있는 문제를 탐색하거나 약간 다루기 힘든 내담자 상황을 역할놀이로 실시해 보는 것이다. 이는 MI 기술을 익히기 위한 안전한 방법이다. 특히 변화준비 정도가 다르거나 상당한 정신병리가 있는 집단 구성원 간에 불화가 있는 어려운 모의집단 상황을 역할놀이할 때 특히 그렇다. 이러한 상황에 대한 학습을 잘하기 위해서는 동료들이 다양한 수준의 어려운 상황을 의도적으로 만들어 보거나 철회(withdrawn) 행동을 하도록 하고 이를 MI 기술로 다루어 볼 수 있다면 자신감을 구축하는 데 도움이 될 것이다. 여러 다른 방법(자유토론 대 점수내기, 언어활동 대 쓰기활동)으로 중요성과 자신감을 탐색하는 반면 집단 과정도 관찰하고 주제와 집단 구성원의 경험을 연결시키는 요약도 해보라. 각각 약식으로 실습을 한 후에 이 집단작업 단계에서 일어난 상호작용을 다룬 것과 관련하여 동료들의 생각을 이끌어 내고 상호작용을 촉진하기 위한 대안 방법을 브레인스토밍으로 이끌어 낸다. 실습으로 하는 집단이기 때문에 중간에 잠시 *하던 행동을 멈추고* 어떻게 하면 좋을지 동료/집단 구성원들에게 물어볼 수 있다. 또한 이 실습집단에서 변화 결심 공약과 계획을 이끌어 내고 강화하는 방법을 사용하는 기술을 익힐 수도 있다. 실습집단의 경험에 이어 6개 내지 10개의 특정 집단 MI 전략의 실습과 한꺼번에 많은 내담자를 다루는 집단기술도 실습하여야 할 것이다. 공동 촉진자로서의 촉진기술도 익혀야 할 것이다. 이렇게 하다 보면 집단 MI를 실시하는 것이 더 수월해질 것이고 집단 MI를 더 많이 적용해 보고 싶은 마음이 강하게 작용할 것이다.

동료와 함께 집단 MI를 설계하여 실험도 해보고 상담현장과 상담대상자에게 효과가 있는 정교한 설계를 만들기 위한 시험적 집단도 해볼 수 있다. 이러한 실험기간 동안의 경험이 집단에 대한 주체의식이나 자신감을 발달시킬 것이다.

집단 동기강화상담 실행하기

집단 설계, 리더로서의 준비, 협력자와 이해관계자의 지지가 일단 갖춰지면 집단을 시작해도 될 때가 온 것이다. 이 장의 나머지 부분에서는 집단 MI를 실시할 때 집단을 지지하는 방법과 수련감독을 해주는 방법뿐만 아니라 실시결과와 달성하고자 하는 결과에 대한 평가방법도 설명한다. 다음에 나올 장들은 집단작업 단계마다 유용한 구체적 집단운영 *방법(how-to's)*과 전략에 초점을 맞추고 있다.

집단 MI의 실시에는 계속적인 지원이 필요하다. 리더를 위한 지원은 MI훈련, 집단 과정 훈련, 임상에 초점을 맞춘 지속적인 수련감독이다. 집단을 위해서 집단 이점에 대해 느끼는 내담자의 느낌을 조사하거나, 가능하다면 총체적인 효과에 대해서도 조사하는 것이 도움이 될 것이다. 이렇게 수집한 정보를 바탕으로 지속적인 품질보증과 평가과정이 이루어진다면 집단 MI의 개선에 도움이 된다.

집단 동기강화상담 실시를 위한 수련감독

> 리더에 대한 지원이란 훈련과 그 이후의 지속적 수련감독을 말한다.

수련감독에서는 사례토의, 임상방법, 임상결정을 다룬다. 리더가 집단 과정을 촉진하도록 도와주어 내담자의 변화를 이끌어 내는 것도 수련감독에서 하는 일이다. 초보리더가 하고 있는 여러 가지 걱정은 수련감독을 통해 다루면 된다. MI 양식을 유지하면서 집단을 이끌어 나가는 것이 불안할 수도 있으며, 특히 내담자가 까다로울 때는 더욱 그럴 것이다. 하지만 수련감독은 생산적이라는 특징이 있어서 어려움이 발생했을 때 브레인스토밍으로 해결책을 찾게 도와준다. 더욱 중요한 것은 수련감독은 리더로 하여금 MI의 렌즈로 집단 구성원의 경험을 볼 수 있게 해준다는 것이다. 집단 구성원의 느낌, 관점, 걱정거리, 생각에 초점을 예리하게 맞추다 보면 자신의 리더 역할의 수행평가에 대한 지나친 염려도 사라지게 된다. 집단을 이끌면서 이 다음에 할 것에 너무 신경을 쓰다 보면 경청력이 떨어진다. 반대로, 편안하게 집단을 이끄는 리더는 기본적인 경청기술과 집단촉진 기술에 자신을 맡길 수 있다. 수련감독은 집단경험이 부족한 리더를 편안하고 신뢰감을 주는 리더가 되도록 지도해야 한다. 그러다 보면 집단 구성원은 집단에 대해 편안함을 느끼게 되고 자신의 염원이나 마음의 움직임에 집중하게 된다. 수련감독으로서 리더는 집단을 진취적으로 구조화시키고 중요한 내용이 다루어질 때 집단 구성원을 서로 연결시키며 자연적으로 발생하는 집단 구성원의 인간관계적, 내면적 과정에 주의를 기울이는 학습도 한다. 그러다 보면 리더는 이런 문제들을 더 노련하게 다룰 수 있는 방법에 귀를 더 많이 기울이고 열린 생각으로 집단을 이끌게 된다. 가능하다면 수련감독에서 집단 회기를 검토할 때 비디오 녹

> 수련감독은 리더가 집단을 진취적으로 구조화시키고 중요한 내용이 다루어질 때는 집단 구성원을 서로 연결시키며 자연적으로 발생하는 과정에 대해서는 주의를 기울이는 학습을 하게 하는 데 도움이 된다.

화를 권한다(그것이 가능하지 않을 때는 오디오 녹음).

집단 동기강화상담 실시에 대한 지원

집단 MI 서비스가 효과적으로 실행되기 위한 지원이 계속 이루어지도록 하는 것은 아주 중요하다. 현직연수교육은 MI의 개념, 전략, 기술실습, 집단 과정에 초점을 맞춘다. 사례회의는 집단실시자가 어려운 사례나 상황을 발표하거나, 녹음이나 녹화된 부분을 동료들과 검토한 다음 초빙된 집단 MI 전문가와 같이 논의를 한다. 사례회의의 초점은 특정 MI 기술의 사용과 시의적절성, 집단단계의 작업, 발달수준, 표적행동에 맞는 전략에 맞추어야 한다.

비공식적인 모임도 가치가 있다. 예를 들어 사적으로 모여서 같이 점심을 먹으며 집단 MI와 관련한 쟁점을 논의하거나 관련 특정정보, 치료 매뉴얼, 관련서적을 검토할 수 있다. 최소한의 공식적 모임은 MI, 집단 과정, 집단 MI, 힘들었던 집단회기에 관해 동료들끼리 함께 토의를 하는 것이다. 힘들었던 집단회기에 관한 이야기를 나눌 때는 중요한 테스트대상이자 브레인스토밍 파트너를 담당한 동료와 리더가 서로 이야기를 나눈다. 이러한 여러 방법들이 전부 가능하다면 리더는 자신의 기술, 학습, 자신감을 증진시키는 데 제일 적합한 방식을 사용하면 된다.

집단 동기강화상담의 품질보증

품질보증(quality assurance: QA)이란 집단 MI가 품질기준을 잘 지켰는지 그리고 긍정적인 결과를 낳았는지에 대한 결정을 하는 것이다. QA는 수련감독이 아니고 실시자의 기술과 특정사례에 초점을 맞추는 것이다. QA를 구성하는 요인은 두 가지이다. 1. 치료 충실도(집단이 안내지침과 원리를 얼마나 잘 지켰느냐에 대한 결정)와 2. 결과 평가(특정 서비스가 참여자에게 이로움을 준 정도가 초점)이다.

치료 충실도

개인 MI 회기에 대한 치료 충실도 평가에는 MI 기술과 특정 행동에 코드를 매기는 점수체계가 있다. 평가를 받는 MI 기술은 공감이나 방향성과 같은 것이다. MI

는 특정 의사소통 패턴의 특징이 있으므로 반영하기, 열린 질문, 인정하기, 요약하기를 일관성 있게 사용하고 가끔 내담자의 선택권이나 통제권을 강조하는 의사소통도 하라고 권한다. 반면에 직면, 지시나 경고, 내담자 허락 없이 조언하기와 같은 의사소통은 피하라고 한다. 코딩체계는 실시자가 이 패턴을 잘 지켰는지를 증명하는 데 사용한다. 가장 많이 사용하는 코딩체계인 MI 치료 성실성 척도(Motivational Interviewing Treatment Integrity Scale: MITI-3; Moyers, Martin, Manuel, Miller, & Ernst, 2009)는 전면적인 공감, 방향성, MI 정신수준에 대하여 신뢰도 있게 코딩하고 개인 MI 회기에서 치료자의 MI 고수행동 여부에 대해 코딩한다(Madson & Campbell, 2006; Moyers, Martin, Manuel, Hendrickson, & Miller, 2005; Moyers & Martin, 2006). 행동 패턴도 중요하다. 예를 들면, MI 고수행동은 반영을 질문의 두 배로 해야 하고, 열린 질문도 닫힌 질문의 두 배로 해야 하며 복합반영도 단순반영의 두 배로 하는 것이다. 그러나 집단 MI는 MI 패턴과 행동 기술이 다르므로 집단 MI 치료 충실도를 직접 측정하기 위해서 신뢰도와 타당도가 좋은 집단 MI 측정도구가 개발되기를 좀 더 기다려야 한다. 또한 개인과 집단의 차이에 대해 두루 고찰해 보고 현재의 측정체계가 집단 품질보증에 유용할 수 있을 방법도 살펴본다.

집단 동기강화상담과 개인 동기강화상담의 실제 차이

치료 충실도를 염두에 두고 MI가 집단 작업과 개인 작업에서 어떻게 다른지 살펴보자. 리더는 집단 전체에 공감, 방향성, MI 정신이 스며든 분위기를 만들고자 노력한다. 처음에는 리더가 주로 이 분위기를 만들고 집단 구성원들의 모델이 되기 위해서 노력을 할 것이다. 집단 응집력이 생기면 리더는 집단 구성원이 자신의 MI 양식 행동을 스스로 모델링하여 MI 양식으로 상호작용하도록 지도한다. 이 작업 단계에서 리더는 집단 구성원이 서로 공감적이고 협력적이 되도록 코치할 것이다. 시간이 흐르면 집단 구성원은 서로 점점 더 협력적인 태도로 다른 집단 구성원의 자율선택을 지지(MI 정신)하고 심지어 다른 사람의 경험을 이해하고 관심도 보일 것이다(공감). 집단 MI는 MI 양식으로 의사소통하는 방향으로 계속 이동한다. 어떤 집단 구성원은 코치를 받아도 MI 정신의 의사소통이 되지 않을 수도 있지만 적어도 적대적인 직면이나 조언주기는 감소할 것이다. 집단 구성원 간의 부정적 상호작용을 없애는 것이 MI 양식으로 상호작용하도록 장려하는 것보다 더 중요하다.

시간이 흐르면서 집단 MI는 지시하거나 말을 하는 시간에도 MI 양식으로 진행될 수 있다. 집단 MI는 교실수업과 다르다. 교실수업에서는 리더가 말을 거의 다 하지만, 집단 MI에서는 집단 구성원이 서로 관계를 맺고 나면 리더는 한 발 물러서 있는 게 좋다. 이때 집단 구성원은 서로 관여하면서 자율성을 띠게 되며 집단 구성원이 리더보다 말을 더 많이 하고 대화의 대부분을 이끌어 갈 것이다. 하지만 코딩평가가 이루어져야 하는 리더의 말수가 적어지므로 MI 치료 충실도 평가에는 어려움이 발생할 수 있다. 게다가 집단에서 반영이 이루어질 때의 초점은 정서적 경험적 주제들을 연결하기 위한 것이다.

분명한 것은 리더와 집단 구성원의 행동이 생산적인 MI 양식의 분위기를 만들지만 집단평가를 위한 집단 구성원 개인의 공헌도를 평가하기는 복잡하다는 것이다. 리더의 행동 빈도도 개인 MI 회기에서 관찰되는 행동과는 상당히 다를 것이며 이전의 예에서 말한 것처럼 어떤 행동은 그 행동에 대한 정의가 수정되어야 할 필요도 있다. 집단 MI와 개인 MI의 차이로 인해 측정해야 할 행동 수의 비율도 달라진다. 평가해야 할 가장 중요한 특성은 *집단* 자체이며 집단 과정은 세계적으로 통용되는 코드로 평가하는 것이 최선의 방법이다. 집단 구성원의 참여수준과 집단 구성원이 집단으로부터 얻은 이로움의 정도를 반영하는 코드가 이 코드에 포함된다. 연구를 위해서는 아마도 집단 구성원 개개인의 말을 코딩하거나 집단 구성원을 결합한 총체적 평가 같은 것이 이루어져야 할 것이지만 그런 평가체계는 실제로 일어나기 어렵다.

집단 동기강화상담 특징에 적합한 코딩

집단 장면에서 측정하는 MI 코딩은 수정되어야 한다. 예를 들어 MI 치료 성실성 척도(MITI-3)에서 측정하는 MI 정신 중에서 *협동정신* 범주를 보라. MITI에서 측정하는 협동정신에 대한 정의는 이상적으로 "실무자가 내담자와의 상호작용에서 내담자의 생각이 회기에 본질적인 영향을 미칠 수 있도록 해야 하고 상호작용할 때의 힘은 서로 공유될 수 있도록 적극적으로 촉진하고 격려하는 것"이다. 그래서 개인 MI에서는 협동정신을 상호작용을 통해 내담자의 관점을 이끌어 내는 것으로 보며, 실무자가 내담자를 지배하는 것으로 보지 않는다. 그러나 집단이 성공적이라는 의미에는 집단 구성원이 다양하게 초점을 나누고, 상호작용하며, 집단 응집력이 발달하는 것이므로 개인 MI를 평가하는 MITI를 통해 측정되는 협력으로는 집단회기의 협력 측면을 평가하지 못한다. 집단에 맞는 협동정신에 대한 정의를 수정한다면 "리더는 집단 구성원이 상호작용으로 서로 나누기를 격려하고 집단 구성원 전체가 집단에 기여하는 정도가 균형이 있도록 적극적으로 노력한다. 집단 구성원으로 하여금 다른 집단 구성원이 말을 할 때는 방해하거나 초점을 바꾸지 말고 경청하도록 하며 도움이 되는 경험과 생각은 서로 나누고 집단 의제를 만들도록 안내한다"일 것이다. 여기서 짧은 개인회기의 연속이 집단이 될 수 없으므로 정의를 내릴 때 리더와 집단 구성원의 직접적인 상호작용뿐만 아니라 리더가 전체로서의 집단에 협력적인 분위기를 얼마나 잘 형성시켰는지도 고려해야 한다. 그 반대가 되는 장면이라면 아마도 "리더는 집단 구성원 개인과의 상호작용에 시간을 지나치게 소요하며 집단 구성원 사이의 상호작용은 저지한다"가 될 것이다.

다른 범주에서도 MITI 표적코딩의 정의가 수정될 필요가 있다. 예를 들어 *자율성 지지(autonomy support)*에서 보면 집단 구성원은 각자 다른 선택을 할 수도 있으며 해결책이 비슷할 필요도 없다. *방향성(direction)*에 관해서도 그 의미는 집단 구성원 개인으로서는 자신의 표적행동 방향으로 대화의 초점을 맞추면서 집단 전체의 시간관리도 잘 이루어져서 전체 집단 구성원이 변화방향으로 이동하고 주제도 과거나 현재보다 미래에 초점을 더 많이 맞춘다는 것이다. 참여자 사이의 동기나 변화주제를 서로 연결시키는 리더의 기술도 집단의 방향성에서 중요한 부분이다. 왜냐하면 많은 집단 구성원의 동기를 결합시킬 수 있는 광범위한 주제를 찾는 것이, 특정적이고 개별적인 집단 구성원 개인의 변화에 대한 접근보다 효과가 크기 때문이다.

우리는 집단 MI를 평가하기 위한 원리와 방법을 개발하기 시작했다. 개발이 될 때까지는 MI 개인회기측정을 위한 평가방법으로 리더를 코치하면서 집단 장면에 어떻게 보완할 수 있는지를 고려해 보는 것이 좋다.

과정 평가

집단 과정 구성요인에 관한 연구를 최근에 고찰해 보니 160개의 다른 측정도구가 있다는 결과가 나타났다(Strauss, Burlingame, & Bormann, 2008). 미국 집단심리치료학회(AGPA) CORE-R 특별팀(2006; Strauss et al., 2008)이 제시한 배터리에서 집단치료 측정도구 몇 개를 추천한다. 이 도구들은 집단 MI를 위한 것은 아니지만 집단의 중요한 요소 평가에 도움이 될 수 있다. CORE-R 배터리에는 집단 선택과 준비, 집단 과정, 집단 결과에 대한 측정도구가 들어있다. 배터리 전부를 사용하려면 광대한 자원이 필요하지만 그 중 몇 개는 집단 과정과 결과의 평가를 위해 실행해도 될 것이고 리더나 프로그램 운영자에게는 피드백 도구로 사용될 수도 있다. 이 모든 측정은 집단 과정과 결과 요소를 내담자의 관점에서 진단한다.

동맹

과정 평가에서 CORE-R은 작업 동맹 검사(working alliance inventory)인 WAI (Horvath & Greenberg, 1989)를 사용하여 집단 구성원과 리더의 관계를 진단한다. 집단치료의 성공에 작용하는 중요한 변인들이 많이 있지만 치료자와의 동맹은 여전히 중요한 요소이다. 이 도구의 36문항을 작성하는 데 걸리는 시간은 10분이며 집단 구성원과 리더 간의 결속력뿐만 아니라 치료목적과 목적을 달성하기 위해 요구되는 과업에 동의하는 것에 대한 내담자의 인식도 측정한다. 집단 과정 하나만 측정해야 할 때 AGPA 특별팀에서 제일 권유하는 도구이다. 리더 수행력 측정에 대한 두 번째 유용한 도구는 공감 척도(Empathy Scale)인 ES(Persons & Burns, 1985)인데, 10문항이며 리더의 연민, 공감에 대한 내담자의 인식을 측정하며 긍정적, 부정적 문항이 있다.

집단 과정

집단 평가 척도(Group Evaluation Scale, GES; Hess, 1996)인 7문항의 측정도구는 집단 전체의 느낌, 문제 논의의 용이성, 자율성과 책임감을 향한 노력을 이해받고 지지받는 느낌, 다른 집단 구성원의 도움에 대한 인식에 대해 평가한다. 집단 분위기 질문지(Group Climate Questionnaire, GCQ; MacKenzie, 1983)는 12문항으로 구성된 척도이며 관계(집단 구성원 간에 느끼는 가까움 정도, 집단에 대해 느끼는 중요성, 다른 집단 구성원과 어울리고 이해하려는 의지, 자기노출 의지), 회피(변화 책임감에 대한 주저), 갈등(집단에서 느끼는 긴장감, 적의, 불신, 불화감)을 진단한다. 치료 요인 검사(Therapeutic Factors Inventory, TFI; Lese & MacNair-Semands, 2000)의 하부척도인 응집성 척도는 9문항이며 집단의 신뢰감, 협동정신, 수용, 소속감에 대한 느낌을 측정한다. 집단 측정의 마지막 도구는 중요 사건 질문지(Critical Incidents Questionnaire, CI; MacKenzie, 1987)이며 열린 이야기 질문지로서 집단활동에서 중요하게 느껴진 사건에 초점을 맞춘다. CI 검사는 집단 구성원이 변화증진에 있어서 특히 어떤 사건을 중요하게 느끼는지에 관한 정보를 준다.

결과 평가

결과를 표시할 때 표준적으로 사용하는 "예를 들어, 전반적 삶의 질, 전반적 의료결과, 사회지지, 특정행동 변화"와 같은 표시는 이 장의 범위 밖의 것이다. 집단 구성원 한 사람의 문제행동이 변화했음을 집단효과의 좋은 증거로 주장할 수는 있지만 전체 집단결과를 측정한 공식자료는 될 수 없다. 왜냐하면 집단 구성원의 향상된 결과에는 다른 많은 요인이 영향을 미칠 수 있기 때문이다. 대부분의 프로그램은 이 정도의 평가로 충분할 것이다. 한편, 대기자명단 집단이나 다른 양식 집단과 집단 MI를 비교해서 집단 MI가 변화를 가져왔는지 여부를 살펴보고 다른 집단에 비해 집단 MI가 효율성이 있음을 결정하기 위한 더 완전한 평가를 시도하여야 할 것이다.

일반적 결과

결과 질문지(Outcome Questionnaire)인 OQ-45(Lambert, Lunnen, Umphress, Hansen, & Burlingame, 1994)는 고통스런 증상(불안, 우울, 물질남용), 인간관계(친구, 가족, 연인관계의 만족도), 사회역할 수행(직장, 가족, 여가장면에서의 기능수준)을 진단한다. 이 항목들은 집단 MI의 변화목표일 수도 있고 아닐 수도 있지만 다른 행동에 영향을 미치거나 변인으로 작용할 수도 있으며 많은 임상서비스에 중요한 것이다(집단 MI 참여로 개선할 수도 있다). OQ-45 검사의 작성에는 10분이 소요되며 사전과 사후에 실시하여 변화여부의 결정에 이용하거나 정기적으로 실시하여 피드백이나 계획도구에 통합시킬 수도 있으며 변형된 양식도 있다(30문항 간결형, 중증 정신장애자용, 심리서비스 의뢰가 지시되었을 때 사용하는 10문항 의료현장용). OQ도구에는 집단준비 선별도구, 집단 전망과 회기추적도구도 들어있다.

자기수용

10문항의 로젠버그 자아존중감 척도(Rosenberg Self-Esteem Scale)인 SES(Rosenberg, 1965)는 내담자의 자기수용 정도를 측정하며 양가감정 해결과 장기적 변화진전에 중요한 요소이다.

대인관계 문제

우리는 대인관계 문제 검사(Inventory of Interpersonal Problems)에서 64문항의 복잡형(Cirmcumplex)인 IIP-C(Alden, Wiggins, & Pincus, 1990)와 32문항의 간결형 IIP-SF(Soldz, Budman, Demby, & Merry, 1995)를 추천한다. 대인관계 상호작용에서의 내담자의 문제(공격적이거나 주장을 어려워하는)는 집단 MI에서의 목표 행동은 아닐지라도 행동변화에 방해로 작용할 수 있다. 이 검사도구는 선별검사나 사전사후비교를 할 때 사용할 수 있다. 모든 측정은 집단 MI 서비스 결과를 진단할 때 도움이 되며 집단실시 사전과 사후에 대한 적절한 정보수집에 용이하다.

개별 내담자 목표

Battle 외(1966)의 목표 불만 측정도구(Target Complaints Measure)는 내담자가 자신의 세 가지 목표에 대해 느끼는 개선의 정도와 현재 느끼는 괴로움의 정도를 진단하는 것이다. 집단이 끝날 때 이 측정을 간략하게 하면 내담자가 자신의 목표에 대한 진전을 돌아봄으로써 이를 어떻게 느끼는지에 대한 정보를 얻을 수 있다.

내담자가 만들었던 자신의 변화계획으로 진전과 결과를 추적할 수도 있다. 모든 집단치료결과 측정도구는 집단 MI에 유용한 정보를 제공하지만 가장 도움이 되는 평가는 아마도 목표를 정하고 내담자가 그 목표에 얼마나 잘 도달했는지에 대한 평가일 것이다.

가장 도움이 되는 평가는 아마도 목표를 정하고 내담자가 그 목표에 얼마나 잘 도달했는지에 대한 평가일 것이다

결과에 대한 내담자의 지각

참여자가 느끼는 집단 MI의 이점을 내담자에게 직접 질문해 보며 리더 자신의 관점도 스스로 질문해 보는 것이 중요할 것이다.

8장에서는 다양한 종류의 집단과 집단단계에서 집단 MI를 효과적으로 실시하는 데 필요한 구체적이고 대표적인 기술과 전략의 설명으로 시작한다.

참고문헌

AGPA CORE−R Task Force. (2006). *Core Battery—Revised: An assessment toolkit for Providing optimal group selection, process, and outcome* (1st ed.). New York: American Group Psychotherapy Association.

Alden, L. E., Wiggins, J. S., & Pincus, A. P. (1990). Construction of Circumplex scales for the Inventory of Interpersonal Problems. *Journal of Personality Assessment, 55,* 521–536.

Battle, C. C., Imber, S. D., Hoehn-Saric, R., Stone, A. R., Nash, E. R., & Frank, J. D. (1966). Target complaints as criteria of improvement. *American Journal of Psychotherapy, 20,* 184–192.

Hess, H. (1996). Zwei verfahren zur einschätzung der wirksamkeit von gruppenpsychotherapie [Two methods to assess the affectiveness of group psychotherapy]. In B. Strauss, J. Eckert, & V. Tschuschke (Eds.), *Methoden der empirischen gruppentherapieforschung—ein handbuch* [Methods of empirical group psychotherapy research—A user guide] (pp. 142–158). Opladen, Germany: Westdeutscher Verlag.

Horvath, A. O., & Greenberg, L. S. (1989). Development and validation of the Working Alliance Inventory. *Journal of Counseling Psychology, 36,* 223–233.

Lambert, M. J., Lunnen, K., Umphress, V., Hansen, N. B., & Burlingame, G. M. (1994). *Administration and scoring manual for the Outcome Questionnaire.* Salt Lake City, UT: IHC Center for Behavioral Healthcare Efficacy.

Lese, K. P., & MacNair-Semands, R. (2000). The Therapeutic Factors Inventory: Development of a scale. *Group, 24,* 303–317.

MacKenzie, K. R. (1983). The clinical application of a group climate measure in R. R. Dies & K. R. MacKenzie (Eds.), *Advances in group psychotherapy: Integrating research and practice* (pp. 159–170). New York: American Group Psychotherapy Association.

MacKenzie, K. R. (1987). Therapeutic factors in group psychotherapy: A contemporary view. *Group, 11,* 26–34.

Madson, M. B., & Campbell, T. C. (2006). Measures of fidelity in motivational enhancement: A systematic review. *Journal of Substance Abuse Treatment, 31,* 67–73.

Moyers, T. B., & Martin, T. (2006). Therapist influence on client language during motivational interviewing sessions. *Journal of Substance Abuse Treatment, 30,* 245–251.

Moyers, T. B., Martin, T., Manuel, J. K., Hendrickson, S. M. L., & Miller, W. R. (2005). Assessing competence in the use of motivational interviewing. *Journal of Substance Abuse Treatment, 28,* 19–26.

Moyers, T. B., Martin, T., Manuel, J. K., Miller, W. R., & Ernst, D. (2009). *Revised global scales: Motivational Interviewing Treatment Integrity 3.1.1* (Unpublished manuscript). Retrieved May 3, 2011, from *http://casaa.unm.edu/download/mitI3_1.pdf.*

Persons, J. B., & Burns, D. D. (1985). Mechanisms of action of cognitive therapy: The relative contributions of technical and interpersonal interventions. *Cognitive Therapy and*

Research, 9, 539–551.

Rosenberg, M. *(1965). Society and the adolescent self-image.* Princeton, NJ: Princeton University Press.

Soldz, S., Budman, S., Demby, A., & Merry, J. (1995). A short form of the Inventory of Interpersonal Problems Circumplex Scales. *Assessment, 2,* 53–63.

Strauss, B., Burlingame, G. M., & Bormann, B. (2008). Using the CORE-R battery in group psychotherapy. *Journal of Clinical Psychology, 64,* 1225–1237.

제8장 집단 대화 조성하기

집단의 성공에 아주 중요한 요소인 집단 응집력, 과업 중심, 상호지지는 저절로 발달하는 것이 아니다. 효과적인 집단이 되려면 집단 대화가 유연하게 진행되어야 하고 집단 구성원은 돌아가면서 이야기를 나누면서 집단에 적극적으로 참여해야 한다. 이렇게 되도록 만들기 위해서는 집단을 일정 부분 지도해야 할 필요가 있는데 이러한 지도가 최대한 효과를 내려면 대화를 조성하는 노련한 기술이 있어야 한다.

치료집단이 성공하기 위해서는 집단 구성원의 경험, 관점, 태도, 희망, 계획에 초점을 맞추어 탐색을 하여야 한다. 임의적인 대화에서는 보통 무질서하게 이야기를 늘어놓거나 소곤거리기도 하고, 과거사건에 주로 초점을 맞추어 몇몇 개인이 독점하는 식으로 대화가 이루어진다. 리더의 역할은 집단 대화가 조성되도록 하는 것이므로 초점이 생산적이고 유연하게 흐르도록 하여 집단 구성원이 자신의 가치관, 목표, 변화계획과 관련하여 더 명료하게 생각할 수 있는 방향으로 인도하여야 한다.

> 집단의 대화를 유연하게 흐르게 하고, 집단 구성원이 돌아가면서 말하도록 하며, 집단에 대해 집단 구성원이 온 마음으로 관여하도록 하기 위해서는 지도가 필요하다.

집단을 촉진하기 위해서는 다음의 대화전략 중 하나 이상을 사용하여야 한다.

- 주제가 될 만한 초점 구축하기
- 논의 이끌어 내기
- 집단 구성원을 서로 연결시키고 대화가 이루어지도록 지도하기
- 주제의 초점은 고수하면서 비생산적 표류 예방하기

- 초점 이동시키기
- 지지를 생산적으로 하여 대화가 진전되도록 지도하기
- 주의 깊게 생각해야 할 문제는 천천히 접근하도록 지도하기
- 집단 구성원이 자신의 초점을 확장하거나 좁히도록 지도하기
- 내담자의 느낌, 가치관, 주제를 깊이 탐색하도록 초대하고 도와주기
- 내담자가 무거운 주제에서 빠져나오거나 기분이 가벼워지도록 도와주기
- 대화 종결하기

집단의 초점을 조성하는 것은 대화에서 교통정리를 하는 것과 같다. 리더의 역할 중에는 집단 구성원으로 하여금 멈추게 하고, 가게 하고, 방향을 전환하게 하고, 다른 사람이 먼저 가도록 기다려야 할 때를 알려 주기도 하는 그런 신호를 주는 역할이 있다. 주제를 먼저 내놓고 집단 구성원을 그 주제의 논의로 끌어들이는 것도 리더의 역할이다.

집단 구성원이 일단 관계를 맺으면 이들을 함께 연결시켜서 응집성을 구축시키고 생산적인 방향으로 대화가 진행, 유지되도록 하는 것이 중요하다. 이렇게 집단의 대화가 생산적인 진전과 집단응집을 위해 초점의 구축과 유지가 잘 되어야 하지만, 한편 리더는 집단 대화가 잘 조성되어 집단 구성원이 최대한의 도움을 받을 수 있도록 할 필요가 있다. 어떤 대화는 흐름이 너무 느리거나 빠르거나 혹은 피상적이어서 의미를 찾을 수 없다. 너무 막연하게 대화를 하다 보면 변화는 촉진되지 않고 행동을 실행하는 방향으로 가기보다 그냥 토의를 위한 토의집단에 머무르는 위험에 놓이게 된다. 또 어떤 때는 대화의 초점이 너무 좁아서 동기를 넓게 강화시키지 못한다.

> 집단의 초점을 조성하는 것은 대화에서 교통정리를 하는 것과 같다. 리더의 역할에는 집단 구성원을 멈추게 하고, 가게 하고, 방향을 전환하게 하고, 다른 사람이 먼저 가도록 기다려야 할 때를 알리기도 하는 그런 신호를 주는 역할이 있다.

대화를 조성할 때 고려해야 하는 것은 대화의 깊이, 넓이, 탄력(혹은 순간적으로 응집되는 힘)이다.

- *깊이*는 대화가 내포하는 의미수준을 말하는 것으로 그 범위를 보면 일상사건, 사실, 보통 관심 같은 피상적 측면에 초점을 맞추는 표면적 수준의 대화와 사적 문제, 가치관, 정체성 문제, 근원적 관점이나 정서에 관한 이면적 수준의 깊은 대화가 있다.

- *넓이*는 하나의 사건, 특정쟁점, 생각에 얼마나 좁게 초점을 맞추는가 혹은 얼마나 넓게 일반 주제로 확장될 수 있는가를 말한다.
- *탄력(momentum)*이란 대화가 진전되는 속도, 즉 대화 중에 새로운 아이디어가 떠오르는 정도 혹은 대화가 어떤 결론이나 실행공약을 향하여 어떻게 진전되는가를 말한다. 이와 대조적으로 탄력이 느슨할 때는 결론을 향한 특정 움직임 없이 아이디어나 쟁점만 탐색하는 여유로운 속도로 대화가 진전된다.

대화 조성을 위해 탄력을 가속 혹은 감속, 초점을 확장 혹은 축소, 깊게 하기 혹은 가볍게 하기와 같은 고급기술을 사용한 집단 대화가 이루어져야 집단 구성원은 최대한의 이익을 얻는다. 대화 조성을 위한 기본과업을 먼저 생각해 본 다음 논의를 고급과업으로 진행해 가고자 한다.

> 집단 대화의 넓이, 깊이, 탄력을 조성하여 영향력을 최대화시킨다.

기본대화 조성하기

초점의 형성과 유지

치료 집단 대화에 초점을 맞추는 것은 집단 구성원의 향상된 결과로 이어진다(Barlow, Burlingame, Harding & Behrman, 1997). 대화를 촉진하기 위한 기본과제는 구체적인 초점(주제, 사람, 경험 등에 대한)을 형성하여서 발달시키는 것이다. 집단 대화는 표류하기 쉽기 때문에 초점을 맞춰 집단을 주목시키는 것은 필수적이다. 앞을 향하여 계속 탄력적으로 이동할 수 있도록 하기 위해 초점을 변경할 시기와 변경하는 방법을 알고 있는 것도 중요하다. 표 8.1은 이런 전략을 요약한 것이며 이를 자세하게 설명한다.

초점 형성하기

대화의 초점을 형성하는 것이 첫 과제이다. 회기가 시작될 때 리더는 자신이 생각

표 8.1 | 대화조성을 위한 기본전략

목적	가장 적절한 때는?	대화방법은?
초점의 형성, 발달, 유지	• 첫 회기에 • 새로운 회기를 시작할 때 • 대화가 생산적일 때	• 소개하는 방식 • 유도하는 열린 질문 • 단순반영 • 개인 통제력 강조하기
초점의 변화	• 집단 구성원이 무의미한 이야기, 집단과 관련 없는 사항이나 생각에 초점을 맞추고 있을 때	• 전환요약 • 초점 이동하기 • 확대반영 • 비틀어서 동의하기

하는 주제를 말하거나 어떤 활동을 소개하거나 새로운 사람이나 쟁점에 초점을 맞추거나 하여 집단에서 초점 없는 잡담이 흐르지 않도록 하는 것이 중요하다.

또 중요하게 기억해야 하는 것은 집단 MI는 집단 구성원이 이끄는 것이 아니라 리더가 집단을 생산적인 방향으로 나가도록 안내해야 한다는 것이다. 심지어 집단의 관심이나 에너지를 활성화하기 위해 브레인스토밍이나 개방적 탐색 활동을 통합해 넣었을 때라도 집단 구성원이 이 과업을 잘하도록 안내하고 탐색할 시간도 어느 정도인지에 대한 지시를 하는 것이 좋다. 종종, 처음에 초점을 형성할 때 집단에서 논의하고 싶은 주제를 리더가 몇 개 문장으로 단순하게 설명하는 것처럼 하다가 그 설명이 길어지면 집단 구성원의 관심이 사라지고 탐색도 일어나지 않는다. 지지 집단이나 심리교육 집단을 이끄는 경우에는 유인물을 이용하거나 화이트보드에 적거나 시각자료(예술자료) 같은 것을 이용하여 초점을 소개하면 된다. 새로운 논제에 대해서는 돌아가며 말하기(rounds)나 짝지어 말하기(dyads)를 하는 것이 도움이 되는데, 특히 새로운 논제에 대해 집단 구성원이 근원적인 관심과 중요한 주제로 깊이 파고들기 전의 약간 가벼운 생각을 서로 나누는 데 도움이 된다. 어떤 집단은 초점 형성을 위하여 활동을 부분적으로 통합해 넣기도 한다(예, 10점 중요도 척도나 자신감 척도를 바닥이나 벽에 그려놓고 집단 구성원을 이 척도를 따라 세워서 시각적으로 다른 수준을 보게 하고 대화를 이끌어 내어 탐색한다. 이때 줄에 있는 각 개인의 답을 탐색하기보다 대표 몇 사람으로부터 코멘트를 끌어내어 탐색한다).

논의 이끌어 내기

의무적으로 참여해야 하는 집단에서도 집단 구성원 간의 논의는 대체로 꽤 수월하게 이루어진다(비록 처음에는 그렇게 긍정적인 말이 나오지 않을 수도 있지만). 그러나 집단 구성원 모두가 말을 하는 것은 아니며, 어떤 사람은 피상적인 대화를 하고, 그들이 불리할 때는 말을 하지 않는다(그리고 참여하는 것이 이익이 될 때는 목소리를 높인다).

집단에 질문하기 가끔은 그냥 어떤 말을 해도 괜찮다고 리더가 집단 구성원에게 말함으로써 대화가 자연스럽게 시작될 수도 있다. 이렇게 말을 하기 전에 기초 작업으로 강조해야 할 것은, 집단의 의도는 오직 도와주고자 하는 것으로 집단 구성원에게 변화압력을 주고자 하는 것이 아니며 변화는 개인의 선택으로만 가능할 수 있는 것임을 인식시키는 것이다. 또한 서로의 말을 잘 경청하는 것이 중요하며 다른 사람이 했던 말과 비슷한 말을 또 다른 사람이 하더라도 주의깊게 듣는 것이 중요함을 강조하여야 한다. 여러 사람이 비슷한 말을 하면 이 말 속에 들어있는 주제를 논의하는 것이 중요함을 설명해야 한다. 때로는 자신이 말을 했을 때 다른 사람이 반응을 하지 않고 침묵하는 것보다 동의의 말이나 그냥 어떤 말("이해가 됩니다")이라도 반응을 해주면 마음이 더 편안해진다는 것을 언급하라. 그런 다음 동기를 이끌어 낼 수 있는 열린 질문으로 집단 구성원의 견해를 이끌어 내도록 한다. 일단 몇 사람이 말을 하고 나면 "또 다르게 생각하시는 분은?" 혹은 "또 말씀하실 분은?" 같은 질문으로도 다른 사람들이 대화에 참여하도록 격려하는 데 충분하다(대화를 종결하려고 하지 않는 한 "또 하실 말씀 있습니까?" "더 말씀하실 분 계십니까?"와 같은 닫힌 질문은 피하라. 왜냐하면 그런 질문은 관심보다 예의로 하는 말로 들릴 수 있기 때문이다). 주제에 대한 반영을 하면서 집단 구성원의 생각이나 느낌이 어떻게 비슷하고 다른지를 서로 이야기해 보도록 요청하면 대화는 앞으로 나아간다. 리더를 향하여 말을 하기보다 집단 구성원끼리 서로 이야기를 나누도록 하는 것이 좋다. 초점을 바꿀 준비가 되기 전에 대화가 침체되면 아직 참여하지 않은 집단 구성원의 이름—한 사람만 지목하지 말고—을 포함시켜 대화를 이끌어 낼 수 있다("스티브씨, 아스트리드씨, 스텔라씨는 어떻게 생각하시는지 궁금합니다").

이와 비슷하게, 집단 구성원과의 관계를 맺을 때 시선을 이용하는 것도 도움이 된다. 어느 집단 구성원이 하는 말의 내용이나 상황과 비슷한 경험을 했던 다른 집단 구성원이 있음을 리더가 알고 있으면 그 집단 구성원이 말을 하는 동안 다른 집단 구성원의 표정을 슬쩍 살피기도 하고(응시하는 것이 아니고) 집단 구성원이 말을 끝내고 나면 비슷한 경험을 한 그 집단 구성원으로 하여금 자신의 생각을 표현해 보도록 초청한다. 만약 어떤 집단 구성원이 말하는 특정 상황이나 주제가 집단 구성원 누구와 관련이 있는지를 리더가 아직 모를 경우, 집단 구성원의 표정을 지속적으로 살펴보면(눈치 못 채도록 가볍게) 누가 반응을 하고 있고 누가 그냥 듣고만 있는지 그 단서를 발견할 수 있다(집단 전부가 계속 서로 관여하도록 하면서). 실제 장면에서도 집단 구성원 한 명이 말을 하면 그동안 리더는 다른 집단 구성원을 주기적으로 둘러본다. 그렇게 해야 집단 구성원이 모두 계속 관여하게 되고 비언어적으로 대화를 하는 것이 되므로 비록 한 사람이 발언권을 얻었더라도 여전히 집단 대화라고 할 수 있다.

짝지어 말하기 만약 특별한 형식 없이 가능성을 열어둔 채 논의를 시작하려 하는데 집단 구성원이 별로 적극적으로 나서지 않는다면 리더는 자신의 집단접근 방법에 맞도록 소집단 형식이나 짝짓기 형식으로 전체집단을 나누어 논의하도록 할 수 있다. 전체집단에서는 자신을 드러내고 싶지 않아 하고, 말을 하는 것을 마음 불편해하며 겁을 내는 사람에게는 이 방식이, 특히 집단 초기에 효과가 있다. 짝짓기와 같이 하부집단으로 나눌 때는 필요한 지시사항을 분명하게 주어야 한다(짝이 정해지면 자신의 관점이나 경험을 각자 10분씩 상대에게 말을 한다). 짝끼리 이야기를 나눈 후에 이어서 전체집단에 이 이야기를 하도록 할 계획이라면 집단 구성원에게 미리 이 계획을 말하고, 전체집단에 말하고 싶지 않은 내용이 있다면 이를 짝과 분명하게 정해야 한다는 지시를 하여야 한다. 소집단 작업이 끝나면 전체집단에 다시 모여 짝과 서로 나눈 이야기의 요점을 발표하는데, 반영과 강화가 필요한 중요한 대화라고 생각되면 대화를 더 이끌어 낸다. 이와 다르게 하는 방법으로는, 대화의 내용은 언급하지 않고 이야기를 나눈 과정에 관한 논의를 하거나("짝과 이야기를 나눌 때의 느낌이 어떠했어요?") 활동을 한 결과에 대해서("지금 느낌이 어떠한가요?" "무엇을 알게 되었으며 어떤 생각이 들었나요" "집단에서는 이것이 어떻게 진전되기를 원하나요?") 논의할 수 있다. 종종 보면, 짝지어 대화를 나누는 활동을 통해 집단 전체가 활기를 띄고 논의가 시작되기도 한다.

돌아가며 말하기 원의 형태로 빙 둘러앉은 집단 구성원에게 돌아가면서 각각 한 마디씩 하도록 하는 것이다("자신을 지지해 주는 사람을 삶에서 찾는다면 누구일까요? 그 사람은 나를 어떻게 지지하고 있나요?"). 집단 구성원이 돌아가며 대답을 하기 전에 하고 싶은 말이 무엇인지를 먼저 생각해 볼 시간을 몇 초 내지 1분가량 주면 도움이 된다. 돌아가며 말하는 횟수가 여러 번일 때는 매번 시작하는 사람을 달리 하거나 돌아가는 방향을 다르게 할 수도 있으며 혹은 둘 다를 다르게 시작한다. 사람들은 시작부분과 끝부분을 더 잘 기억한다. 그러므로 이를 잊지 말고 논의 주제를 부정적으로 생각하는 집단 구성원이나 혼란스런 질문이나 대답을 하는 집단 구성원이 시작이나 끝에 말을 하도록 만들지 않는 것이 좋다. 예외가 있을 수 있는데, 이는 리더가 전략상 일부러 그 사람을 마지막에 언급할 때이다. 예를 들어, 주로 부정적으로 생각하는 집단 구성원에게 긍정적 관점에 초점을 맞추어 보라는 신호와 같다. 일단 돌아가면서 말하기가 끝나면 탐색이 더 필요한 주제에 초점을 맞추거나 혹은 더 깊은 탐색을 해보는 것이 도움이 될 만한 특정 집단 구성원에게 초점을 맞추는 것이 좋다. 돌아가면서 말하기를 하는 동안 한 집단 구성원의 감정이 북받치면 리더는 우선 돌아가면서 이야기를 전부 하고 난 뒤에 감정이 북받친 집단 구성원과 이야기를 더 나누는 것이 좋겠다고 언급을 한다. 그러면 감정이 올라왔던 그 집단 구성원도 마음을 가라앉히고 자신이 무엇을 탐색하고 싶은지를 생각할 시간을 얻게 된다. 드문 경우이기는 하지만 어떤 때는 돌아가며 말하기를 멈추고 그 순간의 상황이나 문제를 탐색하기도 한다. 특히, 그러한 기회가 다시 오지 않을 것 같고, 그러한 문제를 지나칠 경우 이후의 집단에 더 방해가 될 수 있다고 판단될 경우, 잠시 멈추고 문제를 탐색할 수 있다. 그런 경우에는 돌아가며 말하기를 잠시 멈추고 그 집단 구성원이 염려하는 것을 먼저 탐색하고 나서 나머지를 마치겠다고 말하라(그리고 반드시 그렇게 하라).

시각보조자료 만약 집단에 적절하다고 여겨진다면 유인물이나 활동지를 활용하라. 집단 구성원에게 유인물을 나눠주어 읽어보게 하고 생각하도록 한다; 질문에는 답을 적어 넣게 한다; 문장을 완성하게 한다; 어떤 상황, 느낌, 생각을 나타내는 그림을 그리게 한다; 목록을 만들도록 요청하기도 한다. 유인물 작성에 필요한 시간을 충분히 주고 마감 일분 정도 전에 알린다. 이 작업은 앞의 접근—짝지어 말하기, 소집단, 돌아가며 말하기, 전체집단 논의—어떤 것에도 추가로 할 수 있다.

기다리기보다 초청하기 집단의 활동이나 상호작용을 위해서는 집단 구성원의 참여도가 중요하다. 그럼에도 비교적 말을 적게 하는 집단 구성원이 있기 마련인데, 말수가 적은 이유는 집단 구성원의 내성적인 성격, 다른 집단 구성원과 다른 배경, 집단치료 참여에 대한 수치심이나 분노 등 다양할 것이다. 이들을 억지로 상호작용하도록 만들기보다 참여가 자연스럽게 이루어지도록 초청하라. 리더는 돌아가며 말하기 같은 활동으로 각자가 차례로 돌아가며 간단하게 한 마디씩 말을 할 수밖에 없게 만들거나 어떤 주제 하나에 대해 한 사람씩 무조건 한 마디씩 하도록 하거나 어떤 질문에 대답을 한 사람씩 하도록 하는 것이다. 그러나 그럼에도 말하기를 주저하는 집단 구성원이 만약 있다면 말을 하지 않아도 괜찮다고 인정해 준다. 시간이 흘러 상호작용이 조성되면 말이 많은 집단 구성원은 더 많이 듣게 되고 조용하던 집단 구성원은 말을 더 많이 하는 등 균형이 잡힌다. 이와 동시에 회기전체 동안 한 마디도 하지 않는 집단 구성원이 생기지 않도록 하라. 집단의 상호작용에 참여하지 못하는 집단 구성원의 상황이 이해되고 말없이 그냥 가만히 있기만 하여도 그 집단 구성원은 도움을 받고 있는 것이라고 여겨지는 경우라면 예외가 될 수 있다. 그러나 일반적으로 너무 오래 침묵을 지키다 보면 말하기가 점점 더 어려워진다. 다시 말하면, 많은 주제가 지나가고 무언가 중요한 말을 해야 할 것 같은 압박감을 느끼게 되면 더 이상 자연스런 대화의 흐름에 끼어들지 못하게 되는 것이다.

침묵집단에 대한 고려사항 집단 구성원이 대체로 침묵하는 편일 때는 초조해하지 말고 보다 여유롭게 마음을 먹고 계속 대화가 활발하지 않으면 어떤 일이 일어날까(혹은 일어나지 않을까) 생각해 보라. 집단 초기에는 집단 구성원이 침묵하는 것이 그렇게 이상한 것이 아니다. 시간이 지나면 초점이 형성되고 집단 구성원과 상호작용하는 리더의 모습을 집단 구성원들이 지켜보며 리더를 가늠한다. 리더가 강압적이지 않고 꽤 우호적이면(너무 오버하지 않으면서) 리더와 집단 구성원의 문화차이나 다른 어떤 차이가 있어도 대화가 심하게 경직되지 않을 것이다. 그러나 집단 구성원의 침묵시간이 너무 길어진다는 것은 집단을 안전하게 느끼지 않거나 도움이 되지 않고 있음을 보여주는 것일 수 있다.

심리치료 집단에서는 집단 구성원이 집단경험에 대한 책임감을 느끼는 압박감을 줄 목적으로 집단 구성원의 침묵을 계속 내버려두기도 하지만 집단 MI는 보다 실제적 측면에 초점을 둔다. 일반적으로 집단 MI에서는 집단 구성원이 개인 과제에 집중하는 동안에 일어나는 침묵이거나 특별히 생산적인 침묵이 아닌 이상 침묵을 오래 끌어서는 안 된다. 침묵이 일어나는 원인은 여러 가지가 있을 것이며 원인에 따라 반응을 달리 해야 한다. 일반적으로 침묵을 다룰 때는 회기의 초점이 무엇인지를 생각해 보고 이에 대응하는 시도를 하면 좋다. 만약 논의주제가 너무 좁아서 집단 구성원이 할 말이 별로 없기 때문에 일어나는 침묵이라면 논의의 초점을 넓혀라. 만약 논의가 계속 피상적으로 흘러서 일어난 침묵이라면 근원적 주제, 느낌, 가치관에 초점을 맞추어서 대화의 깊이를 더하라. 초점이 너무 깊어서 집단 구성원의 마음이 불편해서 생긴 침묵이라면 분위기를 가볍게 하라.

만약 집단 초기에 침묵이 오래 지속되면, 그 이유는 아마 리더가 충분히 안내를 하지 않았거나 아니면 집단 구성원이 별로 생각해 보지 않아서(그래서 별로 할 말이 없거나) 혹은 상처가 될 수 있는(그래서 자신이 상처받을 위험에 처하고 싶지 않은) 주제를 리더가 미숙하게 탐색을 시도하기 때문일 수 있다. 일반적으로는 처음에는 표면층에 초점을 맞추어 서서히 가는 것이 좋다. 회기가 시작되기 전에 가벼운 대화를 나누어 평상적 분위기를 유지시키면서 천천히 시작하거나 가벼운 논의나 지난 회기 이후에 시도했던 노력에 대한 탐색 혹은 이번 회기에 다루고 싶은 것에 대해 이야기를 나누면서 시작하면 집단 초기의 침묵을 다루는 데 도움이 된다.

또 다른 방법은 집단 구성원과 집단 과정에 관해 이야기를 나누기 위한 기회로 이 침묵을 이용하는 것이다(Faris & Brown, 2003). 즉, 대화에 참여하는 집단 구성원이 많을수록 모두 “비슷한 생각을 한다(in sync)”는 느낌이 오래갈 것이며 상호작용도 편안하게 할 수 있게 될 것이라고 말을 해준다. 누가 먼저 말을 해야 한다는 규칙은 없으며, 다른 사람의 말에 귀를 기울이다 보면 자신의 생각을 잠시 잊게 되거나 새로운 주제에 사로잡히다 보면 자신의 생각은 잠시 멈추다가 사라지기도 한다고 말을 한다. 이런 일을 과거의 집단대화 장면에서 경험했던 집단 구성원이 있다면 그 장면을 기억해 보도록 초대하라. 집단대화에서 이런 정상적인 과정이 일어나면 그것에 대해 숙고하다가 관련 생각을 서로 나눌 기회를 갖도록 하라. 주제가 이미 다른 것으로 바뀌고 난 뒤인 나중에 이런 과정이 기억나더라도 서로 나누도록 하라. 주제에 적합하지 않은 이야기는 아닌지 혹은 다른 사람이 이미 말한 말과 비슷한 말은 아닌지를 걱정할 필요가 없다고 말하고 생산적인 방향으로 집단대화가 유지되도록 리더가 알아서 하고 있으므로 그냥 편안하게 말을 하면 된다고 알려라.

회기 중간쯤에 발생하는 침묵은 아마도 논의되는 주제가 민감한 것이어서 자신이 상처받을 가능성에 대해 집단 구성원이 느끼는 두려움 때문일 수 있다. 그런 순간에 일어나는 침묵이 주는 메시지는 집단이 그 주제를 다룰 준비가 되어있지 않다거나 혹은 더 구조화된 방식, 적어도 더 피상적 단계에서부터 그 주제에 대한 접근을 시작할 필요가 있다는 것이다. 집단규준이 확실하게 혹은 암암리에 위반되었을 때도 침묵이 발생한다. 이와 비슷하게는 집단 구성원이 자기노출을 너무 빠르게 하거나 너무 다 드러내든가, 공격적인 성향으로 대화를 하든가, 무기력하게 있든가 하면 집단 전체가 침묵할 수 있다. 이런 순간은 리더가 분명한 지도력을 발휘하여(결단력은 있으되 권위적이지 않은) 집단 구성원을 움츠러들게 만드는 긴장감을 줄이는 작업을 하는 것이 좋다. 가끔은 침묵반응을 이끌어 낸 사람을 대상으로 작업을 하는 것이 도움이 되지만 대체적으로는 그 사람이나 그 사람으로 인해 방출된 에너지를 비켜서 초점을 잡는 것이 더 낫다. 초점을 옮기기로 할 때는 집단분위기에 리더가 굴복하여 옮기는 것처럼 하면 그 분위기나 힘이 더 강해질 것이므로 그렇게 하지 않는 것이 중요하다. 집단분위기에 영향을 준다거나 의사소통 방식이 병리적인 것 같다고 말하며 그 집단 구성원을 고립시키는 일이 없도록 하며 오히려 그것보다는 그 순간의 모든 집단 구성원을 연결시킬 수 있는 주제를 하나 이끌어 낸다. 이를 위해 종종 상당히 간단하게 이용하는 방법으로는, 중요한 변화를 시도하다 보면 부정적 감정이 집단에 일어날 수 있다고 말하며 이 부정적 감정을 반영하고 집단 구성원 개인의 경험에서 자신이 중요한 변화를 시도하다가 위기에 처했을 때 느꼈던 감정을 서로 나누어 보도록 초대하는 것이다. 필요하다면 이를 교육의 기회로 활용한다. 예를 들어, 변화와 관련한 부정적 감정이나 생각을 다룰 때 사람들은 왜 불편해하고 변화에서 등을 돌리게 되는지에 대해 반영하고 교육을 한다.

침묵반응이 또 일어나는 경우는 회기가 특히 무겁게 진행되다가 끝나려고 할 때 혹은 탐색하는 주제가 본질적인 것이어서 새로운 주제를 가져오는 것이 주저될 때이다. 이때 리더는 주제를 여러 개 염두에 두고 있다가 간략한 질문으로 침묵을 다루기도 한다(예, 회기와 회기 사이의 변화노력 계획을 점검하기). 이때 시간을 끄는 것처럼 보이지 않도록 주의해야 한다. 우리는 대체로 회기종결을 서둘러 하려고 하지 않는다. 그렇게 하다 보면 집단 구성원들이 빠른 종결을 기대하기 시작할 수도 있기 때문이다.

집단 구성원 연결시키기 집단 구성원 사이의 연결은 중요한 집단지도 전략이다. 집단효과의 중심에는 집단 응집력이 있으므로 집단 응집력이 증가하도록 언제나 주시해야 한다. 집단 응집력을 증가시키는 방법으로는 집단 구성원의 걱정, 주제, 느낌, 태도, 목표, 동기를 연결시키는 것보다 더 좋은 게 없을 것이다. 집단 구성원 간의 차이를 강조하는(예, 개인의 선택권 강조) 시간은 적게 하고 대체적으로 집단 구성원의 연결점, 유사점, 공통경험을 찾아서 집단 구성원이 이에 주의를 집중하도록 끌어들여야 한다.

이를 위해서는 집단 구성원 개인에게 자세하게 초점을 맞추기보다 그 이상으로 집단 구성원 간의 연결에 중점을 두고 감춰져 있는 주제나 느낌을 강조하는 반영과 요약을 함으로써 이루어질 수 있다. 모든 사람이 포함된다는 암시를 주는 질문으로도 응집력 구축에 도움이 될 수 있고 가능하면 우리, 우리에게, 당신들, 집단, 모두와 같은 용어를 사용하는 것도 도움이 된다. 연결할 필요가 있으면 언제나 리더는 자신의 시선을 이용할 수도 있다(집단 구성원에게 주목하도록 말없이 영향을 줄 수 있는데, 예를 들어, 어느 집단 구성원의 이야기에 나머지 집단 구성원이 집중을 덜할 때 특히 그렇게 한다). 집단 MI에서는 특히 변화 중요성, 변화 자신감, 변화 결심공약에 대해 집단 구성원의 관심과 느낌을 연결시키는 것이 좋다. 때로는, 아직 확신할 수 없더라도 집단 구성원 간에 유사성이 있을 거라는 단순한 가정을 하고 있는 것도 도움이 될 때가 있다. 사실, 어떻게 해야 할지를 아직 잘 모를 때는 집단 구성원을 전부 연결시키는 길을 찾는 것이 집단에 도움이 된다.

의사소통 안내하기 MI는 특정한 방식의 의사소통이 있으므로 MI 정신에 맞는 의사소통 양식으로, 비록 매 순간 전문적이지는 않더라도, 집단 구성원이 상호작용하도록 안내하는 것이 중요하다. 어떤 리더는 집단 구성원에게 OARS 기술의 사용을 분명하게 교육시키지만 장기간의 교육이 필요하지 않을 수도 있고 집단시간에 사용하는 것이 최선이 아닐 수도 있다(OARS 교육을 반대하지는 않지만). 그러나 9장에서 논의하듯이 집단에 대한 일반적 성질과 정신에 대해 초기에 분명하게 하는 것이 중요하다고 생각한다. 즉, 억지로 하게 하지 않고 서로 지지하고, 부

정적인 것보다 긍정적인 것, 변화의 많은 가능성에 초점을 맞추며, 변화를 한다면, 무엇을 변화할 것인지는 집단 구성원 스스로 결정해야 한다는 것을 강조하는 것이다. 이외에도 상호작용에서 집단 구성원은 어떤 상황에 대한 자신의 경험과 관점을 표현하는 것이 좋으며 조언을 하는 것은 피하도록 안내하며 어떤 특정문제에 대해 정해진 답이 있다고 주장하지 않도록 안내한다.

Downey와 Johnson(13장, p.321)이 제안하기로는 집단 구성원이 자신의 관점을 표현할 때 '나 메시지'('나는 ~생각합니다, 나는 ~느낍니다, 나는 ~더 좋습니다)를 사용하도록 도와주면 집단 구성원은 자신의 생각을 정당화하거나 방어하지 않고 자신의 마음을 말로 표현할 수 있게 된다. 다른 연구자들은 집단 구성원이 상호작용을 어려워할 때 이를 다루는 방법에 대한 제안도 덧붙인다. 이 모든 아이디어들은 다 중요하지만 집단 구성원의 의사소통 촉진을 위해서 리더가 가장 중요하게 할 수 있는 길은 리더 자신이 일관성 있게 모범을 보이는 것이다. 특히 회기를 시작할 때나 어려운 상황을 다룰 때 더욱 모범을 보여야 한다. 그 이유는 리더는 이럴 때 설교적이거나 지배적이기 쉽기 때문이다.

초점 유지하기

집단 MI의 효과는 집단의 초점이 변화실행 방향으로 이동하고 유지되느냐에 달려 있다는 점에서 다른 집단치료방법과 다를 것이다. 집단 MI는 집단 구성원의 주장성과 대인관계의 민감성을 높이며 감정표현을 중점으로 이루어지는 그런 집단이 아니다(이러한 것이 가치는 있지만). 마찬가지로, 집단 구성원에게 가장 도움되는 방법으로 집단 구성원 스스로가 집단회기를 구조화할 책임을 지도록 하여 자기주도성 발견을 학습시키는 그런 집단도 아니다. 집단 MI는 내담자 중심 집단이므로 집단의 초점은 집단 구성원이 자신 삶의 선택과 행동패턴에 대한 소유권을 더 많이 발달시킬 수 있도록 하는 데 있다. 비록 집단 구성원과의 관계를 존중하며 맺어야 하지만 집단 과정과 대화에서 리더가 그 초점을 책임지고 관리함으로써 집단 구성원이 관계 형성하기 단계, 관점 탐색하기 및 확장하기 단계, 행동으로 옮기기 단계와 같은 넓은 단계를 거치도록 도와준다. 이러한 단계를 거치며 이동하려면 다양한 관련주제(강점 탐색, 과거 성공경험 등)에 대한 탐색이 이루어져야 하는데 이때 리더는 집단의 초점을 조심스럽게 관찰하고 안내할 필요가 있다. 집단의 초점이 더 깊고 넓어지도록 지도하는 것은 가치가 있는데 이 장의 뒷부분에서 설명할 것이다. 그러나 비구조화 집단 MI라도 집단의 초점이 과업에 계속 머물러 있도록 하는 것이 중요한데, 저절로 그렇게 되기는 힘들다. 왜냐하면 집단 대화는 적절한 안내가 없으면 다른 주제로 흘러가기 쉽기 때문이다.

대체로, 리더는 집단이 초점에서 벗어나면 이를 감지하게 된다. 그러나 집단의 초점은 개인상담에서보다 느슨하므로 집단이 초점에서 벗어나지 않도록 방지하는 노력을 하기보다 집단을 재초점화시키도록 노력을 하는 것이 중요하다. 우리의 집단경험으로 볼 때 집단 구성원이 서로의 생각과 이야기에 서로 반응하다 보면 거의 언제나 이야기는 흩어지고 곁가지가 쳐진다. 집단이란 으레 그런 것이므로 그렇게 되어도 괜찮으며 오히려 가끔 집단 응집성의 구축에 도움이 되기도 한다. 그러므로 리더는 이를 불안해하거나 답답해하지 말고 무엇보다 그러한 반응을 집단에 드러내지 않도록 하며 집단이 초점에서 벗어났음을 지적하며 꾸짖는 인상을 주지 않는 것이 중요하다(그리고 만약 함정에 빠져서 그렇게 했다면 집단은 상당히 조용하고 묵묵부답으로 반응할 가능성이 있으므로 리더는 논의를 이끌어 내는 작업으로 되돌아가야 할 것이다). 함정에 빠지지 않은 리더는 이상적으로 유머감과 편안한 분위기를 유지하면서 집단이 생산적인 대화로 돌아가도록 방향을 잡고 현재의 초점과 비켜나간 초점을 서로 연결시키는 방법을 찾는다.

초점을 유지한다는 의미는 회기의 주제를 시종일관 유지하라는 의미가 아니다. 그것보다는 생산적인 변화경로상에 초점이 있도록 해야 한다는 의미이다. 때로는, 대화의 주제를 위한 최고의 계획을 리더가 세웠음에도 불구하고 집단에너지가 다른 곳에 있을 수 있다. 이때는 집단 구성원이 하고 싶어하지 않는 주제에 집단의 초점을 계속 맞추려고 시도하기보다 집단의 에너지를 따르고 그 순간의 집단의 관심을 유용하게 이용하는 것이 더 생산적일 수 있다. MI 모델을 잘 알고 있는 리더가 어떤 특정주제에 초점을 맞추고자 시도를 함에도 집단이 반응을 하지 않고 분산되면 현재의 집단관심을 변화의 여러 측면—변화 중요성, 자신감, 준비도, 미래전망, 결심, 계획과 같은—과 관련시키거나 혹은 집단 발달에 중요한 측면인 개방성, 응집성, 지지, 보편성, 이타성과 관련시키는 작업을 하라. 분산되는 것처럼 보이는 것으로부터 생산적인 순간을 만들어 내게 하는 경로나 방법은 많다. 어떤 때는 집단이 필요로 하는 것이 계획된 집단 MI 초점이 아니고 다른 것일 수가 있다. 그럴 때 리더가 최선으로 할 수 있는 것은 그 산만함을 가능하면 생산적으로 잘 넘어가고 나중에 혹은 다음 회기에 리더가 계획했던 주제로 집단의 초점을 다시 돌리는 것이다.

어떤 경우, 새로운 것을 찾아내거나, 상처를 감싸다가 드러내거나, 어떤 발견을 잘하거나, 지금까지 회피하고 있던 것에 대해 깊이 생각하는 어떤 집단 구성원이 있다면 그 집단 구성원에게 초점을 맞추는 것이 도움이 된다. 비록 이때 논의하고 있던 것과 일관된 주제가 아니더라도 그렇다. 그 집단 구성원이 침묵을 지키거나, 피상적이거나, 자신보다는 다른 사람에게 주로 초점을 맞추는 사람일 경우에는 특히 중요하다.

집단안내를 잘 해내기 위해서는 인내심도 중요하다. 처음에는 산만한 것처럼 보이던 초점이 예상치 않게 깊고 넓게 확장될 때가 있다. 이렇게 예상하지 못한데다 초점이 적절하지도 않으며 집단이 비생산적인 방향으로 흐른다고 생각될 때 리더는 자신감을 가지고 빨리 행동을 취하는 것이 중요하다. 오래 기다리면 기다릴수록 집단을 제자리로 돌려놓는 것이 더 어려워진다. 이때 취할 행동은 여러 가지가 있다. 약간은 직접적이면서 간단하게 하는 안내방법은 집단의 방향을 계획했던 주제의 초점으로 강제로 돌리고자 하는 대신에 새로 나온 주제를 나중에 다시 다루자는 제안을 하는 것이다. 여러 개의 주제를 한꺼번에 다루기 위해 대화를 동시에 하는 것보다 주제 하나에 초점을 맞추어 다루는 것이 중요하다고 상기시킬 필요가 있다. 집단전체 대화로 돌리기 전에 특정 집단 구성원을 초점으로 하는 작업시간을 더 가져서 탐색을 하기도 한다. 새로운 집단 활동과정도 소개한다. 비구조화 대화하기에서부터 짝짓기, 소집단, 돌아가며 말하기, 활동, 운동, 집단 브레인스토밍까지 있다. 집단 구성원을 잠시 일어나 서있거나 움직이게도 하라. 집단 대화가 표류하는 이유가 지루함 때문일 수도 있으므로 초점(주제, 사람, 과정)을 바꾸면 에너지가 회복되는 데 대체로 도움이 된다.

초점 바꾸기

집단의 초점이 주제, 과정, 집단 목표달성을 위하여 생산적으로 유지되는 것이 중요하지만 때로는 방향을 바꾸는 것도 중요하다. 예를 들어, 리더가 집단 구성원 한 명에게 너무 집중하다 보면 나머지 집단 구성원은 표류하고 있거나 혹은 한 집단 구성원이 결론이 없는 이야기를 계속 하고 있을 때가 있다. 가끔 대화가 뱅뱅 돌 때는 새로운 초점으로 넘겨 전진하는 것이 중요하다. 또 다른 어떤 때는 한 집단 구성원이 다른 집단 구성원에 대해 비판적일 때이다. 아마도 그 사람이 했던 말에 자신의 약점이 찔렸을 수도 있고 아니면 어려운 상황을 직면하고 있는 상대방에게 도움을 준다고 생각하고 비판할 수도 있다. 이 모든 경우에 리더는 초점을 바꾸는 것이 좋고 그렇게 하지 않으면 집단은 힘을 잃고 해이해지기 시작할 것이다.

리더는 도움이 되고자 하는 욕구가 있어 집단이 도움이 필요하다 싶으면 자연히 끼어들게 되는 성향이 있는데, 리더는 이를 자제해야 한다. 그러나 부정적으로 진행되는 집단 과정을 리더가 중지하지 않으면 집단은 침체되고 독이 된다. 집단이 침체되었다고 해서 반드시 해로운 것은 아니지만 탐색이나 변화에 대한 촉진은 덜 일어날 것이다. 집단 MI는 깊이 들여다보게 하고, 더 주의 깊게 생각하게 하며 어려움에 직면하면 더 진취적으로 되어서 자신감과 용기를 가지고 살아가도록 사람들을 고무시킨다. 침체된 집단은 그런 노력을 고무시키지 않는다. 에너지와 탄력은 스스로 구축되어서 대체로 더 강하고 집중된 에너지와 탄력방향으로 집단을 이동시키거나 아니면 집단이 무겁게 진행되다가 실패 지점에서 사라진다. 집단이 역동적이지 못하게 되는 것은 집단의 갈등이 많기 때문이기보다는 집단귀속감, 응집성, 과제에 대한 상호의존감, 희망주입, 이타주의 등과 같은 필수요소의 상실로 에너지가 침체되어 있기 때문인 경우가 많다. 어떤 집단은 부정적인 상호작용이 이루어질 때 이를 리더가 그대로 두고 보다가 나중에 점검하여 회복시키려 할 때는 이미 너무 늦어서, 집단 환경에는 독이 스며들어 있고 안전하지 않으며 집단 구성원은 집단이 자신의 삶에 도움이 되는 자원이라고 더 이상 여기지 않고 있는 경우도 있다. 집단은 유기체라서 정각에 시작하고 마치는 것 이상을 필요로 하며 집단이 유지되기 위해서는 예정된 주제들을 거쳐가야 한다. 따라서 상호작용을 직접 책임지는 사회적 불편감 때문에 리더가 주저감을 느낄 수도 있지만, 집단 구성원을 저지하고 그들의 에너지와 초점을 다른 방향으로 돌리도록 도와야 한다.

개인 MI에는 *초점 이동하기(shifting focus)*라는 기본(이지만 중대한) 전략이 있다. 이 전략에 들어있는 교훈은, 내담자와의 대화에서 내담자의 저항이 점점 더 강해진다는 것은 대화가 도움이 되지 않는 방향으로 가고 있으므로 초점을 바꿀 필요가 있음을 알리는 신호라는 것이다. 저항에너지를 이용하여 생산적인 방향으로 초점을 돌리면 멋지겠지만 항상 가능하지는 않다. 종종 초점을 그냥 단순하게 바꾸는 것으로도 저항이 더 높아지는 것을 막을 수 있다.

이 책에서는 불협화음이나 저항에 초점을 많이 맞추지는 않지만 집단전략도 기본적인 생각은 같다. 집단상황이 나빠지기 시작할 때는 뭔가 다른 것을 시도하라. 효과가 없는 길을 계속 가는 것은 도움이 되지 않는다. 위기에 봉착한 집단은 높은 집단기능으로 위기를 자체 해결할 수도 있지만 그만큼의 갈등, 방어, 불신을 낳을 수도 있으며 가능성을 차단하게 되기도 한다. 집단 MI는 정신 역동집단에서처럼 집단갈등의 발생을 통해 집단 구성원의 학습을 의도하는 것은 아니기 때문에 일단 갈등이 발생하면 목표를 이용하여 갈등을 없애고 긍정적인 분위기로 돌릴 필요가 있다.

느슨해진 집단초점을 바꾸려면 신속하고 자신 있게 행동할 필요가 있다. 때로는 그 순간의 리더 자신을 이해시키기 위해 멈추는 것조차 초점을 변화시키려는 시도를 약화시킬 수 있으므로 더 해롭게 되기 전에 단순하게 방향을 전환하고 부정적인 상호작용을 멈추게 하는 것이 더 낫다. 집단 구성원 개인을 저지하기보다는 집단 전체의 방향을 바꾸는 것으로 생각하면 도움이 될 것이다. 나중에 언제든지 바뀐 방향으로 돌아와서 다시 그 과정을 거칠 수 있다.

집단 전체의 탄력이 아주 부정적이거나 몇 사람의 부정적인 상호작용이나 문제로 인해 집단이 속수무책인 방향으로 흘러가는 경우에 대해서는 9장에서 다루고 있다. 이런 경우에는 초점전환이나 방향변화가 부정적인 사건에 대한 반응으로 상당히 공공연하고 명백하게 이루어진다. 그러나 긴급한 정도가 약할 때는 고급대화 조성기술—탄력 조성하기, 논의의 넓이와 깊이 조성하기, 부지불식간, 점차적, 상처 주지 않는 방법으로 집단초점 전환하기—을 사용할 수 있다. 이제 이에 대한 설명으로 넘어가고자 한다.

고급대화 조성하기

탄력: 초점의 가속화와 감속화

고급대화를 위한 첫 번째 전략은 집단에서 논의되고 있는 초점의 줄거리가 진전되도록 조성하거나 아니면 속도를 늦추거나 하면서 탐색하는 것이다. 표 8.2는 탄력(momentum)을 받은 집단 대화를 언제, 어떻게 가속과 감속할지를 요약한 것이다.

표 8.2 | 고급대화 조성전략: 탄력

목적	가장 적절한 때는?	대화방법은?
가속화	• 관점을 탐색하는 초기에 • 집단초점이 과거시점에 있거나 집단 구성원의 생각/가치관이 어떤 선택이나 행동으로 연결되기 전에 대화가 중단될 때	• 변화에 대해 열린 질문하기 • "문단 이어가기" 반영하기 • 인정하기 • 변화가능성에 대한 집단 브레인스토밍
감속화	• 집단이 직면한 어려운 문제를 집단이 건너뛰거나 그냥 넘어가려고 할 때 • 집단 구성원이 복잡하고 위험한 변화를 이루어 내는 것에 대해 과하게 자신 있어 하는 것 같을 때	• 천천히 갈 것을 제안하기 • 두 번째 관련주제 탐색하기 • 유인물활동, 짝짓기, 소집단활동 유입하기 • 연결반영 사용하기 • 변화방해 가능성과 보완계획 탐색하기

가속화

때때로 집단 구성원은 자신들의 삶이나 현재 상황에 대해서 필요이상으로 길고 자세하게 탐색을 한다. 집단이 변화방향으로 나가지 못할 때는 이런 세세한 것을 충분히 숙지하고 이용하여 도움이 되도록 하면 좋겠지만, 그런 이유가 아니라면 구체적 목적(집단 구성원 관계 형성하기, 초점 형성하기, 집단 진행속도 늦추기)이 있을 때만 자세하게 탐색하는 것이 좋다. 리더가 어떤 주제에 대해 시간을 많이 할애하면 집단 구성원은 그것을 중요한 주제라고 생각한다. 지나온 삶, 대인관계 갈등, 변화에 대한 부정적인 측면에 초점을 맞추어 탐색을 하면 이 주제가 중요하다는 강조를 리더가 하는 것이다. 그렇게 되면 미래 전망과 미래를 향하여 보내야 할 집단시간을 박탈하는 것이 되며, 특히 모든 집단 구성원의 개인상황을 상세하게 파헤치다 보면, 시간전체를 허비할 수도 있다.

집단 구성원은 집단 MI가 추구하는 초점에 대해 익숙하지는 않겠지만 시간이 지나면 집단 구성원도 대체로 과거를 돌아보기보다 미래를 향한 초점에 더 집중하는 습관에 익숙해진다. 과거에 대해 상세하게 탐색하던 사람들이 이를 자연스럽게 멈추고 변화에 대한 여러 가지 선택을 생각할 수 있도록 하기 위해서 기다리는 데는 시간이 오래 걸린다. 특히 사람들이 대화의 *쳇바퀴(loops)*에 빠져서 나오지 못할 때는 더 그렇다. 가속화란 문제나 과거를 탐색하기보다 변화를 향하도록 안내하는 것을 말한다. 그래서 과거나 현재의 상황에 대한 이야기에 집중하여 비생산적으로 될 때 혹은 아이디어/가치관을 선택이나 행동과 연결하기도 전에 대화가 중단될 때 가속화를 시도하는 것이 좋다.

다른 대화조성 전략에서와 마찬가지로 이를 다루는 방법 중 하나는 직접 질문을 하는 것이다. 질문의 내용은 집단 구성원의 삶이 어떻게 하면 더 나아질 수 있을지, 어떤 선택을 할 수 있을지, 걱정에 대한 자신의 부정적 정서반응으로부터 자유로워지기 위해서 혹은 앞으로 나아가는 데 방해가 되는 *미해결된 과제*를 마무리짓기 위해서는 어떤 도움이 필요할지를 집단 구성원에게 직접 물어보는 것이다. 또 다른 방법은 *문단 이어가기 반영*을 하는 것이다. 즉 변화를 향하여 나아가고 있는 집단 구성원이 어떤 말을 하면 그 집단 구성원이 그 다음에 했을 말을 리더가 짐작해서 표현하는 것이다. 이는 현재의 대화흐름에서 아직 말하지 않은 것을 반영해서 말을 하는 것이다(허락을 받지 않고 *슬그머니* 조언을 주는 것이 아님을 주목하라).

집단 구성원: 운동을 다시 시작하기가 너무 힘듭니다.

리더: 그래서 처음 몇 주를 버티는 데 도움이 되는 작은 보상을 언급하셨군요.

집단 구성원: 제 앞에서 술을 마시지 말라고 백만 번도 더 말했지만 그 사람은 그냥 그걸 지나가는 말로 듣는 것 같습니다(한숨).

리더: 그래서 최대한 강력하게 다시 말하고는 포기하는 마음에 이곳으로 와서 스스로에 집중하며 돌아보고 계시는군요. 현재로는 마음이 좀 진정되는 것 같으시구요.

집단 구성원이 대화의 고리에 빠져 있을 때 도와주는 또 다른 방법은 인정하기를 하는 것이다. 이는 걱정되는 것을 변화시킬 강점을 집단 구성원이 가지고 있음을 강조하는 것이다.

집단 구성원1: 그들은 의도적으로 저를 실망시키려는 것 같아요.

집단 구성원2: 그들은 진정 변화를 원하기보다 그냥 변화에 대해 말만 하고 싶어해요.

리더: 그래서 두 분은 누가 아무리 방해를 하더라도 자신이 옳다고 생각하면 그것을 하기로 결심하셨군요.

대화를 가속화시키는 또 다른 방법은 집단에서 선택메뉴(집단이 앞으로 나아가게 하는 방법들에 대한) 브레인스토밍을 하는 것이다. 조언하듯이 브레인스토밍을 하라고 하기보다는 집단에 도움이 되도록 브레인스토밍을 하면 어떻겠느냐고 집단 구성원에게 먼저 물어보라. 대답이 '아니오'라고 나오면 더 이상 진전시키지 않아야 한다. '예'라고 대답을 했다고 일단 가정해 보자. 그러면 각자가 어떤 정보를 집단에 투입할 것인지를 생각해 보도록 요청하라. 이렇게 하여 먼저 가능성에 대한 많은 아이디어가 나오도록 하고 그 다음 그 가능성에 대해 반응하고 시도해 보고 싶거나 유난히 눈에 띄는 것이 있는지를 알아보는 과정을 거칠 것임을 분명히 설명해야 한다. 가능성이 몇 개 나오면 멈추고 집단 구성원의 반응을 묻는다. 이 활동을 처음 하는 리더는 집단 구성원이 좋아하지 않거나 준비가 안 된 부분에 대해 말해 보도록 하기보다는 집단 구성원이 가장 좋아하고 더 생각해 보고 싶다고 말하는 선택메뉴를 간단하게 언급하는 식으로 진행하면 될 것이다. 가능성의 종류가 더 이상 나오지 않거나 집단 구성원이 추구하고 싶어하는 경로 하나가 분명해질 때까지 이 과정을 반복한다. 이 과정이 끝이 나면 감사의 말을 한다.

감속화

집단을 진전시키기보다 오히려 속도를 늦추고 상황을 좀 더 자세하게 알아보며 조심스럽게 선택하도록 만들어야 할 때가 있다. 이런 경우는 집단 구성원이 각자의 취약한 느낌이나 경험을 서로 나누었지만 아직 집단 응집력을 발달시킬 정도로 신뢰가 충분하기 전이거나 어떤 선택을 위한 메뉴를 충분히 탐색하기 전인데 집단은 변화전략으로 빨리 이동하려고 할 때이다. 때로는 집단에서 나누는 쟁점, 경험, 가능성들이 집단 구성원의 불편한 마음을 연상시키는 과거의 어떤 이야기와 관련이 있으면 서둘러 지나가게 된다. 또 집단 구성원이 생각하는 것처럼 그렇게 간단하지 않은 변화, 특히 실제로 시도하는 것이 위험할 수 있는 변화인데도 이 변화를 자신만만해 할 때 감속화가 필요하다. 누군가를 압박하는 것은 MI적이지 않다. 압박하는 것과 마음을 열고 좀 더 천천히 진행하도록 초청해 보고 여의치 않아 다른 주제로 넘어가는 것은 분명히 다른 것이다.

만약 과거의 중요한 주제나 요소들은 빨리 지나가고 앞으로만 나아가고자 하는 탄력이라면 그 탄력을 늦추도록 하는 것이 도움이 된다. 늘 하던 방법으로, 현재 거론되는 것이 중요한 것 같으니 속도를 좀 늦추고 현재의 쟁점에 머무는 것이 어떻겠느냐는 조언을 할 수 있다. 현재의 쟁점과 관련하여 새로운 생각을 소개함으로써 집단이 새로운 관점을 가질 수 있도록 하는 것도 도움이 된다. 어떤 특정 문제를 다룰 만큼 집단의 신뢰가 충분하지 않다면 나중에 할 수 있도록 그 문제를 일단 한쪽에 밀쳐 놓는 것도 하나의 전략이다. 그런 문제를 일단 뒤로하고 집단 구성원이 상처를 덜 느낄 문제에 초점을 맞추다 보면 집단의 결속, 신뢰, 응집성이 발달하게 된다. 이렇게 해도 별로 소용이 없다면 현재의 문제를 가지고 소집단이나 짝을 이루게 하고 유인물을 나누어 준다. 아니면 잠시 논의를 멈추고 메타커뮤니케이션를 하여 집단 구성원이 부담스러워하지 않도록 접근할 수도 있다. *메타커뮤니케이션(meta-communication)*란 현재 이루어지고 있는 집단 상호작용의 과정과 역동에 초점을 맞추어 집단 구성원이 이를 어떻게 지각하고 느끼는지를 탐색하는 것으로 집단이 더 편안하고 신뢰감이 느껴지도록 하는 방법을 브레인스토밍하는 것이다. 어떤 때는 집단분위기를 더 편안하게 만드는 아이디어가 나올 수 있지만 어떤 때는 집단에서 느끼는 느낌과 경험을 나누는 것이 금기사항이 아니라는 것을 단순히 보여 주기만 해도 된다.

만약 한 집단 구성원이 너무 앞서가는 상황에서 이것을 진정시키는 것이 목적이라면 유용한 방법은 연결반영을 하는 것이다. 즉 현재의 대화내용을 이전의 대화와 연결시키는 것으로 그 집단 구성원에게 이 둘 사이를 연결지어 보도록 초대하는 것이다. 그렇게 하면 계속 그 주제에 머물기도 하면서 탐색하던 내용에서 초점이 빗나가지 않도록 하는 데 도움이 된다.

과잉자신감이 있는 경우의 문제는 약간 다루기가 까다롭다. 보통 MI에서는 내담자의 관점과 반대되는 입장을 취하는 것을 피한다. 집단 구성원의 자신감이 너무 높아 거짓처럼 판단되면 리더는 그 집단 구성원을 멀리에서 바라보는 입장을 취한다. 이와 마찬가지로, 집단 구성원의 대담하며 새롭고 건강한 태도를 과소평가하는 위험도 저지르지 않아야 한다. 그 이유는 집단 구성원의 자신감이 진정 높은 것인지 아니면 리더가 과소평가하는 것인지를 확실하게 아는 것이 불가능하기 때문이다. 이와 동시에, 경험과 지식을 지닌 전문가로서, 성공하지 못할 것 같은 단계를 내담자가 모르고 무작정 뛰어들어 시작하도록 해서도 안 된다. 시도한 변화가 실패했을 때, 즉각적인 성공률에 대해 상당히 겸허한 사람에게는 이것이 특별히 해로운 영향을 미치지 않을 수도 있지만 과잉자신감을 가지고 있던 사람은 이를 충격적으로 받아들일 수도 있다.

과잉자신감 문제는 거의 언제나 민감한 사안이며 특히 또래동료들이 방안에 꽉 차있을 때는 더 그렇다. 집단 구성원이 수치심, 모욕감, 도전을 받았다고 느끼고 어떤 희생을 치르더라도 자신을 증명하고 싶어하도록 만드는 방식으로 접근하면 안 된다. 그 집단 구성원이 비록 그렇게 생각하지 않는다 하더라도 집단에 있는 다른 사람들이 그렇게 느낀다면 집단은 피상적 수준으로 더 후퇴할 것이다. 이런 상황에 접근하는 방법 하나는 변화를 편안하게 생각하는 그 집단 구성원의 관점을 수용해 주고 변화에 방해가 될 가능성이 있는 것을 탐색하면서 현실성 있는 보완계획을 찾아보도록 하는 것이다. 또 다른 방법은 그 집단 구성원의 변화결심을 인정하면서 그와 관련하여 다른 집단 구성원의 경험, 성공, 어려움, 어려움을 극복했던 방법 등에 대해 듣고 싶은지를 알아보는 것이다. 이는 과잉자신감 집단 구성원에게 변화를 시도하지 말라는 경고를 하고자 하는 것이 아니고—당연히 집단의 첫 번째 목적은 변화시도이다—만일 그 계획이 효과가 없더라도 실패의 충격을 흡수하고 자아, 감정, 사회적 지위감에 가해지는 타격이 부드럽도록 하기 위한 목적임을 기억하라. 계획의 진행상황과 진행하면서 발견하거나 예기치 않았던 어려움은 집단에 도움되는 정보가 될 것이므로 다음 회기 때 이에 대해 말할 기회를 주면 좋다. 그렇게 하는 목적은 첫 시도에서 작동하지 않은 계획을 다시 짜고 재정비할 수 있게 하기 위함이다.

넓이: 초점 확장하기 혹은 축소하기

대화를 조성하는 두 번째 고급기술은 대화 초점을 확장하거나 축소해서 대화를 더 생산적으로 만드는 것이며 표 8.3에 요약되어 있다.

확장하기

집단이 자질구레한 사항에 너무 집중하거나 서로 상관없는 많은 문제에 압도당하고 있을 때 *확장하기*를 사용한다. 확장하기는 행동이나 상황을 연결시켜 주제를 아우르고 설립하는 것이다. 확장하기의 효과가 나타나면 집단 구성원은 관점을 넓히고 여러 개의 작은 요소를 아우르는 넓은 변화를 만들어 내며 이로 인해 변화계획이 더 풍부해지고 스트레스는 감소한다.

어느 내담자가 자신이 변하고 싶은 사항에 대한 목록을 가지고 있다고 가정하자. 예를 들어, 인스턴트식품 덜 먹기, 수영 다시 시작하기, 요가수업 참가하기, 스

표 8.3 | 고급대화 조성전략: 넓이

목적	가장 적절한 때는?	대화방법은?
확장하기	• 집단 구성원이 사소한 것에 너무 집중하거나 제한된 관점을 보일 때	• 연결요약 • 열린 질문 • 양면반영 • 심상 혹은 은유적 반영 • 이끌어 내기–제공하기–이끌어 내기
축소하기	• 다면적 문제에서 한 측면에 초점을 맞추어 변화진행을 증진시키고자 할 때 • 집단 구성원이 애매하게 말을 하거나 변화와 관련이 없는 원리나 가치관에 대해서 말을 할 때	• 닫힌 질문 • 선택적 반영

트레스 적게 받기, 수면시간 늘리기이다. 그녀는 지난해 이 목표를 달성하기 위해 여러 차례 잘하고 있다가 사기가 저하되면서 *절제력을 잃었다.* 그러면 내담자는 불안하고 우울하며 과식, 과음, 밤늦은 활동으로 인한 수면부족이 되고 더 답답해 하며 변화동기는 줄어든다. 그녀는 말한다. "나 스스로 기분이 최고일 때는 모든 것이 잘 되다가 어떤 일, 업무 마감날짜, 사람관계 문제 등이 발생하면 한꺼번에 모든 것이 와르르 무너집니다. 그러면 우울해지고 그냥 '될 대로 돼라' 포기하고 다시 게을러져서 먹고, 마시고, 종일 TV보기로 그냥 되돌아갑니다."

각 상황을 따로 해결하면서 각각에 대한 계획을 세우는 것도 가치 있을 수 있지만 이들을 연결하여 건강한 생활이라는 하나의 주제를 만드는 것도 분명 장점이 있다. 왜냐하면 만약 내담자가 더 넓은 목적을 달성하고자 한다면 각각의 상황은 큰 전체의 일부가 될 것이고 이를 보다 통합된 양식으로 접근하게 되면 변화유지에 대한 내담자의 능력이 증가할 수 있기 때문이다. 즉 내담자는 그 많은 습관을 변화시키고자 그것을 한꺼번에 해내려하거나 아니면 스스로를 *나쁜* 혹은 실패자로 생각하게 되지만 통합적인 접근에서는 건강한 삶이라는 일반화된 목적을 향하여 계속 노력할 수 있다. 즉 이 변화 중의 어느 하나가 잘 유지되어 습관으로 구축되고 구축될 즈음에 또 다른 구체적 습관의 변화가 첨가되면서 보다 일반화된 변화목적을 향하여 계속 진행해 나가도록 이루어질 것이다. 너무 많은 것을 한꺼번에 변화시키려고 하면 잠깐은 의기양양해질지는 몰라도 실제로 그것은 건강한 삶이 아니며, 그러다 실패하면 스스로를 환멸하며 자책하고 이미 굳어져 있는 건강하지 못한 습관의 생활 속으로 다시 떨어질 것임을 내담자는 알게 될 것이다. 건강한 삶을 이룩하기 위해서는 내담자가 자신의 삶의 방식을 조금씩 조정해 가면서 변화에 순응하고 수개월이나 수년의 과정에 걸쳐 전반적인 건강을 위해 끊임없이 형성해 나가는 변화가 증대되어야 할 것이다.

어떤 변화는 이보다 더 복잡하여 연결주제가 분명하게 있는 것도 아니지만 초점확장을 하는 목적은 하나의 단위로 접근할 일반화된 패턴을 찾기 위함이다. 그러면 다중의 여러 변화를 이루어 내기보다 삶에서의 변화 하나를 이루어 내는 것으로 내담자가 생각할 수 있을 것이다. 심지어 변화를 나누어서 각 요소를 따로 접근하는 것이 도움이 되는 사람이라도 요소를 함께 연결한 확장된 의미의 주제가 있으면 변화를 이루어 내는 것이 더 쉬울 것이다. 그 이유는 그렇게 하다 보면 내담자는 큰 주제의 좋은 예가 되는 작은 구체적 패턴을 발견하게 될 것이고 확장된 변화에 대한 동기에 힘입어 별개의 특정 요소에 대한 노력을 더 굳건히 할 것이다.

확장하기는 또 다른 상식적 상황에서도 쓸모가 있다. 집단 구성원은 어떤 특정이유 혹은 자신은 별 문제가 아니라고 생각하는 어떤 문제 때문에 종종 의뢰된다. 이럴 때 내담자가 관심 있어하는 것에 초점을 맞추는 내담자 중심 접근을 사용하는 것은 쉬운 일이 아니다. 이런 상황에 대한 접근방식에는 여러 가지가 있지만 제일 좋은 방법은 확장하기이다. 이때의 초점은 내담자와 의뢰한 쪽—법정, 고용주, 가족—의 관심을 모두 포함시키는 것이다. 예를 들어, 법정에서 금주명령을 받은 집단 구성원이 의뢰되었다. 그 집단 구성원은 금주에 관심이 없거나 법원명령에 화가 나 있을 수도 있다. 법정과 내담자는 서로 싸우고 있고 리더는 어느 한쪽 편을 들어야 할 것 같은 느낌이다. 만약 내담자편을 든다면 내담자가 이길 확률이 없는 싸움을 더 부추기는 것이며 그 싸움에서의 내담자 *승리*는 내담자를 위하는 길이 아니다. 내담자와 법정 모두가 만족스러워하는 목적을 찾기 위한 초점확장이 그런 딜레마를 해결해 주는 길이 된다. 이는 내담자의 삶이 더 나아지는 길을 찾는 것일 수도 있다. 예를 들어 공부를 다시 시작하게 하여 경력을 쌓게 하거나 새로운 기술이나 흥미로운 영역을 발달시키고 개선시키는 개인 성장을 위한 도전을 하도록 하는 것이다. 목적을 확장하고자 할 때 내담자와의 갈등으로 목적

확장이 방해를 받고 싸움이 된다면 물러서는 것이 좋다. 만약 처음의 문제행동이 새로 세우는 목적과 반목상황이라면 더욱 좋다. 내담자의 어떤 습관이 자신이 세우고자 하는 목적에 장애가 된다고 여기면 내담자는 그 습관에 대한 고집을 부리지 않고 포기할 수 있게 된다. 어떤 경우라도 초점이 확장되면서 외부 통제와 싸우고자 하는 처음의 저항은 보통 감소하고 내담자도 전쟁을 계속하려고 하지 않는다.

초점 확장하기는 열린 질문으로 가장 직접적으로 성취할 수 있다. 그 이유는 열린 질문 자체가 바로 그런 성향이기 때문이다: “이것이 어떻게 큰 그림에 맞을까요?” “당신이 성취하고자 하는 다른 것과 이것은 어떻게 관련이 있을까요?” 열린 질문을 하는 방법 하나는 별개의 두 문제를 연결시키는 질문을 하는 것이다. “인스턴트식품 과식과 불면은 어떤 관련이 있을까요?” “여동생이 항상 당신에게 돈을 빌려 달라고 하는 것과 직장동료들이 당신이 해야 할 업무보다 더 많은 업무를 시키는 것 사이에는 어떤 관련을 지을 수 있을까요?”

확장을 하는 다른 방법은 *연결요약*을 하는 것이다. 어떤 집단 구성원이 현재 탐색하고 있는 문제와 이전의 대화 사이에 어떤 주제나 패턴이 드러나면 양쪽 대화에서 나온 요소를 연결하여 생각해 보라고 말하며 요약을 해 줄 수 있다. 이와 같은 내용중심의 연결요약을 집단 모두의 인간관계적 연결반영으로 묶을 수 있다면 특정초점의 내용을 넘어서는 확장도 되지만 집단 구성원 개인에서 집단 전체에 걸쳐 공유하는 주제의 확장도 된다.

예를 들어, HIV 환자 지지 집단에서 다음과 같이 말할 수 있을 것이다.

> “코리씨, 당신은 자신이 근래에 경험하는 피로와 메스꺼움의 증가 증상을 주치의에게 어떻게 말하려고 했던가를 언급했습니다. 약속시간에 맞춰 의사를 만나러 갈 때는 무엇을 말해야겠다는 생각과 계획이 있었으나 곧 다른 생각이 떠오르면서 의사에게 굳이 말할 정도로 중요한 것이 아닐 거라는 결론을 내린다고 했습니다. 몇 주 전의 대화에서도 당신은 바이러스감염을 항상 염두에 두고 있어야 하는 것이 너무 지쳐서 때로 약복용을 건너뛴다고 했습니다. 그리고 엔젤로씨도 언급하기를 집단참여가 너무 좋기는 하지만 때로는 여기 도착할 때까지는 오는 것이 두려워 집단의 지지를 받는 것이 얼마나 좋은지를 기억하려고 한다고 했습니다. 말을 들어보니, 극

복방법 중의 하나가 HIV 바이러스를 골똘히 생각하기보다 생각에서 몰아내는 것인 것 같습니다. 그러나 생각에서 떨쳐버리는 데도 에너지가 소요되고 안 좋은 점도 있을 겁니다. 어떻게 생각하십니까?"

양면반영 또한 초점의 확장에 효과가 좋다. 양가감정의 본질은 양쪽의 고민 사이에서 왔다 갔다 하는 것이다. 사람들은 종종 우유부단함 속에서 얼어붙기도 하고, 어떤 때는 전혀 다른 두 개의 패턴을 오랫동안 번갈아 하므로 어느 한쪽에 자리잡을 수가 없다. 예를 들어, 어느 흡연자는 수개월이나 수년간 금연을 생각하고 금연하고 싶어했음에도 불구하고 결코 금연에 도달하지 못한다. 또 다른 흡연자는 단숨에 금연하여 당분간 금연상태를 유지하다가 새로운 스트레스 요인이 발생하여 너무 힘들어지면 이에 대한 극복기제로 다시 담배를 피우는데 스트레스 요인이 사라져도 결국 다시 습관이 되어 전 과정은 다시 처음부터 시작된다. 양면반영이 마술처럼 양가감정을 해결해 주지는 않지만 양쪽 방향(혹은 유인가)의 생각, 느낌, 유혹, 좌절을 통합하는 문을 열며 금연으로 인해 얻을 건강상 이로움과 흡연 때문에 받는 스트레스의 감소(와 다른 이로움) 둘 다를 얻을 수 있는 해결책의 탐색에 도움이 된다. 결국 그러다 보면 안정적이고 오래가는 방법 쪽으로 균형이 기울어지게 된다. 다음과 같은 양면반영으로 과정을 시작할 수 있다. "당신은 금연했을 때의 자신의 느낌을 아주 좋아하는군요. 그렇지만 한편으로는, 긴장을 정말 풀리게 하고 어떤 힘든 시간이라도 견디게 하는 데는 담배가 당신에게 도움이 되는군요."

심상이나 은유를 포함하는 반영하기와 인정하기도 초점을 확장시킬 수 있다.

- "당신은 마치 한꺼번에 공 7개를 절묘하게 다루고 있는 것 같아요."
- "문제 하나를 때려눕히면 또 다른 문제가 튀어 오르는 모습이 마치 두더지 잡기 놀이 같군요."
- "당신은 마치 고양이처럼 항상 두 발로 착지하는군요."

이 방법의 이로운 점은 문제에 대해 이야기를 나누다가 문제를 다루기 위해 해야 할 일로 이야기의 초점을 바꿀 수 있다는 것이다. 집단의 몇 사람은 이런 과정을 통해 자신을 문제의 수동적인 희생자로 여기다가 문제를 적극적으로 다루는 사람으로 보는 지각의 전환을 가져올 수 있다. 지각이 이렇게 전환하면 어마어마

한 이익을 얻을 수 있다.

또 다른 확장전략은 정보교환을 위한 *이끌어 내기-제공하기-이끌어 내기* 접근이다. 이 접근은 집단 구성원의 관점이나 계획에 새로운 정보를 통합해 넣을 수 있게 한다. 11장에 자세하게 설명되어 있다.

축소하기

어떤 대화는 초점을 너무 좁게 잡아 시작하거나 대화의 반대편 끝에서 시작하기도 한다. 즉 집단 구성원은 분명 행복해 보이지 않는데 변하고 싶은 것은 분명하지 않다. 어떤 것이 달라졌으면 좋겠는지의 질문에는 "전부"라고 대답한다. 조금 더 구체적으로 말하라고 하면 "더 행복했으면 좋겠어요." "삶을 그만 낭비하고 싶어요."와 같은 대답이 나올 수 있다. 다른 경우에는 초점이 어느 정도 구체적이기는 하지만 여전히 범위가 넓어서 고민이나 관심을 특정 행위와 연결시키는 것이 어려울 수 있다. "저 자신이 통제를 잘 하고 싶습니다." "저의 미루는 태도가 줄었으면 좋겠어요." *축소하기* 전략은 일반적이고 광범위한 의미의 삶의 개선방법 주제에서 잘 정의된 관심분야와 변화목표를 향해 대화를 조성하는 것이다.

축소하기는 내담자가 인지적, 심리적 어려움이 있을 때도 유용하다. 심리적 만성장애가 있는 사람들은 때때로 행위와 결과 간의 연결성을 잃어 버린다. 불안한 사람은 불안을 야기하는 상황을 피하기 위해 하는 것이 어떻게 해서 나중에 자신의 두려움을 오히려 강화하고 불안을 고조시키는지를 모를 것이다. 만성 우울증인 사람은 자신의 비관적 스타일과 우울한 분위기가 다른 사람으로 하여금 거리를 두게끔 만들고 그래서 계속 외로움과 고립감에 젖어있게 된다는 것을 모를 것이다. 이러한 내담자들이 자신의 삶에 넓게 영향을 미칠 수 있는 변화를 실행할 초점을 좁히도록 도와주는 것은 개인치료에서는 상당히 어려울 것이다. 일상생활로 돌아가면 내담자의 정서반응과 대인관계 습관은 우선순위대로 자동적으로 제자리를 찾아가므로 회기에서서 나온 그럴듯한 생각들은 그 적절성과 긴급성을 잃는다. 이러한 이슈들은 집단회기에 더 직접적으로 다룰 수 있다. 그 이유는 집단회기에서는 이런 행동패턴이 일어나면 다른 집단 구성원이 영향을 받고, 생생한 현장탐색도 되며 변화를 위한 목적으로 발전시킬 수도 있기 때문이다. 집단 MI는 집단 상호작용에 초점을 맞추는 대인관계 과정 집단이 아니다. 그렇긴 하지만 집단 MI에서도 집단 구성원이 자신의 문제성 패턴을 발견하고 다른 집단 구성원과 함께 이를 해결하기 위한 작업을 서로 도와줄 기회는 충분히 있다. 하지만 개인 MI에서 이것이 언제나 가능한 것은 아니다.

축소하기 전략으로 진행을 하다 보면 서서히 내담자의 관심영역이 드러나게 된다. 집단을 시작할 때 집단 구성원은 구체적 변화목적을 가지고 있을 필요가 없고 또 목적을 위한 목적을 억지로 찾지도 않는다. 리더도 긍정적인 변화방향으로 초점을 맞추기 위해서 리더 자신이 구체적 목적을 가지고 있을 필요가 없다. 집단 구성원이 그들의 삶을 개선하는 데 도움이 되는 여러 가지 방법을 브레인스토밍하도록 하여 활기를 가져오도록 하며 어떤 때는 집단 발달의 초기에 집단 구성원이 염두에 두고 있던 목적보다 더 강력한 영향을 주는 변화목적이 나올 때도 있다. 방향은 이미 MI 전략 안에 내재되어 있으므로 리더는 집단 구성원의 변화경로를 따라 그들이 현재 위치하고 있는 곳에서 만나서 그곳에서부터 앞을 향하여 발을 옮기도록 도와주면 된다. 삶의 개선이라는 의미에 내리는 집단 구성원의 정의를 리더가 도와주다 보면 축소하기는 저절로 일어나서 개선방법을 찾기 시작하고 행동으로 옮기게 된다.

내담자로 하여금 자신의 생각에서 무엇이 변화되어야 하는지 또 그 변화가 일어나려면 자신이 무엇을 기꺼이 해야 하고 무엇을 포기해야 하는지 그리고 이를 어떻게 시작할 것인지와 같이 초점이 좀 더 구체적이 되도록 생각해 보라는 요청을 하는 것이 모두 축소하기의 예이다. MI에서는 닫힌 질문을 많이 사용하는 것을 장려하지 않지만 그렇다고 금기시하는 것도 아니다. 때로는 닫힌 질문이 초점을 축소하는 데 도움이 되기도 한다. 게다가 특정변화를 위한 초점을 축소하기 위해 내담자의 말을 선택적으로 반영하면 때로 직접 질문으로는 발견할 수 없는 목적과 계획을 집단 구성원이 발견하는 데 도움이 된다. 확장하기와 마찬가지로 축소하기도 일종의 발견과정이다.

깊이: 초점을 깊게 하거나 얕게 하기

대화의 범위(얼마나 넓거나 좁은지)와 더불어, 대화는 표면적 문제에 초점이 맞추어지거나 문제의 이면에 있는 감정, 가치, 그리고 다른 주제들에 초점이 맞추어질 수 있다. 표 8.4는 초점을 깊게 혹은 얕게 해야 하는 적절한 때와 그렇게 하기 위한 가장 보편적인 대화방법에 대한 요약이다.

표 8.4 | **고급대화 조성전략: 깊이**

목적	가장 적절할 때는?	대화방법은?
깊게 하기	• 집단 구성원이 상처 입기 쉬운 문제에 대해 서로 이야기를 나눌 마음의 준비가 되었을 때 • 집단 구성원이 초점표면의 자질구레한 것에 너무 집중하거나 초점을 지성화하거나 혹은 미해결의 양가감정에 고착되어 있을 때	• 정서, 가치관 반영하기 • 인정하기
얕게 하기	• 회기를 마무리하거나 집단을 끝낼 때 • 분위기가 너무 긴장 혹은 무겁거나 갈등이 드러날 때	• 마무리 요약하기 • 초점 이동하기 • 연결반영하기 • 유머 사용하기

깊게 하기

MI에서는 일단 양가감정이 해결되고 나면 목적설정이나 달성을 위한 초점은 다소 실용적인 것으로 잡는다. 그러나 초점이 실용중심이라고 해도 집단 구성원이 의미 있는 목적을 초점으로 잡는다면 이를 막지는 않는다. 일단 집단이 서로 신뢰감을 발달시키고 나면 초점을 안전하고 깊게 들어가게 할 방법을 찾아라. 집단 MI는 어떤 행동변화를 만들어 내는 것 이상으로 삶을 변화시키는 강력한 도구가 될 수 있다. 때로는 깊은 수준의 패턴 하나가 변화하여서 여러 층의 표면이 있는 특정행동의 변화를 가져올 수 있다(예, 가족에게 더 솔직하기로 결심함으로써 거짓말, 말다툼, 회피 빈도가 변할 수 있고 나중에 가족에게 숨겨야 할 행동을 하지 않으려는 동기까지도 생긴다). 초점을 깊게 하면 응집력과 신뢰감이 증가하게 되고 집단 구성원은 상처 입기 쉬운 문제를 함께 다룰 마음의 준비도 하게 된다. 집단 구성원이 피상적이고 사소한 것에 너무 초점을 맞추거나, 합리성을 추구하거나, 양가감정에 빠지는 경우, 초점을 깊게 하는 것이 도움이 된다.

하나의 좋은 예는 중독문제가 있는 내담자가 물질사용 중단을 목적으로 또래지지 집단에 참석할 때이다. 물질사용이 역기능적이 되어 내담자의 삶을 지배할 때 사용중단을 목적으로 하는 것은 확실히 가치가 있는 것이다. 그러나 중독을 극복한 많은 사람들이 지적하듯이 절제의 성공적 달성에는 종종 중독행동의 변화가 전부가 아니다. 자신 삶의 중심에 있던 물질사용 습관이 없어지는 변화를 통해 많은 사람들은 더 깊은 변화를 경험한다. 감정에 대한 각성이 증가하고 이 각성을 자신의 삶에 통합하면서 더 개방적이고 솔직해지고 삶에 대한 더 강한 목적과 결심이 발달하게 된다. 이런 깊은 변화들은 다른 측면의 변화들을 가져오기도 한다.

어떤 사람은 이를 영성적인 것으로 여기기도 하지만 자신이 더 안정되고 개방적이며 신뢰롭고 유연하게 되는 과정에는 영성적 뼈대를 필요로 하지 않는다. Rogers는 개인상담과 집단상담의 인간중심작업에서 깊이 들어가는 역할을 장려했고 집단 MI도 이 방법이 잘 맞아서 집단이 초점을 맞추고 있는 문제의 종류나 변화목적과는 상관없이 집단 구성원의 삶의 가치를 높이도록 돕는다. 감정, 가치관, 목적, 헌신 모두를 그대로 보여주는 반영을 하면 집단 MI의 집단 경험은 깊어진다. 집단 구성원의 헌신과 목적의 높은 수준으로 집단 구성원을 전부 연결시키면 집단 구성원은 자신의 가치관이 자신의 행동선택에 어떻게 영향을 미치는지에 대한 자각도 증가하고 집단에 대한 공동체의식도 발달하게 된다.

> 감정, 가치관, 목적, 헌신에 대한 반영은 집단 MI의 집단 경험을 깊게 한다.

인정하기는 집단 구성원의 행동(이타주의 같은)의 기저에 깔려있는 핵심가치관이 강조될 때, 특히 이런 행동이 집단에서 일어날 때, 이를 깊어지도록 만든다. 긍정적인 행동을 인정하면 집단참여는 집단 구성원이 성장할 기회와 가끔은 집단 응집력이 증가할 기회로 부각된다. 의미 있는 방식으로 다른 사람을 돕는 경험을 하면 그 사람의 내면이 심오하게 깊어질 수 있다. 이러한 기회를 찾아라. 특히 집단 구성원이 함께하는 경험을 통해 이런 기회를 찾도록 하라. 물론 오직 점차적이면서 진실한 방식으로 해야 한다. 집단 MI는 참만남 집단은 아니다. 참만남 집단은 즉시적이고 명백하며 강렬한 진실성과 투명성을 추구하므로 전체가 약간 인위적이거나 때로는 악용될 수도 있다. 개인 삶의 깊은 내면으로 들어가는 것은 오랜 시간 신뢰를 얻으면서 만들어지는 특권이다.

얕게 하기

깊게 하기의 보완적 전략은 논의의 분위기, 톤, 강도를 가볍게 하는 것이다. 이것의 목적은 사람들이 표면수준으로 다시 돌아오도록 하기 위함이다. 이렇게 하는 것이 특히 중요할 때는 깊게 들어가는 것이 집단 구성원이 다루기에 너무 빠른 상황이거나 회기종료 시간이 얼마 남지 않았을 때이다. 학대받은 과거경험의 결과를 초월하기 위하여 집단에서 탐색하다 보면 집단에 강력한 변화를 가져올 수 있다. 그러나 그렇게 하려면 리더의 노련한 기술이 있어야 할 뿐만 아니라 집단의 마음 준비, 전체 집단의 깊은 신뢰와 개방성도 필요하며 탐색할 시간도 충분해야 한다. 이 모든 요소들이 없다면 너무 깊게 탐색해 들어가거나 너무 많이 집단에 노출하여 나중에 후회하고 집단을 더 이상 안전한 장소로 느끼지 않게 되는 일이 없도록 방지하는 것이 중요하다. 깊게 작업을 하는 것이 의미 있을 때라도 내담자가 과하게 노출하여 회기가 끝나고 돌아가서 상처가 되는 일이 없도록 하는 것이 리더의 책임이다. 집단이 깊은 수준의 작업을 정기적으로 할 때까지는 논의의 초점을 표면으로 돌려서 회기가 끝나기 전에 주제를 가볍게 만드는 데 특히 신경을 써야 한다. 깊고 강렬한 탐색은 강한 흥미를 유발하고, 특히 집단 구성원이 이전에 그런 경험이나 문제를 전혀 나눠본 적이 없다고 할 때는 더욱 호기심을 유발하겠지만, 시간이 얼마 남지 않아서 대화를 미진하게 남겨둔 채 떠나는 것은 결코 해서는 안 된다. 언제나 집단회기가 끝나기 전에 초점의 표면으로 돌아오는 시간을 충분히 남겨야 한다. 만약 집단 구성원이 어떤 주제를 말하기 시작하면 리더가 그 방향을 돌리더라도 초점표면으로 돌아올 충분한 시간을 남겨야 한다.

집단 구성원 사이에 충분한 친숙함, 신뢰감이 없거나 작업을 깊게 받쳐줄 시간이 충분하지 않은데 상황이 너무 깊어지고 있음을 솔직하게 인정하면서 가볍게 안전한 방향으로 집단의 주제를 조정하고, 적절한 시간에 깊은 탐색을 이루는 것 또한 가치 있다. 깊고 상처받기 쉬운 문제를 다루고자 하는 집단 구성원의 의지와 용기를 칭찬하고 집단에 발달되고 있는 신뢰감도 인정하라. 깊은 측면을 집단 구성원의 변화와 관련하여 일상적이고 표면적인 요소들과 명백하게 연결하면 그 변이과정은 자연스러워진다. 괜찮다면 조금 유쾌하고 기분이 좋아지는 유머를 사용하여 그 순간의 집단의 분위기를 가볍게 할 수 있다(냉소적이거나 심각한 유머는 하지 말아야 하며 조심스러워야 한다). 리더의 의도를 알리지 않은 채 문제의 표면사항이나 행동사항에 초점을 맞추어 선택반영을 하면 집단은 서서히 표면수준으로 돌아올 수 있다. 집단 구성원은 자연스럽게 리더를 따라 표면으로 돌아올 것이다.

고급대화 조성전략 비교하기

집단 MI의 기본 전략 하나는 초점을 잘 다루어서 모든 집단 구성원(과 그들의 관점)이 집단 대화에 관여하면서 동시에 대화가 생산적으로 유지되는 것이다. 이 목적을 달성하고 대화의 탄력, 넓이, 깊이를 조성하기 위한 대화초점 다루는 방법은 다양하다. 이 방법들은 추상적 개념이기도 하고 고급기술이기는 하지만 상담 작업에 통합해 넣는 것이 아주 중요하다고 생각한다. 이 기술을 상담 작업에 통합해 넣을 수 있도록 돕기 위해 표 8.5를 제공한다. 이 표에는 우리가 언급한 방식으로 대화를 조성하고자 시도하는 상담자의 반응이 먼저 나오고 내담자의 반응이 뒤따라 나온다.

표 8.5 | 고급대화 조성전략의 비교

목적	상담자	내담자
(내담자의 시작하는 말)		"모든 사람은 거의 비슷하게 늘 저보고 행동을 바꾸라고 말합니다. 그런 말을 들으면 저는 속으로, 나는 뭐 좋아지고 싶지 않은 줄 아나, 내가 죽고 싶어서 그러는 줄 아나 하는 생각을 합니다."
가속하기	"그렇다면 방금 그 말씀에 초점을 맞추어 봅시다. 이미 하고 계시는 노력은 어떤 것이 있습니까? 그 외에도 무엇을 시도해 보려고 하십니까?"	"담배를 끊었습니다. 제게 그건 큰 결심입니다. 식습관도 개선하려고 하고 있고 운동도 더 하려고 합니다만 아직 열심히 하지는 않습니다."
감속하기	"주위의 압력에 시달리시는 것 같고 그게 오히려 상황을 더 악화시키는 것 같네요. 저는 그렇게 하고 싶지 않으므로 천천히 나가 봅시다. 장기간에 걸쳐 문제를 바로 잡는 것이 급하게 빨리 그냥 어떤 것을 시도하는 것보다 더 나을 수 있습니다."	"사람들은 마치 제가 게으른 사람이거나 노력을 하지 않는 사람인 것처럼 행동합니다. 그렇지만 저는 담배를 끊었고 식습관 개선과 더 많은 운동을 하려고 해왔습니다. 그렇지만 사람들이 생각하는 것처럼 그렇게 쉽지가 않습니다. 저도 정말 변하기를 원합니다만 그러다가 얼마가 지나면 그런 마음을 그냥 잊어 버리게 되는 것 같습니다."

표 8.5 고급대화 조성전략의 비교(계속)

목적	상담자	내담자
확장하기	"말씀을 들어 보니 바라는 것이 단순히 병을 고치는 것 그 이상인 것 같습니다. 당신은 전체적으로 더 건강하고 더 행복하며 스트레스를 덜 받기를 원하는 것 같습니다. 그냥 물 밖에 머리만 나와 있기를 바라는 것이 아니고 수영을 진정 즐기고 싶어하는군요."	"그렇습니다. 건강하지 못한 자신에게 이제 지쳤습니다. 항상 이것을 생각해야 하고 말도 해야 하는 것에 지칩니다. 그냥 퇴원만을 바라기보다 더 나은 삶이 되기를 바랍니다. 아마도 스트레스가 덜 되는 일 하기, 좀 더 여유 있기, 친구들과 함께하는 시간 더 가지기, 그냥 살기보다 실제로 삶을 살아가기."
축소하기	"상당히 중요한 말씀을 하시는 것 같습니다. 그냥 일반적인 어떤 이야기를 하기보다 구체적인 것에 초점을 맞추어 이야기를 할 준비가 되어 있는 것 같습니다."	"그렇습니다. 체중을 줄이는 방법이나 스트레스를 덜 받는 방법에 대해서만 자꾸 듣는 것은 도움이 되지 않습니다. 식사요법도 두어 개 시도했었고 호흡법도 시도했습니다만 그렇게 도움이 되지 않았습니다."
깊게 하기	"네, 당신은 부인과 함께 늙어가고 싶기도 하고 커가는 손녀의 모습도 보고 싶으시군요."	"더 바랄 것이 없지요. 저는 제가 늘 걱정스러운 것이 그냥 두렵고 그러다 보니 더 많이 먹고 싶어지고 담배생각도 납니다. 제 마음에서 이 생각을 없애지 못하다 보니 더 나빠집니다."
가볍게 하기	"와, 사람들에게 물러서라고 해야겠군요!(미소) 음.... 저는 당신이 이 모든 것에 질질 끌려가지 않게 할 방법이 무엇인지 궁금합니다. 어떻게 하면 사람들이 하는 말에 당신이 신경을 쓰지 않고 자신의 계획대로 이번 주에 계속 노력하게 할 수 있을까에 대해서요."	"오, 저도 생각 안 해 본 줄 아십니까? 제 등에서 그 사람들을 내려놓는 몇 가지 방법을 생각했었습니다!(웃음). 그러나 정말 저를 가장 속상하게 하는 것은 사람들이 저를 의심할 때입니다. 사람들이 의심하면 저도 자신을 의심하게 됩니다. 그러니까 사람들이 하는 말을 무시하고 그냥 내가 할 수 있는 것에 집중한다면 궤도에서 벗어나지 않게 될 것이고 집사람도 그걸 보고 걱정을 너무 많이 하지 않을 것입니다."

표 8.5 | **고급대화 조성전략의 비교(계속)**

목적	상담자	내담자
초점 바꾸기	"우리는 같이 나눌 이야기가 많은 것 같습니다. 당신이 지금 겪고 있는 것에 대해 저에게 말씀해 주셔서 감사하며 저는 당신을 의심하지 않습니다. 이제 시간이 얼마 남지 않은 관계로 이 이야기를 나중에 다시 나누어도 될지 궁금합니다. 예를 들어 당신이 얼마나 이 문제로 답답한지에 대한 탐색을 하고 이 모든 것을 극복하기 위해 어떤 도움이 필요할지에 대한 이야기를 나눌 수 있을 겁니다."	"그러면 좋겠습니다. 지금은 그냥 간단한 점검을 하는 것이라는 걸 알고 있기 때문에 당신에게 짐을 지우려는 뜻은 없었습니다만 너무 답답해서 어떤 말이라도 해야 했었습니다. 약속을 다시 잡을 수 있으면 그때는 아마도 제가 왜 고착되어 답답해하는지 그 이유를 조금 더 생각할 수 있을 것 같고 그러면 제가 할 수 있는 일을 우리가 찾아낼 수 있을 겁니다."

대화 종결하기

회기의 남은 시간이 얼마 되지 않았을 때, 해야 할 다른 과업이 있을 때, 그리고 주제에 대한 논의가 충분히 이루어졌을 때는 대화를 종결해야 할 시간이다. 대화나 활동의 핵심을 요약하고 논의주제가 완결되었는지 아니면 나중에 계속할 것인지의 여부를 분명하게 하며 집단 구성원이 주제, 활동, 회기에서 마음이 빠져나오도록 돕는 것이 이때의 목표이다. 시간상의 문제로 종결할 필요가 있는데 아직 미진한 에너지가 남아있고 새로운 과업으로 이동하거나 회기를 마치고 일상적 삶으로 돌아갔을 때 집단 구성원의 마음이 혼란스러워질 것 같은 느낌이 있으면 이를 여러 가지 방법으로 다룰 수 있다. 하나의 방법은 핵심질문이나 지시를 한 바퀴 돌려서 하는 것이다. 예를 들면, "이 대화를 통해 자신이 얻은 것이 무엇인지, 또 어느 정도 결말이 났다고 생각하는지, 아니면 계속 곰곰히 생각하게 될 것인지를 말씀해 주세요." 다르게는, 협동작업으로 핵심요점의 요약을 함께 만들어 보도록 요청한다. 몇몇 집단 구성원이 결말을 못 내고 있으면 이 주제를 다음 회기에 다시 재개할 것인지를 질문한다. 다른 방법으로는, 변화경로의 또 하나의 퍼즐조각이거나 발자국 하나인 것을 시인하며 회기를 마무리하고 집단 구성원의 참여와 서로에 대한 지지를 고마워한다.

요약을 하지 않는 것이 더 나을 때가 있는데 회기가 끝난 후에 집단 구성원이 문제를 더 생각해 보는 것이 좋다고 할 때이다. 그렇지만 대체로 어떤 식이라도 요약을 하는 것이 집단의 관점을 굳히거나 다루었던 문제를 이해하는 데 도움이 되어서 일상생활로 더 수월하게 돌아갈 수 있다.

참고문헌

Barlow, S. H., Burlingame, G. M., Harding, J. A., & Behrman, J. (1997). Therapeutic focusing in time-limited group psychotherapy. *Group Dynamics: Theory, Research, and Practice, 1*, 254-266.

Faris, A. S., & Brown, J. M.(2003). Addressing group dynamics in a brief motivational intervention for college student driners. *Journal of Drug Education, 33*, 289-306.

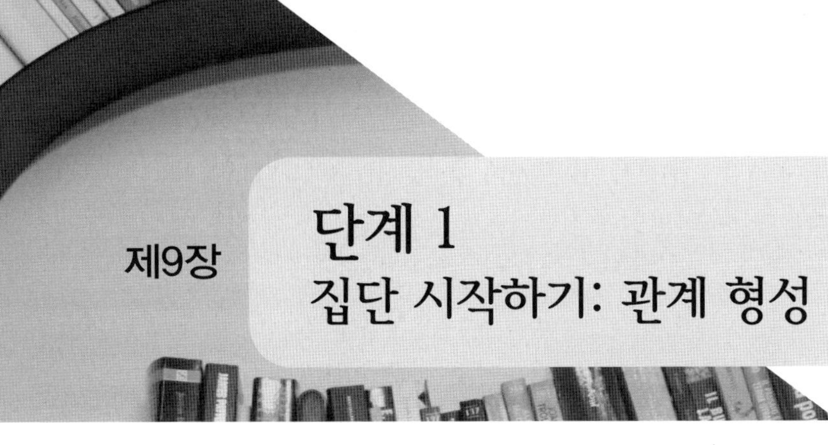

제9장

단계 1 집단 시작하기: 관계 형성

집단 MI를 개념적으로 해석하면 집단 구성원들이 각자 자신들의 삶에서 긍정적인 변화를 이루어 내기 위하여 하나의 집단으로 모여 함께 작업하는 것을 의미한다. 이러한 개념은 집단 과정에 주로 초점을 맞추는 접근법과 개인에 초점을 맞추는 접근법 사이의 중간에 위치한다. 집단 유형의 연속선상의 한쪽 끝에 있는 대인관계 과정적 접근은 집단 상호작용을 활용하여 집단 구성원들이 초기 중요한 타인들과의 경험을 통하여 형성한 대인관계 패턴과 지각을 이끌어 낸다. 그리고 이러한 대인관계 패턴과 지각을 지금-여기의 입장으로 교정하기 위하여 집단역동을 살펴보고 집단 구성원들이 다른 사람들에게 다가가는 방식과 다른 사람을 지각하는 방식을 변화시키는 작업을 한다. 한편 집단유형의 연속선상의 반대쪽 끝에 있는 접근은 집단 리더가 순차적으로 한 집단 구성원과 개별적 소규모 회기를 진행하는 것으로, 그 동안 다른 집단 구성원들은 그 상호작용을 조용히 관찰하고 이후에 요약적인 피드백을 제공한다. 우리는 집단 구성원의 개인적인 사안을 탐색하는 데 초점을 맞추는 입장과 개별적인 사안을 다른 구성원들의 관심사와 연계하여 일반화한 다음, 그것을 함께 탐색하는 입장을 섞어서 엮은 중간적 입장을 취하는 접근을 지지한다. 우리의 접근법은 명백하게는 집단역동에 초점을 맞추는 것은 아니지만, 변화를 위한 지지를 제공하기 위하여 집단을 활용한다.

이 장에서는 다음에 대해서 중점적으로 다룰 것이다. 첫째, 집단이 최적의 효과를 나타낼 수 있도록 집단 발달을 촉진시키고 도전과제를 관리한다. 둘째, 집단 MI에서 공동 리더를 갖는 것의 이점에 대해서 논의한다. 셋째, 회기를 구조화하는 일반적 전략에 초점을 두면서, 집단 MI의 첫 회기를 준비하고 진행하는 방법을 집중적으로 다룬다. 이들 방법은 전형적으로 집단상담에 관여하는 데 충분한 것들이다.

집단 발달 촉진시키기

MI는 처음에 개인상담 접근으로 개발되었다. 집단 MI에서의 중요한 차이점은 한 사람의 개인적인 상황을 깊이 있게 탐색할 시간을 많이 갖지 못한다는 것이다. 또 다른 차이점은 한 개인의 상황을 깊이 있게 탐색하는 것이, 개인상담에서는 관계를 형성하는 것일 수 있지만, 집단을 약화시킬 수 있다는 것이다. 몇몇 초기 상담자들은 집단에서 다른 집단 구성원들은 관찰을 하게 하면서 일련의 개별적인 개인상담 같은 소규모 회기를 진행하는 것을 집단 회기로 여기기도 했다. 그러한 시기를 거쳐 지금까지 이루어진 집단에 대한 수많은 연구 결과는 집단 과정에의 참여도, 집단 응집력, 상호 과업에의 관여도가 집단 성공의 주요 요인임을 보고하고 있다. 대부분의 집단관련 연구들은 리더가 집단 회기 내에서 각 구성원과 일대일로 개입하는 것을 지양하고 집단 구성원들 간의 치료적 상호작용을 증진시키는 것을 지향하는 것이 바람직하다는 것을 지적하고 있다. 본질적으로, 이는 개인상담에서 벗어나 집단 상호작용을 촉진시키는 방향으로 이동하는 것이다.

그림 9.1부터 그림 9.5까지는 관찰자가 있는 일대일 상호작용과 집단 상호작용 간의 차이를 보여준다(Farrall, 2007에서 인용). 그림 9.1은 다섯 명의 집단 구성원으로 이루어진 소집단과 작업하는 한 명의 리더를 나타내고 있다. 이러한 상호작용 속에서는 리더가 여러 집단 구성원과 일대일로 의사소통을 하면서 각자와 개별적으로 상호작용을 한다. 그림 9.1에서 볼 수 있듯이 이러한 접근 방식은 본질적으로 리더-중심적인 집단을 이루게 하여, 구성원들은 오직 리더와만 관계를 맺게 되며, 불가피하게 리더가 집단 구성원 누구보다도 더 많은 발언 기회를 갖게 된다. 이 형태는 서로 마주하고 있을 때조차도 구성원들이 어느 면에서는 서로 조금씩 소외되는 결과를 낳는다.

집단의 힘의 대부분은 집단 구성원들의 상호작용과 공동 작업으로부터 생성

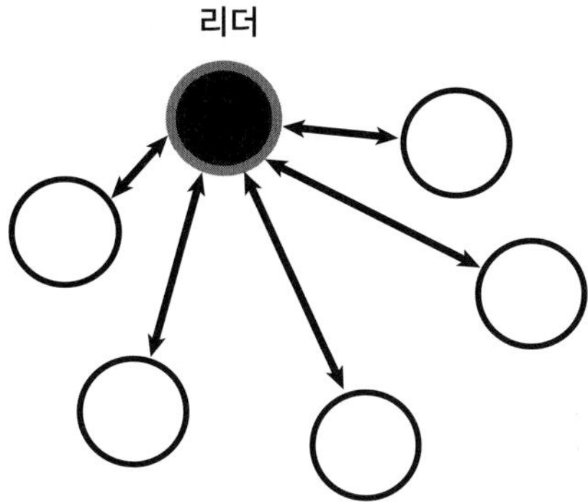

그림 9.1 리더-중심 집단

되므로, 경험의 유사성, 당면한 문제, 혹은 변화에 대한 태도 등을 토대로 구성원들을 서로 연결시켜 주는 것이 중요하다. 집단 구성원들은 서로 간의 연관성을 내면화함에 따라, 리더가 존재하는 공간에 별개의 개인으로서 공존하고 있는 것이 아니라 작업 집단으로서의 상호작용을 시작하게 된다. 이후의 그림들은 개인적인 사안들을 제기한 두 구성원을 리더가 연결시키는 작업을 할 때, 어떤 일이 시작되는지를 보여준다. 그림 9.2에서 리더는 관심사, 걱정거리, 또는 변화 동기에 있어서 그들의 유사성을 제시/반영하고 두 구성원 간의 연관성을 촉진시켜 준다(예: "두 분이 서로 다른 사안을 이야기하고 있기는 하지만, 두 분 모두 자기 자신의 필요에 대해서 다른 사람에게 좀 더 자기 주장을 할 수 있도록 애쓰고 있습니다.")

리더가 유사점을 조명해 줌에 따라, 두 구성원은 상호작용하기 시작하게 되고,

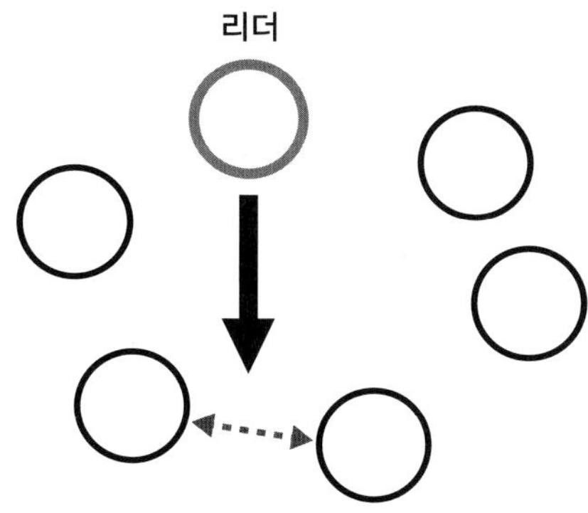

그림 9.2 두 집단 구성원을 연결하기

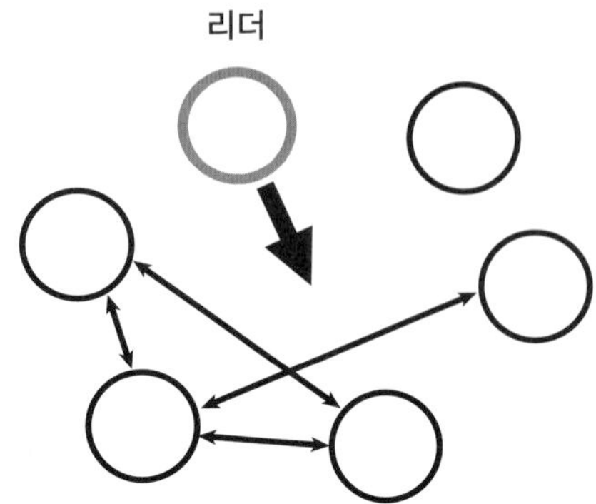

그림 9.3 집단 전체와 관계 형성하기

이는 또 다른 두 구성원의 합류를 유발한다. 리더는, 그림 9.3에 나타난 바와 같이, 추가적인 연관성 반영하기, 인정하기, 집단 전체를 향한 질문들을 통해 이러한 참여를 강화한다.

다섯 번째 구성원이 일정 시간 동안 참여하지 않은 채로 남아있게 되면, 그 구성원이 특정 논의에 관여하지 않은 채 있으려고 하더라도 리더가 관계성을 유지하기 위해 다가간다(그림 9.4).

어느 정도 시간이 경과한 후에는 지속적으로 리더가 개입하지 않더라도, 집단이 높은 수준의 집단 참여와 응집력을 보여주며 자체적으로 유지되는 것을 목표로 한다. 구성원들은 다른 집단 구성원 모두와 또는 거의 모두와 상호작용하게 된다. 리더가 여전히 개별 구성원들과 직접적으로 상호작용하는 시간을 가지겠지만, 대부분의 이야기는 집단 전체를 대상으로 하게 된다. 우리는 집단이 발달함에

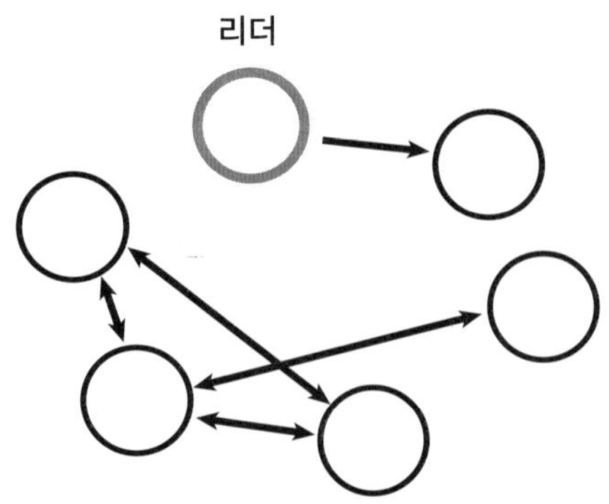

그림 9.4 고립된 구성원과 관계 형성하기

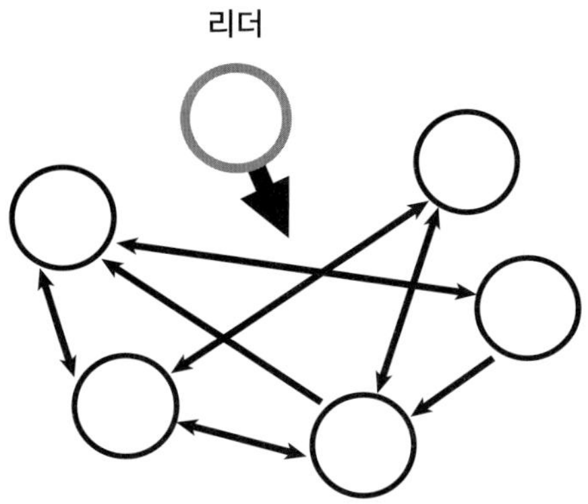

그림 9.5 연결망

따라 집단 구성원 간의 연결이 그림 9.5에 표현된 것처럼 촘촘한 망처럼 형성되기를 바란다. 일단 지속적으로 발달될 연결망이 강하게 형성되면, 우리는 강력한 작업 집단의 발달을 촉진시킨 것이므로 우리의 초점을 집단 기능의 더 깊은 측면으로 돌릴 수 있게 된다.

리더가 지속적으로 개입하지 않더라도 집단이 스스로 유지되도록 하는 것을 목표로 한다.

모든 집단 구성원이 다른 모든 집단 구성원들과 이야기하는 것이 반드시 필요한 것은 아니다. 정작 중요한 것은 집단의 힘과 효율성을 극대화하기 위해서 집단 구성원들 간의 연결과 상호작용을 발달시키기 위해 노력하는 것이다. 응집력 있는 집단은 작업을 함께 더 잘 할 뿐 아니라, 개별적인 구성원들이 각자의 관심사나 어려움, 또는 변화 동기에 대해 모든 세부사항들을 일일이 이야기해야 할 필요를 덜어준다. 집단에 온전히 참여하는 구성원들은 서로를 통해서 대리 효과를 얻는다. 한 사람이 자신의 양가감정을 탐색하여, 변화하기로 결정하고, 그것을 어떻게 이룰 것인지에 대해 숙고하기 시작하면, 참여한 다른 집단 구성원들은 그 과정에 동참해 온 것이기에, 자신들의 자세한 이야기나 탐색과정, 의사결정 과정 없이 자신의 문제에서 핵심적인 사안을 집단과 함께 탐색하는 것만으로도 충분한 경우가 종종 있다. 집단 구성원 간의 상호작용은 이러한 목적을 성취하기 위하여 권장된다. 일단 집단의 참여가 활성화되고 서로 간의 연결이 잘 이루어지면, 리더는 개별적인 탐색을 집단 상호작용과 연관 지음으로써 집단의 참여도를 유지하면서도 개별 구성원을 위해 훨씬 더 지속적인 시간을 사용할 수 있게 된다.

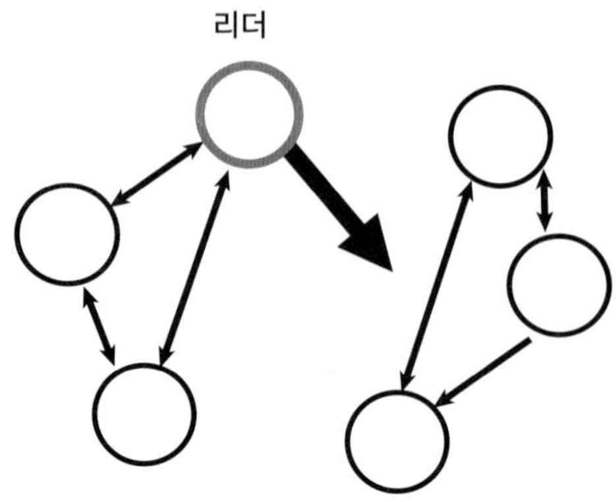

그림 9.6 하위집단

하위집단

하위집단의 발달은 주의해야 할 부분이다. 이런 경우 전체 집단과 소통하기 위해 힘써 노력하는 대신에, 그림 9.6에 나타난 것처럼 전체 집단 내의 여러 하위집단과 상호작용해야만 한다. 하위집단이 특정한 주제에 대해서 일시적으로 생길 수밖에 없을지라도(그리고 그것이 도움이 될지라도), 하위집단들이 고착화되는 것을 방지하는 것이 중요하다. 왜냐하면 고착화된 하위집단들은 집단의 힘과 응집력을 약화시키고, 다른 하위집단에 무관심해지거나 경쟁하게 되기 때문이다.

문제가 있는 대인관계 스타일을 가진 집단 구성원 다루기

집단 리더가 수행해야 할 과업 중의 하나는 집단역동을 잘 관리하여 집단 구성원들의 서로 다른 대인관계 스타일이 불필요한 마찰을 일으키지 않도록 하는 것이다. 리더의 또 다른 과업은 집단 구성원들이 집단 내에서 건강한 역할을 할 수 있도록 하며, 집단이 기능하는 것을 방해하는 역할에서 벗어나도록 하는 것이다. 또한 집단 구성원들이 다른 구성원들에 대하여 무심하거나 편견이 섞인 언급을 하는 경우에는 집단이 긍정적 초점을 유지하도록 개입하는 것도 중요한 일이다.

대인관계 문제

잘 연구된 대인관계 상호작용에 대한 모형(Alden, Wiggins, Pincus, 1990; Hopwood et al., 2011; Locke, 2000)에서는 문제가 있는 여덟 가지 대인관계 스타일을 통제력(지배성부터 복종성까지) 차원과 친화력(친절함부터 적대감까지) 차원의 정도에 따라 그림 9.7에서 보여주는 것처럼 원형으로 배열해 놓고 있다.

일반적으로 이러한 대인관계 스타일들이 지니는 문제성(그리고 도전성)은 그 경직성과 극단성에 기인한다. 건강한 대인관계 기능은 전형적으로 다른 사람에게 다가가는 데 있어서의 유연성을 포함하고 있다. 주장하는 것이 최선인 상황에서는 주장할 수 있으며, 조용히 있는 것이 그 상황에서 더 나은 것일 때는 말을 하지 않을 수 있는 것이다. 이러한 사람들은 필요에 따라 이끌기도 하고, 따르기도 하며, 보살필 수도 있고 완고한 태도를 가질 수도 있다. 또한 건강한 대인관계 기능은 상황의 곤란성에 따라 자신의 스타일 강도를 조절하는 능력을 포함하고 있다. 어떤 두 상황이 모두 친근한 대인관계 스타일을 요구하는 상황일지라도, 한 경우에는 즐겁고 가벼운 친절함이 적절할 수 있는 반면, 다른 경우에는 좀 더 강력한 위로와 보살핌이 필요할 수 있다. 대인관계에 문제가 있는 사람들은 사회적 단서를 잘 읽지 못하거나, 상황 혹은 사람마다의 상이한 요구에 자신의 스타일을 적응시키면서 자신의 상호작용 강도를 조절하는 데 어려움을 경험하는 경우가 많다(Kiesler, 1996). 집단 안에서, 이러한 문제들은 집단이 응집력을 이루고 지지적

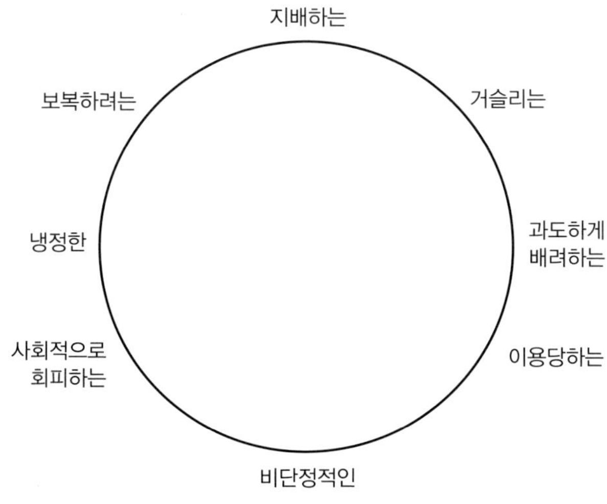

그림 9.7 대인관계적 문제 원형도법

인 모습을 유지하고, 집단과업을 성취하며, 개인에게 초점을 맞추는 것과 전체로서의 집단에 초점을 맞추는 것 간의 조화를 이루는 집단 능력에 크게 영향을 미친다(MacNair-Semands, 2002). 또한 대인관계 문제가 있는 사람들은 집단 분위기와 사건들을 그들이 지니고 있는 문제가 되는 스타일과 일치하는 방향으로 해석하는데(Kivlighan & Angelone, 1992; MacNair-Semands & Lese, 2000), 이는 문제적인 대인관계 스타일 기저에 있는 다양한 불안정 애착특성에 의해 매개되기 때문이다(Chen & Mallinckrodt, 2002). 더군다나 이들은 종종 그들이 가진 경직되고 극단적인 스타일들로 인하여 실제로 집단 분위기를 다르게 *경험*할 수도 있다. 예를 들어, 보복적인 어떤 집단 구성원은 집단으로부터 지지를 덜 받을 가능성이 있고, 그래서 그는 집단 분위기를 거리감이 있고 불친절하다고 지각할 수 있다. 한편 동일 집단에서 매우 자애로운 어떤 구성원은 다른 집단 구성원들로부터 따뜻함과 친절함을 더 많이 유발시킬 수 있기에, 동일 집단을 수용적이고 지지적이라고 지각하기 쉽다(MacNair-Semands & Lese, 2000). 따라서 대인관계적 사안이 개인 MI에서는 크게 중요시해서 다루는 사안이 아닐지라도 집단 MI에서는 주의해서 다루어야 한다.

대인관계적 문제들을 감소시키려는 의도로 특별히 이루어진 집단상담에서조차(예, Malat, Morrow, & Stewart, 2011) 성격 스타일은 일반적으로 견고하게 형성되어 있어서 변화가 느리다는 점을 고려할 때, 집단 MI는 서로 다른 성격 스타일들이 초래할 수 있는 집단 기능에서의 곤란을 최소화하면서 동시에 서로 다른 성격 스타일들을 수용하는 방향으로 집단을 촉진시키는 것에 초점을 두는 것이 아마도 더 나을 것이다. 우리는 집단 내에 긍정적인 에너지를 구축하는 것에 초점을 두고 있으므로, 다양한 스타일들을 수용하기 위해 우리가 선호하는 방법 중 한 가지는 이러한 스타일들과 연관된 강점들을 발견하고 인정하는 것이다. 표 9.1은 다양한 대인관계 문제에 수반된 강점들을 조명해 주고 있는데, 이러한 강점은 집단을 형성하기 시작할 때부터 주의깊게 살펴보고 언급하며 인정해 주어야 하는 것들이다(Locke & Sadler, 2007 인용; Sadler, Ethier & Woody, 2011). 집단 구성원의 강점에 기초하여 집단을 이루는 것은 그들로 하여금 최선을 다하도록 돕고, 관계형성을 이루어 주며, 집단 응집력을 조성한다. 이는 언제든지 발생할 수 있는 집단 갈등에 대한 중요한 대비책을 제공해 준다. 우리는 집단 발달 전반에

다양한 성격 스타일에 연관된 강점을 찾고 인정하라.

표 9.1 | **대인관계 문제, 상응하는 강점, 그리고 집단 MI 전략**

유형	서술	강점	전략
지배하는	다른 사람들을 장악하고 지배하고 변화시키려고 하는 문제를 가짐	야심적인 단호한 결단력 있는 설득력 있는 확신에 찬	1. 자신의 의도를 도움이 되는 방향으로 이끌어감 2. 자신의 경험과 관심사에 집중하도록 인도함 3. 자신의 의도와 그것이 실제로 다른 사람들에게 미치는 영향 사이의 차이점을 탐색하기 위해서 다른 사람들의 반응을 공유하도록 요청함 4. 결단력을 지지함
보복하려는	다른 사람들을 믿지 못하고 의심함; 다른 사람과 자신의 필요가 충돌할 때 다른 사람을 배려하지 못함	영리한 회의적인 지켜보는 재치 있는	1. 개인적인 선택과 지배권을 강조함 2. 자신의 의도가 다른 사람들을 공격하려는 것이 아니라 공격이나 비판으로부터 자신을 보호하려고 하는 것임을 이끌어 냄 3. "진실되게 행동"하는 것을 지지함(적당한 때)
냉정한	다른 사람에게 애정을 느끼거나 표현하지 못함; 다른 사람에게 너그럽게 대하면서 잘 지내지 못하고, 용서하지 못함	쉽게 동요 않는 솔직한 집중적인 정신이 강인한	1. 실용적인 해결책 도출을 강조함 2. 과정 중에 배우게 되는 "냉엄한 현실"을 공유하도록 유도함 3. 필요한 경우에 "혼자 힘으로 할 수 있는" 능력을 지지함
사회적으로 회피하는	다른 사람들과 함께 있을 때 불안해하고 어색해함; 사회적 상호작용, 감정 표현, 다른 사람들과의 교제에 어려움을 겪음	개인적인 상냥한 혼자서 잘 지내는 아끼는	1. 강점들에 대해 이야기하면서 참여를 유도함 2. 순서에 있어서 두 번째나 세 번째에 이야기하도록 함으로써 불안감이 너무 고조되지 않도록 함(같은 이유로 첫 번째 순서도 피한다) 3. 편안해질 때까지 조용히 관찰하다가, 회기 도중에 참여할 수 있도록 허락함 4. 개인적인 장점과 강점을 지지함

표 9.1 | 대인관계 문제, 상응하는 강점, 그리고 집단 MI 전략(계속)

유형	서술	강점	전략
비단정적인	자신의 필요를 다른 사람들에게 알리는 데 어려움을 겪음; 권위 있는 역할을 담당하게 되면 불편함을 느낌; 다른 사람에게 엄하거나 확신있는 태도로 대하지 못함	자족하는 기여하는 다른 사람을 방해하지 않는 다툼을 피하는	1. 다른 사람들의 딜레마에 대한 이해와 반응을 공유하도록 격려함 2. 집단의 역동이나 진행 과정을 관찰하고 논평하도록 요청함 3. 개인적인 선택과 지배권을 강조함 4. "팀 플레이어"인 것을 지지함(적당한 때)
이용당하는	다른 사람에게 상처를 주는 것이 두려워 분노를 느끼거나 표현하는 데 어려움을 겪음; 남을 잘 믿고 쉽게 이용당함	얌전한 겸손한 너그러운 온화한	1. 스트레스를 적게 받는 시기에 자각을 일깨움 2. 다른 구성원이 이용당하는 느낌이나 분노를 표현할 수 없는 점을 이야기할 때, 바라보는 시각을 공유하도록 요청함 3. 개인적인 선택과 지배권을 강조함 4. 온화하고 너그러운 본성을 지지함
과도하게 배려하는	다른 사람을 기쁘게 하려고 과도하게 노력함; 다른 사람들을 쉽게 믿으며 지나치게 너그럽고 관대하며 배려함	사려 깊은 따뜻한 반갑게 맞이하는 호감이 가는 기꺼이 돕는 위로하는 이해심 있는	1. 자기 자신의 필요와 갈망에 집중하도록 부드럽게 인도함 2. 다른 구성원들이 주변 사람들과 보다 잘 상호작용할 수 있게 도와주도록 요청함 3. 개인적인 선택과 지배권을 강조함 4. 다른 사람을 이해하고 도우려는 시도를 지지함
거슬리는	부적합하게 자기를 개방하고 관심을 구함; 혼자 시간을 보내는 데 어려움을 겪음	사교적인 말 붙이기 쉬운 활동적인 표현력 있는	1. 자신만의 이야기에서 빠져나오도록 주제와 감정을 반영함 2. 첫 번째로 말하게 하고, 모든 사람의 이야기를 들어야 할 필요성을 강조함(또는 마지막 순서에) 3. 활동 중에 다른 사람들을 조용히 관찰하고, 나중에 요약하도록 요청함 4. 에너지와 활력을 지지함

걸쳐 이러한 강점들을 인정해 주는 것에서, 더 나아가 사람들의 강점을 이끌어 내고 집단에 끼치는 어떤 부정적인 영향도 최소화하려는 MI 정신과 일치되는 방식(MI-consistent manner)으로, 이들 스타일들을 다루는 전략들을 제공한다.

구성원 역할

이러한 도전적인 스타일들뿐만 아니라, 어떤 구성원들은 집단 내에서 특정한 역할들을 감당하고 있는 것처럼 보인다. 이것은 때때로 당시 진행되는 집단의 한 양상에 불과하며, 어떤 한 내담자가 규칙적으로 다른 사람들을 인정해 주는 *지지자*의 역할을 맡는 것처럼 보일 때와 같이 문제가 되지 않기도 한다. 그러나 어떤 역할들은 방해가 되기도 하며, 때로는 집단 과정이 충분히 꽃피우는 것을 제한할 수 있다. 문제가 되는 역할 한 가지는 한 집단 구성원이 스스로 리더가 할 만한 행동을 하는 일종의 유사치료사 역할을 하는 것이다. 이것에는 분석하기, 해석하기, 탐색 질문하기, 도전하기, 때로는 직면까지도 포함될 수 있다. 한 집단 구성원이 자기 자신을 다른 사람들보다 높이는 것은 일반적으로도 집단 응집력 및 기타의 집단 역동 발달에 문제가 되지만, 이러한 행동들은 MI 접근법과 대립이 되며, 집단 효과성을 손상시키는 위험이 되기 때문에 집단 MI에서는 특히 문제가 될 수 있다.

이러한 상황에서는 개입이 중요하지만, 집단이 충분히 발달하기까지 지속되려면 긴박한 순간에 MI 정신이 중요하기 때문에 부정성이 전달되지 않도록 하는 것도 중요하다. 처음 한두 번의 발생상황에서나 상호작용들이 가벼운 경우에는, 부정적인 역할을 수행하고 있는 구성원에게 집단의 지지적인 의도를 상기시켜 주거나 이런 것이 개인적인 사안과 어떻게 관련되는지를 반추해 보도록 재조정하여 대화를 좀 더 생산적인 방향으로 가도록 간단히 재조정하면 된다. 만약 재조정 이상의 개입이 필요하면, 그 집단 구성원의 발언을 MI 정신과 좀 더 일치되는 방식으로 재진술하라. 그리고 당신이 재진술한 반영하기의 정확성을 그 발언의 대상이 되는 사람에게 확인하라. 닫힌 질문은 열린 질문으로 재진술될 수 있다. 해석은 복잡한 반영들로 재진술될 수 있다. 도전하는 진술은 개인적 선택 사안으로 재진술될 수 있다.

만약 유사치료적 행동이 심하거나 지속적이면, 재조정이나 재진술보다 더 강력한 반응이 요구될 수 있다. 두 가지 대안은 의도를 탐색하거나 반응을 탐색하는 것이다. *의도 탐색하기*는 유사치료사적인 역할을 하는 집단 구성원이 도전적이거나 요구적인 발언을 하면 상호작용을 중단시키고 그 사람의 의도를 확인하는 것이다. 의도 탐색하기는 재조정하기나 재진술하기보다 위험하기 때문에,(약간 유도하는 것이지만) 긍정적인 의도가 *심어지게* 하는 것이 도움이 될 수 있다. 예를 들면 "척, 당신이 에이미에 대해서 마음 쓰고 그녀의 상황에 대해서 약간 걱정이 되어서 당신이 보기에 좋은 방향으로 그녀를 이끌어 주려고 하는 것 같네요."와 같은 방법이 될 수 있다. 필요하다면, 당신이 그 상호작용을 중단시키는 이유에 대한 단서를 척에게 알려줄 수 있도록, 당신이 한 반영하기에 다음과 같은 피드백을 추가할 수 있다. "하지만 저는 그녀가 그렇게 받아들였는지 확신할 수가 없네요. 그래서 저는 당신과 함께 확인해 보고 싶었어요." 만약 그 역할수행이 지속된다면, 당신은 의도와 영향 간의 차이를 아마도 다시 강조하면서, 집단으로부터나 발언의 대상자로부터 피드백을 이끌어 낼 수 있다. 물론 다른 집단 구성원들과 함께 당신이 그 사람에게 이렇게 이끄는 역할을 취하지 말도록 요청할 수도 있다. 이 문제에 어떻게 접근하는지에 상관없이, 당신은 집단 구성원들 사이에서 촉진시키고자 하는 의사소통 유형의 모범을 보이도록 관심을 기울여야 한다.

집단 구성원들이 취할 수 있는 역할들에는 *수업광대*, *현자* 등과 같은 것들도 있다. 우리는 보통 누군가에게 별명 붙이는 것을 선호하지 않지만 그런 별명은 해당 행동양식의 본질을 이해하기 쉽게 도와주고 집단 과정에서 그런 역할이 나타났을 때 잘 알아차릴 수 있게 해준다. 이런 행동 양식이 나타나는 것은 집단 구성원들이 자신들의 문제에 초점을 맞추면서 점차 경험하게 되는 양가감정을 회피하려는 경우이며 적어도 한 사람(역할 수행자)은 집단이 안전하지 않다고 느끼고 있다는 간접적 신호라 볼 수 있다. 이런 일이 발생했을 때, 당신이 반응할 수 있는 방법은 아마 효과적이지는 않겠지만 온유하고 안전한 방법부터 보다 더 효과적이겠지만 더 위험할 수 있는 강한 방법까지 선택의 범위는 넓다. 우리는 가능하다면 언제든지 그러한 사안들을 부드럽게 다루는 것을 선호한다. 당신이 너무 권위적이거나 갈등에 기여하거나 구성원들을 침묵시키거나 하는 것과 같이 선을 넘어서거나 그런 것 같은 인상을 주게 됐을 때 되돌리는 것보다는 상호작용을 재조정하는 것을 실패했을 때 당신의 반응을 향상시키기가 용이할 것이다. 강도를 높여가는 기본적인 선택안은 무시하고 계속 진행하는 것, 재조정을 시도하는 것, 재진술하거나 진술의 형태를 다시 잡아주는 것, 의도와 반응을 탐색하는 것, 집단 구성원들에게 집단의 지침을 상기시켜 주는 것, 혹은 해를 끼치는 집단 구성원에게 다르게 행동하도록 안내하거나 직접적으로 요청하는 순이다.

편견적이거나 무관심한 발언

보다 빠르고 직접적으로 개입해야 하는 한 가지 상황은 한 집단 구성원이 민족, 인종, 종교, 성, 성적지향, 또는 이외의 어떤 집단이든지 어떤 범주에 근거하여 다른 구성원을 향하여 편견, 무관심, 혹은 적대감을 표출할 때이다. 우리는 가능한 한 비직면적인 태도로, 각 구성원은 개별적인 선택과 특성을 가지는 한 개인이라는 점과 집단의 목적은 사람들이 자신이 이루고자 하는 변화를 성취하도록 도우려는 것뿐임을 집단에 재빨리 상기시킨다. 우리는 일반적으로 집단 MI를 집단 구성원들이 특정한 변화를 이루도록 지지하는 행동을 하는 정도 외에, 상호적으로 더 큰 가치체계를 탐색하거나 편견적이거나 제한된 세계관을 헤치고 나아가는 장으로 생각하지 않는다. 우리가 집단 MI의 지향성을 집단 구성원들의 성격을 변화시키는 것으로 방향을 바꾸지 않듯이, 집단에게 기저에 있는 문화적 오해나 무관심, 또는 편견을 변화시키도록 방향을 이끌지 않는다. 이러한 것들은 가치 있는 목표들이지만, 집단 MI의 목적과는 거리가 있다. 동시에 무관심한 발언들을 무시하는 것 역시 집단의 방향을 바꿀 수 있기 때문에 개입과 재초점화는 때로 필수적이다.

공동 리더와 함께 작업하기

리더는 많은 책임을 진다. 집단이 시작되도록 하고, 집단이 초점을 잃지 않고 긍정적으로 진행되도록 하며 집단 구성원들이 양가감정을 탐색하고 해결하도록 이끌어 나가야 한다. 또한 집단 내에서의 시간 흐름을 염두에 두면서 집단 전체가 참여하도록 해야 한다. 전체로서의 집단 구성원들 간의 역동과, 집단 내의 특정 개인과 비공식적으로 형성된 어떤 하위집단 간의 역동에 주의를 기울이는 것이 중요하다. 그리고 주어진 회기 동안에 집단 구성원들의 어떤 사안이나 관심이 충분히 다루어지지 않았는지를 추적하고, 그 점을 언급하고 존중하는 방법을 찾고, 이후 회기에 그 점이 다시 나타나면 그들의 고민이 다루어질 수 있도록 확인하는 것도 중요하다. 그러면 당신은 이제 겨우 시작하는 것이다!

리더를 위한 공동 촉진의 이점

공동 리더와 함께 집단을 촉진시키는 것은 집단과업들을 관리하는 데 있어서 훨씬 많은 선택권을 제공한다. 공동 리더들은 집단역동과 개별적 변화를 동시에 관리하는 능력, 부정적인 대인관계 과정들이 일어날 때 그것을 다루는 유연성, 탐색할 가치가 있지만 언급되지 않거나 다루어지지 않은 사안들을 발견할 수 있는 기회들을 훨씬 많이 가진다. 또한 공동 촉진은 더욱 철저한 회기-회기 간 과정 연결, 개념화, 계획하기를 가능하게 한다. 두 명의 리더를 세우는 것이 비용적으로 덜 효율적인 것처럼 보일 수 있는 반면에, 공동 촉진은 종종 외부의 지도감독이나 자문의 필요 정도를 감소시켜 주고, 집단의 효율성을 향상시키며, 역기능적인 집단 패턴이 암암리에 집단을 압도할 가능성을 약화시켜 준다. 도전적인 상황에서 긴 시간 동안 집단을 이끌어 본 사람이라면 아마도 집단이 흔들리거나 무너져 내리는 경험을 해보았을 것이다. 이런 경험은 집단 구성원들에게나 리더들에게나 유사하게 심리적인 상처를 남길 수 있다. 다른 접근법의 집단에 비해서, 잘 정의된 초점과 긍정적인 분위기를 강조하는 집단 MI 내에서는 이런 상황이 발생할 가능성이 낮겠지만, 공동 리더를 세우는 것은 일이 잘못되기 시작할 때는 중요한 완충효과를 제공하고, 집단을 다시 원래의 궤도로 돌아가도록 돕는 유용한 도구로서의 역할을 하게 한다.

집단 구성원을 위한 공동 촉진의 이점

치료집단의 구성원들은 공동의 리더가 이끈 집단에게서 더 많은 이점을 지각했다(Kivlighan, London, & Miles, 2012). 공동 리더가 집단에 대해 비슷한 관점을 공유하고 있으면서 다른 기술과 대인관계적인 스타일을 가지고 있을 때 집단 구성원들은 더 많이 대화에 참여하고 동시에 갈등을 덜 겪는다(Miles & Kivlighan, 2010). 공동 리더를 갖는다는 것은 구성원들에게 더 많은 주의가 돌아갈 수 있도록 한다. 변화 과정 동안 특정 부분에서 구성원들의 취약성이 드러난다면, 이는 앞으로 나아가는 것 또는 고착되어 남아있는 것 간의 차이를 의미한다. 공동 리더의 또 다른 이점은 구성원들이 두 명의 리더들과 상호작용한다는 것이다. 한 명의 리더가 집단 MI의 정신과 수행에 입각한 방법으로 집단 구성원들과 상호작용을 한다면 당신의 스타일은 중요한 메시지를 전달하지만, 구성원들은 이러한 정중한 접근을 오로지 당신의 역할로만 바라볼 수 있다. 구성원들이 두 명의 리더들의 MI와 일관되는 방향으로 상호작용하는 것을 보게 되면 그들은 리더들이 공동의 목표를 향하여 작업하면서 서로 협동하고, 협상하고, 서로를 이해하는 방법을 실제로 관찰하면서 MI 정신을 흡수하는 것처럼 보인다. 리더들이 상호존중, 상대방의 관점에 대한 관심, 의사결정 과정에서의 협동, 서로의 자율성에 대한 지지를 보일 때, 집단 구성원들은 공감적이지만 여전히 목표지향적인 방법으로 상호작용하는 귀중한 모델을 목격하게 된다. 특히 리더들이 집단의 방향에 대하여 다른 욕구나 인식을 가지고 있지만 서로 존중하면서 앞으로 나아가는 통합된 방향으로 작업하는 경우가 그러하다.

공동 리더 역할

공동 리더들은 전반적으로 리더십을 공유하거나 다른 역할을 맡을 수 있다. 예를 들어, 역할은 구조와 과정 요소들로 나뉠 수 있다. 한 리더는 회기를 구축하고, 주제적인 내용을 소개하고, 초점과 시간을 관리하는 반면, 다른 리더는 구성원들의 관심과 걱정을 연결함으로써 집단 결속과 상호작용의 형성에 주목하고, 조용한 구성원들은 참여하고 활동이 지나친 구성원들은 한 걸음 물러나 생각할 수 있게 격려하며, 부정적이거나 핵심에서 벗어난 구성원들의 방향을 조정해 줄 수 있다. 혹은 한 리더는 개인에 주목하고 다른 리더는 집단 역동에 주목할 수도 있다. 이처럼 업무를 나누는 것은 회기를 더욱 효율적으로 만들며, 리더들이 같은 사안에 대해 동시에 다른 방향으로 이끄는 비생산적이거나 혼란스러운 순간들을 최소한으로 제한한다. 또한 구성원들이 이러한 집단 작업의 다른 양상들에 관심을 두도록 단서를 제공함으로써 집단 발달을 심화한다. 집단이 성숙함에 따라 공동 리더들의 역할은 계획되거나 기대하지 않았던 방향으로 변할 수 있다. 이러한 성장은 자신들의 눈 앞에서 이러한 변화를 목격하는 구성원들에게 도움이 될 수 있다.

회기 구조화하기

참가자들을 참여시키는 것은 초기 집단 작업에서 중요한 부분이다. 참가자들은 다양한 정도의 변화에 대한 준비, 서비스에 참여하는 것에 대한 흥미, 치료집단에 참여하는 것에 대한 지식을 가지고 집단을 시작할 것이다. 어떤 사람들은 집단을 시작하기 전에 그들의 삶의 스타일을 최대한 바꿔봤을 것이며 적극적으로 뛰어들어 다른 사람들과 엮이고 집단이 어떤 것을 제공해 줄 수 있는지 보고자 할 것이다. 또 어떤 사람들은 그들의 삶의 문제들을 이야기하지만 그 문제들을 외부적으로 바라볼 뿐, 스스로의 선택을 통해서 그들이 그것을 유지하는 데 역할하고 있는 사안이나 그들이 바꿀 수 있는 것으로 보지 않는다. 이전에 집단에 참여한 경험이 있는 구성원들은 무엇이 수반되는지에 대한 명확한 이해를 가지고 있는 반면(혹은 이전의 경험에 따라 잘못된 이해를 하고 있을 수도 있다!), 다른 사람들은 그들의 삶의 어려움들에 대해 한 번도 다른 이들과 말해 본 적이 없었을 수도 있다.

이러한 다양성에 근거했을 때, 그들의 변화에 대한 준비나, 참여에 대한 흥미, 자신의 경험들과 생각들을 다른 사람들과 나누는 것에 대한 개방성과는 별개로, 모든 사람들이 환영받는다는 느낌을 받는 방식으로 집단을 시작하는 것이 어려울 수 있다. 관계형성은 분명하게 구성원들의 활동적인 참여(participation)를 수반하지만, 그것이 반드시 즉각적으로 온 마음을 다해 뛰어드는 것이나 어려움들을 공개함으로써 취약해지는 것, 혹은 모든 것을 말하고자 하는 것은 아니다. 관여(involvement)란 특히 초기에 더 미묘할 수 있다. 한 구성원은 다른 구성원이 그/그녀의 이야기를 나눌 때 고개를 끄덕일 수 있다. 한 구성원은 다른 사람의 고민을 깊이 생각할 때 인상을 찌푸리는 버릇을 지니고 있을 수 있다. 한 구성원은 다른 사람이 경험하고 있는 고민들을 털어놓을 때 눈을 맞출 수도 있고 누군가가 그녀의 삶의 유쾌한 진실을 드러낼 때 깔깔 웃을 수 있다. 초기의 목표는 구성원들이 어떤 수준에 있든지 참여시키는 것이므로, 집단이 편안하고 부담스럽지 않은 속도로 서로에게 드러나도록 하면서 구성원들이 조금씩 관여하도록 기회를 살펴야 한다.

관계 형성을 촉진하는 데 사용할 수 있는 몇몇 구조화 전략들이 있다.

사전집단의 친목 시간

참가자들의 시선에서 집단 참가를 상상해 보는 것은 내담자들의 관점에 대한 유용한 통찰을 줄 수 있다. 전문가로서 우리는 종종 형식적인 회기 동안 무슨 일이 일어나는지 주의를 두지만, 집단 구성원들에게 회기는 집단 환경에서 그들의 전체 경험이라는 넓은 맥락 안에 놓여 있으며, 그리고 그 경험은 그들의 삶의 더 넓은 맥락 내에 자리잡고 있다. 비록 집단 회기에서 편의상 공식적 집단 상담과 그 전후의 비공식적 대화 상황을 구분하지만, 회기들의 시작과 종결의 구분은 집단 구성원들에게는 그렇게 큰 의미가 있는 것은 아니다.

집단 구성원들이 집단 경험에 더 충분히 참여할 수 있게 돕는 한 방법은 회기가 시작하기 전의 비공식적인 상호작용을 통해 이뤄진다. 우리는 일반적으로 회기가 시작되기 20~30분 전에 집단 상담장소에 도착하여 방을 정돈하고 구성원들이 도착함에 따라 그들과 편안하게 이야기한다. 이 시간 동안에 가벼운 문제들, 일상적인 사건들과 경험들, 세상의 사건들이나 지역적 소동들, 관심들 등에 대해 이야기할 수 있다. 우리의 관심은 그들이 전달하고자 하는 문제적 사안들보다는 구성원들의 삶의 양상이다. 우리도 운동이나 우리가 참여한 문화적 사건이나 취미나 관심과 같은 개인적 삶의 부분을 공개한다. 이는 어색한 분위기를 깨는 데 도움이 될 뿐 아니라, 일반적 주제로 내담자들과 먼저 이야기 나누고, 이후에 민감한 문제들을 이야기함으로써 자신의 취약성을 노출하도록 요청하기 전에 연결성을 형성하며, 치료적 관계에의 위계를 평탄하게 하고, 내담자들이 그들의 초점을 삶의 문제적인 양상에 두는 것을 넘어서 삶 전체로 확장시킬 수 있게 도와주는 중요한 기능들을 한다.

회기 개시/웜업(Warm-up) 활동

어떤 리더들은 특정한 의식이나 웜업 활동들로 회기를 시작하곤 한다. 그러한 활동들은 필수적인 것은 아니며, 집단이 작업 모드(mode)에 있으면 단순히 대화로 시작하거나, 간단한 환영과 모임을 시작하면서 회기의 초점에 대한 설명과 함께 시작할 수도 있다. 그러나 만약 집단 구성원들이 시작하는 데 어려움을 느끼는 것처럼 보인다면 당신은 집단이 보다 원활하게 진행되도록 하는 데 노력을 기울여야 할 것이다. 당신은 에너지 수준, 의제 설정 등에 대한 구체적인 사안들에 관한 간단한 등록을 위한 활동을 회기에 포함시킬 수 있다. 지난 회기가 어땠는지 혹은 구성원들이 다른 방식으로 진행하고 싶어하는 것들에 대한 반응을 요청할 수도 있다. 또 다른 방법으로는 몇 분 정도 다음주의 목표나 다른 집중적인 사안들에 대해 다른 사람들과 일대일로 이야기하는 시간을 가짐으로써 더 큰 집단을 대상으로 이야기할 준비를 시킬 수 있다. Jasiura, Hunt, Urquhard(15장)는 유도된 완화를 포함하는 *마음-신체 집중하기*에 기반한 더 확장적인 활동들을 설명한다. 전체적으로, MI는 토론보다는 경험을 통해 변화가 발달한다고 보는 측면에서 특별히 실험적인 접근은 아니기 때문에, 시작하는 활동들은 상당히 간결하고 강도가 낮은 것이어야 한다. 간단한 웜업 활동들은 외부 세상을 집단 회기와 연결시켜 주는 데 도움이 될 수 있다.

모임 중간 휴식

만약 회기가 길거나, 설교적인 부분과 논의/지지 부분으로 나누어진 지지 집단을 이끌고 있다면, 모임 중간 휴식은 새로운 활동으로의 전환을 촉진하거나 몇 분간의 휴식시간을 제공함으로써 구성원들이 남은 회기 동안 잘 집중할 수 있게 한다. 또한 구성원들이 치료적 사안들뿐만 아니라 사적인 관심들과 경험들에 따라 개별적이고 비공식적으로 서로 어울리면서 집단 전 친목시간의 변형으로써 활용할 수 있다. 다과가 있으면 다른 사회적 모임에서와 마찬가지로 이 시간 동안 구성원들이 더 편안하게 상호작용할 수 있다.

회기 마무리하기

회기를 잘 마치기 위한 시간을 비축해 두고, 구성원들이 집단 상호작용에서 다시 *외부 세상*으로 이행할 기회를 주는 것은 중요하다. 게다가 배운 교훈들과, 획득한 (혹은 버린) 관점들, 그리고 공유된 경험들을 굳건히 하는 것은 구성원들이 집단 회기를 통해서 더 많은 것을 얻어갈 수 있게 하는 데 도움이 된다. 구체적인 회기 주제를 가진 구조화된 집단을 이끈다면 회기에 대한 마무리는 구성원들이 알아가기를 원하는 어떤 메시지도 강조하여 전달할 수 있고, 회기의 주제를 다시 구성원들이 실행하고자 하는 더 큰 변화의 과정과 연결시킬 수 있는 기회이다. 구성원 각각의 사안들이나 진행들을 요약해 주는 것은 일반적으로 지나치게 시간 소모적일 뿐만 아니라 리더 중심적이 될 수 있으므로, 특별히 주목할 만한 개방이나 진행을 보여준 내담자들만 간단하게 확인해 주는 것이 도움이 된다. 당신의 마무리

인사는 다음 회기에 대한 예고가 되기도 한다.

회기를 마무리하는 상황에서 종결 측면을 *너무 과하게* 해서는 안되지만, 내담자의 문제를 회기의 마지막까지 질질 끌면서 탐색하지는 않는 것이 일반적으로 가장 좋다. 미해결 과제들—구성원이 탐색하고 싶어했지만 그러지 못했던 사안이나 주제; 악화되지는 않았지만 해결되지도 않은 구성원간의 약간의 긴장; 여전히 내부에 잔존할 감정적인 문제를 다룬 구성원—에 대해서 알고 있다면 정상적인 상태로 다시 돌아오도록 그 문제를 간단히 인정하거나, 주목받지 못한 구성원으로 하여금 그/그녀를 당신이 알아차리고 있고 신경 쓰고 있음을 알게 할 수 있는 기회이다. 사안들이 항상 해결될 수 있는 것은 아니지만, 구성원들은 대체로 인정을 고마워하며 그로 인해 집단을 더 안전하다고 경험한다.

한 방법은 구성원들에게 회기에서 그들이 경험한 핵심들, 생각들, 변화들을 요약하거나 회기 사이에 그들의 변화목표로 나아가기 위해 할 수 있는 것을 공유함으로써(이는 "그것에 대해 생각해 보는 것"을 포함한다) 종결해 달라고 요청하는 것이다.

첫 회기 준비하기

사전집단 설명

6장에서 우리는 잠재적인 집단 구성원들과 사전집단 선별(screening)/설명(orientation) 모임을 갖는 것의 목적을 논의했다. 이 모임은 개인들을 다른 기관으로 보내는 데 사용될 수 있는데, 이는 그들이 집단 참가를 통해서 혜택을 얻지 못할 것 같거나 그들의 관여가 다른 참가자들에게 해를 끼칠 위험이 있고 집단 과정을 방해할 때 그렇다. 집단에 새로 합류하게 된 사람들에게는 이 모임이 중도탈락을 줄이고 개방성, 전도유망성, 그리고 다른 구성원들과의 연대를 증가시킴으로써 성공할 가능성을 높여주는 것이 될 수도 있다.

당신이 내담자들을 선별할 사치를 누릴 수 없고 이 시간을 단지 그들이 집단을 준비하도록 돕는 데 사용하더라도, 또 당신이 첫 번째 집단 회기 직전에 이 모임을 계획할 수 있다고 하더라도, 우리는 당신이 집단 전 모임을 가능한 하도록 하는 것을 추천한다. 이 모임은 어떤 사람이 낯선 이들로 가득 찬 방 안에서 이야기를 나누는 것을 주저할 수도 있고 집단 내에서 경험할 수 있는 불안들을 완화해 줄 수 있는 연대를 형성할 수 있다는 사실을 가르쳐 줄 수도 있다. 이러한 연결성과 공유된 이해는 후에 지배적인 집단 구성원의 방향을 다시 잡아 주거나 말하기 주저하는 사람을 북돋아 줄 필요가 있을 때 특히 도움이 될 수 있다.

집단 전 모임 동안 집단의 목적과 실제에 대해 설명해 주는 것은 집단 회기에 참여하는 것을 준비하고 다른 구성원들이 공유한 세부적인 이야기들에 대한 비밀보장원칙을 이해하고 그것을 지키도록 결심하는 과정도 도와준다. 또한 비밀보장원칙의 한계와 그 외에 털어놓고 솔직하게 이야기되어야 하는 윤리적인 사안들에 대해서 논의해야 한다(첫 번째 집단 모임 동안 이들 중 몇몇 사안들을 다시 끌어와야 하며 새로운 구성원들이 더해질 때마다 다시 논의해야 한다). 고지에 입각한 동의의 세부사항들과 다른 제공자들과의 의사소통을 공유해야 한다. 뿐만 아니라 미리 결정된 집단 지침이 없을지라도(그리고 우리는 이를 초기 집단 과정의 일부로서 협동하여 만들어 가는 것을 추천한다), 출석이나 일정, 지불에 대한 기관의 규정, 참여 권리, 집단 밖에서 구성원들 간의 연락, 집단 회기에 나타날 때 드러나는 약물복용의 흔적 등과 같은 중요한 규범적 사안들에 대해서 논의해야 한다.

당신은 이 모임을 통해 내담자들이 돕는 이로서의 당신과, MI, 그리고 집단의 개념에 처음 노출되는 것임을 기억해야 한다. 다루어야 할 세부사항들이 많고 시간이 제한되어 있을지라도, 그 모임은 MI와 일관되는 방법으로 실행되어야 하는데, 이는 내담자들로 하여금 당신이 어떻게 작업하는지 느낄 수 있게 하는 이끌어내기-제공하기-이끌어 내기 스타일로 정보를 교환하는 것을 포함한다. 당신이 내담자들의 치료적 사안들이나 삶의 도전들을 너무 깊게 다루고 싶지 않더라도 집단 MI가 그들의 삶에서 긍정적인 변화를 만들어 내도록 돕기 위해 의도되었다는 것에 대해 이야기하는 것은 도움이 된다. 나중의 집단 탐색에 그들을 미리 준비시키기 위해서 내담자들의 목표에 대한 약간의 정보를 이끌어 내는 것은 도움이 될 수 있다. 만약 시간이 되면 장점들이나 가치들 같은 다른 관련된 사안들에 대해서 간단하게 탐색하는 것 또한 유용할 수 있다.

곧 있을 집단의 틀을 긍정적으로 잡고 종종 사람들이 집단을 도움이 되고 지지적인 것으로 경험한다는 것을 전달해 주는 것은 내담자들의 걱정을 완화해 주며 흥미, 에너지, 희망을 높여줄 것이다. 집단이 긍정적인 초점을 견지하지만 불편하거나 긴장이 있는 순간들이 때때로 있다는 것을 간략하게 언급해 줄 수 있다. 그런 일이 일어난다고 하더라도 내담자들이 다시 긍정적인 초점으로 되돌아올 수 있게 당신이 함께 그것들을 헤쳐나갈 것이라는 것을 알게 해야 한다.

내담자들이 이전의 집단들에서 했던 경험들을 이끌어 낼 시간들을 남겨두어 당신이 다가오는 집단과 비교하고 대조할 수 있게 하고, 필요하다면 참가하는 것에 대한 그들의 질문들이나 생각들을 이끌어 내야 한다. 내담자들이 질문하기에는 오래 걸릴 수 있기 때문에 당신의 인내와 진심 어린 관심은 당신이 그들의 질문들과 생각들을 의무에 의한 형식적인 태도로 이끌어 내는 것이 아니라는 것을 확신시켜 주는 데 많은 도움이 될 수 있다(또한 "질문 있으신가요?"와 같은 닫힌 질문보다는, "어떤 질문이나 생각을 갖고 계신가요?"와 같은 열린 질문을 던져야 한다). 내담자들에게 모임을 진행하는 동안 언제든지 질문이나 견해를 공유해 줄 것을 말하면서 모임을 시작하는 것이 좋다.

모임이 끝나기 전에 내담자에게 첫 번째 집단 회기 이전에 생각해 볼 것을 주어야 한다. 예를 들어, 집단에 참여한 이후에 더 나아지면 좋겠다고 생각하는 것은 무엇이며 그 목표에 도달하기 위해 어떤 단계들을 생각하고 있는지 물어볼 수 있다.

마지막으로, 내담자들에게 집단이 도움이 되는지와 지속할 가치가 있는지 판단하기 전에 구체적인 회기 횟수만큼(예, 네 번 이상) 참여할 것을 요청하는 것이 유용하다. 내담자가 집단을 떠나는 것을 고려한다면 집단 경험에 대해 논의할 개별적인 면담약속을 제안할 수 있다. 내담자가 양가감정과 집단 참가와 관련된 불편을 경험했을 수 있기 때문에, 이는 그러한 경험들이 자연스러우며 자리잡기까지 일정한 기간이 주어지면 더 나아진다는 것을 전달해 준다. 지금 이것을 논의하는 것은 집단 결속과 신뢰의 발달을 약화시키고 잠재적으로 도움이 되는 경험이 작동할 기회가 시작되기 전에 그 경험으로부터 박탈되도록 하는 집단으로부터의 조기 이탈을 줄일 수 있다. 당신은 우리의 몸이 운동하는 것에 익숙해지기 전까지(혹은 약물들이 주요 효과를 나타내기 전에 어떤 방법으로 부작용을 가질 수 있는지) 그것들이 불편할 수 있고 심지어 초기에는 고통스러울 수 있다는 것 같은 비유를 사용할 수도 있다.

만남 장소 준비하기

구성원들이 도착하기 전에 의자를 원형으로 배열해 두는데, 이상적으로는 원형 안에 회의용 책상들이나 다른 장애물이 없게 하며 특히 심리치료적 집단일 때 그렇게 한다. 옆쪽으로는 유인물들과 다과들을 둘 수 있는 탁상을 둔다. 출석 용지들, 자료들, 화장지가 필요에 따라 놓일 수 있다. 시계는 보이는 위치에 두어 집단 구성원들이 회기의 남은 시간을 알고 그에 따라 맞춰갈 수 있어야 한다. 두통과 피로를 야기할 수 있는 밝은 형광등보다는 중간 정도의 밝기가 낫다. 상호작용을 녹화하고 있다면, 장비를 제자리에 준비된 상태로 두되 모든 구성원들이 그러한 감시에 대해 동의할 때까지(이는 집단 전 설명 과정에서 다루어졌어야 한다) 전원을 꺼놓는다. 지지 집단과 심리교육 집단에서는 칠판과 모든 구성원들에게 쉽게 보이는 어두운 색 마커를 준비하는 것이 좋다. 이는 첫 번째 집단 모임에서 집단 지침을 발달시키고 기록하여 모두가 보고 고칠 수 있게 하는 데 굉장히 도움이 될 것이고, 심지어 심리치료적 집단에도 도움이 될 것이다. 만약 색깔이 있는 마커를 사용한다면, 어떤 구성원들에게 일반적으로 빨간색과 녹색을 구별하기 어려운 색맹이 있을 수 있다는 것을 염두에 두어야 한다. 물론 구성원들은 여러 어려운 조건들도 다룰 수 있을 것이고, 구성원들이 집단 기능의 모든 측면을 이용할 수 있다는 것을 분명히 해두는 것은 당신의 책임이다.

집단 회기들은 사적이고 방해물로부터 보호되었을 때 더 생산적이다. 집단은 외부의 소리로부터 상대적으로 방음이 잘 되고, 다른 사람들이 그 공간을 지나지 않아도 되고, 전화기나 장내 안내장치나 다른 외부의 침입이 없는 분리된 방에서 만나야 한다. 리더들은 전화를 받지 않아야 하고 회기 중에 다른 것들로부터 방해받지 않아야 한다. 구성원들은 회기가 진행되는 동안 휴대전화와 음악재생기의 전원을 꺼두어야 한다. 이러한 보호장치들은 미리 설정해 두는 것이 이러한 상황이 발생했을 때 전달하는 것보다 더 쉽다.

첫 회기 시행하기

첫 회기 촉진에 따르는 도전

집단을 잘 시작하는 것은 때로는 굉장히 쉽지만 어떤 때에는 힘이 든다. 어떤 구성원들은 말을 하지 않고 있을 수 있다. 다른 구성원들은 말을 지나치게 많이 할 수도 있다. 어떤 이들은 불평하거나 세부적인 이야기를 하고 다른 이들은 최소한의 이야기와 피상적인 이야기만 할 수도 있다. 새로운 집단에서 당신의 인내심, 긍정주의, 자신감, 기술을 시험하는 방법은 많이 있다.

첫 모임의 영향을 최대화하기 위해 집단 구성원들이 혼란스럽고, 불안하고, 압박감을 느끼고, 혹은 노출된 느낌을 받을 수 있는 위험을 감수하기보다 적은 몇 가지 일들을 잘 하는 것이 중요하다. 첫 과업은 치료적인 변화를 추구하는 것보다는, 구성원들을 집단 과정에 참여시키는 안전하고 지지적인 분위기를 발달시키는 것이다. 긍정적이고 기분 좋고 생산적인 분위기를 형성하는 것이 변화목표들을 향한 진행보다 더 우선된다. 단순하게 구성원들이 리더인 당신에게만 이야기하는 것 대신 서로 간에 상호작용하도록 하는 것은 대단히 중요한 성취이다. 내담자들이 당신에 대한 신뢰와 집단이 도움이 될 것이라는 기대를 가지고 다시 돌아오고 싶게 하는 것(혹은 최소한 그래도 괜찮겠다고 여기는 것)이 첫 번째 모임에서 치료적 방향성을 형성하는 것보다 더 중요하다. 과업중심적인 측면보다 사회적인 측면을 강조하는 것은 사람들이 존중받고 무시되지 않는다고 느끼도록 도와줄 수 있다. 이는 내담자들이 집단을 자신의 생활을 보고해야 하는(혹은 안전하다고 느껴지지 않으면 거짓되게 보고해야 하는) 장소가 아닌 자신의 변화를 위해 도움을 받을 수 있는 장소라고 생각하도록 하는 근거가 될 수 있다.

> 첫 과업은 치료적인 변화를 추구하는 것보다는, 구성원들을 집단 과정에 참여시키는 안전하고 지지적인 분위기를 발달시키는 것이다.

회기 열기

첫인상은 중요하다. 당신이 첫 번째 집단 회기가 시작하기 전에 개별적으로 내담자들을 만났더라도, 첫 회기를 여는 것은 집단 정체성을 발달시키는 것인 동시에 작업하는 과정들이 진행되어 가면서 발달하게 되는 수많은 상호관계들의 시작이 된다. 종종 사소한 것들이 중요한데, 진정하는 것, 숨 쉬는 것, 웃는 것, 다정한 것,

급하게 몰아치지 않는 것, 사람들을 편안하게 하는 것 등이다. 긴 도입이나 개관을 제공할 필요는 없다. 기본적인 소개를 한 다음 내담자들이 집단 환경에 익숙해질 수 있도록 약간의 시간을 주는 것으로 충분하다.

유사한 맥락에서 곧장 집단 지침을 형성하려 하지 않아야 한다. 간단하게 당신을 리더로서 소개하고 지나치게 사적이거나 상세하지 않은 개인적인 이야기를 나누는 것이 좋다. 구성원들에게 서로에 대해 인간적으로 조금 알게 된 후에 집단과 작업에 대해 논의하는 것으로 돌아갈 것이라 말해 주어야 한다. 그들의 삶에 있어서 긍정적인 것과 재미나 취미 혹은 흥미로 하는 일들에 대해 나누도록 초청한다. 그 후에 사람들이 이야기를 나누기 시작하면 당신은 그 경험을 한 사람이 다른 사람들과의 상호작용 없이 혼자 이야기하는 것이 아닌, 사람들 간에 지속되는 대화로 연결해 주는 데 최선을 다해야 한다. 이야기를 따라가면서 사람들 간의 연결을 만들어 주고, 당신이 집단의 *업무*에 집중하는 것으로 전환하기 전에 서로에 대해 더 잘 알아가고 싶다는 열정과 공통점을 요약해 주어야 한다. 이러한 것이 가볍고 일부 피상적인 것처럼 보일 수 있지만, 우리는 그들의 문제 영역 이외의 부분에서부터 구성원들을 참여시키는 것이 가치 있다고 믿는다. 이는 사람들에게 스스로가 가진 문제들보다 한 사람 한 사람이 더 크고 더 중요하다는 핵심적인 메시지를 전달해 줌으로써, 관점을 넓히고 변화를 위한 자원을 마련하는 이후의 작업을 위한 기틀을 제공한다. 또한 나중에 긴장 상황이 발생했을 때 도움이 될 수 있는 구성원들 간의 긍정적인 연계를 형성한다.

집단 개관

집단 구성원들이 서로를 조금 알게 되고, 대화가 자연스러운 전환 시기에 이른 것처럼 보이면, 집단 MI의 일부 과업에 대해서 논의할 때가 된 것이다. 당신은 개별적인 소개 만남으로부터 집단의 목적과 집단 MI에서 주목하는 것들과 같은 중요한 몇 가지를 다시 요약할 수도 있다. 집단 구성원들은 당신이 이에 대해 논의한 것을 앞에서 이미 들었겠지만, 이런 검토는 모든 사람들이 같은 이야기를 들었다는 것을 강조하고, 공유된 이해를 바탕으로 집단을 시작하는 데 종종 도움이 된다. 게다가 이는 비록 그들이 처음 함께 상호작용한 것일지라도 집단 구성원들이 이미 공통된 경험을 가지고 있기 때문에 집단 결속을 빠르게 형성하게 한다.

집단은 긍정적인 방향으로 의도되어 있다는 것을 강조하고, 사람들이 어려움과 도전들을 경험할 수 있고 자유롭게 논의할 수 있지만 우리는 지나간 것보다는 앞을 바라보고, 잘못된 것이나 문제가 되는 것보다 일이 잘 이루어지도록 만드는 것에 주목한다는 것을 강조해야 한다. 다음 글들처럼 이를 명백하게 하는 것이 도움이 될 것이다.

> "여러분 중 일부는 다른 집단에 참가한 경험이 있을 것입니다. 이 집단은 여러분이 경험한 어떤 집단과도 다를 것입니다. 이 집단은 사람들이 상호작용 없이 오직 자기 이야기만 나누는 집단과 사람들이 서로에게 도전하고 충고를 주는 집단 사이의 어딘가에 위치해 있을 것입니다. 우리 집단 안에서는 무엇을 바꿀 것인지가 각 사람에게 달려 있고, 우리는 여러분 중 누구에게도 압박을 주지 않고 여러분이 가장 도움이 된다고 여기는 방법으로 여러분을 지지해 줄 것이며, 여러분도 서로를 위해 같은 것을 하도록 격려받을 것입니다."

전반적으로 집단 구성원들은 집단에 대해 지지를 제공해 주고, 그들이 원하는 것이 무엇인지 명확히 알게 도와주며, 그들이 바라는 삶에 가까워지도록 하는 변화를 이룰 자신감과 용기를 끌어올려 주는 것으로 경험해야 한다. 그들은 당신이 도움이 되고 집단을 안전하게 유지하면서도 집단이 앞으로 나아가게 지도한다는 것을 알아야 한다.

이 책의 공동 저자들 몇몇은 이후의 장들에서 시작 부분에 사용 가능한 전략의 다양한 변형들을 묘사하고 있으며, 우리는 더 많은 아이디어를 얻기 위해 그 내용들을 자세히 살펴볼 것을 권한다. 예시로 Valasques, Stephens, Drenner(14장)는 OPEN이라는 약자를 이용하여 집단의 시작업무들을 요약했다.

- **O**verview 집단의 목적에 대한 개관이 제시된다: 구성원들의 목적, 걱정, 선택에 대해 배운다.
- **P**ersonal 개인적인 선택과 자율성이 강조된다.
- **E**nvironment 모든 구성원들은 서로에 대해 존중하고 격려하는 환경을 만든다.
- **N**on-confrontational 집단은 비직면적임을 모두가 상기하고 있어야 한다.

위탁 과정 정화하기

종종 참가자들은 참석을 강요당하거나 압박을 느낀다. 이런 구성원들은 잠재적으로 위탁 과정에 대한 혐오적 반응을 보이면서 집단을 오염시키는 방법으로 집단에 참여하게 되기 쉽다. 그들은 당신을 그들의 의지에 반하여 통제하는 것으로 지각할 수 있다(그리고 실제로 당신은 그런 위계 서열의 일부일 수 있다).

집단 구성원들 중 집단 상담에 참가하도록 강요받은 정도에 따라 당신은 다른 방법으로 이를 다룰 수 있다. 한 방법은 긍정적인 환경을 만드는 것을 향해 나아가고 그 사안이 발생하면 이를 다루며, 같은 방법으로 다른 불화를 해결하는 것이다. 마찰이 자주 일어나지 않고 약한 수준이라면 이 방법이 가장 좋을 것이다. 사전 대책을 강구하여 조기에 해결하는 것은 또 다른 대안이 될 수 있다—이 방법은 참가에 대한 압력이 규범적으로 정해져 있고 참가하지 않음으로 인한 결과가 심각할 때(징역형, 실직, 자녀나 가족의 상실 등) 더 효과적일 수 있다. 비밀보장 원칙에 대해 명확히 알려주어야 하며 리더로서 당신이 지닌 관심사를 명확히 알려주어야 한다. 또한 집단 구성원들이 위탁 과정에서 마주쳤을(혹은 지속적으로 당신의 집단에서 활동하고 있는) 다른 전문가들과 당신을 차별화하는 것은 대단히 필수적이다.

> "우리의 주된 관심은 사람들이 삶을 더 좋게 만드는 것을 돕는 것입니다. 우리는 여러분 모두가 온전히 자발적으로 여기에 온 것은 아니라는 것을 알고 있고, 여러분 중 몇몇은 여기서 무엇을 하는지를 다른 사람들에게 알려줄 필요가 있는 상황에 있다는 것도 알고 있습니다. 우리는 여러분의 동의에 따라 각자에게 가장 좋은 것을 제공할 것이지만, 우리의 관심은 당신의 의지에 반하여 당신이 변화하도록 강요하는 것에 있지 않고 당신의 삶이 어떻게 더 나아질 것인지에 대해 당신 대신에 결정해 주는 것에 있지도 않습니다—오직 당신만이 진정으로 당신에게 무엇이 좋은지 혹은 어떻게 변화하길 원하는지를 말할 수 있습니다. 우리는 생각들을 나누는 것을 기쁘게 여기지만, 우리의 목적은 집단을 이끄는 것이고 각 사람과 상황이 다르기 때문에, 여러분은 스스로를 돕고 서로를 지지할 수 있습니다. 우리는 당신이 참가하지 않는다면 당신이 마주한 결과들에 대해 아무것도 할 수 없을지 모르지만, 우리의 역할은 결과들을 강요하거나 규칙을 지키도록

하는 것이 아닙니다. 우리는 단지 우리가 할 수 있는 최선으로 돕기를 원합니다."

물론, 위탁 과정을 정화하는 것은 당신이 집단을 독립적인 전체로써 이끌면 더 쉽지만, 당신의 역할과 관심을 분명히 하는 것은 당신이 합의와 지시를 위반한 것에 대한 결과를 책임지고 있는 체계 안에서 작업할 때에도 유용하다. 가능하다면 우리는 위계적인 보고, 강화 또는 처벌을 포함하고 있는 일들로부터 리더의 역할을 분리하는 것을 권한다. 예를 들어, 중독 또는 형사사법 장면에서 독성선별과정(toxicology screens)은 조력자와 조사자 또는 보고자라는 이중적 역할을 가지지 않은 사람에 의해 행해진다. 집단 요약(group summaries)은 세부사항을 알리지 않는 선에서 참석 여부나 전반적 진행과정에 대한 정도로만 압축시켜 보고할 수 있다. 구성원들은 당신이 적는 보고서나 노트들의 예시를 볼 수 있거나(당신이 최소한으로 보고할 선택적 자유가 있다는 전제하에) 당신이 그들에 대해 적은 노트들을 직접적으로 검토할 수도 있다. 우리는 도움을 주는 것과 집행하는 것(또는 다른 위계적인 업무들)의 과정들을 신중하게 차별화하지 않으면 내담자들이 당신에게 마음을 열기 힘들고 정직하게 대하기 어렵게 하며, 그들이 변화할 수 있는 가능성을 제한한다고 믿는다. 우리는 이런 부분에 대해 집단 구성원들과 함께 인정하고 받아들이는 과정을 갖는 것이 최선이라고 생각한다.

집단 지침

집단 구성원들이 집단에 기본적으로 친숙해지면 집단 지침 작업을 시작할 때이다. 우리는 위계적인 느낌의 *규칙(rules)*이라는 단어보다는 구체적이며 도움을 준다는 느낌의 *지침(guidelines)*이라는 단어를 사용할 것을 제안한다. 우리는 또한 집단 구성원들에게 지침을 단순히 제공하는 것이 아니라, 비록 그들이 스스로 만들어 내지 않은 중요한 요소들을 우리가 더할 수는 있을지라도, 그들에게서 지침의 내용들을 이끌어 낼 것을 제안한다. 지침들을 위한 생각을 이끌어 내는 것은 집단 구성원들에게 주인의식을 증가시키는 방법으로 집단의 틀을 잡는 데 도움이 된다. 집단 구성원들은 개인적인 사안들에 초점을 맞추기 전에 함께 과업을 해나가면서 응집력을 증가시킨다. 또한 이는 취약한 개인적인 문제들을 다루기 전에, MI의 스타일과 정신으로 그들을 경험적으로 지도할 수 있는 기회를 제공한다.

우선, 집단의 목적과 방식의 개관에 대한 반응을 요청해야 한다. 그리고 집단 구성원들이 긍정적, 지지적, 미래지향적인 방법으로 초점을 맞추는 데 도움이 되는 실제적인 지침들을 요청한다. 집단 구성원들이 가능한 생각을 제시하면 모든 사람들이 볼 수 있도록 쓰고 아직까지는 제시된 의견에 대해 집단 구성원들이 어떤 입장을 취할 것인지 묻지는 않는다. 그 후 가장 중요해 보이고 가장 덜 논쟁적인 지침들을 확인하고 초기 집단 제안들의 용어를 모두가 동의하고 따르기로 약속할 수 있는 지침들로 다듬는다. 몇 가지 광범위한 지침들이 다양한 구체적인 지침들보다 나을 것이기 때문에 비슷한 제안들을 가능하면 더 넓은 주제로 통합시킨다. 그렇게 하면 기억하기 더 쉽고 규율과 세부조항들에 순응하는 것보다 협력하는 정신을 강조하는 데 도움이 된다. 집단 참가가 어딘가의 규율 위반으로 인해 위탁된 것이라고 가정한다면, 이전의 집단 역동과 좌절감이 지금의 집단으로 전이될 수 있는 위험요인은 미리 차단하는 것이 좋다. 집단 MI의 핵심 목적은 집단 구성원들이 이전의 역기능적인 패턴에서 벗어나도록 돕는 다양한 경험들을 제공하는 것이고, 협력적인 방법으로 지침들을 설정하는 것은 좋은 시작이 될 것이다.

만약 집단 구성원들이 제시된 어떤 지침들에 대해서도 합의에 이르지 못하면, *이번 회기만을 위한 지침*과 같은 변형을 시도해 보고 회기가 끝날 때나 다음 회기의 시작에 지침들을 다시 검토할 것을 약속한다. 지침들을 설정하는 과정은 모두의 관점들과 리더의 지도를 이해하려는 감정이입에 입각한 노력 모두를 포함하고, 암묵적으로 집단 모델을 강조한다. Feldstein Ewing, Walters, Baer(21장, p. 392)는 이 접근법이 "구성원들이 스스로의 지침들에 대한 위반에 민감해지게 됨에 따라" 지침을 지키려는 행동을 증가시킬 수 있다고 제안한다.

전형적인 지침들은 다음과 같다.

- *비밀보장성*. 제기된 사안들은 방 바깥에서 논의될 수 있지만 집단 구성원들의 정체성이나 구체적인 경험들은 공유되어서는 안 된다(리더들이 고수해야 하는 비밀보장성의 한계를 분명하게 반복하되 당신이 개별적인 집단 구성원들과 정보 제공에 대한 체결된 협의나 법에 의해 강제되지 않는 한 개인적인 정보를 공유하지 않을 것이라는 것을 강화해야 한다).
- *존중*. 집단 구성원들은 그들의 약점을 공유하는 것에 대해 취약감을 느낄 수 있으며, 집단 구성원들이 직면하는 도전들과 이를 다루려는 그들의 노력

에 대해 존중을 표하는 것은 대단히 중요하다. 비존중의 예시로는 끼어들기, 비난하기("누군가를 위해서"일지라도), 타인에 대한 관점이나 의견 강요하기, 사람들이 이야기하고 있을 때 제외시키거나 무시하기, 혹은 고통받는 구성원 무시하기 등이 있다.

- *순서 갖기*. 집단 구성원들은 자기가 원하지 않을 때 구체적인 주제에 대해서 언급하기를 강요받지 않지만, 일반적으로 그들의 경험들과 관점들을 나눌 순서를 기대한다. 집단 구성원들은 자신이 얼마만큼의 시간을 갖는지 알아야 하고, 다른 사람들을 위한 시간을 허락해 주어야 함을 기억해야 한다.

물론 출석, 참여, 지각, 재발 등의 다양한 상황들에서 다른 많은 지침들이 가능하고 중요하다. 우리의 저자들(contributors) 중 여럿은 그들의 장에서 집단 지침들과 관련된 사안들을 논의하고 있다.

구성원들의 목표 이끌어 내기

당신은 설립된 지침들을 가지고 집단 구성원들로부터 간단히 집단 참가를 통해 어떻게 달라지기를 원하는지에 대한 그들의 기대들을 이끌어 낼 수 있다. 어떤 구성원들은 가족, 다른 실무자들, 법관련 기관들, 그리고 다른 외부 자원과 관련한 목적들을 가질 수 있는 반면, 다른 사람들은 단순히 그들이 주도적으로 온 것일 수도 있다. 기억해야 할 것은 법에 의해 규정된 집단들에서도 각 구성원은 개별적인 열망, 의도, 목적을 가지고 있다는 점이다. 예를 들어 모든 구성원들이 당뇨를 관리한다는 일반적인 목표를 가진 집단에서도, 각 사람은 개별적인 필요와 구체적인 목적—아마 식이조절, 운동, 약물, 수면, 스트레스, 또는 다른 건강 문제들에 주의하는—을 가지고 있을 것이다.

게다가 각각의 집단 구성원들은 서로 다른 집단 과정을 위한 목적을 가지고 있을 수 있다: 어떤 사람들은 집단이 지지를 제공해 줄 것을 원한다; 다른 사람들은 문제해결을 위한 도움을 원하거나 집단이 그들을 어떤 방법으로든지 도전해 주기를 원한다; 또 어떤 사람들은 다른 사람들의 이야기들과 생각들을 듣고, 그것들로부터 자기만의 생각을 이끌어 내기를 원한다. 그리고 당연하게도 어떤 사람들은 법적 규정의 요구사항을 만족시키기 위해 그들이 해야 하는 것만 하길 원한다. 보다 복잡한 문제는, 개인적인 목적을 확인해 내는 평소의 습관이 없는 구성원들은 그들이 집단 참가를 통해 무엇을 원하는지 즉각적으로 구체화하기 어렵다는 것이다.

이 모든 것들은 개별적인 목적들을 이끌어 내는 중요성을 시사하며 이는 종종 집단 기간 동안 주기적으로 반복되어 나타난다. 실무자들은 종종 기관의 목적이나 회복, 약물 의존, 혹은 질병 관리와 같은 일반적인 치료적 목적의 관점에서 생각한다. 집단 구성원들이 분명한 목표를 세우는 것은 그들로 하여금 집단 논의에 집중하여 참여하고 리더가 제공하는 교육적 자료들을 개인에게 적용시킬 수 있도록 도와주는데 리더는 이러한 것을 잊어버리기 쉽다. 새롭게 소개된 어떤 주제들이 가지는 개인적인 중요성을 확인하기 위해 멈추는 것은, 집단 구성원들을 참여시키고 정보, 예시, 이야기, 혹은 가치가 없다고 여겨 지나치거나 무시했던 견해들을 포함하도록 준비시키기 때문에, 시간을 할애할 가치가 충분히 있다.

우리의 전반적인 접근법과 일관되게, 종결 목적—개인이 그만두거나, 잃거나 없애려고 시도하는 것—보다는 시작 목적—개인이 성취하고, 얻고, 혹은 발달시키려고 구하는 것—에 더 초점을 맞추는 것이 가치 있다고 생각한다. 종결 목적에 지나치게 초점을 맞추는 것은 초기의 변화가 진행되기 시작할 때 방황하게 하거나 재발의 가능성을 높일 수 있다. 집단 과정 초기, 추진력이 형성되기 전에, 종결 목적들에 초점을 맞추는 것은 구성원들의 변화에 대한 자신감을 약화시키는 에너지 소진 효과(energy draining effect)를 일으킬 수 있다. 변화가 애초에 종결 목적(예, 금연하기)을 수반하더라도, 우리는 집단 구성원들이 현재의 습관을 대체하기 위해 무엇을 할 것인지에 초점을 맞추는 것이 유용하다고 생각한다. 단 음식을 끊는 것보다는 구성원들이 섭취하는 과일과 채소의 양을 늘리는 것에 초점을 맞출 수 있다. 그들의 배우자들과 논쟁하는 것을 그만두기보다는 관계에 집중하고 존중하면서 자기주장을 하는 것을 강조할 수 있다.

내담자들이 초기 목적을 확인하는 데 어려움을 가지면, 그들의 초점을 문제들로부터 목적들로 이동시키게 도와주는 것이 유용하다.

리더(남자들의 양육 집단): 여러분은 여기에 양육과 관계된 사안들로 인하여 한 가지 혹은 다른 방법으로 오셨지만, 여러분 각자의 목적에 대해 조금 더 구체적이라면 도움이 될 것 같습니다.

밥: 저의 경우엔 꽤 단순합니다. 저는 이혼을 진행하는 중이고, 우리가 아이들

의 양육권을 나누는 것에 동의했지만 우리는 서로 꽤 다른 양육 방식을 가지고 있습니다. 이혼할 아내는 정말 짜임새 있지만 저는 더 느슨한 편입니다. 그녀는 아이들을 저나 어떤 것으로부터도 떨어져 있지 않게 하려고 하지만 제가 아이들을 아침에 학교에 보내는 것이나 숙제와 같은 것들을 준비시키지 못할까봐 걱정하고, 지금 당장은 내가 아이들과 주말에만 함께 하기를 원하고 있습니다. 저는 그녀가 최소한 50 대 50의 양육권에 동의하도록 설득했고 우리가 이혼을 마무리하기 전 다음 몇 달간의 재판 기간 동안 제가 다른 방안을 얻기 위해 양육과 관련된 이 집단에 참여하겠다고 말했습니다.

리더: 그래서 당신은 아내가 약간은 과잉반응하고 있지만, 이것을 확인해 보는 것과 당신이 얻어갈 수 있는 것이 무엇인지 알아보는 것이나 양육권을 나누는 생각에 대해 아내가 더 편안할 수 있는 계획을 수립하는 것을 거리끼지 않는군요.

밥: 맞습니다. 저는 정말 제가 양육하는 방법에 문제가 있다고는 생각하지 않습니다. 우리는 그저 다른 양육 방식들을 가지고 있을 뿐이죠. 아내는 꽤나 모든 일에 대해 긴장되어 있고 우리는 그에 대해 이미 다퉈 왔습니다. 하지만 지금은 그 문제에 대해 다시 싸워서 판사가 저를 격주 주말이나 다른 방법으로 제한하게 하는 것보다는 이렇게 하는 것이 나은 것처럼 보입니다.

리더: 그렇다면 당신에게 가장 도움이 되는 어떤 것들에 초점을 맞추실 수 있으신가요?

밥: 글쎄요. 제가 꽤 정신을 못 차리고 일어나긴 하고, 일들이 계획대로 흘러가지 않거나 아이들이 싸우기 시작하거나 어지럽히고 돌아다니다가 버스를 놓치거나 할 때 아이들을 학교에 태워주는 것으로 끝나는 때가 가끔 있기 때문에, 그런 것들을 정리하는 것이 아마 아내를 더 편안하게 해줄 것 같습니다.

리더: 그러면 당신은 학기 중에 시계처럼 짜임새 있게 일들이 진행되기 위해 아침과 어쩌면 그 전날의 저녁까지도 구조화하는 것을 원할 수도 있겠네요.

밥: 글쎄요. 제가 시계처럼 딱딱 맞춰서 일을 진행할 수 있는지는 모르겠지만,

그저 아이들이 학교 준비물을 잘 챙기고 아침에 간단한 음식을 학교 버스에서 먹거나 빗질조차 되지 않아서 머리가 사방으로 뻗쳐있지 않게 하거나 뭔가 도움이 될 수 있게 하고 싶네요.

리더: 좋은 생각이네요. 그렇다면 밥은 다른 상황에서는 꽤 사소한 문제처럼 보이지만 자녀에 대해서 아내와 싸움에 반영될 수 있는 문제들을 피하는 것에 초점을 맞추고 계시군요. 단순히 갈등을 피하거나 아내에게 아무것도 아닌 일을 걱정하는 것이라고 말하는 대신에, 밥은 어쩌면 자신의 삶을 조금은 쉽게 만들기 위해 감당하기 힘든 것들을 다르게 할 수 있는 방법들을 찾아내고 있네요. 다른 사람들은 어떤가요? 여러분 개인의 상황을 더 나아지게 하기 위해 무엇을 변화시킬 수 있나요?

우리의 저자들 중 몇몇은 이후의 장(章)들에서 특정한 치료적 사안에 주목하여 목적 설정에 대해 논의한다. 예를 들어, Lane, Butterworth, Speck(17장)은 일반적인 질병 관리 집단에서 특정한 목적들을 연마하기 위해 이끌어 내기-제공하기-이끌어 내기(E-P-E: elicit-provide-elicit) 전략을 이용하는 것을 논의하고 Feldstein Ewing 등(21장)은 청소년들과 함께 목적을 설정하면서 어떻게 E-P-E를 게임과 같은 방식으로 이용했는지를 나눈다. 개인적인 목적들을 설정하는 데 익숙하지 않은 구성원들에게는 그들이 첫 번째 회기에서 좋은 경험을 가졌다는 것을 확신시켜 주는 것이 방향을 설정하는 것보다 더 중요하다. 만약 집단 구성원들이 초기 목적들을 쉽게 확인하지 못하는 것처럼 보이면, 단순히 그들이 이 집단에 참가한 이후에 어떻게 더 나아지길 바라는지를 표현하는 것까지 할 수 있도록 함께 작업할 수 있다. 목적이 무엇인지 알아내는 것이 집단 회기의 목적이기 때문에 서두를 필요가 없다는 것을 알려 주어야 한다.

첫 회기 마무리하기

우리가 묘사한 다양한 업무들을 완료했든지 혹은 추가적인 업무들을 포함했든지, 어느 시점에 이르면 첫 모임을 정리하고 잘 마무리하는 것이 중요하다. 마무리를 위한 시간을 따로 떼어 놓아도 되고 간단하게 할 수도 있지만, 시간이 종료되었다고 시계가 알려줄 때 임의적으로 마치는 것보다는 질서와 일관성 있는 느낌을 남길 수 있는 방법을 찾는 것이 도움이 된다. 시간이 조금밖에 없다면 첫 집단 모임에서 설립된 목적들과 과정들을 요약하고, 집단 구성원들이 제기된 어떤 사안들이나 집단을 위한 계획들에 대해 명확히 하고 싶은 것이 있는지 질문 시간을 줄 필요가 있다. 일들이 매우 잘 진행되었거나(혹은 특별히) 관계를 형성하거나 집단 정체감을 발달시키는 데 어려움이 있었다면 집단에게 분명하게 확인시켜 주는 것이 좋다. 시간이 조금 더 있다면, 첫 회기에 대한 집단 구성원들의 관점들을 이끌어 내거나, 회기에 관해 그들이 느낀 것들에 대한 반영을 요청한다. 그러나 만약 집단 논의를 위한 자리를 만들었다면, 집단 구성원들이 제시할 수 있는 어떤 부정적인 반응도 처리할 수 있는 충분한 시간을 가져야 하고, 만약 이 회기가 마무리됨에 따라 그것을 탐색할 시간이 너무 적다면, 적어도 그러한 걱정들을 이해하고 있다는 것을 알려주고 다음 회기에 그것을 다룰 계획을 만들 수 있어야 한다. 집단을 끝내는 다른 방법에는 집단 구성원들이 가질 수 있는 안전에 대한 걱정을 다루는 것, 다음 회기가 시작되기 전에 걱정을 유발할 수 있는 충동이나 다른 위험이나 위협을 논의하는 것, 그리고 집단 종결을 위한 절차를 설정하는 것이 포함된다. 이는 집단 구성원들이 다음주 전까지 그들이 무엇을 할 것인지(혹은 무엇을 생각해 볼 것인지) 돌아가면서 얘기하는 것처럼 간단할 것이다.

참고문헌

Alden, L. E., Wiggins, J. S., & Pincus, A. L. (1990). Construction of circumplex scales for the inventory of interpersonal problems. *Journal of Personality Assessment, 55,* 521–536.

Chen, E. C., & Mallinckrodt, B. (2002). Attachment, group attractions, and self–other agreement in interpersonal circumplex problems and perceptions of group members. *Group Dynamics: Theory, Research, and Practice, 6,* 311–324.

Farrall, M. (2007, September). *Action for change: Motivational interviewing and drama in domestic violence and abuse.* Paper presented at Motivational Interviewing Network of Trainers Forum, Sofia, Bulgaria.

Hopwood, C. J., Ansell, E. B., Pincus, A. L., Wright, A. G., Lukowitsky, M. R., & Roche, M. J. (2011). The circumplex structure of interpersonal sensitivities. *Journal of Personality, 79,* 707–740.

Kiesler, D. J. (1996). *Contemporary interpersonal theory and research: Personality, psychopathology and psychotherapy.* New York: Wiley.

Kivlighan, D. M., & Angelone, E. O. (1992). Interpersonal problems: Variables influencing participants' perception of group climate. *Journal of Counseling Psychology, 39,* 468–472.

Kivlighan, D. M., Jr., London, K., & Miles, J. R. (2012). Are two heads better than one?: The relationship between number of group leaders and group members, and group climate and group member benefit from therapy. *Group Dynamics: Theory, Research, and Practice, 16,* 1–13.

Locke, K. D. (2000). Circumplex scales of interpersonal values: Reliability, validity, and applicability to interpersonal problems and personality disorders. *Journal of Personality Assessment, 75,* 249–267.

Locke, K. D., & Sadler, P. (2007). Self-efficacy, values, and complementarity in dyadic interactions: Integrating interpersonal and social-cognitive theory. *Personality and Social Psychology Bulletin, 33,* 94–109.

MacNair-Semands, R. R. (2002). Predicting attendance and expectations for group therapy. *Group Dynamics: Theory, Research, and Practice, 6,* 219–228.

MacNair-Semands, R. R., & Lese, K. P. (2000). Interpersonal problems and the perception of therapeutic factors in group therapy. *Small Group Research, 31,* 158–174.

Malat, J., Morrow, S., & Stewart, P. (2011). Applying motivational j~tetViewing principles in a modified interpersonal group for comorbid addiction. *International Journal of Group Psychotherapy, 61,* 557–575.

Miles, J. R., & Kivlighan, D. M. (2010). Co-leader similarity and group climate in group interventions: Testing the co-leadership, team cognition-team diversity model. *Group Dynamics: Theory, Research, and Practice, 14,* 114–422.

Sadler, P., Ethier, N., & Woody, E. (2011). Interpersonal complementarity. In L. M. Horowitz & S. Strack (Eds.), *Handbook of interpersonal psychology: Theory, research, assessment, and therapeutic interventions* (pp. 123–442). Hoboken, NJ: Wiley.

제10장

단계 2 관점 탐색하기

구성원들이 일단 집단 과정에 참여하게 되면, 단 한 회기 이후이든 혹은 몇 회기 이후이든 작업의 다음 단계인 *관점 탐색하기*로 넘어가야 한다. 사람들은 종종 집단을 시작할 때 스트레스를 받은 상태에서 스스로를 가장 괴롭히거나 가장 큰 장애물이 되는 문제에만 협소하게 초점을 맞추곤 한다. 관점 탐색의 목표는 집단 구성원들이 그들의 상황, 생활양식, 습관, 양가감정, 핵심 가치들을 탐색하는 과정을 통해서 스트레스 요인(stressor)을 그들의 삶의 더 넓은 맥락 안에 둘 수 있도록 돕는 것이다.

지금까지는 집단 과정에 집단 구성원들을 참여시키고 기본적인 집단 응집력을 형성하는 데 주력해 왔다면 이제부터 당신의 전략은 집단 구성원들이 자신의 상황을 바라보는 관점에 초점을 두도록 하는 것이다. 당신이 접근법을 바꾸는 것은 아니기 때문에 집단 구성원들은 이러한 전환을 알아차리지 못할 수도 있다. 실제로 당신은 지속적으로 수용성을 전달하고, 정서적으로 반응해 주며, 집단 구성원들의 관점들을 이해하고자 할 것이다. 집단 구성원들은 집단 형성으로부터 그들의 삶에 대한 탐색으로의 미묘한 전략적 이동으로 인하여 다른 사람들의 상황들과 관점들을 배우고 어쩌면 그들이 오랫동안 고수해 왔던 가정들에 의문을 던지기 시작할지도 모른다. 이는 새로운 학습과 변화를 향해 움직일 발판을 마련해 준다.

> 이 단계 동안 당신은 관계 형성하기에서 집단 구성원들이 자신의 상황을 바라보는 관점들에 초점을 맞추는 것으로 이동해야 한다.

안내 원리

집단 구성원들의 관점을 이끌어 내는 작업에서 기억해 두면 유용한 몇 가지 원리가 있다. 그 중에서 첫 번째로 중요한 원리는 *공감을 표현하는 것*이다. 가능한 한 빠르게 구성원들의 삶, 관점, 가치를 심도 있게 이해할 수 있도록 노력해야 한다. 이 단계의 과업은 관점을 확장하는 단계 동안에 새로운 가능성을 창출해 낼 수 있는 자원들을 제공하며, 그들의 현재 관점, 감정, 가치, 강점과 깊이 있게 연결함으로써 자기의 가장 좋은 모습을 이끌어 오도록 준비시킨다.

이 단계에서는 리더로서의 경험 여부나 지식의 정도가 어떠하든지간에 구성원들의 관점을 이끌어내는 작업에 집중하는 것이 무엇보다 중요하다. 집단 구성원들의 관점은 전문가들에게 들었다고 말하거나 책을 통해 알게 되었다거나 다른 집단에서 배운 것이라고 말하는 등 서서히 드러나기도 하고 대화 내용 속에 숨겨져 있기도 하다. 이런 것들은 집단 구성원들의 관점을 알려주는 중요한 자원이 될 뿐 아니라 그들이 현재 진심으로 믿고 있는 것들이 무엇인지 알 수 있는 단서가 되므로 이러한 것들을 공유하는 것은 매우 중요하다. MI는 내면에서부터 외부로 향하는 작업이기에 만약 누구라도 단지 타인의 말을 흉내내거나 반쯤만 믿는 생각을 공유한다면 나중에 그들의 관점들을 확장시킬 수 있도록 돕는 것이 더 어려울 것이다.

집단 구성원들의 관점을 공감하면서 탐색할 때, 우리는 두 번째 원리인 *긍정적인 것에 초점을 맞출 것*을 제안한다. 즉 집단 구성원들에게 이 집단에 속해 있는 긍정적인 이유와 자신들이 고심하고 있는 긍정적인 선택에 대해 말하도록 한다. 또한 그들이 지금 겪고 있는 변화를 이루어 내는데 도움이 될 만한 기술과 이전의 경험을 묻고 이끌어내며 탐색하는 것이다. 개인 MI는 때때로 변화를 위해 현재의

관점 탐색하기 활동을 위한 안내 원리

- 내담자 중심의 관점을 갖기
- 긍정적인 것들에 초점 맞추기
- 집단이 그 순간에 집중하도록 하기
- 현재에 초점 맞추기
- 고통을 인정하되 슬픔을 유발하지 않기

습관들이 만들어 내는 문제나 그들의 가치에 반대되는 선택과 같은 부정적인 이유에 더 집중하기도 한다. 하지만 집단 MI에서는 다르다. 집단에서 부정적인 것에 집중하는 것은 집단이라는 반공개적 성격과 대인관계적인 역동으로 인해 자칫 집단 구성원들에게 당혹감이나 수치심을 일으키거나 비난 혹은 논쟁과 같은 비생산적인 것으로 이어지게 할 우려가 있다. 따라서 집단 MI에서는 부정적인 측면보다는 강점, 희망, 상호 지지, 개선하고자 하는 결심과 같은 긍정적인 동기를 양성하고 확장시키는 데 더 주력한다.

긍정적인 것에 초점을 두어야 할 타이밍은 바로 집단 구성원들이 부정적인 사건이나 반응에 관해 논할 때이다. 집단에 *보내진* 것에 대해 분개하는 집단 구성원들이 참여를 강요받는다고 느끼는 것은 어쩌면 자연스러운 것이다. 그들은 자신들이 집단에 보내어지기까지 그 과정에 불만을 품고 있을 수 있는데, 이는 종종 집단에 참여하는 초기부터 표출되곤 한다. 수치심이나 죄책감과 같은 감정이 비난으로 둔갑하여 표현되기도 한다. 집단 초기부터 표출된 이러한 불만을 당신은 관점을 탐색하는 이 단계에서도 여전히 듣게 될지도 모른다. 그럼에도 그들을 수용하고 인정해줌으로써 집단 구성원들로 하여금 당신이 자신들의 이야기를 귀담아 듣고 있으며 이해받는다는 느낌을 갖게 하는 것이 무엇보다 중요하다. 그러면서 동시에 당신은 그들이 집단에 참여함에 있어 긍정적인 측면 또한 있다는 것을 놓치지 않도록 각별한 주의를 기울이는 것이 필요하다. 가령 한 집단 구성원이 계속해서 분노에 치중해 있을 때, 당신은 다음과 같이 사려있고 깊이 있는 말로 응답할 수 있을 것이다.

> "존, 당신은 당신을 이 집단에 의뢰하고, 어느 정도 커다란 생활 방식의 변화를 이루도록 압박하고 있는 것처럼 보이는 의사 선생님의 소개로 여기에 참석했어요. 여기 오는 것이 당신을 약간 거슬리게 하는 것처럼 보이지만, 그럼에도 당신은 여기 참여하여 이야기를 나누고 자신의 미래와 삶이 어떻게 되었으면 하는지 그에 대한 많은 생각을 갖고 있는 것으로 보였어요. 그동안 나는 당신이 많은 에너지를 지니고 있다는 것을 알게 되었는데 만약 당신이 변하기로 결심한다면 바로 이점이 존 당신을 도울 수 있겠다싶은 생각이 들었어요. 당신의 분노를 이해하지만, 지금은 의사 선생님이 당신을 성가시게 하고 있다는 사실은 잠깐 접어두고 변화하는데 도움이 될 만한 가능성들에 집중해 볼 의향이 있는지 궁금하네요."

실제적인 걱정과 불만에 안주하지 않지만 인정해 줌으로써, 그리고 각 구성원의 긍정적인 측면들을 확인시켜 줌으로써, 구성원들을 참여하도록 강제한 다른 관련성을 배제해 나갈 수 있다. 이러한 방식으로 구성원들이 보일 수 있는 다른 종류의 부정적 측면과도 상호작용할 수 있을 것이다.

당신의 작업을 안내해 줄 세 번째 원리는 *집단이 그 순간에 집중하도록 하는 것*이다. 이것은 어느 정도 단순히 구성원들을 환영하고 그들의 초점을 집단 회기에 집중시키는 것으로 이뤄질 수 있다. 예를 들면, “오늘 밤 기분이 어때요?”라든가 “오늘 오후에는 좀 편안해 보이는 것 같은데요?”라든가 “오늘 아침에는 어떤 걸 이루고 싶으세요?”와 같은 질문이 집단 외적인 것에 집중하는 “지난 모임 이후에 어땠나요?”와 같은 질문보다 좋다.

네 번째 원리인 *현재에 집중하는 것*으로 구성원들을 안내하는 것도 그들의 삶에 대해 논의할 때 유용할 수 있다. 집단 구성원들의 삶에서 중요한 상황들 및 사람들과 기본적인 친숙성을 발달시키는 것은 도움이 되지만, 장황한 이야기는 집단 과정을 더디게 할 수 있다. 초기에는 당신이 그 순간으로 되돌아가도록 지시하는 것이 구성원들을 혼란스럽게 할 수 있기 때문에 간단한 설명이 도움이 될 수 있다. 예를 들면 다음과 같다.

> “여러분 모두가 집단에 오기 전에 오랜 과거사가 있겠지만, 우리는 일반적으로 과거에 일어났던 일들의 세부사항들보다는 현재와 앞으로 나아가는 것에 집중하도록 노력할 것입니다. 현재의 삶에서 서로 무언가를 배울 수도 있지만, 매주 여러분의 삶에 일어난 일보다는 여러분 각자의 고유한 삶의 여정과 상황을 보다 나아지게 할 수 있는 가능성들에 더 초점을 맞추는 데 주력하고자 합니다.”

관점 탐색하기 단계의 다섯 번째 원리는 *고통을 인정하되 슬픔을 유발하지 않는 것*이다. 집단 구성원들은 그들의 삶의 고통과 문제들을 집단으로 가지고 오기 마련이다. 이러한 고통은 변화가 필요한지, 그것이 가능한지 혹은 더 나은 삶으로 이끌어 줄 것인지에 대해 집단 구성원들이 풍부한 관점을 갖도록 도와 줄 수는 있다. 그런 반면, 이는 집단 구성원들의 집중이나 진행의 흐름을 막을 수도 있다. 그러나 다행히 걱정해 주는 사람들과 고통을 나누는 것만으로도 보통은 개인으로 하여금 문제를 뒤로 하고 보다 나은 방향에 초점을 두게 만든다. 고통을 분석하는 것이나 그것의 원인, 또는 부정적인 경험의 세부적인 것에 상당한 시간을 쏟을 필요는 없다. 일반적으로 감정과 부정적인 경험에도 불구하고 앞으로 나아가겠다는 개인의 결심을 반추하는 것만으로 충분하다.

집단 역동

관계 형성하기 단계 동안에, 집단 구성원들은 다른 사람들의 취미, 습관, 흥미와 같은 개인적인 정체성의 측면들에 대해서 알게 된다. 집단 상호작용이 심화됨에 따라, 구성원들의 *사회적 정체성*이 더 많이 드러나게 된다. 즉 다른 사회적 네트워크(가족, 동료, 친구 등)내에서의 관계 형성 패턴이 반영되어 나타난다. 집단 구성원들은 각자 다른 사람들과 관계를 맺는 나름의 관습적인 방식을 갖고 있는데 이러한 방식은 그들 일상에서 전형적인 상호작용 패턴을 형성하기도 하고 집단 과정에도 영향을 미친다. 이는 심리치료 집단에서 더 강하고 영향력이 있게 나타나겠지만, 심리교육 집단과 지지 집단들에서도 드러나며 영향을 미친다.

이러한 집단 구성원들이 보이는 상호작용 패턴은 그들을 과거에 고착된 상태로 머물게 할 수도 있다(예. 자기 주장을 잘 하지 못하는 구성원일 경우 대인관계에서 오는 스트레스 요인을 줄이는 데 더 곤혹감을 느낄 수 있고 이로 인해 약물을 더 의지하거나 복용하게 될 수 있다; 공격성 문제가 있는 구성원일 경우 중립적인 메시지를 적대적으로 받아들임으로써 더 쉽게 갈등에 휘말릴 우려가 있다). 그러므로 집단의 한 가지 이점은 구성원들이 집단 상호작용을 통해서 새로운 사회적, 대인관계적 기술을 배우고, 그것을 실제 삶의 관계에 적용시킬 수 있다는 것이다. 집단 구성원 중 사회생활에서 문제를 유발하는 관계적 역동을 반복하는 구성원이 있다면 그들의 작용에 특별히 주목해야 한다. 그러한 상호작용은 중단시키고 그들의 사회적 역할과 패턴을 재검토하여 더 생산적인 방법으로 다시 시작할 수 있도록 도와야 하는데 구성원들 모두 초면인 초기에 서로가 어떻게 상호작용하는지 살펴본다. 그 중에서 난처하게 만들거나 과도하게 반복되는 상호작용 패턴은 무엇인지 그것을 알아차리는 것이 중요하다. 이는 그들의 사회적 관계에 대한 관점을 탐색하는 데 유용한 자료가 되기 때문이다. 시간이 지나서 집단이 관점을 확장시킴에 따라 그들이 변화에 가속을 더하면, 이 사안들로 다시 돌아올 수 있다. 집단 MI가 과정-지향적인 것만은 아니지만(주된 초점이 회기 내 상호작용과 집단 역동에 있는 것은 아니다), 구성원들이 자신들의 사회적 패턴을 지각하고 그것을 바꾸도록 돕는 것은 유익하다. 이러한 패턴을 잘 다루지 못한다는 것은 곧 변화를 막는 장애물이 여전히 앞에 버티고 있다는 의미가 되기 때문이다.

성공적인 집단 MI에서는 집단 자체가 *긍정적인 사회적 네트워크*로 발달하는데, 이곳이 바로 구성원들이 참여하고 애착을 가지며 서로 영향을 주고 받는 그러한 장이기 때문이다. 이를 촉진하기 위해서는 집단 구성원들을 연결시키고, 중첩되는 관심영역을 찾고, 다른 구성원들의 탐색과 목표설정에 대한 관심과 관여를 고취하고, 서로를 지지하는 전략들을 지속적으로 사용해야 한다. 집단 구성원들은 집단 정체감뿐 아니라 집단 내에서의 사회적 정체성과 역할을 발달시키며, 때로는 이것이 새로운 사회적 관습, 역할, 정체성으로 변하게 된다. 이는 그들이 집단에 참여하는 정도와 다른 구성원들과 자신의 생각을 공유하는 개방성 모두를 향상시킨다. 종종 집단 구성원들은 확장된 자기정의(self-definition)와 새로운 기술, 그리고 그러한 변형 과정의 결과로써 더 큰 자신감을 드러낸다.

집단 구성원들이 연대하고, 함께 어떤 것들을 향상시키는 것에 대한 공유된 결의감을 발달시키고, 상호 지지를 경험함에 따라, 집단은 더 *결속*한다. 개인들의 집합이 아닌 한 집단으로서 강한 응집력을 성취하고 집단 구성원들을 참여시키기 위해선, 특정한 개인과 집단을 전체적으로 오가며 당신의 초점을 다각도로 연결시켜야 한다. 활동과 주제의 틀을 *우리*(*너* 대신)가 함께 탐색하는 것으로 설정하는 것은 미세하지만 집단 응집력에 기여할 수 있는 유용한 방법이다. 일관성 있는 공통의 주제와 내용, 믿음, 태도, 희망의 탐색을 통해 집단 구성원들을 엮는 것 역시 집단 응집력을 증가시킨다. 집단 응집력은 관계형성, 자기개방, 투자, 노력은 물론 궁극적으로는 집단의 결과와 연관되어 있다는 것을 기억하도록 하자.

치료적 요인

2장에서 설명한 네 가지 치료적 집단 요인들은 이 단계에서 특히 중요하다. 이들은 *보편성*, *수용성*, *희망 주입*, *대인관계 상호작용으로부터 배우기*이다.

초기 집단 참여는 참여하는 사람들로 하여금 고립된 개인에서 협동하는 집단의 구성원으로 변모되게 할 수 있다. 초기 참여를 넘어서 더 심도 있는 탐색으로 나아감에 따라 집단 구성원들은 서로의 상황과 문제, 관점이나 도전에 대해 더 잘 알게 된다. 초기에 각 구성원들의 문제나 도전을 조심스럽게 연결시켜줌으로써 그들의 도전이나 힘겨움, 방해물과 같은 것의 *보편성*에 대한 인식을 집단 구성원들에게 심어 줄 수 있다. 문제와 관점에 대한 탐색이 지속되는 동안 집단 구성원들을 서로 이어주는 것은 그들 간의 연계성을 발달시키고 그들의 고립감이나 외로움을 경감시키는 효과가 있다. 뿐만 아니라 다른 구성원의 상황을 이해하는 데 필요한 예들은 이미 자신도 경험한 바 아는 것들이기에 이는 오히려 자기 스스로를 더 잘 이해하게 만드는 통로가 된다.

종종 공통된 연대를 공유하는 집단 구성원들의 경험들은 동기를 높여주고, 집단 구성원들이 당면한 어려움을 *우리의 문제*들로 받아들임에 따라 문제들이 더 넓게 재구성된다. 집단으로서 도전들을 일반화하고 솔직하게 말하는 것은 초점을 확장하는 하나의 형태로, 지금부터 시작하여 집단이 지속적으로 발달함에 따라 완전하게 꽃피우게 된다. 이는 다른 집단 구성원들로부터 수용받았다는 느낌을 향상시킨다. 초점이 개별적인 구성원의 문제에서 공유된 변화의 과정으로 미세하게 이동하면서 집단에 의해 제공되는 정서적인 지지를 더 많이 받게되고 이에 따라 낙관성 또한 고양된다. 집단 초기에는 대체적으로 구성원들의 사기가 저하되어 있기 때문에 *희망을 주입하는 것*(글씨체 눕히기) 또한 집단이 제공해야 할 중요한 요소이다. 개인 MI에서는 상담자의 태도와 기대로 *나아질 것이다*(글씨체 비스듬히) 라는 낙관적인 느낌을 전달한다면, 집단에서는 다른 집단 구성원의 성장을 목격하는 것이 강력한 희망의 원천이 된다. 집단이 지속적으로 연대를 형성하고 주제들을 탐색하면서, 집단 구성원들은 안전한 환경에서 사회적 기술들을 발달시키고 연습하면서 대인관계적 상호작용을 학습할 기회를 얻는다. 정신장애, 중독장애, 만성적 건강문제, 혹은 범죄적 행동을 가진 많은 사람들은 덜 발달된 사회적 기술이나 부적응적인 사회적 습관을 지닌 체 집단에 온다. 집단 내에서 그들에게는 회기가 시작하기까지 기다리거나 떠날 때 *소소한 대화*에 참여하는 것을 연습할 기회가 있다. 그들은 또한 관점들을 공유하고, 다른 사람들의 말에 귀를 기울이며, 피드백을 주고, 이전에 낯설었던 사람들로 이뤄진 집단과의 대화를 조절하는 것을 연습한다. 사회적 기술을 교정하는 이러한 모든 기회들은 그들의 삶으로 일반화될 수 있다.

집단 구성원들은 그들의 생각이나 타인의 영향에 대한 상호적인 피드백을 통하여 관계의 더 깊은 수준—예를 들면 신뢰를 형성하는 방법, 취약점을 공유하는 것, 다른 사람들이 그들을 어떻게 지각하는지 이해하는 것 등을 배우는 것—에서 혜택을 얻는다. 이러한 종류의 학습은 일반적으로 부모, 가족, 연인관계, 가까운 친구들과의 의미 있고 개인적인 관계의 맥락 안에서 발생한다. 집단 구성원들도 그들의 삶에서 긍정적인 사람들과 맺은 경험이 있을 수 있지만, 어떤 사람들은 집단 안에서 다루어질 수 있는, 골이 깊은 부정적인 대인관계적 습관들을 극복하기 위해 힘쓴다. 이는 그들이 관계에서 주고받는 것을 더 잘 다루고, 다른 사람들에게 거의 자동적으로 바람직하지 않은 반응을 촉발하는 대인관계에서 나타나는 민감한 부분들을 인식하고, 다른 이들에게 부정적으로 영향을 미치는 스스로의 행동들을 알아차리도록 이끈다.

리더의 기능

경계 관리하기

리더로서 당신은 집단이 처음 관계를 형성할 때 집단 규범들을 세울 수 있도록 도왔다. 이제 당신은 이후 회기 동안 주요한 집단 경계들을 관리하는 데 주의를 집중해야 한다. 이는 시간 관리, 집단 내 구성원, 집단에 출석하고 참여하는 구성원들의 결심, 그리고 주제의 초점을 형성하는 것을 포함한다. 집단 구성원들은 모든 회기에 참석하는 것이 기본이며 특정 회기에 빠져야만 할 때에는 반드시 집단에게 미리 알려주는 것, 정시에 도착하고 외부의 방해 없이 전체 회기 동안 자리를 비우지 않고 끝까지 남아있는 것 등에 대한 지침이 필요하다. 출석과 참여가 집단 내의 다른 사람들에게 어떻게 중요한지를 강조하는 것은 개별적인 구성원들을 넘어서 더 큰 집단의 중요성에 집중할 수 있도록 한다. 이러한 지침은 집단의 초기, 지각이나 결석이 발생하기 이전에 제공되는 것이 좋으며, 어떤 구성원이 지각이나 결석을 한다면 다시 반복될 수 있다. 예를 들면 다음과 같다.

"지금, 우리는 서로의 관점들을 탐색하는 것과 서로를 알고 이해하는 것에 초점을 두고 있습니다. 우리가 이것을 하는 동안에, 서로를 향한 이해와 신뢰를 높여주는 공유된 경험을 통해 집단을 함께 형성해 나가는 것이 중요하며, 만약 우리가 자주 빠지거나 지속적으로 참여하지 않는다면 그것을 이루어 나가기가 더욱 힘들 것입니다. 우리가 정시에 도착하고, 처음부터 끝까지 함께하고, 할 수 있는 만큼 참여하고, 결석해야 할 경우 집단이 미리 알 수 있게 한다면 우리는 더 좋은 경험을 할 수 있을 것입니다. 어떻습니까?"

집단 규범

이 단계에서는 동의된 지침과 지속적인 상호작용으로부터 집단 규범을 계속적으로 발달시켜야 하는데, 규범에는 말하는 시간과 내용에 관한 것도 포함된다. 개별 구성원에게 초점이 맞춰진 시간의 길이와 구성원들이 자기 시간을 어떻게 사용하는지 혹은 차례를 주장하지 않는지를 확인해야 한다. 모든 구성원들이 매 회기마다 동일한 시간을 가져야 하는 것은 아니다. 대신에 그들은 모든 사람들의 문제들이 간단하게라도 다루어질 것이며 그 과정에서 어떤 구성원이 다른 사람들보다 더 많은 주목을 받더라도 모두가 혜택을 받으며 미래의 회기에서는 다른 구성원들에게 더 주목할 것이라는 느낌을 발달시켜야만 한다. 구성원들의 내용과 주제를 엮어서, 어떤 구성원이 특정한 문제를 제기하지 않더라도 다른 구성원이 비슷한 문제를 다룰 때 그/녀가 여전히 관여할 수 있게 도와야 한다.

차례를 갖는 것과 말하는 시간을 관리하면서, 개인들 대 집단 전체에게 집중하는 시간의 양의 균형을 맞춰야 한다. 일반적으로 초기에는 개별적인 구성원들에게 더 많은 시간을 소요하고 집단에게는 상대적으로 더 적은 시간을 쓸 수 있다. 그러나 집단 내에서 관찰한 프로세스들을 반영함에 따라, 구성원들은 전체로서의 집단에 대한 느낌을 더 잘 발달시키고, 시간이 지날수록 집단 정체성이나 과정들에 대해 더 많은 논평들을 하게 된다. 관점 탐색하기 단계 동안에 당신은 아마 70~80%의 초점을 집단 구성원들, 그들의 상호 연결된 문제, 그리고 공통적인 주제에 맞추고, 약 20~30%의 초점을 경계, 규범, 내용의 유형과 같은 전체 집단의 고유한 특징들에 맞추고자 할 것이다.

균형을 맞추어야 하는 또 다른 영역은 과거, 현재, 미래에 주어지는 집중의 양이다. 거의 대부분의 경우 초점의 궁극적인 목표는 현재와 미래에 맞추어져 있다. 그러나 구성원들이 무엇이 그들을 지금의 상태로 이끌었는지를 탐색하는 과정에서 일반적으로 초기의 초점은 과거에 맞춰져 있다. 당신과 다른 집단 구성원들이 현재의 상황을 이해할 수 있게 구성원들이 과거에 대해 충분한 정도의 세부사항을 나누도록 안내하되 과거에 대한 집중으로 인해 현재를 향한 주의에서 벗어나지 않도록 해야 한다.

이 단계 동안에 발달되어야 하는 추가적인 집단 규범은 구성원들이 다른 사람들의 사안들에 대해 논평하기보다는, 주로 그들 자신의 사안들과 그것들이 다른 사람들과 어떻게 연결되어 있는지에 대해 이야기하도록 하는 것이다. 어떤 사람들은 다른 사람들에게 그들의 관심사나 걱정들에 대해서 물어보는 것을 편안해할 수도 있지만, 특정 집단 구성원이 집단 내에서 *가짜치료자* 역할을 하도록 허락하지 않는 것이 최선이다. 이는 구성원들이 다른 사람에 의해 제기된 문제들에 대해 견해를 밝히는 것을 중지시켜야 한다는 의미는 아니다. 구성원들은 자유롭게 서로 피드백 주고 공통된 경험들을 나눌 수 있어야 하지만, 적절한 자기개방으로 다른 사람들의 상황들에 대해 균형을 맞춰 견해를 밝힐 것을 기대하고, 너무 빠르게 너무 깊이 들어가지 말아야 한다. 다음 예문은 관점 탐색하기 단계 동안에 집단 내에서 이것이 어떻게 발달하는지 묘사하고 있다.

토마스: 그래서 이 모든 것들이 저를 화나게 해요. 판사는 저를 바로 코앞에서 지켜보고 있고 제 상사는 제가 감옥에서 더 시간을 보내면 저를 해고할 거라고 위협하고 있어요. 그리고 제 아내는 더 이상 이 상태를 견딜 수가 없다고 말하죠. 그녀는 저에게 제대로 행동하라는 압박을 엄청나게 주고 있는데, 그건 옳은 일을 하는 걸 더 어렵게 하고 있어요.

바네사: 와, 토마스 당신도 정말 엄청난 스트레스를 다루고 있지만 그녀도 역시 힘든 상태네요.

토마스: 그래요, 정말 힘들어요.

바네사: 그래서 당신은 아내와 어떻게 할 거에요? 당신과 아내의 관계를 나아지게 하려고 노력하고 있나요?

리더 1: 바네사, 당신이 토마스를 걱정하고 있고 그가 자신의 상황을 더 나아지게 하려고 무엇을 할 것인지 궁금해하는 것 같군요. 그의 이야기가 당신의 상황과 관계된 어떤 것을 떠오르게 했나요?

바네사: 글쎄요, 저는 본인이 야기한 상황도 아닌데 그것을 짊어지고 살아야 하는 여자가 된 것처럼 느껴요. 저는 그의 아내와 같은 상황에 있거든요. 저 스스로의 변화를 이루기 위해 이곳에 왔지만, 저는 제 남자친구가 무엇을 할지 기다리고 있고 그는 꽤나 엉망이거든요. 그는 저와 아이들을 보살펴주지 못해왔고, 감옥을 들락날락하고, 그리고 이건 그가 가족사진에서 대부분 빠져 있다는 걸 의미하고요. 그리고 저는 애들을 기르는 것, 기저귀와 옷을 사고 고지서를 처리하는 모든 것들을 다 처리해야 해요. 때론 이게 얼마나 부당한지와 그가 이걸 저에게 어떻게 보상해 주어야 하는지 생각하게 해요. 그래서 저는 토마스의 아내와 마음이 통할 것 같아요. 저는 토마스가 아내에게 정당하게 해주길 원해요.

리더 1: 그래서 토마스가 그의 아내가 어떻게 반응하는지에 대해 언급할 때, 그것이 당신 스스로의 상황을 떠올리게 만들었고 토마스에게 그의 아내를 어떻게 대우해 주어야 하는지 제안해 주고 싶게 만들었군요.

바네사: 그래요, 그랬어요. 저는 그가 아내에게 정당한 대우를 해주길 원하고, 그가 아내에게 최소한 그녀에게 주어지는 압박을 이해한다고 말해 주기만 해도 아내는 그가 정말 변화하려고 노력하고 있다는 것을 볼 수 있기 때문에 그를 더 지지해줄 수 있을 거라고 장담해요.

리더 1: 만약 당신의 배우자가 열린 마음으로 진심을 다해 이야기를 들어준다면, 당신은 그에게 어떤 것들을 다르게 행동해 달라고 요청할 것이고 또 당신은 어떤 것들을 다르게 할 건가요?

바네사: 글쎄요. 저는 그냥 최소한 더 도움을 줄 수 있게 이 혼란스러운 상황에서 벗어나려는 그의 계획을 알고 싶고, 제가 지금 대부분의 짐들을 감당해 내고 있고, 그가 일들을 제대로 처리해 나가는 동안에도 제가 그 일들을 계속해야 한다는 것을 인정해 줬으면 좋겠어요. 그가 그것만 해준다면 저는 아마 더 이상 싸움을 걸지 않고 더 지지적일 수 있을 거예요.

리더 1: 그래서 당신은 그가 무엇을 하는지 기다리면서 지켜보고 있고, 그것에 기반하여서 적응하고 있군요.

바네사: 그래요. 하지만 그건 제게도 생각해 봐야 할 것 같은데, 왜냐하면 제가 계속 그가 먼저 변하길 기다린다면 저는 아주 오랫동안 기다려야 할 것

같거든요.

리더 2: 우리가 너무 오랫동안 다루지 않았던 어떤 것을 떠올리게 하는군요. 서로에 대해 관심을 가지고 걱정을 하는 것은 좋아요. 어떤 사람이 비슷한 이야기를 나눌 때 어떤 사안들이 제기되는지 주의를 집중하는 것도 중요하죠. 다른 사람들의 이야기에 반응하는 것은 우리에게 해결되지 않은 문제가 있다는 것을 알려주는 단서가 될 수 있고, 때로 그것은 그 이야기가 반응을 이끌어 내기 전까지는 온전하게 알아차리지 못하고 있었던 것일 수 있죠. 그렇기 때문에 우리 리더들 중 하나가 이런 유형의 반응처럼 보이는 것을 발견하면, 예를 들어 다른 사람에게 주는 제안이 개인적인 감정을 이면에 가진 것 같으면, 우리는 그것이 작업해 나가야 할 중요한 무엇인가를 드러낼 수 있기 때문에 그것에 대해 물어볼 수도 있어요.

사라: AA(알코올자조집단)의 언쟁 금지 규칙 같네요.

리더 2: 그래요. AA에서는 *언쟁 금지*라고 말하는 군요. 그것이 무슨 뜻이죠?

존: 그건 각 발표자가 이야기를 나눌 때 집중하고 당신이 할 수 있는 것을 배우지만, 그것에 대해 논평하지 않는 것을 의미해요. 자기 차례가 되면 자기와 관련된 이야기만 해야 하죠.

리더 2: 좋아요. 그것은 우리가 여기에서 하려는 것과는 약간 다르군요. 혹시 누가 이것이 어떻게 다른지 정의하도록 도와줄 수 있을까요?

토마스: 여기서는 우리 각자가 말하고 서로의 이야기를 주의 깊게 듣고, 그리고 만약 우리가 비슷한 어떤 것을 직면하고 있으면 그것을 공유할 수 있고, 우리가 공통적으로 가지고 있는 것들의 방법들에 대해 우리끼리 논의할 수 있을 뿐만 아니라 만약 그 사람이 관심이 있다면 피드백을 줄 수도 있어요. 하지만 우리는 주로 우리 자신과 우리의 삶에서 무엇을 다룰 것인지에 대해 주목해야 하죠.

바네사: 맞아요. 그게 제가 하고 있는 것이기도 해요.

리더 2: 아주 좋아요. 그리고 우리가 집단 안에서 앞으로 나아갈수록, 우리가 각 사람에게 얼만큼의 시간을 소요하는지, 논의되어야 하는 연관성들이 있는지, 또 집단이 작업해 나가는 방법에 대해 원하는 것이 있는지처럼 여기에서 일어나는 일들에 대해 이야기해도 괜찮아요. 이곳은 당신의 고민과 계획을 이야기할 수 있는 곳이기도 하지만 우리가 집단으로서 어떻게 기능하고 있는지 이야기할 수도 있는 곳이에요.

토마스: 그거 정말 좋네요.

리더 1: 토마스, 만약 저는 당신이 아내와의 상황에 대해 더 이야기하고 싶은데 중간에 잘렸다는 느낌을 받길 원치 않아요.

토마스: 사실 바네사의 말을 들으면서 이 상황이 제 아내에게 얼마나 힘든 것인지 다시 생각할 수 있었고, 어쩌면 그녀가 저에게 약간의 슬픔을 줄 자격이 있다는 생각을 하게 됐어요(*집단이 웃음을 터뜨린다*). 하지만 진지하게 저는 아내가 최선의 것을 원하고 있고, 걱정하고 있으며, 바네사가 말했듯이 그것이 나의 문제이기 때문에 아내가 무기력함을 느끼고 있다는 것을 알아요. 제가 일을 망쳤고 다른 방도가 없어요. 제가 해결해야 하는 문제이고 제가 무엇을 하려고 하고 제가 아내의 지지와 인내를 얼마나 감사하게 생각하는지 아내에게 분명하게 한다면 제 아내는 아마 조금 더 잘 이겨낼 수 있을 거예요.

이 사례에서 한 리더는 개인의 문제들에 주목하고, 다른 리더는 집단 과정에 주목한다. 리더 1은 바네사의 견해들이 구성원들의 관점들을 긍정적으로 탐색하는 과정에서 벗어나게 할까봐 걱정하고 있다. 그녀는 바네사의 초기 논평들을 도전적이고 약간 적대적인 것으로 보았고, 두 구성원들이 이 문제를 그들끼리 해결할 수 있는 충분히 강한 관계를 아직 형성하지 않았을까 걱정했기 때문에 구성원들 간의 의사소통을 이끌기 위해 개입하고 있다. 그녀는 바네사의 견해들을 토마스에 대한 걱정과 함께 긍정적으로 다시 규정하는 것으로 시작했고, 바네사 개인의 상황을 다루는 것으로 초점을 이동시켰다. 바네사가 이를 따라오면서 리더는 바네사를 옴짝달싹 못하게 만드는 것처럼 보이는 대인관계적 역동을 검토하는 것으로 초점을 확장한다. 리더 2는 이때를 두 구성원들에 대한 초점에서 집단 규범을 깊이 발달시키는 것으로 이동시킬 순간으로 선택하고, 정보를 제공하는 것을 기본으로 삼는 대신 가능한 순간에 구성원들의 개입을 유도하고, 규범들을 구성원 각각의 자율적인 변화를 지지하는 집단의 목적과 엮고 있다. 이 과정이 끝나면, 리더 1은 대화를 시작했던 토마스에게 다시 초점을 맞춰, 일시적인 초점의 변화로 인해 말이 끊겼다는 느낌을 받지 않았는지 확인하고 있고, 토마스는 집단 논의에 대한 그의 관점에서 다시 그의 상황으로 다시 돌아오면서 응답하고 있다.

감정 다스리기

이 단계에서는 정서적인 자극 수준을 적당히 낮게 유지하면서 집단 구성원들이 어느 정도 감정을 표현하도록 도와야 한다. 당신은 집단 내에서 정서 표현의 안전관리자로서 기능해야 한다. 너무 많은 감정이 표현되면 특히 부정적인 감정이 많으면 어떤 구성원들은 상황이 통제를 벗어날 것이라 지각하면서 불편함을 느끼고 후퇴할 수 있다. 다른 사람들은 서로가 틀렸다거나 그렇게 느끼면 안 된다는 식으로 서로를 *확신시키기* 위해 노력하면서 전투적으로 될 수 있다. 둘 중 어느 것도 집단 내에서 감정을 표현하는 데 안전성을 주거나 동기를 강화하지 않는다. 이 초기 단계에서 약간의 조심성을 가지고 개방하는 것을 격려하면서, 점진적으로 정서를 공유하는 것의 개념을 소개할 수 있다. 집단의 유대감이 심화되고 더 많은 신뢰가 형성되면 구성원들은 당신의 지도 없이 더 많은 감정들을 표현하고 그들 스스로 집단에 미치는 영향을 관리할 수 있게 될 것이다.

> 당신은 집단 내에서 정서표현의 안전관리자로서 기능해야 한다.

당신이 안전한 수준을 유지하면서 감정을 떠오르게 해주는 한 방법은 당신의 반영적인 진술들을 조심스럽게 선택하는 것이다. 구성원들이 강력한 느낌들을 표현하면 어느 정도 낮은 강도로 그들에게 반영하거나 느낌의 대상에 대한 초점을 느낌 그 자체로 옮길 수 있다. 당신의 반영(reflection)을 전체 상황에 맞게 하고, 강렬한 감정을 전달하는 집단 전략들을 유도하면서, 그것에 비정서적인 측면을 더하는 것도 고려해 볼 수 있다.

존: 그 놈이 내 근처에 와서 그런 식으로 또 행동하면 나는 그를 죽일 수 있을 만큼 정말 미치도록 화가 나요.

리더 1: 당신은 정말 화가 나고 동시에 분노에 의해 잠식되고 더 많은 문제에 당신을 끌어들이는 것을 피하고 싶어하는군요.

존: 알아요, 알아요. 그게 제 주요 목표예요. 사람들이 계속 한계까지 몰아붙이면 힘들어요. 몇 번이나 선을 넘지 않으면서 거기까지 갈 수 있겠어요?

리더 2: 다른 분들은 어떻게 생각하세요? 이런 상황을 어떻게 다루시나요?

사라: 저는 이해해요. 제 삶에도 제가 내버려두면 저를 괴롭혀서 한계를 넘어서게 만드는 사람들이 있지만, 저는 그걸 견딜 수 없어요. 저는 그들이 그

런 힘을 가지게 하고 싶지 않아요, 이해해요?

존: 그래요, 맞아요. 만약 제가 그냥 무시한다면 아마 그를 더 화나게 할 거예요. 그는 아마 내가 어떤 상황인지 알아차리지 못할 거예요.

토마스: 그리고 가장 좋은 부분은 당신이 고치려고 하는 삶을 엉망으로 만들지 않으면서도 어느 정도 만족할 수 있다는 것이죠.

리더 2: 우리가 갈등 상황에 있을 때 우리 자신과 우리가 이루려고 하는 것이 무엇인지에 주목하는 것이 한 가능한 방법인 것처럼 들리는군요. 때로 그건 많은 노력을 필요로 할 수 있어요. 특히 사람들이 우리에게 잘못 대하고 있는 것처럼 보일 때 그렇죠. 갈등을 다루는 다른 방법이나 애초에 갈등에 빠지지 않도록 하는 방법에는 또 어떤 것들이 있을까요?

여기에서 리더 1은 한 구성원의 분노를 더 생산적이고 친사회적인 방향으로 안내하며 분노를 통제하기 위해 그가 사용하고자 하는 전략으로 다시 초점을 맞춘다. 리더 2는 구성원들을 아우르는 대답들을 요약하기 전에 다른 사람들의 전략들을 이끌어 내고, 그들이 목표를 달성할 수 있는 추가적인 방법들을 이끌어 내도록 초점을 좁히기 전에 그들을 인정해 주면서, 그 초점을 전체 집단으로 확장시킨다.

내담자의 자기인식 촉진하기

이 단계에 리더의 또 다른 중요한 기능은 집단 구성원들이 불평, 걱정, 문제들을 작업 가능한 치료적 과업으로 다시 틀을 잡을 수 있도록 하는 방법에 대한 인식을 촉진하는 것이다. 사람들은 주로 어떻게 혹은 왜 사건들이 그들의 삶에 일어나는지에 대한 불완전한 시각을 가지고 집단에 오며, 종종 그들이 타인의 잘못된 선택의 희생자이거나, 운이 나쁘거나, 만성적인 문제를 가지도록 운명 지어졌다고 지각한다. 그들은 친구들에게 불평하는 데 익숙해져 있거나, 특히 다른 사람들이 잘못하고 있다고 생각할 때 그들의 상황을 바꾸는 선택을 하는 경험을 덜 했을 것이다. 이러한 관점들을 탐색하면서 당신은 그들을 들어주고, 이해해 주고, 구성원들이 질문을 던지고 오랫동안 고수해 왔던 비생산적인 태도와 믿음을 변화시킬 수 있는 분위기를 만들어 주어야 한다. 집단 구성원들이 그들의 선택과 강점을 더 명확하게 바라볼 수 있게 도와줌으로써, 당신은 그들이 불평과 상황을 잠재적으로 처리할 수 있는 것들로 바라보도록 도와준다. 또한 그들이 커다란 문제들을 작은 부분들로 분해하여 단계적으로 다룰 수 있게 도와줄 수 있다.

동기강화상담 전략

대부분의 MI 전략들이 집단 내의 관점들을 탐색하는 데 사용될 수 있지만, 여기서 우리는 그 중 가장 효과적이고 저항을 줄일 수 있는 몇 가지를 강조하고자 한다. 이 전략들은 집단 발달의 초기에 적절한데, 이는 집단 구성원들이 갈등에 대해 긍정적인 해결책을 적용할 수 있게 하는 상호 간에 유대감과 신뢰를 형성하기 전에는 갈등을 야기할 가능성이 적기 때문이다. 부정적인 정서를 유발할 수 있는 기술이나 전략은 집단 발달의 후기에 사용될 수 있도록 기다리고, 초기에는 집단 구성원들이 관점들을 새로운 방식으로 탐색하기 시작함에 따라 더 나은 참여를 격려하기 위해 밝고 심지어는 즐거운 분위기를 유지할 것을 제안한다.

우리가 제공하는 더 많이 구조화된 전략들 중 몇 가지는 심리교육 집단이나 지지 집단에서 특히 좋을 수 있고, 심리치료 집단과 관련된 사안들에 대해 구조화되지 않은 논의와 함께 연계시켜 사용될 수 있다. 우리가 제안하는 구체적인 방식은 없다. 각 활동의 가능성, 목적, 구성원들로부터 긍정적인 집단 과정들과 전진적인 진행을 유발하는 방법의 가능성을 생각해 보고 그 생각을 창조적으로 변형하여 사용하려고 노력해야 한다. 아마 당신의 특정한 집단에 맞도록 여기에서 제시하는 몇 가지 다른 종류와 형태들의 활동들을 시도해야 할 것이다. 중요한 것은 이 예시들을 모방하는 것이 아니라 그들의 삶에 대한 만족감을 제한하는 상황들을 탐색하고 다루는 것이 얼마나 가치 있는지를 집단 구성원들이 깨닫도록 하는 것이다.

생활양식 탐색하기

집단이 막 시작했을 때, 집단 구성원들의 생활양식을 탐색하는 것은 유용하다. 집단 구성원들이 유사한 문제나 진단을 공유하더라도, 그들은 서로를 잘 모르며, 그들이 서로를 편안하게 느끼기 전까지는 취약한 사안들에 대해 곧장 이야기하는 것을 망설일 수 있다. 생활양식을 탐색하는 것은 집단 구성원들이 응집력 있는 집단으로 다시 참석할 것이라고 여겨지지 않을 때, 단일 회기 집단에서도 좋은 초점이 될 수 있다. 그 전략은 쉽게 이해되고 방어적 성격을 발생시킬 가능성이 낮으며, 집단 구성원들의 삶의 맥락을 이해하기 시작하는 한 방법이다.

생활양식과 습관

생활양식을 탐색하는 한 가지 방법은 사람들이 살아가는 방법을 엿보고, 만약 목표 행동에 대해 알고 있다면 가능하면 이를 포함하면서 대화를 습관에 대한 것으로 확장시키며, 이러한 습관이 구성원들의 삶의 맥락과 어떻게 맞아떨어지는지를 보아야 한다. 이는 간단한 대화형 전략이기 때문에 모든 종류의 집단에서 사용될 수 있다.

실행 방법 당신은 생활양식이라는 용어를 우리가 일상적으로 살아가는 방식, 우리가 전형적으로 하는 것, 우리가 시간을 보내는 방법, 우리가 함께 시간을 보내는 사람들로서 정의하면서 시작할 수 있다. 논의를 시작하는 질문들은 "생활양식에 대해 조금 이야기해 봅시다. 당신은 시간을 어떻게 보내나요? 당신의 일상생활의 패턴에는 어떤 것들이 있나요?" 등이 될 수 있다. 이는 집단 전체적으로 논의될 수도 있고, 집단을 소규모 집단이나 짝을 이루도록 나누어서 이에 대해 서로 이야기해 보도록 할 수도 있다. 좋은 라포(rapport)가 형성되고 대부분의 구성원들이 그들의 습관에 대한 정보를 자발적으로 말할 때까지 논의를 지속해야 한다. 그 후에 "당신의 [과식, 약물 사용 등과 같은 문제시되는 행동을 여기에 넣어라]와/과 같은 습관들은 무엇인가요? 그것이 당신의 일상에 얼마나 적절한가요?"를 질문한다. 그 행동들의 긍정적인 측면과 부정적인 측면을 모두 알아보면서 이 행동들이 그들의 생활양식과 어떻게 맞아떨어지는지를 탐색해야 한다. 또는 건강에 초점을 두고 있다면, "당신의 [습관]이 건강에 어떤 영향을 미칩니까?"를 질문한다. 전체 집단 논의를 이끌고 있다면, 집단의 크기와 시간의 가용 정도에 따라 개별적인 구성원의 발언과 공통적인 주제 모두를 고려해야 한다. 또한 아직 완전히 자리잡지 않은 건강한 습관들(예, 규칙적인 운동, 약물 의존, 적절한 수면)의 잠재성과 이것들이 생활에 얼마나 적절한지를 물어볼 수도 있다. 당신은 집단 구성원들에게 그에 대한 반응과 그들이 집단으로부터 얻고 싶어하는 것과 그것이 어떻

게 적용되는지를 물어보고, 그 답변들을 심사숙고하고 요약하면서 이 논의를 마칠 수 있다. Lane과 동료들(17장)은 만성적인 건강상태에 주목하여 집단 내에서 생활양식을 탐색하는 예시를 제시해 주고 있다.

전형적인 하루

집단 구성원들에게 전형적인 하루를 자세하게 공유해 줄 것을 요청하는 것은 집단 구성원들의 생활양식과 습관에 대한 정보를 보다 자세히 알 수 있는 또 다른 방법이다. 이 활동 역시 모든 집단에서 적절하며, 집단 발달의 시작이나 이후에 모두 효과가 있다. 만약 집단 구성원들이 실제적 행동보다 개념에 지나치게 주목하면 집단은 치료집단보다 논의집단으로 흘러가게 된다.

실행 방법 Rollnick, Heather, Bell(1992)은 이 활동의 초기 버전을 개인적 상담에서 제공했다. 그들은 다음과 같이 시작할 것을 제안했다. "앞으로 5~10분을 하루의 시작부터 끝까지 어떻게 지내는지 이야기 나누는 데 보내도 괜찮을까요? 무슨 일이 있었고, 어떻게 느꼈고, 당신의 [습관]은 어느 부분에서 적절한가요? 처음부터 시작해 봅시다." 집단에서는 우선 이 대화의 목적을 집단 구성원들에게 설명해야 한다. "이 활동은 여러분 각자가 전형적으로 하루를 어떻게 살아가는지 더 잘 이해하도록 도와줄 겁니다. 각 사람에게는 몇 분이 주어질 것입니다. 그러면 여러분의 일상에 대한 이야기를 가지고 제가 여러분들을 이끌어 가도록 하겠습니다." 하루의 이야기를 말하기로 자원한 첫 번째 구성원이 감정과 행동에 집중하도록 도와야 한다. 이야기를 요약해 주고, 순서대로 돌아가거나 다른 사람들이 예시를 제공해 줄 때까지 기다려서 다음 구성원으로 넘어간다. 집단 구성원들의 이야기들이 누적되면, "집에 가는 길에 식당에 들르는 것이 여태까지 많은 분들에게 [과식, 음주, 흡연]의 계기가 되는 것 같군요. 다른 사람들에게도 그런지 봅시다."와 같이 등장하는 공통된 주제들에 대한 설명을 더해 줌으로써 모든 사람들이 몰입된 상태를 유지할 수 있게 한다. 다른 구성원들의 반응을 확인하는 것이나 그들이 질문을 던지도록 초청하는 것은 중요하다. 그렇지 않으면 이 활동은 단일 구성원에게 한 번에 지나치게 주목하게 되어 다른 사람들을 동참시키지 못한 채 내버려두게 할 수 있다. 활동들이 원활하게 진행되도록 하기 위해서, 초점을 좁힐 필요가 있을 때 닫힌 질문을 통한 당신 고유의 질문을 던지면서 각 사람의 이야기를

지도하는 것도 중요하다. 특별히 큰 집단들에서 또 다른 대안은 전형적인 오전, 오후, 저녁, 심야 활동, 문제적 행동들이 얼마나 적절한지, 새로운 습관들이 추가될 수 있는 부분은 어디인지 이끌어 내는 활동지를 사용하는 것이다. 구성원들이 내용을 적는 시간을 가지고 나면, 집단적으로 그 활동지를 다루고, 각 시간 사이의 활동 예시들과 언제 문제적 행동들이 발생하는지, 또는 언제가 건강한 습관들을 도입할 가장 좋은 때인지를 물어본다. 집단 구성원들에게 그들이 공유하고 동료로부터 들은 것에 대한 반응을 물어보면서 종료한다. 전형적인 하루 활동의 또 다른 예시는 Velasques, Stephens, Drenner(14장)에 의해 묘사되었다.

양가감정 탐색하기

건강이나 더 나은 기능을 위해 양가감정을 해결하는 것은 MI의 중심 목적이다. 종종 사람들은 그들의 상황과 가능성과 관련하여 대비되는 생각과 감정 때문에 고착되어 움직이지 못하고 있다. 그들은 정신적으로 한 대안에서 다른 대안으로 갈팡질팡하고, 결정을 내리지 못하거나 실행하기 불가능해 보이는 잠정적인 결정을 내릴 수 있다. MI의 전략 중 하나는 그들이 생각을 조직하는 것을 도와 너무 하나하나의 측면들에만 차례로 집중하는 순환적 형태로 상황을 보는 것이 아니라 한 번에 큰 그림을 볼 수 있게 하는 것이다. 이는 외부의 압력에 의해 집단을 시작한 많은 구성원들에게 있는 반사적인 방어적 태도에서 벗어나는 것을 도와줄 수도 있다. 양가감정을 탐색하는 것은, 그들이 변화의 측면을 강요받았다고 생각하면서 그들의 양가감정의 현상유지적 측면을 방어할 필요를 느끼게 만들기보다, 그들의 생각과 감정의 모든 측면을 표현할 수 있도록 돕는 것이다.

> 집단 구성원들이 생각을 조직하는 것을 도와 큰 그림을 더 잘 볼 수 있게 하는 것이다.

양가감정 개념 도입하기

집단 구성원들은 왜 그들이 변화를 원하고 또 원하지 않는지에 대해 넓은 범주의 반응을 경험할 수 있다. 개인 MI에서는 발생하는 모든 방어를 쉽게 관찰할 수 있고, 그것을 소멸시키기 위해 전략을 빠르게 바꿀 수 있다. 집단에서는 이것을 성취하는 것이 더 어렵다. 몇몇 구성원들로부터의 변화친화적인 발언들은 다른 구성원들로부터 철회, 비난, 또는 변화지양적인 발언들을 유도할 수 있다. 변화를 갈망하는 사람들은 순진하거나 비현실적으로 지각되는 반면, 덜 열망하는 사람들은 그들의 문제를 부정하거나 위협적인 대상으로 지각될 수 있다.

부정적인 상호작용이 시작되면 집단 구성원들 간의 상처받은 감정이나 분노를 다루는 것으로 초점을 이동시켜야 할 수 있다. 이러한 패턴은 집단에서 흔하기 때문에 우리는 초기에 양가감정의 개념을 소개할 것을 권하는데, 특별히 어떤 집단 구성원들은 변화를 열망하는데 다른 사람들은 그렇게 변화를 원하지 않는다는 것을 느낄 때 그렇게 해야 한다.

실행 방법 우리는 변화를 이루는 것의 어려움을 털어놓고 인정할 것을 권한다. 만약 변화가 단순하고 쉬운 것이라면 집단 구성원들은 이미 그것을 이루었을 것이며, 사람들이 변화에 대해 혼합된 감정을 느끼는 것은 대단히 자연스러운 것이라고 말해 주면서 시작할 수 있다.

집단 구성원들이 변화를 원한다 할지라도, 그들을 옴짝달싹할 수 없게 만드는 생각이나 가령 지금 당장은 변화할 수 없을 것 같은 그러한 감정에 사로잡힐 수 있다. 그래서 집단 구성원들의 *변화에 열린* 부분들과 *변화를 원하지 않는* 부분들, 또 그들 간의 균형을 이해하고 탐색하는 것이 중요하다. 당신은 어떤 변화를 일으키도록 그 누구도 강요하지 않을 것이고, 단지 집단 구성원들이 감정을 좀 더 잘 인식하고, 또 그러한 감정이 어떻게 집단 구성원들을 옴짝달싹 못하게 할 수 있는지에 대해 잘 이해할 수 있도록 돕기를 원하고 있다는 것을 언급하라. 집단 구성원들은 이해받는다는 것과 문제들을 밖으로 꺼내놓을 수 있다는 사실에 안도감을 느끼고 때로 기뻐한다.

당신이 이 기초적인 논의를 집단 구성원들의 양가감정에 대한 충분한 탐색으로 확장하고 싶다면, 부정적인 혹은 현 상황의 요인들을 수용하는 입장이라는 점을 확실하게 하라, 그러나 궁극적으로는 변화를 위한 긍정적인 이유들에 초점을 맞춰라. 그런 후에 집단 구성원들이 유혹, 걱정, 그들이 변화할 때 맞이하게 되는 상실을 어떻게 극복할 수 있을지에 대해 논의를 촉진하라.

만약 당신이 양가감정에 대한 구체적인 논의를 촉진시킬 수 없거나, 지금 심리교육 혹은 지지집단을 이끌고 있다면, 당신은 다음과 같은 구조화된 연습 중의 하나를 집단 구성원들에게 시도할 수 있을 것이다. 다음에 설명하는 *좋은 것들/그다지 좋지 않은 것들*은 집단 구성원들이 좋아하는 현재의 행동/상황 요인들과 그들이 덜 좋아하는 요인들에 초점을 맞추도록 안내된 논의이다. *양가감정 원(ambivalence cicle)*은 변화에 대한 집단 구성원들의 생각과 감정에 초점을 맞추는 양가감정의 시각적 모델이다. 결정 저울 연습의 게임유형인 *집단 4개 사각형 게임*은 집단 구성원들이 변화를 이루는 안내된 (그리고 바라기는 장기적으로 지속되는) 결정을 내리는 데 도움을 줄 수 있도록 변화의 장단점과 그대로 머물러 있는 것의 장단점을 고려할 수 있게 한다.

좋은 것들과 그다지 좋지 않은 것들(Good and Not-So-Good Things)

이 대화 전략은 적어도 몇 명의 집단 구성원들이 확정된 현재 목표 행동들이 있을 때에, 그것들이 유사하든지 상이하든지 간에, 잘 기능할 것이다.

실행 방법 공통의 주제를 요약함으로써 시작하라. 예를 들자면, "여러분 중의 몇몇은 흡연으로 인해, 금연여부나 또는 끊거나 줄이는 방법에 대해 씨름하고 있습니다. 당신이 흡연으로 인해 경험하는 좋은 점들에 대해 알아보는 것이 도움이 될 것입니다. 그러한 것들에는 무엇이 있을까요?" 집단이 목표 행동의 좋은 점에 대해 더 이상의 새 목록을 작성할 수 없을 때까지, 응답들을 모으고, 주요한 진술에 대해서는 간결하게 반영을 하라. 당신이 요약을 한 후에, 이렇게 말하라. "흡연으로 그다지 좋지 않은 점들도 역시 있을 것입니다. 그러한 것들에는 무엇이 있을까요?" 응답들을 모으고, 응답에 따라, 특히 변화대화를 담고 있는 응답에 대해서는 반영을 하라. 그들로부터 들은 변화대화뿐만 아니라 주요 요지와 주제들을 요약하라. 그리고 마지막에는 집단 구성원들간의 양가감정에 대해 초점을 맞추는 요약을 제공하라.

> "여러분의 대부분은 흡연을 즐기고 있습니다. 담배는 몸을 이완시켜 주고, 스트레스로부터 잠시 휴식을 제공하고, 친구들과 어울릴 수 있도록 해줍니다. 동시에, 여러분은 건강에 대해서 걱정을 합니다. 수잔은 금연을 고민하고 있는데 왜냐하면 그녀의 아버지가 폐암으로 돌아가셨기에 그녀는 그러한 과정을 겪고 싶지 않기 때문입니다. 릭은 예전만큼 힘이 없을뿐더러, 호흡곤란이 없었다면 아들과 함께 즐겼을 운동을 할 수가 없습니다. 여러분 중의 몇몇은 다음의 예들을 좋아하지 않는데, 당신의 자녀들에게 해당되거

나, 비용이 들거나, 당신에게서 나는 냄새를 좋아하지 않습니다. 여러분에게는 어떤 것이 해당됩니까?"

열린 형식으로 논의를 진행하거나 각 집단 구성원들이 한 마디씩 할 수 있도록 한 바퀴 돌아가기 방식으로 진행하라.

양가감정의 원

이 연습은 집단 구성원들의 양가감정 양쪽을 계속 존중하면서도, 현재의 행동으로부터 변화 가능성 쪽으로 초점을 전환시킨다.

실행 방법 칠판 혹은 종이에 원을 그리거나 혹은 유인물을 제공하라. 원을 절반으로 나누고 아래의 도형과 같이, 한 면에는 *변화하고자 함* 그리고 다른 한 면에는 *변화하고자 하지 않음*으로 명칭을 붙인다(*변화를 원하는* 그리고 *변화를 원하지 않는*, 혹은 *변화*, 그리고 *현 상황* 등 당신의 집단에 적합하고, 기본 개념을 잘 전달하는 어떠한 표현이라도 좋다). 변화에 대한 우리의 감정들이 완전하게 균형 잡혔다면, *변화하고자 함*과 *변화하고자 하지 않음* 부분들이 거의 동일한 면을 이룰 것이다.

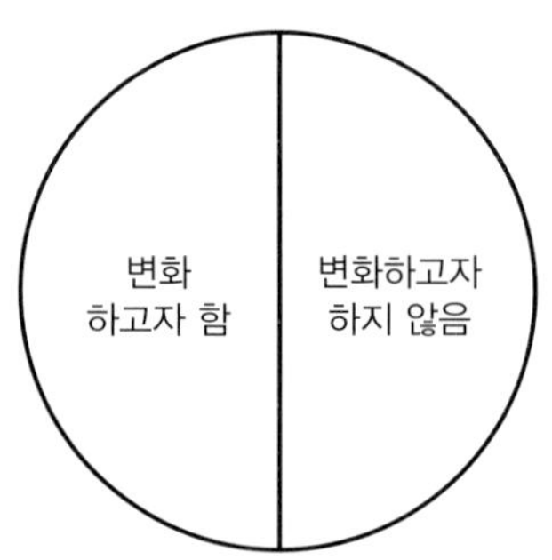

어떤 사람들은 자신들의 이러한 부분들이 정확한 균형을 맞출 수 있는 반면에, 때로는 한 부분이 우리의 감정에서 좀 더 크거나 좀 더 우세할 수도 있다는 점을 집단에게 말하라. 때때로 복잡한 감정들(양가감정)의 원은 그 감정들의 한 측면이 더 강하거나 커서, 다음의 도형 중 하나와 비슷할 수 있다.

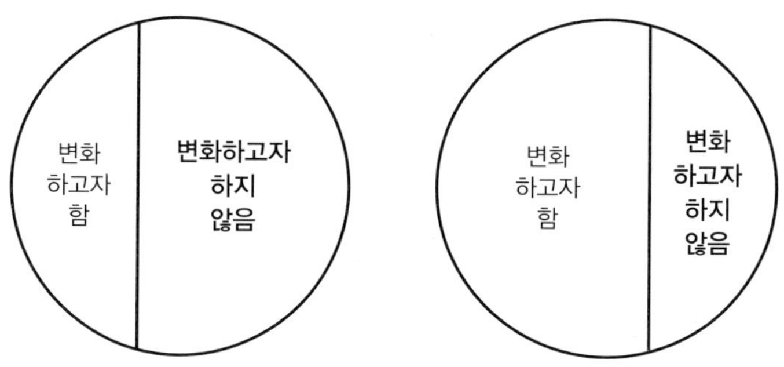

집단 구성원들에게 이 도형이 그들의 경험에 비추어 봤을 때 얼마나 들어맞는지 질문하라. 만약 당신의 집단 구성원들이 주저하거나 의기소침하다면, 그들이 예전에 도전에 부딪혔을 때 이루어 냈던 변화를 회상하도록 하여 자신감을 구축하고, 이러한 도형들과 생각들이 그 변화에 어떻게 들어맞는지 논의한다. 이것은 집단 구성원들에게 그들이 과거에 변화를 이루었던 성공, 비록 그 변화에 대해 양가감정을 가진다고 할지라도 성공을 상기시킨다. 이러한 경험들과 변화를 이루는 데 도움이 된 집단 구성원들의 생각들을 논의하는 데 매우 충분한 시간을 사용한다. 이러한 논의 후에, 당신은 *변화하고자 하지 않음* 측면보다 *변화하고자 함* 측면이 더 커졌을 때, 변화가 때때로 발생한다는 생각을 제시할 수 있다. 양 측면이 동시에 존재할 수 있음과 양 측면을 탐색하는 것이 변화에 대한 결정을 하는 데 도움이 될 수 있음을 언급한다.

양가감정에 대한 개념을 소개하는 것은 방어를 감소시키고 집단 구성원들로 하여금 이러한 생각들을 개인화할 수 있게 하며, 변화가능성을 그들이 자유롭게 선택한 어떤 것으로 틀을 짜게 하고, 집단 구성원들 간의 응집력을 조성하게 된다. 때때로 집단 구성원들은 변화에 내재되어 있는 부정적인 부분들, 변화를 향해 나아갈 때 취하게 되는 반대 입장 혹은 변화에 대한 압력들에 대해 논의하며 더 심층적으로 들어갈 수 있다. 몇몇의 저자들은 그들의 장(chapters)에서 양가감정을 탐색하는 접근에 대해 설명하고 있고, Dunn, Hecht, Krejci는 체중 관리에 관한 18장에서 행동들의 기능을 탐색하는 논의를 통해 양가감정 개념을 확장시키고 있다.

집단 4개 사각형 게임

심리교육적 혹은 지지집단에 적합한 이 게임은 집단 구성원들이 생동감 있는 놀이의 형태로 그들의 양가감정에 대한 모든 부분들을 말할 수 있도록 하는 결정 저울의 수정판이다. 이 게임은 모든 집단 구성원들이 약물 사용 혹은 폭식과 같은 유사한 문제를 가진 집단에 특히 적합하다.

결정 저울은 사람들이 변화할 때의 장단점과 현재상태(또는 그대로 머물 때)의 장단점을 고려하도록 돕는 인지치료 기법으로 사람들이 두 가지 선택지 가운데 조심스럽고 주의 깊게 결정할 수 있도록 돕는다. 이 기법이 취하는 접근방법은 전적으로 중립적이지는 않지만, 변화하고자 하는 이유를 조명하면서 동시에 그대로 머무는 것의 매력을 존중한다.

실행 방법 다음과 같이 종이에 4개의 사각형을 그려라.

	장점	단점
현재상태(또는 그대로 머물 때)		
변화하기		

집단의 크기에 따라 집단을 2개 혹은 4개의 소집단으로 나누고, 각 집단에 적어도 두 명의 집단 구성원들이 확실히 있을 수 있도록 한다. 게임에서는 각 소집단이 어떤 소집단이 각 사각형 상자에 대해 가장 좋은 대답들을 떠올리는지 알 수 있도록 하며 각 사각형을 채워나갈 수 있도록 경쟁을 시킨다. 예를 들자면, 만약 4개의 소집단이 있다면, 각 집단에 각각 다른 사각형 상자를 지정해 주고, 그것의 의미를 설명한다. 만약 2개의 소집단만 있다면, 한 집단은 *현재상태*(또는 그대로

머물 때) 열에, 다른 한 집단은 *변화하기* 열에 지정한다.

각 소집단에 종이를 주고, 집단 구성원들에게 당신이 시간을 측정할 테니 5분 동안, 그들의 사각형 상자에 가능한 한 많은 답들을 적어야 한다는 것을 설명한다. 시간이 다 끝난 후에, 각 소집단으로 하여금 나온 답들을 기록하고, 답에 일련 번호를 붙이고 발표하도록 한다. 답의 개수를 세어서, 가장 많은 아이디어를 제공한 소집단에게 첫 번째 승자로 축하해 준다. 그리고 집단 구성원들로 하여금 최상의 대답을 한 집단을 투표하도록 하여 그 소집단 역시 축하해 준다.

전체 집단에게 각 사각형에 들어갈 수 있는 또 다른 생각들이 있는지 질문한다. 그대로 머무는 것의 장점과 변화하는 것의 단점을 반영하며 요약한 다음, 이들 사각형은 장기적으로는 결국 우리에게 좋지 않는 일들을 계속하게 하는 유혹 혹은 *끌어당김*을 나타내고 있음을 언급한다. 그대로 머무는 것의 단점과 변화의 장점을 요약하고 이들 사각형은 변화를 위한 동기를 나타냄을 알려준다.

집단 구성원들에게 질문하여 종이에 적힌 것 중 그들에게 의미 있는 것으로 주목되는 한 가지에 대해 작성하게 함으로 보고하게 한다. 그들이 변화의 장점 부분에 있는 어떤 것을 작성했다면, 그들이 변화를 이루기 위해 그것을 어떻게 사용할 수 있는지 질문한다. 만약 그들이 '현재상태 부분에 있는 어떤 것을 작성했다면, 그들이 어떻게 그것을 극복할 수 있겠는지 또는 작성한 것을 무엇으로 대체함으로 그것의 상실을 보상할 수 있겠는지 질문한다.

만약 현재상태 집단 중 한 집단이 게임에서 *승리*한다면, 당신은 유혹들이 도처에 있을 때 혹은 유혹이 상당히 매력적으로 느껴질 때 어떻게 사람들이 유혹들을 극복할 수 있을지에 대해 질문함으로 토론을 촉진시킨다. 만약 현재상태 집단이 게임에서 가장 많은 혹은 가장 좋은 대답을 함으로 *승리*한다면, 변화가 너무 어렵다거나 혹은 변화가 선호되지 않는다는 의미로 해석되지 않도록 해야 한다. 대신에, 마치 그들이 자신들의 생각을 가지고, 유혹을 극복하거나 상실을 수용하는 토론으로 그 부분을 다루고자 하는 것처럼, 얼마나 우리의 건강하지 않은 습관들이 *승리*하려고 하는지로 재명명하여 다룬다.

양가감정을 탐색하는 수많은 다른 방법들이 있다. Downey와 Johnson(13장)은 집단 구성원들이 그들의 주머니에 변화 목표를 적은 종이 조각을 가지고 다니는 *변화주머니* 기법을 설명한다. Martino와 Santa Ana(16장)는 *담장위에서*라고 불리는 연습을 사용하는데, 이것은 은유적인 표현으로, 한 집단 구성원이 *담장*

위에 앉아있는 동안, 집단 구성원들이 변화에 대해 찬성하거나 반대하는 토론을 하는 것으로, 집단 구성원들에 의해 탐색을 촉진하는 방법이다. Martino와 Santa Ana(16장)는 또한 *따뜻한 의자*라고 불리는 연습을 사용하는데, 이것은 한 집단 구성원이 집단 중앙에 있는 의자에 앉아있고, 집단의 다른 집단 구성원들이 차례대로 맞은편 의자에 앉아서 변화에 반대하는 논쟁을 하는 동안에, 그 집단 구성원은 변화를 이루는 것의 장점들에 대해 기술하는 것이다. 이것은 집단 구성원들에 의해 변화를 지지하는 부가적인 변화대화를 촉진하기 위한 의도를 가진다. 다른 장들에서도 MI 집단에서 어떻게 양가감정에 대해 효과적으로 다룰 수 있는지 다양한 방법을 논의할 것이다.

가치 탐색하기

집단 구성원들의 가치는 변화를 이루는 중요성을 고려하도록 하는 주요한 지침을 제공한다. 대부분의 사람들은 가치를 무엇이 중요하고, 무엇이 의미 있으며, 혹은 무엇이 삶에서 선한 것(예, 가족, 정직 또는 인류에 공헌하는 것)인지에 대한 확신이라고 여긴다. 또 다른 사람들은 가치를 종교적 혹은 영적 용어로 생각한다. 가치는 휴식, 흥분, 기쁨 혹은 평안함과 같은 우리가 좋아하는 경험을 언급하는 데에도 사용할 수 있다(Wagner & Sanchez, 2002). 집단 구성원들은 자발적으로 그들의 가치(예, 신실하기를 원함, 가치로운 가족 집단 구성원들이 되는 것)를 이야기할 수도 있다. 이는 변화를 향하여 그들을 안내할 그들의 본성 속에 내재되어 있는 더 나은 천사를 불러내는 것과 같은 기회를 제공한다. 집단 구성원들의 더 깊은 때로는 말로 표현되지 않은 가치를 탐색하는 것은 대화를 더 깊이 있게 해주고, 그들이 목표로 하고 싶어하는 것이 무엇인지, 그들이 되고자 하는 사람이 어떤 사람인지를 떠올리게 해주고, 그들의 가장 중요한 가치에 훨씬 더 일치되는 삶을 향한 행동변화에 초점을 맞추도록 용기를 북돋는다.

안내가 없이 이루어지는 이러한 토론의 형태는 "나는 내 가치에 따라 살아가지 못하고 있고, 나는 그 점에 대해 기분이 나쁘다"와 같은 부정적인 불일치감을 일으킬 수 있다. 우리는 이것을 긍정적으로 구성하는 것을 더 선호한다: "앞으로, 어떻게 당신의 가치에 좀 더 가깝게 살 수 있겠는가?". 어떤 집단 구성원들이 부정적인 의견을 제시한다면, 당신은 그 누구도 자신의 가치와 완벽하게 일

> "앞으로, 어떻게 당신의 가치에 좀 더 가깝게 살 수 있겠는가?"

치하게 살아갈 수 없다는 점과 논의의 의도는 그들의 감정을 상하게 하려는 것이 아니라 앞으로 나아가는 데 초점을 맞추도록 돕기 위한 것이라는 점을 반영할 수 있다. 이러한 형태의 토론은 특히 심리치료 집단에 잘 맞지만, 심리교육적 혹은 지지집단에서도 마찬가지로 사용될 수 있다.

실행 방법 앞에서 설명한 것과 유사하게 가치를 소개한다. 정답이 있는 것은 아니라는 것과 대부분의 사람들은 그들이 해야 한다고 생각하는 것과 그들이 실제로 하는 것을 좋아하는 것 간에, 이상과 선호도를 포함한, 혼합된 가치를 가지고 있음을 강조한다. 이 토론에서 중요한 것은 그들의 일상 생활에 있어서 집단 구성원들에게 실제로 동기를 강화할 수 있는 것들에 대해서 생각하는 것이다. 대부분의 사람들이 생각하는 전형적인 *이상적인* 몇몇 가치들(예, 재미있는 것, 활동적인 것, 혹은 조용한 시간을 가지는 것)이 아닌 가치들을 반드시 언급한다. 집단 구성원들의 핵심 가치를 촉진시키는 데 시간을 사용한다. 그리고 만약 집단 구성원들이 그것들을 파악하는 데 어려움을 겪는다면, "이 순간 바로 지금 중요한 것처럼 보이는 것이 무엇인가?"라고 질문한다.

집단 구성원들에게 그들 자신의 가치에 대해 생각할 수 있는 시간을 준 다음, 한 집단 구성원으로부터 몇 가지 가치를 촉진시키는 것을 시작한다. 그 집단 구성원에게 특별한 가치 하나를 선택하도록 요청하고, 그 가치가 주요한 안내 역할을 하던 시기를 묘사하게 한다. 종종, 이러한 토론시간에 각자의 감정이 전면으로 드러나기도 하는데 이것은 좋은 일이고, 수용되어야 한다(그러나 더 깊은 경험으로 이끌어 가도록 하는 그 감정에 너무 많은 주의를 기울이지 않도록 하고, 일반적으로 대화의 주요한 초점이 되지 않도록 한다). 다른 집단 구성원들이 그들의 중요한 가치들이 어떤 경험을 가지게 하거나 결정을 내리게 하는 열쇠가 되었던 시기에 대해 이야기를 할 수 있도록 격려한다. 감정이 활성화되고 중요한 가치와의 깊은 연결이 이루어지는 맥락에서, 가치가 집단 구성원들의 선택과 행위를 어떻게 이끄는지에 대해 좀 더 질문을 한다. 여러 다른 가치들이 어떻게 함께 작용하는지, 혹은 여러 다른 가치들이 어떻게 다른 방향으로 이끌 수 있는지, 그리고 어떠한 가치들이 서로서로 갈등을 일으킨다면 그러한 것이 집단 구성원들에게 어떠한 감정과 생각을 남기는지 질문한다. 당신이 진행하면서, 가치 내용뿐 만 아니라 집단 구성원들이 그러한 가치들을 어떻게 안내로 사용하는지의 양쪽 모두에 대해 유사한 주제들을 함께 묶도록 한다.

그 다음에 그들이 어떻게 그들의 가장 중요한 가치를 미래 선택에 대한 안내로 사용하면서 그 가치에 좀 더 근접한 삶을 향해 살아갈 수 있을지에 대해 전망해 보고 생각해 보도록 요청한다. 이러한 긍정적이고 미래-지향적인 가상적 이슈들에 대해 토의를 한 이후에 집단 구성원들에게 그들의 가치가 그들이 현재 직면하고 있는 사안들을 어떻게 안내할 수 있는지를 질문한다. 당신이 집단 구성원들 간에 연결이 이루어지도록 돕는 정도에 따라, 상호 공감과 집단 응집력이 증대되므로, 집단 구성원들이 자신들의 핵심 가치와 일치된 삶을 사는 경험을 계속 연결시킨다. 토론이 가치와 행동 간의 불일치성을 향해 나아가지 않고, 가치와의 조화, 보다 큰 일치성, 긍정적인 부분에 초점을 맞추도록 하라. 서로의 이야기에 대해 집단 구성원들이 반응할 수 있도록 촉진시킨다.

어떤 집단 구성원들은 집단 안에서 초점이 될 수 있는 특정 문제 행동을 즉시적으로 언급하기를 원할 수도 있지만, 우리는 당신이 언급할 때까지 그것에 대한 논의를 연기하도록 안내하기를 권유한다. 이러한 의도는 우선 가치들을 긍정적인 방식으로 광범위하게 생각해 보고, 점차적으로 가치와 행동 간의 보다 구체적인 관계로 초점을 좁혀간 후에 비로소 그 맥락 안에서 구체적인 문제행동을 고려해 보기 위한 것이다. 핵심 가치와 일치되는 선택과 행동을 가져오는 계획 혹은 희망의 진술에 대한 반영적인 강조를 아마도 덧붙인 일련의 주제들의 반영을 제공함으로 논의를 끝맺는 것을 고려한다. 대안적으로는 집단 구성원들에게 가장 인상 깊었던 다른 집단 구성원의 가치나 이야기들, 그리고 집단 구성원들이 받아들이고 싶은 생각들이 어떤 것인지를 나누도록 요청한다. 마지막으로, 적절하다면, 이전의 연습들보다 좀 더 *개인적인* 것일 수 있는 것으로, 이번 연습을 하면서 깊이 경험했던 것들과 발생한 것들에 대해 반영해 준다. 만약 집단 구성원들이 좀 더 열려있고 신뢰가 깊이 형성되었다면, 또는 집단 구성원들이 강한 응집력을 가졌다면, 그러한 측면들을 언급해 주고 또 더 나아가 집단이 각 사람에게 훨씬 더 지지적인 것이 되도록 하기 위한 도약판을 그들이 어떻게 제공할 수 있는지에 대해 언급한다.

이 책의 여러 장에서 가치 탐색에 초점을 두었고, Martino와 Santa Ana(16장)는 정신 건강/물질 남용 이중진단을 받은 개인들의 목표와 가치 명료화에 대해 좀 더 구조화된 접근법을 설명했다.

조언과 함정

조언

첫째, 당신은 말하기보다 잘 들어야 한다. 이는 집단 구성원들로 하여금 대화에 참여하고 편안하게 말하고 개입하도록 해준다. 또한 집단 구성원들이 당신과 만이 아니라 다른 구성원 간에 상호작용을 시작하도록 도와주며 이야기를 나누는 속도가 편안하게 느껴지게 하는 방법이기도 하다. 당신이 잘 듣는 것은 모범을 보여주는 것인 동시에 여러 사안들이 자연스럽게 드러나게끔 해 준다.

둘째, 집단 구성원들 간에 좋은 경청 기술을 코치한다. 서로 간의 대화가 점점 더 존중하고, 자율성을 지지하고, 긍정적이도록 형태를 잡아준다. 집단 구성원들의 대화가 왕성해지면, 집단 구성원들을 연결하는 공통의 주제와 내용들을 반영해 준다.

셋째, 집단 응집력의 발달을 촉진시킨다. 집단의 자율성이 성장해 가는 것이 보일 경우, 그 점을 언급하고 지지해 준다.

넷째, 기술적인 집단 용어보다는 일반 언어를 사용한다.

다섯째, 당신이 정보를 제공하고자 할 때는 MI 기술을 사용한다. 집단이 알고 있는 것을 먼저 이끌어 낸다는 것을 기억하고, 간략한 진술을 제공하여 그 간극을 채운다. 그리고 열린 질문들이 뒤따르도록 한다.

함정

집단의 단계 동안에 몇몇 덫들이 있을 수 있다. 첫째, 대화의 흐름을 원활히 하고 싶은 마음에 집단 구성원들이 소화할 수 있는 적은 양의 정보 이상의 많은 정보를 풀어놓으려 해서는 안된다. 그럴 경우, 당신은 대화가 아닌 독백으로 주어진 시간을 끝낼 가능성이 높아진다. 이것과 관련하여, *정보 제공자*의 전문가 역할 혹은 집단 구성원들이 당신에게 거리감을 느낄 수 있도록 하는 전문용어의 사용을 피한다. 이는 집단의 발전을 방해한다.

당신이 집단 구성원들에게 요청한 것이 무엇인지 그들이 잘 이해하도록 충분히 도운 후 활동에 들어간다. 이해가 제대로 되지 않았는데 곧바로 활동에 들어가는 실수를 범하지 않도록 주의한다.

유사하게, 회기 계획 혹은 *교육과정*에 과도하게 집착하지 않는다. 미리 계획을 세우는 것은 당신의 자신감을 향상시킬 수 있지만, 그 순간의 집단과 함께하는 것이 더 중요하다.

이와 관련하여, 집단에서 일어날 수 있는 여러 가지 상황에 대해 두려워하지 않는다. 발생한 것이 어떠한 것이든 그것에 대한 당신의 여유 있는 태도와 자신감은 무엇이 실제인지를 나눌 때 집단 구성원들을 격려할 것이다.

집단의 대인관계 분위기를 초기에 정해서 집단 구성원들 간에 직면 혹은 공격을 허용하지 않는다. 만약 이런 것이 발생한다면, 대화를 즉시 재조정하거나 재구성한다.

다른 집단 구성원들의 개입 없이 어느 한 집단 구성원과 너무 오래 상호작용하지 않는다. 혹은 몇몇 집단 구성원들이 대화를 주도하는 것을 허용하지 않는다. 그들의 예를 나누고자 하는 의지로 긍정해 주고, 가능하면 빨리 다른 집단 구성원들을 대화에 초청한다.

진전 지표

집단 구성원들이 자세한 사항들과 조망들을 나누었고, *지금 무엇을*에 대한 감각을 가지거나 혹은 앞으로에 대해서와 새로운 생각을 탐색하는 데 있어서 개방성을 가지게 되었을 때, 집단은 변화를 향한 진전을 이룬 것이다. 이것은 당신의 환경, 인원, 집단의 크기, 그리고 기타 사안에 따라, 단지 한 회기를 지나서 이루어질 수도 있고, 여러 회기를 거쳐 이루어질 수도 있을 것이다. 비록 집단이 앞으로 나아가는 데 서두르지 않는 것이 중요함에도 불구하고, 적어도 집단 구성원들의 절반이 새로운 것들을 고려할 준비가 된 것처럼 보일 때는, 그 때가 다음 단계인 *관점 확대하기*로 전환할 시간일 수 있다.

참고문헌

Rollncick, S., Heather, N., & Bell, A. (1992). Negotiating behaviour change in medical settings: The development of brief motivational interviewing. *Journal of Mental Health, 1*, 25–37

Wagner, C. C., & Sanchez, F. (2002). The role of values in motivational interviewing In W. R. Miller & S. Rollnick. *Motivational interviewing* (2nd ed., pp. 284–298). New York: Guilford Press.

제11장

단계 3
관점 확대하기

지금쯤이면 당신은 집단 안에서 사람들이 서로를 계속해서 알아가고 그들의 발언이 대부분 당신을 향하는 것에서 이제는 집단 구성원들 간 함께 대화를 나누는 것으로 변화했음을 알아차렸을 것이다. 그들은 여전히 당신과 정기적으로 상호작용하겠지만, 서로의 상황들과 관점들에도 익숙해져 왔고 서로간의 관계가 심화되어 가기 시작했다. 그들의 상황들을 탐색하면서 어떤 이들은 "그렇게는 한 번도 생각해 보지 않았어요."나 "어떻게 해야 할지는 모르겠지만 달라지고 싶어요."와 같은 생각을 표현하면서 새로운 개방성을 보여줄 것이다. 이 시점이 당신의 집단이 *관점 확대하기*라는 새로운 국면으로 넘어가는 때일 것이다.

집단 MI는 문제들을 바라보는 방법이나 문제들을 다르게 다루는 방법을 가르치려고 하기보다는 내담자가 지닌 관점으로부터 접근한다. 그러나 집단 구성원들이 이미 가지고 있는 관점이나 생각은 집단의 도움을 제한할 수 있기 때문에 기존의 관점에서만 작업하지는 않는다. 집단 구성원들의 관점은 구성원들을 종종 도전에 대해 자기 제한적인 믿음에 갇히게 하고 그들의 생산적인 접근에 대한 부족한 인식은 구성원들을 상황 속에 고착되게 한다. 그러므로 과업은 두 가지 측면을 가지고 있다: (1) 집단 구성원들에게 다르게 보고 다르게 행동하라고 설득시키기 위해 노력하는 위험을 피하라, 그리고 (2) 그들이 직면하고 있는 문제들에 대한 확대된 관점을 발달시키도록 도움으로써 그들이 살아가는 데 더 생산적인 방법을 발견하거나 발달시키도록 하라.

새로운 생각과 흥미를 포함하도록 그들의 관점을 확대시킴으로써, 집단 구성원들은 가능한 선택의 더 넓은 범주를 얻게 된다. 시야의 장을 확대하도록 돕는 것은 상대적으로 그들의 문제들을 작아 보이게 만듦으로써 그들의 자유감(sense of freedom)을 증가시킨다. 당신은 구성원들의 관점을 확대시키는 것을 통해 방향과 추진력을 불러일으키고, 변화 가능성에 대한 기여도와 자신감을 증가시킴으로써 집단이 계속해서 앞으로 나아갈 수 있게 한다. 동시에 어느 곳에 초점을 맞출지 여전히 불확실하여 참여가 더디거나 방어의 신호를 보이는 구성원들에게 주의해야 한다. 당신은 집단 작업에서의 변화를 명시적으로 도입할 수도 있다. 예를 들면 다음과 같다.

> "우리는 네 번의 회기들을 함께 보냈고, 우리가 직면한 문제들에 대해서 서로 알아가고 있습니다. 여러분 중 몇몇은 꽤 분명한 초점을 갖고 있고 어떤 분들은 여전히 불확실합니다. 우리는 대부분의 시간을 여러분의 걱정, 직면한 압박에 대해 말해보는 데 할애했고, 어떻게 이곳에 오게 되었는지를 말하며 약간의 시간을 사용했습니다. 이제는 앞으로 나아가기 위해서가 아니라 선원들이 바다에서 방향을 찾아 나오기 위해 그랬던 것처럼, 길을 잃지 않기 위해 따라갈 별을 고르기 위해 미래를 바라볼 시간을 가져 볼 것입니다. 집단 안에서 우리는 여러분 각자가 목표로 하고 있는 길잡이 별을 탐색할 것입니다."

당신이 항해나 다른 비유나 어떤 예시를 들든, 그 집단에 적절한 심상을 사용하는 것은 집단 구성원들이 미래에 주목하고 가능성을 그려 보도록 변화시키는 것을 돕는 데 유용하다. 집단 구성원들의 생각을 초청하고 연결해야 한다. 앞으로 나아가는 것에 대한 그들의 의심과 걱정을 수용하되 가능성에 주된 초점을 맞추어야 한다.

안내 원리

관점을 확장하는 것에 포함되는 업무들을 감당하는 동안, 부디 당신을 안내할 몇 가지 원칙들을 마음에 새겨두길 원한다. 첫째, *긍정적인 것에 초점을 유지하고*, 각 구성원의 긍정적인 열망, 필요, 계획, 상황에 초점을 맞추는 것을 지속하라. 예를 들어,

관점 확대하기 작업을 위한 안내 원리

- 긍정성에 초점 맞추기
- 미래에 초점 맞추기
- 불일치감 발달시키기
- 방어성 수용하기

당신은 그들이 만들고 싶어하는 변화가 여전히 무엇인지 불확실한 집단 구성원들을 반영할지도 모른다. "이게 당신을 좀 두렵게 할 수 있지만, 당신에게도 역시 가능성이 열려 있어요." 변화를 위한 가능성보다 과거의 문제에 고착된 초점을 가지고 있는 듯 보이는 사람에게 당신은 반영하고 다시 틀을 잡아 주고자 할 것이다. "당신은 정말로 이 문제를 깊이 이해하고 당신에게 가장 효과적인 변화를 만들기 위해 당신이 잘 준비되었는지 확실히 하고 싶어하는 것 같네요." 이러한 일반적인 관점에 더하여, 긍정성에 대한 초점은 자연스럽게 평온함, 호기심, 즐거움, 수용과 같은 긍정적인 감정을 유발하는 분위기를 의도적으로 만드는 것을 포함한다. 이러한 긍정적인 감정은 스스로 보상이 될 뿐만 아니라 집단 내에서의 다툼의 가능성을 낮추고, 집단 구성원들 사이에서 창조성을 자아내며, 집단 응집력을 증가시킨다.

관점 확대하기의 개념은 Frederickson의 긍정적 정서에 대한 *확장-형성(broaden-and-build)* 모델에서 일부 차용되었다(Fredrickson, 2004; Fredrickson & Branigan, 2005; Fredrickson & Losada, 2005). 전통적인 정서 이론은 부정적인 정서는 인지된 위협에 초점을 맞추게 하고 사람들로 하여금 행동하도록 준비시키는 것을 돕는다고 제안한다(예, 분노나 공포 같은 부정적 정서는 사람들에게 싸움-혹은-도망 반응을 촉발한다(Nesse, 1990)). Frederickson은 대안적인 개념으로, 시야를 좁히는 부정적 정서와 달리 긍정적 정서는 사람들이 쉽게 관찰되는 가능성 너머의 가능성을 지각하고 문제해결을 더 창의적으로 할 수 있게 시야를 확대한다고 제안한다. 이 모델의 *형성* 부분은 위협 간의 안정기 동안에 긍정적 정서가 사람들로 하여금 다음 위협의 시기에 자원—신체적 자원뿐 아니라 집단 구성원들 사이에 사회적 유대, 결집, 상호 의존성—을 형성하게 보조한다는 것이다. 그러므로 부정적 정서가 위협적인 상황에서 즉각적인 보호를 제공하도록 돕는다면, 긍정적 정서는 창의성을 증가시키고 사람들이 위협들 간에 보호적이고 지지적인 구조들을 형성하도록 돕는다.

이를 집단 MI로 확대한다면, 긍정적인 집단 환경은 구성원들이 부정성의 하향적 소용돌이로부터 탈출하도록 직접적으로 도울 뿐 아니라 더 창의적인 장기 해결책을 계획하도록 돕고, 더 큰 집단의 지혜와 자원에 연결시켜 준다. 이는 더 큰 안녕(well-being)을 향한 상향적 소용돌이의 발달을 고무하면서, 지각된 가능성의 범주를 확대시키고 변화에 대한 자신감에 기여한다(*나* 혼자서는 할 수 없을지라도, 아마 *우리*는 함께 성취할 수 있을 것이라는 점에서).

이 단계의 전략들은 집단 구성원들이 그들이 누구인지와 그들이 가진 선택안들에 대한 이전의 좁은 시각을 넘어서 생각할 수 있도록 돕고 그 과정에서 집단의 더 큰 힘과 그들을 연결시키는 것이다. 집단 구성원들이 과거나 심지어는 현재의 상태들보다는 *미래에 초점을 두게 하는 것*이 이 과정의 일부이다. 수많은 미래의 가능성을 함께 상상해 보도록 집단 구성원들을 안내하는 것 또한 그곳에 도달하게 하는 잠재적인 경로들을 상상해 볼 수 있도록 돕는다. 본질적으로 그들은 과거보다는 미래를 위해 그들이 창조하는 비전에 더 초점이 맞춰져 있는 새로운 목적들을 발달시키는 것이다.

이 집단 발달 단계에서 긍정적인 방법으로 *불일치감을 발달시키는 것*이 도움이 된다. 불일치감을 발달시킨다는 것은 현재의 행동과 내담자의 가치 간의 차이, 그리고 그들이 선호하는 미래와 희망, 목표와는 달리 이러한 것들로 이어지게 할 수 없는 현재 행동과의 간극을 탐색하게 하는 것을 말한다. 불일치감이 일어나면서 때때로 내담자들은 *딜레마에서 벗어나*거나 원치 않는 결과를 피하려는 과정 중에 어느 정도의 긴장을 경험하기도 한다. 하지만 불일치감을 발달시키는 것은 흥미와 호기심을 자극하고, 가장 실현가능한 경로를 확인하고, 현재의 생활양식 대신에 내담자들을 동기화되도록 돕는 것으로써 긍정적으로 미래를 다시 조명하는 것을 포함한다(Wagner & Ingersoll, 2008). 우리는 불일치감에 초점을 맞추는 것이 집단에서 더 효과가 있다고 믿는다. 어떻게 집단 구성원들이 더 잘 살 수 있는가? 어떻게 그들이 자신을 더 자랑스러워하고 더 자신감을 가질 수 있는가? 어떻게 하면 자신들의 믿음과 가치에 조금 더 부합하는 삶을 살 수 있을까? 사람들은 자신의 현재 행동과 기대하는 미래 간 생기는 불일치의 간극을 없애기 위해 행동을 바꾸거나 아니면 미래를 향한 기대를 져버리려고 한다. 집단의 지

> 집단 구성원들이 그들 자신과 그들이 가진 선택안에 대한 좁은 시각을 넘어서 관점을 확장하도록 돕고 그 과정에서 집단의 힘과 연결시켜 주고 유의한 변화를 만들 수 있도록 촉진한다.

지는 집단 구성원들의 꿈을 축소하기보다 더 나은 미래를 형성하려는 마음에 우호적인 힘을 실어준다.

(개인들에게 직접적으로 연관되는) 내적인 불일치 요소와 더불어, 당신은 집단 구성원들을 통하여 긍정적인 대인관계적 불일치감을 발달시킬 수도 있다. 예를 들어, 성공 이야기, 개인적 강점, 성취, 혹은 개인적 목적을 나눌 때, 한 사람의 성취를 다른 사람의 희망과 연결시키고, 한 사람의 성장 영역을 다른 사람의 강점과 연결시키는 것 등이 있다. 집단 구성원들은 개인 MI에서 논의되는 가상적인 가능성보다 더 힘 있는 방법으로 서로를 지지할 뿐 아니라 서로에게 영감을 주고 따를 수 있는 상세한 예시들을 제공한다.

앞서 관점 탐색하기 단계에서의 방어는 주로 집단 구성원들이 당신이나 다른 사람들과 관계할 때 보이는 것으로, 자신을 개방하는 것과 낯선 이들로 가득 찬 방에 대한 방어일 수 있다. 관점 확대하기 단계에서는 변화를 고려할 때 흔히 나타나는 어떤 긴장감을 감지하게 되는데 이는 오히려 변화를 위한 일종의 연료가 될 수 있다. 그러나 대부부분의 사람들이 견딜 수 있는 불확실성의 정도는 제한적이기 때문에 집단 구성원들이 심한 압박감이나 압도당하는 느낌을 가질 경우, 혹은 긴장감이 지나치게 높아질 경우, 집단 구성원들은 논쟁을 하거나 서로를 깔보거나 철회적 행동을 보이기도 한다. 이와 같은 수준의 방어성을 보인다면 MI 전략들을 사용하여 집단 구성원들이 변화에 대한 압박감으로 자신들의 자율성을 지키려고 방어하게 만들기보다 자신들이 안전하다고 느끼면서 변화의 가능성에 초점을 다시 맞출 수 있도록 개입한다.

*방어성을 수용하는 것*은 집단이 잘 운영될 때에는 불필요한 기술처럼 보일 수 있지만, 불화라는 것은 집단에서 갑자기 불거져 나올 수 있는 것이기 때문에 방어성을 수용하는 기술은 언제든지 필요할 수 있다. 집단 구성원들은 때로 다른 사람들이 이야기할 때 조용히 마음을 졸이고 있다가, 다른 집단 구성원들이 악의가 없어 보이는 발언을 했을 때 그들의 당혹감, 공포, 분노, 혹은 무력감을 표출시킬 수 있다. 부정적 감정을 다루는 것은 집단 작업에서는 흔한 부분이므로 부정적 감정이 표출 될 때 최대한 편안한 상태를 유지하려고 하는 것이 그 감정을 해결할 수 있는 방법이다. 사람들이 문제들에 대한 해결책을 생각하고 삶에서 중대한 변화를 실행하려 애쓸 때, 어느 정도의 못마땅한 감정을 흔하게 경험한다는 것을 기억해야 한다. 당신이 긴장한다면 무슨 일이 일어나고 있는지와 이에 접근하기 위한

가장 생산적인 방법들을 개념화하는 능력이 제한된다. 얼마간의 긴장에도 당신이 편안하다면, 집단 구성원들은 그 감정과 관련된 문제들을 경험하고 해결해 나가는 것을 더 편안하게 느낄 것이다.

집단 역동

당신을 안내해 줄 이러한 원리들을 사용하면서, 당신이 이 단계를 거쳐감에 따른 집단 역동에서의 변화를 기대하라. 전형적으로, 집단 동질성이 형성됨에 따라 집단 동일시가 증가하고 응집력과 몰개성화 신뢰가 깊어진다.

이전에 묘사되었듯이, 우리의 사회적 정체성은 가족과 친구들 같은 타인들과의 관계와 공식적 혹은 비공식적 집단들에의 참가에 초점이 맞춰져 있다. 이러한 집단들과 동일시하는 것은 *me* 관점에서 가졌던 고립감을 줄이고, *we* 관점으로 확장시켜 우리가 누구이고 우리가 무엇을 믿으며 우리가 가치있게 여기는 것이 무엇인지를 형성하는 사회적 상호작용에 들어가게 한다. 당신은 집단 구성원들의 주제들과 경험들을 연결시킴으로써, 집단 구성원들이 집단을 그들의 한 부분으로 받아들이도록 도울 수 있다. 이러한 *집단 동일시* 과정을 통해서, 집단은 결국 *우리*가 된다. 집단 구성원들은 집단 회기들을 단순히 과업을 성취하러 가는(혹은 참석 요건을 만족시키는) 장소로 여기는 것이 아니라 *우리 집단*—고유한 정체성을 가진 전체—으로 바라본다. 서로간의 유대가 깊어지고, 그들이 기여할 수 있는 공동체의 일부로 스스로를 느낀다. 이는 집단의 응집력을 더욱 증가시킨다.

응집력이 깊어지고 집단 정체성이 증진되면서, 개인적 신뢰("샌디는 내가 말하려고 하는 것을 이해하는 것처럼 보였고 나를 도와주었어.")와 더 넓은 *몰개성화 신뢰*("이 집단은 내가 고군분투하고 있을 때 나를 지지해줘") 모두 더 크게 발전한다. 당신은 집단 구성원들 간의 도우려는 의도를 알아차리고 인정해 줌으로써 이러한 신뢰를 촉진시킬 수 있다. 집단 구성원들이 그들의 경험과 그들이 취약하다고 느끼는 것에 대한 자극을 공유하기 위해 집단을 신뢰할 때와 같은 시기에 집단 과정들을 반영할 수 있다. 당신은 함께 나누는 것에 대한 위험을 감수하는 사람을 반영하거나, 어떻게 집단이 취약성을 함께 나누고 문제의 일부를 해결하는 것을 더 편안하게 도와주는지에 초점을 맞출 수 있다. 집단 구성원들이 집단을 신뢰하기 시작하면서 자신들의 경험과 취약한 점을 공유하기 시작할 때 그러한 집단 과정을 반영해 줄 수 있다. 자신을 드러내고 함께 나누는 것에 대한 위험을 감수하려는 사람을 반영하거나 취약성을 공유하고 문제의 일부를 해결하는 데 집단이 어떻게 더 편안하게 도와줄 수 있는지에 초점을 맞출 수 있다. 당신의 반영은 차후 더 이상 필요하지 않은 때가 오기 전까지는 이제 막 싹을 틔우고 있는 집단 응집력을 보호해 주는 일종의 보호장치 역할을 한다.

응집력과 집단 동일시를 형성하는 또 다른 요소는 집단 구성원들이 공유된 여정을 함께 여행하는 것으로 지각하는 것이다. 이는 나이, 민족성, 혹은 가장 중요한 사회적 배경 같은 집단 구성원들의 외적인 유사성이 아닌, 핵심적 유사성과 경험을 서로 공유한다는 느낌이다. 당신은 이런 *집단 동질성*의 발달을 집단 구성원들 사이의 유사성을 유발하고 반영해 줌으로써 도울 수 있다. 이런 유사성의 일부는 상황 특수적(예, 비슷한 문제 집중 영역이나 목적)일 수 있지만, 변화에 대한 양가감정, 더 만족스러운 삶을 위한 상호적 노력, 그리고 목적 달성을 위한 변화를 만들고 삶에 대한 더 큰 주도권을 갖기 위한 결심과 같은 유사점을 각 구성원들과 연결해 줌으로써 이러한 지각을 깊이 있게 할 수 있다. 변화의 경로를 따라 함께하고 더 넓게는 삶의 길을 함께하는 동료로서, 함께 나눈 경험을 반영할 수 있다. 최종적으로는 집단 구성원들의 과업이, 서로의 관점과 생각, 그리고 목적을 이루기 위한 상호적 지지로부터 그들이 혜택을 얻는다는 점에서 *상호의존적*이라는 것을 강조할 수 있다. 그러므로 개별적 구성원들이 삶에서 이득을 얻을 때, 전체 집단도 얻는 것이 있고 집단 구성원들이 함께 성취를 축하할 수 있게 된다.

치료적 요인

대부분의 치료적 요인은 이 단계 동안에 중요할 수 있으며 몇몇 요인은 더욱 두드러지게 될 것이다. 집단 구성원들과 리더들은 상호적인 *안내(guidance)*를 제공한다. 안내하기는 구성원들이 새로운 생각을 개인화하고 수용할 것인지 혹은 참조만 하거나, 묵살 혹은 거절할 때 핵심이 된다. 그 다음은 *대리 학습*이다. 어떤 집단 구성원들이 문제에 대처하거나 해결하는 방법을 논의할 때, 다른 사람들은 그들의 사고방식이나 문제에 대해 이야기하는 방법을 모방하고 그들의 전략을 시도할 수 있다. 긍정적인 노력이나 전략을 집단 내에서 인정하는 것은 단순히 인정받는 구성원에게 격려를 제공하는 것 이상이다. 이는 다른 집단 구성원들에게 그 전략을 강조하고, 그들 자신을 위해 그 전략을 주목하고 고려할 것을 촉구한다.

정서를 표현하고 타인의 치료적 반응을 경험하는 것은 어떤 구성원들에게는 정서적 긴장을 해소하고 난 뒤에 따라오는 안도감인 *카타르시스*를 경험하게 한다. 이는 내담자가 후회, 비난, 공포 혹은 슬픔에 고착될 위험을 줄여주고 변화를 향한 새로운 행동들을 취할 수 있도록 사람들을 자유롭게 해준다. 집단 MI는 정서적 장애물이나 방어적 개념화를 뚫고 나아가기 위해 의도적으로 카타르시스 경험을 만들어 내지는 않지만, 카타르시스의 순간들은 일어나고 집단의 진행과정 안에 생산적으로 포함될 수 있다.

집단 MI는 다른 집단 접근들과 달리 *자기이해*를 발달시키는 것에 몰두하지 않는다. 그러나 사람들은 어떤 면에서는 변화를 피하고 싶어한다. 왜냐하면 일단 두려운 현실을 직면하고 싶지 않기 때문이고 삶이 통제할 수 없는 것임을 인정하는 것도 다가올 소용돌이를 감당하는 것도 두렵기 때문이다. 자신들이 때로는 피해왔던, 때로는 수년간 혼자 있는 것 같은, 역기능적이기는 하지만 편안하고 익숙했던 역할이 있었다. 그러나 그러한 역할을 그만둔다는 것은 곧 자신이 누구인지 불확실해지고 마치 일상적인 버팀목 없이 홀로 대처하게 되는 것 마냥 여겨지기에 그동안 외면해 왔던 것들을 직면하는 것은 두려운 일이다. 그들이 알지 못하는 상황에 들어가기란 여간 어려운 일이 아닐 수 없다. 집단 MI가 의도적으로 집단 구성원들을 깊은 실존적 문제들의 탐색으로 이끄는 것은 아니지만, 그것은 집단 구성원들 자신의 삶을 더 낫게 변화시켜야 하는 필요에 직면했을 때 즉각적으로 발생할 수 있다. 그러한 문제들을 탐색하는 것은 타인들 앞에서 취약한 상태가 되는 것에 편안하고, 결속, 신뢰, 희망이 잘 형성되어 있을 때에만 권할 만하다. 만약 실존적 문제들이 너무 일찍 등장하면 그 사람은 집단의 지원을 경험하지 못할 수 있고, 논의를 끝낼 때 수치심이나 고양된 취약감에 의해 집단으로부터 멀어질 수 있다. 또한 그런 탐색은 다른 구성원들에게 지나치게 강렬하여, 아직 비슷한 문제들에 스스로 직면할 준비가 되어 있지 않기 때문에 피상적인 상태로 되돌아가거나 그만두게 할 수 있다. 하지만 집단 응집력, 신뢰, 희망이 발달되고, 집단 구성원들이 관점을 넓히고, 새로운 가능성뿐 아니라 확장된 자기정의(self-definitions)와 의미와 목적에 대한 감각을 받아들일 때, 실존적 문제들에 대한 탐색은 더욱 활발해진다. 이러한 일이 일어나면 집단 구성원들은 진정으로 이전의 자기 제한적인 관점과 믿음을 초월할 수 있다.

*희망을 주입하는 것*은 이 단계의 집단 발달에서 중요한 치료적 요인이다. 사람들은 일부 그들의 문제, 갈등, 무기력감으로 인해 관점이 제한되기 때문에 고착된다. 그들의 관점을 확장시킨다는 것은 자신들의 가능성과 능력이 증가된 느낌, 더 나은 미래에 대한 분명한 시각이 발달하는 것과 더불어 동료 구성원들이 성장하는 것을 목격 했을 때 이러한 긍정적인 요소들에까지 초점이 확장되는 것을 말한다. 집단의 안전한 환경 내에서 새로운 선택안들을 시도하면서 그들은 미래에 대해 희망을 얻게 된다.

리더 기능

여러 리더 *기능*들은 관점 확대하기 단계와 매우 깊게 관련되어 있다. 다시 말해, 공동 리더와 함께 한 사람은 MI 전략과 개별 구성원들로부터 내용을 유발하는 것에 더 초점을 맞추고, 다른 사람은 집단 역동, 치료적 요인, 리더 *기능*에 더 초점을 맞출 수 있다.

경계 관리하기

집단 발달 초기에 경계를 관리하는 것은 시간 관리, 출석, 참여와 같이 조직에 관한 문제들을 포함한다. 이제 당신의 초점은 집단 구성원들의 집단 경험과 상호작용 주변의 경계들을 관리하는 것으로 이동한다. 정서적 표현과 불안 수준의 차이는 종종 피상적인 상호작용을 넘어 집단 경험이 깊어지면서 나타난다. 초기에 생성된 낙관주의는 이 즈음, 삶의 변화에서 오는 어려움과 관련된 불안으로 대체될 수 있다. 어떤 구성원들은 성미가 급해지고 당혹감을 표출하게 되는 반면 다른 사람들은 불안을 내재화하고 더 조용해진다. 집단 구성원들 간의 작은 차이는 큰 차이로 발달할 수 있다. 어떤 구성원들은 다른 사람들의 임시적인 제안에 대해 민감한 반응을 나타낼 수 있다.

집단에서 이러한 발달은 변화 과정의 일부로 정상적인 부분이다. 상황이 어떠한지와 무엇을 할 수 있는지 사이의 불일치, 혹은 원하는 것과 해야 하는 것 사이의 불일치에 대한 집단 구성원들의 늘어난 몇몇 반응들을 볼 수 있을 것이다. 이러한 반응에 주목함으로 집단 경험에 압도될 우려를 줄일 수있는데, 먼저 집단 구성원들이 보이는 반응을 그저 단순하게 반영해 주는 방법이 있다. 때로는 어느 정도의 불편함을 견디려는 집단 구성원들의 자발성과 발생하는 문제들을 잘 해결하고자 하는 인내심을 인정하는 것이 도움이 된다. 어떤 때에는 가벼운 지지적인 유머가 순간의 심각성을 깨뜨려 줄 수 있지만, 침묵을 유지하고 그 순간이 자연스럽게 흘러가도록 내버려두며 생각이 가라앉을 시간을 주는 것이 최선 일 때도 있다.

집단 규범

집단이 발달함에 따라 당신은 더 큰 구성원-구성원 상호작용을 향한 이동을 촉진할 수 있다. 한 방법은 질문에 대답하는 것을 미루고, 여러 반응을 유발하여 "좋은 생각들이 많이 있다"라든가 "그 일을 하는 방법은 여러 가지가 있다"와 같은 개념을 소개하면서 집단 논의로 내놓는 것이다. 그런 뒤 질문을 제기한 사람에게 반응이나 요약을 요구하면서 마무리 짓는다.

또한 당신은 집단 구성원이 자신의 고민에만 초점을 맞추기보다는 타인의 문제에 대한 집단 구성원들의 관심을 촉진시킬 수도 있다. 이러한 관심의 이동이 일어나기 전까지는 집단 구성원들이 자기 자신에 관해서 이야기할 차례만 기다리고 다른 사람들이 말하는 것에 대해 부분적인 관심만 표명하는 일련의 개인적인 소규모 회기들처럼 느껴질 수 있는 위험이 존재한다. 더 잘 기능하는 집단은 집단 구성원들이 자신의 문제들에 집중하면서도 동시에 다른 사람들의 어려움에 대해서도 관심과 연민, 낙관성을 보인다. 이를 통해 집단의 관심과 지지로부터 얻는 혜택을 상호간 주고 받는다. 이를 위해 집단 구성원들에게 다른 이의 문제, 걱정, 과정이 그들 자신의 것과 어떤 점에서 상관있는지 주의 깊게 경청할 것을 요청한다. 당신과 개별 구성원들 간의 상호작용은 점차로 감소시키면서 그들 간 서로 이야기하도록 안내한다.

> 더 잘 기능하는 집단에서 집단 구성원들은 자신의 문제들에 집중하지만 다른 사람들의 도전들에 관해서도 관심, 연민, 낙관주의를 보인다.

추가적으로 집단 구성원들의 주제들과 경험들을 변화의 과정을 따라 연결시켜 줌으로써, 당신은 서로에 대한 더 넓은 관심을 증진시켜 준다. 예를 들어, 당신은 집단 구성원들의 양가감정 경험들을 연결시킬 수 있다.

> "존, 당신과 토마스는 모두 술을 마시는 대신에 다른 것을 시도하는 것과 관련해서 혼합된 감정을 이야기했었어요. 그리고 드니스, 당신은 약물을 복용하는 것에 대한 복잡한 감정을 이야기했었죠. 많은 분들이 복잡하고 뒤엉킨 감정을 가지고 있음에도 자신이 최선의 것이라고 여기는 것을 할 수 있는 방법에 대해 초점을 맞추고 있는 것 같네요."

당신은 또한 집단 과정의 전개되어 가는 측면들을 반영하고 촉진시킬 수도 있다.

- "어떤 분이 아무리 힘든 사건을 말해도 여러분 모두가 사려 깊게 들어주고 그 사람이 그 일을 헤쳐 나갈 수 있게 여러분이 충분한 시간을 들인다는 것이 보이네요."
- "오늘은 집단이 활기차네요. 오늘은 여러분이 집단을 어떻게 일구어 갈지 기대됩니다! 여러분이 긍정적인 변화를 만드는 것에 대해 이야기해서 그런지 왠지 방 안에 좋은 기운이 감도는 것 같아요."
- "여러분들은 어떻게 서로 신뢰를 발달시키고 여러분들이 원하는 대로 집단을 만들어 갈 수 있는지에 대한 중요한 논의를 시작하셨네요. 여러분들이 원하는 방향으로 갈 수 있게 도와주는 집단 분위기의 유형을 만드는 것은 여러분의 손에 달려 있어요."

관점 확대하기 단계 동안, 서로에게 지지와 조언을 제공해오면서 규범은 더욱 견고해 진다. 초기에 집단 구성원들이 상호작용할 때, 그들은 삶의 예시나 방향을 제공하거나 심지어는 다른 구성원들에게 직접적인 조언을 주기도 한다. 나중에 집단 구성원들은 더 적절히 대응하고 깊이 있게 듣게 되고, 당신의 지시와 모델링을 통해서 그들의 개인적인 사례나 조언이 그 순간에 상대방에게 반드시 가장 도움이 될 것이라는 가정을 내리기 전에 잠시 멈추는 법을 배우게 된다. 오히려 그들은 상대방에게 집단이 어떤 도움을 주는 것이 가장 좋을지를 묻거나, 동료가 한 말에 대해 견해를 밝혀도 되는지 허락을 구하는 것을 배울 수 있다. 당신은 귀 기울여 듣는 것과 존중하는 태도로 반응하는 것을 모델링하도록 하는 것과 다음과 같은 명시적인 발언을 함으로써 이 과정을 도울 수 있다.

> "고통 중에 있는 사람을 알아차렸을 때 서로를 돕기 위해 경험을 나누고, 당신이 비슷한 것을 다루었을 때 잘 통했던 어떤 것을 공유하고 싶을 수 있습니다. 그리고 그것은 훌륭한 충동입니다. 반면, 다른 사람의 성공 이야기가 너무 충고같이 들린다면 어떤 사람에게는 듣기 어려운 것일 수 있습니다. 그 사람이 당신의 말을 들을 준비가 되어 있는지 확인하는 한 가지 방법은, '당신의 상황에 대해 드는 생각이 있지만 우선 내가 그것을 잘 이해했는지 분명히 하고 싶어요. 만약 당신이 지지나 생각을 원한다면 우리에게 알려 주세요'라고 말하는 것입니다."

집단이 발달하면서 집단 구성원들은 다른 사람과의 상호작용에 더 초점을 맞추게 된다. 그들은 당신의 예시를 따르면서 상호작용의 양상에 대해 이야기할 수 있다. "저기요, 우리가 모두 동시에 말하고 시끄러워지면 사라가 도망치고 싶어하는 것 같다는 것을 알아차렸어요. 사라, 괜찮은가요?" 집단이 새로울수록, 집단 구성원들은 집단 밖에서의 상호작용에 대해 주로 이야기한다. 그러나 대화의 초점이 지금 여기 이 방에서 무슨 일이 일어나고 있는지에 맞춰지면 훨씬 많은 배움과 변화가 일어날 수 있다. 당신은 모델링과 다음과 같은 명시적인 진술을 함으로써 집단 규범의 이동을 촉진할 수 있다.

> "저는 여러분 중 몇몇이 서로에 대해 약간 압도되거나 당황스러워하는 것처럼 보이면, 다른 사람이 긴장을 줄이기 위해서 조금 더 가벼운 주제로 바꾸는 것을 알아차렸어요. 저는 사람들을 괴롭히는 것들을 탐색하는 것을 지속하지 않음으로써 우리가 놓치고 있는 것이 무엇인지가 궁금합니다. 여러분은 사람들이 가벼운 순간보다는 조금 긴장된 순간에 때때로 그들의 마음을 더 많이 이야기한다는 것을 알아차린 적이 있나요?"

당신은 또한 더 날카로운 주제들을 다루는 방법에 주목할 수 있다. 예를 들면 다음과 같다.

> "저는 우리가 조금 천천히 갈 수 있으면 어떨까 합니다. 토마스와 맷, 두 분

모두 약간 당황스러운 것처럼 보이네요. 몇 분 정도를 할애하여 두 사람 각각의 관점을 듣고, 공통점이 있는지 보는 것은 어떨까요. 토마스, 지금 어떤 기분인지 함께 나눠주는 것으로 시작해서 맷이 그의 고민들을 나누는 것을 들은 다음에 어떤 생각이 들었는지 나눠줄 수 있을까요?"

이 단계 동안 변할 수 있는 마지막 집단 규범은 집단 구성원들이 집단의 방향에 대해 더 많은 소유권을 가지고, "이건 우리 집단이고 우리는 우리가 원하는 대로 집단을 만들어 가야 한다"는 것에 대한 느낌을 더 크게 발달시키는 것을 포함한다. 어떤 사람들은 피상적인 것을 넘어 깊은 대화가 될 때 기쁘다고 한다. 어떤 사람은 그들이 안전하게 경험을 공유한다고 느끼고 있다고 말하고, 또 어떤 이들은 서로 더 신뢰하게 된 것 같다고 말한다. 이는 집단의 유용한 점과 더 바라는 것이 무엇인지에 대한 주제들로 구성원들을 연결할 수 있는 기회를 제공하고, 집단이 어떻게 발달하기를 원하는지 터놓고 논의할 수 있는 장을 마련해 준다. 몇몇 집단 구성원들이 다른 사람들이 아직 온전히 관여하지 않았다고 언급하거나 상대적으로 조용했던 구성원들에게 더 많이 나눠줄 것을 요청하는 것은 이 단계에서 흔한 일이다.

로빈: 저는 개인적인 것들을 이야기하는 데 꽤 편안함을 느끼지만, 파트리샤, 당신은 무슨 생각을 하고 있는지 정말로 알 수가 없고 그게 저를 불안하게 하네요.

데이비드: 맞아요, 파트리샤. 때때로 당신이 조용할 때, 마치 거기에 앉아서 판단하고 있는 것 같아요. 당신이 더 많은 이야기를 해주었으면 좋겠어요.

파트리샤: 뭐라고요? 저는 판단하지 않아요. 단지 제가 생각하는 것을 말하는 것이 저에겐 어려울 뿐이에요. 저는 보통 제가 진정으로 어떻게 느끼는지 나누는 것이 어려운데 그걸 나누고 있는 당신이 용감하다고 생각해요. 당신을 판단하는 것은 제가 가장 하지 않는 일이에요.

로빈: 정말 안심이네요. 하지만 당신이 조용히 있을 때 가끔 당신의 표정은… 속상하거나 어쩌면 화가 난 것처럼 보이고, 당신이 듣고 있는 것들에 대해서 인정하지 않는다고 느끼기 쉬워요.

파트리샤: 제 표정은 아마 제가 속으로 집단 안에서 옳은 일을 하고 있지 않다고 말하고 있기 때문에 화난 것처럼 보일 거예요. 여러분 모두는 마음속

에 있는 것들을 말할 수 있는 것 같은데, 저는 그걸 어떻게 해야 할지 모르겠거든요. 저에게 도움이 필요한 것 같지만, 어떻게 요청해야 할지 몰랐어요.

존: 저기, 로빈. 이 문제를 꺼내줘서 고마워요. 파트리샤, 저는 당신이 그저 동떨어진 사람이라고 생각했어요. 하지만 당신은 스스로를 억제하는 것에 대해 스트레스를 받아왔고, 스스로를 개방할 수 있기를 원했군요. 그건 좋은 것 같네요. 제 생각에는 우리 모두 그것을 원하는 것 같거든요(*집단 곳곳에서 고개를 끄덕인다. 논의에 일시적인 정지가 있다*).

리더: 파트리샤, 당신은 무엇을 들었나요?

파트리샤: 어쩌면 사람들은 제가 제 머릿속에만 숨어 있었기 때문에, 상관을 안 한다든가 심지어는 판단적이라고 생각했던 것 같아요. 이제 제가 그들에게 화가 났다거나 그들이 말하는 것을 싫어한다고 항상 생각하지는 않겠죠. 사람들이 저의 생각에 대해 더 많이 나누기를 원하는 것 같아요. 저는 단지 어떻게 시작해야 하는지 모르겠고요.

리더: 여러분은 모두 어떻게 생각하시나요?(*집단 구성원들이 대답하고, 파트리샤의 반영을 인정한다.*) 여러분이 이 문제의 길을 여는 좋은 시작을 한 것 같네요. 이제 파트리샤는 그녀가 어떻게 시작해야 할지 모르겠다는 것을 나누었어요. 그것에 대해서는 어떻게 하고 싶나요?

데이비드: 우리가 논의를 할 때 당신을 확인하는 것이 도움이 될까요?

파트리샤: 어쩌면요, 하지만 저는 주목받는 느낌을 받고 얼어버릴 것 같아요.

존: 우리가 당신이 조용해질 때를 알아차리고 당신이 준비가 되었다고 느낄 때에만 나눌 수 있는 선택권을 드리는 건 어떤가요? 우리가 처음 시작했을 때를 기억해 봐요—저는 아무에게도 말을 하고 싶지 않았어요. 제가 여러분이 모두 좋은 사람들이라는 것을 깨닫게 되기까지는 몇 회기가 걸렸어요. 그리고 저는 사적인 일들의 일부를 논의하는 위험을 감수해 보기로 결정했죠.

파트리샤: 그거 좋을 것 같아요. 그리고 저도 스스로 조금 더 많이 이야기하려고 노력할게요. 제가 정말 바뀌어야 할 것은 사람들 앞에서 말하고 일어서는 것이라고 진심으로 생각해요. 만약 제가 잘못 나오더라도 저를 비웃지 않겠다고 약속해 주신다면 노력하겠다고 약속할게요.

로빈: 좋아요. 그렇게 하죠! 그리고 우리에게 당신이 말하는 것이 얼마나 어려운지 말해 주어서 고마워요.

리더: 처음에는 너무 크다고 느껴지지 않는 것부터 시도해 보고 어떻게 진행되는지 볼 수 있겠네요. 그리고 남은 우리들은 이것이 당신을 약간 안절부절못하게 하는 것이라는 것을 알고, 귀 기울여 듣고 지지적인 태도를 취할게요.

정서에 대한 집중

관점 확대하기 단계 동안, 증가한 정서 표현은 집단을 더 깊고 의미 있는 탐색으로 나아가게 할 것이다. 개인 MI에서 정서의 반영이 복잡한 과정으로 여겨지는 것처럼, 집단 내에서 정서가 표출되고, 반영되고, 공유되는 지지적인 분위기를 발달시키는 것 역시 복잡하다. 이 시점에 이를 때까지 집단 구성원들이 신뢰와 응집력을 형성해 왔을지라도, 집단은 여전히 갑작스럽고 강력한 부정적 정서의 폭발로 인해, 특히 만족스럽게 해결되지 않았을 때 위협받을 수 있다. 정서 표현의 목적은 관점을 탐색하고 확대하기 위함이고, 정서 표현은 집단이 편안하게 느끼고 동시에 관리 가능한 수준의 불안으로 유지되도록 해야 한다. 이 과정은 집단을 까다로운 정서를 표현하고 해소하기에 안전한 곳으로 만들어 주고 이는 변화를 만드는 중요한 일부이다. 정서성은 심지어 변화의 초점이 될 수도 있다. 어떤 구성원들은 감정을 잘 표현하는 것을 배워야 하는 반면 다른 구성원들은 타인의 반응을 고려하여 이를 부드럽게 조절할 필요가 있다. 8장에서 묘사된 심화 과정은 증가된 정서의 공유와 정서적으로 의미 있는 자료들을 촉진시키는 핵심적인 부분이다.

때로 집단은 정서 표현에 대한 인내 수준이 최대치에 다다를 수 있고, 당신은 초점을 가볍게 하고 싶을 것이다(이 또한 8장에서 논의되었다). 당신은 분위기를 가볍게 하기 위해 강도를 조금 낮추는 단어들을 사용하여 정서를 반영할 수 있다(예, *화난* 대신 *신경 쓰이는*). 당신이 집단에서 알려준 정서 공유의 과정들에 대해 논의할 수도 있다. 예를 들어, 당신은 한 구성원의 정서 표현을 반영하면서, 다른 구성원들이 정서를 다루는 논의에 더 일반적으로 참여하도록 초청할 수 있다.

"플로라, 당신 어머니의 지적이 당신을 정말 아프게 하고, 당신은 어머니가 당신이 이룬 진전을 알아차리지 못했다고 생각했군요. 당신은 그 고통을 잊기 위해 다시 약에 취하고 싶은 유혹을 느끼지만 다른 사람들이 뭐라고 하든지 앞으로 계속 나아가고 싶기도 하군요. 다른 사람들은 이런 종류의 느낌을 어떻게 다루었나요?"

정서 공유에 대해 논의할 때, 당신은 집단이 정서에 과도하게 초점을 맞추는 것에 대해 집단 구성원들의 불안을 줄여줄 잠재적인 지침을 제공할 수 있다.

"집단이 신뢰 안에서 형성되었음을 보여주는 한 가지는 여러 사람들이 몇몇 강렬한 정서들을 드러내고, 집단이 당신의 이야기를 들었다는 것입니다. 가끔 이런 일이 생겼을 때, 여러분 중 일부는 집단이 커다란 정서의 파도에 휩쓸릴까봐 걱정할 것입니다.

저는 그것에 대해 가능한 지침을 제안하고자 합니다. 정서들이 공유될 때, 우리는 우리가 해왔듯이 존중하며 경청할 것입니다. 하지만 집단이 끝나기 전에 깊은 정서를 보인 각 사람은 마무리할 기회를 가짐으로써 이곳을 편안히 떠나고, 집단이 완료되었을 때 마음이 상했던 것으로 인해 걱정하지 않도록 분명히 할 것입니다. 또한, 특별히 감정적인 대화는 어떤 분에게는 문제가 안 되지만 어떤 분에게는 정서를 나눈 사람을 향해 화가 나거나 걱정하게 합니다. 그러니 우리가 집단을 끝내기 전에 모두에게 간단한 '확인'을 하는 게 어떨까요?"

이런 방법으로 당신은 정서에 대해 편안함을 보이지만 안전에 대해 적절한 주의를 기울인다. 이런 종류의 발언은 때로 집단 구성원들이 어떻게 이것이 이루어지길 원하는지에 대한 추가적인 논의로 이끈다.

의미에 대한 집중

관점 확대하기의 한 측면은 집단 구성원들이 변화에 대한 양가감정, 고군분투, 준비와 같은 개념을 일반화하는 것을 돕는 것이다. 이것이 성공적일 때, 집단 구성원들은 그들의 특정한 상황을 일반적인 범주에 넣는 것이 당혹감과 고립감을 줄일 수 있다는 것을 알게 된다. 이를 성취하기 위해서는 당신이 그들의 어려움에 대한 세부적인 논의의 진행으로부터 양가감정과 고군분투, 중요성, 자신감, 준비도와 관련된 더 일반적인 주제로 구성원들의 방향을 재정립해 주어야 한다. 당신은 또한 그들의 대화내용보다는 의미를 반영해 주어야 하고, 이 의미의 수준을 이용하여 집단 구성원들을 주제별로 엮을 수 있다. 또 다른 선택안은 가치 탐색 활동이나 다른 활동들을 이용해서 의미와 가치를 솔직하게 탐색하는 것이다.

증가한 투명성

집단이 자율성과 대인관계적 성숙도 측면에서 발달하게 되면, 당신은 집단 역동에 관한 생각과 리더로서의 결정을 집단에 더욱 드러낼 수 있다. 이는 집단 구성원들이 한 단계 높은 시점에서 집단을 바라볼 기회가 된다. 관점 확대하기 단계 동안에 이것을 시작하는 것은, 집단 구성원이 지속하는 방어나 무력감을 다루는 중요한 도구가 되기 때문이다. 리더로서 당신은 *말할 수 없는 것을 말하는 것*이 집단의 진전을 늦추고, 특히 일상적인 사회 규범에 따라 모두가 알고 있는 대인관계의 과정을 논의하지 못하게 한다는 것을 지적할 수 있다.

> "데본, 집단 논의가 자녀 양육 문제로 넘어갈 때 그것이 당신을 거슬리게 하는 것 같네요. 제가 그것에 대해 당신을 비난하는 것이 아니고, 당신의 이전 가족들의 거짓말로 인해 감독 없이는 자녀들을 보지도 못하게 한다는 것이 얼마나 당신을 화나게 하는지 이해합니다. 당신은 이건 어떻게 할 수 없는 일이고 이야기하는 것은 아무런 도움이 되지 않을 것이라 말했지요. 그것을 존중할 수 있고, 제 생각에 집단은 당신이 원할 때 말하고, 원하지 않을 때 침묵할 수 있도록 지지해 주는 것 같습니다. 동시에, 저는 비슷한 문제들이 논의될 때 당신이 자리에서 움츠러들고, 다리를 떨고, 머리를 흔드는 등의 강한 반응을 보이는 것을 알아차렸습니다. 그러고 나서 제가 또 알아차린 것이 있는데 다른 사람들이 자신에게 중요한 것임에도 불구하고 그런 상황에 대해 이야기하는 것을 멈춘다는 것입니다. 그러면서 저는 그렇다면 저들이 해결해야 하는 일을 어떻게 이야기 할 수 있을지 궁금해지더군요. 저는 당신이 사람들이 이야기하는 것을 의도적으로 막는다고 생각하지는 않기 때문에 이런 일이 발생하는 것을 당신과 나눔으로써 우리 모두를 위한 절충점을 찾을 수 있지 않을까 생각합니다."

다른 접근법들을 사용하는 리더들은 어느 정도 그들의 느낌에 대한 자기개방을 포함한다: “저는 함께 이야기하는 것과 다시 신뢰하지 못하는 문제 사이에서 집단이 계속해서 왔다 갔다 하는 것을 보며 불편함을 느낀다는 것을 알아챘어요.” 그러나 집단 MI에서는 리더의 내적 경험에 대한 자기개방은 드물게 사용되어야 한다. 집단이 구성원들끼리가 아닌 당신에게 전달하는 양상으로 복귀할 위험은 언제나 있다. 이 단계에서 당신의 일은 집단을 보호하고 집단이 과업을 이루어 가는 데 있어 추진력을 촉진하는 것이기 때문에 당신의 역할은 참가자-관찰자 중에 하나이다. 그러나 당신의 역할과 변화, 한계에 대해 언급하기로 선택하는 것은 집단 구성원들이 과도하게 고착된 의사소통 패턴을 깨고 나올 수 있게 도와줄 수 있다.

동기강화상담 전략

관점 확대하기 단계 동안 대부분의 MI 전략은 최소한의 구조에서 집단 구성원들을 활동보다는 대화에 참여시키면서 행해질 수 있다. 우리가 각 전략을 묘사하는 방법은 초점을 발달시키고 당신의 목적을 이루는 방법 중 하나의 예시일 뿐이다.

경험적 모델

이 단계에서 유용한 한 가지 전략은 집단 구성원들로 하여금 그들이 계속하는 습관과 패턴을 볼 수 있게 하는 경험적 모델을 소개하는 것이다. 경험적 모델은 변화 단계 모델(Stages of Change Model), 준비-자발-가능 모델(ready-willing-able Model), 만성 질환에 적응적인 모델을 포함한다. 많은 유용한 모델들이 있으며, 다른 모델이 당신의 집단에 더 잘 어울릴 수도 있다. 당신이 생각하기에 집단 구성원이 다른 각도에서 상황을 볼 수 있고 현재의 인식을 계몽시키기에 좋은 모델을 사용하면 된다.

이 전략을 사용할 때에는 초기에 집단 구성원들의 참석 여부를 확인한 뒤 사용할 모델을 간략히 소개하는 것이 좋다(주어진 회기동안에는 여러 모델보다 한 가지 모델만 사용하는 것이 좋고 또 어떤 특정 집단에서는 특히 한 가지 모델만 사용할 것을 권한다). 교육보다는 논의하는 식이 좋고 각 개인에게 필요한 정보를 약간씩 제공하는 정로도 생각하는 것이 적당하다. 어떻게 작은 부분들을 나타낼 것인지, 어떻게 집단 구성원들이 관점을 공유하도록 도울 것인지, 두 명이든 소집단이든 혹은 원으로 둘러앉은 전체 집단이나 일반적인 토론이든, 집단이 서로 이야기하고 공유하기에 적절한 조합을 찾을 때까지 계속 실험해 본다. 마지막으로 기억해야 할 것은 앞서 논의했던 바와 같이 이 모든 활동이 진행되는 동안 이루어지는 모든 논의는 긍정적인 집단 역동과 치료적 요인들을 촉진하고 미래에 대한 긍정적 가능성에 초점두는데 그 역점이 있다는 것을 명심할 필요가 있다.

변화의 단계

여러 상황에 걸쳐서 사용될 수 있는 일반적인 경험적 모델은 변화 단계 모델이다. 기존에 출판되어 있는 어떤 예시들은 이러한 모델을 사용하여 어떻게 하면 집단 구성원들로 하여금 더 다양한 방식의 변화 과정을 만들게 할 수 있을지 그에 도움이 될 만한 설명을 제공한다(Velasquez, Gaddy-Maurer, Crouch, & Diclemete, 2001; Velasquez, Stephens, & Ingersoll, 2005).

실행 방법 집단 구성원들에게 그들의 삶에서 이룬 중요한 변화를 생각하고 몇 가지 예시들을 잠시 떠올려 보라고 요청한다. 그 다음, 그들이 처음 사안에 대해 인식했을 때로부터 그것을 변화시키려 노력했을 때까지 얼마의 시간이 걸렸는지 물어본다. 일반적으로 인식과 시도 사이에 수년이 걸렸다고 하는 사람도 있는 등, 집단 내 구성원들의 답은 실로 다양하다. 그 후에 그들이 변하기 위해 처음 노력

변화 단계 모델

변화 단계 모델에는 다섯 단계가 있다. **전숙고 단계(precontemplation stage)**에서는 사람들은 변화를 이룰 생각을 하지 않는다. 그들은 정말로 숙고해 본 적이 없거나 변화하길 원하지만 자신감이 없어서 시도하지 않을 수 있다. 예를 들면, 흡연이 건강 문제들을 야기한다는 것을 알지만 흡연을 하는 사람은 별로 걱정하지 않거나, 자기가 끊을 수 없다고 생각하거나 나중에 끊을것이라고 생각한다.

사람들이 변화를 이루는 것에 대해서 생각하기 시작하면, **숙고 단계**(contemplation stage)가 시작된다. 이 단계 동안에 사람들은 무엇을 다르게 해야 하는지 아니면 해왔던 대로 계속해야 하는지 확신이 없다. 변화뿐만 아니라 현재 습관이나 생활양식에도 장점과 단점이 모두 있다. 이 단계 동안에 사람들은 일반적으로 혼합된 감정을 가지고, 다른 가능성들 사이를 우왕좌왕 한다. 두 선택 사이의 간극에서 혼란을 느낀다. 그래서 흡연자들은 갈팡질팡한다: 금연을 해야 할까? 줄여야 할까? 스스로를 괴롭히지 말고 그냥 계속 담배를 피울까?

어느 지점에서, 사람들은 변화를 시도하기로 결심하고 **준비 단계**(preparation stage)를 시작한다. 이 단계 동안 사람들은 어떻게 변화를 만들 것인지 생각하고 변화를 위한 계획을 세우기 시작한다. 그러므로 흡연자는 궁금할 것이다: 패치를 사용해야 할까? 아니면 약물? 단번에 끊어 버릴까 아니면 점진적으로 줄여 나갈까? 최면을 해볼까?

실행 단계(action stage)에서는 변화계획을 실행하고 새로운 습관이나 행동을 시도해 본다. 지지해 줄 사람들을 찾거나 다른 사람에게 알리는 것이 때로는 유혹을 가져올 수 있고, 안전하게 새로운 계획을 시도해 보고 싶기 때문에 비밀로 하기도 한다. 그리고 그들은 이전과 다르게 생각하지 않을 것이다. 흡연자들이 처음 담배를 끊었을 때 그들은 여전히 흡연자라고 생각하겠지만, 금연하려고 애쓰는 흡연자라고 생각할 것이다.

유지 단계(maintenance stage) 동안 사람들은 성취한 변화들을 지속하려고 노력한다. 때로는 그들의 정체성이 변하기도 한다. 그래서 흡연자들은 자신을 과거에 흡연했던 사람으로 여기기도 하고, 때로는 스트레스가 쌓일 때나 다른 흡연자들 사이에 있을 때 불을 붙이고 싶은 유혹을 받지만 대부분은 더 이상 그렇게 자주 유혹을 느끼지 않는다. 유혹은 점차 뒤로 사라진다.

때로는 **재발**(relapses)을 경험하고, 다시 단계들을 순환한다. 이는 상당히 정상적이다. 또 다른 경우에는 성공적으로 변화하여 더 이상 그것들에 대해 생각하지 않는데, 이는 과거에 흡연자였던 사람이 어느 날엔가 자신을 비흡연자라고 생각하고 있음을 깨닫는 것과 같다.

했을 때부터 변화를 완료하고 그 모든 문제가 그들의 뒤에 있다고 느꼈을 때까지 얼마나 걸렸는지 물어본다. 그 과정에서의 사기 저하와 같은 감정을 포함하여 모든 공통점을 가능한 반영해준다. 그들이 겪은 변화 시도들이 때로는 당혹감을 불러 일으켰을 수도 있지만 그들이 지나온 것은 통상적인 것이라는 점을 언급해 준다. 일반적으로 변화는 즉각적으로 일어나는 것이 아니며 오히려 간헐적인 후퇴와 함께 시간이 지남에 따라 발생하는 점진적 과정이라는 것을 말해준다.

집단 구성원들에게 과거를 바라보는 여러 가지 방법에 대해서 듣는 것에 관심이 있는지 물어보고, 만약 그렇다면 각 단계의 의미를 설명할 때 모델의 바퀴나 나선형 그림을 사용하여 간단하게 변화 단계들을 소개한다. 사람들은 현재 습관에서 변화를 성취하기 전에 사람들이 종종 여러 가지 진지한 시도들을 한다는 연구발견과 같은 약간의 정보를 제공하는 것이 유용할 수 있다(Prochaska, DiClemente, & Norcross, 1992). 당신이 그들이 해낸 성공적인 변화들을 회상하는 것을 도와줌에 따라, 잠재적으로 현재 문제에 대한 자기효능감과 긍정성을 끌어올림으로써 방어성을 낮출 수 있다. 집단 구성원들은 이 렌즈로 바라보는 것이 변화를 더 성취할 수 있는 것으로 보이게 만들기 때문에 이 모델이 그들을 도와준다고 보고할 수 있다. 서로의 변화 시도들을 지지하는 것이 변화를 이루고 또 삶의 변화를 성취하게 만드는 작은 차이라는 점을 부각하면서 주 내용들을 반영한다. 동시에 변화란 각 사람에 따라 다를 수 있다는 것을 강조한다.

이 모델이 잘 맞는 것처럼 보이는 집단 구성원들이 있다면 그들에게 현재의 변화목표와 관련하여 이 모델의 어떤 점이 잘 맞는지 물어본다. 공통 관점을 요약하고 몇몇 차이들을 강조하고 사물을 바라볼 때 비판단적으로 수용하는 방법을 모델링한다. 요약은 논의가 어디까지 진행되었는지 알려주는 지도를 제공하기도 하지만 이에 더하여 집단이 이 생각을 가지고 어디로 가야 하는지를 보여주는 요소들을 포함하는 것이 중요하다. 또한 이는 집단 동일시, 동질성, 그리고 신뢰와 상호의존성과 같은 역동을 전문적인 용어들을 사용하지 않으면서 강조하도록 돕는 반면, 개인적 선택과 자율성을 인정한다. 변화 단계를 집단에서 사용하는 추가적인 정보는 Velasques와 동료들이 쓴 14장에서 볼 수 있다.

준비-자발-가능

또 다른 경험적 모델인 Miller와 Rollnick(2002)에 의해 제안된 준비(ready)-자발

(willing)-가능(able) 모델은 동기를 비전문적인 일상어로 묘사한다.

실행 방법 사람들은 그들이 *동기화되었을 때* 변화하곤 한다는 견해를 소개한 뒤, 집단 구성원들에게 이것이 그들에게 어떻게 들리는지, 어떤 의미를 가지는지 물어본다. 준비-자발-가능의 세 요소들에 대한 그들의 설명을 칠판에 적으면서 이끌어 낼 수도 있다. 집단 구성원들에게 어떻게 준비, 자발, 혹은 가능이 그들이 생각하는 변화를 만들어 낼 수 있을 것 같은지 0에서 10까지의 척도로 물어본다. 이 세 영역들 중 막혀 있는 곳이 변화를 막는 장애물이라고 언급한다. 그들이 준비되고, 자발적이고, 가능한 방법들에 대한 그들의 관점들을 반영하고, 낮은 성공 확률을 높이는 방법을 브레인스토밍하게 돕는다. 만약 대화가 상대적으로 적다면, 집단 구성원들을 두 명씩 혹은 소집단으로 나누어 그들 스스로 탐색하는 시간을 얼마간 가진 후에 다시 보고하도록 한다.

만성 질환에의 적응

만성 질환을 다루는 모델들은 의료적 환경에 있는 집단에게 유용할 수 있다. 만성질환에 적응한다는 것은 정체성의 변화와 어떤 결과를 가져올지 알 수 없는 장래에 대한 어느 정도의 초연함을 지니게 된다는 것이다(Cohen & Lazarus, 1979). 대처 모델들은 병리학적인 낙인을 피하고, 집단 구성원이 선택하는 목표행동과 과정이 그들을 건강한 변화로 이끈다는 것에 초점을 맞춘다는 점에서 MI 관점과 일치한다.

실행 방법 모델에 대한 간단한 묘사를 제시하자면, 예를 들어 Samson과 Siam(2008)의 통합적 모델에서는 만성질환에의 적응이 다음과 같은 다섯 가지 개인 특징과 관련이 있다고 말한다. (1) 개인의 과거사와 사회적 맥락, (2) 질병의 인지적 평가, (3) 적응적 과업, (4) 대처 기술, (5) 질병의 지각된 결과. 우리는 이 모델의 전문용어를 집단 교육 수준에 맞는 간단하고 묘사적인 언어로 바꾸어 쓰도록 권장한다. 예를 들어, 개인의 과거사와 사회적 맥락은 "인생 경험"과 "질병에 대한 가족과 문화적 신념"으로 바꿀 수 있다. 비슷하게, 인지적 평가는 "당신의 상태가 어떻게 위협적인지, 그리고 당신이 생각하기에 도움이 되는 자원과 대안"으로 언급될 수 있다. 적응적 과업은 "질병을 상쇄하기 위해서 식습관이나 직업을 바꾸거나 사회적 지지나 정신적 의미를 찾는 등과 같이 당신이 하는 일"로, 대

처 기술은 "정보를 얻고, 도움을 요청하고, 목표를 설정하는 등의 과업을 이루기 위해 당신이 사용하는 기술"로 묘사될 수 있다. 지각된 결과는 "균형을 찾은 정도 또는 정상적이라는 느낌을 다시 얻은 정도"로 재명명될 수 있다. 집단 구성원들에게 그들의 상태에 적응하는 데 이것들이 어떻게 기능하는지 예시를 들어 달라고 요청한다. 질병으로 인해 제기된 새로운 상황들에 적응할 수 있는 방법들을 유도하고, 집단 구성원들이 이해하도록 주제들을 반영한다. 예를 들면 다음과 같다.

리더: 저는 여러분이 자신의 건강을 이해하도록 하여 성숙해지고 좀 더 정상적인 삶으로 돌아오게 도와줄 모델에 대해 듣는 것에 관심이 있으신지 궁금합니다(*집단 구성원들이 고개를 끄덕이며 "네" "그럼요" "좋아요" 등으로 대답한다*). 여러분의 건강에 대해 생각하는 한 가지 방법은 어떻게 삶의 다섯 가지 영역들이 여러분의 건강에 영향을 미치고, 여러분의 건강이 그 영역들에 어떻게 영향을 미치는지를 보는 것입니다. 첫째는 "인생 경험"입니다. 이는 여러분의 개인적인 과거사를 의미하고, 여러분의 어린 시절, 가족들과 질병을 다루어 온 친구들, 건강과 질병에 대해 삶을 통해 배운 교훈, 그리고 가족, 일, 사회적 집단들의 관점에서 여러분이 어떤 상황에 있는지를 의미합니다. 여러분의 경험이 건강 상태에 어떻게 영향을 미친다고 보시나요?

케이티: 정말 영향이 있다고 봐요. 제 어머니께서는 제 어린 시절의 대부분을 병으로 몸져누워 집안에 갇혀 계셨어요. 저는 당뇨가 진행되어 어머니처럼 침대에서 생을 마감할까봐 두려워요.

리더: 질병이 장애가 될까봐 걱정이 되는군요.

케이티: 그래요. 저는 정말 질병을 통제하고 싶어요. 그래서 어머니처럼 인생을 마치고 싶지 않아요.

모건: 저는 거의 반대의 경험을 했어요. 저는 제가 아는 사람 중에 처음으로 심각한 질병을 가진 사람이에요. 때로 친구들은 건강한데, 제 나이에 이렇게 심장 질환으로 고통을 받고 있는 것이 완전히 불공평하다고 생각해요.

트레이시: 저의 경우에 제 삶의 경험은 계속 노력하고 포기하지 말 것을 가르쳐 주었어요. 제 겸상 적혈구가 고통과 연약함을 유발하더라도 스스로가 낙담해 있지 않도록 노력하고 있어요. 좋을 때도 있고, 안 좋을 때도 있다는 걸 알아서, 저는 긍정적인 태도를 유지하려고 노력하고 있어요.

리더: 그렇다면 세 사람 모두 여러분의 경험이 여러분의 질병에 대한 생각에 영향을 미친다는 것을 볼 수 있겠네요. 다른 사람들은 어떤가요?

(*대화가 지속된다.*)

리더: 이 목록에서 또 다른 삶의 영역은 "적응적 과업"이에요. 여러분의 질병에 적응하기 위해 여러분은 무엇을 하고 있나요? 질병을 다루고 그에 대한 생각을 바꾸는 데 무엇이 도움이 되었나요?

수잔느: 저에게는 암에 대한 스트레스가 줄어들기를 신에게 기도하고, 그로 인해 나의 두려움에만 집중하는 것이 아니라 최선의 치료를 받는 것에 주목하고 있어요.

션: 제 의사는 저의 스트레스를 줄이기 위해 명상과 요가를 배우도록 제안했어요. 그것들을 잘 모르지만, 몇 번의 수업을 받았고, 저녁 전 오후시간에 그것들을 할 때마다 제가 얼마나 편안해지는지를 알고 놀랐어요.

트레이시: 기도, 명상, 요가... 저는 더 실제적인 대처 기술이 필요해요. 저는 매주 몇 개의 음식들을 배달받고 아이들의 활동을 위한 카풀(carpool) 같은 기본적인 것들을 도와주는 서비스에 가입해서 제가 심한 발작을 경험할 때 일을 덜 함으로써 피할 수 있게 하려고요. 그러므로 저에겐 외부의 도움을 받는 것이 중요해요.

리더: 정말 훌륭한 예들이에요. 다른 사람들은 어떤가요?

(*대화가 지속된다.*)

이러한 사안들을 생각해 보고 다른 사람들의 생각을 들으면서 그들이 무엇을 배웠는지와 같이 집단 구성원들이 배운 것을 요약해 주는 질문을 순서대로 던지면서 이 논의를 마무리한다. 다음 순서에서는 그들이 시도할 법한 새로운 것들이 무엇인지 묻는다. 모든 대답들이 공유되면, 집단 구성원 간 내용의 핵심과 공통점, 이번 과정의 주제를 요약하면서 마친다.

평가 피드백

평가 피드백은 통상적으로 개인 MI에서는 상담자가 평가 결과들을 제공하고 그것들의 의미를 내담자와 논의하며 변화에 대한 동기를 높이는 방식으로 사용된다. 평가 피드백과 대학생들과의 논의를 포함하는 집단 MI의 초기 연구들은 집단에서 피드백을 발표하는 것은 단순히 서면으로 피드백을 제공하는 것보다 덜 효과적이라는 것을 발견했는데, 이는 아마 당혹감이나 방어성 때문일 것이다. 집단 피드백이 변화에 대한 동기에 반하는, 잘못된 규준을 다시 설정하는 결과를 낳을 수 있다는 우려도 제기되었다. 그러나 반구조화된 소집단 논의 형식을 이용한 더 최근의 연구들은 이 접근을 수정함으로써 부작용이 없는 평가 피드백을 구체화시켰다(Faris & Brown, 2003; LaBrie, Lamb, Pedersen, & Quinlan, 2006; LaBrie et al., 2008; 본서의 5장 참고). 우리가 진행하는 집단들 안에서는 몇몇 정보들에만 주목한 임시의 선택적 평가 피드백을 포함해 왔다. Martino와 Santa Ana(16장)는 이중 진단들을 이용하여 집단 MI에 대한 그들의 장에서 평가 피드백을 제공하는 또 다른 관점을 제시하고 있다.

실행 방법 일상적인 임상적 평가, 건강이나 질병의 생체지표, 피드백을 생성하기 위해 특수하게 수집된 측정치들은 모두 피드백을 생성하는 데 사용될 수 있다. 당신은 7장에 묘사된 대인관계 문제 목록(Inventory of Interpersonal Problems)과 같이 사회적 기능에 주목하는 평가를 고려해 볼 수 있다. 또한 당신은 직업 기술, 회복탄력성, *Big Five* 성격 요인들, 혹은 대인관계적 강점과 관련된 강점 측정치들을 이용한 긍정적인 특징들을 측정할 수도 있다.

집단 구성원들의 개별 결과들은 다양하겠지만, 그들에게 같은 피드백 요소들을 제공하라. 집단 구성원들에게 새로운 정보를 제공하고 새로운 생각을 촉발시키는 것이 요점이다. 당신이 피드백의 의미를 논의하는 동안, 서면 피드백을 배부하고 그들의 피드백을 개인적으로 간직하도록 안내하는 것이 좋다. 전형적으로 당신은 각 요소를 집단과 함께 논의하고, 정의하고, 그것의 척도나 범주들을 설명한다. 평가된 특성, 위험, 혹은 강점에 대한 집단 구성원들의 반응과, 이것들이 도움이 될지 혹은 그들이 더 나아지려 노력할 때 도전을 제공하는 것에 대해 어떻게 생각하는지를 이끌어 낸다.

미래의 손실에 대한 위험이 대화의 한 부분일 때에, 집단 대화는 그들이 위기에 있다는 것을 깨닫게 하는 것에 주목하기보다 사실에 입각하여야 한다—결과들을 공유하고, 그 결과들이 위험들과 어떤 관련이 있고, 그 위험을 줄이는 방법은 무엇인가. 그렇게 되면 집단 논의는 집단 구성원들이 그 정보를 어떻게 개인화하는지에 초점을 맞출 수 있다. 종종, 피드백의 일부는 예기치 못하게 제공되며 집단 구성원들의 변화에 대한 긴박성을 높일 수 있다.

이 전략은 반영적 경청과 *이끌어 내기-제공하기-이끌어 내기(E-P-E: elicit-provide-elicit)* 대화 전략 각각에 능숙할 때 원활히 진행된다. E-P-E는 내담자들이 정보를 수용하고 사용하는 정도를 증가시키는 반면 당신이 제공해야 하는 정보의 양은 줄여준다. 이 전략에서는 우선 특정한 문제에 대해 집단 구성원들이 이미 알고 있는 것들을 *이끌어 낸다*. 집단 안에서 모든 적절한 요점들이 집단 구성원들에 의해 제기될 수 있기 때문에 이끌어 내기만으로도 충분할 수 있다. 만약 그렇게 된다면 집단의 공유된 지식 기반을 인정하고 서로를 생각의 원천으로서 바라보는 가치를 강조하기에 좋은 시점일 것이다. 그러나 화제의 중요한 요소들이 제기되지 않는다면, *빈칸 채워 넣기*를 이용하여 집단에게 그 정보를 *제공한다*. 또한 어떤 구성원도 당황스럽지 않도록 주의하면서 집단 구성원들에 의해 공유된 잘못된 정보를 바로잡는다. 어떤 집단 구성원이 정보를 가장한 의견을 공유한다면, 공유해 준 것에 대해서 구성원을 인정해 주되 정중하게 의견과 사실을 분리한다. 최종적으로, 정보를 제공한 후에는 특별히 정보가 그들의 상황에 어떻게 적용되는지 혹은 정보를 어떻게 사용하고 싶은지에 대한 집단 구성원들의 반응을 이끌어 낸다. 정보를 개인화하는 것은 비활성적인 사실을 행동하기 위한 동기로 변화시킨다.

이 과정 중에 당신은 어쩌면 집단에 참여하기보다는 오히려 과도하게 관찰만 한다거나 생산적인 내용에 초점을 맞추지 못하는 것 같은 부정적인 집단 과정들을 피하기 위해 집단을 구조화하고 싶은 마음이 생길 수도 있을 것이다(Faris & Brown, 2003).

정보를 개인화하는 것은 비활성적인 사실을 행동하기 위한 동기로 변화시킨다.

미래 예상해 보기/미래 상상하기

*미래 예상해 보기/미래 상상하기*는 미래에 집단 구성원들이 어디에 있을지 혹은 어디에 있고 싶은지를 생각해 보도록 그들을 안내하는 것을 포함한다. 서로 다른 상황에 있을 경우 각각의 다른 시간 틀(frame) 설정이 필요하다. 예를 들면, 체중 감량 집단의 구성원들에게는 5년 뒤를 상상하는 것보다는 한 달과 여섯 달 후의 미래를 상상하는 것이 더 적절하겠지만, 전반적인 생활양식의 변화에 주목하는 치료 집단에서는 더 긴 틀이 나을 것이다. 앞을 바라보는 한 가지 접근법은 변화가 없었을 때의 미래와 변화를 이루었을 때의 미래를 비교해 보도록 하는 것이다(16장에

서 Martino와 Santa Ana에 의한 단일 회기와 이중진단 집단들의 예시를 참고하라). 당신은 또한 변화가 없었을 때와 비교할 필요 없이, 단순히 변화를 만들었을 때의 자기 모습을 상상해 보도록 집단 구성원들을 안내할 수 있다. 이러한 긍정적인 것들을 향한 초점은 추진력을 형성하고, 더 큰 희망을 주입하면서 집단 구성원들이 상상 속에서 성공을 경험하도록 할 수 있다. 그러한 가상의 성공은 거대한 힘을 가질 수 있고 집단 구성원들에게 긍정적인 어딘가로 가고 있다는 느낌을 준다.

실행 방법 미래를 하나의 주제로 소개함으로써 시작할 수 있다.

> "여러분 중 다수는 직면한 도전들을 다루고 성장해 나가기 위해 여러분이 하는 일에 대해 이야기해 보았을 것입니다. 물론, 삶이 여러분에게 던져주는 문제들에 대처할 수 있는 것은 중요합니다. 이는 또한 여러분을 앞으로 이끌어 주고 여러분이 원하는 대로 삶을 만들어 가는 것에 계속해서 초점을 맞추도록 하며, 미래에 대한 분명한 시각을 가지도록 도와줄 수 있습니다. 우리는 이제 미래에 초점을 맞추고자 합니다. 우선, 잠깐 시간을 가지고 미래에 대해 상상해 봅시다. 눈을 감고 여러분이 원하는 대로 미래의 어느 시점의 여러분을 그려 봅시다. 그것이 얼마나 현실적이게 보이는지 걱정하지 말고, 그저 여러분의 삶이 어떻게 될지 상상해 보세요. 여러분이 자신에 대해 어떻게 느낄지, 그리고 여러분이 원하는 삶을 개발시키는 것에 성공하는 것이 어떨지 상상해 보세요. [*오랜 기간 동안 멈춘다.*] 긍정적 미래가 어떨지에 대한 강한 이미지가 떠올랐다면 몸을 편안히 하고 눈을 뜨세요."

집단 구성원들이 서로를 다시 보게 되면, 그들이 각자 상상한 것을 나누도록 초청한다. 처음 몇몇 구성원들이 그들의 변화, 생각, 미래에 대한 느낌과, 그들이 미래를 상상하면서 알아차린 다른 일들을 나누는 동안 안내를 해주어야 한다. 각 구성원의 비전을 이끌어 내기 위해서는 순서대로 돌아가거나 열린 토론을 한다. 집단 구성원들의 내용, 주제, 감정이나 정체성을 연결한다. 비전을 계획할 수 있는 시간이 있다면, 미래로 나아가는 실천적인 방법으로 들어가지 말고, 집단 구성원들의 마음에 비전이 머물도록 두고 계속해서 비전에 더 살을 붙이면서 생각하도록 요청한다. 만약 이 활동을 단일 회기 형식에서 사용한다면, 당신은 다음과 같은 핵심 질문들을 물어봐야 한다. "그곳에 이르기 위해선 어떤 것들이 필요할까요?" "그때까지 그

곳에 이르기 위해 지금 당신은 어떤 조치들을 취할 수 있을까요?" "당신이 시작하기 위해 집단에게서 어떤 도움을 받고 싶은가요?" 세 번째 대안은 절충적으로 집단 구성원들에게 다음과 같이 묻는 것이다. "미래로 나아가는 것을 시작하기 위해 당신이 지금 할 수 있는 한 가지는 무엇인가요?" Downey와 Johnson(13장)은 법적 명령으로 참여하는 집단 구성원들의 "희망과 꿈"을 이끌어 내는 것에 초점을 맞추는 활동을 공유하고, Dunn 등(18장)은 체중 관리를 위한 집단 구성원들에게 "모험 선택하기"라는 것으로 가상의 미래 그려보기를 논의하고 있으므로 참고하도록 한다.

기대 재검토하기

이 전략의 목적은 집단 구성원들이 그들의 삶, 정체성, 관계 등에 대해 가지고 있는 가정과 기대를 정의하는 것과 그들의 현재 삶과 어느 정도 일치하는지 검토하는 것을 돕는 것이다. 이 방법은 대화로 이뤄진다.

실행 방법 자신에게 더 이상 맞지 않는 기대 또는 자각되지 못한 기대와 관련하여 따라오는 부정적 정서(예. 불안, 실망 혹은 수치심)는 집단 논의에 자주 등장하는 단골 손님이다. 당신은 집단 구성원들이 아동기 또는 청소년기를 돌아보며 탐색하게 함으로써 그때부터 그들이 지녔던 기본적인 기대의 일부, 그에 대한 성찰을 이끌어 낼 수 있다. 비슷한 주제들을 연결하고, 집단 구성원들에게 그러한 기대나 가정이 여전히 잘 맞는지, 혹은 그 기대가 지금의 현실에 맞추어 수정되어야 하는지 생각해 보도록 질문한다. 집단 구성원들이 기대를 수정하는 것을 고려할 때 반응을 이끌어 낸다. 집단 구성원들은 종종 오래된 꿈을 포기하는 생각에 대해 안도와 슬픔이라는 혼합된 감정을 표출한다. 수정된 기대와 반응에 대해 논의하고 집단 구성원들이 앞으로 나아갈 때 어떻게 도움이 될지에 대해 상상하도록 집단을 안내한다.

결정 저울

10장에서 결정 저울(decisional balance) 전략의 놀이 버전을 묘사했지만, 몇몇 구성원을 고착된 상태로 남아있게 하고 행동으로의 진전을 보이지 못하게 하는 것이 무엇인지를 알아보기 위해 다시 논의하는 것이 유용하다.

실행 방법 대화 전략을 사용하여, 당신은 현재상태를 유지할 때의 이득/장점과

변화할 때 따르는 단점/어려움을 숙고하도록 요청할 수 있다. 그 다음, 현재상태를 유지하는 것의 단점을 숙고하도록 요청한 다음 변화하는 것의 장점/이득을 숙고하는 것으로 마무리한다(이 순서는 집단 구성원들을 붙잡아 두는 걱정을 우선 처리한 다음 변화를 이루는 것의 긍정적 요소를 탐색함으로써 변화를 향한 추진력을 형성한다). 만약 이전에 결정 저울 전략을 사용했었다면, 집단 구성원들이 차이점을 반영하도록 요청한다. 만약 있다면, 변화를 향해 그들은 어떤 행동을 했는가? 그들은 어떻게 추가적인 전진적 추진력을 창조해 낼 수 있는가?

중요성과 자신감 탐색하기

이 전략에서 집단 구성원들은 왜 특정한 변화가 중요한지 그리고 할 수 있다고 얼마나 자신하는지를 탐색한다. 그러고 나서 그들은 자신감과 변화의 중요성을 향상시키는 방법을 탐색하도록 안내받는다.

실행 방법 당신은 우선 집단 구성원들이 활동지를 작성한 후, 둘씩 혹은 전체 집단이 함께 탐색하도록 할 수 있다. 만일 전체 집단으로 작업한다면 집단 구성원들에게 한 가지의 구체적인 변화를 밝히고 변화 전략을 논의하도록 요청한다(예, 체육관에서 운동하는 것이나 파트너에게 좀 더 스스로를 주장하는 것). 집단 구성원들이 어느 정도 통제할 수 있는 것에 대해 성취할 만한 변화의 윤곽을 잡도록 돕는다. 그 후, 칠판에 0부터 10까지 직선을 그리고, 그 선이 그려진 유인물을 집단 구성원들에게 나눠 주거나 상상의 선을 방에 설정한다(또는 번호가 쓰인 종이로 바닥에 표시한다). 그리고 "0은 당신이 선택한 변화가 당신에게 전혀 중요하지 않다는 것을 의미하고, 10은 극도로 중요하다는 것을 의미하며, 5는 그 중간을 의미합니다. 변화에 대해 생각해 보세요. 0에서 10까지의 척도에서 지금 이 변화를 이루는 것이 당신에게 얼마나 중요합니까?" 집단 구성원들에게 어떤 점수를 주었는지 물어본다(혹은 그들의 점수에 따라 줄을 서게 한다). 구성원들이 점수를 밝힌 후에 당신은 각 구성원에게(또는 점수의 낮음, 중간, 높음 등에 따라 선별된 일부의 구성원에게) "왜 0이 아닌 그 점수를 주었나요?"라고 물어본다. 변화를 중요하게 만드는 요인을 나타내도록 요청하는 것은 변화대화(change talk)를 이끌어 낸다. 그들의 대답을 요약하고, 변화대화를 강조하고, 전체 집단에게는 모두에게 적용되는 요약을 언급하고, 부분 집단에 적용되는 주제는 '우리들 중 몇몇은'으로

언급하여 집단 정체성과 응집력을 더욱 발달시키도록 돕는다. 이는 사람마다 변화에 대한 중요성과 가치가 다르다는 생각을 강조한다. 때에 따라서는 "당신의 점수를 높이는 데 영향을 미칠 만한 것에는 어떤 것이 있을까요?"라고 물어볼 수 있다. 이는 집단 구성원들에게 변화의 중요성을 높이는 것이 무엇인지 생각하게 하고, 혹 그러한 발달이 실제 일어났을 때 더 잘 알아차릴 수 있게 해 준다.

중요도 척도와 같은 척도를 사용하여 "이런 변화를 지금 만들 수 있다고 얼마나 자신하시나요?"를 묻는다. 다시 한 번, "무엇이 0점이 아닌 X 점수를 주게 했나요?"라고 물어본다. 앞에서 했던 것처럼, 집단 구성원들이 줄 수 있는 유일한 대답은 아무리 사소하더라도 변화대화의 일부 유형일 것이다(알아두기: 드물긴 하지만, 때로 어떤 사람은 0점을 줄 것이다. 당신은 "그렇다면 지금 변화는 당신에게 전혀 중요하지 않군요" 또는 "지금 당신은 변화를 만들 수 있다는 자신감이 없군요"라고 반영한다). 그 후에 "당신이 할 수 있다는 자신감을 몇 점이라도 올리는 데 무엇이 도움이 될까요?"라고 물어본다. 집단 구성원들 간에 주제들을 반영하고 연결해 주고, 변화를 만드는 것에 대해 집단 구성원들이 자신감을 향상시키도록 집단이 어떻게 도울 수 있을지 결정하도록 더 알아보게 한다.

집단에 필요하다면 주제적 중요성이나 자신감 사안을 처리하면서, 앞으로 나아가기 위한 의제 항목으로 연구결과들을 사용하는 것도 도움이 될 것이다. 단계3의 여러 장들은 중요성과 자신감 탐색에 대한 자세한 설명을 제공한다. Lane, Butterworth, Speck(17장)은 집단 구성원들이 중요성과 자신감을 혼동할 때 이 둘 간 차이를 명확히 하기 위해 리더가 어떻게 해야하는지 그 예시를 보여준다.

성공 이야기 바꾸기

변화에 성공한 이야기를 이끌어 내는 것은 집단 구성원들을 과거의 성공과 연결하여 변화를 향한 현재의 가능성에 대해 자신감을 고양시키며, 새로운 변화 시도를 고무시키는 것을 통해 관점을 확장시키는 또 다른 대화 전략이다.

실행 방법 집단 구성원들이 과거에 이루었던 다른 변화들을 회상하는 것이 도움이 될 수 있다는 것을 언급하는 것으로 시작한다. 그들이 이루었던 두세 개의 변화들에 대해 잠깐 생각할 것을 요청한다. 잠시 뒤에 이러한 변화들 중 하나를 함께 나눌 수 있게 생각해 보도록 요청한다; 그들이 어떻게 변화 과정을 시작했는

지, 그리고 어떻게 변화를 성취했는지에 주목한다. 집단 구성원들의 이야기들을 이끌어 내고 집단 구성원들의 내용과 주제들 간에 연결다리를 만들어 주며, 변화 이야기를 반영한다. 성공적인 변화의 이야기들이 공유된 다음, 집단 구성원들에게 이러한 과거의 성공적인 변화들에서 지금의 변화에 적용할 수 있는 것이 무엇인지 논의하도록 촉구(요청)한다.

만약 일부 집단 구성원들이 성공적으로 이루었던 변화를 찾는 것을 어려워한다면, 그들이 찾을 수 있는 어떤 성공이든 긍정적인 결과든(그것이 반드시 변화가 아니더라도), 심지어는 그들에게 자부심을 느끼게 해주었던 어떤 것이든 모두 포함하도록 대화를 확장할 수 있다. 집단 구성원들은 종종 과거에 있었던 성공의 가치를 낮추어 보기 때문에 인내심을 갖고 기꺼이 그들이 작은 성공들을 찾을 수 있게 격려해 주어야 한다(모두 그런 경험을 갖고 있다). 여전히 긍정적인 어떤 것도 찾지 못하고 있는 구성원이 있다면, 지금 처한 상황을 높이 평가해 주고, 다른 사람들을 경청하도록 초청하고 그(녀)가 원한다면 나중에 나누도록 한다. 어떤 경우에도 사람들이 성공이나 긍정적인 성취를 알아차리지 못해서 기분이 상하는 일은 발생하지 않도록 조심한다. 아무런 성취도 성공도 없는 것 마냥 여겨지는 것은 우울이나 여타 부정적인 감정이 들 때 흔히 일어나는 일이므로 "지금 아무것도 떠올릴 수 없어도 괜찮아요" 라는 메시지를 전달하는 것이 중요하다.

몇몇 장들은 변화 성공 이야기들을 이끌어 내는 데 초점을 맞추고 있다. Lane 등(17장)은 처음에 과거의 성공들을 인식하지 못한 한 구성원과 작업한 사례를 제공한다. Martino와 Santa Ana(16장)는 이 활동을 창조적으로 확대하여 이중 진단된 정신건강과 중독장애를 위해 집단 안에서 가상적인 미래의 성공들을 포함하도록 했다.

강점 탐색하기

많은 집단 구성원들은 자신의 강점을 탐색하는 것을 어떤 변화를 향한 움직임의 일부로 보아 오지 않았기 때문에 스스로 강점을 생각해 보거나 강점 목록 같은 것을 작성하는 것이 꽤 어색할 수 있다. 그래서 오히려 강점 탐색은 관점을 확장하는 데 적합하다. 단순히 강점을 지명하고 서로에게 그것을 설명하며, 자신의 강점과 관찰된 다른 강점에 대한 다른 사람들의 피드백을 듣는 것만으로도 자신감을 향상시키고 변화를 시도할 자발성을 높인다. 이는 또한 집단 결속, 신뢰, 지각된 동질성, 희망을 증진시킨다.

실행 방법 집단 구성원들에게, 우리가 변화를 시도하려고 할 때, 성공하도록 도울 수 있는 가용한 모든 도구들을 기억하는 것이 도움이 된다는 것을 말해 주는 것으로 시작한다. 그러한 도구 중의 하나가 바로 개인적 강점이다. 집단 구성원들에게 그들 자신만의 개인적 강점을 숙고해 보도록 요청한다. 당신은 *끈기 있는*, *용기 있는*, *똑똑한*, *친절한*, 또는 *동정심이 많은*과 같은 예시들을 줄 수 있다. 몇 분 동안 다섯여 가지의 개인적 강점을 생각해 보도록 한다. 그 후에 자신의 강점 몇 가지와 과거의 상황에서 그 강점이 자신을 어떻게 도와주었는지 나누도록 요청한다. 순서대로 돌아가면서 이야기하도록 하고 각 사람이 그(녀)의 강점 목록을 읽는 것이 끝나면 집단 구성원들은 그 사람이 간과했다고 생각되는 내용을 추가하도록 말해주고, 이런 추가적인 강점을 그들의 정신 목록(mental list)에 추가하도록 한다. 집단 구성원들을 계속해서 참여시키기 위해 사람에서 사람으로 진행하는 대신, 강점에서 강점으로 진행할 수 있고, 어떤 사람이 *결단력*과 같은 것을 언급한다면 그 강점이 다양한 구성원들로 하여금 상황에 대처하는 데 어떻게 도움이 되었는지 또는 그것들을 어떻게 향상시켰는지 탐색할 수 있다. 그 다음, 이러한 강점을 지금의 상황을 나아지게 만드는 데 어떻게 사용할 수 있을 것인지 논의하도록 집단 구성원들에게 요청한다. 마지막 부분에서는 구성원들에게 강점에 초점을 맞춘 다음 어떤 느낌이 들었는지 논의하도록 요청한다(주로 그들은 더 긍정적이게 되거나 더 동기가 강화되었다고 느낀다). Part III에는 많은 장들은 개인적 강점들에의 초점을 포함해 많은 예시들이 제시되어 있다.

조언과 함정

조언

우선, 긴장을 풀고 집단을 즐긴다. 집단 구성원들에 관하여 당신이 초점을 맞출 때는 위압감을 주지 않고 공감적 존재감을 전달한다.

둘째로, 과정과 내용 모두에 집중하기 위해 당신이 사용할 수 있는 모든 도구를 사용한다. 리더의 모든 과업과 기능을 완수하고 논의 중에 집단을 이끄는 것은 특히 공동 리더가 없을 때는 더욱 힘들다. 다음 회기 이전에 검토할 목적으로 회기를 녹음하고, 집단이 끝나자마자 기억이 생생한 동안에 과정 노트를 작성하는 것을 고려해 보라. 이러한 도구들은 당신이 간과했거나 지난 회기에는 접근하지 못했던 것들에 집중할 수 있게 단서를 제공해 주고, 그 순간 어떤 상황을 다루는 데 필요한 에너지의 소요없이 그저 무슨 일이 일어나고 있는지 그때를 다시 경험해 볼 수 있게 해 준다.

셋째로, 관계 형성하기와 관점 탐색하기 단계 동안에 당신이 보여준 혹은 드러난 리더십으로부터 물러나야 한다. 그동안 당신이 꾸준히 제공해 왔던 구조, 주제, 대인관계의 경계 등 집단이 당신의 몫으로 여기고 의지해 오던 것을 이제는 그들 스스로 감당하도록 자리를 내어 주는 것이다. 그들이 리더십과 자신들 집단의 방향을 잡아가도록 당신이 한 발짝 물러선다. 이렇게 함으로써 궁극적으로 당신은 거의 그들의 성장을 돕는(그리고 그들의 변화의 소유권을 증진시키고 활동을 증가시키는) 조력자가 될 것이다.

함정

이 단계의 주된 함정은 동전의 이면같다: 너무 천천히 나아가거나 너무 빠르게 나아가는 것이다. 만약 집단이 지나치게 느리게 나아간다면 너무 오랜 시간 동안 비활성화된 상태로 남아있음으로 인한 양가감정을 다시 불러일으킬 수 있다. 몇몇 사람들이 변화를 위한 준비를 *따라잡*도록 기다려 주는 동안 다른 사람들은 지루함을 느끼고, 집단에서 이탈하거나 덜 준비된 상태로 회귀하게 된다. 만약 집단이 너무 빠르게 나아간다면, 구성원들의 해결되지 않은 양가감정이 저항이나 혼란으로 변할 수 있다. 게다가 집단 응집력과 신뢰가 다음 단계에 필요한 만큼 형성되지 않을 수 있다. 필요에 따라 8장에서 논의된 가속과 감속 전략을 사용하여 집단에게 적합한 속도를 찾아야 한다.

진전 지표

특정 집단들마다 관점 확대하기 단계에 소요되는 시간은 차이가 있을 것이다. 어떤 집단들은 여러 회기들 동안 이 작업들에 주목할 것이고, 다른 집단들은 적은 회기

안에 진전을 이룰 것이다. 집단 구성원들이 변화를 향한 행동을 취할 충분한 준비가 된 것처럼 보이면, 집단은 *행동으로 옮기기*라는 다음 단계의 작업을 시작한다.

참고문헌

Cohen, F., & Lazarus, R. S. (1979). Coping with the stress of illness. In C. G. Stone, F. Cohen, & N. E. Adler (Eds.), *Health psychology: A handbook* (pp. 217–254). San Francisco: Jossey-Bass.

Faris, A. S., & Brown, J. M. (2003). Addressing group dynamics in a brief motivational intervention for college student drinkers. *Journal of Drug Education, 33,* 289–306.

Fredrickson, B. L. (2004). The broaden-and-build theory of positive emotions. *Philosophical Transactions of the Royal Society of London B: Biological Sciences, 359,* 1367–1378.

Fredrickson, B. L., & Branigan, C. (2005). Positive emotions broaden the scope of attention and thought-action repertoires. *Cognition and Emotion, 19,* 313–332.

Fredrickson, B. L., & Joiner, T. (2002). Positive emotions trigger upward spirals toward emotional well-being. *Psychological Science, 13,* 172–175.

Fredrickson, B. L., & Losada, M. F. (2005). Positive affect and the complex dynamics of human flourishing. *American Psychologist, 60,* 678–686.

LaBrie, J. W., Huchting, K., Tawalbeh, S., Pedersen, E. R., Thompson A. D., Shelesky, K., et al. (2008). A randomized motivational enhancement prevention group reduces drinking and alcohol consequences in first-year college women. *Psychology of Addictive Behaviors, 22,* 149–155.

LaBrie, J. W., Lamb, T. F., Pedersen, E. R., & Quinlan, T. (2006). A group motivational interviewing intervention reduces drinking and alcohol-related consequences in adjudicated college students. *Journal of College Student Development, 47,* 267–280.

Miller, W. R., & Rollnick, S. (2002). *Motivational interviewing: Preparing people for change* (2nd ed.). New York: Guilford Press.

Nesse, R. (1990). Evolutionary explanations of emotions. *Human Nature, 1,* 261–289.

Prochaska, J. O., DiClemente, C. C., & Norcross, J. (1992). In search of how people change: Applications to addictive behaviors. *American Psychologist, 47,* 1102–1114.

Samson, A., & Siam, H. (2008). Adapting to major chronic illness: A proposal for a comprehensive task-model approach. *Patient Education and Counseling, 70,* 426–429.

Velasquez, M. M., Gaddy-Maurer, G. G., Crouch, C., & DiClemente, C. C. (2001). *Group treatment for substance abuse: A stages of change therapy manual.* New York: Guilford Press.

Velasquez, M. M., Stephens, N., & Ingersoll, K. (2005). Motivational interviewing in groups. *Journal of Groups in Addiction and Recovery, 1,* 27–50.

Wagner, C. C., & Ingersoll, K. S. (2008). Beyond cognition: Broadening the emotional base of motivational interviewing. *Journal of psychotherapy Integration, 18,* 191–206.

제12장

단계 4 행동으로 옮기기

관점 확대하기 과정은 집단 구성원들이 자기의 삶, 기회, 우선순위, 강점을 바라보는 방법을 확장시켜 준다. 집단 구성원들의 좋은 관점을 통해 자신의 문제는 생각했던 것보다 작게 느껴지고, 해결할 수 있는 것으로 보이게 된다. 또한 집단 구성원들은 미래를 위한 더 많은 기회들을 지각하고, 과거의 선택들과 그것의 결과들로 인해 제약되어 있다는 느낌을 이전보다 덜 갖게 된다.

집단 구성원들은 향상된 자유감을 가지고 아마도 이미 새롭게 지각된 기회들과 관련된 동시적인 변화들을 이루고 있을 수 있다. 어떤 사람들은 희망과 목적에 대해 더 크게 자각한다. 이런 정서의 고양은 새로운 것을 시도하려는 자발성을 높이고, 집단 구성원들은 그들의 노력에 대한 집단의 지지에 감사한 마음을 갖기도 한다. 이때쯤이 되면 집단은 일반적으로 응집력이 있다. 집단 구성원들은 서로 터놓고 나누며, 서로의 안녕을 위해 기여하며, 일탈이나 긴장의 순간은 빠르게 사라진다.

이 모든 것들은 집단이 마지막 단계인 행동으로 옮기기까지 진전해 왔다는 것을 보여주는 지표이다. 집단 구성원들은 상황과 가능성에 대한 더 넓은 관점들을 발달시킨 뒤에, 이제 초점을 좁히고 변화를 만들기 위한 계획들을 정교하게 조율한다. 그들은 갈수록 성취를 향한 목표를 따라 행동하고, 경험들에 대응하여 목표와 접근을 조정하며, 스스로 변화를 이루는 데에 있어서 다른 사람들의 생각과 경험으로부터 혜택을 얻는다. 이 단계의 끝에 이르기 전까지 집단 구성원들은 명확한 행동 계획을 실행하기를, 혹은 이전에 그들을 붙잡아 두었던 양가감정을 초월하고 그것의 억제력이 상실된 정도까지 정체성이나 관점에서의 깊은 변화를 이루어내는 것이 이 단계에서 기대되는 바이다. 집단 구성원들이 성공적인 변화들을 만들어 감에 따라 그들은 집단의 종결과 집단의 지속적인 지지가 없는 삶으로의 전환을 준비한다.

우리가 묘사한 바와 같이 집단의 작업들은 전반적으로 상당히 예측 가능한 방법으로 이루어진다. 그러나 일반적으로 집단 구성원들에게서 변화로의 진전은 고르지 않게 나타난다. 어떤 사람들은 변화를 이루는 것을 수용하고 이를 향한 단계를 밟아가는 반면, 다른 사람들은 여전히 가능성들을 잰다. 집단 경험의 공통된 특징은 성공을 나누는 사람들이 집단으로부터 지지를 받도록 하고, 이것은 결국 불확실성에 매여 있는 사람들에게 희망과 스스로 행동을 취할 추진력을 증가시키는 역할 모델의 기능을 한다. 이런 방법으로 집단 과정들은 집단 구성원들이 MI 기술만으로 얻어진 추진력을 넘어서 스스로 주도하여 시작하고 추진력을 유지해 나가도록 돕는다.

집단 구성원들은 다음과 같은 진술에서 행동으로의 이동을 표현할 수 있다.

- "이번 주에 저는 (약물을) 사용하는 친구들과 멀리 지냈고 그게 제가 유혹을 피할 수 있게 도와주었어요."
- "저는 어떻게 샘과 마리아가 그들의 삶에서 커다란 변화들을 만들어 왔는지에 대해서 생각해 보았고, 나도 변화를 이룰 수 있을 것이라는 자신감을 더 느낄 수 있었어요. 그래서 이번 주에 저는 작은 변화를 만들 수 있게 제가 무엇을 먹는지 적기 시작했어요."
- "저는 저의 주장을 더 잘 할 수 있게 하기 위해 노력해 왔고 지금까지는 그에 대해 아무도 나쁜 반응을 보이지 않았어요."
- "저는 여전히 혈압을 확인하고 약을 먹도록 항상 스스로 상기시켜 줘야 하지만, 집단이 제안한 것과 같은 달력을 사용하니 더 기억하기 쉬웠어요."

집단 구성원들의 다양한 진전들은 당신이 그들의 개인적인 필요를 집단 전체의 진전과 함께 균형을 맞춰야 한다는 것을 의미한다. 두 양상 모두 이 단계에서 두드러지게 되지만 두 가지 중 어느 것도 원활하게 기능하는 집단에서 다른 쪽을 지배해서는 안 된다.

행동으로 옮기는 작업을 위한 안내 원리

- 행동에 주목하기
- 집단 구성원들이 스스로에게 필요한 것을 요청하도록 안내하기
- 집단 과정에 집중할 것을 격려하기
- 즉각적인 미래에 주목하기
- 자기효능감 지지하기

안내 원리

> 집단 구성원들의 개인적인 필요를 집단 전체의 필요와 균형을 맞추려는 경향이 있다.

집단 초기에는 당신이 경험, 가능성, 개인적 특성의 긍정적인 면들에 초점을 맞췄지만, 이제는 집단 구성원들의 행동에 주의를 돌릴 때이다. 작은 변화일지라도 *행동에 초점을 맞춤으로써*, 당신은 집단이 변화를 향해 나아가는 데 집중할 수 있게 한다. 이 시점에서 집단 구성원들은 일반적으로 당신, 집단 전체, 서로와 밀접한 관계를 형성하고 있다. 그러나 여전히 일부는 집단으로부터 그들이 무엇을 필요로 하는지를 알아차리거나 함께 나누는 것을 어려워할 수 있다. 이런 일이 발생하면 집단이 곧 종료된다는 것을 마음에 간직하고, *집단 구성원들이 자신에게 필요한 것을 요청하도록 지도한다*. 지속해서 *집단 과정에 집중*하도록 집단을 격려하라. 이는 특히 시간이 지남에 따라 변하기 때문이다. 더 많은 구성원들이 긍정적인 변화들을 이루어 감에 따라, 집단전체에 걸쳐 추진력이 형성되고, 기상이 높아진다. 이러한 시간들은 재미있고 활기찬 집단 또는 평화롭거나 자신감 있는 집단을 형성한다.

> 작은 변화일지라도 행동에 초점을 맞춤으로써 당신은 지속적으로 집단이 변화를 향해 나아가도록 한다.

집단 구성원들이 다가오는 집단의 종결을 더욱 자각함에 따라, 몇몇은 이후에도 서로와 연락이 지속되는 것에 대한 열망을 표현할 수 있고, 다가오는 상실에 대한 슬픔을 공유할 수도 있다. 이러한 생각과 감정은 집단의 건강한 종결 과정의 일부로 집중받을 만하다. 대략 다음 몇 주 동안, 그들이 이루고 있는 변화들을

향해 계속해서 나아가도록 *집단 구성원들이 즉각적인 미래에 초점을 맞추도록 안내한다.* 이는 그들이 어떻게 집단을 끝내고 싶은지에 대한 논의와 집단 종결이 되고 바로 잇따르는 몇 주일에 어떻게 스스로를 계속 변화의 궤도에 둘 것인지에 대한 논의를 포함한다. 최종적으로 이 단계 동안에 집단 구성원들이 스스로 계획했던 변화들을 이루기 위한 행동을 취함에 따라, *자기효능감을 지지*하도록 신경을 쓴다. 집단 구성원들은 새로운 것을 시도함에 따라 장애물이나 좌절을 맞닥뜨릴 수 있는데, 집단 구성원들이 이러한 것들을 일시적이고 해결할 수 있는 것으로 바라보는 것이 중요하다.

집단 역동

당신이 행동으로 옮기기 단계에서 이 원리들을 실행하는 동안, 함께 문제를 해결해 나가고 서로를 하나의 자원으로 이용함으로써 자신의 진보를 최대화할 수 있다는 것을 집단 구성원들이 볼 수 있게 지속적으로 돕는다. 집단이 *과업 상호의존성*에 주목하도록 한다. 예를 들어, 어떤 구성원들이 집단을 잘 이용해서 변화로 나아가는 반면 다른 사람들은 독립적으로 나아간다면, 당신은 이렇게 말할 수 있다.

> "여러분 대부분은 스스로 이루고자 하는 변화에 대해 기본적인 결정을 내린 시점에 있을 것입니다. 여러분 중 몇몇은 새로운 것을 시도하고 행동 단계를 실행하고 있습니다. 요한나가 술을 끊겠다고 다짐했을 때, 그녀는 그것을 목표로 설정했습니다. 톰은 다른 친구들과 어울리고, 정말 유혹이 될 만한 특정행사를 피하고, 심지어 여전히 (마약) 흡연 중인 여자친구와의 헤어짐을 고려하는 것과 같이 그가 어떻게 변화해야만 했는지를 얘기해 주었습니다. 비슷한 시기에, 케샤는 혈당을 더 잘 조절하기 위해 과자를 끊고 산책을 시작하기로 결심했습니다.
>
> 그러므로 이 모든 경우에 여러분은 무엇인가를 바꾸기로 결심했습니다. 그럼에도 저에게 두드러져 보이는 것은, 그 다음에 무슨 일이 일어났는지

> 입니다. 여러분 세 명은 무엇을 바꿀 것인지에 대한 결심과 초기 단계들을 실행하는 계획들에 대해 나누는 것뿐만 아니라 이러한 주된 변화들이 효과가 있도록 필요한 다른 변화들을 어떻게 알아차리고 있는지를 나누고 있습니다. 톰이 공유한 다음에 요한나와 케샤 두 분은 여러분의 목표들에 도달하기 위해 고려할 추가적인 변화들에 대해 이야기하기 시작했고, 그 다음 회기에 어떻게 일들이 흘러갔는지 서로에게 보고했습니다. 저는 이 세 분들 모두가 함께 경험을 쌓아가고 변화를 만드는 데에 있어서 서로를 지지하게 된 것에 대해 나머지 여러분들이 즐거워하는 것을 알아차렸습니다. 이것을 어떻게 생각하시나요?"

집단이 일부 구성원들의 협력에 집중하도록 이끄는 열린 질문으로 마무리하는 것은 과업 상호의존성의 가치를 강조하고, 다른 구성원들로부터의 대안적 경험을 유발해 낸다.

치료적 요인

집단이 행동을 준비할 때, 관점 확대하기에서 두드러졌던 두 가지 치료적 요인들이 여전히 중요한데, *안내하기*와 *대리 학습*이다. 이전처럼 집단 구성원들은 그들이 알거나 배운 정보를 공유하지만, 이제는 그 정보가 경험에 근거하는 경향이 있다. 집단 구성원들이 변화를 만들기 시작하게 되면, 그들은 종종 예기치 않았던 도전들을 마주치게 되고 그들이 저평가했던 강점들을 알아차리게 된다. 집단 구성원들이 이러한 이야기들을 나눌 때, 그들은 다른 사람들이 신뢰할 수 있는 본질적이고 검증된 정보를 제공하는 것이다. 이는 한 집단 구성원이 다른 사람에 의해 논의된 도전을 고려하여 변화를 향한 개인적인 계획들을 조정하는 것처럼, 구체적이고 건설적인 대리 학습을 야기한다. 그러므로 집단의 이전 단계들에서는 단순히 따라 하는 것이었던 대리 학습이, 함께 이야기하고, 적응하고 실천하는 것과 같은 집단적 변화를 통해 집단 구성원들이 성장하고 발전하면서 반복될 수 있다.

이 단계 동안 이타심, 자기이해, 기대의 확장과 같은 여러 치료적 요인들이 더욱 중요해진다. 집단 구성원들은 종종 이타적으로 동료들에게 지혜와 지지를 제공하고 주는 것의 혜택을 경험한 것을 나눈다. 그들은 들뜬 기분과 높아진 자아존중감을 포함하는 긍정적인 정서의 향상을 경험할 수 있다. 어떤 구성원들에게는 대가를 바라지 않고 베푸는 행동이 드문 경험일 수 있는데, 당신은 그것을 강조함으로써 구성원들끼리 베푸는 행동을 더욱 심화하고 확장할 수 있다.

이와 유사하게 집단 구성원들은 종종 행동을 실행하는 것과 관련된 더욱 깊은 자기이해를 탐구한다. 이 사안들의 일부를 관점 확대하기 작업 동안에 시작하긴 하지만, 그들은 이제 그들의 과거사가 현재 문제들에 어떻게 기여했는지 더욱 깊이 생각해 볼 것이다. 그들은 삶에서 어떻게 의미를 창조해 내는지에 대해 새로운 것을 깨달을 것이다. 집단 내 경험의 결과로써 어떤 이들은 다른 사람들과 연결되거나 분리되는 방법과 목표 행동뿐만 아니라 관계에서의 변화 가능성에 대해 더 크게 고려해 볼 것이다. 혹시 변화에 성공하지 못할까봐 불안해하던 몇몇은 한 번도 생각해 보지 않은 위험—친구들을 바꾸고, 편안함과 심지어는 정체성의 일부를 뒤로하는—을 감수해 보기로 결심할 수 있다. 집단의 환경에 따라, 어떤 사람들은 심지어 변화에 성공하지 않으면 죽음의 가능성까지도 고려해야 한다.

이런 깨달음과 통찰은 집단 구성원들이 행동으로 옮기고 진정한 변화를 이루기 위해 큰 위험을 감수함에 따라 자연스럽게 나타난다. 당신의 과업은 두 가지 측면을 가지고 있다. 집단 구성원들이 변화를 향한 추진력을 유지하는 것에 초점을 맞추도록 도우면서 이러한 중요한 통찰을 인정해 주고 높여주는 것이다. 자기이해가 중요하긴 하지만, 자기탐색에 지나치게 깊이 빠져드는 것은 집단 MI의 변화 초점에서 벗어나게 할 수 있다. 과정을 따라 자신에 대한 심오한 통찰이 발달하는 것은 추가적인 소득이지만, 이는 집단 MI의 궁극적인 초점은 아니다.

마지막으로, 집단 구성원들이 변화를 이루어 가면서 집단에서의 *희망*이 확장된다. 집단 구성원들은 배운 것을 수용하고 삶의 다른 영역들에 적용하는 것에 대한 긍정적인 태도를 공유한다. 아직 행동을 취하지 않은 사람들은 동료들의 성취로부터 반영된 만족감을 경험하고, 자신 또한 성공할 수 있을 것이라고 더 많이 믿게 된다. 이렇게 확장된 희망은 행동을 개시하는 데 더딘 사람들이 변화를 향한 마지막 분투에 박차를 가할 수 있게 만든다.

리더 기능

이 단계 동안 당신의 역할은 다시 여러 방향으로 변한다.

이끌기보다는 더 많이 촉진하기

성숙한 집단에서, 집단 구성원들은 서로 자유롭게 이야기하고, 리더는 각 논의에서 거의 드러나지 않게 참여한다. 평소와 같이 회기를 시작하고 종결하지만 집단 논의에 참여하기보다는 그것을 미세하게 형성하는 식으로, 안내하거나 조언하는 역할을 담당한다. 주로 새로운 화제를 시작하고, 연결점을 형성하고, 집단 구성원들이 미래에 도달하는 데에 마주하게 될 실제적인 도전을 전달하는 동안 미래에 대해 더 큰 긍정적 태도를 얻도록 함께 작업하게 그들을 돕는다. 당신은 각 회기가 끝날 즈음에 계속해서 집단 과정과 내용에 대한 요약을 제공할 수 있지만, 일반적으로 직접적인 도움을 제공하는 것보다는 집단 구성원들이 서로를 돕도록 지지하는 것에 더 주목한다. 변화의 중요한 양상은 즉각적인 내용 전달, 집단 과정에서 논의된 모든 것, 또는 구성원들을 서로 연결해 주는 모든 반영들을 제공하는 것보다는 계속해서 집단 구성원들을 변화 선상에 두는 데 무엇이 필요한지에 더 초점을 맞추는 것이다. 이제 집단 구성원들은 그러한 일들을 스스로 더 많이 하게 된다.

도전부터 경계까지 관리하기

경계, 갈등, 그리고 다가오는 집단 종결을 신경 쓰는 것은 시간이 많이 소요되지는 않지만 리더십을 발휘해야 한다. 서로에게 연결되어 있다고 느끼는 집단 구성원들은 집단 밖에서 이 관계를 지속해 나가기를 원할 것이다. 이는 집단의 성격에 따라 경계의 붕괴를 대변하거나 수용할 수 있다. 그러나 집단 구성원들이 집단 밖에서 우정을 유지하는 것이 괜찮게 보일지라도 다른 구성원들과 집단에게 미칠 잠재적인 영향을 고려하는 것은 중요하다. 집단 밖에서 연락을 시작하는 것은 어떤 구성원들로 하여금 배제되었다고 느끼게 하는 배타적인 하위집단의 형성을 대변할 수 있다. 집단 구성원들이 집단 내에서보다는 집단 밖에서 정보와 경험을 나누기 때문에 집단이 덜 생산적인 경험이 될 수 있다. 우리는 이런 종류의 발달을 집단 구성원들과 터놓고 논의하고, 집단이 끝날 때까지는 집단 밖에서 교우관계를 맺지 않거나, 집단이 구성원들이 상호작용하고 이야기를 함께 나누는 주된 장소로 남아 있도록 하는 방안들을 선택하도록 안내하라. 이러한 사안들은 지지 집단보다는 심리치료 집단에 더 적합할 수 있지만, 집단 구성원들이 얼마나 개방적이든지 간에 어떤 집단에서든 경계를 설정하는 것은 도움이 된다.

경계에 대한 또 다른 도전은 몇몇 집단 구성원들이 초기 변화를 이룰 때 발생할 수 있다. 그들은 집단에 온 목적을 이룬 것 같은 느낌에 집단에 그만 참여하고 싶어할 수 있다. 그들은 행동을 실행한 초기의 경험에 흥분하고, 이전의 습관으로 되돌아가는 위험에 대한 모든 자각을 유지하고 싶어한다. 이러한 일이 발생하기 전에 집단에게 이런 잠재적 도전에 대해 경고하는 것은 집단 구성원들이 이 사안을 논의하고, 더 나아가서는 장기 집단에서 다음 예시와 같이 그들 스스로 지침을 발달시킬 기회를 준다.

토마스: 요가와 운동을 하고 또 요즘 잠은 잘 자면서 기분이 아주 좋아져서 느낌이 좋아요. 거의 3주 동안 그 문제 때문에 자살하고 싶은 마음과 우울한 감정을 느끼지 못했어요. 저는 이제 거의 술을 마시지 않아요. 제 아내는 더 행복해 보이고 적어도 더 희망에 찬 것처럼 보여요. 저는 이 모든 일들이 함께 진행되었다는 것을 전혀 알아차리지 못했어요.

존: 와, 그거 굉장하네요. 저는 여전히 화를 내지만 지금까지 일 년 동안 어떤 싸움에도 끼지 않았어요. 하지만 만약 저라면 아직 집단에 더 붙어 있겠어요.

사라: 맞아요, 토마스. 축하해요. 우리는 당신이 할 수 있다는 걸 알았어요. 제가 이번에는 코카인을 영원히 뒤로 할 수 있을 것이라는 희망을 주네요. 저는 거의 한 달 동안 마약을 하지 않았지만, 여전히 갈망하고 있고, 특히 친구들이 연락할 때 더 그래요. 그리고 여러분도 그들이 뭘 하는지 아시잖아요. 제가 집단에 오는 것을 멈추고 싶어할 이유가 전혀 없어요. 그리고 토마스, 저는 당신도 그렇지 않길 기대해요.

토마스: 저는 당분간 더 남아 있을 계획이에요.

나타샤: 우리가 원했던 변화를 이루었다면, 얼마나 더 집단에 와야만 하나요?

리더: 모두들 어떻게 생각하나요? 기억하세요. 집단을 이용하고 변화를 이루는 데에는 많은 올바른 방법들이 있어요. 여러분은 집단의 종결을 위해 어떤 것들을 원하나요?

존: 저는 이전 수업처럼, 정해진 수의 회기를 가진 집단에 참여한 적이 있었고, 그게 끝이 나면 당신도 끝난 거였어요. 여기는 정해진 회기가 없죠.

나타샤: 하지만 목적을 달성했다면 그만 나오는 것이 논리적인 것 같아요.

사라: 그건 맞아요. 하지만 저는 저만의 생각과 경험을 이야기하기 위해서 오는 것만은 아니에요. 저는 어떻게 변화를 만들고 있는지에 대한 모두의 생각과 이야기를 듣는 것이 정말 좋아요. 심지어 그들의 계획이 어떻게 효과가 없을지도요. 저는 항상 어떻게 하면 제가 마약에서 벗어나 있을지와 제 삶의 다른 부분들을 더 낫게 만들 수 있을지에 대한 새로운 생각을 가지고 이곳을 떠나요. 그래서 저 개인적으로는 훌륭한 변화를 이룬 사람이 당분간 더 남아 주었으면 좋겠어요. 제가 변화를 듣고 보는 데 도움이 될 거예요. 그리고 여러분 중 누구든 나가면 저는 여러분 모두를 그리워할 거예요.

토마스: 저도 비슷하게 느껴요. 저는 당분간은 집단에 더 오래 머물고 싶어요. 전체 기간 동안은 아닐지 몰라도, 분명히 3~4주는 더 있을 거예요.

나타샤: 어쩌면 우리는 만약 어떤 사람이 떠날 준비가 되었다고 느끼면 몇 주 전에 통보를 받도록 합의할 수 있을 것 같아요. 그런 방식으로, 누구도 영원히 머무를 것이라고 약속할 필요도 없지만 우리 모두가 무엇을 기대해야 할지 알 거예요.

존: 그거 꽤 좋게 들리네요. 몇 달 앞을 내다볼 순 없겠지만, 몇 주는 내다볼 수 있을 거예요. 만약 우리가 그만 오고 싶다면, 서로에게 2주 또는 3주 전에 말해줄 수 있을 거예요. 저는 잘 가라고, 그리고 행운을 빈다고 말해줄 기회를 갖고 싶어요.

(*집단이 고개를 끄덕인다.*)

리더: 여러분이 서로 존중하고, 서로의 조언을 가치 있게 여기고 어떤 종결에 대해서도 스스로 마음을 준비할 기회를 정말 갖고 싶어하는 것 같네요. 모든 사람들이 서로 연결되어 있고, 누구라도 떠난다면 그것을 알아차릴 것처럼 느껴져요. 여러분은 떠나기 몇 주 전에 그것을 알려 줌으로써 이러한 것들을 지키고 싶군요.

사라: 3주요, 부탁해요. 저는 3주가 좋아요.

토마스: 괜찮게 들리네요(*다른 구성원들이 "좋아요"라고 말하거나 동의의 의*

미로 고개를 끄덕인다). 매주 올 때마다 여러분이 제가 성공하도록 응원해 주시니 제 기분 역시 좋네요. 이전에는 저에게 한 번도 일어나지 않았던 일이에요. 말하자면, 저는 집단이 저에게 중요하다는 것을 깨달았어요. 굉장히 중요합니다. 저는 여러분 모두를 제 친구라고 여기게 되었어요.

사라: 저도 마찬가지에요. 그리고 저는 당신이 바로 떠나지 않아서 기뻐요! 저는 마약에 여전히 꽤 흔들리고 있기 때문에, 저의 갈망을 어떻게 다룰 수 있을지 궁금해하고 있었어요. 토마스, 당신은 술을 마셔서 우울한 기분을 느낄 것 같거나 술을 마시고 싶다는 유혹을 받을 때 어떻게 할 것 같아요?

(*집단이 지속된다.*)

집단 갈등 정상화하기

이 단계의 또 다른 잠재적 도전은 집단 내에서 일어날 수 있는 부정적 정서나 불화의 등장이다. 다른 사람들이 잘 하고 있는 것처럼 보이는데 자신은 여전히 그대로인 것 같아 당황스러움을 느끼는 어떤 구성원들은 자기 안으로 침잠하고 싶은 것처럼 보일 수 있다. 다른 사람들은 구성원들의 변화를 깔보거나 변화를 유지할 능력에 의문을 던지는 방식으로, 더 도전적이게 될 수 있다. 긴장을 줄이고 정상화하는 한 가지 방법은, 이를 사람들이 변화함에 따라 다시 수면위로 종종 떠오르는 계속되는 양가감정으로 반영하는 것이다. 당신의 역할은 집단 전체와 양가감정이 공존하고 고군분투하고 있는 개인들 모두에게 주의를 기울이는 것이다. 만약 집단이 성숙하다면, 비판적이거나 자기 안으로 침잠한 구성원들이 어떻게 하고 있는지와 그 구성원을 위해 집단이 어떻게 더 나은 지지를 해줄 수 있는지에 대한 견해를 탐색하는 것이 가치 있을 수 있다.

개별 구성원들과 전체 집단 간에 초점의 균형을 맞추는 것은 집단 작업의 각 단계에서 중요하지만, 이 단계에서는 어떤 구성원들은 변하지만 다른 사람들은 고투하면서 점점 더 조화되지 않기 때문에, 집단이 하위집단으로 해체되는 것을 피하기 위해 이 작업은 필수적일 수 있다. 한 명 또는 그 이상의 집단 구성원들이 행동에서 뒷걸음질치는 것처럼 보이면 집단의 추진력과 힘을 유지하는 것은 도전이 될 수 있다. 게다가 개별 수준에서 무력감이나 자기 공격적인 관점을 방지하고, 앞으로 나아가기에 충분할 정도로 개인이 양가감정을 해결할 수 있도록 도와주는 것이 중요하다. 앞으로 나아가는 데 가장 느린 구성원은 양가감정을 해결하는 방법으로 매주 이 사실을 직면하기보다는 집단에서 이탈하는 것을 선택할 수 있다. 변화를 이룬 성공적인 집단 구성원으로 인해 종결의 위험에 대한 사안을 공개적으로 꺼내어 다룬 것과 마찬가지로, 낙담한 집단 구성원에 의한 이탈의 위험도 다룰 수 있다. 예를 들어, 당신은 다음과 같이 말하면서 대화를 개시할 수 있다.

> "우리는 이전에 모두가 각자의 속도에 따라 어떻게 변화를 만드는지에 대해서 이야기한 적이 있습니다. 저는 여러분 중 몇몇이 스스로 변할 수 있을지에 대해 의심을 드러내는 것을 알아차렸고, 심지어는 여러분이 다른 사람들을 맥빠지게 만들고 있다고 생각한다는 것을 알아차렸습니다. 자신이 여전히 변화에 대해 불확실한 소수 중 하나라고 보인다면 집단에 오는 것을 중지하고 싶다는 유혹을 느낄 지도 모릅니다. 만약 그렇다면 집단이 어떻게 도와줄 수 있을까요?"

어떤 구성원들은 집단이 마지막에 다다르면서 부정적 정서를 표현할 수 있다. 자기 안으로 침잠하거나 누군가의 성장에 의미 있는 일부가 되었던 사람들에게 경멸적으로 행동하는 것은 상실, 두려움 혹은 다른 사람들이 가진 것을 성취하지 못한 자기비난에 대한 방어일 수 있다. 이러한 갈등들이 존재하지만 공개적으로 논의되지 않고 있다는 것을 알아차린다면, 당신은 부정적 정서가 발달하는 것에 대항하도록 시도하는 것으로 인해서 당혹스러워하는 구성원들에게 집단 초기에서와 같이 변화에 대한 긍정적인 초점을 가지고 긍정적인 시선으로 그들을 바라볼 수 있다. 그러면 그 사람은 계속해서 더 나은 미래를 상상하고 그것을 향해 나아갈 수 있을 것이다. 집단의 끝은 단지 또 다른 전환일 뿐 기회의 끝이 아니다.

또 다른 방법으로는 부정적 정서를 탐색하는 것이 있다. 숙련된 집단에서는 당신이 알아차린 것에 대한 언급만으로도 집단 구성원들로 하여금 부정적인 느낌의 의미와 그것을 어떻게 다룰 것인지에 대한 생산적인 논의를 시작할 수 있게 하는 데 충분히 적절할 수 있다. 당신은 이런 경험을 서로 헤어질 것이라는 것을 아는 사람들 간에 흔히 일어나는 것으로 정상화할 수 있다. 예를 들어, 군인들이 복역을 위해 파견되기 전에 사랑하는 사람들과 언쟁하는 것은 흔한 일이다. 유사하게 서로 중요한 경험을 공유한 집단 구성원들은 이제 집단에서 벗어난 그들만의 삶을 직면해야 한다. 집단이 끝날 때 그들이 두려워하는 외로움으로부터 스스로를 보호하기 위해서, 그들은 집단을 *거절*하거나 집단 내에 갈등을 만들어 냄으로써 *그것과 싸우고* 또는 정서적으로 철회한다.

종결에 대해 집단 준비시키기

어떤 집단 구성원들은 건강하고 예정된 종결 경험이 거의 없을 수 있다. 사람들은 화해를 하거나 관계를 종료할 기회도 주지 않은 채 삶으로부터 느닷없이 떠나거나, 갑작스럽게 사망했을 수 있다. 적은 회기를 가지는 집단일지라도, 집단 구성원들이 집단의 종료, 그들이 배웠던 것, 그들이 서로에게 어떤 의미였는지에 대해 반영할 수 있는 기회를 주어야 한다. 앞에서 구성원에 의한 성공적인 변화와 관련되어 대화를 시작하는 방법에 대한 한 가지 예시를 제공했다. 당신은 또한 집단 전 면담, 초기 집단 모임, 관점 확대하기 단계와 행동으로 옮기기 단계를 포함하여 여러 번 종결에 대해 언급해야 한다. 당신은 종결에 대한 이전의 논의를 상기시켜 주고, 그들이 한동안 함께 해왔기 때문에 그 사안을 다시 검토할 것을 요청할 수도 있다.

동기강화상담 전략

집단 구성원들이 행동으로 옮기기 단계를 작업할 때, 그들이 *어떻게* 변할지 계획하도록 돕는 활동지 같은 몇 가지 구조화된 도구들과 대화 전략을 섞는 것이 유용할 수 있다.

아래에서 우리는 이 단계의 작업을 위한 여러 가지 가능한 전략들을 제시한다. 당신의 상황, 집단의 규모와 준비도, 가용한 시간의 길이에 따라 당신의 집단에게 효과적일 가장 유용한 순서로 전략들 중 몇 가지를 고르거나, 차례대로 모든 것들을 진행할 수 있다. 이전 단계들에서처럼 당신의 집단에 더 잘 맞는 것을 제공하는 구조화된 활동들이나 보다 덜 구조화된 대화 전략을 사용할 수 있다. 우리는 과업에 접근하는 한 가지의 접근법만을 설명할 뿐이다. 당신은 집단에서 과업들을 적용하고, 조정하고, 다시 작업하는 것에 있어서 창의적이어야 한다. 가장 중요한 것은 주어진 과제들을 완료하는 것이 아니라 집단 구성원들이 자신의 변화에서 진전을 이루면서 계속해서 몰입하도록 하는 것이다.

중요성/자신감 검토

변화의 중요성(이유)에 대한 집단 구성원들의 믿음을 간단히 검토하는 것은 변화 자신감에 대한 깊이 있는 논의로 이끌 수 있다. 변화를 만들어야 한다고 스스로 강하게 느끼더라도 변할 수 있다는 자신감은 부족할 수 있다. 자신감은 여러 요인들로 묶여 있다. 집단 구성원들은 반드시 (1) 성공할 수 있게 하는 계획이 있다는 것, (2) 그들이 그 계획을 실천할 수 있다는 것, (3) 그들이 그 계획의 어떤 장기적인 요소들도 계속할 수 있다는 것을 믿어야 한다. 만약 이 세 가지 요소들이 준비되었다면, 집단 구성원들은 이루려는 변화에 대해 꽤 자신감을 느끼고 미래에 대한 향상된 희망을 가짐으로써 목적을 추구할 힘을 높여주는 긍정적인 태도를 얻을 수 있다. 만약 어떤 요소든지 약하거나 결여된다면, 그들의 자신감은 더 낮아질 수 있다.

실행 방법 이 단계에서 중요성과 자신감을 측정하는 것은 각각에 대한 변화 이야기를 유도하는 척도 접근(11장에서 논의됨)을 사용하여 간단하게 이뤄질 수 있다. 대안으로는 다음의 삽화처럼 대화를 통해 중요성과 자신감에 대한 검토를 소개하는 방법이 있다. 이는 리더가 또한 동료가 만든 이타심의 순간과 그 구성원이 할 수 있는 모방 행동의 가능성을 인정하고, 그 구성원이 즉각적인 미래에 변화를 만들기 시작하기 위해 실행할 수 있는 구체적인 행동들에 리더가 초점을 맞춤으로써 끝마칠 수 있다.

앤더스: 당뇨에 나쁘다는 것을 알지만, 저는 달콤한 것들과 빵, 감자를 멀리할 수가 없어요. 그것들은 내가 가장 좋아하는 것이자 제 혈당을 높이는 주범이죠!

로제나: 저는 담배에 대해 똑같이 느꼈어요. 저는 이미 술을 끊었고 담배가 저의 마지막 즐거움이었죠. 하지만 그게 저의 심장을 아프게 하는 것이었어요. 심장 마비가 온 다음엔 담배가 그만한 가치가 없었어요.

리더: 두 분 모두 스스로에게 좋지 않은 어떤 것을 즐겼군요. 로제나, 당신의

심장 마비 이후에 담배를 피우는 것에 대해 무엇인가를 하는 것이 더 중요해진 것처럼 들리는군요. 중요성의 증가가 어떻게 당신이 끊을 수 있다는 더 큰 자신감으로 이어졌나요?

로제나: 사실, 저의 자신감은 꽤 흔들렸어요. 저는 금연하기 위해 정말 여러 번 노력했어요.

앤더스: 그래요. 마치 제가 탄수화물을 끊으려고 노력했던 것처럼 말이죠. 여러 번이요.

로제나: 하지만 이번엔 제가 내면을 바꿨다고 생각해요. 왠지 저는 금연을 더 심각하게 받아들였어요. 그래서 제가 병원에 있으면서 미친 듯이 갈망할 때, 저는 니코틴 패치를 부탁했어요. 그리고 심지어 제가 집에 돌아가기 전에 금연 지원 망에 대해 물어보고 책자 한 다발을 받았죠. 차이점은, 이번에 제가 그것들을 정말로 읽었다는 거예요. 그래서 단순히 "금연할 거야"라고 말하는 대신 저는 계획을 짰어요. 저는 무려 책자들 중 하나에 저의 갈망 상황에 대한 표와 흡연 대신 무엇을 할지에 대한 표를 채워 넣었어요. 그래서 이번에 저는 훨씬 더 준비된 상태로 시작했어요. 물론, 저는 여전히 담배를 피우고 싶어요. 하지만 저는 계속해서 저에게 "너는 이미 한 번 심장 마비를 겪었어. 다음번 심장 마비는 널 죽게 할 거야. 담배를 한 모금 빨아들일 때마다 심장마비도 한 걸음 더 빨리 올거야."라고 말해요. 저는 스스로를 목표에 집중하도록 유지시켜야 할 뿐이에요, 삶말이에요. 살아있고 더 건강해지자. 저는 설교 같은 것을 하려는 건 아니에요. 하지만 이런 것들이 당신에게 도움이 될 수 있을 거예요.

앤더스: 제 생각에 저는 이전까지 온전히 헌신한 적이 없었던 것 같아요. 저는 항상 새로운 식사법을 시도해 볼 것이라고 말해왔죠. 하지만 저는 당신이 했던 것처럼 스스로를 준비시키지 않았어요. 하지만 제 경우에도 의사가 당뇨가 심해지면 죽을 수 있다고 말했었죠. 당뇨는 심장 마비보다는 덜 심각해 보이지만, 가장 마지막 방문 때 의사가 제 검사 결과들을 보자 질겁을 했어요. 만약 저도 당신이 한 것처럼 더 세밀히 계획한다면 더 잘 할 수 있겠단 생각이 드네요.

리더:(앤더스에게) 그렇다면 당신은 로제나가 한 말과 진심으로 이어지고 있군요(로제나에게). 그리고 로제나, 그 이야기를 나눠주어 고마워요. 정말

도움이 되었어요(다시 앤더스에게). 그래서 당신은 식단에서의 변화가 혈당을 조절하는 데 어떻게 도움이 될지를 생각해 보고 있군요. 당신이 그것을 준비하고 더 자신감을 가지는 데 무엇이 도움이 될까요?

(논의가 계속된다.)

가상적인 변화

상당한 논의 이후에도 어떤 집단 구성원들은 여전히 행동에 옮기기를 주저할 수 있다. 그런 구성원들이 실제적인 현재의 변화보다는 가상적인 가능성으로써 변화에 대해 이야기해 보도록 초청하는 것은 그들이 방어하지 않고 행동을 고려하고 반영해 보게 하며, 그들이 실행할 구체적인 변화 이전에 더 넓게 그들의 관점을 확장하도록 도울 수 있다.

실행 방법 우선, 집단 내 논의에서 당신이 최소한 몇몇 집단 구성원들은 변화할 준비가 거의 되었지만 여전히 주저하고 있을 수 있다고 여겨지는 주제들과 내용을 요약한다. 그 후에, 집단 구성원들이 *가상적인* 변화계획을 구성하도록 초청한다. 예를 들면 다음과 같다.

"여러분 중 많은 분이 변화를 위한 발걸음을 떼었고 여러분이 생각해 온 변화의 더 큰 부분들을 감당할 준비가 거의 된 것처럼 보이네요. 어떤 사람들은 확신이 덜 들 것입니다. 만약 우리가 가상적인 계획을 짜본다면 도움이 될 것입니다—아직 확신이 안 들지라도, *만약* 당신이 행동을 실행할 준비가 지금 되었다고 한다면 말이죠. 우리는 지금 당장 어떤 것도 결심하는 것이 아니기 때문에 자유롭게 상상할 수 있습니다. 어떻습니까?"

그 후에 다음 부분에서 묘사된 변화계획들의 전형적인 요소들의 일부를 제시하면서 가상적인 계획에 대한 집단 논의를 지도한다. 한 가지 대안은 집단 전체로부터 이러한 요소들을 이끌어 내고(구성원들이 이끌어 내지 못한 구성 요소들을 제공하면서), 그 다음 가상적인 계획들을 논의하는 소집단이나 짝을 이루도록 요청하는 것이다. 그 활동의 결과를 보고할 때, 당신은 집단에서 누가 가상적 계획의 일부를 시도할 준비가 되었는지 물어볼 수 있다. 그 다음, 그 요소들을 논의하고 나서 그 계획이 실행 가능하기 위해서 보완되어야 한다고 생각하는 사람이 누군지 묻고, 집단 구성원들이 고려해 보고 싶을 변화들을 이끌어 낸다.

계획 바꾸기

대부분의 집단 구성원들이 행동으로 실행할 준비가 되어 보이면, 그들이 앞으로 몇 날, 몇 주, 몇 달 동안 실행할 구체적인 변화계획을 발달시키는 과업에 초점을 좁힐 때가 된 것이다. 당신은 이것을 대화로 쉽게 할 수 있겠지만, 많은 사람들은 그들의 계획에 대한 기록을 남기는 것으로부터, 정기적으로 계획을 검토하고 수정하고, 또 그에 대해 생각하고 있지 않을 때에도 그들 스스로에게 계획을 상기시켜 주도록 어딘가에 보관해 둠으로써 혜택을 얻는다. 변화계획들을 발달시키는 것은 집단 응집력과 정체성을 증가시킬 뿐만 아니라 자율성과 개별화된 계획을 강조하는 방식으로 이루어질 수 있다.

실행 방법 그림 12.1에 제시된 항목들을 안내 지침으로 사용하면서, 집단 구성원들에게 개인적인 변화계획의 초안을 짜도록 요청한다. 집단 구성원들에게 개별적으로 이것들을 작업할 시간을 15분 정도 준다. 그들이 그들의 계획과 동료들에게 도움을 요청하는 것에 얼마나 자신감 있는지를 나타내면서 변화계획을 공유하도록 요청하라. 각 집단 구성원이 계획을 나눌 수 있는 기회가 있음을 분명히 하라. 집단 구성원들이 어떻게 변화계획 초안을 수정하고, 그것을 이용하고, 혹은 다음

내 변화계획 초안

내가 이루고 싶은(혹은 계속해서 만들고 싶은) 변화들은:

내가 이러한 변화들을 만들고 싶은 이유는:

내가 변화할 때 취하려는 조치는:

다른 사람들이 나를 도와줄 수 있는 방법은:

나는 내 계획이 작동할 것이란 걸 만약 ~ 한다면 알 것이다:

내 계획을 방해할 수 있는 것들은:

만약 계획이 효과가 없다면 내가 할 것은:

그림 12.1 변화계획

주에 그것을 실천할 것인지에 대한 논의를 안내하라.

이 과제에 접근하는 다른 방법은 집단으로 이러한 사안들을 브레인스토밍하고, 집단에 질문을 던지고, 집단 구성원들이 회기들 간에 그들의 계획들에 착수하고 다음 회기에 그것을 발표하도록 하는 회기를 가지는 것이다. 예를 들면 다음과 같다.

> "오늘 밤에는 변화계획을 브레인스토밍하는 것에 대해 이야기해 봅시다. 여러분은 각기 다른 것들을 작업하고 있지만, 전반적인 본질에 대해 우리 모두가 가능성을 고안해 내고 서로의 생각을 들을 수 있게 할 계획입니다. 여기 우리가 논의할 수 있는 주제들을 다루는 활동지가 있으니 우리가 다룰 것들에 대한 감을 잡을 수 있을 것입니다. 원한다면 자유롭게 노트해도 되고, 만약 회기들 사이에 계속해서 이것을 작업하고 싶다면 떠나기 전에 새로운 복사본을 드리겠습니다. 변화계획은 진행 중인 작업입니다—일반적으로 사람들은 진행하면서 계속해서 계획을 수정하니 마음을 편안히 가지고 가능성을 자유롭게 생각해 봅시다. 차례대로 돌아가면서 꽤 쉬워 보이는 첫 번째 것을 다루는 것으로 시작해 봅시다. 할 수 있는 한 구체적으로 여러분이 어떤 변화에 착수하고 있는지 떠올려 봅시다."

Feldstein Ewing, Walters, Baer(21장)는 변화계획 세우기를 가상적인 변화계획 세우기, 이끌어 내기-제공하기-이끌어 내기 전략을 이용한 정보 교환, 그리고 청소년과 초기 성인들의 문제 해결 기술의 발달과 결합시킴으로써 더욱 확장시킨다.

변화에 대한 결심 강화하기

다른 집단 MI 구성원들에게 구체적인 변화들을 만들겠다고 결심하는 것은 화자가 (그가 단순히 지각된 요구를 만족시키기 위해 구두로 결심하는 것이라고 느끼지 않는 한) 변화를 만들 가능성을 높여줄 수 있다. 당신은 이 대화전략을 대다수의 집단 구성원들이 분명하게 그들이 만들고 싶은 변화들을 확인했고, 변화를 향한 한 걸음을 내딛었으며, 변화계획의 더 도전적인 부분들을 막 실행하려고 할 때 사용할 수 있다. 그렇지 않다면 당신은 아래에서 묘사된 것처럼 더 구조화된 활동으로 바꿀 수 있다.

실행 방법 당신은 이렇게 말할 것이다.

> "이 집단은 오랫동안 길을 걸어 왔습니다. 여러분의 대부분은 이루고 싶은 변화들을 분명하게 확인했고, 변화를 준비하기 위한 행동을 실행했습니다. 당신의 새로운 삶의 방식을 향한 최고의 출발을 선사하기 위해 할 수 있는 최종적인 것들 중 하나는 당신의 계획에 대한 분명한 결심 성명서를 만드는 것입니다.
>
> 분명한 성명서는 구체적으로 당신이 무엇을 하려고 계획하는지와 그것에 대한 당신의 결심을 포함할 것입니다. 예를 들어, 당신은 '나는 다음 주 월요일부터 담배를 끊고, 그 날부터 앞으로 나는 담배로부터 멀어지게 하는 것이라면 어떤 것이든 하겠다고 완전히 결심하겠습니다.'라고 말할 것입니다. 이 성명서는 무엇이 바뀔 것인지(흡연), 언제 그것이 발생할 것인지, 그리고 무엇을 결심하는지 나타냅니다. 정확하도록 노력해야 합니다. 만약 '완전히 결심한다'라고 지금 느끼는 것이 아니라면 그렇게 말해야 할 필요는 없습니다. 당신은 '나는 분명히 시도할 것입니다'라든가 '나는 시도할 준비가 되었다고 생각합니다' 혹은 당신에게 지금 가장 정확한 것이 무엇이든 이야기할 수 있습니다.
>
> 집단을 둘로 나눕시다. 방의 이쪽에는 오늘 이 결심을 만들 자신이 있는 사람들이 모두 오도록 합니다. 반대 쪽에는 결심을 하고 싶지만 시간이 조금 더 필요한 사람들 모두와 아직 확신이 없는 사람들이 오도록 합시다. 시간이 더 필요한 사람들은 완전히 준비가 되었을 때 만들 것 같은 초안이라고 생각되는 결심 성명서를 만드는 것에 공을 들여주세요. 확신이 없는 분들은 먼저 생각해 볼 필요가 있는 것들이나 결심에 더 가까이 가는 데 필요한 행동들, 또는 당신이 준비되도록 하는 작은 행동들이 무엇인지 적어 봅시다."

집단 구성원들이 어느 곳에 설지 선택할 수 있도록 한다. 집단 구성원들이 혼자 작업을 한 후에 함께 작업을 하고, 성명서의 최종본을 적어 내려가도록 요청한다. 이 과정이 끝나면 전체 집단을 다시 소집한다. 결심을 할 준비가 된 사람들에게 먼저 그들의 성명서를 나누도록 요청한다. 각 사람의 성명서를 당신이 반영하거나 집단 구성원들이 반영하도록 격려한다. 그리고 나서 아직 준비가 되지 않은 사람들이 발전시키고 있는 결심 성명서를 나누도록 요청한다. 반영한 후에 결과를 보고한다.

시작하기

더 큰 변화들을 향한 절차를 밟는 것은 지속적인 변화 노력을 만들 수 있다. 집단 구성원들이 변화를 *시작하*도록 돕는 것은 비록 추진력을 만들기 위한 작은 행동을 옮기는 것이더라도 가치 있다. 어떤 구성원들은 여전히 변화에 대해 불확실할지라도 작은 행동은 변화를 향한 작은 움직임이고 궁극적인 변화 목적에 대한 완전한 결심을 요구하지 않기 때문에 당신은 변화를 향한 집단 이동을 촉진할 수 있다. 모든 행동들은 변화에 성공하는 것에 대한 자신감과 희망을 향상시키기 마련이다.

실행 방법 변화를 향한 작은 행동이 갖는 가치에 대한 생각을 소개한다.

> "여러분 중 몇몇은 이제 변화를 만들 준비가 되었거나 이미 시작했을 수 있고, 다른 분들은 매일의 도전들을 처리하면서 변화에 다가가고 있습니다. 당신이 커다란 변화를 만들 준비가 완전히 되어 있지 않더라도 궁극적인 목표를 향한 절차들을 밟는 것은 도움이 될 것입니다."

집단 구성원들에게 짝을 이루거나 소집단을 이루도록 요청한다. 각 쌍이나 집단이 5분 동안 서로의 잠재적 변화들을 논의하고 이미 취한 행동들을 검토하고, 만약 지금 어느 것에도 결심할 준비가 되어 있지 않다면 변화의 방향으로 둘 또는 세 개의 추가적인 작고 쉽게 달성 가능한 행동들을 제시할 것을 말해준다. 시간이 끝나면 전체 집단을 소집하고, 각 쌍이나 집단의 구성원들에게 작은 행동들에 대한 그들의 생각을 묻고 집단 구성원들이 다른 가능한 생각들을 제안해 주길 원하는지 물어본다. 이 논의에 이어서 각 집단 구성원들이 그(녀)가 다음 주에 시도하려고 하는 계획의 한 절차를 말해줄 것을 요청한다. 만약 구성원들이 결심할 준비가 되어 있지 않다면 앞으로 어떤 행동들이 고려할 만하다고 생각하는지 묻는다. 작은 행동들이 어떻게 진행될지 보기 위해 다음 회기에 서로를 더 알아가 보도록 격려한다.

대리 학습하기

집단 구성원들이 지금까지의 고투와 성공을 나누도록 하는 것은 집단 응집력과 과업 상호의존성, 정보 교환과 모방 행동을 증가시키는 유용한 활동이다.

실행 방법 집단 구성원들에게서 당신이 알아차린 진전된 부분과 얼마나 많은 사람들이 변화를 이루기 위한 도전을 이겨내기 위해 노력하고 있는지에 대해 이야기한다. 당신이 선택한 사람들을 둘씩 짝을 만들어 나눈다. 두 명씩 짝을 만들도록 하여 최소한 그 짝에서 한 파트너가 상당한 변화를 이루고 변화를 향한 뚜렷한 절차들을 밟을 수 있게 한다. 그들이 한 쌍을 만들게 되면, 상대방이 직면하고 있는 세 가지 도전들과 변화를 향한 길을 따라가면서 실행한 몇 가지 행동들에 대해 묘사하는 말을 듣는 차례를 가지도록 요청한다. 파트너의 이야기를 경청한 다음, 첫 번째 경청자가 자신이 들은 도전들과 행동들을 적는다. 추가적으로, 집단 구성원들은 그들이 파트너의 이야기를 들으면서 자신의 상황에 적용할 수 있는 배운 몇 가지를 공유한다. 어느 정도 깊이 있게 탐색할 수 있는 충분한 시간을 주고 파트너들이 역할을 바꿔서 같은 절차를 반복하도록 하고 집단을 다시 소집한다. 경청자들에게 파트너의 도전들과 행동들을 기록한 카드를 파트너에게 주도록 요청한다. 경청자들이 파트너의 이야기를 들으면서 배운 생각을 그들의 상황에 어떻게 적용할 수 있을지에 주목하면서 공유하도록 요청한다.

방해와 도전 다루기

집단 구성원들은 지속적으로 행동을 실행해 감에 따라 종종 계획의 요소들을 조정할 필요가 있다는 것을 알아차린다. 성공은 완벽한 계획을 발달시키는 것으로써 성취되는 것이 아니라 도전들을 인내하며 견뎌내고 창의적으로 새로운 발달에 적응함으로써 성취된다.

만약 집단 구성원들이 철저하게 변화계획을 세우는 데 몰입한다면, 그들은 이러한 도전들을 어느 정도 예상하고 그것들을 이겨 내거나 다룰 계획들을 세웠을 것이다. 그러나 실제적인 당혹스러움은 종종 가상적인 도전들보다 더 강력하다.

때로 집단 구성원들은 이러한 당혹스러움을 표현하고, 자신감을 잃고, 비관적이고 비판적이게 된다. 긍정적인 방향으로 반응하고 비난에 대해 비방어적인 태도를 유지하며 심지어 당혹스러움을 처리할 기회를 수용하는 것이 중요하다.

가브리엘라: 당신이 사람들에게 직접적인 답변을 주지 않겠다는 일종의 게임을 하고 있는 것처럼 보이네요.

리더: 제가 줄 수 있는 것보다 더 도울 수 있게 말이죠.

가브리엘라: 때때로 당신은 거의 돕지 않는데, 심지어 당신이 그렇게 할 수 있을 때조차 말이죠.

리더: 글쎄요. 그건 절대로 저의 목표가 아니에요. 당신이 이루고자 노력하는 것들을 제가 어떻게 하면 더 잘 도울 수 있을까요?

가브리엘라: 저를 의미한 게 아니에요. 저는 단지 사람들이 정말 도움이 필요한 것처럼 보일 때를 의미한 거에요.

리더: 알겠어요. 하지만 저는 당신이 제가 어떻게 당신을 구체적으로 잘 도울 수 있을지에 대한 예시를 줄 수 있었으면 좋겠어요. 그리고 저는 당신의 지적들을 남은 시간에 우리가 이야기하는 동안 마음에 새기고, 집단이 끝날 때 제가 여러분에게 어떻게 하고 있는지에 대한 피드백을 받도록 확인하고 싶네요.

가브리엘라: 글쎄요. 지난주 같은 경우에 저는 남자친구가 저를 비난할 때 어떻게 그를 다룰 수 있을지 조언을 얻고 싶었죠.

리더: 오, 미안해요. 저는 당신이 찾고 있는 것을 얻었다고 생각했어요.

가브리엘라: 글쎄요. 제가 그것을 어떻게 다뤄야 할지 말해주기보다는 모두들 제가 단순히 솔직해지고 그가 그렇게 행동할 때 어떤 마음이 드는지 말해야 한다는 생각만 남기고 저를 그냥 내버려두었어요. 그래서 이번 주에 저는 남자친구가 도를 지나쳤을 때 그 사실을 알도록 했다고 말했어요. 하지만 제가 이번 주에 두 번이나 그렇게 했지만, 제가 남자친구에게 그가 항상 저를 통제하려고 하고 저를 괴롭히고 있으며 그런 것들을 그만둬야 한다고 말했을 때, 그가 그저 화를 내버려서 일이 완전히 꼬였어요.

리더: 그래서 당신은 제가 당신에게 나쁜 조언을 해준 것처럼 보여서 지금 실망을 느끼고 속상하군요.

가브리엘라: 뭐, 당신이 저에게 조언을 해준 것은 아니지만 제가 실수를 하지 않도록 막지도 않았죠. 그리고 당신은 저의 계획이 정말 좋은 것은 아니었다는 걸 아마 알고 있었던 것처럼 보이고요.

리더: 알겠어요. 다시 한 번, 미안해요. 당신이 말한 것들을 들어보니 이러한 일은 아마도 다시 일어날 수 있을 것처럼 보이는데, 다음 번에는 더 낫게 만들려면 우리가 무엇을 할 수 있을까요?

가브리엘라: 그냥, 우리가 여기에 있을 때에는 모든 것이 참 단순하고 명확해 보이지만 그와 싸움을 시작하게 되면 저는 우리가 여기서 이야기했던 것을 그냥 전부 잊어버려요. 그러면 저는 제가 그의 조언을 정말 원하긴 하지만 저 스스로가 제 인생에 대한 최종 결정을 내리는 사람일 필요가 있는 것을 그에게 보여주도록 노력하는 것 대신에 그와 싸우는 것으로 끝나 버려요.

리더: 그래서 당신은 목적이었던 당신의 마음을 더 많이 이야기하고 있고, 지금 당신은 이를 더 효과적으로 하는 방법을 배우고 싶은 것이군요. 당신은 첫 번째 절차를 밟았지만 이제 더 잘 하고 싶은 거네요.

가브리엘라: 저는 그런 식으로 정말 한 번도 생각해 본 적이 없어요. 그게 맞는 것 같아요. 일이 잘 안 풀리기는 했지만 정말 제 마음 속에 있는 말을 했어요.

로빈: 그리고 그건 큰 변화네요!

파트리샤: 저도 그렇게 생각하고 있었어요.

리더: 결국 당신은 그렇게 했어요. 그리고 당신이 희망했던 방향으로 일이 되지 않아서 당혹스럽겠지만, 또한 기대한 것보다 어렵기는 했지만, 당신이 계획했던 것들을 거의 해낼 수 있었다는 것을 알게 되었죠.

가브리엘라: 제 생각에는 ……. 네, 꽤 그렇네요.

리더: 그리고 이제 당신은 다음 번에는 조금 더 다르게 할 수 있을 거라고 생각하고 있고, 내적으로는 정말 자신감을 느끼고 초조하거나 혼란스럽지 않으며, 당신이 그를 거부하려는 것이 아니라 당신의 선택들에 대해 당신이 더 많은 책임감을 가져야 하며, 그가 원하는 대로 단순히 따르기만 하는 것은 할 수 없다고 더 잘 설명할 수 있을 거에요.

가브리엘라: 제가 단순하게 처음 몇 번 무엇인가를 이야기하는 것만으로도 해

결할 수 있었던 것 같네요. 그리고 이제 저는 제가 정말로 거리낌 없이 제 이야기를 할 수 있고 압박감에 무너져 내리는 것 대신에 제가 말하고자 하는 것에 더 잘 집중할 수 있어요.

리더: 그리고 다른 집단 구성원들은 그것을 변화라고 보네요.

가브리엘라: 이건 정말 큰 변화에요. 정말이에요. 제가 그렇게 할 수 있었다는 것에 좀 놀랐어요.

리더: 글쎄요. 저는 또 누가 자신에게 중요한 사람들의 부정적인 반응을 마주하고 있을 때, 때때로 자신의 목소리를 내고 고개를 떳떳이 들고 있는 것이 어렵다고 생각하는지 궁금하네요(*다른 집단 구성원들이 동의한다*). 그래요? 이 문제가 제기되어 기쁘네요. 왜냐하면 이런 종류의 일들이, 우리가 무엇을 하려고 하는지 분명하지 않고 우리가 그것을 해낼 수 있는지 자신감이 없을 때, 정말 계획들을 잘못되게 할 수 있거든요. 아마도 이는 우리가 초점을 맞추고, 어쩌면 약간은 연습을 해볼 필요도 있는 것 같네요.

이 예시에서 리더는 리더의 과업을 비난하고 있는 집단 구성원에게 따뜻하게 대하고 그녀를 수용하고 있다. 리더가 잘못했다는 주장의 예시를 들게 하거나 가브리엘라 진술의 정확성에 대해 논쟁하는 것 대신에 리더는 불만을 수용하고 그녀가 지금 무엇이 필요한지를 제공하는 것으로 수월하게 전환한다. 리더는 지금 특정 구성원이 부분적으로 리더(와 집단)를 비난하는 이유로 삼고 있는 실패자가 되는 어려운 경험을 더 큰 규모의 변화계획 내에서 중요한 첫 번째 절차로, 또 다음 절차를 향해 나아가는 동안에 그 구성원이 자랑스러워할 수 있는 것으로 다시 구성해 준다. 다른 집단 구성원들의 지지는 이러한 생각을 강화하고 여러 번의 상호작용 동안 한 사람에게 주목된 대화에 다른 사람들을 끌어오기 위해 리더에 의해 반영된다. 다른 집단 구성원들은 추진력의 이러한 긍정적인 변환에 기여했다는 것을 인식할 수 있고, 동시에 리더는 다른 구성원들에게도 더 생산적인 시간으로 만들기 위해 개인의 도전을 일반화한다. 최종적으로 리더는 또 한 번 집단 안에서 그들의 마음을 이야기하는 것이 수용될 뿐만 아니라 긍정적인 것이라는 점을 강조하고, 개방하고 솔직하게 말하는 것을 두려워할 이유가 전혀 없다는 것을 강조한다. Lane, Butterworth, Speck(17장)은 방해와 도전을 다루는 추가적인 정보뿐만 아니라 시작하는 것에 대한 추가적으로 더 긴 사례를 제공한다.

조언과 함정

어떤 점에서 행동으로 옮기기 단계는 집단 구성원들이 상당한 변화를 이뤄내고 스스로에 대한 인식의 변화를 공유하는 것을 지켜보는 것만으로도 최고의 보상이 될 수 있다. 집단 구성원들의 성장을 촉진시키고 집단의 응집력과 생산성을 유지하면서 종결 과정으로 집단 구성원들을 안내하는 것은 어려울 수 있다. 변화를 향한 절차들을 밟기 시작한 사람들이나 상당한 변화들을 이룬 사람들에게서 중대한 양가감정이 다시 나타나는 것을 간과하기 쉽다. 많은 장기적인 습관들에서 변화는 갑자기 일어날 수 있고, 이러한 이득을 유지하기 위해 고투하는 것은 빈번한 사안이 된다. 어떤 집단 구성원들은 성공하는 반면 몇몇은 오도가도 못하고 있을 때 느낌과 의미에 대한 복합 반영들을 이용한다. 당신이 이끌기보다는 진행을 촉진하면서 구성원들이 약간은 고투하도록 두는 것 대신에 활동들과 구조로 시간을 채우게 되면, 초기 회기의 리더십 스타일로 돌아가고 싶은 유혹을 받게 될 수 있다. 지금은 집단 구성원들이 그들의 변화와 목적을 추구하는 자율성을 촉진하고 집단의 종료에 주도적이고 계획된 방법으로 접근하도록 도울 때라는 것을 기억하라.

지속적으로 집단 구성원들의 성장을 촉진시키고 집단의 응집력을 유지하면서 종결 과정으로 집단 구성원들을 안내하라.

결론

어떤 집단들은 목적을 이루어 나가는 구성원들과 함께 계속 진행한다. 그러나 대부분의 집단 MI는 끝이 정해져 있다. 어떤 구성원들은 다른 시설들에 참여할 것이고 다른 사람들은 전문적인 시설에 참여하는 것을 그만둘 것이다. 그러나 모두에게 이 집단은 그들의 현재 삶의 한 부분이 되는 것을 멈출 것이다. 그들은 더 이상 집단으로 상호작용하지 않을 것이며, 많은 사람들은 아마도 우연히 지나가다 만나지 않는 한 결코 다시 만나는 일이 없을 것이다.

단기적인 집단에서 집단 구성원들은 종결을 위한 많은 준비가 필요하지 않을 것이다. 한편 장기적인 집단에서 집단 구성원들은 종종 서로, 그리고 리더와 집단 전체와 상당한 유대를 형성하기에, 집단의 종결은 마땅히 인식되어야 하는 삶의 전환과정이다. 어떤 집단 구성원들은 중요한 타인들과 종종 다툼이나 버림받은 감정을 수반하는, 급작스럽고 계획되지 않은 종결의 이력을 가지고 있다. 그러므로 집단의 종결은 그들에게 더 계획되고 긍정적인 방법으로 종료를 경험할 기회이다. 집단 회기 동안에 집단의 시간 제한적인 성격을 인정하는 것은 집단 구성원들이 더 온전하게 참가하고 집단의 종결을 더 잘 준비할 수 있도록 격려하는 한 방법이다. 종결 전에 그들이 이루고 싶은 목적과 종결 이후에 지속적으로 추구하고 싶은 목적 모두를 유발하는 변화 계획하기는 그들이 집단의 종결에 더 긍정적으로 접근하도록 돕는다.

집단을 끝낼 시간이 오면, 집단 구성원들은 축하, 졸업식, 또는 사람들이 요약된 관점들을 나누도록 하는 매듭을 짓는 시간과 같은 마무리 활동에서 이득을 얻을 수 있다. 집단 응집력과 정체성의 중요성을 고려했을 때, 이러한 마무리 순간은 성취된 개별적인 진전이나 배운 교훈을 검토하는 것보다 집단 구성원들이 서로에 대한 감상과 함께한 시간에서 무엇을 *가져갈 것인지*를 나누는 기회에 더 많이 초점을 맞춘다. 이 시간을 반영하고 나누는 데 사용하는 것은 그들의 삶에 집단의 종점을 표시하고, 이를 내적으로 간직해 나갈 기회를 준다.

집단의 생활에서 이쯤 되면, 당신은 대개 촉진자로 참여하게 된다—논의를 시작하고 마무리하며, 집단 구성원들이 변화의 궤도를 유지하고, 전환을 만들어 내도록 돕는다. 이 형식을 집단의 마무리 순간까지 확장한다. 집단 구성원들이 리더로서의 당신이나 치료 프로그램, 혹은 일반 기관보다는 자신과 서로의 마지막 순간에 초점을 맞추도록 요청하는 것은 자율성을 지지한다. 이는 그들이 더 이상 당신의 내담자들이나 집단 구성원들이 아니고, 그들 자신의 길을 걸어가다가 잠시 교차했고, 이제 다시 갈라져서 걸어가는 동료라는 것을 인정하는 미묘한 방법이다.

다음의 사례 예시는 정신적 외상 스트레스로 고생하는 비상 상황 *초기 대응자*들의 MI 지지집단의 마무리 시기이다. 리더들은 방금 전에 "그들이 만약 계획에 따라 진행한다면 지금으로부터 3개월 후에 어떨지"에 대한 논의를 이끌어 내는 것을 마쳤다. 이처럼 집단 구성원들이 미래를 예상하도록 초청하는 것은 집단이 그들의 계속되는 삶에서 역할을 담당했었지만 집단 회기의 종결은 시작되거나 강화된 과정의 종결을 대변하는 것이 아니라는 것을 상기시켜 준다. 종결하기 위해서 리더들은 집단 구성원들이 함께한 경험과 그들에게 미친 영향에 대해 서로 직접 이야기하도록 초점을 전환한다. 리더들은 집단 구성원들이 깊은 수준에서 기능하고 있고, 서로 어떻게 유대했고, 관점이 어떻게 옮겨졌으며, 어떻게 자신의 경험에 대한 더 큰 통합과 자신과 자신이 한 일에 대한 더 큰 자부심을 얻었는지에 대한 생각을 나누고 있을 때 관여하지 않는다.

리더 1: 우리는 각자 다른 길을 가기 전에, 서로를 알게 된 것이나 어떤 것을 간직할 것인지에 대해 함께 나누고 싶어하는지 보고 싶었습니다.

데본: 저는 모든 것들이 좋았고, 모두에게 긍정적인 경험이었다고 생각해요. 우리가 시작했을 때, 저는 제 팔에서 죽어간 그 작은 여자아이에 대해 제 마음 속에서 계속해서 생각하고 있었고 궁지에 몰려 있었어요. 그리고 모든 것을 다 쏟아 내놓지는 못했지만 처음부터 끝까지 내 입장에서 말하고 한 걸음 물러서서 숲 전체를 바라볼 수 있을 만큼의 좋은 전환을 이루었어요. 내가 하려고 하는 것과 내가 도울 수 있었던 모든 사람들을 기억하는 것 말이에요, 아시죠? 그리고 저는 일이 잘 풀리지 않을 때마다 스스로를 비난할 수는 없다는 것을 알아요. 저는 그것을 받아들여야 했다고 생각해요. 마음 속 깊이 있는 나 자신에 대한 의심이 없다면, 저는 더 잘 집중할 수 있고, 작업을 하면서 우리는 모든 변화를 만들 수 있었어요, 알죠?

패트릭: 우리는 여러 가지에서 다르지만 모두 비슷한 경험과 비슷한 영향을 함께 나누었어요. 여기에 있는 것은 저에게 탁월한 선택이었어요. 동료인 긴급 구조원들에게 저는 그저 고개를 들라고 말해주고 싶어요. 진부하게 하는 말이 아니라 진심으로요. 나는 재충전되어서 여기를 떠납니다. 다시 힘을 얻었어요. 나는 굉장히 오랜 시간 동안 이렇게 느끼지 못했고 이런 느낌이 정말 필요했어요. 고맙습니다.

미셸: 저는 모두의 이야기들과 경험들을 들으면서 정말 연결된 느낌을 받았어

요. 여러분의 삶에 약간이나마 “들어갈 수 있게 되어” 영광이었고, 여러분 모두가 나누어 준 것들이 선물이고 지금 정말 기분이 좋아요.

이안: 그래요. 여러분은 모두 정말 놀랍고, 정말 강인하고, 우리들 중 대부분이 고생했지만 우리가 감당하는 이러한 것들을 통해서 이것을 해내는 것이 얼마나 중요한지에 대해 느꼈어요. 우리는 다른 사람들처럼 같은 평면에 존재하지는 않아요. 데본이 말했던 것처럼 거의 모든 날마다 죽음을 마주하고 아주 작은—만약 당신이 공황상태에 빠져서 오른쪽으로 몸을 돌려야 할 때 왼쪽으로 돌려서 미끄러지거나, 당신이 잠에 빠져들고 있는 데에도 하나 남은 담배를 피우겠다고 결정한다면, 혹은 당신의 아내가 아이들을 모두 데리고 떠난다고 생각해서 확인하지 않고 당신의 차를 진입로에서 뒤로 빼는 것 같은—결정들이 그처럼 커다란 변화를 만든다는 것을 볼 때, 정말 다르죠. 그런 작은 순간들이 모든 것을 바꾸죠. 그 순간에 당신은 그것에 대해 전혀 생각조차 하고 있지 않지만, 잠시 후 당신이 주의를 주고 있지 않았거나 잘못된 선택을 내린 그 짧은 순간을 절대로 잊지 못하게 되거나, 일어난 일 때문에 당신은 더 이상 존재하지 않게 되죠. 그리고 우리는 그 결과를 보고, 일을 올바르게 돌려놓기 위해 노력하지만 많은 순간 우리는 그저 너무 작고 너무 늦었다는 것을 직면해야 합니다. 하지만 우리가 노력하는 것 외에 무엇을 할 수 있을까요? 그것이 제가 여러분 모두의 이야기를 들으면서 내린 결론입니다. 우리가 무엇을 할 수 있겠어요?

(*집단이 조용하다. 리더들은 침묵이 돌도록 놔두고, 리더 1은 집단을 훑어보며 아직 이야기하지 않은 집단 구성원들을 눈으로 조용하게 초청한다.*)

제이미: 저는 모두가 저보다 더 힘들다고 생각했어요. 하지만 모두들 그 모든 것들을 크게 신경 쓰지 않았어요. 또는 그들은 그저 하루가 끝날 때 그 일을 뒤로하고 밤새도록 놀고, 술집에 가거나 친구들과 놀러 다녔어요. 저는 이렇게 많은 사람들이 우리 공동체에 관여하고 있고 혹은 관계에서 최선을 다한다거나 자녀들에게 그토록 헌신하고 있는지 정말 몰랐어요. 저는 정말 많은 것들을 배웠어요. 회기들이 끝나면 저는 제 마음속에 있는 것들을 다시 한 번 훑어볼 거예요. 모두들 비슷한 것들에 대해 어떤 방식으로든 고군분투 하고 있는지, 하지만 그토록 다른 관점들을 가지고

있고 그리고 …… 저는 정말 여러분 이야기들 하나 하나에 공감이 되었어요. 제가 여러분 모두로부터 얻은 것들이 있고 그것은 제가 변화의 궤도에 올라서 있고 더 강해졌다고 느끼게 해줘요.

레이몬: 그래요. 저는 분명히 오랫동안 여기에 있는 각 사람에 대해서 생각할 거예요(*다른 집단 구성원들이 고개를 끄덕이고 동의한다*).

이안: 우리가 집단을 마치고 있지만, 우리 마음에서는 여전히 함께할 것 같아요.

마크: 저는 항상 파티나 그런 곳들에서 비상안전요원들에게 이야기했어요. 우리는 정말 오랫동안 봐왔고 그에 대해 이야기할 것이 딱히 없었어요. 우린 그냥 알았죠. 하지만 여기에서 우리는 모든 자세한 이야기들은 아니지만 진정으로 가장 중요한 부분들에 대해 이야기했어요. 그리고 우리는 이후에 무엇이 올지에 대해 이야기했어요. 그리고 그것이 우리의 머릿속에서 만드는 혼란 안에 처박혀 있기를 거부했죠. 마치 우리 대부분이 처음에 그랬듯 말이에요.

잔: 저는 이에 대해 누구와도 이야기해 본 적이 없어요. 직장에서는 당장에 무슨 일이 일어나고 있는지 지나치게 집중하고, 뒤를 돌아보고 혼자서 미래를 내다볼 수 있게 내버려둘 시간이 정말 없죠. 그런데 여기에서 그것이 정말 도움이 되었어요. 하지만 저는 그 이상일 수도 있다고 생각해요. 여러분 각각이 누구인지 알아가면서 제가 누구인지를 기억하는 것이죠. 우리 모두 일종의 공유된 공동체 같은 함께한다는 느낌을 받았어요. 저는 우리 모두가 여러 상황들을 더 좋게 만들기 위해 애쓰는 사람들이라고 생각해요. 우리 대부분은 이전에는 꽤나 지쳐 있었지만, 지금은 다시 나갈 준비가 된 것처럼 보여요. 이제 저는 우리의 일이 중요하지만 전부는 아니란 것을 기억하고, 우리는 여전히 스스로의 삶을 가져야 하며, 그것은 우리가 할 수 있을 때 짬을 내서 하는 것이 아니라 재충전하고 재정비하여 우리의 직업에서 우리가 도와야만 하는 불운한 사람들에게 무엇인가 줄 수 있도록 하는 것이 정말 중요하다는 것을 기억합니다.

리더 1: (*잠깐의 침묵 이후에*) 저는 여러분 모두가 우리에게 마음의 창을 열어주고 우리가 들어갈 수 있게 허락해 준 것에 대해 진심으로 감사합니다. 여러분이 정말 많이 나누어 주어서 저희는 수월했습니다. 저는 여러분이 자신을 개방하고 솔직했던 것에 감사합니다. 여러분 중 몇몇은 서로에 의해 고무된 것을 말해 주었고, 그것은 분명히 우리가 함께한 시간에서 제가 느꼈던 것입니다.

리더 2: 여러분이 스스로의 모습으로 있었던 그 시간들에 대해 정말 감사드립니다. 여러분의 시간을 저희에게 맡기고 여러분의 이야기들을 나눠준 것은 저를 겸손하게 만들었습니다. 여러분 각자가 과거 사건들의 무게 아래에서 빠져 나오고, 삶을 재조명하고, 앞으로 나아가기 위해 많은 노력들을 했기에 희망이 있다고 봅니다. 여러분의 직업을 통해 여러분이 기여한 것들에 대해 모두에게 감사를 드립니다. 긴급구조원들로서 계속해 갈 분들과 다른 방향으로 삶을 바꾸시는 분들 모두의 행운을 빕니다. 어떤 길이든 사회는 당신에게 감사를 빚지고 있으며 우리는 어떤 길이 앞에 놓여 있든지 여러분 모두가 수행하는 가치 있는 역할을 지속적으로 인식하기를 희망합니다(*집단 구성원들이 동의하고 잡담을 하거나 방에서 나오면서 인사를 나눈다*).

제 3 부 집단 동기강화상담의 적용

3부에서는 본서의 공동저자(collaborators)들이 상이한 환경과 상이한 대상자들의 집단 MI의 예를 다루었다. 몇몇 저자들은 MI와 다른 접근법을 조합하여 보다 나은 방식으로 내담자의 어려움을 다루는 방법에 대해서 논의한다. 본서의 공동저자들은 어떻게 하면 중독, 정신적 건강(mental health), 신체적 건강(physical health), 형사사법적 환경(criminal justice setting)에 있는 내담자들의 특수하고 다양한 요구에 부합할 수 있는 집단 MI 기술과 전략을 제공할 수 있을지에 대해 논의한다. 3부의 내용을 다 읽어보길 바란다. 각 장의 임상적 초점이 여러분의 실무 상황과 다르다고 해도, 해당 주제를 저술한 저자들은 집단 MI를 자신만의 방식으로 접근하므로 여전히 유용한 아이디어나 전략을 얻을 수 있을 것이다.

처음 네 장은 물질 남용(substance abuse) 문제가 있는 내담자와 작업하는 것에 관한 여러 측면을 다룬다. Downey와 Johnson은 13장에서 물질 남용으로 의무 치료를 명령받은 내담자들과 어떻게 집단 MI를 할 수 있을지에 대해 논의한다. Velasquez, Stephens, Drenner는 14장에서 중독자들을 대상으로 다른 이론을 통합한 MI(combined MI)와 초이론적 변화단계 모델을 적용한 자신들의 경험을 서술한다. Jasiura, Hunt, Urquhart는 15장에서 물질 남용, 범죄 피해(victimization), 학대(oppression)와 같은 복합적인 문제를 호소하는 여성 집단을 다루기 위한 독특한 다중양식적(multimodal) 접근이자 MI에 입각한(MI-informed) 역량강화(empowerment) 집단에 대해 다룬다. Marino, Santa Ana는 16장에서 MI 집단을 통하여 중독 문제와 정신증 문제로 이중진단을 받은 내담자들을 어떻게 도울지에 대해 다룬다.

다음 두 장은 집단 MI로 건강 문제를 다루는 방법에 대해 논의한다. 17장에서 Lane, Butterworth, Speck은 어떻게 의료적 환경에서 MI를 통해 광범위한 만성 건강 질환을 다룰 수 있을지에 대해 다룬다. Dunn, Hecht, Krejci는 18장에서 체중 관리 집단에 적용하기 위해 MI와 CBT를 조합한 접근에 대해 다룬다.

이어지는 두 장은 범죄와 폭력 행동으로 인한 전과가 있는 사람들을 다루는 집단 MI에 대해 논의한다. Carden과 Farrall은 19장에서 친근한 파트너 폭력(intimate partner violence) 전과가 있는 남성 내담자를 다루는 집단 MI에 대해 논의한다. Prescott과 Ross는 20장에서 성폭력 전과가 있는 남성 내담자를 다루는 MI 집단에 대해 논의한다.

마지막 장은 청소년들과 갓 성인으로 접어드는 이들의 다양한 삶의 양식과 발달상의 문제를 다루는 집단 MI에 대해서 논의한다. Feldstein Ewing, Walters, Baer는 21장에서 이 대상자들이 겪는 독특한 발달상의 어려움을 설명하며, 어떻게 집단 MI를 이용하여 이 문제를 다룰지에 대해서 논의한다.

본 장의 공동저자들은 모두 실무자들이며(몇몇은 연구자이기도 하다), 대부분이 국제 동기강화상담 훈련자 네트워크(MINT)의 회원이기도 하다. 어떤 장은 저자들이 집단으로 함께 작업을 했지만 몇몇 다른 장은 서로 다른 곳에 살며 실무에 종사하고 있는 공동저자들에 의해 저술되었다. 우리는 이들이 각각 자신의 실무 영역에 대한 집단 MI 전문가이기 때문에 공동저자로 선정했다. 이들의 전문성은 책을 구상하는 데 많은 도움을 주었으며, 독자 여러분과 이들의 아이디어를 나눌 수 있게 된 점을 기쁘게 생각한다.

제13장 치료위탁된 물질남용 내담자를 위한 집단 동기강화상담

Sandra S. Downey and Wendy R. Johnson

"28일만 지내고 나면 여기서 나갈 거야. 하지만 이 프로그램에서 누구도 내 마음을 열지 못할 걸." 도나의 반응은 개방 교도소의 치료공동체에 들어오는 여성 입소자들이 전형적으로 보여주는 반응이다. 입소자들은 적어도 1단계 치료를 완료해야만 출소할 수 있기 때문에, 대부분의 새로 들어오는 사람들은 28일만 마치고는 나가겠다고 마음먹는다. "강제로 치료를 받게 된 것이 기분 좋은 일은 아닙니다. 어떻게 하면 여러분에게 최대한 유용한 시간이 되게 할 수 있을까요?" 리더는 많은 여성 입소자들이 의무적으로 프로그램에 들어온 것에 대해 화가 나있다는 것을 수용함을 표현한다. 또한 리더는 입소자들이 교도소 출소 후에 어떻게 물질을 사용하지 않고 삶에 대처해 나갈 수 있을지 걱정하고 있다는 것도 이해한다. 리더는 이러한 생각을 집단 구성원들에게 전하면서, 그들의 역량을 강화하고 본질적으로 동기화하는 토의로 이끈다. 여러 번에 걸쳐 리더는 집단 구성원들이 공유하고 있는 관점을 끌어내고 반영한다. 도나는 조금 편안한 상태가 되자 "글쎄, 저는 자녀 방문권을 원해요."라고 머뭇거리며 이야기한다. 이에 대해 다른 집단 구성원이 "무슨 말인지 알겠어요. 저는 아이들을 만나고 언젠가 되찾기 위해서라면 무슨 일이든지 할 거에요."라고 응답한다. 이어서 집단 구성원들은 장래 희망과 가능한 선택대안들에 대해서 토의하게 된다. 떠나겠다던 원래 계획과는 반대로, 도나는 결국 물질남용치료를 수료하고 더 만족스러운 삶을 위해 금주를 유지하겠다는 결심을 할 여정을 시작한 것이다.

사법체계는 입원 및 외래 프로그램, 그룹 홈, 중간 거주시설, 교도소, 치료공동체 등 다양한 장면에서 이루어지는 치료에 사람들을 의뢰하고 있다. 이렇듯 대부분 강제적으로 시행되는 프로그램들은 내담자들에게 자신의 변화과정에 대해 아무 결정권도 없다는 기분이 들게 한다. 무작위 약물검사, 구금이나 장기 형량에 대한 위협, 보호관찰과 치료요구는 변화를 조성하는 신뢰적인 치료관계를 형성하는 데 방해가 될 수 있다. 내담자들은 종종 변화해야 한다는 압박감에 대한 유도저항(reactance), 즉 자신의 자유가 위협받고 있다는 것을 감지했을 때 방어하려고 하는 자연스런 성향을 경험하게 된다. 그들은 자신이 치료받을 필요가 없다고 주장하거나, 치료자가 자신을 이해하지 못하고 도와줄 수도 없는 이유에 대하여 논쟁을 벌이기도 한다. 변화하기를 원치 않는 것처럼 보일 수도 있고, 자신들의 물질오용을 부인하는 것 같기도 할 것이다. 물질오용이 초래한 파멸을 절감하고 있는 많은 내담자들조차도 자유를 제한하는 의무적인 환경에서는 그 사실을 인정하려 하지 않는다.

집단치료에 위탁된 내담자들과 함께 일하다 보면 특별한 문제들에 부딪치게 된다. 이들은 분노와 자연스러운 유도저항으로 인해서 다른 집단 구성원들과 결탁하여 치료와 변화에 저항할 수 있다. 집단 구성원들은 때때로 한 목소리로 변화에 저항하는 논쟁을 펼치기도 하는데, 이 경우 리더는 권위적으로 반응하기 쉬워서 문제를 더 악화시키게 된다. 어떤 내담자들은 집단을 자신의 마음대로 하거나 다른 집단 구성원들의 참여 노력을 방해하기도 한다. 교도소에서는 변화에 대해 긍정적인 집단 구성원들이 동료들의 비난을 피하기 위해 치료에 대해 시큰둥한 태도를 보일지도 모른다. 구금되어 있는 동안 갈등을 피하고자 하는 동기가 출감하기 위해 변화하려는 동기보다 중요해지는 것이다.

또 다른 문제는 집단 구성원들이 하는 이야기가 MI 정신에 어긋날 때 발생한다. 집단 구성원들은 다른 집단 구성원들에게 압력을 가하거나 청하지도 않은 충고를 할 수 있다. 종종 집단 구성원들끼리 이미 알고 지냈던 경우도 있는데, 대도시에서조차도 범죄와 약물 네트워크는 서로 연결되어 있어서 이들 사이에 복잡한 과거사가 있을 수도 있다. 이러한 관계는 기꺼이 공유하고자 하는 마음가짐을 더욱 약화시켜서 부정적인 상호작용이나 해로운 영향의 가능성을 증대시킬 수 있다.

치료위탁된 내담자들은 흔히 여러 범죄행위와 재발의 전력이 있으며, 빈곤, 실직, 노숙을 경험한 바 있다. 많은 이들은 정신적 외상, 가정폭력, 공존 정신질환의 고통을 겪어 왔으며, 가족들과 친구들도 물질을 사용하며 불법행위에 몸담고 있다. 변화해야 할 필요성이 분명한 경우조차도 이러한 모든 요인들이 변화 자신감을 약화시킨다.

마지막으로, 집단이 실행되고 있는 많은 현장들 자체가 MI 정신과 대조된다. 부정적인 결과를 부여하고 선택을 제한하는 서비스체계는 내담자들과 협동하여 그들의 선택을 존중하고자 하는 노력들을 약화시킬 수 있다. 이러한 가치 갈등이 해결되지 않는다면, 집단치료 경험에 부정적인 영향을 미칠지 모른다.

다행스럽게도 대부분의 집단 구성원들은 법적 제재 감소, 자녀 양육권 되찾기, 또는 더 나은 삶을 살기와 같은 변화를 희망한다. 집단 구성원들은 변화를 강요받기 때문이 아니라 변화하기를 원하기 때문에 변화하는 것이므로, 저항은 감소시키고 동기는 증진시키는 협동 과정에 참여하게 하는 것이 변화하는 데 도움이 될 수 있다. 다음 절에서는 집단 MI가 치료위탁 과정 중 부딪치게 되는 문제들을 어떻게 다루는지 보여준다.

치료위탁된 내담자 집단에서 동기강화상담 활용하기

집단 구성원들은 종종 사법체계가 부당하며 특정한 약물들의 사용은 상대적으로 폐해가 없다는 강한 믿음을 가지고 있다. 그들은 물질사용이 문제를 일으킨 적이 없다고 주장할 수도 있으며, 알코올중독자나 마약중독자로 불리는 것을 거부하기도 한다. 치료위탁된 내담자들과 함께하는 외래 집단 MI의 다음과 같은 삽화는 변화에 대항하는 자연스러운 유도저항과 주장들이 집단토의에서 어떻게 나타날 수 있는지 보여준다. 리더는 전형적인 논쟁을 피하고, 보다 도움이 되는 대화에 집단 구성원들을 참여시키고, 긍정적인 변화를 고무시키기 위해서 MI 기술을 사용한다. MI 기술은 괄호 속에 적혀 있다.

댄: 보호관찰이 끝나는 대로 대마초를 다시 피울 겁니다. 대마초 흡연이 불법이라는 건 말도 안돼요. 대마초는 알코올처럼 사람들에게 문제를 일으킨 적이 없었어요.

후아니타: 정부가 부정한 돈벌이를 하고 있는 거예요. 계속해서 돈이 흘러 들

어 오기 때문에 대마초 흡연을 불법으로 두려는 거죠. 저는 대마초를 피우고 자동차를 부수거나 폭력을 휘두르는 사람을 본 적이 없어요.

리더: 두 분은 대마초가 많은 문제들을 일으키지 않는 것 같은데도 불법이라 매우 불만이시군요. 다른 분들은 어떠신가요? 댄과 후아니타가 들려주신 의견에 대해 여러분은 어떻게 생각하시는지요? [반영으로 공감 표현하기]

마이크: 저는 법적인 문제로 많은 돈을 써야 했고, 여기 오는데도 추가 비용이 또 듭니다. 유죄판결을 받은 범죄자라서 일자리도 구할 수 없을뿐더러 이 집단에 참여해야 되니 취업이 그만큼 더 힘들어요. 이건 뭐 우리가 실패하기를 바라고 있는 것 같습니다.

태미: 최근 들어 스트레스가 심했어요. 저는 조울증이 있고 현재 임신 중이에요. 일을 할 수도 없고 혼자서 아기를 키워야 해요. 저에게 도움이 되는 거라고는 오직 대마초뿐이죠. 저는 아기에게 해를 입히거나 감옥에 가는 걸 원치 않지만, 제가 뭘 어떻게 해야 할지 정말 모르겠어요.

스캇: 저는 음주운전으로 면허증을 잃었어요. 그러니 일하러 가거나 여러 모임들에 참석하려면, 가야 할 장소마다 다른 사람에게 데려다 달라고 부탁해야만 합니다. 어느 날 밤의 단 한 번 어리석은 실수일 뿐인데 가석방 담당관은 믿지 않아요.

리더: 어려운 상황들이네요. 여러분은 한편으로는 스트레스 대처에 도움을 받고자 때때로 흡연이나 음주를 하고 싶은데 법이 금하고 있어서 화가 나시는군요. 또 다른 한편으로는 불법이기에 개인적인 대가가 따른다는 것을 알고 계시고요. 보호관찰을 받거나 교도소에 가거나, 취업에 문제가 생기는 것은 원하지 않으시는 거죠. 곤란한 딜레마에 처해 계신 거네요. [양면반영]

마이크: 저는 2달 동안이나 약물을 사용하지 않고 있는데도, 저를 이 프로그램에 참여시키고 있어요. 여기 오는 것이 싫다는 건 아니지만, 제가 밖에 있어야 돈도 벌고 벌금도 갚을 수 있다는 얘기입니다.

리더: 그런 여러 어려움들이 있는데도 여러분은 더 이상의 법적 문제들을 피하기 위해 여기 오셨군요. 자신을 위한 최선책을 선택하려 노력하고 계신 것이지요. 그런데 궁금한 점이 있는데요. 이제 주제를 바꾸어도 괜찮

을까요? [요약하기, 인정하기, 허락 요청하기, 협동하기](*집단 구성원들은 고개를 끄덕인다.*) 여러분 중 몇몇 분은 결심하셨던 대로 지금 약물사용을 피하고 계신 것이 분명합니다. 하지만 그게 항상 쉬운 일은 아니지요. 여러분에게 무엇이 효과가 있는지 다른 분들이 들으시면 도움이 되실 겁니다. [변화대화를 이끌어 내기 위해 초점 바꾸기; 인정하기; 능력과 변화단계 탐색하기]

댄: 저는 사람들과 어울리기보다 혼자서 지냅니다. 직장과 집을 왔다 갔다 하죠. 마당에 세워져 있던 자동차를 수리하는 것같이 집 주변에서 할 수 있는 일들을 찾으려고 노력합니다.

리더는 변화 가능성을 증진시켜 주는 정서적으로 안전한 분위기를 촉진시킨다. 집단 구성원들이 좌절감을 말로 표현하도록 함으로써 정상적인 유도저항을 피할 수 있다. 리더는 집단 구성원들의 딜레마를 반영하고 명료화하며, 동시에 변화 이유와 변화 능력에 대한 주의를 상기시킨다. 이러한 토의는 리더가 변화를 향한 절차를 도출하고 확인해 줌으로써 집단 구성원들의 자신감을 형성하는 데 도움이 된다. 대화 중에 시사점을 일찍 발견하면, 리더는 간략하게 요약한 후 대화 속에 내재되어 있는 변화대화를 탐색하기 위해 대화의 초점을 바꾼다. 집단 구성원들은 이미 이루어 낸 긍정적인 변화에 대해 생각해 보도록 청해진다. 이를 통해서 권위에 대한 순종으로 보일 수 있는 것이 변화에 대한 개인적인 결정과 노력으로 인식된다. 이러한 시각의 변화는 집단 구성원들의 성취감 인식을 증진시키고, 장기적인 변화를 형성하고 유지해 나가는 데 필요한 자기효능감 형성에 도움이 된다.

위탁치료에서 집단 동기강화상담의 안내 원리

위탁된 집단치료에서 발생하는 독특한 문제들에 MI를 적용하는 데에 있어, 다음과 같은 안내 원리들을 제안한다.

저항을 변화의 경로로 받아들이기

강제 보호의 한계에도 불구하고, 삶의 변화를 이끌어 낼 수도 있는 과정에 집단 구성원들을 참여시키는 것은 가능하다. 내담자들은 서로 협동하고 존중하는 작업을 해 나가면서 역량이 강화되는 새로운 경험을 하게 된다. 공감하고 수용하면서 저항을 다루다 보면 집단 구성원들은 집단 과정에 보다 더 마음을 열고 참여할 수 있는 충분한 신뢰를 쌓게 된다. 이를 효과적으로 하려면 리더의 중요한 태도 변화가 있어야 한다. 이는 저항을 더 이상 변화에 대한 장애물로 여기지 않으며, 오히려 변화에 이르는 하나의 경로로 받아들이는 것이다. 저항을 변화에 대한 열린 마음으로 전환시키는 방식으로 반응하는 것은 리더의 과제가 된다.

저항 예상하기

치료위탁된 내담자들이 자신에게 부여되는 사법체계의 요구들에 대해 분노하고, 도움의 필요성에 대해 의구심을 갖는 것은 정상적이다. 어떤 내담자들은 불만을 말로 표현하거나 행동에 옮기기도 한다. 따라서 그들의 변화동기를 이끌어 내는 동시에 신뢰를 얻는 것은 어려운 점이다.

저항 이해하기

저항은 관계 안에서의 불일치를 나타내는 표시이지, 그 사람이 부인하거나 변화동기가 결여되어 있다는 의미가 아님을 명심한다. 치료위탁된 내담자들에게는 불신, 분노, 슬픔, 상처가 종종 저항의 근원이 된다. 이 감정들은 학대나 배신, 치료제공자나 권위적 인물과의 적대적인 상호작용, 그리고 변화에 대한 강요 등 과거 경험에서 비롯될 수 있다. 집단 구성원들은 "이 리더는 우리를 정말로 배려할까? 우리가 진실을 이야기하면 판단하거나 벌주려 할까? 집단은 나를 받아들일까 그리고 과연 나는 집단 구성원들을 믿을 수 있을까?"라는 의구심을 품을 수도 있다.

저항은 또한 정서적인 편안함의 원천을 잃을지도 모른다는 두려움에서 비롯되기도 한다. 많은 내담자들은 물질을 사용하지 않고도 삶의 강렬한 감정과 스트레스에 대처할 수 있을 것이라는 자신감이 없다. 또한 변화하려고 노력했다가 실패했을 때의 고통과 절망감을 두려워하기도 한다. 그처럼 위태로운 상황에서, 집단 구성원들은 감시는 받으면서 변화는 피하는 편이 덜 위험하다고 판단할 수도 있는 것이다.

저항에 공감적으로 반응하기

신뢰는 집단 구성원들이 이해받고 있다고 *느낄 때* 형성된다. 토의가 이루어질 때마다 반영적 경청을 하는 것이 중요하다. 집단 구성원의 눈을 통해 세상을 바라보려고 최대한 노력해야 한다. 때때로 저항적인 집단행동에 반응하다 보면 좌절을 경험할 수도 있다. 이러한 느낌을 자신이 집단 구성원들의 느낌과 관점을 이해하고 반영하려 노력하고 있는지 점검해 보는 지표로 활용한다. 말뿐 아니라 어조와 몸짓으로도 이해와 수용을 의사소통하는 것이 필수적이다. 프로그램 규칙을 지켜나가고 집단 과정을 방해하는 행동에 제약을 가할 때는 계속하여 공감을 표현한다. MI 기술은 항상 연민(compassion)과 존중의 마음으로 모든 집단 구성원들을 대한다는 확신을 주는 데 도움이 된다.

변화를 반대하는 화법인 *유지대화*와 치료관계에서의 불일치인 *저항*을 간략하게 구별해 보도록 한다. 치료위탁된 내담자들의 유지대화에 대해 탐탁지 않아 하거나 압력을 가하는 반응을 보이면 애초에 없던 저항을 불러일으킬 수가 있다. 어떤 리더들은 저항이나 유지대화에 대해 공감적으로 반응하는 것이 그러한 행동을 인정하는 것으로 여겨질 것을 염려한다. 하지만 진정한 공감은 어느 한쪽을 편들지 않는다. 진정한 공감은 그 사람을 수용한다는 뜻이지, 그의 행동을 지지한다는 뜻은 아니다. 공감의 표현은 리더의 관점이 아니라 내담자의 관점을 반영하는 것이다.

> 저항적인 집단행동으로 인하여 좌절을 경험하게 될 때는 집단 구성원들의 느낌과 관점을 이해하고 반영하려 노력하고 있는지 점검해 본다.

양면반영을 하는 것은 내담자의 딜레마를 있는 그대로 묘사하고 문제의 모든 측면들에 대한 인식을 증진시킬 수 있다. 예를 들면, "잠재적인 법적 위험들에도 불구하고, 당신은 계속해서 약물에 취하고 싶어 하는 거군요."라고 말한다. 또한 집단 구성원들에게 집단은 어떤 식으로든 판단받거나 압력을 받지 않는 안전한 장소가 될 것이라는 확신을 줄 수 있다. 집단은 집단 구성원들의 삶에 있어서 물질사용의 역할을 탐색해 보는 기회를 제공하며, 그를 통해서 집단 구성원들은 어떤 변화를 원하고 어떻게 변화하고 싶어하는지를 스스로 결정할 수 있을 것이라고 설명한다.

각각의 집단 회기를 실행하면서 다음과 같이 자문해 본다. "나는 저항이나 상반되는 관점에 어떻게 반응했는가? 나는 무엇을 느꼈고 내 어조와 몸짓은 무엇을 전했는가? 집단 구성원들은 보다 적극적으로 참여하고 변화 가능성에 마음을 열게 되었는가? 다음 회기에는 어떤 점을 더 개선할 수 있을까?"

변화대화를 탐색할 모든 기회 포착하기

(주의: 감추어져 있거나 심지어 "대화" 형태가 아닐 수도 있다!)

많은 사람들에게 있어서 양가감정은 변화하는 것을 어렵게 만든다. 흔히 상황이 존재하는 방식 그대로를 계속 지켜 나가고자 하는 데에는 그럴만한 타당한 이유들이 있다. 물질사용을 중단하려는 치료위탁된 내담자들에게는 극복해야 할 난관이 하나 더 있다. 치료위탁은 외적 동기의 원천을 제공해 주는 반면, 변화의 선택을 훨씬 더 어렵게 만드는 내적 반발을 불러일으키기도 한다. 사법체계를 벗어난 후에 물질오용을 피하려면 내담자들 *스스로가* 결정을 해야만 한다. 치료의 역할은 물질오용을 피하면 어떤 개인적인 이득이 있는지 발견하도록 촉진시키는 것이다. 이러한 과정은 내담자들로 하여금 외적 동기로부터 내적 동기로 이동하여 의미 있고 지속적인 변화를 일으키는 것을 가능하게 해준다.

변화대화는 내적 동기의 원천인 긍정적인 변화를 향하는 자연스런 성향의 표현이다. 집단 구성원들로 하여금 물질사용의 대가와 변화의 가능성을 탐색해 보도록 함으로써 내적 동기를 일깨우고 변화대화를 이끌어 낼 수 있다. 신뢰가 있을 때 집단 구성원들은 열린 마음으로 자신의 생각을 나눈다. 때로는 집단으로 하여금 변화에 따르는 개인적인 이득에 대해 대화를 나누도록 하는 것이 매우 어렵기도 하다. 여러 집단 구성원들이 분노나 물질사용 욕구를 표현할 때에는 변화를 향한 모든 동향에 귀를 기울인다. 집단의 관점을 간략히 요약하고, 토의 중에 들은 변화대화를 반영한다. 예를 들면, "어려움들을 극복할 수 없을 것처럼 보일 때조차도 우리는 이따금씩 가냘픈 희망의 빛을 보곤 합니다. 빅터는 좌절과 여러 번의 재발에도 불구하고 포기하지 않았다고 하셨습니다. 이런 장애물들 앞에서도 어떻게 계속 해 나가시는지 말씀해 주셨으면 합니다." 그리고 집단으로 하여금 들은 내용에 대해 의견을 말해 보도록 청한다.

동기는 말뿐만 아니라 행동으로도 표현될 수 있다. 집단 구성원들이 그곳에 있기를 원하지 않는데도 불구하고 계속 치료에 참여하고 있다는 것을 알았을 때는 "여러분은 약물에 취하는 것을 무척 좋아하시지만, 자유를 더 소중하게 여기기 때문에 여기 계시는 거지요. 여러분께 자유는 얼마나 중요한 것입니까?"라고 반영할 수 있다. 집단 구성원들의 노력에 대해 언급함으로써 내면의 가치와 욕구에 대해서 토의하게 하는 것이다.

몇몇 집단 구성원들은 보호관찰 중에는 사용을 중단하고 있지만 일단 법적 의무를 완수하고 나면 다시 물질을 사용하려는 생각을 가지고 있다. 이 경우에는 그들이 치료, 처벌, 보호관찰/가석방 등을 성공적으로 마치기 위해서 밟아야 할 단계들에 초점을 맞춘다. 그리고 이 기간 동안에 그들이 물질사용을 피함으로써 경험하고 있는, 커져가는 자신감과 이득을 이끌어 낸다. 효과적인 치료에 참여하면서, 어떤 집단 구성원들은 보호관찰이 끝나도 물질사용을 다시는 하고 싶지 않을 것이라고 희망을 표현한다. 치료는 집단 구성원들이 미래의 변화를 생각해 보도록 준비시킬 수 있다.

희망을 가지도록 긍정적으로 인정하고 행동으로 옮기도록 지지하기

형사사법체계의 내담자들은 자주 물질오용으로 인한 수치심과 죄의식뿐만 아니라 사기를 저하시키는 경험에 대해서 이야기한다. 집단 구성원들의 긍정적인 특성이나 성공사례들을 인용하고 반영하며 정교화하여서 집단 구성원들이 새로운 시각으로 자신을 바라보도록 돕는다. 가치, 기술과 재능, 강점과 성과, 그리고 기울이는 노력 등을 알아차리고 인정한다. 그들의 경험을 정상화하고 성공뿐 아니라 어려움에 대해서도 공감을 표현한다. 집단 구성원들은 자신을 더욱더 깊이 이해하고 수용할 때에 긍정적인 정체성을 발견하게 되며, 자신의 기술과 강점을 이용하게 된다. 이는 희망과 변화동기의 강력한 원천을 제공해 준다.

위탁치료에서 집단 동기강화상담 촉진하기

다음은 치료위탁에 있어서 집단 MI의 네 단계를 특징짓는 과정과 활동을 기술한 것이다.

집단 관계 형성하기

치료위탁된 내담자들의 초기 참여 단계는 이제까지 이야기해 온 바와 같이 저항을 줄이고 신뢰를 형성하는 과정뿐 아니라, 집단 구성원들 간의 지지적인 관계를 조성하는 과정을 포함한다. 집단 구성원들 간의 관계는 변화를 위한 가장 중요한 지지원이 된다. 집단관계를 조성함으로써 집단 구성원들이 소속감을 만끽하고 서로의 경험을 동일시하도록 돕는다. 또한 혼자만 곤란에 처해 있는 것이 아니라는 것을 깨달으면서 위안을 얻는다.

집단 구성원들 간의 관계 형성은 여러 방법으로 이루어질 수 있다. 집단 구성원들로 하여금 다른 사람들이 집단과 공유했던 이야기가 자신과 어떻게 관련될 수 있을지 논의하도록 청한다. 다른 집단 구성원이 그들을 칭찬할 때 어떤 기분인지를 묻는다. 공통점에 주의를 기울이고 보다 더 탐색하도록 청한다. 이렇게 하면 집단 응집력 형성에 도움이 되며 집단 구성원들이 서로 제공하는 상호지지가 강화된다. 또한 관계 형성을 위한 시간을 가짐으로써, 집단 밖에서도 알고 지내왔던 집단 구성원들에게 새로운 방식으로 서로를 알아가는 기회를 제공해 준다. 다음의 대화를 참고하도록 한다.

리더: 로레인, 복학하기로 한 당신의 용기를 존경한다는 샤나의 이야기를 들으신 기분이 어떠신가요? [자기효능감 증진시키기; 지지 관계 조성하기]

로레인: 기분이 좋아요. 복학에 대해서 그렇게 생각해 본 적이 없었거든요. 더 생산적일 수 있도록 실패에 대한 두려움을 극복하려고 애쓰고 있어요. 저는 보조 수의사가 될 생각이에요.

샤나: 저는 오랫동안 그런 일을 하고 싶어해 왔어요. 당신도 직장을 다니고 돌보아야 할 아이가 있죠. 그래서 당신을 보면서 나도 언젠간 공부를 할 수 있을 것이라는 희망을 갖게 되었어요.

리더: (*집단에게*) 로레인과 샤나는 공통점이 많습니다(*로레인과 샤나에게*). 두 분 모두 자녀도 있고 동물을 사랑합니다(*로레인과 샤나는 서로 바라보며 미소를 짓고 고개를 끄덕인다*). (*집단에게*) 샤나, 당신은 로레인이 용기 있다고 하셨는데, 개인적인 목표를 추구하기 위해서는 그 밖에 또 무엇이 필요할까요? [공통점 강조하기; 변화대화 정교화하기]

리더는 자기성찰을 격려하고 샤나가 로레인에게 보낸 인정과 지지에 주의를 돌린다. 그들은 개인적으로 흐뭇할 수 있는 의미 있는 교환을 나눈다. 그런 다음에 집단 구성원들은 개인적인 강점과 장래 희망이라는 주제에 대해 서로의 생각을 나누도록 요청받는다. 이어서 집단 구성원들의 강점과 현재의 변화 노력을 연결 짓는 토의가 뒤따를 수 있다.

또한 상충되는 의견들을 안전하게 표현하는 의사소통을 할 수 있도록 집단 구성원들을 도움으로써 지지 관계를 조성할 수도 있다. 집단에게 우리는 많은 공통점을 가지고 있지만 모두 똑같지는 않다는 것을 상기시킨다. 집단 구성원들이 자신의 견해를 표현할 때는 *나 메시지*를 사용하도록 권장한다(예, "나는 생각한다", "나는 느낀다", "나는 선호한다"). 이는 집단 구성원들이 자신의 신념을 정당화하지 않고서도 심중을 털어놓고 이야기할 수 있게 한다. 또한 나 메시지는 주제에 대한 논의가 격앙되거나 한 집단 구성원이 다른 집단 구성원에게 무엇을 해야 할지 이야기하고자 할 때, 집단이 따를 수 있는 기제를 제공한다. 리더는 집단 구성원이 다른 집단 구성원을 비하할 때에도 개입할 수 있다. 집단 구성원들 각자가 가치 있고 존중받을 자격이 있다는 것을 상기시킨다. 모든 집단 구성원들이 안전한 분위기를 유지해 나가는 데 있어서 중요한 역할을 하고 있다고 설명해 줌으로써 집단의 역량을 강화할 수 있다.

관점 탐색하기

신뢰와 상호공유가 쌓이게 되면, 집단 구성원들은 현재 상황과 변화 가능성에 대한 관점을 탐색하기 시작한다.

변화의 딜레마를 명료화하고 다루기

전형적으로 집단 구성원들은 삶에 문제를 일으켜 왔던 물질사용에 대한 복잡한 감정들을 지니고 있다. 집단 구성원들의 경험을 탐색하는 가운데 반영적 경청을 하게 되면 집단 구성원들이 변화의 딜레마를 명료화하고 해결하기 시작하는 데 도움이 된다. 또한 집단 구성원들이 물질사용의 어떤 면을 좋아하는지를 자각하고 반대 측면에 대한 탐색을 시작하도록 돕기 위해서는 변화과정 초기에 물질사용의 득실을 탐색하는 것이 유용하다. 활동이 끝날 시점에서는 논의의 중요성이 집단에 전해질 수 있게 한다. 물질오용과 관련된 문제들을 생생하게 묘사하는 것은 고통스러울 수 있다. 드러난 느낌과 소견을 모두 다룰 시간을 반드시 가지도록 한다.

개인적 가치 탐색하기

옳고 그른 것에 대한 자신의 가치와 다시 연결되기, 소중한 관계 기억하기, 삶의 의미 확인하기 등은 개인의 선택과 행동에 극적인 영향을 미칠 수 있다(Wagner & Sanchez, 2002). 이러한 깨달음은 종종 참가자들의 가치보다는 오히려 사회적 가치에 초점이 맞추어져 있는 치료위탁에 있어서 훨씬 더 큰 영향력을 행사할 수도 있다. 가치 탐색은 집단 구성원들의 현재 행동이 삶에서 가장 중요하게 여기는 것과 어느 정도 맥락을 같이하고 있는지를 스스로 평가해 보도록 도와준다. 사람들은 보통 더 높은 목표를 위해서 자신의 강점과 미덕을 사용하는 의미 있는 삶을 영위할 때 가장 행복하기 때문에(Seligman, 2003), 가치를 논함으로써 집단 구성원들에게 물질오용을 피하고 삶에서 더 큰 성취감을 경험하도록 해주는 변화를 가져올 수 있다. 가치카드분류 활동(Miller, C'de Baca, Matthews, & Wilbourne, 2001)은 집단에서 적용하기 쉬운 활동이다.

관점 확대하기

집단 구성원들이 자신의 삶에 물질사용이 미치는 영향을 더 잘 인식하기 시작하면, 물질사용 문제가 없는 미래에 다가올 일에 대해 탐색한다. 집단 구성원들이 미래에 대한 구체적인 비전을 갖도록 도와줌으로써 목표를 보다 잘 달성하고 자신의 가치에 따라 사는 것을 가능하게 한다.

중요성과 자신감 구축하기

집단 구성원들이 삶에 변화를 주는 것의 중요성을 탐색하고 변화에 대한 자신감을 쌓도록 도와줄 수 있는 활동들을 소개한다. 중요도 척도와 자신감 척도를 사용하는 것은 토의를 시작하는 좋은 방법이며, 집단 구성원들은 행동상의 바람직한 변화가 있는지 탐색해 보게 된다. 이는 물질사용에 초점을 맞출 준비가 되어 있지는 않으나 분노 관리와 같은 다른 영역을 기꺼이 탐색하고자 하는 사람들에게 특히 도움이 될 수도 있다. 아래에 제시된 *호주머니 속의 변화(pocket change)* 활동은 집단 구성원들이 염두에 두고 있는 긍정적인 변화를 지지하는 데 도움이 된다.

미래 예상해 보기/과거 회상하기

집단 구성원들은 과거를 탐색하고 미래를 예상함으로써 변화에 대한 비전을 개발할 수 있다. 집단 구성원들은 물질 관련 문제들이 일어나기 전에는 자신이 어떤 사람이었는지, 그리고 더 이상 물질을 사용하지 않거나 보호관찰관과 같은 담당자에게 보고할 필요가 없어진다면 미래의 상황이 어떨 것인지 탐색할 수도 있다. 예를 들어, 만약 어떤 집단 구성원이 운동에 대해서 언급한다면, "당신의 스포츠 경력에 대해 이야기해 주세요. 재능을 어떻게 개발하셨나요? 그해의 선수권대회에서 우승했을 때 기분이 어떠셨나요?"와 같은 질문을 한다[질문-대답 함정을 피하기 위해 대답을 반영하고 탐색하기]. 미래를 예상할 때, "앞으로 일 년 동안 가장 하고 싶은 일이 무엇인가요? 우선순위가 어떻게 되나요? 목표를 달성하게 될 때 자기 자신과 삶에 대해 어떤 기분이 들까요?"와 같이 질문함으로써 집단 구성원이 그림을 그려 보도록 돕는다. 아무 변화도 없는 경우에 발생할 수 있는 최악의 상황(예, 지속적인 법적 연루나 투옥, 가족과 자기존중감의 상실)과 변화가 있는 경우에 가능한 최상의 결과(예, 사법체계와 연루되지 않은 만족스러운 삶을 살기)를 확인해 보는 것은 집단 구성원들이 미래의 가능성을 보다 명확히 하도록 도와줄 수 있다.

"호주머니 속의 변화" 활동

집단 구성원들로 하여금 물질사용과 관계가 있을 수도 있고 없을 수도 있는 변화로써, 그들이 바라는 작은 변화에 대해 생각해 보도록 청한다. 이 변화를 작은 종이에 적어서 호주머니 속에 넣게 한다. "일주일에 세 번 20분씩 산책할 것이다."와 같이 구체적이며 측정할 수 있고 긍정적으로 진술된 변화를 선택하도록 격려한다. 회기가 끝날 무렵에, 그날의 토의가 어떤 식으로든 "호주머니 속의 변화"에 적용될 수 있는지 물어본다. 집단 구성원들은 원한다면 변화에 대해 집단과 이야기 나눌 수 있지만, 이야기하도록 요구받지는 않는다.

집단 구성원들에게 "호주머니 속의 변화"를 매 집단 회기마다 가져오고, 그날의 토의와 어떻게 관련이 있는지에 대해 이야기 나누도록 청한다. 회기를 마치거나 집단을 종료하면서 집단 구성원들은 이 행동에 어떤 변화가 일어났는지에 대해서 이야기 나눌 수 있다.

희망과 꿈의 발견

희망과 꿈의 탐색은 삶에서 무엇인가 달성할 가능성에 대해 집단 구성원들의 마음을 열게 할 수 있다. 제쳐두었던 관심사들이 재발견될 수도 있다. 집단논의에서 "당신의 삶에 가장 큰 행복을 가져다주는 것은 무엇인가요? 무엇에 대한 열정이 있으신가요? 어떤 사람이 되기를 꿈꿔 오셨나요? 무엇이 당신에게 희망을 가져다주나요? 가장 큰 희망은 무엇인가요?" 등과 같은 질문을 해볼 수 있다. 이러한 질문은 집단 구성원들이 개인적인 목표를 설정하고 물질사용의 대안으로 추구할 흥미로운 일들을 확인하도록 도울 수 있다.

관점 탐색하기와 확대하기의 예시

앞에서 제시되었던 예시로 다시 돌아가면, 리더는 다음의 대화에서 집단으로 하여금 변화 탐색에 집중하도록 하고 있다.

댄: 저는 사람들과 어울리기보다는 혼자서 지냅니다. 직장과 집을 왔다 갔다 하죠. 마당에 세워져 있던 자동차를 수리하는 것같이 집 주변에서 할 수 있는 일들을 찾으려고 노력합니다.

마이크: 저는 누군가와 어울려 돌아다니지 않아요. 아이들과 더 많은 시간을 보내고 있는데, 오히려 정말 좋습니다. 지금은 약물을 사용하지 않으니까 아이들 엄마도 아이들을 더 자주 만날 수 있게 해줍니다.

리더: 특정한 사람이나 장소를 멀리하는 것은 도움이 되죠. 그리고 약물 사용을 하지 않는 데에서 오는 이점들도 경험하셨군요. 미루어 왔던 일을 하는 것이나 아이들을 더 자주 만나는 것들이죠. 다른 분들은 어떤 경험들이 도움이 되셨나요? [취해진 조치와 변화의 이점 반영하기; 변화대화 이끌어 내기].

후아니타: 저는 두 달 동안 필로폰을 사용하지 않았어요. 만약 중단하지 않았다면 저는 아마 죽었을 거예요. 체중이 96파운드까지 줄었었죠. 약물치료를 받고 있는데, 도움이 되고 있어요.

태미: 저는 감옥에서 아기를 낳고 싶지는 않아요. 그들이 아기를 데려가 버릴 테니까요.

리더: 여러분이 살아가면서 물질사용 이외에 마음을 쓰는 다른 일들이 있네

요. 그것들이 바로 여러분이 약물사용을 하지 않도록 도와주는 것들이죠. 또 무엇이 물질사용을 피하려는 노력을 가치 있게 만들어 주나요? [변화이유 요약하기; 변화대화 정교화하기]

리더는 변화 주제를 탐색하기 위해서 OARS를 계속 사용할 수 있다. OARS의 본보기를 보여 주면서, 집단 구성원들로 하여금 다른 사람이 하는 이야기에 대해 반영하도록 청한다. 그리고 서로에게서 알게 된 가치와 강점, '왜' 그리고 '어떻게' 변화할 수 있는지, 또한 이러한 것들이 삶에 가져올 수 있는 차이점 등에 대해 의견을 말해 보도록(인정하도록) 청한다.

행동으로 옮기기

집단 구성원들이 내적 변화동기를 형성하게 되면, 많은 경우 자신이 선택한 변화를 시작하고 유지해 나가는 자신만의 방법을 자연스럽게 찾게 된다. 예시에서와 같이 집단 구성원들은 때때로 추가적인 법적 문제를 피하고자 하는 열망에서 이미 중요한 변화들을 하고 있다. 집단 구성원들은 선택대안에 대해 토의할 수 있고, 특별한 어려움, 강점, 소망을 다루기 위해 개인에게 맞추어진 계획을 개발할 수 있다.

변화계획 개발하기

집단 구성원들은 변화를 시작할 준비도에 따라서 가상적이거나 실제적인 변화계획을 개발할 수 있다. 일반적으로 변화목표는 법원의 요구와 치료 요구를 성공적으로 완료하는 것, 추가적인 법, 가족, 사회, 또는 건강 문제들을 피하는 것, 알코올 그리고/또는 약물 사용을 줄이거나 중단하는 것, 위험하고 불법적인 행동을 피하는 것, 재발을 막는 것, 물질을 오용하지 않고 삶에서 행복과 목표를 찾는 것 등을 포함한다. 집단 구성원들에게 변화할 것인지 하지 않을 것인지의 선택이 그들에게 달려 있음을 상기시켜 줄 수 있는 좋은 시간이기도 하다. 자신에게 가장 맞을 것 같은 계획을 세우도록 집단 구성원들을 격려한다.

결심공약 강화하기

계획이 확인되면, 집단 구성원들은 결심공약을 공고히 할 수 있고 행동으로 옮길 수 있게 된다. 결심공약을 이끌어 내기 위해서 집단 구성원들에게 "당신이 변화할 준비가 되어 있다는 것은 무엇으로 알 수 있나요? 지금이 적시라는 것을 어떻게 아시나요? 변화계획을 어떻게 행동으로 옮기려고 하시나요? 이번 주에는 무엇을 하시려고 하나요? 다음에 만날 때는 삶이 어떻게 달라지거나 나아질까요? 지금으로부터 일 년 후에는 어떻게 되어 있을까요?"라고 질문할 수 있다[질문들 사이에 반영하고 탐색하기]. 이러한 질문은 변화이유를 상기시켜 주며 앞으로 나아가도록 지지해 준다. 집단 구성원들은 계획을 방해할 수 있는 장애물들을 확인하고 가능한 해결방안들을 탐색해 봄으로써 결심공약을 보다 공고히 할 수 있다. 집단의 학습을 심화하기 위해서 각 회기의 종료 시에 집단 구성원들이 대화를 돌이켜보면서 자신에 대해서 알게 된 것을 이끌어 낸다.

MI 정신 이어가기: 적용해야 할 조언과 피해야 할 함정

조언

MI 정신을 치료위탁된 내담자 집단에 통합시킬 수 있는 많은 방법들이 있다. 집단의 4단계를 거치며 집단 구성원들을 이끌어 갈 때 그들이 긍정적인 변화를 향해 나아가도록 돕기 위해서 다음과 같은 정보를 제공한다.

모든 집단 구성원들을 "중독자"가 아닌 사람으로 대하기

당신의 집을 방문한 친구나 가족을 대하듯이 따뜻하게 맞이한다. 집단 구성원들이 서로 알아가는 시간을 가지도록 하고, 집단을 즐거운 곳으로 만든다. 집단 구성원들을 중독자, 알코올중독자, 범법자 등으로 부르는 것을 피한다.

집단이 가장 중요한 정보 자원임을 인식하기

집단 구성원들의 지식을 끌어내는 토의는 특히 풍성하고 고무적일 수 있는데, 유인물이나 워크북과 동일한 내용을 상호작용 방식으로 다루게 된다. 대안적으로는 MI와 일맥상통하는 자원의 자료와 유인물 논의를 시작하거나 아이디어와

당신의 집을 방문한 친구나 가족을 대하듯이 따뜻하게 맞이한다.

경험 나누는 것을 시작하기 위한 촉진물로 사용할 수도 있다.

협동하고 선택대안 제시하기

집단 구성원들의 아이디어, 소망, 관점은 격려될 뿐만 아니라 집단에 필수적임을 분명하게 이야기한다. 논의를 위한 선택대안들을 제시하고, 집단 구성원들 자신이 집단으로부터 가장 필요로 하는 것이 무엇인지 판단할 수 있는 가장 좋은 위치에 있다는 것을 알려준다. 이러한 협동적인 접근법은 치료에 위탁되는 것에서 비롯되는 해로운 영향을 어느 정도 중화시켜주며, 가해지는 많은 제약들을 받고 있는 내담자들의 역량을 강화한다.

치료 장애물 제거하기

변화과정을 방해하는 흔한 장애물들을 제거한다. 가능하다면 치료 요구사항에 대해서 유연성을 지닌다. 예를 들어, 다양한 자조집단과 지지원의 이점을 탐색하고, 무엇이 가장 도움이 될지에 대해서는 집단 구성원들 스스로 결론을 내리게 한다. 마찬가지로, 집단 구성원들이 스스로에게 꼬리표로 붙이고 있는 예상을 제거하는 것이 중요한 경우도 있다. 내담자들은 부정적인 결과를 탐색하고 나서 꼬리표를 붙이지 않고 물질사용을 중단하겠다는 결정에 이를 수 있다.

동기강화상담이 지지하는 방법으로 정보 나누기

정보를 제시할 때는 대안적인 관점을 인정한다. 집단 구성원들의 믿음에 반박하는 것을 피하고, 제시된 정보에 대한 반응을 토의할 수 있는 시간을 가진다. 아이디어를 편안하게 교환할 수 있을 때 집단 구성원들도 서로 배우게 된다. "이 정보는 약물에 대한 갈망과 그것을 극복한 여러분의 경험과 어떻게 통하나요? 유인물에는 없지만 여러분이 배웠던 갈망 관리 방법에는 무엇이 있나요? 몇몇 연구자들은 특정 약물요법이 갈망을 줄이는 데 도움이 될 수 있다는 것을 발견했습니다. 이에 대해 여러분은 어떻게 생각하시나요?" 등과 같은 열린 질문을 한다. 집단 구성원들에게 자신의 생각을 나누도록 하는 것이 때로는 치료위탁되어 변화를 강요받는 데 대한 좌절감을 불러일으킬 수 있다. 생각을 자유롭게 교환할 수 있는 얼마간의 시간을 허용하여 균형을 맞추고 나서 덜 논쟁적이면서 보다 동기강화적인 주제를 탐색하도록 초점을 바꾼다.

자신의 낙관주의 보여주기

집단 구성원들은 변화를 일으킬 수 있는 강점과 기술을 가지고 있으며 리더와 다른 집단 구성원들이 함께 작업을 도울 수 있다는 것을 알게 하고, 노력을 지지하며 격려한다. 치료위탁된 내담자들의 개인력이나 행동에 개의치 말고 희망적이고 낙관적인 자세를 유지해 나간다.

함정

내담자에게 불쾌감을 일으켜 변화를 이끌어 내려는 방법이 의미 있는 행동 변화에 대한 동기를 강화하지 못한다는 증거에도 불구하고(Ackerman & Hilsenroth, 2001; Miller, Benefield, & Tonigan, 1993), 때때로 우리는 의도치 않게 불협화음을 만들거나 수동성을 이끌어 내며 행동의 변화로 나아가지 못한다. 흔히 있을 수 있는 함정은 다음과 같다.

> 변화가 가능하다는 확고한 믿음을 전달한다.

집단 불신하기

집단 구성원들을 의혹의 눈으로 바라보거나, 그들이 게임을 한다거나 조종을 한다거나 저항을 한다고 이야기하는 것은 신뢰 형성 능력에 손상을 줄 수 있는 판단적 태도를 드러내는 것이다. 그러한 태도는 집단에 내재하는 지혜와 자신에게 무엇이 최선인지를 아는 집단 구성원들의 능력을 보지 못하거나 이끌어 내지 못하게 한다.

결함에 초점 맞추기

우리는 때때로 집단 구성원들의 통찰력, 지식, 기술이 결여되어 있으며, 구조화된 정보처리 방법으로 이를 치료하고 있다고 생각한다. 사람들이 변화하기를 바라거나, 변화하라고 말하거나, 변화 방법을 보여 준다고 해서 그들이 반드시 변화하는 것이 아님을 잊을 수 있는 것이다. 우리의 계획대로 집단 구성원들이 진전을 보이지 않을 때, 우리는 초조해지면서 부정적인 면 때문에 긍정적인 면을 보지 못할 수 있다.

안전 부주의

집단 구성원들의 비난, 비하, 또는 공격적인 발언은 집단 전체에 부정적인 영향을 미친다. 집단 구성원들은 리더나 동료가 자신을 판단하고 있는지, 그리고 집단 안에서 자신의 참모습을 보이는 것이 안전하지 못한지를 감지한다. 집단 토의 중에 옆 사람과 이야기하는 것과 같은 산만한 행동을 하도록 허용하면 집단 구성원들 간 나눔의 깊이가 제한된다.

역할 혼란

리더가 보호관찰관이나 교도관과 같은 역할을 맡거나 반대로 법집행의 반대편에 서는 것은 비생산적일 수 있다. 순응 정책이나 실수와 재발에 대한 처벌 또한 열린 대화에 걸림돌이 된다.

변화동기를 이끌어 내는 OARS 잊기

OARS를 통해 꾸준하게 공감을 전달하고 변화를 탐색하려면 노력이 필요하다. 우리는 때때로 성장과 변화를 향한 집단 구성원들의 자연스런 성향을 이끌어 내는 데 초점을 맞추지 못할 때가 있다.

자신을 특히 힘들게 하는 함정을 확인하고, 보다 지속적이며 효과적으로 신뢰를 구축하고 변화를 촉진하는 것에 무엇이 도움이 될 수 있는지 생각해 보도록 한다.

결론

치료위탁된 인구집단과 수감자들을 대상으로 하는 집단 MI의 효과성을 보여주는 연구들이 있다(Easton, Swan, & Sinha, 2000; Stein & LeBeau-Craven, 2002). 집단 MI는 변화준비가 덜 되어 있는 사람들을 참여시켜 긍정적인 성과를 올릴 가능성을 증진시키는 데 도움이 될 수 있다.

근거중심의 확대와 더불어, 개인적인 진술에 의한 지지도 이 인구집단을 대상으로 하는 집단 MI의 가치를 보여준다. 내담자들이 집단 경험이 삶에 미친 긍정적인 영향에 대해 자발적으로 이야기하는 것을 듣는 것은 흔한 일이다. 어떤 집단에서 내담자들에게 집단 경험을 한 단어로 표현하고 자신에게 어떤 의미가 있는지 설명해 보도록 청했다. 여기에 몇 가지 응답들을 소개한다.

- 깨달음을 주는: “잘못된 결정을 내리는 대신에 그와 다른 행동을 선택했어요.”
- 긍정적인: “보다 편안하게 생각을 말하고 감정을 공유할 수 있어요.”
- 이완되는: “하루의 긴장감이 사라집니다. 다른 마음가짐을 가지고 집단을 떠나죠. 시간이 빨리 가네요.”
- 매혹적인: “와! 첫 날 느꼈던 저항감이 떠오르네요. 이제는 집단을 떠나고 싶지 않아요. 저항은 마약중독자나 정신적 불안정자라는 꼬리표가 붙을지 모른다는 두려움에서 생겨나는 거죠.”
- 치료적인: “집단에 와서 사람들과 어울립니다. 모두가 상(prize), 즉 올바른 일을 하는 데 관심을 집중하죠.”

다음은 보호관찰을 받는 조건으로 외래치료에 위탁된 내담자와의 대화이다. 몇 번의 집단 MI 회기에 참석한 후에 가지게 된 첫 번째 개인치료 회기에서 발췌한 내용이다.

내담자: 집단은 정말 도움이 돼요. 살아오면서 수많은 프로그램에 들어갔었고, 문제를 일으켜 정신병원에도 갔었죠. 예전에는 집단이 싫었지만 지금은 무척 마음에 듭니다. 집단 안에 있는 사람들 때문이죠. 집단은 좋은 지지 프로그램이에요.

치료자: 다른 사람들을 만날 수 있고 도움을 받을 수 있다는 점에서 집단을 좋아하시는군요. 그 밖에 또 어떤 면에서 도움이 된다고 생각하시나요?

내담자: 모든 사람들이 내 상황과 관련이 있을 수 있다는 사실 바로 그 점이죠. 집단 구성원들이 상당히 개방적인데, 그런 면이 정말 도움이 됩니다. 첫 모임에서부터 정말 흥미로웠어요. 제 보호관찰관도 그걸 알게 되었죠. 덕분에 관계가 개선되었고, 전반적으로 많은 부분이 좋아졌습니다. 확실히 달라졌어요.

치료자: 어떻게 달라졌는지 궁금하네요.

내담자: 당분간은 맑은 정신으로 지내려고 애쓰고 있습니다. 꽤 잘 해오고 있는 편이에요. 집단에 오면 격려를 받는 것 같아요. 제가 잘 하고 있다는 걸 알려 주거든요. 저 자신에 대해 더 좋은 기분을 느끼게 해주니 자기 격려가 돼요. 저는 집단을 정말 좋아합니다. 그리고 집단은 이 과정에 머물고 싶게 하죠. 아시잖아요. 모임에 와서 바로잡곤 합니다. 매주 수요일마다 와서 모든 이야기를 나누고 집으로 돌아가고 기분이 좋아지니 약물을 대신하고 있는 것과 같아요. 일을 해야 할 때, 일하러 가고 싶다는 생각이 듭니다. 전에는 그런 적이 없었거든요. 그래서 저는 지금 생산적이고 기분이 좋습니다. 아시다시피, 열심히 일한다면 못할 것이 없죠. 집단은 동기를 강화시켜 줍니다.

이러한 집단 경험이 많은 사람들의 삶에 영향을 미치는 것을 보면서 보람을 느낀다. 우리는 집단 구성원들이 과거에는 닿을 수 없었던 목표를 향해 노력하고 보다 나은 삶을 위해서 새로운 희망을 가지는 것을 경이로움에 싸여 지켜보아 왔다. 집단 MI를 실행함으로써 소진(burnout)되는 것을 피하는 데 도움을 받아왔다. 집단 MI를 활용한 결과, 많은 내담자들의 삶과 마찬가지로 우리의 집단 작업도 변모되었다.

참고문헌

Ackerman, S. J., & Hilsenroth, M. J. (2001). A review of therapist characteristics and techniques negatively impacting the therapeutic alliance. *Psychotherapy, 38,* 171–185.

Easton, C., Swan, S., & Sinha, R. (2000). Motivation to change substance use among offenders of domestic violence. *Journal of Substance Abuse Treatment, 19*(1), 1–5.

Miller, W. R., Benefield, R. G., & Tonigan, J. S. (1993). Enhancing motivation for change in problem drinking: A controlled comparison of two therapist styles. *Journal of Consulting and Clinical Psychology, 61*(3), 455–461.

Miller, W. R., C'de Baca, J., Matthews, D. B., & Wilbourne, P. L. (2001). *Personal Values Card Sort.* Retrieved December 11, 2007, from *http://casaa.unm.edu/inst/personal%20values%20card%20sort.pdf.*

Seligman, M. E. P. (2003). Positive psychology: Fundamental assumptions. *The Psychologist, 16*(3), 126–127.

Stein, L. A. R., & LeBeau-Craven, R. (2002). Motivational interviewing and relapse prevention for DWI: A pilot program. *Journal of Drug Issues, 32*(4), 1051–1070.

Wagner, C. C., & Sanchez, F. P. (2002). The role of values in motivational interviewing. In W. R. Miller & S. Rollnick, *Motivational interviewing: Preparing people for change* (2nd ed., pp. 284–298). New York: Guilford Press.

제14장 동기강화상담—중독자를 위한 초이론 모델 집단

Mary Marden Velasquez, Nanette S. Stephens, and Kelli L. Drenner

이 장에서는 초이론 모델(TTM: transtheoretical model of chang)에 기반하고 MI 방식으로 진행되는 코카인남용 집단치료에 대해 설명한다. TTM은 30년 넘게 중독치료에서 필수적인 역할을 해오고 있으며, MI는 TTM을 보완해서 저항을 하거나 아직 변화준비가 되어 있지 않은 *내담자의* 변화를 촉진하는 방법을 제공하고 있다. 우리는 집단 구성원 서로가 직면하도록 독려받고 리더가 지지적이며 공감적인 전략이 아니라 권위적이며 도전적인 전략을 사용하는 기존 모델들에 대한 대안으로 TTM 집단을 고안했다. 우리의 의도는 내담자가 태생적으로 변화능력을 갖고 있다고 믿는 임상가가 익힐 수 있는 기술과 전략에 기반하며, 우리가 원하는 모습의 내담자가 아닌 *있는 그대로*의 내담자에게 맞추어진, 실증적으로 검증된 치료 접근법을 개발하는 것이었다. TTM 집단 개입은 내담자 중심의 목표 지향적인 MI 방식에 의해 진행되며, 성공적인 행동변화를 증진시키는 구체적인 변화과정을 이끌어 내기 위한 활동과 전략을 활용한다.

초이론 모델과 동기강화상담 통합하기

우리의 6주간 12회기 접근법은 *물질남용 집단치료: 변화단계 치료매뉴얼* (Velasquez, Maurer, Crouch, & DiClemente, 2001)에서 도출되었다. 이 장에서는 특정한 TTM 기반 집단활동에서 양가감정의 해결을 돕고 자발적인 변화 및 결심공약(즉, Amrhein, Miller, Yahne, Palmer, & Fulcher, 2003에 의해 설명된 것처럼, 변화에 대한 소망, 능력, 이유, 욕구에 대한 진술과 변화를 하겠다는 진술)를 이끌어 내기 위해, 어떻게 MI의 OARS 전략을 활용하는지 조명해 주는 회기들을 선택, 제시하고자 한다.

TTM 집단에서의 MI 사용에 대해 이해하려면, TTM의 기본 틀에 대해 어느 정도 알고 있는 것이 도움이 된다. Prochaska와 DiClemente(1982)에 의해 개발된 TTM은 행동변화를 이해하고 측정하고 촉진하는 방법을 제공한다. TTM의 변화단계는 다음과 같이 구성된다.

- *전숙고단계*: 자신에게 문제가 있다는 것을 납득하지 못하거나 가까운 장래에 변화를 시도할 생각이 없다.
- *숙고단계*: 능동적으로 변화에 대해 고려하지만 단기적인 변화의도가 부족하다.
- *준비단계*: 보다 근접한 변화목표를 가지며 약속을 하기 시작하고 초기 변화계획을 수립한다.
- *실행단계*: 관심을 두고 있는 행동을 변화시키고 재발방지 전략을 채택한다.
- *유지단계*: 변화를 견고히 하고 자신의 생활방식에 통합시킨다.

문제행동이 수정되어 지속성을 가지게 되기까지 보통 몇 번의 변화시도들이 행해지기 때문에, 다음 단계로의 진행은 순환적인 것으로 보인다. 행동변화를 예전처럼 *양자택일*의 사건으로 보지 않고, 역동적인 변화과정의 일부분인 시험적 발걸음으로 보는 것은 행동변화에 대한 보다 희망적이고 포괄적인 견해이다.

MI는 모든 변화단계에 있는 내담자를 대상으로 사용될 수 있다. 예를 들어, MI는 초반 단계들의 내담자가 변화에 대한 양가감정을 탐색하고 해결하는 것을 돕는다. 또한 MI는 행동변화를 위한 시도를 개발하고 시작하고 유지하려는 내담자의 내적 동기를 증진시킬 수 있다. 보다 행동지향적인 후반 변화단계들의 내담자를 위해서는 자기효능감을 향상시키고 성취를 강화하며 재발을 방지하도록 돕는다(DiClemente & Velasquez, 2001).

TTM의 두 번째 차원인 변화과정은 변화의 기제 혹은 *엔진*으로 개념화될 수 있다. 변화과정은 변화단계를 통해 이동을 촉진하는 활동, 행동, 경험으로 구성되며, 두 개의 군으로 나누어진다. 첫 번째 군은 *경험적 과정*으로서, 개인이 자신의 상황과 행동을 어떻게 보고 있는지와 관계되는 감정과 사고를 포함한다. 이 과정은 대부분 변화 사이클의 초반 단계들과 관련이 있다. 두 번째 군은 *행동적 과정*으로서, 후반부의 변화단계들에서 더 중요한 전략과 행동을 포함한다. 특정 과정은 어떤 단계에서 상대적으로 더 두드러지는 것으로 연구결과에서 나타나고 있다(DiClemente, 2003; Perz, DiClemente, & Carbonari, 1996). 또한 어떤 과정은 여러 단계들에서 다양한 정도로 사용되는 반면에, 어떤 과정은 인접한 단계들에 걸쳐서만 사용된다. 따라서 이런 과정은 변화단계에서의 진전을 촉진시킴으로써 사람들이 *적시에 적절한 일을 하*도록 돕는 데에 활용될 수 있다.

긍정적 변화는 각 변화단계마다 서로 다른 유형의 변화과정에 의해 강화되기 때문에, 각각의 TTM 집단 활동은 특정한 경험적 변화과정이나 행동적 변화과정에 초점을 맞춘다. 예를 들어, 집단 구성원들 대부분이 초반 단계(즉, 전숙고단계, 숙고단계, 준비단계)에 있는 경우에는 의식 증진이나 자기 재평가와 같이 경험적 과정을 이끌어 내는 데 도움을 주는 활동을 강조한다. 후반 단계(즉, 실행단계, 유지단계)에 있는 집단 구성원이 더 많을 경우에는 자극 통제나 자기 해방과 같은 행동적 과정을 조성하는 활동을 강조한다. 비록 변화과정이 방향과 구조를 제공하기는 하지만, 임상가들은 집단의 현재 욕구(예, 집단 구성원들의 변화단계, 치료 참여기간)에 가장 적합한 변화과정의 사용을 촉진시키는 회기들을 선택할 수 있다. TTM 매뉴얼은 특정한 변화과정을 촉진시키는 구체적인 전략과 활동을 제공하며, 여러 과정들을 촉진하는 전략과 활동도 제공한다. 또한 2개의 추가적인 구성체인 *결정 저울*(Janis & Mann, 1977)과 *자기효능감*(Bandura, 1986)도 TTM 집단 개입에 있어서 필수적이다. 우리는 또한 집단의 현재 욕구에 부합되는 다른 자원들로부터 추가적인 전략과 활동을 통합했다. 표 14.1은 집단이 기초하고 있는 경험적 과정과 행동적 과정에 대해 간략하게 설명하고, 특정한 과정의 사용을 촉진하는 구체적인 과제나 활동에 대한 예시를 제공해 준다.

TTM 집단 활동과 토론을 통해서, MI 방식과 정신은 집단 구성원들이 개인적 가치, 목표, 변화 이유에 대해 말할 수 있는 기회를 만들어 낸다. 집단 구성원이 변화에 대한 소망, 능력, 이유, 욕구를 이야기하는 변화대화가 더 자주 이루어지고, 이는 변화하겠다는 결심을 하는 것으로 이어진다. 숙련된 실무자는 집단 구성원의 변화 및 결심 공약을 알아차릴 뿐 아니라 그에 반응하고 강화시킨다. 이때 실무자는 집단 구성원들이 변화하고자 하는 동기와 의도에 대해 탐색하고 정교화시

표 14.1 | TTM 변화과정을 위한 집단 MI 활동

TTM 변화과정	설명	이동을 촉진시키는 변화단계	집단 활동
경험적 과정			
의식 증진	행동양식에 대한 지식과 통찰 얻기	전숙고 숙고	• 개인의 변화단계 확인 • "전형적인 날"에 대해 이야기
극적 안도	건강하지 못한 행동에 대한 감정을 경험하고 표현하기	전숙고	
자기 재평가	행동이 가치/목표와 어떻게 상충하는지 탐색하기	전숙고 숙고	• 평가결과 토론 • 가치 탐색 • 사용의 득과 실 토론
환경 재평가	행동이 타인들과 환경에 어떻게 부정적인 영향을 미치는지 탐색하기	전숙고 숙고	• 관계에 대해 토론 • 타인들의 염려에 대해 토론
사회적 해방	대안과 변화를 향한 사회적 지지를 탐색하기	숙고 유지	• 잠재적인 지지자원 확인
행동적 과정			
자기해방	자신감을 증진시키는 새로운 존재 방법 생각하기	준비 실행 유지	• 행동계획 개발 • 실수 후의 재약속
원조관계	원조자와 중요한 타자에게서 지지를 받기	준비 실행 유지	• 사회적 지지망 확인 • 새로운 관계 고려
자극 통제	약물 사용을 피하거나 바꾸기	준비 실행 유지	• 유혹과 위험을 줄이는 방법 확인
역조건화	건강하지 않은 행동을 건강한 행동으로 대체하기	준비 실행 유지	• 변화를 위한 건강한 방법 확인
강화 관리	긍정적인 행동변화를 보상하거나 긍정적 결과 인정하기	실행 유지	• 자기변화를 보상하는 건강한 방법 확인

키는 작업을 심화시키고 진전시키기 위해 반영이나 열린 질문과 같은 MI 전략을 사용한다.

동기강화상담을 사용하는 초이론 모델 집단 운영하기

다음은 MI와 TTM의 통합 개입에 관한 정보와 설명으로서, 회기 예시와 함께 OARS 활용에 관한 사항이 대괄호 안에 제시된다.

집단 관계 형성하기

첫 번째 집단 회기에서 집단 구성원들에게 MI 정신을 소개하고, 이 집단 경험이 예전 경험들과 다를 수 있다는 점을 알려준다.

> "이 집단에서 우리는 동기화 접근방법을 사용합니다. 서로 직면을 하거나 다른 사람의 삶에 대해 전문가가 되는 것을 피한다는 뜻이죠. 대신에 서로 경청하고 지지함으로써 변화를 촉진하도록 도울 것입니다. 우리가 여기 있는 것은 여러분에 대해서, 그리고 여러분이 생각하고 계실지도 모르는 약물사용의 어떠한 변화에 대해서든 더 알기 위해서입니다. 설령 우리가 성공적인 약물 변화과정에 대한 지식과 경험을 가지고 있다 하더라도, 변화를 위한 노력이 필요하다면 궁극적으로 그 노력을 해야 할 사람은 바로 여러분 자신입니다."

이와 같이 우리는 시작하면서부터 변화를 강제하지도 강요하려 애쓰지도 않을 것임을 강조한다. 우리가 리더이긴 하지만, 집단 구성원 각자가 다른 집단 구성원들을 지지하는 데 있어 중요한 역할을 한다는 것을 알린다. MI의 필수 원칙인 *공감* 표현하기는 다른 사람의 선택, 감정, 염려를 이해하는 것으로서, 첫 번째 회기에서부터 이 원칙이 강조되며 이후 모든 회기의 토대로 사용된다.

> "우리는 공감, 수용, 존중의 집단 분위기가 집단 구성원들에게 더 도움이 된다는 것을 압니다. 조사연구에서 이런 종류의 접근법이 직면적 접근법보

다 훨씬 더 효과적이라고 나타났기 때문이죠."

첫 번째 회기에서 머리글자 "**OPEN**"의 요소들을 보여주는 것은 집단 문화를 공유하고 발전시키는 데 도움이 된다.

- **O**verview: 집단 목적의 개요가 제시된다. 집단 구성원들의 목표, 염려, 선택에 대해 배운다.
- **P**ersonal choice and autonomy: 개인의 선택과 자율성이 강조된다.
- **E**nvironment: 집단 구성원 모두를 존중하고 격려하는 환경에 대해 설명한다.
- **N**onconfrontational: 집단의 직면적이지 않은 특성에 유념하게 한다.

도입부에서 이러한 요소들을 보여주는 작업은 긍정적인 집단 동맹을 촉진시키며, 이전의 집단에서 학습되었을지 모르는 다른 집단 구성원에 대한 직면, 비판, 도전과 같은 잠재적 경향에 대항하도록 돕는다. 집단 회기들이 진행되는 동안 집단 구성원들은 리더들이 집단 구성원의 감정과 염려를 반영하고 자기효능감 증진을 지지하는 것을 본보기로 삼아 비심판적이고 인정하는 태도를 가지게 된다.

반영과 열린 질문

우리는 집단회기 전반에 걸쳐 자주 *반영*과 *열린 질문*의 두 가지 MI 전략을 연속적으로 사용한다. 이 두 가지 전략의 조합은 집단 배경에서 집단 구성원들의 대화에 구조와 방향을 제공하기 위해 활용될 수 있다. 우리는 집단 구성원이 한 이야기의 요지에 대해 간략하게 반영을 하고, 이어서 반영한 내용에 대한 열린 질문을 한다. 열린 질문은 다른 집단 구성원들 간에 건설적인 토론이 이루어지도록 분명한 방향을 제시해 준다. 때때로 이 전략은 집단이 초점과 방향을 유지하는 데 도움이 될 수 있으며, 자신의 장구한 역사를 "전쟁 이야기"로 부활시켜 토론의 긍정적 흐름을 방해하는 집단 구성원들을 자제시킨다. 또한 이 접근법은 불안이나 주제를 벗어난 생각들에 관심을 빼앗긴 집단 구성원들을 다시 제자리로 돌려놓는 데에 도움이 된다. 다음은 변화과정의 *환경 재평가* 사용을 촉진하는 "관계와 염려" 회기의 예시이다. 리더는 몇몇 집단 구성원들의 이야기를 간략하게 요약하고 나서, 다른 집단 구성원들의 건설적인 의견을 끌어낼 열린 질문을 하면서 회기를 진행해 나간다.

리더 A: 사람들은 그 외에 어떤 식으로 염려를 표현했나요? [열린 질문] 몇몇 분들이 말씀하셨던 것처럼 누군가가 여러분 곁을 떠나거나, 잔소리를 하거나, 또는 [집단 구성원 A]씨 말씀처럼, 어머니가 당신에 대한 기대를 이야기하시겠죠. 여러분 주위 분들은 어떤 염려를 하시나요? [요약하기; 열린 질문]

집단 구성원 B: 저에게는 아내가 있습니다. 제 아내는 저에게 조건 없는 사랑을 주지요. 하지만 아시다시피, 이 약물을 남용하게 되면, 누군가에게 상처를 주게 됩니다. 당신의 모든 것에 마음을 기울이는 누군가가 있다면, 그들은 당신이 나락으로 떨어지는 것을 보고 싶지 않을 겁니다. 그리고 그것이 바로 당신이 약물에 손에 댈 때 저지르게 되는 일이겠죠. 의문의 여지가 없습니다.

리더 A: [집단 구성원 B]씨가 "나락으로 떨어지는 것"이라고 표현하신 바로 그것이군요. [한 집단 구성원의 생각을 다른 집단 구성원의 염려와 연결시켜 반영하기]

집단 구성원 B: 시간을 되돌릴 수만 있다면, 많은 것들이 달라질 수도 있었을 텐데.

집단 구성원 C: 하지만 저는 정말로 시간을 되돌리고 싶지 않아요. 왜냐하면 그 시간들이 지금의 저를 만들었으니까요. 저는 두 번 다시 코카인을 하지 않을 거라 생각해요. 저는 정말 절대, 절대, 절대로 두 번 다시 코카인을 하지는 않을 거예요.

리더 A: "저는 두 번 다시 코카인을 하지 않을 거라 생각해요."라고 말씀하신 이유 중 가장 중요한 이유를 선택해야 한다면 무엇일까요? [변화대화를 이끌어 내는 열린 질문]

집단 구성원 C: 가장 중요한 이유는 아마도 저 자신일 겁니다. 제 말은, 다른 사람들을 위해서이기도 하지만 무엇보다도 저를 위해 그렇게 하고 싶다는 거죠. 저는 코카인을 끊고 싶어요. 너무나 많은 것들을 놓쳤거든요. 얼마나 많은 것들을 놓쳐 버렸는지 말로 다 할 수조차 없을 겁니다. 그 모든 것이 저에게 달려 있었어요. 앞으로는 제가 하고 싶은 일을 할 겁니다. 이제야 그런 생각을 하게 된 거죠. 정말 많은 것을 놓쳤어요. 그러니 제 자신과 저의 미래를 위해서라는 겁니다.

리더 B: 그래서 이번에는 정말 자신을 위해 변화하고 싶으신 거군요. 그것이 자신을 위한 것이라고 느끼시고요. 코카인을 사용하실 때 삶의 많은 부분들을 놓치고 있으셨던 거지요. [변화대화 반영하기]

건설적인 인정

집단 환경에서, 인정하기는 집단 구성원 개인의 행동이나 성취뿐 아니라 집단 전체의 집합적 행동이나 성취를 인정하고 강조하는 데 유용하다. 인정하기는 감사, 존중, 경탄, 지지를 전달하는 강력한 수단이지만, 차별화되지 않거나 솔직하지 못한 방법으로 전달되면 그 가치가 떨어진다. 또 너무 자주 사용하면 영향력을 잃게 된다. 가장 적절한 인정하기는 사려 깊고, 진실되고, 구체적인 것이다. 서두르거나, 무심히 던져지거나 혹은 시선을 마주하지 않고 전해진 인정은 피상적인 것으로 받아들여지기 때문에, 우리는 따뜻하고 진심 어린 태도로 인정을 표현해야 한다. 이와 같은 인정하기의 사용은 개인적 경험으로 인해서 지각된 위선과 공허한 칭찬에 특별히 예민한 집단 구성원들과 작업할 때 특히 중요하다. 가장 효과적인 인정하기는 의도, 결심, 태도 같은 것(예, "다음주에는 사용하지 않겠다는 당신의 결심은 훌륭합니다." 혹은 "당신의 태도가 긍정적이어서 참 좋습니다.")이 아니라 구체적인 행동(예, "지난주에 직장 상사가 불쾌한 태도를 보여서 정말 힘들었을 텐데도 자신의 일을 충실히 잘 해 내셨네요. 그러려면 결심과 용기가 필요하셨을 겁니다." 혹은 "다른 소비들을 줄여야 했음에도 불구하고, 자녀를 위해 돈을 따로 모아두는 것은 정말 칭찬받을 만하네요.")에 대해 이야기하는 것이다. 의도, 결심, 태도 등에 대한 인정은 내적 동기를 불러일으키지 못하고, 훈계나 기분을 맞추려는 격려로 이해된다(예, "우리가 듣고 싶어하는 이야기를 해 주세요").

> 가장 쓸모 있는 인정 진술은 사려 깊고, 진실되고, 구체적인 것이다.

반영적 경청에서의 반영

내담자의 이야기에 대한 반영은 흔히 짧을수록 좋다. 긴 반영은 집단 구성원들의 염려에 공감의 초점을 맞추는 대신에 논의를 지배하거나 가르치려 하는 경향이 있상대적으로 짧은 반영이 보다 큰 영향을 미친다.

다. 반대로, 상대적으로 짧은 반영은 집단 구성원들이 한 말을 제대로 이해하고 있음을 전달하기 때문에 보다 큰 영향을 미친다. 따라서 집단 구성원들이 한 이야기의 의미와 영향을 심화시키는 오직 한두 마디를 사용하는 것만으로도 때때로 반영의 힘은 커진다. 집단에서 반영은 집단 구성원들이 말한 이야기의 요점을 명확히 해주며, 전략적으로는 변화 및 약속 대화와 같은 집단 구성원의 반응을 선택적으로 명료화하거나 주의를 상기시키는 데 도움을 주는 구두점 역할을 한다.

리더 B: 중요한 말씀을 하셨네요. 한편으로는 삶을 느끼고 싶어서 코카인을 사용했다는 말씀이지요. 하지만 시간이 지나면서 깨달으셨군요. 당신은 사실… [인정하기; 양가감정에 대한 반영 시작하기]

집단 구성원 C: 나는 나에게 소중한 사람들에게 이미 중요한 사람이었습니다. 그렇지만 여기 계신 다른 분들처럼 저도 중요함에 대해 착각을 하고 있었어요. 제 인생에서 가장 중요한 사람들, 영원히 함께할 그 사람들에게 저는 관심이 없었던 겁니다. 아무 말도 필요가 없어요. 그들을 보면, "이런, 그녀는 나한테 정말 실망했어."라거나 "내 아들은 내가 뭘 하는지 알고 있어."라고 하는 것 같은 말들을 하죠. 제 말은 아무도 말을 할 필요가 없다는 겁니다. 그저 어느 순간 그런 생각들을 알아차리고, 그것을(코카인을) 더 이상은 하지 말아야 한다는 겁니다.

리더 A: 그런 생각들을 알아차리셨군요. [단순반영]

집단 구성원 C: 결단을 내려야 하지요.

리더 A: 말씀하신 것과 마찬가지로, 방향을 바꿀 때가 오지요. 전환점입니다. [복합반영—의미를 강화하고 변화대화 포착하기]

집단 구성원 B: 네, 맞아요!

요약

요약은 집단에서 특별한 활용성을 가진다. 우리는 회기 전반에 걸쳐 필요할 때마다 요약을 하고, 각 회합은 집단 구성원들이 이야기를 나눈 주제와 문제를 고려한 과정 요약으로 끝마친다. 이러한 회기 종결 요약에서 우리는 집단 구성원의 어려움들을 인정하지만, 일차적인 초점은 그 회기에 이야기된 변화대화와 결심 공약에 맞춰진다. "관계와 염려" 회기의 예시에서 리더는 집단 구성원들의 공통 주제를 강조하기 위해 요약 "모으기"를 사용하고, 감정에 대한 강력한 반영으로 끝을 맺는다.

리더 A: 아시다시피, 이 집단에는 상실과 고통이라는 실제적인 공통점이 있습니다. 자아상에 상처를 입고, 자존감을 상실하고, 분명 돈까지 잃었지요. 상당한 고통을 겪어왔고 이제는 상황을 바꾸어야 할 때가 되었다는 사실을 받아들이고 있습니다. [요약]

집단 구성원 B: 사랑하는 사람들이 저를 바라볼 때, 왠지 기분이 좋지 않아요.

집단 구성원 C: 맞아요. 저를 지켜볼 때 죄책감이 느껴져요.

리더 A: 여러분은 수치심을 느끼시고, 더 이상 그런 느낌을 받고 싶지 않으시군요. [반영]

이끌어 내기–제공하기–이끌어 내기

"이끌어 내기-제공하기-이끌어 내기" 전략은 집단에서 정보제공, 혹은 사법적 조언이 필요할 때 사용될 수 있다. 첫 번째 단계는 집단 구성원들이 문제에 대해 이미 알고 있는 것들을 이끌어 내거나(예, "코카인 사용과 관련된 건강문제에 대해 들어본 적이 있으신가요?"), 지식이나 염려를 공유하도록 유도하는 것이다(예, "많은 사람들에게 도움이 되었던 몇 가지 정보를 살펴봐도 괜찮을까요?", "___에 관해 잠시 이야기를 나눌 수 있을까요?"). 이와 같은 유형의 상대를 존중하는 접근법은 일반적으로 저항을 누그러뜨려서 거의 항상 긍정적 반응을 가져오며, 차후 정보에 대해 보다 개방적인 태도를 가지게 한다. 이러한 질문 다음에는 정보나 염려하는 것에 대한 이야기가 뒤따른다(예, 코카인 사용과 관련된 의료 문제). 그리고 그 정보에 대해 어떤 생각을 하는지 끌어내기 위해 열린 질문을 하고 나서, 대화를 다시 집단 구성원들에게 돌린다(예, "이와 관련해서 여러분에게 가장 인상 깊은 것은 무엇인가요?", "염려되시는 점이 있다면, 무엇이 가장 염려되시나요?", "그것에 대해 어떻게 생각하시나요?"). 이러한 기술은 집단 구성원들이 이전에 배웠던 사실들을 재검토하도록 해주거나, 새로운 정보에 대해 생각해 보고 그 요소들을 자신의 욕구와 환경에 적합하게 통합하도록 해준다.

집단 구성원들의 변화단계를 확인하고 탐색하기

집단 장면에서 의식 증진을 촉진하는 데 특히 유용한 활동은 변화단계의 개념을 설명하고, 집단 구성원들에게 자신의 변화단계를 평가해 보도록 청하고, 변화와 관련해서 자신에게 변화단계가 어떤 의미를 가지는지 탐색하도록 하는 것이다. 이 활동은 추진감을 형성하는 것을 도울 수 있는데, 이러한 추진감 속에서 변화는 *변화했거나 변화하지 않았거나*의 정적인 개념화가 아니라 역동적인 과정으로 이해된다. 또한 초기의 집단 회기들에서 *긴장된 분위기를 깨는* 활동으로도 좋은데, 집단 구성원들로 하여금 약물사용에 대한 개인적 견해를 나누도록 해주기 때문이다.

협동정신과 자율성이라는 MI 정신에 부합되게, 먼저 집단 구성원들에게 변화단계라는 주제에 대한 관심사를 물어본 다음에, 일상생활의 예를 들면서 변화단계를 설명한다. 그러고 나서 "이것에 대해 어떻게 생각하십니까?" 혹은 "이것이 당신에게는 어떻게 적용되나요?"와 같은 열린 질문을 함으로써 집단 구성원들에게 대화를 청한다. 집단 구성원들은 보통 변화 사이클 안에서의 자신의 현재 위치에 대해 이야기 나누는 것과 단계 사이클 안에서의 과거 *위치*를 검토하는 것 모두에 많은 관심을 갖고 있기 때문에 이러한 단계 개념을 쉽게 이해한다. 전반적으로, 이 주제는 풍부한 토론을 이끌어 내고, 집단 구성원들에게 초기에 능동적으로 집단 과정에 참여할 수 있는 기회를 제공한다. 집단 구성원들의 반응은 우리로 하여금 그들의 상황, 염려, 목적에 대한 우리의 이해와 수용을 반영하도록 해주며, 결과적으로 집단 응집력을 강화시킨다. 또한 이러한 초점은 집단 구성원들에게 토론에 참여하는 기회를 제공해 준다. 집단 구성원들은 이후의 회기들에서도 자신의 현재 상황을 개념화하고 결정을 내리는 데 변화단계 개념이 유용한 도움을 주었다고 이야기하면서, 계속 단계에 대해 언급한다. 변화단계를 소개할 때는 TTM 매뉴얼에 있는 삽화를 집단 구성원들에게 읽어주고 다음과 같은 질문을 한다. "삽화 속에 있는 사람은 어떤 변화단계에 해당되나요?" 다음 삽화는 실행단계에 있는 내담자에 관한 것이다.

리더 A: (*삽화를 읽음*) "말커스는 스스로를 자랑스러워합니다. 그는 2주째 단주하고 있고, 술을 마시지 않는 새로운 직장 친구들과 시간을 보내기 시작했습니다. 그의 업무도 개선되었고, 직장상사도 그가 달라진 것을 알 수 있었습니다. 몇 주 전에 집에 있던 술을 모두 내다버릴 때만 해도 그는 자신이 이것을 얼마나 지속할 수 있을지 확신하지 못했습니다. 퇴근 후 술집에 들르고 싶은 유혹을 느끼곤 했었지만, 대신 매일 저녁 공원에서 조깅을 해왔습니다. 말커스는 어떤 변화단계에 있을까요?

집단 구성원 A: 실행!

집단 구성원 B: 실행.

집단 구성원 C: 유지.

집단 구성원 D: 둘 다예요. 사용을 중지했고, 촉발요인(triggers)도 피하고 있지요.

집단 구성원 E: 스스로 긍정적인 변화행동들을 강화시키고 있네요.

집단 구성원 F: 그러니까 자신을 술 마시는 친구들과 어울리지 못하게 하는 그런 상황에 있게 하는 거죠.

리더 A: 그는 일부 유혹을 제거해 버렸군요. [반영하기]

집단 구성원 F: 맞아요, 네. 음, 기본적으로는 유지이면서 실행.

리더 A: 여러분은 행동전략을 통해 실행해 오던 것들을 반복해 오셨습니다. 하지만 여러분이 오랜 기간 계속하게 되면 그것들은 삶의 일상적인 부분으로 변하게 됩니다. 실행한 것이 유지가 되는 것이지요. [반영하기; 여러 명의 참여와 관여를 일으키는 변화단계 확인 활동의 예시]

집단 구성원 H: 저는 [변화하는 것을] 고려 중이에요.

리더 B: 당신은 숙고단계에 계시는 거죠. 생각하고 계시는 중이고요. [반영하기]

집단 구성원 H: 생각 중이에요. 변화에 대해서요. 제가 변할 수 있는 유일한 길은 제 자신이 여기 집단 회기에서 변화에 대해 이야기하는 것입니다.

리더 A: 조금은 준비가 되신 것처럼 들립니다. "내가 할 수 있는 일 중 한 가지" 계획의 일부는 집단 회기에서 이야기하시는 것이 되겠네요. 다른 분들은요? [반영하기; 이슈를 집단으로 돌리는 열린 질문]

집단 구성원 C: 전 실행단계에 있다고 할래요. 사용을 중지했다는 뜻이죠. 저에게는 두 부류의 친구들이 있어요. 좋지 않은 친구들과 좋은 친구들이지요. 제가 좋지 않은 일을 하고 있었을 때, 저에게 좋은 영향을 주는 친구들이 전화를 한 적이 있었어요. 저는 지금은 바빠서 이야기할 수 없다고 했죠. 왜냐하면 약물을 사용하고 있었으니까요. 하지만 이제는 변화를 위한 일을 하고 있기 때문에도 친구들과 이야기 나눌 수 있어요. 전 좋지 않은 친구들을 떠나고 싶어요. 좋은 친구들과 어울리면서 바로잡으려 애쓰고 있고요.

리더 A: 변화가 시작되었네요. 행동으로 옮기고 있으시고요. 다른 분들은 어떠신지요? [반영하기; 기술적으로 이야기를 멈추게 하며 주제를 집단에게 돌리는 열린 질문]

집단 구성원 F: 동시에 두 가지[단계]에 해당될 수 있나요?

리더 A: 그에 대해 더 말씀해 보시지요. [집단 구성원의 지각을 탐색하는 열린 질문]

집단 구성원 F: 숙고단계 그리고 음, 준비단계. 네, 저는 끊는 것을 생각 중이고 주위 사람들에게 어떤 영향을 미치는지 궁금해합니다. 어쩌면… 아마도… 작은 변화를 시도하고 있는지도 모르겠어요. "하루에 12병을 마시지는 말자. 그냥 사교적으로 마실 수 있는지 보자."하는 그런 단계라고 할까요. 저는 술은 마시고 싶지만, [코카인을] 피우고 싶지는 않아요. 하지만 술을 마시면 피우고 싶어질 거란 걸 알아요.

리더 A: 줄이기 시작하셨군요. 알코올 사용을 줄이는 것을 *고려 중이고* 그리고 코카인 사용을 중단하려는 준비를 하고 계시네요.

리더 B: 두 가지 다른 행동에 대해 각각 다른 변화단계에 있는 예를 말씀해 주셔서 감사합니다. 그런 일은 매우 흔하지요. 준비단계에 있다가 숙고단계로 되돌아갈 수도 있고, 혹은 숙고단계에 있다가 준비단계를 "뛰어넘어" 실행단계로 갈 수도 있죠. [인정하기; 요약하기]

집단 구성원 F: 그런데 전숙고단계일 것도 같아요. 왜냐하면 술 마시는 건 괜찮다고 생각하고 있지만, 제 마음 속 깊은 곳에서는 그러면 안 된다는 걸 잘 알고 있기 때문이죠. 술을 마시면 무슨 일이 일어날 거란 걸 잘 알고 있으니까요. 그래서 마음속으로 제 자신에게 '난 정말 알코올 문제는 없어, 코카인 문제만 있을 뿐이야'라고 말하고 있는 거지요.

리더 A: 지금 이야기하신 것을 표현하는 말이 *양가감정*이라는 것을 아실 겁니다. 양가감정은 숙고단계에서 아주 흔하죠. "이걸 변화시키고 싶어. 하지만 이걸 변화시키고 싶은지 확신이 서질 않아." 이런 감정은 때로는 다소 혼란스러운 것처럼 느껴지기도 합니다. [정보 제공; 반영하기]

집단 구성원 F: 아, 맞아요! 정말 혼란스럽죠!(모두 웃음)

리더 B: 이건 뭐랄까, 춤을 추는 것과 같아요. 이쪽에서 저쪽으로, 앞으로 갔다 뒤로 갔다. [은유를 사용하는 복합반영]

집단 구성원 C: 왈츠를 추는 거네요!

리더 B: 왈츠를 추는 겁니다. [단순반영]

집단 구성원들의 대답이 서로에게 어떻게 영향을 미치고 형성되어 가는지, 리더가 단순반영을 사용하여 자기평가 과정으로 집단 구성원들을 어떻게 인도하는지에 주목한다. 변화단계 모델은 집단 응집력을 도모하는 공통 어휘와 유용한 통찰력을 제시하기 때문에, 초기 회기들에서는 변화단계 모델을 중심에 둘 것을 제안한다.

집단 구성원들에게 배운 중요한 마지막 교훈

집단 구성원들은 존중하고 비직면적이며 지지적인 MI 정신과 방식으로 다른 집단 구성원들과 관계를 형성하는 데 있어서, 리더나 집단 구성원이 상기시켜 주는 말들이 도움이 되었다고 이야기한다. 그들은 일반적으로 이처럼 새롭게 힘을 북돋아 주는 말을 들을 때에 감사하며 안도감을 느끼는데, 이는 서로를 직면하고, 설득하고, 판단해야 할 필요성을 면제받기 때문이다. 많은 집단 구성원들은 다른 집단 구성원들이나 리더들이 자신을 판단하지 않는다고 느낀 것이 새롭고 도움이 된 경험이라고 보고한다.

몇몇 회기에서는 집단 구성원들 각자의 자료철에 보관되는 유인물과 지필 활동에 의해 토론이 시작되기도 한다. 어떤 집단 구성원들은 노숙에 가까운 생활을 하거나, 가족과 소원하거나, 복합적인 생활 스트레스로 고생하는 등 한계에 처한 삶을 살고 있기 때문에, 자료들은 센터에 보관하고 집단 구성원이 원하는 경우에는 가지고 갈 수 있도록 복사본을 제공한다.

마지막으로, 물질남용 치료집단의 공통된 도전은 '어떻게 재발하는 집단 구성원의 수를 줄일 수 있는가'이다. 일반적으로 몇 번의 사용중단 시도를 거쳐 최종적인 중단에 이르게 된다는 연구보고들이 있지만, 최근에 재발을 경험한 개인들은 종종 도덕적으로 해이해지고, 당황하거나, 치료 프로그램에 복귀하는 것을 꺼린다. 공감, 수용, 낙관론, 격려의 표현에 기반하는 MI 접근은 재발을 실패가 아니라 학습 기회로 개념화한다. 재발로 인해 몇 번 회기를 빠졌지만 다시 집단으로 돌아온 집단 구성원들은 집단의 *정신*이 그들로 하여금 변화과정으로 다시 돌아와 재개할 수 있게 해주었다고 이야기한다.

집단 동기강화상담 치료의 충실도 평가하기

우리는 TTM 집단에서 리더의 MI 충실도를 평가하기 위하여, MI 치료성실성(MITI) 행동부호화 척도(Moyers, Martin, Manuel, Hendrickson, & Miller, 2005)를 사용해 왔다. MITI는 MI의 보편적인 두 가지 개념인 *공감*과 *정신*(협동정신, 유발성, 자율성 지지)을 토대로 치료의 질을 평가한다. 리더의 여러 언어표현 유형들 또한 부호화되어서 MI 충실도를 평가하는 데에 사용될 수 있는데, 이러한 언어표현 유형에는 닫힌 질문과 열린 질문, 단순반영과 복합반영, MI식 표현(예, 인정하기, 정보나 조언을 주기 위해 허락 구하기, 지지 표현하기)과 반MI식 표현(예, 허락 없이 충고하기, 직면하기, 논쟁하기) 등이 포함되어 있다. MITI는 MI를 사용하는 개인상담 회기를 부호화하는 데에 주로 사용되어 왔지만, 집단 치료를 평가하는 데에도 신뢰성 있게 사용할 수 있게 되었다. 이러한 부호화 검토 결과, MI 원칙과 전략은 집단 개입에 매우 적합한 것으로 나타났다(Velasquez, Stephens & Ingersoll, 2006).

결론

통합 TTM 집단 개입은 상이한 변화단계에 놓여있을 수 있는 집단 구성원들의 자율성을 존중하고, 행동변화에 대한 약속을 도모하고 견고히 하기 위해 고안된 다양한 활동과 훈련을 제공한다. 또한 상호지지와 보살핌의 분위기를 조성한다. MI의 내담자 중심적이고 목표 지향적인 방식은 집단 환경에 자연스럽게 맞는데, 이는 MI의 원칙과 전략이 개별 집단 구성원의 염려와 상황을 고려할 뿐 아니라 코카인 사용행동의 변화라는 명시적인 집단 목표 또한 다루기 때문이다. 집단 구성원들은 TTM 집단에서의 MI 사용에 잘 반응하고, 리더들은 MI 기술을 보다 복잡한 상황에서 사용하는 도전을 즐긴다. 한편 집단 장면에서의 MI 사용은 어려울 수 있으므로 집단 MI를 시작하기 전에 개인상담 회기들에서 MI를 실천하는 데 숙련되기를 권한다. 개인 대상의 MI 접근법은 *왈츠를 추는 것*에 비유되었는데, 이에 비해 집단에서의 MI 사용은 *교향곡을 지휘하는 것*에 더 가깝다고 할 수 있다. 각 집단 구성원은 자신의 악기를 연주하여 집합적 선율을 만들어 내는 데에 기여할 뿐 아니라, 지휘자에게도 반응한다. 결국 지휘자는 전반적인 오케스트라 구성뿐만 아니라 악기들 간의 상호작용을 부드럽게 이끌어 가는 것이다.

집단을 MI 방식으로 이끄는 것은 교향곡을 지휘하는 것과 같다.

참고문헌

Amrhein, P. C., Miller, W. R., Yahne, C. E., Palmer, M., & Fulcher, L. (2003). Client commitment language during motivational interviewing predicts drug use outcomes. *Journal of Consulting and Clinical Psychology, 71,* 862–878.

Bandura, A. (1986). *Social foundations of thought and action: A social cognitive theory.* Englewood Cliffs, NJ: Prentice-Hall.

DiClemente, C. C. (2003). *Addiction and change: How addictions develop and addicted people recover.* New York: Guilford Press.

DiClemente, C. C., & Velasquez, M. (2002). Motivational interviewing and the stages of change. In W. R. Miller & S. Rollnick, *Motivational interviewing: Preparing people for change* (2nd ed.). New York: Guilford Press.

Janis, I. J., & Mann, L. (1977). *Decision-making: A psychological analysis of conflict, choice and commitment.* New York: Free Press.

Moyers, T. B., Martin, T., Manual, J. K., Hendrickson, S. M. L., & Miller, W. R. (2005). Assessing competence in motivational interviewing. *Journal of Substance Abuse Treatment, 28,* 19–26.

Perz, C. A., DiClemente, C. C., & Carbonari, J. (1996). Doing the right thing at the right time: The intersection of stages and processes of change in successful smoking cessation. *Health Psychology, 15,* 462–468.

Prochaska J. O., DiClemente, C. C., & Norcross, J. C. (1982). In search of bow people change: Applications to addictive behaviors. *American Psychologist, 47,* 1102–1114.

Velasquez, M., Maurer, G. G., Crouch, C., & DiClemente, C. C. (2001). *Group treatment for substance abuse: A stages-of change therapy manual.* New York: Guilford Press.

Velasquez, M., Stephens, N., & Ingersoll, K. (2006). Motivational Interviewing in groups. *Journal of Groups in Addiction and Recovery, 1*(1), 27–50.

제15장 여성 중독자를 위한 역량강화 집단 동기강화상담

Frances Jasiura, Winnie Hunt, and Cristine Urquhart

이름 없는 너에게… 나는 너의 이름을 부를 용기가 없다.

네가 내 생명을 구했다고 생각하곤 했어. 내가 우울했을 때 너는 구조요원처럼 나타났었지. 나는 너에게 다가가 친구가 되었어. 처음엔 마치 신혼과도 같아서 모든 것이 근심 없이 즐겁기만 했고 더 이상 우울하지도 않았어. 그러나 그건 시작에 불과했을 뿐이야. 넌 정말 최고야. 정말 감미로워. 네가 나의 꿈과 삶, 그리고 마침내 영혼 속으로 스며들어 오는 것을 나는 알아차리지 못했지.

너는 질투심 많은 연인처럼 점점 더 많은 시간과 돈과 건강을 나에게 요구했어.

정말 이상한 건, 너는 내 안에서 나를 조종했고 나는 내 삶에서 너를 지키기 위해 필사적으로 노력했다는 거야. 나는 훔치고 거짓말하고, 그 거짓말을 덮기 위해 또 거짓말을 했었어. 모든 것이 통제 불능이었지.

지난 몇 달간 너의 도움이 아닌 많은 도움을 받으면서, 나는 너를 멀리하고 나의 일상과 감정, 그리고 힘들지라도 나의 생각과 자존심을 되찾으려 애써왔고 드디어 그 길을 찾았어. 너는 내 뇌리에 영원히 새겨져 있을 거야. 하지만 이제 나는 네가 정말 위험하다는 것을 알아. 네가 다가오려 하면 난 너의 발자국 소리를 알아차릴 거야.

나의 온전한 정신과 만족감, 영적 근원 그리고 긍정적이고자 하는 소망에 매일 감사하고 있어. 너는 내 삶에서 두 번 다시는 친구가 될 수 없고 절대로 환영받지 못할 거야.

심리적, 사회적, 건강상의 복합적인 문제를 가진 여성들을 위한 집중 주간치료 집단 프로그램에서는 때때로 내담자가 자신이 사용하던 약물에게 보내는 편지가 큰소리로 낭독된다. 이 집단은 MI, 인지행동 접근법, 체화 접근법(embodied approaches)을 통합했고, 여성들이 자신의 문제를 다룰 수 있도록 돕기 위해서 MI의 정신, 원칙, 전략과 여성주의 역량강화 철학이 공존하고 있다. 그들은 긍정적인 동료집단과 새로운 기술, 자신감, 결심공약으로 어려움에서 벗어날 수 있다.

건강과 사회적인 문제들을 복합적으로 가진 여성들은 외상(trauma)과 물질남용에 대한 다양한 통합 개입으로 도움을 받을 수 있다(Harris & Fallot, 2001; Najavits, 2002). 여성은 종종 관계, 특히 역량강화와 상호성에 기반하는 건강한 연계를 통해 치유된다(Covington & Surrey, 2000). MI 역시 협동 관계에 중점을 두는데, 여성들의 물질사용 경험을 관계모델로 이해하는 것과 일맥상통한다. 그 밖에도 MI 정신 및 원칙과 여성 중심의 외상보호 사이에는 자율성 존중과 역량강화 및 선택의 강조 등의 유사점이 있다(MI and Intimate Partner Violence Workgroup, 2009). 선행연구들은 MI가 여성의 물질사용 문제와 관련 건강문제를 감소시킨다는 것을 보여 주었다(Yahne, Miller, Irvin-Vitela, & Tonigan, 2002; Floyd et al., 2007; Ingersoll et al., 2005).

최근 연구들은 여성을 위한 MI 기반의 집단개입이 도움이 된다고 제안해 왔다. LaBrie와 동료들(2008, 2009)은 MI 기반과 개별화된 피드백을 사용한 소집단이 알코올 문제를 가진 여대생들의 음주 감소에 도움이 되었다고 밝혔다. 또 다른 연구에서는 물질사용, 폭력, 외상 등 여러 위험요인을 가지고 있는 젊은 여성 노숙인들을 위한 집단 프로그램에 MI 기반을 통합했다(Wenzel, D-Amico, Barnes, &c Gilbert, 2009).

우리의 여성 주간치료 프로그램은 여성들이 중독치료에 참여하는 것을 막는 육아, 비용 등의 장애물은 줄여 주면서, 그 강도는 거주 프로그램과 동일하다(Healthy Choices in Pregnancy, 2002). 우리 집단의 여성들은 종종 복합물질 사용, 도박, 폭력 피해 경험, 성매매 연루 그리고 기타 해로운 상황에 오랫동안 노출되어 온 경험을 가지고 있다. 치료 참여에 대한 장애물로는 전문가에 대한 불신, 과거 교육 및 치료 환경에서의 실패 경험, 대인관계 문제 관리기술의 미숙, 낙담, 무력감 등을 들 수 있다. 또한 많은 여성들이 빈곤, 외상, 부적절한 주거, 육아 문제로 어려움을 겪고 있다. 이들은 대부분 교육수준이 낮으며 실직상태이고, 신체적 · 정신적 건강문제를 복합적으로 경험하고 있다. 아동보호 문제로 법원에서 위탁된 여성들도 있는데, 이들은 보통 여성 집단에 참여하는 것을 망설이며, 시간이 지나면 다른 여성들에 대한 불신감을 드러낸다. 집단 구성원이 무질서한 생활과 지지적이지 않은 관계로 되돌아가게 되는 경우에는 규칙적인 출석이 현저하게 어려워진다.

여성 중독문제는 흔히 역사적이나 문화적으로 의미 있는 뿌리를 가지고 있다. *역량강화*는 "상호 관심, 공감, 참여 그리고 반응성 … 등이 힘(power)을 재개념화하는 관계적인 행동"이다(Goodrich, 1991, p. 20). 중독, 빈곤, 외상, 힘의 남용에 의한 억압으로 여성들이 외면적으로 정의되고 소외될 때 역량은 강화되지 않는다. 그들은 흔히 정신질환, 매춘, 약물남용, 건강하지 못한 자녀양육과 같은 삶의 경험들에 대해 사회가 거부적이거나 무관심하기 때문에 부정적인 정체성을 내면화할 수 있다. 또한 낮은 자존감은 가치관과 자신의 선택 사이에 생겨난 불일치로 인해 빈번하게 더 낮아지고, 그로 인해 건강하지 못한 대처전략을 생존 기제로 사용하게 된다.

이 장에서는 참여에서 종결에 이르기까지 집단 과정에 적용되는 MI의 관계요소와 기술요소의 예시를 제시함으로써, 여성 집단에서 MI 기반의 역할을 조명하고자 한다. 우리는 변화대화와 결심공약을 끌어내고 강화함으로써 변화를 향한 움직임을 유발시키는 한편 개별 욕구와 집단 관여의 균형을 맞추는 MI 기반의 정신과 원칙에 기반하여 개입한다. MI 기반 정신에 따라 리더와 집단 구성원들은 타인을 바로잡고자 하는 반사작용을 한편으로 제쳐 놓도록 요구받고, 서로를 혹은 권위를 가진 사람이라면 누구나 불신하는 경향이 있는 여성들의 하위문화 속에서 협동정신을 구축하는 동시에 집단 구성원들의 자율성과 선택을 강화하기 위한 모든 기회를 포착하도록 도전받는다. 참가자들은 집단에 참여하는 동시에 일상에서의 삶도 살아가야 하므로 4주라는 기간 동안 우선순위, 염려, 능력 등에 대한 명료성이 바뀔 수 있으며, 그들의 동기는 수시로 집단에 의해 지지되고 강화된다. 예를 들어, 집단 구성원 한 사람이 아동보호국과 주도적으로 접촉하여 무작위 소변검사를 받겠다고 결심한 적이 있었다. 그녀가 어떻게 그 일을 해냄으로써 긍정적인 결과를 얻었는지 집단에 알리자, 다른 집단 구성원들은 관심을 보이면서 *그녀의 자기효능감을 빌리고* 싶어했다. 우리는 연민, 힘의 공유, 그리고 모든 팀워크 노력에 대한 인정으로 긍정적인 집단 분위기를 조성한다.

우리의 집단 시작 시나리오는 모든 집단 상호작용이 어떻게 대안적 방향을 제시하는지 보여준다. 예시에서, 집단 구성원은 약물사용 및 변화의 득실을 명확히 이야기하고 양가감정을 벗어나 결심공약을 향해 나아가고 있음을 알리는 편지를 쓰고 읽음으로써 실행의 발자국을 내딛고 있다. "너는 내 삶에서 절대로 환영받지 못할 거야."라는 말로 강인함과 결단력을 표명하면서 자기 인식의 변형적인 변화(transformational shift)를 보여주고 있는 것이다. 우리는 이 시점에서 변화대화와 약속을 이끌어 내고 강화하고 지지하는 반응을 할 수 있다. 대안적으로는 편지가 다른 여성 집단 구성원들의 내적 과정에 불씨를 지폈다는 것을 알릴 수도 있다. 이 집단은 집중적인 3주간을 함께 보내고 나면 응집력이 강해지므로, 우리는 상호성과 능동적인 참여를 강화하기 위해 초점을 집단에게로 돌리는 것이다. 이때는 경험을 공유해 준 여성에게 감사를 전하고, 집단 구성원들에게 자율적인 정리(autonomous processing) 시간을 주기 위해서 몇 분간 일지를 쓰게 한다. 집단의 주의를 편지를 쓴 사람에게 돌릴 경우에는 집단 구성원들에게 편지에서 들은 것을 요약하도록 청함으로써 '변화대화'를 강화시킬 수 있다. 그러고 나서 편지를 쓴 사람에게 "우리가 놓친 것이 있나요?"와 "지금 이 과정을 통해 느낀 점은 무엇인가요?"라고 물어볼 수 있을 것이다. 이어서 전체 집단에게 비슷한 경험에 대해 상호 탐색해 보도록 격려할 수도 있다.

> 연민, 힘의 공유, 그리고 모든 팀워크 노력에 대한 인정으로 긍정적인 집단 분위기를 조성한다.

사전집단 선별과 오리엔테이션에서 동기강화상담

우리는 참여와 선별이라는 이중 목적을 위해 잠재적 집단 구성원을 각각 개별적으로 만난다. 이 45분간의 면담 동안에, 우리는 그 여성이 집단에 대해 낙관적이 되기를 희망하며 리더로서 그녀와 연결됨으로써 협동의 장을 마련한다. 또한 그녀가 집중 주간치료 프로그램에 참여할 준비가 되어 있는지에 대해 선별한다. 이전의 집단 경험, 가정의 안전 문제, 지지, 진행 중인 개인/외상 상담, 매일 출석 의사, 참여에 대한 장애물의 해결, 금단증상의 심각성 등 여러 등록 기준에 대해서 평가하게 된다.

다음은 상담을 축약한 예문이며, 관련되는 MI 구성요소는 대괄호 안에 제시되어 있다.

리더: 어서 오세요, 도나. 만나서 반가워요(*좀 더 인사를 나누면서 맞이한다*). 상담자가 당신과 함께 작성한 의뢰서를 보내왔어요. 여성 역량강화 집단에 참여하는 데 관심이 있으시군요. 집단에 대해 어떤 이야기를 들으셨는지 궁금한데요? [이끌어 내기]

도나: 음, 그렇게 많이 듣지는 못했어요. 제 상담자는 일주일에 한 번 개인상담만 받는 것보다는 더 많은 지지를 받으면 좋겠다고 했어요. 이 프로그램에 대해서는 제 친구 하나가 예전부터 이야기를 해 왔고요.

리더: 도나, 집단에 대한 포스터를 본 적이 있으신가요?

도나: 아뇨.

리더: 이 목록은 다른 집단들에서 초점을 맞추고자 선택했던 주제들이에요. 만약 집단에 참여하신다면, 어떤 영역에 관심이 있으신가요? [의제 설정]

도나: 음, 이 목록 전부가 제게 필요한 것이네요. 재발방지, 애도, 남용, 자기주장, 건강한 관계, 모든 것이 필요해요.

리더: 다른 분들도 같은 말씀을 하시곤 하죠, 도나 … 그다지 놀라운 일도 아닌 것이, 이 프로그램은 여성들을 위해서 여성들이 만든 것이거든요. 실생활을 관리하는 보다 건강한 방법을 찾기 위한 것이고요. [정보 제공하기]

도나: 네, 상황이 너무 안 좋아요. 그 사람들이 제 아이들을 데려갔어요. 아이들을 다시 데리고 오고 싶지만 수급비로는 남의 집 방 한 칸을 겨우 얻을 수 있을 뿐이에요(*울기 시작한다*).

리더: 감당하기 힘들다고 느끼시는군요. 아이들과 함께 있지도 못하고요. 정말 원래대로 돌아가고 싶으신 거죠. 그래서 오늘 여기에 오신 거고요. [복합반영; 인정하기]

도나: 네. 그리고 이 모든 게 다 빌어먹을 제 잘못 때문이에요. 아무도 저보고 술 마시고 운전하라고 시키지 않았어요. 아무도 코카인을 하게 만들지도 않았고요. 되는 대로 살면서 즐기기만 했죠. 즐기고 또 즐겼어요!

리더: 그러니까 잠시 동안의 즐거움이었네요. 그리고 지금은 사태를 수습하는 중이고요. [복합반영; 인정하기]

도나: 네. 그 빌어먹을 마약이 아직도 절 붙들어 매고 있어요. 내가 원하지 않을 때조차도 난 여전히 원하고 있는 걸요.

리더: 이번에 중단하려고 결심하신 데 대해서 말씀해 주세요. [방향 잡기와 변화대화 이끌어 내기]

도나: 3주 전 남동생 기일에 내가 헛되이 살고 있다는 것을 깨달았어요. 그리고 더 이상은 그렇게 살고 싶지 않았어요.

리더: 전환점이었던 것처럼 들리네요. [복합반영] 어떻게 계속 중단하실 수 있으셨나요? [방향 잡기와 강점 유도 전략]

도나: 음, 전 많이는 아니지만 대마초를 피워 왔었는데요. 혼자서 견디어 왔고 시내에도 나가지 않았어요. 기본적으로 그냥 갈망과 악몽을 이겨 내려고 애써 왔죠.

리더: 그러니까 이번엔 달라지고 싶고, 이 프로그램을 시작하면 끝까지 마치고 싶으신 거군요(*도나가 고개를 끄덕인다*). 그러면 도나, 우리에게 알려 주세요. 당신은 다른 프로그램들에 들어가 봤었고, 무엇이 당신에게 효과가 있는지 없는지 아시잖아요. 좀 더 말씀해 주시겠어요. [자율성을 지지하고 협동정신을 이끌어 내기]

도나: 잘 모르겠어요. 전 아이들이 너무 그립고 걱정이 많이 돼요. 저는 다른 치료센터들에 들어가 있었을 때는 말을 많이 하지 않았어요. 지쳐 있었거나 매사를 걱정하고 있었거나 너무나 우울했었거든요. 지금은 최소한 제 이야기를 하고 있으니 아마도 도움이 될 거예요.

리더: 이미 이전과 다른 기분을 느끼고 계시군요. 이야기를 더 많이 하고, 치료센터에 들어가 있지도 않고, 아이들과 연결될 수 있는 방법을 찾고 싶어하고, 자신을 더 잘 돌보고 있고, 상담자와도 연결되어 있으시잖아요. 코카인을 멀리하는 데 무엇이 도움이 되는지 많이 알고 계시죠. [인정하기; 자율성; 협동정신] 대마초에 대해서 말씀하셨는데, 좀 더 이야기해 주세요. 다른 약물들이나 처방약이나 도박이나 그런 것에 대해서도요. [유발성]

도나: 음, 전 항우울제를 사용하고 있어요. 주치의가 처방해 주죠. 그리고 긴장을 풀기 위해서 대마초를 조금 피워요. 또 이따금씩 맥주 한 캔을 마시곤 하고요. 하지만 그건 제가 여기 있는 진짜 이유가 아니에요. 모두 코카인 때문이죠. 최악의 악몽이에요.

리더: 도나, 솔직하게 말씀해 주셔서 정말 감사해요. 지금 말씀해 주신 이야기들이 이번 기회를 예전과 다르게 만드는 데 도움이 되겠네요. [인정하기] 우리는 우리 자신을 포함해서 모두에게 이 집단이 운영되는 한 달 동안 알코올과 불법 약물을 멀리하고 처방받은 약만을 사용할 의향이 있는지 묻습니다. 프로그램에 참여하고 있는 중에 누군가가 사용하게 되면, 리더들이 각 상황을 개별적으로 자세하게 검토하죠. 때때로 우리는 어떤 집단 구성원에게 처음부터 다시 시작하도록 요청해야만 했어요. [정보 제공하기] 이점에 대해 어떻게 생각하시는지요? [이끌어 내기]

도나: 아, 네. 괜찮아요. 전 정말로 아이들을 되찾고 싶어요. 이번엔 꼭 해내야 해요. 그리고 매일 TV만 보는 대신 할 일이 생기겠지요.

리더: 우리는 여성들에게 4주 프로그램에 참여하는 동안에도 상담자와 계속 만나면서 삶의 어려움을 다루고 충동을 다루는 방법에 대해 작업하도록 격려합니다. 이것이 당신에게도 중요한 것 같네요. [변화대화 강화하기] 도나, 당신은 갈망을 관리하고 코카인으로부터 벗어나기 위해서 이 집단을 통해 생활의 중심을 잡을 수 있다고 생각하고 계시는 거지요. 이제 작은 과제 하나를 시작하는 것이 도움이 될 수 있을 것 같네요. 프로그램이 시작될 때까지 가만히 기다리기만 하지 않아도 되니까요. 어떻게 생각하세요? [허락 구하기]

도나: 물론이죠. 무엇인가요?

리더: 오늘부터 시작할 수 있는 짧은 글쓰기 과제를 추천할게요. 세 가지 질문인 (1) 왜 끊고 싶은가? (2) 이전에 시도해 본 적이 있는가? (3) 이번에는 무엇이 다른가? 에 대해 써보시고, 첫째 날 가지고 오시면 됩니다. [유발하기; 방향 잡기]

도나: 좋은데요. 뭔가 생산적인 일을 하면 제 기분도 좋아지겠죠. 정말 저에게 도움이 되었으면 좋겠어요. 다시는 이런 끔찍한 일을 겪고 싶지 않으니까요.

리더: 네, 좋으시다는 거죠. 당신이 집단에 참여하게 되어 무척 기뻐요. 도나, 다음 주에 전화로 연락드릴게요. 이 번호로 메시지를 남겨도 될까요? 월요일로부터 일주일 뒤에 뵙게 될 거구요. 아무것도 [공책, 펜] 가져오실 필요는 없으세요. 모두 준비되어 있을 것이고 다과도 마련될 거예요. [정

보 제공하기] 그 외에 또 궁금하신 점이 있으신가요? 우리가 이야기하지 못한 것이 있을까요? [협동정신]

여성을 위한 역량강화 집단 동기강화상담 진행하기

집단 관계 형성하기

여성 역량강화 집단 구성하고 촉진하기

우리는 4주 동안 주 5일 회기당 4시간씩, 사전에 등록된 참여자들로만 구성되는 집단을 제공한다. 집단 구성원들은 힘든 상황, 쉽게 바뀌지 않는 믿음, 격렬한 감정을 직면하고 있으므로, 시간 투자와 제한적인 구조가 집단 구성원들을 지지하는 데에 필요한 섬세한 집단 응집력, 안전, 상호성을 구축하는 데 도움을 준다. 집단 경계를 명료하게 유지하기 위하여 집단 구성원을 개별적으로 상담하지 않으며, 별도의 개인상담을 계속하도록 격려한다. 또한 익명성, 비밀보장, 안전을 보호하기 위해서 다른 지역사회 서비스 장소에서 집단이 운영된다. 우리는 집단 구성원들에게 장소에 대해 비밀을 유지하도록 청한다.

집단 구성원들은 지지적인 집단 환경 안에서 자율성을 강화하기 위해 개인 활동과 집단 활동 모두에 참여한다. 우리는 여성 모두가 이야기하고 인정받는 기회를 가질 수 있도록 돌아가며 이야기하는 방식(group rounds)을 택하고 있는데, 이때 본인의 차례가 돌아와도 이야기하고 싶지 않을 경우에는 다음 사람에게 순서를 넘길 수 있도록 하고 있다. 개인 활동과 집단 활동을 통해서 독서, 글쓰기, 말하기, 그림 그리기, 동작 영역을 아우르는 다양한 학습방식을 독려한다. 각 회기는 신체를 편안하게 해 주는 의식적인 호흡, 이완 훈련, 짧은 명상, 동작 등 심신에 초점을 맞추는 기술 습득을 포함하고 있다. 집단 응집력을 조성하고 협동정신을 구축하기 위해서, 의제 중심적이고, 전문가를 기반으로 하며, 교훈적인 지도를 하는 것은 삼간다. 이러한 체화된 접근은 초점을 심화시키고, 개인의 외상에 대한 반응을 감소시키며, 약물 충동과 생각을 가라앉히고,

> 집단 응집력을 조성하고 협동정신을 구축하기 위해서, 의제 중심적이고, 전문가에 기반하며, 교훈적인 지도를 하는 것은 삼간다.

변화를 위한 토대를 쌓는 데 도움이 된다. 집단이 진행되는 시간 동안, 우리는 집단 구성원들의 주의집중 시간을 관찰하며, 빈번한 짧은 휴식과 두 번의 긴 옥외 휴식시간을 제공한다. 집단 구성원들은 이와 같은 구조에 대해 한결같이 긍정적인 반응을 보였는데, 이 구조는 협동정신, 수용성, 연민, 유발성의 MI 정신에 의해 이끌어지며 외상 기반의 작업에서 중요한 안전과 제어를 제공한다.

동기강화상담과 일치하는 집단 과정 및 집단 응집력 촉진하기

우리는 집단 구성원들을 참여시키는 동시에, 회기 시작 때 집단 구성원들이 돌아가며 이야기하는 시간(check-in rounds, 체크인 시간)과 회기 마무리 때에 돌아가며 이야기하는 시간(check-out rounds, 체크아웃 시간)에는 집단 구성원들이 서로의 이야기에 반응하지 않도록 코치한다. 이와 같은 일시적인 *대화* 금지는 청하지 않은 충고, 질문, 이야기나 경험에 대한 여담, 그 외 MI에 부적합한 반응을 줄여준다. 관점을 탐색할 때에는 상호작용을 격려하는 동시에, 동료의 설득과 원치 않는 충고가 변화에 대한 저항을 일으킨다는 것을 집단 구성원들이 이해하도록 돕는다. 집단이 발전되어 감에 따라, 인정과 반영적 반응을 강화하고 더 많은 상호작용, 기술 연습, 자각, 책임을 격려한다. 휴식시간의 대화는 익숙한 공격적인 대화 방식으로 되돌아갈 수 있다. 집단에서는 이러한 대화를 새로운 기술을 사용하여 다시 해보도록 코치한다. MI 방식의 안내와 새로운 기술의 발전으로 집단 전체는 MI와 더 많은 일치를 이루게 된다. 시너지효과가 커지면서 집단 구성원들은 서로를 그리고 집단 과정을 보다 더 신뢰할 수 있게 되며, 희망을 되살리고 변화에 초점을 맞추게 된다. 문화 자체가 바뀌기 시작하는 것이다.

MI의 관계 요인과 기술 요인은 모두 여성 역량강화 집단에서 중추적인 역할을 한다. 우리는 "~에 대한 힘"을 재구성하여 "~와 함께하는 힘", "~를 하기 위한 힘", "~안으로부터의 힘"으로 협동적인 접근을 하며 변화대화를 이끌어 내고 강화시킨다. 우리는 도움을 주는 집단행동을 인정하고, 모든 결정과 책임에 있어 집단 전체를 포함시키고, 여성 각자의 잘하고 싶고, 책임감 있고, 온정적이고자 하는 타고난 욕구를 끌어내고 가시화시키기 위해 모든 기회를 포착한다. 따뜻함, 수용, 공감, 부드러운 지시와 같은 MI 방식은 변화대화를 유발하고 인지행동기술 연습을 격려하는 동시에, 다양한 저항, 끊임없이 변화하는 준비성, 불안정한 반응, 역동적 관계를 다루어 나가는 데 있어서 결정적으로 중요하다. MI의 정신, 원리,

기술은 리더, 구조, 집단 구성원에게 있어서 *집단*이 공들여 얻은 신뢰의 그릇이 되게 하는 것을 목표로 하고 있다. 만약 우리가 스스로를 *전문가*라고 여기거나 집단 구성원을 *구해줘야 하거나 교정되어야 할* 사람이라고 여긴다고 집단 구성원들이 의심하게 되면, 신뢰는 곧바로 깨질 것이다. 우리는 집단 구성원들이 집단에서 기꺼이 책임을 맡을 준비가 되어 있고 믿을 수 있고 너그러울 때에 그들을 진심으로 인정하게 된다. 동시에 우리는 그들의 아픈 상처들을 함부로 다루지 않으며, 그들의 생존 의지를 마음속 깊은 곳으로부터 존경한다.

갈등 관리하기

집단 구성원들은 자신들의 생생한 경험을 통해 분노와 좌절이 어떻게 갈등, 미해결된 결말, 언어 학대, 폭력으로 변해 가는지를 일관되게 이야기한다. 집단 내에서 일어나는 의견 불일치는 철회, 빈정거림, 혹은 언어 공격으로 재빨리 확대될 수 있으며, 외상 반응을 촉발하고 나아가 고통을 완화하기 위한 약물 충동으로 이어질 수 있다. 우리 자신의 *교정 반사*도 종종 촉발된다. 갈등이 일어날 때에, 우리는 토론의 속도를 줄이고 집단 구성원들의 모든 의사소통이 서로에게가 아니라 리더를 향하게 하고 경청과 갈등 억제에 주의를 기울이도록 청한다. 우리는 집단 구성원들이 주제에서 벗어나지 않는 동시에 "나" 언어만 사용하기와 같은 이전에 배웠던 갈등 전략을 연습하고 욕구를 직접적으로 표현하도록 코치한다. 만약 어떤 여성이 갈등이 고조된 상황에서 자리를 뜨겠다고 하면, 우리는 그녀의 경계와 자기보호를 존중하여, 짧은 휴식을 가진 후 곧 돌아와 달라고 청한다. 회기 마무리 시간에는 집단 구성원 각자에게 그날의 경험에 대해 간략히 정리하고, 약물사용 충동 정도를 평가하고, 다음날에도 참석하겠다는 약속을 하도록 청한다. 집단 구성원들은 격렬한 반응을 제어하는 이완 기술의 지원에 힘입어 건강하고 비폭력적으로 갈등을 해결하는 경험을 하는 것이다.

집단 시작하기

이상적으로 집단은, 25%의 중도 탈퇴율이 예상되는 실행성 있는 집단 크기인 8~10명에서 시작한다. 우리는 가벼운 다과와 음악을 준비하고, 연속감과 소속감을 전해 주는 이전 집단들로부터의 선물들을 중심으로 의자를 둥글게 배치하여 따뜻한 분위기를 조성한다. 첫째 날에 참여 여성이 한 사람씩 방으로 들어올 때,

우리는 개인 선별 면담과 연결 지으면서 따뜻하게 맞이한다. 그리고 참석하기 위해 필요했을 용기와 많은 결심들에 대해 다시 한 번 감사하면서 집단을 시작한다. 집단 구성원들이 마음에만 담아두고 입 밖에 내지 않고 있는 안전에 대한 염려를 다루기 위해 개인별 글쓰기부터 시작하는데, 집단 참여에 대한 개인적인 염려점들의 목록을 적고 순위를 정하도록 청한다. 우리는 집단 구성원들이 쓴 글은 공개되지 않으며, 회기 외의 시간에는 안전한 곳에 보관될 수 있다고 확실하게 이야기한다. 그리고 긴장을 깨기 위한 몇 가지 간단하고 즐거운 활동들을 한다. 우리는 친근한 이름 짓기 게임을 선호하는데, "희망찬 헤이젤"처럼 자신의 이름 앞에 긍정적인 형용사를 붙이는 것으로서 리더들도 함께 참여한다. 이런 간단한 활동을 함으로써 선호하는 자기상을 향해 자기인식이 미묘하게 변화하기 시작하고, 긍정적인 정서에 다가감으로써 변화를 향하는 추진력을 만들어 낼 수 있다. 집단 구성원들은 종종 이러한 이름에 반향을 일으킨다.

그 다음, 집단 구성원들은 서로 어떤 점에 대해 알고 싶은지 브레인스토밍하는데, 흔히 자녀 연령, "사용 약물", 이전의 치료 프로그램, 지지 집단, 취미, 고향, 결혼 상태에 대해 공개하기로 선택한다. 우리는 열린 질문하기, 인정하기, 반영하기, 요약하기(OARS)를 사용해서 집단 구성원들 사이의 공통된 주제를 연결시킨다. 집단 구성원들이 교통편이나 육아와 같은 출석에 대한 공통적인 걸림돌을 확인하고 다루게 되면 고립은 훨씬 누그러진다. 집단 구성원들에게 출석이 어려울 경우에는 사전에 집단에게 알려 달라고 청하는 것만으로도 결석을 줄이는 결과를 가져온다. 집단 참여를 강제 위탁받은 집단 구성원이 있으면 그 사실을 익명으로 알리고, 집단 구성원들이 비밀보장, 익명성, 정보의 안전성, 보고 사항, 절차에 관한 경계를 공개적으로 탐색하도록 돕는다. 집단 구성원들은 프로그램에 대한 기대와 "화급한 사안"에 대해 브레인스토밍한다. 벽에 붙여두는 이러한 주제 목록은 집단 응집력을 조성하고 집단의 나침반 역할을 하며 시간 관리를 돕고 집단 구성원들로 하여금 자신의 최우선 사항을 다루도록 한다.

집단 구성원들은 건강한 경계, 안전, 협동을 조성하기 위한 집단 지침에 대하여 브레인스토밍한다. 이러한 지침 역시 벽에 붙여두고 충돌이 일어났을 때에 안전한 기반을 제공하기 위해 매주 재검토한다. 전형적인 집단 지침으로는 다음과 같은 사항들이 있다. 타인 존중(시간준수 포함), 비밀보장, 차례로 이야기하기, 끼어들지 않기, 다른 사람의 말을 짐작해서 대신 마무리하지 않기, 잡담하지 않기,

서로를 교정하려 들지 않기, 주제를 벗어나지 않기, 집단 참여 중 음식 먹지 않기, 휴대폰 꺼두기, 약물을 사용하는 생활방식을 미화하지 않기, 집단 밖에서 어울리지 않기(2주 후 재검토), 매일 출석하기 그리고 물질사용 중단을 유지하기. 이 목록의 마지막 두 지침은 종종 집단 구성원들이 촉진적인 대화를 경험할 수 있는 풍부한 기회를 제공하는 인화점이 된다. 매일 출석할 것이며 약물이나 알코올에는 손도 대지 않겠다고 진심 어린 마음으로 이야기한 집단 구성원이라 하더라도 실수할 수 있다. 따라서 우리는 개인과 집단 모두의 전체적인 안녕을 고려하여, 때때로 집단 구성원에게 프로그램을 처음부터 다시 시작하도록 요청할 필요가 있었음을 설명한다.

관점 탐색하기

집단 회기에는 매일 개인당 5분 이내의 체크인 시간과 체크아웃 시간이 포함되어 있는데, 이때 우리는 변화대화와 실천기술을 강화시킨다. 우리는 협동적인 학습 환경을 배양하기 위해 이끌어 내기-제공하기-이끌어 내기 전략을 사용한다. 우리는 체크인 시간에 집단 구성원들이 하는 이야기들에서 집단 차원의 요약을 이끌어 내는데, 이때 그날의 화제나 주제가 드러난다. 이런 주제는 '임신 중의 건강한 선택'과 같은 프로그램 매뉴얼을 토대로 할 수 있을지는 몰라도 그 매뉴얼에 따라 집단이 진행되는 것은 아니다. 우리는 정해진 주제에 대해 집단 구성원들이 사전에 이해하고 있던 바를 이끌어 내고, 기록물, 토론, 연습활동, 그리고 개인 목표 설정을 통해 지식과 기술을 개발하고 촉진한다. 이러한 작업을 통해 모든 관점을 받아들임으로써, 개인적 수단, 내성, 호기심, 열린 마음을 발달시킬 기회를 제공하고, 새로운 생활방식과 실천적 해결책을 개발할 능력을 증가시킨다.

마지막 체크아웃 시간에는 개인적 염려, 자신감 정도, 행동계획에 초점을 맞추며, 이는 다음 회기의 체크인 시간에 재검토된다. 체크아웃 시간에는 각 집단 구성원이 약물 사용에 대한 충동 및 개인 안전에 대한 염려의 정도를 평가한 뒤 문제 해결을 위한 충분한 시간을 남겨 놓는다. 우리는 집단 구성원들이 자신의 초기 "목록과 우선순위" 일지를 개인적으로 검토하고, 평가 척도의 점수에 어떤 변화가 있는지 살펴보고, 원할 경우 집단과 공유하도록 돕는다. 매일의 회기는 집단 구성원들이 만들어 낸 의미 있는 의식으로 끝마친다.

매주가 시작될 때에는, 체크인 시간을 통해 즉시 주목할 필요가 있는 새로운 문제들이 드러나거나 혹은 대처기술과 의사소통 기술이 증가되었음을 반영하는 긍정적인 변화가 나타나기도 한다. 매주 마무리 시간에는 집단 구성원들에게 지지적인 집단 회기에 참가하지 못하기 때문에 겪을 수 있는 주말 동안의 어려움에 대비하도록 청한다. 주말은 현실 점검과 집단 종결을 대비한 예행연습의 기회를 제공해 준다.

집단 구성원들은 종종 집단에 처음 들어와서는 아무 희망도 없다면서, 제대로 마치지도 못했고 대개는 모욕적이었던 종결들에 대한 힘들었던 과거 경험들을 나눈다. 집단 구성원들이 일단 집단의 예측성과 안전성으로부터 이득을 얻기 시작하면, 집단이 종결된 후에는 변화와 추진력을 어떻게 관리하고 유지할 것인지에 대해 몹시 궁금해하기 시작한다. 집단이 진전을 보임에 따라, 우리는 집단 밖에서의 기술사용을 지지하기 위해서 격려하고, 다 함께 문제를 해결하며, 자원을 공유한다. 집단 구성원들은 애도, 상실, 학대, 외상, 성과 같은 민감한 영역에 대해 고조된 절박감, 기술, 연습, 신뢰를 끌어내면서 자신이 처음에 작성했던 주제 목록을 재검토한다.

여성들의 삶에 대한 관점을 계속 탐색해 나감에 따라, 우리는 개인적 상황과 생활방식, 개인적 가치, 가치와 생활방식의 적합성, 그리고 삶을 재구성하면서 부딪치는 다양한 문제들에 대해 그들이 느끼는 양가감정에 초점을 맞추게 된다. 여성들이 더 마음을 열고 신뢰가 깊어질수록, 그들은 개인들의 집합체를 넘어 하나의 집단으로 결속되기 시작한다. 응집력과 신뢰가 충분히 높다고 판단되면, 우리는 관점 확대하기로 옮겨간다.

관점 확대하기

여성들이 이해받았다는 느낌을 가지고 대안적 관점을 고려하기 시작하는 단계에 들어오게 되면, 안전과 기술, 역량강화, 준비성을 형성하기 위하여 MI, 인지행동 접근법, 외상기반 접근법, 집단 과정, 체화된 인식 접근법을 통합한다. 우리는 중독에 대한 이해를 넓히기 위하여 새로운 아이디어를 집단 구성원들에게 전한다. 예를 들어, 여성들은 다양한 발달모델과 변화모델의 탐색, 특히 여성 문제에 있어 사회의 역할이라는 보다 큰 맥락 탐색이 도움이 됨을 깨닫는다. MI 상담방식을 사용하여 전달할 때에는 다양한 기술들이 유용하다. 예를 들어, 약물 사용, 폐해 감소, 혹은 단약과 같은 구체적인 행동들에 대해 기능분석과 결정 저울을 적용해 보도록 여성들을 돕는다. 또한 문제해결, 자기주장, 의사소통, 갈등해결, 건강한 관계에서 인지행동기술을 연습할 수 있도록 시각적 교육 자료들과 활동들을 사용한다. 우리는 보다 나은 미래 예상해 보기, 집단 구성원의 변화 중요성에 대한 느낌과 변화 자신감 탐색하기, 자신의 강점과 지지 탐색하기 등과 같은 MI 전략들을 통합한다. 집단 구성원의 허락하에, 우리는 OARS 의사소통 기술에 대해 보다 많은 피드백과 코칭을 제공한다. 집단 구성원들이 건강, 재발방지, 약물충동을 위한 전략을 적용하는 데 성공함에 따라, 집단은 변화 추진력을 얻는다. 집단 구성원들은 자신이 미래에 이루고 싶은 본인의 모습을 떠올릴 수 있도록 활동 중에 완성된 그림이나 글을 게시하도록 요청 받는다.

어떤 집단에서 한 여성이 밤새도록 코카인 충동을 경험했다는 이야기를 한 적이 있었다. 그녀는 잠시 멈추었다가 "내가 그렇지 않았을 때를 제외하고"라고 덧붙였다. 그 집단이 끝날 때까지, 그녀는 자신의 과잉일반화를 알아차릴 때마다 "내가 그렇지 않았을 때를 제외하고"라고 말했다. 이는 집단 구성원 자신이 발전시키고 있는 기술을 집단 안에서 직접성, 개방성, 투명성, 신뢰를 통해 연습한 예시이다. 이와 같은 경우에, 우리는 변화목표를 향한 진전을 확인하고, 다른 집단 구성원들에게 집단 활동 중의 이러한 결실이 본인이 추구하는 더 나은 삶을 향한 활동에 어떻게 영향을 미치는지 살펴보도록 돕는다. 우리들 자신과 집단 구성원들이 지지적인 집단 환경 안에서의 행동적, 감정적, 신체적 변화들을 인식하고 강화시켜 감에 따라, 이러한 변화들은 "새롭고 평범한 것"이 되어 보다 쉽게 유지된다.

행동으로 옮기기

물론 매일 출석하는 것이 이 여성들에게는 행동을 취하는 것이기도 하지만, 몇몇 집단 구성원들은 집단 종결시간에 여러 염려되는 부분들에 대해 탐색하는 동시에, 곧바로 보다 큰 문제에 대하여 행동을 취하기 시작한다. 집단 구성원들은 작고 쉽게 해결되는 어려움에서부터 위협적이며 명백한 해결책이 없는 세대 간 문제에 이르기까지 다양한 범주의 어려움들을 공유한다. 일례로, 이 장의 제일 앞에 실린 편지를 쓴 여성은 힘겨운 감정들을 수용하고 살아 나가기 위해, 약물남용을 포함한 폭력적인 관계들을 청산하고, 본래의 창조적 능력에 다가가며, 건강한 공동체를 찾고, 갈등을 건설적으로 다루며, 재발을 방지하고 약물 충동, 생각, 감정을 관리하기 위하여 기술과 지지의 필요성을 확인했다. 우리는 집단 구성원들이 자기효능감을 형성하기 위해 자신의 영향권을 확인하고 집단 전반부에 보다 작고 단순한 변화들을 시도하도록 격려한다. 때때로 가상적인 계획은 집단 구성원들이 장기적으로 행동양식을 어떻게 바꿀 것인지를 상상하도록 돕는 가장 적합한 방법이 된다. 우리는 집단 구성원들에게 "시험적 변화"라는 아이디어를 소개한다. 집단 구성원들이 돌아가며 이야기할 때, 우리는 여성들에게 일주일 안에 실행할 수 있는 가장 작은 변화를 상상해 보게 한다. 우리는 그들에게 이 "시험"을 할 준비가 되었는지 물어보고, 확신이 없는 사람들에게는 보다 많은 지지와 계획을 제공한다. 우리는 변동하는 모든 단계의 변화 준비성을 상대하며, 건전한 변화를 향한 아주 작은 진전을 나타내는, 주저하면서 시작하려는 말들 속에서 변화대화의 핵심을 반영한다. 집단이 계속됨에 따라 우리는 보다 민감한 주제들을 다루며, 좀 더 포괄적인 도전을 위한 가상적인 계획에 대해서 대화를 나누도록 이끈다. 우리는 집단 구성원이 다음 단계를 위한 아이디어를 브레인스톰할 때에 동료들에게 도움을 청하도록 독려한다. 가능한 모든 아이디어들을 칠판에 적도록 하고, 자신에게 가장 잘 맞을 것 같은 *상위 3개* 아이디어를 고르게 한다. 이러한 대화와 참여 활동은 지지와 새로운 관점을 제공하는 한편, 변화 추진력을 형성하고 집단 밖에서도 수행될 수 있는 과정을 가르친다. 우리는 사람들이 대화를 통해 변화로 나아간다는 사실을 알기에, 여성들이 도전적인 행동들에 대해 이야기하는 것을 강점으로 인정한다. 집단 구성원 한 사람이 구체적인 변화 노력을 기울일 때, 동료들은 그녀를 통해 희망과 실질적인 성공을 경험하게 되는 것이다.

종결 및 마무리 전략

마지막 2주간에는 강도 높은 힘든 작업으로 인해 분노와 좌절이 자주 폭발한다. 우리는 의사소통 기술과 대처기술을 연습할 수 있는 기회들을 강조하고 찾고자 노력한다. 또한 OARS를 사용하여 고조된 감정을 진정시키고 개인의 선택과 통제를 재구성하고 강조하며, 집단 구성원 스스로가 성공적인 수료를 준비하도록 격려한다.

마지막 주에는 자신이 경험한 것과 배운 것 그리고 다음 단계를 명료화하기 위하여 집단 구성원 각자가 프로그램의 요약문을 써본다. 집단 구성원들은 재발방지, 자기 관리, 의사소통, 건강한 관계, 유용한 자기 대화 등 최소 5가지 영역에서의 자신의 발전과 지식을 확인하고 측정해 본다. 이러한 서면 평가는 행동계획을 견고히 하도록 돕고, 중요한 프로그램 피드백을 제공하며, 또 의뢰받은 상담자와 연결해 주는 다리 역할을 한다. 우리는 프로그램 요약을 검토하기 위해 각 집단 구성원과 개별적으로 15분간 만나서, 이루어 낸 성과를 인정해 주고 사전사후 평가 측정 기록에 대한 피드백을 준다. 이상적으로는 다음 단계를 촉진시키기 위한 자원들이 준비되어 있는데, 이러한 자원들에는 추가 치료, 동료 지지 방안, 교육과 훈련 혹은 직업준비 프로그램 등이 있다. 집단 구성원들은 서로에게 감사를 전하고 구체적이고 건설적인 피드백을 준다. 각 집단은 종결을 준비하고, 특색 있는 수료증 디자인과 같은 각각의 독특한 방식으로 통과 의례를 기념한다. 어떤 집단들은 마지막 날 기념식에 각자 음식을 준비해 와 저녁 식사를 함께 하거나, 풍선을 날려 보내거나, 의뢰한 상담자, 공동체 후원자, 가족을 초청하기도 한다.

집단의 성과

참가자들은 집단이 본인에게 미친 영향에 대한 글을 쓰는데, 다음은 대표적인 생각들을 요약한 것이다.

- "나는 매일 감사를 드립니다. 나에게는 사생결단의 싸움이었고, 이제 나는 문제를 다루는 데 있어 보다 건전한 선택들을 하고 있습니다."
- "나는 더 현실적이고, 모든 일들을 다른 관점에서 볼 수 있게 되었습니다."
- "나는 집단 구성원들을 통해 신뢰하는 것을 배웠고, 서로의 공통점들을 알 수 있었습니다. 나만 이런 기분을 느끼고 있는 것처럼 모든 것을 내 안에 담고 있는 대신에, 이제는 큰소리로 말하는 것이 더 쉽습니다."
- "나는 새로이 배운 것과 생활기술들을 매일 사용할 수 있고, 나 자신에 대한 책임감을 더 많이 느낍니다."
- "나는 스스로 화를 돋우거나 부정적인 판단을 하거나 절망에 빠지는 방법들을 더 잘 알게 되었습니다. 그래서 예전의 유해한 일상 습관들을 피하는 것에 전보다 더 관심을 기울일 수 있습니다."
- "나의 중심 가치들은 힘든 시기에도 나에게 힘과 용기와 확신을 줍니다. 그래서 나는 나 자신을 좋아한다고 진심으로 말할 수 있습니다."

결론

우리는 소외된 여성들을 대상으로 하는 MI 기반 역량강화 집단의 혁신적인 가능성을 살펴보았다. 이 여성들은 수치심, 죄책감, 자기혐오, 파괴적인 내면의 목소리, 그리고 삶에 대한 깊은 체념과 함께 유머, 아직 발견되지 않은 희망, 연민, 회복력 있는 중심 가치들을 드러냄으로써, 그들의 가장 약하고 감추어진 있는 그대로의 모습을 우리에게 보여준다. 이들은 생애 처음으로 자신들의 말을 귀담아 듣고 존중해 주는 낙관적인 문화 속에서 상호작용함으로써 종종 희망이 되살아나는 경험을 한다.

여성들은 자신들의 말을 귀담아 듣고 존중해 주는 낙관적인 문화 속에서 상호작용함으로써 종종 희망이 되살아나는 경험을 한다.

MI의 틀은 그들이 더 나은 미래를 상상하고 그를 향해 구체적인 행동단계들을 시작하게 함으로써 역량강화를 조성한다. MI는 여성들을 이 지점까지 인도해 온 여정을 존중하는 한편, 새로운 가능성의 틀을 짤 수 있는 언어와 변화를 방해하는 오래된 애착과 부담을 흘려보낼 수 있는 과정을 제공한다. MI를 집단 양식에 통합함으로써 정체성 변화를 이룰 수 있는 관대한 정신, 긍정적 감정, 변화 에너지를 만들어 낸다. 집단을 통해 여성들은 적당한 지지를 받으면서 건전한 관계와 여성들 간의 우정에서 "새롭고 평범한" 경험들을 하게 되는데, 이는 여성들의 가족과 사회연결망으로까지 전파되기도 한다. 이러한 맥락에서 과거의 오랜 가난, 외상, 중독, 실직, 고립, 학대에도 불구하고, 이 여성들은 자신과 자녀들을 위한 보다 나은 삶을 일구기 위하여 적응유연성과 용기와 결단력을 발휘한다.

이러한 집단들을 진행하는 데에는 어려움이 따른다. 개인을 대상으로 MI 기술과 정신을 능숙하게 사용하는 것은 필수적인 전제조건이다. 매 순간 많은 일들이 일어나기 때문에 공동 진행이 불가피한데, 이는 여러 기술들을 나누어 사용할 수 있게 한다. 진행 중의 불가피한 실수나 충돌을 보완하기 위해서는 겸손, 유머, 즉시성, 유연한 공동 진행이 요구된다. 이 여성들이 과거에는 흔히 불가능하다고 믿었던 것들을 성취하는 걸 보는 건 충분히 값어치 있는 일이다. 향후 조사연구와 임상적인 혁신을 통해서 더 나은 원조 방법이 밝혀지고 서비스가 개선될 것이다. 하지만 당신의 분야에서 전통적인 외래서비스 이상을 필요로 할 수도 있는 사람들을 대상으로 일하고 있다면, MI를 역량강화 집단에 통합한 이러한 예시가 고려할 만한 유용한 아이디어를 제공하기 바란다.

참고문헌

Covington, S. S., & Surrey, J. L. (2000). *The relational model of women's psychological development: Implications for substance abuse* (Work in Progress, No. 91). Wellesley, MA: Stone Center, Working Paper Series.

Floyd, R. L., Sobell, M., Velasquez, M. M., Ingersoll, K., Nettleman, M., Sobell, L., et al. (2007). Preventing alcohol exposed pregnancies: A randomized control trial. *American Journal of Preventive Medicine, 32*(1), 1–10.

Goodrich, T. J. (Ed.). (1991). *Women and power: Perspective for family therapy.* New York: Norton.

Harris, M., & Fallot, R. D. (2001). *Using trauma theory to design service systems.* San Francisco: Jossey-Bass.

Healthy Choices in Pregnancy. (2002). *D.E.W. program facilitators manual.* Victoria, British Columbia, Canada: B.C. Government Press. Available at *www.hcip-bc.org.*

Ingersoll, K. S., Ceperich, S. D., Nettleman, M. D., Karanda, K., Brocksen, S., & Johnson, B. A. (2005). Reducing alcohol exposed pregnancy risk in college women: Initial outcomes of a clinical trial of a motivational intervention. *Journal of Substance Abuse Treatment, 29*(3), 173–180.

LaBrie, J. W., Huchting, K. K., Lac, A., Tawalbeh, S., Thompson, A. D., & Larimer, M. E. (2009). Preventing risky drinking in first-year college women: Further validation of a female-specific motivational enhancement group intervention. *Journal of Studies on Alcohol and Drugs, Supplement, 16,* 77–85.

LaBrie, J. W., Huchting, K., Tawalbeh, S., Pedersen, E. R., Thompson, A. D., Shelesky, K., et al. (2008). A randomized motivational enhancement prevention group reduces drinking and alcohol consequences in first-year college women. *Psychology of Addictive Behaviors, 22*(1), 149.

MI and Intimate Partner Violence Workgroup. (2009). Guiding as practice: Motivational interviewing and trauma-informed work with survivors of intimate partner violence. *Partner Abuse, 1*(1), 92–104.

Najavits, L. M. (2002). *Seeking Safety: A treatment manual for PTSD and substance abuse.* New York: Guilford Press.

Starhawk (1987). *Truth or dare: Encounters with power, authority, and mystery.* San Fransisco: Harper.

Wenzel, S. L., D'Amico, E. J., Barnes, D., & Gilbert, M. L. (2009). A pilot of a tripartite prevention program for homeless young women in the transition to adulthood. *Women's Health Issues, 19,* 193–201.

Yahne, C. E., Miller, W. R., Irvin-Vitela, L., & Tonigan, J. S. (2002). Magdalena Pilot Project: Motivational outreach to substance abusing women street sex workers. *Journal of Substance Abuse Treatment, 23,* 49–53.

제16장

이중진단 환자를 위한 집단 동기강화상담

Steve Martino and Elizabeth J. Santa Ana

심각한 정신장애와 물질사용 장애가 있는 이중장애 환자를 치료하기 위해 많은 프로그램들이 그들의 치료동기를 증진시키기 위해 집단 개입에 의존하고 있다(Drake & Mueser, 2000; Goldsmith & Garlapati, 2004). MI는 개인에게 동기를 부여하는 가장 좋은 방법으로 권장되지만(Drake et al., 2001; Minkoff, 2001; Ziedonis et al., 2005), 문헌에서는 MI를 이중진단 특별 프로그램 집단에서 구현하는 방법에 대한 몇 가지 포괄적인 서술을 제안하고 있다. 이 장에서는 이중진단 급성 치료 단계에서 집단 MI에 초점을 맞추어 이중진단 환자를 위한 집단 MI의 모델을 보여준다.

집단 동기강화상담의 개념화

이중진단 환자를 위한 집단 MI를 개념화시키는 주요 전제는, 상담가가 MI 구성요소를 제공하고, 집단 구성원들은 변화하고자 하는 동기를 강화하는 집단 역동에 참여하도록 하는 것이다. MI에서, 동기는 리더와 환자 사이에 이루어지는 대인관계 현상이다. Miller와 Rollnick(2013)은 이러한 대인관계 유형을 강화시키는 것이 *MI 정신*이라고 언급하며, 이러한 MI 정신은 협동정신, 수용, 연민, 유발성과 같은 핵심적인 구성요소들을 포함한다고 했다.

Yalom과 Leszcz(2005)는 집단 치료의 초기 단계에서 보편성, 정보 제공, 희망

주입이 행동 변화를 이끄는 가장 확실하고 효과적인 요소들이라고 제안하고 있다. 이 세 가지 요소가 집단 구성원들에게 문제 행동들을 변화할 수 있게 노력하도록 촉진시키는 공통성, 지지, 그리고 격려받는 것을 경험하도록 집단 분위기를 조성한다(Kivlighan & Holmes, 2004).

집단 MI에서, 우리는 동기강화된 치료 환경을 극대화하기 위해 집단치료적 요소와 MI 정신의 핵심적 요소를 동시에 구축하는 것을 권장하고 있다. 구체적으로, 우리는 내담자가 변화에 대한 양가감정을 흔히 경험하는 것이 정상이라는 것을 알려주고, 집단에서 집단 구성원들의 복잡한 반응들과 보편적인 경험을 탐색해 보도록 격려할 것을 제안하고 있다.

리더: (*집단에게*) 여러분은 이렇게 많은 사람들이 이 자리에 와 있는 것과 자신의 직면한 문제에 대하여 복잡한 생각과 감정을 가지고 있습니다. 예를 들어, 여러분 중 몇 분은 화가 나고, 여기에 있는 것이 필요하지 않다고 믿을 뿐만 아니라, 과연 입원이 정신 또는 약물 사용 문제를 해결하는 기회가 될지 궁금할 것입니다. 한편 어떤 분들은 여기에 있는 것이 편안하다고 느끼지만, 아직 겪고 있는 문제를 변화시킬 수 있는 방법에 대해서는 불확실할지도 모릅니다. 여러분이 직면한 문제와 입원하게 된 것에 대해 어떤지 이야기해 보도록 합시다.

집단 구성원 A: 나는 아내가 나에게 최후통첩을 한 것에 매우 화가 났습니다. 그러나 지금 나는 여기 있고, 나를 위해서나 결혼을 유지하기 위해서도 이것이 최선이라고 생각합니다.

리더: (*집단 구성원 A에게*) 처음에 당신은 치료를 받으러 온 것에 화가 났었군요. 그러나 지금은 결혼생활을 유지할 수 있고, 치료를 받을 수 있다고 기대하는 몇 가지 때문에 여기에 있는 것을 조금은 편안하게 느끼는군요.

집단 구성원 B: 나도 그들이 나를 입원시켰을 때 무척 화가 났습니다. 그러나 나의 조울병과 음주는 내가 통제할 수 없었고, 내가 지금까지 전처럼 살았다면 나는 아마 자살을 했을지도 모릅니다.

추가로 당신은 몇 가지를 더 강조할 수 있는데, 이중진단을 가진 집단 구성원들이 회복과정에서 직면하게 되는 상호적인 문제들과 그들 각자가 추구하는(수용성) 변화행동을 결정하는 자율성 같은 것이다. 다음 대화문을 보자.

리더: (*집단에게*) 이 집단은 정신, 중독, 관계 또는 그 외 분야와 관련되어 있든지 간에 당신과 관련된 어떠한 문제에 대해서도 이야기할 수 있는 곳입니다. 다른 사람들이 당신에게 말한 것들을 고려하게 되겠지만 이 집단은 어떤 것이든지 당신이 생각하고 있고 가지고 있는 문제가 무엇인지, 그것에 대해 무엇을 하기를 원하는지 결정을 도울 수 있도록 구성되었습니다. 이 집단은 일반적인 원칙들에 의해 진행됩니다: 당신 자신 내면으로부터 나오는 변화는 억지로 변화하게 하는 것보다 더 좋은 느낌이 들고 오래갈 것입니다.

집단 구성원들: (*다수의 집단 구성원들이 동의하며 고개를 끄덕인다.*)

보편적인 경험에 좀 더 다가가기 위해서는 변화를 위한 동기를 만들어 내기 위해 일반적인 주제를 만들거나 변화를 이끌어 낼 수 있는 주제에 초점을 두어 구조화된 활동(예, 개인 강점 확인하기와 집단 구성원들이 어떻게 그들의 딜레마들을 적용시키는지)을 사용하라(유발성).

"당신이 원하는 삶의 변화를 신중히 고려하는 것을 돕기 위해, 이 집단은 몇 가지 활동을 포함하고 있습니다. 우리가 만날 때마다, 저는 당신들에게 참여하도록 권하는 활동에 대해 설명할 것입니다. 오늘, 우리가 이야기하고자 하는 것은…"

우리는 정보를 공유하는 것에 대해서, 집단 구성원이 요청한 조언만을 제공하거나 조언을 주기 전 허락을 구할 수 있고 당사자는 그것을 허락할 수도 있고 거절할 수도 있다는 기본규칙을 만들기를 추천하고 있다(수용). 이것은 평가 측정의 결과를 통해 객관적인 피드백을 주는 것에도 적용한다. 때로 이것은 집단 MI에서 그들의 최근 행동이 문제를 어떤 방식으로 유발할지를 생각해 볼 수 있도록 돕기 위해 사용된다(유발성). 예를 들면, 집단 구성원들은 그들의 증상들이 어떤 정신질환과 어떻게 일치하는지의 정보를 얻을 수 있다. 그때 그들은 이런 정보와 자신의 증상반응들을 생각해 보도록 질문을 받는다. 전적으로 한 환자에게 피드백을 집중하기보다 다른 사람에 의해서 공유된 정보가 그들에게 어떻게 적용되는지를 알기 위해서 모든 집단 구성원들에게 질문을 하도록 한다(협동정신). 모델은 어떻게 집단 구성원들이 반응에 경청하는지, 각자의 관점의 이해를 반영하기 위해 집단 구성원들을 격려해 주는 방법을 담고 있다. 예를 들면, 존(John)이라는 환자는 주요 우울장애에 대해 피드백을 받았다. 그의 정신과 주치의는 항우울증 약을 복용할 것을 권유했지만, 존은 약 복용에 대해 양가감정을 가졌다.

리더: 존, 당신은 약을 복용하는 것에 두 가지 감정을 느끼고 있습니다. 하나는 우울이 음주와 약물 복용으로 인한 것이라고 추측하고 있습니다. 또 하나는, 당신이 우울했기 때문에 음주와 약물을 사용하게 된 것이고, 그래서 그것을 끊기가 매우 어렵다고 생각하는 것입니다.

존: 난 기분이 좋아지기 위해 또 다른 약물에 의존하고 싶지 않아요. 나 자신을 이길 수 없다는 이 생각이 싫어요.

리더: (*집단에게*) 존이 말한 것에 대해서 다른 사람들은 어떻게 생각하세요?

집단 구성원 A: 존, 당신은 다른 약물로 인해 중독자로 돌아갈까봐 걱정하는 것처럼 들리네요.

집단 구성원 B: 당신이 약을 복용한다면, 어느 정도 그건 당신이 약하거나 심지어는 미친 것이라는 의미겠죠.

존: 네, 둘 다 맞아요. 가끔씩 난 내가 미쳐가는 것 같고, 약을 먹는다는 게 그걸 증명하는 것만 같아요. 하지만 내 방식대로는 효과가 없어, 결국 여기에 오게 된 거죠. [이중진단 프로그램]

변화 가능성에 대한 희망을 높이기 위해, 우리는 변화를 위해 집단 구성원들의 역량을 이끌어 낼 수 있는 구조화된 활동들을 촉진하기를 추천한다. 앞날을 생각할 때 행동변화가 일어났다고 가정하거나 브레인스토밍이 변화 계획하기 전략을 바꿀 수 있다는 것들은 과거 성공사례에 포함되어 있다(유발성). 활동들을 끝맺음할 때, 비록 변화에 대한 확신 없이 정신질환이나 물질사용 문제에 대한 탐구를 동의하는 것을 의미할지라도, 집단 구성원들이 기꺼이 준비되었다고 느끼는 행동변화의 어떤 측면이든지 그것을 향한 단계들을 고려하도록 돕는다(수용성). 집단의 후반부에는 집단 구성원들로 하여금 변화 동기를 갖는 데 도움이 된 활동이나 영향을 반영해 준다(협동정신).

급성치료 장면에서의 집단 동기강화상담

급성치료 이중진단 프로그램에서 집단 MI를 시행할 때는 집단이 시작되는 전후 상황을 고려해야 한다. 입원환자와 집중 외래환자 프로그램들은 환자들에게 몇 가지 사례관리 서비스(예, 자조 프로그램 연결, 후생복지 도움과 교통편의 지원, 주거와 직업 재활 소개, 건강돌봄 제공자와의 연결)뿐만 아니라, 다양한 집단치료(예, 목표 설정, 재발 방지와 대처기술 훈련, 증상 관리, 정신약물과 증상 관련 교육, 퇴원 계획)를 제공한다. 집단 MI는 환자가 참석할 수 있는 몇 가지 집단 중 하나일 뿐이다. 게다가 이런 프로그램들에 참여한 환자들은 여러 종류의 집단 구성원으로 구성되는 결과를 가져오고, 이는 전형적으로 정신질환과 물질사용 장애의 유형과 심각성에 따라 광범위하게 달라진다. 또한 집단 구성원들은 해결하고자 하는 행동(예, 정신질환, 약물사용, 치료/약물복용 이행, 관계문제)에 있어 상당히 다르다. 이러한 도전들을 더욱 복잡하게 하는 것은 환자들이 며칠 또는 몇 주간만 입원해 있는 개방적 입원정책 때문에 각 회기마다 집단에 참여하는 집단 구성원, 집단에 참여하는 집단 구성원 수의 차이, 가끔은 한두 번 정도만 참여하는 환자들과 함께해야 하는 변동이 많은 집단의 결과를 가져온다는 것이다. 결국은 이중진단 환자들의 상당한 비율이 치료를 강요받는다고 느낄 수 있다. 입원시설에 강제로 입원한 환자나 외부압력에 의해 치료환경에 입원하도록 요구된 입원환자는 더욱 그렇다. 그들은 변화하는 것을 꺼릴 수 있고, 불균형적으로 동기수준이 낮은 집단 MI로 보일 수 있다. 집단 MI는 이러한 현실적인 것들을 수용하도록 구조화되어야 한다.

급성치료 환경에서의 집단 MI는 구조화된 활동들을 사용함으로써 집단 구성원들의 개입을 이끌어 내도록 고안한 과정들을 갖추고 있다. 집단 MI에서의 모든 구조화된 활동들은 집단 구성원들에게 변화가 왜 중요한지 알게 하고, 변화를 지지하는 이유들을 이끌어 내거나 변화에 대한 열망이나 욕구를 창출하고, 또는 변화할 수 있는 능력에 대한 자신감, 자신의 삶이 나아질 것이라는 낙천성과 변화과정 내의 집단 구성원 간의 결심공약을 발전시키기 위해 구조화되어 있다. 리더는 보통 한 집단 회기마다 한 가지 활동을 제공한다. 아래에서 우리는

> 구조화된 활동들은 집단 구성원들에게 변화가 왜 중요한지 알게 하고, 변화할 수 있는 능력에 대한 자신감, 자신의 삶이 나아질 것이라는 낙천성, 변화과정 내의 결심공약을 발전시킨다.

이 활동들을 집단 MI들의 단계와 비교하여 설명한다.

집단 관계 형성하기

우리는 앞서 설명한 문제들을 해결하고, 당신과 집단 구성원들 그리고 집단 구성원들끼리 상호작용하는 MI 형식을 촉진하기 위해 몇 가지 전략들을 추천한다.

첫째, 광범위한 이중진단 프로그램들에서 환자들이 이용할 수 있는 여러 집단들이 있을 때, 우리는 집단 MI 참여가 MI 정신에 따라 자발적으로 이루어질 것을 권고한다. 환자들은 약물사용이나 정신과적 관련 행동들을 바꾸겠다는 결심공약 없이 변화에 대한 저항 혹은 양가감정을 탐색하기 위해 집단에 참석할 수도 있다. 우리는 환자들이 집단 MI에 참석하는 것을 스스로 선택할 수 있을 때, 그들은 덜 적대적인 방법으로 동기강화 문제에 대해 고려한다는 것을 알아냈다. 이것은 또한 집단이 자신의 현재 상황 행동들을 해결하려고 노력하는 참가자들과 함께 "둘러싸일(stacked)" 때, 낮은 동기수준의 내담자가 변화를 준비하는 다른 집단 구성원을 좌절시켜 버리는 것을 방지할 수 있다(Walters, Ogle, & Martin, 2002).

둘째, 각 집단에서 MI 문화-형성 전문(preamble)을 소개해야 한다.

(1) 집단의 목표를 자세히 한다. 즉, 그들 행동의 몇 가지 측면을 변화시키기 위한 동기에 영향을 줄 수 있는 문제들을 탐색하도록 한다.
(2) 행동을 변화시키는 데에 양가감정 또는 저항감이 드는 것이 왜 정상인지에 대해 명시한다.
(3) 리더나 동료들의 직면과 부탁하지 않은 조언 없이, 자신이 원하는 행동변화 필요에 대한 자신만의 결론과 기본 규칙들을 정한다.
(4) 변화를 위한 동기에 영향을 미칠 수 있는 주제(topic)들을 고려하는데, 구조화된 활동들이 어떻게 집단 구성원들을 돕는지 설명한다(Foote et al., 1999).

이 전문은 함께 활동하는 것이 처음일 수 있는 집단 구성원들이 어떻게 함께 활동하는지 확실한 지침을 제공하고, 정신질환과 약물남용 증상, 인지장애에 의해 방해받는 환자들을 위해 명확한 안내를 제공한다.

셋째, 우리는 동기화된 문제의 탐색에는 집단 구성원들을 적극적으로 참여시켜 활발히 관계 맺는 활동을 추천한다. 이것은 증상, 약물 또는 다양한 다른 프로그램들과 개별 모임의 참여로부터 비롯될 수 있는 주의력, 집중과 피로의 문제에 대해 적절한 도움을 준다. 이런 일회성 활동들은 사전에 집단 MI 순서에 따른 참여를 요구하는 것이 아니고 많은 집단 구성원들에게 가장 적합한 순서에 따라 실행될 수 있다(예, 변화의 중요성 탐색하기, 자신감 구축하기). 활동선택은 집단 구성원들과 직접적으로 활동하는 다른 프로그램 치료자의 개입으로 조정될 수 있다. 그들에게 집단 구성원들의 기본적인 동기강화 문제(예, 프로그램 중도하차 욕구, 마리화나 사용이 문제가 아니라는 생각, 조증 약물 복용에 대한 양가감정)의 본질, 그리고 리더가 알아야 할 중요한 심각한 문제들(예, 자살 위험, 법원 출두 임박, 주거 위기, 주요 건강문제)에 대해 한두 문장으로 쓴 자신의 소개서를 당신에게 주도록 요청한다.

넷째, 우리는 리더가 적극적으로 집단 토론을 촉진하길 추천한다. 리더는 집단과 활동을 소개하고, 집단 구성원들의 참여를 안내해 주고, 필요에 따라 공통 주제로 집단 구성원들의 방향을 이끌어 주고, 집단 구성원들 사이에 상호작용하는 MI 방식을 촉진해야 한다. 그래서 당신은 필요에 따라 저항을 다루며, 활동들을 선택하고, 집단 구성원들 사이의 상호간 지지와 이해를 가려내고, 변화 대화의 유발을 조직하는 지휘자 같은 역할을 한다. 마지막으로, 이런 리더 업무와 환자 문제영역의 다양성, 집단 구성원으로서 활동에의 제한된 기회 때문에, 리더는 집단이 10명 이하 참여자들로 이루어지도록 하고, 각 집단은 최소한 50분은 지속되도록 해야 한다.

관점 탐색하기

급성치료 집단 MI는 환자들이 변화를 고려할 수 있는 관련 행동들에 초점을 맞추고, 행동변화가 그들에게 왜 중요한지 탐색할 수 있게 도와주는 구조화된 활동들로 이루어진다. 이런 활동들은 양가감정을 가진 집단 구성원들로 하여금 그들에게 반대되는 생각과 감정을 주의깊게 비교 검토하도록 돕기도 하며, 변화를 가치 있는 것으로 받아들이는 데 거부감이 있는 집단 구성원들을 돕는다.

혼합된 관점(Mixed bag)

집단 구성원들에게 규칙적으로 치료에 참석하거나 약물을 복용하는 것에 변화를 원하는지, 불확실한 이중진단의 회복과 관련된 행동적 문제에 대해 생각해 보도록 질문해야 한다.

그리고 집단 구성원들에게 변화하고 싶은지 그대로 유지하고 싶은지에 대한 생각과 감정의 혼합된 관점을 자발적으로 보고하도록 한다. 집단 구성원들이 말할 때, 변화하고 싶은 이유와 그대로 남아있고 싶은 이유 두 가지로 분류하여 집단 구성원들의 의견을 칠판에 기록하도록 한다. 일단 의견이 모아지면, 두 가지 입장을 대표하는 내용 중에서 그들에게 적용할 수 있는 근거들을 적어보고 결론지은 내용들이 상대적으로 균형을 이루는지 검토하도록 한다.

울타리(On the Fence)

집단 구성원들이 한 문제 행동에 대해 원하는 것과는 반대 방향(행동을 변화하거나 유지하기)(예, 약이나 알코올을 사용하길 원하는가와 원하지 않는가)에 대해 생각해 보도록 한다. 집단 구성원들이 서로 바라볼 수 있도록 두 개의 그룹으로 나누도록 한다. 한쪽은 변화를 위해 논쟁하도록 하고, 다른 쪽은 현 상황의 행동에 대해 논쟁하도록 한다. 그런 다음, 지원자를 '울타리'에 있는 것처럼 그룹 사이에 앉힌다. 지원자는 양쪽을 왔다 갔다 하며 딜레마를 설명하고, 지원자가 각 그룹의 집단 구성원들이 말하는 것에 연속적으로 대응하면서 다른 집단 구성원들은 그들의 주장들을 펼치도록 한다.

따뜻한 의자(Warm seat)

한 번 반복 후 집단 구성원들은 변화에 대해 양가감정이 있는 이중진단과 연관된 행동에 대해 말할 기회를 가지게 된다. 집단 구성원들이 원형으로 앉아 있는 가운데에 두 개의 의자를 마주 보도록 놓는다. 지원자는 따뜻한 의자라고 부르는 한 개의 의자에 앉고 집단에게 딜레마를 설명한다. 다른 그룹의 집단 구성원들은 그때 원 안으로 들어가 반대쪽 의자에 앉아 왜 집단 구성원들이 변하지 않는지를 논쟁한다(유지 대화). 집단 구성원들은 직접적으로 이 논쟁에 대해 반박하거나 계속되는 논쟁에 어떻게 반응해야 할지 모를 때 다른 집단 구성원들에게 도움을 요청할 수 있다.

정리하기(Sorting It Out)

카드 묶음을 사용하는 활동에서 가져온(Moyers & Martino, 2006) 이 활동은 미리 활동지를 준비해야 하는데, 활동지에는 중요한 인생목표와 가치(예, 신체적으로 건강하기, 자신과 가까운 사람들에게 사랑받기)나 주요 정신장애와 싸우는 환자들과 관련 있는 목표(예, 환청 멈추기, 정신 맑아지기) 등을 수록한다.

집단 구성원들에게 그들의 이중진단 문제 원인이 되는 최근의 행동(예, 약이나 알코올 사용, 불건전한 관계 유지, 약물 불이행)을 활동지의 위쪽에 쓰도록 요청한다. 다음으로, 자신의 행동을 이끄는 매우 바람직한 원칙, 자질 또는 목표로서의 개인적인 목표와 가치를 분명하게 밝힌다. 우선 집단 구성원들은 자신에게 매우 중요한 목표와 가치에 동그라미하고, 현재 가장 중요한 다섯 개를 고른다. 차례대로, 집단 구성원들은 집단에게 다섯 개의 목표나 가치가 왜 가장 중요한지 설명한다. 집단 구성원들은 활동지의 상단에 적은 문제 행동이 어떻게 그들의 가치와 목표에 영향을 주는지, 그들이 행동을 변화한다면 그들의 행동이 현재의 우선순위에 무슨 영향을 주는지 신중히 생각해 본다.

관점 확대하기

추가적인 활동들은 집단 구성원들이 변화를 위한 인지된 능력을 발전시키도록 도와줌으로써 관점을 확대하고, 삶이 나아질 수 있다는 긍정적인 관점을 촉진하도록 구성된다.

그래픽 피드백(Graphic Feedback)

자가보고 평가정보에 기초하여, 이중진단 환자를 위한 피드백 보고서를 준비하도록 한다. 피드백 보고서는 음주와 약물 사용(양/빈도, 표준 비교), 정신질환에 대한 여러 증상, 정신질환으로 제기되는 위험과 의학적 고려 사항들을 포함하고 있다. 정보의 대부분은 자료를 간단히 정리하기 위해 그래프나 차트로 보고된다. 각 집단 구성원들은 그들에 대한 내용이 담긴 밀봉된 보고서 봉투를 받는다. 집단 구성원들은 봉투를 개봉하여 집단에게 각 항목의 의미를 설명하고, 피드백에 대한 집단 구성원들의 반응에 대해 질문하도록 한다. 그리고 우리는 어떻게 그 정보가 그들의 물질 사용, 정신질환, 그리고 이 두 문제 영역의 상호작용에 대한 관점에 영향을 주었는지 질문하도록 한다. 그리고 드러나는 변화대화를 반영하도록 한다. 산만함을 예방하고 개인 정보에 대한 신중함을 높이기 위해서 집단 구성원들이 서로 결과를 비교하지 않도록 한다.

개인의 강점(Personal Strengths)

다양한 개인의 강점들(예, 헌신적인, 배려하는, 유연한, 영적인, 정직한, 독창적인)이 적힌 활동지를 사전에 준비하도록 한다. 그리고 집단 구성원들에게 변화하고 싶은 현재의 문제 행동(예, 불성실한 치료 출석과 참여, 약물 불이행, 음주 갈망)을 활동지 위쪽에 기재하도록 요청한다. 집단 구성원들은 활동지를 읽고 다섯 개의 개인의 강점(현재 집단 구성원들에게 적용하는 개인의 강점들)에 동그라미를 그린다. 이때 집단 구성원들은 강점들을 소리 내어 한 번 읽는 것이 선택하는 데 유용하다. 다음으로, 집단 구성원들은 선택한 다섯 개의 개인의 강점들을 생각한 후 삶에서 이런 강점들을 어떻게 행동으로 보였는지 설명하도록 한다. 마지막으로, 집단 구성원들에게 페이지 위쪽에 기재했던 현재 행동의 딜레마를 검토하도록 하고, 그들이 변화하기 어려웠던 문제들에 개인 강점들을 어떻게 적용할지 설명하도록 한다.

고정관념에서 벗어나기(Thinking out of the Box)

집단 구성원들에게 이중진단 회복을 방해하는 현재의 문제(딜레마)를 쓰도록 한다. 그들은 변화하고 싶거나 변할 필요를 느끼지만 어떻게 관리해야 할지 모를 뿐만 아니라 문제 해결에 필요한 기술 또는 지지(예, 약속 장소에 갈 차편이 없는 경우, 아이가 있지만 누군가 돌봐줄 수 없는 경우, 정신건강 분야에 신뢰할 만한 전문가가 없는 경우)가 부족하여 다룰 수 없다고 느낀다.

집단 구성원들은 리더가 준비한 상자에 앞서 적은 딜레마를 넣고, 리더가 상자 속 딜레마를 섞으면 각자 하나를 뽑는다. 그리고 뽑힌 딜레마를 쓴 집단 구성원이 집단에게 더 자세하게 설명하도록 한다. 그리고 칠판에 모든 생각들을 기록하면서, "고정관념에서 벗어나기"를 통해 모든 집단 구성원들이 그 집단 구성원의 행동문제를 도울 만한 방법들을 내놓는 브레인스토밍 활동을 유도하도록 한다. 그 다음, 집단 구성원은 방법들이 적힌 칠판 앞으로 나가서 별로라고 생각하는 제안에는 줄을 긋고, 가능할 것 같은 내용에는 동그라미를 한 후 이런 제안을 실행하기 위한 단계를 논의한다.

과거와 미래 성공(Past and Future Success)

집단 구성원들에게 아래의 성공에 대한 두 부분을 적도록 한다.

(1) 이미 성취하여 자랑스러운 것(예, 대학 학위, 아이 양육)

(2) 미래에 성취하고 싶은 것(예, 취업, 안정적이고 친밀한 인간관계)

집단 구성원들에게 마치 이미 일어난 것처럼 두 가지 성공을 기록할 수 있도록 한다. 다음으로, 집단 구성원들이 집단에게 성공의 두 부분을 읽으면, 집단 구성원들은 무엇이 이미 일어난 것이고 무엇이 미래를 위해 바라는 것인지 추측해 본다. 잠시 논의한 후, 집단 구성원들은 정답을 공개하고, 그들이 과거의 성공을 위해 어떤 기술을 적용했는지 그리고 그들이 이런 기술들을 미래의 목표달성을 위해 어떻게 사용할지 논의하도록 한다. 집단 구성원들은 게임과 같은 활동으로 흥미를 느낄 수 있고, 다른 집단 구성원들이 그들의 과거 성공에 놀라거나 이미 어떤 성공을 이루었다고 가정함으로써 종종 자신감을 얻을 수 있다.

미래 예상해 보기(Looking Forward)

집단 구성원들에게 그들의 삶에 영향을 준 물질 사용 방법이나 정신질환에 대해 생각해 보도록 한다. 그 다음, 그들이 두 가지 다른 조건들 아래에서 지금으로부터 향후 1년을 어떻게 마음속에 그릴지 생각하도록 한다: (1) 이중진단 문제들을 변화시키려고 하지 않기, (2) 이중진단 문제들을 변화시키려고 노력하기.

리더가 칠판에 각각의 의견들을 적을 때, 집단 구성원들은 이러한 두 가지 경로에 대해 논의한다. 더 나은 정신적인 안정과 안전한 물질 사용 또는 절제, 그리고 향상된 기능으로 특징지어지는 미래로 향할 수 있는 우선적인 경로와 단계에 대해 질문하면서 활동을 종결하도록 한다.

정신건강 증진 촉진하기(Fostering Improved Mental Health)

집단 구성원들의 알코올 또는 마약 사용이 정신적 문제들을 악화시키거나 복잡하게 한 경우의 사례를 들어줄 수 있는 자원자를 물어보는 것으로 회기를 시작하도록 한다. 다음, 그들이 안정을 경험했거나 정신건강이 향상되었을 때 "당신이 정신적으로 건강하거나 감정적으로 안정을 느꼈던 시간에 대해 말씀해 주세요.", "당신의 정신건강이 더 나아졌을 때 당신이 알아차린 것은 무엇이었나요?" 또는 "당신의 정신건강이 나아졌을 때, 당신은 어떤 활동을 하고 있었나요?"와 같은 열린 질문을 통해 과거 사실들을 알아보도록 한다.

집단 구성원들은 보통 기능이 좋거나 건강한 활동에 참여할 때의 예를 말한다. 그런 예로는 운동, 교회 가기, 처방된 약 복용, 규칙적으로 12단계 협심자 방문, 일거리가 있을 때, 안정된 결혼 유지, 치료 제공자와의 약속 지키기 또는 알코올이나 마약 사용을 하지 않기 등이 있다. 그때 집단 구성원들은 술이나 약물을 사용하지 않고 전반적인 정신건강을 나날이 향상시키는 건강한 활동을 어떻게 재개했는지를 신중히 생각한다.

중요성과 자신감 규칙(Importance and Confidence Rules)

집단 구성원들의 행동 변화 노력에 기여하는 그들의 중요성과 자신감의 수준을 나타내는 0점(전혀 없음)에서 10점(매우 높음) 척도를 칠판에 그리도록 한다. 집단 구성원들의 이중진단 회복에 영향을 미치는 자신의 현재 문제(예, 복합 불안장애와 처방된 벤조디아제핀 의존력을 가진 한 집단 구성원은 정신과 의사가 약 치료를 변경할까 두려워 프로그램에 드물게 참여한다)에 대해 생각할 수 있도록 한다. 이후, 차례대로 칠판에 이 문제를 변화시키려는 노력이 얼마나 중요한지 그리고 그것을 바꿀 수 있다고 느끼는 자신감이 어느 정도인지 가장 잘 나타내는 숫자 옆에 자신의 이름 첫 글자를 쓴다. 집단 구성원들에게 그들이 표시한 위치를 설명하도록 한다(예, "저는 중요성에 9점을 주었어요. 왜냐하면 이 프로그램에 참석하지 않으면, 저는 도움을 얻을 수 없기 때문이에요. 그러나 자신감에는 2점을 주었어요. 왜냐하면 의사가 클로로핀을 중단하자고 하면 제가 불안을 조절할 수 없을까 두렵기 때문이에요). 그런 다음 각 관점을 독립적으로 다루면서, 집단 구성원들에게 두 가지 질문을 하도록 한다: (1) 상대적인 변화의 중요성과 변화할 수 있다고 믿는 자신감을 떠올리며, 왜 그들은 0점을 주지 않았는지 묻는다(예, "이 프로그램은 과거 나의 불안에 대처하는 방법들을 배울 수 있도록 도움을 주었어요").

그리고 (2) 변화에 대한 자신감을 증가시킬 수 있는 추가적인 기술, 지지 또는 자원에 대해 파악하며, 그들이 한 척도의 점수를 높이기 위해 무엇이 필요한지 묻는다(예, "저는 클로로핀이 감량되는 것에 동의하기 전에 다른 약물에 대한 선택사항이 무엇인지 알고 싶어요"). 집단 구성원들이 다른 척도에 0점을 표시했을 때, 잠시 이 위치를 탐색하고 두 번째 질문에 초점을 맞추도록 한다.

행동으로 옮기기

특별히, 대다수의 집단 구성원들이 이전 프로그램에서 이중진단과 관련된 문제들에 실제적인 행동을 취하지 않아 의뢰되어 온 이들일 경우, 행동으로 옮기기 단계는 모든 집단 구성원들에게 적용하지 않는다. 그러나 대부분 "관점 확대하기" 활동의 후반부에서, 그들이 행동 변화를 하려는 준비가 되었는지를 확인하기 위해 특별히 집단 구성원들에게 질문한다. 행동으로 옮기는 것이 미숙할 수도 있는지, 오히려 동기가 감소되는 원인이 되는지 등을 확인하는 것은 당신의 재량에 달려 있다. 또한 많은 이중진단 프로그램들은 이미 변화계획과 실행을 다루는 다른 집단들을 포함하고 있다. 그렇기 때문에, 집단 MI는 치료 목표 설정, 재발 방지, 증상 관리에 관해 계획을 세우고 개입할 준비가 된 시점에 오는 사람들에게 더욱 초점을 맞출 수 있다.

집단 촉진 관련 문제

집단 활동하는 동안 몇 가지 집단을 촉진시키는 이슈들이 발생할 수 있다. 첫째, 잠재적인 행동 변화목표들(물질 남용, 정신질환, 약 또는 치료 이행, 관계 문제, 의학적 문제)이 다양하게 주어졌을 때, 당신은 집단 구성원들이 집단에서 다루기 원하는 행동 범위를 선택하도록 요청할 수 있다. 그렇게 함으로써 집단 구성원들에게 행동영역의 변화대화를 이끌어 내는 유발성을 강조한다.

둘째, 당신은 모든 집단 구성원들이 활동에 적극적으로 참여하도록 하고 그들의 환경에 문제를 어떻게 적용할지 신속히 고려하도록 한다.

당신은 다음을 통해 이러한 목적을 달성할 수 있다.

(1) "당신(집단 구성원 이름)이 말한 것을 다른 사람의 상황에는 어떻게 적용할 수 있을까요?"와 같은 열린 질문을 사용한다.
(2) 집단 구성원의 변화대화를 확대하여 다른 집단 구성원들에게 비슷한 변화를 촉진하는 신념들에 대해 자세히 말할 수 있도록 격려한다.
(3) 말이 없고, 불안해하고 거리를 두려는 경향의 집단 구성원들을 말하도록

격려하는 활동을 도입할 수 있다. 할 수 있는 활동을 하도록 초대하여, 침묵하고, 예민하고, 거리를 두려는 경향의 집단 구성원들을 격려하는 활동들 안에서 그들이 말할 수 있도록 한다.

예를 들어, 20대 중반의 조(Joe)는 보호관찰소에 의해 이중진단 프로그램에 의뢰되었다. 조는 이중진단 프로그램 중 집단 MI를 선택했다. 조는 조직폭력배 집단 관련 충격으로 인한 외상 후 스트레스 장애(PTSD)와 복합물질 의존 병력이 있다. 그는 자기 소개에서 치료가 필요하지 않기 때문에 집단 활동에서 주로 침묵하겠다고 언급했다. 다른 젊은 남성인 마이크(Mike)는 리더가 "혼합된 문제(Mixed bag)" 활동을 제안하자, 그 활동에 지원했다. 마이크는 때때로 환각제(PCP)를 첨가한 잦은 마리화나 사용에 의해 복잡해지면서 환청, 또렷한 생각의 어려움, 끊임없는 생각, 불면 그리고 이전의 조증 삽화 등과 같은 "이상한 경험들"을 했다고 소개했다. 마이크는 이중진단 치료 프로그램 참여에 대해 참여하고 싶지 않기도 하고 참여하고도 싶은 양가감정을 가지고 있다. 그가 참여하고 싶지 않은 이유는 다음과 같다. (1) 그는 정신질환이 있다고 확신하지 않았다. (2) 그는 스스로 마리화나 피우는 것을 멈출 수 있고 마리화나와 PCP 절제를 통해 이상한 경험들이 약해질 것이라고 생각했다. 마이크가 참여하려는 이유는 다음과 같다. (1) 이상한 경험들이 약물중단 후에도 몇 주 동안 지속되었다. (2) 함께 약물을 사용한 몇 명이 그에게 그가 "몹시 피곤한 상태이다. 제정신이 아닌 것 같다."고 말했다. (3) 그는 안정을 위해 지난 몇 주 동안 더 많은 마리화나를 피웠지만, 점점 더 불안해지고 잠을 잘 자지 못했다. (4) 그는 평소와 달리 낮은 학업 성적과 어떤 것이 잘못될 것 같은 징후에 대한 생각으로 학교를 그만두었다. (5) 스스로 해결하려고 하는 노력이 성공하지 못했다. 리더는 마이크의 변화대화에 대해 집단에게 요약반영을 제공했다.

리더: (*집단에게*) 그래서 마이크의 불편함이 점점 심해졌군요. 그때는 마약이 그림이라고 해도 멀리가지 못할 정도로 견디기 힘들죠. 다른 사람들이 마이크의 삶에 있어 중요한 부분들이 엉망이 되고 있다는 것을 알아차리게 되었군요. 마이크는 치료가 도움이 될지 궁금하기 시작한 것 같네요. [리더는 조가 자발적으로 반응하지는 않았지만, 마이크의 이야기를 주의깊게 듣고 요약반영에 더 관심을 보이는 것을 알아차린다.] (*조에게*) 조,

마이크의 상황과 관련하여 어떤 것이 당신에게 떠오르는 것 같아 보이는데요. 괜찮다면, 우리에게 그 생각을 말씀해 주시겠어요?

조: 나도 어느 정도 마이크가 겪은 것과 비슷한 상황에 처해 있습니다. 내가 마이크와 같은 문제들을 가지고 있다는 의미는 아니지만, 나는 중독에서 벗어나려고 노력하고 치료를 받고 싶지 않아 싸우고 있습니다. 프로그램에 참석하여 경험해 보는 것은 어때요?

마이크: 네, 어느 정도 알겠습니다.

리더: (*조에게*) 마이크는 확실하지 않아 보이는군요. 조, 당신은 어떻습니까? 당신의 상황을 생각해 볼 때, 이 프로그램에 참여하는 것에 대해 어떤 입장입니까?

조: 나는 계속 올 것입니다. 나는 보호관찰소 직원이 내 머리에 총을 겨누고 있는 것과 같은 상황이 좋지 않을 뿐입니다. 여기에 오는 나만의 이유들이 있습니다.

이렇게 촉진시키는 노력들은 제한된 시간과 고유한 집단환경에서 가능한 많은 집단 구성원들에게 변화대화를 유발할 기회를 최대화한다.

셋째, 집단 구성원들이 MI와 일치하지 않은 방법(예, 직접 직면, 요청하지 않은 조언)으로 상호작용할 때, 당신은 집단 구성원들에게 집단 기본 원칙을 상기시키고 MI와 일치하지 않은 진술을 가능한 한 진정한 관심 표현과 다른 사람들을 도우려는 의도로 재구성함으로써 상호작용의 MI 정신을 지킬 수 있다. 예를 들어, 카르멘은 여성 거주자들을 위한 5주 과정의 이중진단 프로그램에 참여하는 것에 대해 양가감정이 있는 매리(Mary)에게 화가 났다. 매리는 소아 방임에 대한 혐의 때문에 주 가정 보호복지사에게 감시를 받는 중이었다. 매리는 양극성 기분장애와 알코올-코카인 의존이라는 이중진단을 받았다. 그녀는 두 명의 어린 아이들과 떨어져서 살아야 하고 그녀의 어머니에게 그들을 돌봐 달라고 부탁해야 하기 때문에 거주 치료에 들어가는 것을 꺼렸다. 몇 년 전 약물의존과 조절되지 않는 정신장애로 친권을 잃은 카르멘은 요청하지 않은 조언을 제안하게 된다.

카르멘: 당신은 그 프로그램에 가야만 해요. 우선 회복에 집중해야 해요. 그렇지 않으면, 당신은 두 아이들을 잃게 될 수 있어요. 내 말을 믿어요. 알다시피, 나는 그곳에 있을 때 나의 아이들을 잃었고, 그 이후 나 자신이 싫

어졌어요. 당신은 아직 기회가 있답니다.

리더: (*카르멘에게*) 카르멘은 당신에게 일어났던 일이 매리에게 일어나지 않도록 예방하는 데 도움을 주고 싶어하는군요. 그것은 정말 지지적인 일입니다. 그러나 매리가 조언을 요청하지 않았을 때 그녀에게 필요한 것을 말하면 매리가 당신의 이야기를 귀담아 듣지 않을 수 있답니다. 당신이 매리에게 이번 일에 대해 조언을 들을지 먼저 물어보면 어떻겠어요? 매리가 듣겠다고 하면, 그 다음에서야 매리가 어떤 결정을 내려야 하는지를 말하기보다는 당신의 의견을 제안하면 어떨까요?

카르멘: (*매리에게*) 나는 나 스스로 잃어버린 것을 극복하기가 너무 어려웠어요. 그래서 내가 겪은 이런 지옥 같은 경험을 또 다른 누군가가 겪지 않도록 돕고 싶어서 하는 말인데요. 내가 매리, 당신의 상황에 대해 내 생각을 말해줘도 될까요?

매리: 물론이죠. 말해 주세요.

카르멘은 자신이 집중적인 치료를 받을 기회들이 있었지만 선택하지 않았다고 설명한다. 그런 다음 그녀는 매리가 당장 아이들과 함께 하고 싶은 욕구와 장기적으로 정신적인 안정과 알코올, 코카인이 없이, 온전히 아이들을 양육할 수 있는 삶을 가질 수 있는 것 사이의 균형을 맞추도록 권유한다. 매리는 이런 조언을 받아들인다.

마지막으로, 집단 MI를 시행하는 것에서 입원환자 장면과 집중적인 외래환자 프로그램은 다를 것이다. 입원환자 장면에서, 환자들은 급성 정신질환이나 약물남용 증상에 의한 제 기능의 손상이 적을 경우, 후반부에 단지 한두 번 정도 집단 MI 회기에 참석한다. 퇴원 계획 그리고 지속적 치료와 회복 지원을 위한 의뢰가 환자들의 주요 관심이 된다. 따라서, 사후관리를 위한 동기강화가 입원환자 집단 MI에 대한 일반적인 행동 목표이다. 지역사회에서 선택 가능한 다양한 치료들을 요약한 유인물들을 나눠주고, 환자들이 행동으로 옮길 준비가 되어 보일 때 이를 이용하여 집단 안에서 토의하면 유용할 것이다. 추가적으로, 심한 정신증상들이 환자들의 기능을 계속 손상시키기 때문에, 호기심을 좀 더 불러일으키는 집단 활동들(예, *따뜻한 의자*)이나 구체적인 정신적 유연

> 사후관리를 위한 동기강화가 입원환자 집단 MI에 대한 일반적인 행동 목표이다.

성을 요구하는 것들(예, *울타리*) 또는 추상적 개념(예, 과거와 미래의 성공)은 이러한 환자들에게 적절할 수도 있지만 적절하지 않을 수도 있다.

연구

심한 정신질환과 물질사용 장애의 이중진단을 가진 환자들에게 하는 집단 MI와 관련된 근거는 제한적이며, 대부분의 연구는 이러한 환자에게 MI를 개별적으로 적용했다. 개인에게 적용한 MI의 무작위 통제실험은 의뢰 개입하기(referral engagement)(Steinberg, Zeidonis, Krejci, & Brandon, 2004; Swanson, Pantalon, & Cohen, 1999), 치료 출석 패턴들(Bellack, Bennett, Gearon, Brown, & Young, 2006; Martino, Carroll, O'Malley, & Rounsaville, 2000), 그리고 음주빈도와 하루 알코올 소비의 감소(Graeber, Moyers, Griffith, Guajardo, & Tonigan, 2003)를 향상시키는 몇 가지 이점들을 입증해 왔다. 하지만 다른 것에는 효과를 입증하지 못했다(Baker et al., 2002; Martino, Carroll, Nich, & Rounsaville, 2006). MI의 치료효과가 가장 강력하게 나타난 경우는 MI가 다른 치료와 6개월에서 12개월 이상의 기간 동안 병행되었을 때(Bellack et al., 2006; Barrowclough et al., 2001), 또는 다양한 촉진 회기(프로그램)와 동반되었을 때 가능했다(Kemp, Kirov, Everitt, Hayward, & David, 1998). MI는 임상의가 행동 변화와 치료 이행 증감을 위한 환자의 동기강화로서, 다른 이중진단 치료의 유지와 약속을 촉진시키기 위해 이것을 주기적으로 사용할 때, 정신병적 환자에게 가장 효과가 있을 수 있다(Bellack et al., 2006).

오직 한 통제 임상실험 연구에서만 이중진단을 받은 환자를 위한 집단 MI의 효과성을 검증했다. Santa Ana, Wulfert와 Nietert(2007)는 집단 MI의 회기를 심리교육과 퇴원계획에 집중된 일반적인 집단 회기와 비교했다. 결론적으로, 집단 MI는 사후관리 치료 참여나 완전한 금주(단약)에서 더 높은 비율을 보이지는 않았지만, 사후관리 회기에 최소한 한 번 이상 참여했던 집단 MI 사람들이 회기들마다 더 많은 참여 횟수를 보였다. 비슷하게, 최소 한 번 음주 또는 약물을 사용했던 환자들 중 집단 MI에 참여했던 사람들은 사후관리에서 1회 음주량, 폭음 빈도, 약물

사용 일수가 유의미하게 적었다.

다음 두 연구에서는 이중진단을 받은 환자들을 위해 MI와 CBT를 결합한 외래 환자 치료 효과를 실험했다. 무작위 실험연구에서 Bradley, Baker, Lewin(2007)은 지방에서 매주 개방형 집단 치료에 참여한 환자들은 약물 사용, 정신 증상, 치료 이행, 그리고 시간이 흐를수록 전반적인 심리사회적 기능에서 유의미한 향상을 보인다는 것을 발견했다(3년 이상 참석한 평균 집단 구성원의 수는 28~29명이었다). 대조군 실험에서 James와 동료들(2004)은 6주간 정신증을 가진 환자를 대상으로 외래환자 집단 회기의 효과를 검증했다. 대조군과 관련하여, 치료통합 집단에서 환자들은 약물 사용, 심한 의존성, 전반적인 정신병리학, 항정신병 치료 용량, 그리고 3개월 동안 사후관리의 입원 비율에서 유의미한 감소를 보였다. 이중진단을 받은 환자들을 위한 개인 MI와 마찬가지로, 집단 MI도 다른 치료들과 통합되고 1~2회기 이상 진행할 때 가장 효과가 있을 것이다.

결론

집단 MI는 집단 치료 중재가 우세한 이중진단 지원 체계에서 적절한 방식으로 진행되고 있다. 집단 MI는 집단 치료적 요소들과 이중진단 환자들의 동기강화를 극대화시킬 수 있는 MI 정신의 핵심 요소들 사이에 동반상승 효과를 만들어 내는 기회를 제공한다. 집단 구성원들 사이에서 변화대화를 유발하기 위해 만들어진 구조화된 활동들의 사용은 집단 MI가 급성 치료 체계에서 시행될 때 필수적이다. 현실적이고 개념적인 관심 이상으로, 기초 자료는 집단 MI가 환자들의 이중진단 치료 협조와 문제성 약물 사용 감소, 그들의 정신적 기능의 향상을 도울 것이라고 제시하고 있다. 따라서 집단 MI는 이중진단 환자들이 그들의 복잡한 문제들을 다루도록 동기강화하는 것으로 보이므로, 집단에서 MI를 시행하는 것은 환자의 전반적인 치료 프로그램에서 유용할 것이다.

참고문헌

Baker, A., Lewin, T., Reichler, H., Clancy, R., Carr, V., Garret, R., et al. (2002). Brief intervention for substance use within psychiatric inpatient services: Findings from a randomized controlled trial. *Addiction, 97,* 1329–1337.

Barrowclough, C., Haddock, G., Tarrier, N., Lewis, S., Moring, J., O'Brien, R., et al. (2001). Randomised controlled trial of MI, CBT, and family intervenstion for patients with comorbid schizophrenia and substance use disorders. *American Journal of Psychiatry, 158,* 1706–1713.

Bellack, A. S., Bennett, M. E., Gearon, J. S., Brown, C. H., & Yang, Y. (2006), A randomized clinical trial of a new behavioral treatment of drug abuse in people with severe and persistent mental illness. *Archives of General Psychiatry, 63,* 426–432.

Bradley, A. C., Baker, A., & Lewin, T. J. (2007). Group intervention for coexist ing psychosis and substance use disorders in rural Australia: Outcomes over 3 years. *Australian and New Zealand Journal of Psychiatry, 41,* 501–508.

Drake, R. E., Essock, S. M., Shaner, A., Carey, K. B., Minkoff, K., Kola, L., et al. (2001). Implementing dual diagnosis services for clients with severe mental illness. *Psychiatric Services, 52,* 469–476.

Drake, R. E., & Mueser, K. T. (2000). Psychosocial approaches to dual diagnosis, *Schizophrenia Bulletin, 26,* 105–118.

Foote, J., DeLuca, A., Magura, S., Warner, A., Grand, A., Rosenblum, A., & Stahl, S. (1999). A group motivational treatment for chemical dependency. *Journal of Substance Abuse Treatment, 17,* 181–192.

Goldsmith, R. J., & Garlapati, V. (2004). Behavioral interventions for dual-diagnosis patients. *Psychiatric Clinics of North America, 27,* 709–725.

Graeber, D. A., Moyers, T. B., Griffith, G., Guajardo, E., & Tonigan, S. (2003). A pilot study comparing MI and an educational intervention in patients with schizophrenia and alcohol use disorders. *Community Mental Health Journal, 39,* 189–202.

James, W., Preston, N. J., Koh, G., Spencer, C., Kisely, S. R., & Castle, D. J. (2004). A group intervention which assists patients with dual diagnosis reduce their substance use: A randomized controlled trial. *Psychological Medicine, 34,* 983–990.

Kemp, R., Kirov, G., Everitt, B., Hayward, P., & David, A. (1998). Randomised controlled trial of compliance therapy: 18-month follow-up. *British Journal of Psychiatry, 172,* 413–419.

Kivlighan, D. M., & Holmes, S. E. (2004). The importance of therapeutic factors: A typology of therapeutic factors studies. In J. L. DeLucia-Waack, D. A. Gerrity, C. R. Kalodner, & M. T. Riva (Eds.), *Handbook of group counseling and psychotherapy* (pp. 23–36). Thousands Oaks, CA: Sage.

Martino, S., Carroll, K. M., Nich, C., & Rounsaville, B. J. (2006). A randomized controlled pilot study of motivational interviewing for patients with psychotic and drug use disorders. *Addiction, 101,* 1479–1492.

Martino, S., Carroll, K. M., O'Malley, S. S., & Rounsaville, B. J. (2000). Motivational interviewing with psychiatrically ill substance abusing patients. *Amencan Journal on Addictions, 9,* 88–91.

Miller, W. R., & Rollnick, S. (2012). *Motivational interviewing: people for change* (3rd ed.). New York: Guilford Press.

Minkoff, K. (2001). Developing standards of care for individuals with co-occurring psychiatric and substance use disorders. *Psychiatric Service, 52,* 597–599.

Moyers, T., & Martino, S. (2006). *Personal values card sort for dually diagnosed patients.* Available online at *www.casaa.unm.edu.*

Santa Ana, E. J., Wulfert, E., & Nietert, P. J. (2007). Efficacy of group motivational interviewing (MI groups) for psychiatric inpatients with chemical dependence. *Journal of Consulting and Clinical Psychology, 75,* 816–822.

Steinberg, M. L., Zeidonis, D. M., Krejci, J. A., & Brandon, T. H. (2004). Motivational interviewing with personalized feedback: A brief intervention for motivating smokers with schizophrenia to seek treatment for tobacco dependence. *Journal of Consulting and Clinical Psychology, 72,* 723–728.

Swanson, A. J., Pantalon, M. V., & Cohen, K. R. (1999). MI and treatment adherence among psychiatrically and dually diagnosed patients. *Journal of Nervous and Mental Disease, 187,* 630–635.

Walters, S. T., Ogle, R., & Martin, J. E. (2002). Perils and possibilities of group-based motivational interviewing. In W. R. Miller & S. Rollnick, *Motivational interviewing: Preparing people for change* (2nd ed., pp. 377–390). New York: Guilford Press.

Yalom, I., & Leszcz, M. (2005). *The theory and practice of group psychotherapy* (5th ed.). New York: Basic Books.

Zeidonis, D. M., Smelson, D., Rosenthal, R. N., Batki, S. L., Green, A. I., Henry, R. J., et al. (2005). Improving the care of individuals with schizophrenia and substance use disorders: Consensus recommendations. *Journal of Psychiatric Practice, 11,* 315–339.

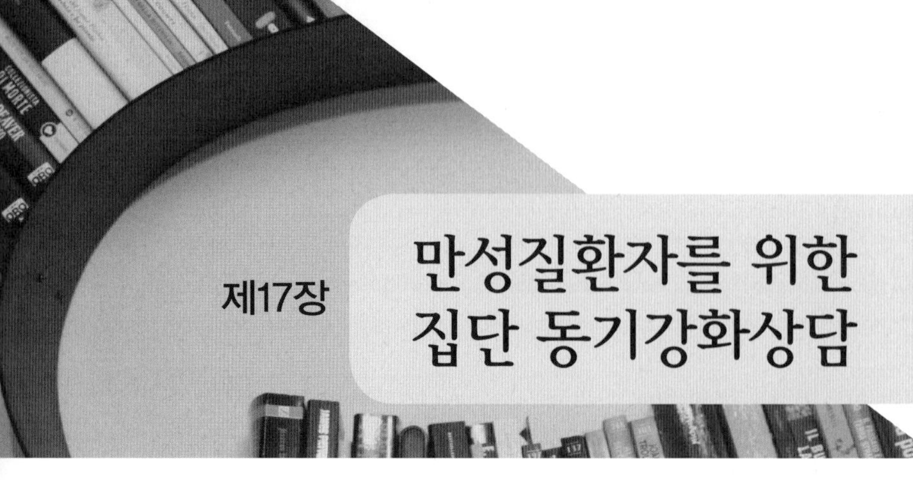

제17장 만성질환자를 위한 집단 동기강화상담

Claire Lane, Susan Butterworth, and Linda Speck

만성질환은 보통 장기적인 건강행동 습관과 선택들로 인해 발병한다. 예를 들어, 미국에서 적정 수준의 생활습관 개선으로 해마다 2천억 달러 이상의 치료비용을 절약하며, 4천만 개의 만성질환 사례를 예방했다(DeVol & Bedroussian, 2007). 이러한 수치들은 다른 나라에서도 비슷하게 추정된다. 예방이 치료보다 중요한 것이다.

일단 심장질환과 폐기종과 같은 질환들이 발병되면, 그 상태를 잘 유지할 수는 있지만 치료가 되지는 않는다. 건강한 생활습관은 병의 진행과 심각성을 줄이며, 기능제한들을 감소시킬 수 있다. 건강의 회복과 유지는 의료체계뿐만 아니라, 행동변화에 의해 가능해지는데, 이는 환자 자신의 노력과 건강 공동체의 지지에 의해 성공적으로 실행될 수 있다.

건강문제에 대한 동기강화와 양가감정

많은 사람들은 만성질환이 진행되었을 때 생활습관이나 건강습관을 변화시키려고 하지 않는다. 건강행동의 변화는 진단받은 충격, 질환으로 인한 도전, 역할 변화, 결심공약 이행과 함께 그들이 직면하는 많은 도전 중 하나이며, 직장에 복귀하게 되는 것 또한 주요 관심사이다. 어떤 사람들은 오히려 자신에게 해로울지 모른다는 두려움 때문에 운동을 피하기도 한다. 종종 몇가지 위험한 행동들은 사람들에게 변화될 수 있는 능력이 있다는 믿음에 도전함과 동시에 변화되어야만 한다. 많은 사람들은 건강행동 변화를 가진 이후 "느낌이 좋다"고 표현을 하지만 변화행동이 어떤 추가적인 이익을 주는지를 알지 못하고 있다. 일부는 생활양식 변화가 어떻게 미래의 급성질환들을 예방할 수 있는지 정보를 받고서도 만성질환이 수술과 치료를 요하는 문제라고 생각하지 않거나, 그들이 거치는 단계들이 변화를 가져올 것이라고 생각하지 않는다(Hibbard, Mahoney, Stock, & Tusler, 2007).

치료에서 다루어지는 심리적 요소들은 병식, 건강신념, 우울, 불안과 부정(denial)을 포함한다(Bennett, 2000). 가족과 사회적 요소들은 급성 및 만성질환을 관리하는 데 중요한 역할을 한다. 회복 중 사회적 지지가 부족하면 좀 더 부정적인 심리적 예후를 초래한다(Pedersen, Middel, & Larsen, 2002). 사회경제적 요소 역시 중요한데, 사회경제적으로 결핍된 사람들은 의료서비스 접근, 건강한 음식의 제공, 여가활동과 운동 시설들을 이용하는 데 잦은 어려움을 경험한다(Dowler, Turner, & Dobson, 2001).

왜 동기강화상담이며 왜 집단인가?

만성질환을 앓는 많은 사람들은 자신을 스스로 돌보게 되며, 장기간의 건강에 영향을 주는 대부분의 사항들을 스스로 결정하게 된다. 만성질환자의 자조관리 집단은 치료지침을 향상시키고 의료비용을 줄여준다(Bodenheimer, Holman, & Grumbach, 2002). 만성질환의 위험 요소들을 줄이기 위한 중재에 대한 메타분석에서는 지식을 늘리는 것보다 건강행동을 변화시키는 것이 효과적인 방법이라고 주장한다(Jepson, 2000). 만성질환자를 대상으로 한 집단 중재방법은 비용 효과성 면에서 그리고 동일한 질환자로부터 사회적인 지지를 받을 수 있다는 면에서 장점이 있다. 그것은 만성질환 관리를 위한 심리적 이익과 자기효능감을 향상시킨다(Classen et al., 2001).

장기간의 건강에 영향을 주는 대부분의 사항들은 환자 스스로 결정하게 된다.

MI는 만성질환을 관리하는 데 중요한 요인인 자기효능감과 환자의 능동적 활동을 향상시키는 데 적절하다. MI는 개인으로나 집단에서 그들의 건강 위험요인을 줄이도록 도울 수 있다는 가능성을 보여준다(Butterworth, & Prochaska, 2010; Rubak, Sandboek, Lauritzen, & Christensen, 2005). 이 장에서는 만성질환자들을 위한 집단 MI를 설명할 것이다. 우리는 MI 4단계에서 사용하는 전략들을 설명하기 위해 어떤 만성적인 문제라도 포괄적으로 적용 가능한 몇 사례들을 살펴볼 것이다. 이런 예는 초기 질병 발견과 관리뿐만 아니라 기능의 회복과 합병증과 관련된 질병들을 줄이는 데 초점을 두는 집단 MI를 포함할 것이다.

만성질환 대상자를 위한 집단 동기강화상담

집단 관계 형성하기

건강관련 집단 MI는 행동변화뿐만 아니라 신체적 증상, 부작용, 질병, 투약이나 의료기구에 대한 지식, 응급상황 시 해야 할 행동, 운동, 임상병리검사, 질병을 이해하는 것에 초점을 둔다. 이러한 정보 제공 목적에도 불구하고 우리는 상호간 지지를 촉진하고 동기는 정보를 제공하기 전에 한 번 다루어진 주제라는 생각을 피하도록 하면서 매 모임마다 참여적인 요소들을 포함시킬수 있다. 예를 들면, 리더는 매 회기마다 지난 회기 이후 집단 구성원들의 목표를 향한 진행과 긍정적인 경험과 도전에 대한 경험을 나누는 과정에서 계획된 *피드백*을 포함한다. 그리고 임상의와 함께 나누고 싶은 건강 문제들을 이끌어 낸다. 주제들은 생활습관 개선, 정서적 측면, 증상, 병의 진행에 대한 걱정, 그리고 지난주의 긍정적 또는 부정적인 경험들을 포함할 수 있다. 벽에 이런 것들을 기록해서 다루거나 강조해야 할 문제들을 계속 떠올릴 수 있도록 하라. 집단 구성원들에게 그들이 발전시키고자 하는 문제들에 대해 메모해서 쓰도록 권장하고, 만약 그들이 원하지 않는다면 그들의 선택을 존중하라.

관점 탐색하기

집단 구성원들끼리 개입이 지속되는 동안, 리더는 집단 구성원들이 건강행동을 변화시키는 것에 대해 어떻게 느끼는지 탐색하기 시작한다.

생활습관을 탐색하고 과거를 돌아보기

내담자들의 관점을 탐색하는 것은 생활습관을 탐색하고 과거를 돌아보는 MI 전략이다. 지금까지 건강하지 않은 습관들을 고집해 온 집단 구성원들은 흔히 변화에 관심을 가지고 있지 않다. 이것은 만성질환의 경우 다반사이지만 이러한 감정들을 정상화시키기 위해 다루어야 하는 중요한 부분이다. 이는 집단 구성원의 자율성을 존중하고, 집단 구성원들과 좋은 관계 형성을 이루도록 돕는다. 다음의 예를 보면, 리더는 변화를 위한 선택은 스스로의 몫이라는 사실을 강조하면서도, 집단 구성원들의 양가감정을 존중하고 있다. 이 항목을 읽을 때, 만약 리더가 집단 구성원들에게 건강하지 않은 행동들을 중단하도록 고집했다면 어떤 결과가 따라올지 생각해 보라.

리더: 우리는 당신의 상태에서, 위험을 주는 요소들에 대해 논의해 보았습니다. 여러분 중 대부분은 앞으로 생길 수 있는 문제들 중에서 자신이 조절할 수 있는 생활습관 변화를 인식하고 있는 게 분명합니다. 자신이 느끼기에 중요하게 생각하는 위험 요소에는 어느 부분이 있을지 이야기해 보시겠습니까? [집단 구성원 관계 형성하기; 중요성에 대한 평가 끌어내기; 변화 주제에 초점 맞추기]

알랜: 저는 하지 말았어야 하는 모든 것을 과거에 다 해보았다고 생각해요. 저는 당신이 말하는 것을 다 했고… 매 순간 그 모든 것을 사랑했어요(웃음).

리더: 네, 알랜. 아마도 당신은 우리에게 그것에 대해 약간씩 이야기하고 싶어 하는 것 같은데, 우선 우리에게 주는 위험 요소에 대해 집중해 볼까요? [유머를 사용하지만 동시에 변화에 초점 맞추기]

알랜: 음, 저는 항상 삶을 즐겨 왔지만, 지금은 제가 즐겼던 그 모든 것이 저에게 나쁘게 작용해요. 저는 흡연과 음주를 즐겼고, 유일하게 한 활동은 축구 경기를 보며, 음식 먹는 것이었어요. 토요일 밤 친구와 함께 작은 클럽에서 맥주 10파인트(약 5000cc)와 함께 스테이크와 감자칩을 먹으면 그보다 더 좋은 것은 없어요. 삶이 지루할 때도 이렇게 하죠.

리더: 당신은 제가 당신에게 비록 삶의 모든 즐거움을 빼앗긴다고 해도 이 모든 것을 그만둬야 한다고 말하길 기대하시는군요. 하지만 사실, 그것은 당신

에게 달려 있으며, 아마도 한순간에 많은 변화를 하는 것은 상당히 어려울 겁니다. 당신이 생각하기에 당신이 할 수 있는 것은 무엇일까요? [수용과 연민(compassion) 표현하기; 자신감과 실행활성화를 강화하는 반응 이끌어 내기]

알랜: 네, 맞아요. 제가 생각하기에 저는 술을 줄일 수 있을 것 같아요. 어쨌든 나이 때문에 클럽에 갈 수 없으니 그렇게 어렵지는 않을 거예요.

양가감정 탐색하기

MI의 중요한 목표 하나는 집단 구성원들의 양가감정을 탐색하고 해결하는 것이다.

리더 1: 자, 우리는 여기에 심장관련(또는 신장, 혈당 등) 문제가 있기 때문에 모였습니다. 그리고 여러분 중 몇 분은 우리가 해야 할 변화에 대해 들었습니다. 그러나 이 집단에서 당신에게 변화하라고 강요하지는 않습니다. 당신이 변화하고자 하는 결정도 당신에게 달려 있습니다. 우리의 역할은 당신이 할 수 있는 가능한 변화들을 확인하는 탐색 작업을 돕는 것입니다. [자율성 지지하기]

리더 2: 변화에 대해 양가감정을 느끼는 것은 아주 자연스러운 것입니다. 사실, 여러분은 오늘 여기에 있는 것 자체에 대해 복잡한 생각이 들 거예요(집단 구성원들이 낄낄 웃는다). 반면, 여러분은 변화하려고 하는 좋은 생각을 할 수도 있습니다. 하지만 다른 한편으로는 그것을 일정하게 유지한다는 것이 어렵게 느껴질 수 있습니다. 저는 여러분이 건강을 향상시키기 위해 변화할 수 있는 것들을 찾아보는 일을 어떻게 느끼시는지 궁금합니다. [양가감정을 정상화하기와 초점 맞추기]

짐: 네, 저는 모든 일에 대해 복잡한 생각을 가지고 있어요.

리더 2: 복잡한 감정이요? [이끌어 내기]

짐: 네, 저는 가족 때문에 여기에 왔어요. 저는 가족들이 저에게 또다시 심장마비 증세가 일어날까봐 걱정하고 다시 일어나지 않기를 바란다는 것을 알아요. 저도 마찬가지구요. 하지만 저는 이미 많은 것을 알고 있고, 솔직히 말해서 저는 뭔가 먹고, 행동하고, 음주하는 것을 좋아해요. 저는 심장마비가 일어나지 않길 원해요. 하지만 제가 좋아하는 것을 하지 않고 사

는 삶도 원하지 않아요. 그래서 저는 양가감정을 느끼지만, 일단 시도해 보려고 해요.

리더 1: 당신이 여기 오는 것을 원했는지는 확실하지 않지만, 당신이 새로운 것을 시도할 만큼 건강은 중요하다고 하시는군요. [변화대화에 대응하는 양면반영 사용하기와 시도하려는 노력 인정하기]

짐: 잘못되었다고 생각하지는 마세요. 저도 여기 온 것이 행복하지만, 여전히 확실하지는 않다는 말이에요.

리더 1: 짐, 말씀해 주셔서 감사해요. 다른 분들은 어떻게 느끼십니까? [인정하기와 집단에 초점 맞추기를 지속하기]

올리비아: 글쎄, 저는 여기에 온 것이 매우 행복해요. 저는 제가 할 수 있는 한 변화를 시도하고 싶어요. 그리고 저는 이미 변화 중 일부는 시도했어요.

리더 1: 당신은 무엇 때문에 그런 변화를 원하게 되었습니까? [유발하기]

올리비아: … [변화대화]

리더 2: 이 중 몇 명은 다른 사람들보다 변화에 대해 좀 더 준비되었다고 느끼시는군요. 그리고 사실 당신은 이미 몇 가지 변화를 했고요. [인정하기]

올리비아: 네.

리더 1: 대단하시네요. 양가감정을 느끼는 또 다른 분 있으신가요? [인정하기; 유발하기]

엘지: 조금 이상한 소리로 들리겠지만, 제가 실제로 변화해야 한다는 것 몇 가지를 알고 있다 하더라도, 저는 그 변화를 위해 해야 하는 것과 하고 싶은 것은 다른 이야기라고 봅니다.

수지: 저도 공감해요. 제가 사과를 먹고 싶다고 이야기하고, 대신 케이크를 먹는 것과 같은 거예요.

엘지: 저도 그 마음 알아요. 제가 건강이 더 좋아졌으면 합니다. 그런데 그것이 어려운 거죠?

짐: 실은 저는 또 다른 문제가 있어요. 저는 아마 변화할 수 있다고 생각하지만 제가 정말로 그것들을 좋아하기 때문에 변화를 원하는지는 알 수가 없어요. 제가 진심으로 변화하기를 원하는지 충분히 생각하고 결정하려고 해요. 하지만, 제가 얼마나 원하는지 모르겠어요.

리더 2: 이런 복잡한 감정들을 느끼는 것은 지극히 정상입니다. 다음 몇 주에 걸쳐, 우리는 삶의 다른 영역에서 변화하는 것에 대해 이야기할 것입니다. 만약 여러분 중 어떤 분이 변화가 자신에게 적절하지 않다고 결정해도 괜찮습니다. 행동을 결정하는 것은 여러분 몫입니다. [양가감정이 정상이라는 것으로 관계 형성 유지하기; 자율성 지지하고 수용 표현하기]

이러한 예시에서, 리더들은 양가감정을 정상적인 것으로 다루고, 아무리 작은 변화일지라도 성공으로 인정하도록 한다. 리더들은 집단 구성원들의 자율성을 존중하고, 집단 내 관점의 다양성을 존중하는 시범역할을 한다. 리더들은 집단 구성원들이 양가감정을 다른 여러 방법으로 표현하는 것을 격려해 준다. 리더들은 집단 구성원들을 이해하고 있음을 표현하고, 열린 질문과 반영하기 진술을 통해 집단 구성원들이 양가감정을 탐색하도록 돕는다.

가치 탐색하기

많은 경우 사람들에게는 건강행동의 변화보다 중요하게 여기는 것들이 있다. 아래의 예를 보면, 리더는 집단 구성원들의 다른 관심들에 대해 좀 더 적절한 활동이 어떤 것인지 탐색하기 위한 가치활동을 사용한다. 이것은 변화에 대한 양가감정을 조사하기에 유용한 방법이며, 변화대화를 이끌어 내고 반영하기 위한 기회를 제공한다.

리더: 우리는 오늘 몇 가지 운동에 대해 자세하게 논의했습니다. 어느 정도의 운동이 자신에게 적절하다고 생각하시나요? [열린 질문을 사용하여 변화대화 이끌어 내기]

크리스: 저는 항상 운동을 좋아하고 어릴 때부터 축구를 많이 했는데요. 하지만, 저는 최근에 한 것보다는 조금 더 많이, 조금 더 규칙적으로 하는 것이 필요해요.

리더: 네, 운동은 항상 당신의 삶에서 중요한 부분이었네요. [변화대화 반영하기]

크리스: 그것은 확실하지만, 수년에 걸쳐 다른 것들이 방해를 해 왔어요. 저는 규칙적으로 운동할 시간이 없었어요. 아마도 제가 스스로 할 수 있는 다른 종류의 운동을 찾을 필요가 있을 것 같아요.

제니: 제 문제는 시간이 없다는 거예요. 운동부족이 저에게 영향을 주어 심장

마비의 원인이 된 것을 알아요. 하지만 엄마의 관심이 꼭 필요한 두 아이가 있는데 어떻게 운동을 하겠어요? 애들이 나에게 우선순위일 때 말이에요!

리더: 당신의 아이들에게 엄마가 지금 당장 필요하다는 것을 고려하는 것이 좋겠군요. [타당화하기와 유발하기, 자율성을 지지하고 협동하여 작업하기]

제니: 네, 애들은 여러 많은 이유로 엄마가 필요합니다. 가장 큰 아이가 10살이고 톰은 겨우 6살로 너무 어립니다. 내가 좋은 식사, 깨끗한 옷 같은 모든 것을 그들에게 해줄 필요가 있지 않겠습니까! 내가 다시 건강해지기 위해서 어떻게 운동을 적절히 하고, 내 일을 유지할 수 있을까요?

조지: 만약 거기에 제니가 없다면? 애들은 그때 어떻게 대처할까요? 애들은 엄마인 당신이 필요합니다.

제니: 전 정말 모르겠어요. 나 자신보다 아이들을 위해서라도 회복해야만 해요(*눈물을 흘린다*).

리더: 건강을 회복하기 위해 당신이 할 수 있는 것이 무엇일까요? [변화대화 이끌어 내기]

제니: 저는 약물치료를 지속해야 한다는 것과 그것이 쉬운 방법이라는 것도 알아요. 하지만, 저는 아이들을 위해 정말로 건강한 생활습관으로 살아가고 싶어요. 앞으로 저는 어떻게든 그러기 위해 시간을 내야만 해요.

리더: 그래서 당신은 운동이 중요하다고는 생각하는군요. 하지만 아이들을 돌보면서 할 수 있는 운동을 찾는다는 것이 당신에게 어렵다는 말씀이시네요. [수용을 표현하기 위한 양면반영]

제니: 제가 이번주에 그것을 더 생각해 보고 할 수 있는 일이 무엇인지 알아볼게요.

여기서, 리더는 제니에게 운동을 어떻게 하는 것이 그녀의 가족을 포함한 자신의 삶에 가장 적절할지 신중히 안내하고 변화하도록 하는 압박감 없이 선택은 자신이 하는 것임을 강조하고 있다.

관점 확대하기

중요성과 자신감 탐색하기

집단 MI는 집단 구성원들이 달라진 건강행동에 대해 어떻게 느끼는지 탐색하도록 하며, 집단 내에서 다른 집단 구성원들과 느낌을 나눌 수 있도록 한다. 건강행동 변화에 대한 정보가 제공될 때 *중요성과 자신감의 탐색*은 집단 MI 내에서 잘 파악할 수 있다. 이것은 집단 구성원들에게 그들이 변화하려고 생각한 것을 어떻게 준비하는지 탐색하고, 변화대화를 유발하는 또 다른 기회를 제공한다. 다음 예시에서, 리더는 특정한 변화를 만들어 내는 것에 대한 집단 구성원들의 자신감과 중요성에 대한 서로 다른 입장 차이를 강조한다.

리더: 당신에게 운동하는 것(또는 혈당 점검 등)이 얼마나 중요한지 0점에서 10점 사이에 점수를 준다면 몇 점을 주시겠습니까? [중요성 유발하기]

존: 음, 저는 10점이라고 생각하는데요.

리더: 당신에게 운동은 상당히 높은 우선순위군요. 다른 분은요? [집단 참여 유지하기]

앤: 저는 5점 정도예요. 운동이 필요한 것은 알지만 시간을 내 하기는 힘들거든요.

리더: 아마도 우리는 그것이 얼마나 어려운지와 그것이 얼마나 중요한지를 구분하는 것이 필요합니다. 어려움에 대해 고려하는 것을 제외한다면, 당신에게 그것은 얼마나 중요한가요? [명료화하기; 유발하기]

앤: 음, 제가 운동을 규칙적으로 하는 데 방해되는 것들을 무시하고 중요성으로 본다면, 저는 9점을 주고 싶어요.

특히, 일부 집단 구성원들이 이런 측면들의 MI 특성들을 이해하지 못할 때, 중요성과 자신감을 논의하는 것은 도전이 될 수 있다. 이 예에서, 리더는 이것을 강조하고, 집단 구성원들이 중요성과 자신감의 차이점을 이해할 수 있도록 격려한다.

강점 탐색하기

*피드백*은 집단 내에서 *강점을 탐색*할 기회와 다른 집단 구성원들이 과정에 참여할 기회를 제공한다. 이것은 집단 구성원으로부터 변화대화를 유발하고 자기효능감을

지지할 수 있다. 아래의 예는 피드백과 관련된 주제 중 하나를 소개하는 것이다.

로버트: 음식에 관해서 말하자면, 저는 건강에 좋지 않은 음식도 다 좋아합니다. 저는 의지력이 없습니다.

리더: 그래서, 건강한 식습관이 당신에게 어렵다는 거군요. [도전 타당화하기; 관계 형성 유지하기]

로버트: 특별한 것은, 저는 심장마비를 경험한 이후 담배를 확실히 끊었다는 것입니다.

리더: 금연한 것에 관해 당신은 어떻게 생각하십니까? [유발하기]

로버트: 저는 30년 이상 흡연해 왔기에 무척 힘들었습니다!

리더: 분명히, 많은 사람들이 힘들어하는 것을 알 수 있습니다. 이곳에 계신 분들이 당신의 금연을 유지하는 방법에 관심을 갖고 있다는 확신이 드네요. [타당화; 변화대화 유발하기]

마이클: 금연은 정말 어렵습니다. 그래서 의지력이 필요합니다.

로버트: 음, 심장마비 경험은 상당한 충격이었습니다. 의사와 간호사들이 흡연은 심장마비 원인이 된다고 하고… 당신이 알다시피, 많은 의지력이 필요했습니다.

리더는 집단 구성원이 아직 성취하지 못한 것에 관심을 두기보다 집단 구성원의 다른 행동변화에 대한 성공에 초점을 맞춘다. 집단 내 다른 집단 구성원의 투입은 이런 성공을 인정하고, 집단 구성원에게 현재 도전해야 할 것과 다른 구성원의 성공사례를 연관시키도록 격려한다.

변화 성공 사례

변화 성공 사례는 작은 변화라도 칭찬하는 것이 유용하다. 이것은 특히, 좌절감을 느끼고, 목표에 도달하지 못해 동기가 감소된 집단 구성원들에게 도움이 된다. 집단 구성원들을 변화 성공 사례를 나누도록 격려하는 것은 변화를 위한 희망을 만들어 낼 수 있다.

리더 1: 지난번 우리는 도움이 되지 않는 생활습관에 대해 몇 가지 이야기를 나누었습니다. 몇 분은 과일과 야채를 더 먹으며 노력하고 있다고 했는

데요. 그것이 어떻게 되고 있는지 궁금한데요. [유발하기]

짐: 좋지 않아요. 일요일에는 약간 포기하고 저녁을 먹은 후 디저트를 먹었어요.

리더 2: 디저트를 즐긴 것처럼 들리는데요. [수용 표현하기]

짐: 네, 맞아요. 휘핑크림을 올린 초콜릿 케이크 한 조각에는 도저히 견딜 수가 없다는 것이 가장 큰 약점이에요.

올리비아: 오호, 저도 좋아해요. 맛있죠?

짐: (*웃으며*) 네, 아주 좋죠. 당신도 알다시피, 유혹을 뿌리칠 수가 없어요.

올리비아: 저도 공감합니다. 저는 최고의 초콜릿 퍼지케이크를 만들어서 상을 받은 적이 있거든요.

리더 1: 와우, 우리 집단에 케이크로 상을 받은 사람이 있다니. 올리비아, 가능하다면, 그 요리법을 얻고 싶어요. [인정하기; 관계 형성하기]

리더 2: 당신이 원하는 작은 것이 때로는 당신을 기분 좋게 하지요. 그렇죠? 짐. [타당화하기; 초점 유지하기]

짐: 정확하게 말하자면 작은 게 아니죠(*집단이 함께 웃는다*).

리더 2: 당신은 그것을 즐겼지만, 그것에 관해 좋은 느낌을 받지는 못했네요. [양가감정 반영하기]

짐: 네. 저 자신에 대해 조금 실망한 느낌이 들었어요.

리더 1: 하지만 짐, 당신은 초콜릿 케이크를 포기하겠다는 말을 한 번도 하지 않았습니다(*집단이 웃는다*). 당신은 이번주에 과일과 야채를 조금 더 먹겠다는 계획을 어떻게 하실 것입니까? [유발하기]

짐: 저는 5일간 유지했다고 생각하지는 않지만, 아침식사에 과일, 점심식사에 과일이나 야채 그리고 저녁식사에는 야채를 먹었어요.

리더 2: 그럼, 당신은 지난주보다 과일과 채소를 더 먹으려고 했네요. [인정하기; 변화대화 반영하기]

짐: 네, 그래요. 전 정말 과일과 채소를 많이 먹으려고 했어요.

리더 2: 축하해요! [인정하기]

존: 짐, 어떻게 했어요? 어려웠죠?

짐: 사실 먹는 것은 그렇게 어렵지 않지만 먹는 걸 기억하는 것은 어려웠어요. 심장마비 이후로, 사방의 큰 조각케이크와 조금의 휘핑크림 이외에(*집단 구성원들이 웃는다*), 튀긴 음식이나 지방질 음식 섭취를 중단했지만, 과

일과 채소를 먹지는 않았어요. 저는 과일과 채소를 많이 먹는 것이 심장에 좋다는 것을 알기 때문에, 지금은 많이 먹고 싶어요. 하지만 때때로 이것은 잊어버리기가 쉬워 아내가 이를 기억해 줘서 알아차리죠.

존: 저는 대부분의 야채를 좋아하지 않고 과일 역시 싫어하는 편이에요.

리더 1: 과일과 채소 먹는 것을 늘이는 것은 아마 당신에게 바꾸고 싶지 않은 행동이었겠네요, 존. [공감과 수용 표현하기]

존: 네.

리더 1: 그럼 당신이 지난주 내내 생각한 것은 무엇인가요? 어떠셨나요? [유발하기; 초점 이동하기]

이 예시에서, 짐은 그가 의미 있는 변화를 이미 한 것에 대해 인식하지 못하고 있다. 리더들은 그것에 관심을 이끌어 내고, 동시에 그가 좋아하고 싫어하는 행동 사이의 차이점을 강조한다. 리더들은 집단 구성원들이 주요 논의에서 빗나가기 시작할 때, 집단 구성원들이 편안한 마음으로 대화내용 내에서 상호작용할 수 있게 한다(집단 회기에서 항상 일어날 수 있는 일이다).

정보 교환

때로 집단 구성원들에게 만성질환의 정보를 제공하는 것은 필수적인 경우가 있다. 리더는 단순히 집단에게 정보를 수동적으로 제공하기보다 이끌어 내기-제공하기-이끌어 내기 체계를 사용하여 집단에서 *정보를 교환하*도록 할 수 있다. 이것은 리더가 중요한 정보를 얻고, 집단 구성원들의 이해 정도를 점검해서, 그들이 의미 있는 방식으로 정보를 얻도록 한다.

리더: 여러분 모두 알코올과 심장의 관련성을 이미 알고 계신지 궁금합니다. [이끌어 내기; 협동정신 보여주기; 개입하기와 초점 유지하기]

올리비아: 나쁜 관련이 있죠.

리더: 무슨 의미에요. 올리비아? [이끌어 내기]

올리비아: 음, 술집에서 생활을 많이 한 사람들이 그렇지 않은 사람들보다 심장에 문제가 더 많다는 것은 비밀이 아니죠.

짐: 네. 하지만 알코올이 심장에 좋다는 뉴스를 본 기억이 있습니다.

리더: 그 이야기에 대해 더 말해 주시겠어요, 짐? [이끌어 내기]

짐: 제가 알기로는, 레드 와인을 마시는 사람들은 그렇지 않은 사람들보다 심장마비 발병률이 낮다는 걸로 아는데요.

올리비아: 하지만 그것은 이해가 되지 않네요.

짐: 아닐지 모르지만, 진짜로 몇 년 전에 그 기사를 봤어요.

리더: 그 밖에 더 아는 것이 있습니까? [이끌어 내기]

존: 알코올은 혈압을 높이기 때문에 혈압에 좋지 않아요. 의사는 내게 이 부분을 말하곤 합니다.

리더: 그 밖에 더 말씀하실 분 있습니까? [이끌어 내기]

수지: 혼란스럽네요. 우리는 줄곧 술을 마시지 말자고 이야기했는데, 짐은 어떤 경우에는 술이 좋을 수도 있다고 말하는군요.

짐: 제 생각에 적당한 음주는 건강에 좋다고 말하는 것이죠. 술을 많이 마시면 좋지 않을 것 같아요. 그리고 레드 와인은 건강에 좋은 면도 있다고 하지만, 아마도 다른 술들은 건강에 좋지 않다고 생각해요.

리더: 여기서 일부 서로 충돌하는 정보가 있군요. 그 밖에 더 말씀하실 것이 있습니까? [수용 표현하기; 유발하기]

존: 확실하지 않지만 알코올은 콜레스테롤에도 영향을 줄 것 같은데요.

짐: 어, 술에는 지방이 섞여 있다고 생각하지 않았는데 그것 참 이상하군요. 그렇죠?

존: 모르겠어요. 하지만 전에 들었던 내용이에요.

조안: 맥주를 많이 마셔서 배가 불룩해지는 것을 보면 술은 지방을 만들고, 열량이 많은 것 같아요.

엘지: 제 남편은 당뇨가 있는데, 술이 저혈당을 유발하기 때문에 좋지 않아요. 그래서 집에서 술을 많이 마시지 않아요.

조안: 오, 이상하군요. 술은 명백히 지방을 만드는데, 술을 마시면 저혈당이 되기보다는 당이 만들어지잖아요.

리더: 이 방에는 이 영역에 대한 많은 전문가가 있네요. 여러분은 알코올에 대해서 많은 것을 알고 있군요. 아직까지 일부 내용에 대해서는 조금씩 혼동이 있습니다. 술에 대해 좀 더 이야기를 해보면 어떨까요? [인정하기; 공유를 위한 허락 구하기](*집단이 동의를 표함.*)

그럼 짐이 말한 부분을 다루기에 앞서, 여러분이 말씀하신 의견이 모두

맞다는 것을 알려드리고 싶습니다. 여기에 적당량의 술은 심장에 좋다는 몇 가지 증거가 있습니다. 그것이 꼭 레드 와인일 필요는 없습니다. [제공하기] 그렇다면, 적정 수준의 음주량은 어느 정도를 말하는 것일까요? [이끌어 내기]

수지: 매일 와인 한 잔 정도인가요?

짐: 제 생각에는 일주일에 두세 번, 2~3파인트(1000~1500cc)라고 보는데요?

리더: 둘 모두 맞습니다. 매일은 안 되지만 하루에 한두 잔의 알코올을 마시는 것은 심장에 이로운 영향을 준다고 합니다. 하지만 남자가 세 잔 이상씩 마시거나 여자가 하루에 두 잔 이상씩 마실 경우, 심장에 무리가 발생하여 혈압이 많이 높아질 수 있습니다. 그리고 한 번에 많은 양의 술을 마시는 것은 심장에 손상을 줍니다. 이것은 우리에게 무엇을 이야기하는 걸까요? [타당화하기; 제공하기; 이끌어 내기]

조안: 소량의 술을 마시는 것은 괜찮지만, 많은 술을 마시는 것은 심장에 정말 안 좋아요. 그러니 술을 많이 마시지 않도록 노력해야 해요.

리더: 네. 소량의 음주는 많은 폐해를 주는 것 같지는 않지만, 술을 많이 마시면 마실수록 심장문제에 위험 요소를 더 높이게 됩니다. 자신의 음주를 어떻게 할지 결정하는 것은 본인의 선택이지만 이를 기억해 주십시오. 저는 오늘 여러분이 음주의 위험성과 이득을 이해했다고 봅니다. 무엇을 선택할 것인지는 여러분에게 달려 있어요. [타당화하기; 제공하기; 자율성 지지하기]

짐: 그럼 당신이 단위를 말할 때, 그 단위는 무엇입니까? 한 파인트(500cc)입니까?

상호작용은 계속되고, 리더는 회기의 후반부에 질문한다.

리더: 그럼, 오늘 오후에 우리는 술에 대한 많은 이야기를 나눴습니다. 여러분은 오늘 어떤 메시지를 집에 가지고 갈 것입니까? [이끌어 내기]

올리비아: 알코올로부터 얻는 많은 이득들은 운동을 통해서도 얻을 수 있어요. 우발적으로 폭음하는 것은 쉽지만, 운동을 우발적으로 많이 하는 것은 어려워요(*집단이 웃는다*).

리더: 운동이 당신을 위해 더 좋은 행동이라고 생각하시는군요. [변화대화 반영하기]

짐: 저는 맥주를 마실 때, 얼마나 많이 마시는지 확인하는 것이 필요한 거 같아요. 제가 평소에 마시는 것이 맥주 한 잔을 훨씬 넘어간다는 사실이 놀라워요. 제가 조금 더 주의해야겠다고 생각했어요.

리더: 그래서 자신을 위해 건강한 음주를 해야겠다고 생각하시는군요. [변화대화 반영하기]

짐: 당연하죠.

엘지: 저는 알코올이 어떻게 혈당량을 낮추는지와 알코올에 다른 음식들보다 더 많은 당분이 있다는 걸 이해하게 되었어요. 또한 저는 왜 남편이 전분이 든 음식을 먹어야만 하고 포도당 음료수를 가지고 다니면서 마셔야 하는지도 알게 되었죠.

리더: 즉, 당신은 알코올이 심장에 미치는 영향뿐만 아니라 남편의 당뇨에 미치는 영향에 대해서도 알게 되었네요. 그 밖에 또 알게 된 것이 있습니까? [공감 표현하기; 이끌어 내기]

리더는 집단에서 이미 알고 있는 지식을 *이끌어 내는* 것으로 시작했다. 집단 구성원들은 어느 정도의 지식을 갖고 있는데, 리더는 정보를 *제공할 때,* 그들이 이해하는 것에 명백하게 보이는 모순을 반영해 주었다. 이후, 리더는 집에 어떤 메시지를 가지고 갈 것인지 질문하고, 집단에서 얻어진 정보들을 개인에게 적용할 기회를 제공함으로써 *이끌어 내기*를 적용한다.

행동으로 옮기기

행동 시작하기

집단에서 이 시점은 변화준비언어 이끌어 내기(*중요성과 자신감*)에서 변화실행언어로 옮겨 가도록(*행동으로 옮기기*) 전환해야 할 시기이다. *행동 시작하기*에 대한 다음의 예는 리더가 집단 구성원으로 하여금 변화하고자 하는 문제에 집중하고 그 문제를 다룰 계획을 설정할 수 있도록 독려하는 것을 보여준다.

리더 1: 지금까지 우리는 여러분이 변화하고 싶은 몇 가지 사안들에 대해서 이야기를 나누었습니다. 그렇다면, 여러분이 실천할 수 있는 작은 변화에는 어떤 것들이 있겠습니까? [개인의 변화에 초점 맞추기; 변화대화 유발

하기]

브라이언: 저는 운동량을 좀 더 늘리고 싶어요.

리더 1: 조금 더 적극적으로 변화하고 싶으시다는 말씀이시군요. [변화대화 반영하기]

낸시: 저도요.

리더 1: 여기에 운동량을 더 늘이는 것에 관심이 있는 분들이 몇 분 더 계신 것 같네요. 우리에게 도움을 주고 싶으셨나요? 감사합니다. [이끌어 내기]

리더 2: 어떤 다른 변화 행동이 있을까요? [변화대화 유발하기]

존: 저는 담배를 줄이고 있고, 어렵겠지만 이제는 완전히 끊고 싶어요.

리더 2: 금연의 강점을 발견할 수 있다면, 흡연과 관련해 좀 더 많은 변화를 일으키고 싶으시다는 말씀이시군요. [변화대화 반영하기]

존: 네. 제가 아직 금연을 할 수 있을지는 모르겠지만, 적어도 흡연량을 좀 더 줄여 볼 수는 있겠죠.

리더 1: 실제로 많은 사람들이 금연하려 노력합니다. 그런 점에서, 이는 당신만이 겪는 문제는 아니라고 할 수 있습니다. 또 다른 어떤 것들이 있을까요? [타당화하기; 변화대화 유발하기]

수지: 좀 우습게 들릴 수 있지만, 저 또한 정상적인 생활로 돌아가고 싶어요. 심장질환이 생기기 전처럼 가사 일을 하고 싶지만, 남편 때문에 그러지 못해 왔어요.

엘라: 그 점은 저도 이해합니다. 그 시기에 집에서 생활을 한다는 것을 남편들은 이해 못해요.

수지: 맞아요. 그럴 때면 정말 미칠 것 같아서 다른 생각은 떠올리기 어려워요. 힘들다고 해서 죄송하지만, 이게 지금 제가 느끼고 있는 감정이에요.

리더 2: 그런 것 같군요. 그런 순간에 당신에게 가장 중요한 것엔 어떤 것이 있겠습니까? [연민 표현하기; 변화대화 유발하기; 목표 행동에 초점 맞추기]

수지: 제 생각에는 남편이 저를 너무 감쌀 필요가 없다는 걸 보여주는 것이 집에 있을 때의 기분을 더 정상적으로 만들어 주고, 후에 다른 변화를 하는 것을 쉽게 만들 것 같아요.

리더 2: 남편과 그러한 방향으로 관계를 진전시키는 것이 집에서 더 잘 지내도록 하는 데 도움이 되겠네요. [변화대화 반영하기]

수지: 네. 저는 그게 가장 중요한 것 같아요.

리더 1: 그렇다면 우리는 각자 변하고 싶은 부분이 조금씩 다르다고 말할 수 있겠네요. 각자 잠시 시간을 갖고 자신이 바뀌야 할 가장 중요한 것이 무엇인지 생각해 보도록 합시다. 자, 여러분 각자가 변화해야만 할 가장 큰 이유 세 가지로 어떤 것을 꼽을 수 있겠습니까? [초점 맞추기; 변화대화 유발하기]

존: 음, 아마도 흡연이 건강에 큰 악영향을 미친다는 사실을 들 수 있을 것 같아요.

리더 2: 당신은 오래 살기 원하시는 군요. [변화대화 반영하기]

존: 그리고 또 다른 이유로, 저는 어떤 일을 하기 전에 담배를 피워야만 하는 게 싫어요. 제가 완전히 금연할 수는 없더라도, 담배를 줄이기만 해도 좋을 것 같아요,

리더 2: 흡연량을 줄이기만 해도 더 건강한 삶을 살 수 있을 것 같다는 말씀이시군요. [변화대화 반영하기]

존: 네. 정말로 그럴 것 같아요.

리더 1: 그 밖에 누가 자신이 변화해야 할 이유를 이야기해 주실 수 있으실까요? [변화대화 유발하기]

에밀리: 저는 좀 더 활동적으로 살고 싶어요. 제 손자들과도 더 많은 시간을 보내고 싶은데, 그렇게 하면 저는 쉽게 지친답니다. 아이들과 더 잘 지내고 싶어요.

리더 1: 즉, 첫 번째 이유는 손자들과 함께하는 시간에 덜 지치고 싶다는 말씀이시군요. 또 다른 이유에는 어떤 게 있나요? [반영하기; 변화대화 유발하기]

에밀리: 음, 그게 주된 이유 같아요. 운동을 하는 것이 심장에 얼마나 도움이 되는지 물리치료사와 이야기를 나누게 되면서, 가능하다면 저는 정말 또 다시 심장 발작을 겪고 싶지는 않아졌어요. 그리고, 저 자신에게 건강해질 수 있다는 것을 보여주고 싶어요.

리더 2: 네. 당신의 심장을 보다 건강하게 하고, 자신에게 어려운 목표를 달성할 수 있다는 것을 증명해 보이고 싶으신 거군요. [변화대화 반영하기]

에밀리: 네, 그래요. 제가 할 수 있는 방법을 알게 되겠죠.

리더 1: 그렇다면 이런 변화를 어떻게 시작할 수 있을까요? [변화계획 유발하기]

에밀리: 음, 지난주에 물리치료사와 이야기하며 작은 변화들이 모여 큰 변화를 일으킬 수 있다고 생각했어요. 제가 30분 동안 운동할 수 있을 만한 거리를 찾을 수 있을지는 모르겠어요. 하지만, 아침을 먹기 전 10분, 점심을 먹기 전 10분, 저녁을 먹기 전 10분을 걸을 수는 있겠죠. 이런 작은 변화로 시작해서 제가 해낼 수 있는 방법을 알아 가려구요.

리더 2: 당신의 생활에서 어떻게 적용할 수 있을지 정말로 많은 생각을 하셨네요! [인정하기]

에밀리: 네. 한 주 내내 생각했는데, 그게 저에게 최선일 것 같아요.

리더 2: 당신은 최선을 다해 변화할 준비가 되어 있는 것 같네요. [변화대화 반영하기]

에밀리: 네. 하지만, 그리 대단한 건 아니라고 생각해요. 이런 시도가 제게 얼마만큼 좋을지 모르겠어요.

리더 1: 어떤 변화든 간에, 설령 그게 작은 것이라고 해도 당신의 건강에 큰 변화를 줄 수 있을 거라고 생각합니다. 특히 당신이 이렇게 동기를 가지고 있고, 당신이 해낼 만한 일을 먼저 시작한다면 가능할 거라고 봅니다. [정보 제공하기; 자율성 존중하기]

에밀리: 네. 저도 그렇게 생각해요. 결국엔 저 스스로 할 수 있을 거예요.

리더 1: 훌륭합니다! 어떻게 변화할지에 대해서 다른 생각을 가지신 분들 있으신가요?

이 예시에서, 리더는 집단 구성원들에게 "여러분은 어떤 변화를 생각하시나요?", "변화하고 싶은 가장 중요한 이유가 무엇인가요?", 그리고 "당신은 그것에 대해 어떻게 생각합니까?"와 같은 핵심 질문을 함으로써 변화대화를 유발하고 있다. 집단 구성원들은 그런 질문을 받은 후 자신의 생각을 집단과 공유하면서 자신의 구체적인 목표를 생각한다. 또한 리더들은 변화 자체를 확인하기 위해 비슷한 생각을 가지고 있는 집단 구성원들에게 질문할 수 있는데, 이 방법은 서로를 지지하는 사람들에게는 매우 유용하다. 리더들은 집단 구성원들에게 직접적인 지시를 하는 것보다 반영과 유도 질문을 사용하여 변화대화에 반응한다.

도전과 방해물 다루기

집단 구성원들은 행동을 변화시키기 원하지만 어려움을 느낄 때가 있다. 다음의 예는 집단 상황에서의 도전과 방해물 다루기를 어떻게 하는지 보여준다.

리더 1: 그래서, 이번주에 힘든 일이 있으셨던 분 있으신가요? [유발하기]

조안: 네. 저는 잘 못 지낸 것 같아요.

리더 1: 조안, 이번주 당신의 목표가 무엇이었는지 우리에게 알려 주시고, 잘 못 지내신 것에 대해 말씀해 주시겠어요? [유발하기]

조안: 저는 이번주에 좀 더 활동적으로 움직이려고 노력했고, 꽤 잘 했어요. 저는 오후에 걸으려고 밖에 나갔는데, 아 글쎄 금요일 날은 밖에 비가 온 거예요. 저는 비 오는 것을 싫어해서… 우산을 가지고 가는 것조차 짜증이 나거든요.

리더 2: 그리 좋지는 않죠. [수용 표현하기]

조안: 절망적이었어요. 저는 저 자신한테 비가 그치면 나갈 거라고 말했는데 밖이 어두워졌지 뭐예요. 그리고 다음날 급한 일이 생겨서 바빴고 손주들도 돌봐야 해서 걷지 못했어요. 그러고는 그 다음날 또 비가 왔어요. 그래서 저는 그냥 뭐… 원점으로 돌아왔어요.

리더 1: 그래서 그 일에 대해서 어떻게 생각하십니까? [유발하기]

조안: 정말 비참했어요. 난 좀 더 잘하고 싶었는데 의지를 잃어 버렸어요.

리더 2: 그래도 이번주에 3일 동안이나 밖으로 나가서 걸으려고 노력했으니 의지가 있었던 거네요. [인정하기; 변화대화 반영하기]

조안: 맞아요.

수지: 어떤 사람들은 노력조차도 안 하거든요. 그렇죠? 우리가 언제나 다 할 수는 없잖아요(웃음).

버트: 당신만이 아니라 저도 비 오는 걸 엄청 싫어해요. 조안, 저는 당신이 그렇게 자책할 필요가 없다고 생각해요. 당신은 계획한 대로 조금이라도 걸었으니까요. 비가 오면, 저는 그냥 다른 일들을 해요.

조안: 어떤 활동들을 하시나요?

버트: 가끔 박물관에 가서 돌아다니기도 하고 아니면 수영을 하러 가요.

조안: 음, 저는 수영이 저에게 맞는지 잘 모르겠어요.

리더 2: 버트, 당신은 자신에게 잘 맞는 일을 찾았네요. [공감 표현하기; 변화대화 반영하기]

버트: 그래요. 저는 그냥 문제를 다른 쪽으로 생각해 보았을 뿐이에요.

매리: 저는 비가 올 때 집을 꾸미거나 청소를 해요. 저는 컵받침들을 치운다든지 청소기를 돌린다든지 하는 일들을 할 거예요. 그게 저한테도 좋고 집도 치우고, 일석이조죠 뭐.

조안: 그건 좀 해보고 싶네요.

리더 1: 당신이 정말로 일주일의 시작을 잘 해낸 것처럼 들립니다. [인정하기; 변화대화 반영하기]

조안: 네, 그랬어요.

리더 1: 그러면 당신이 더 나아지기 위해 이번주에 할 수 있는 일들에는 뭐가 있겠습니까? [유발하기; 변화 계획하기]

조안: 매리가 말했듯이 집안일을 했다면 좀 더 활동적이었을 것 같아요. 그렇지만 다른 일들이 생겼을 때 제가 활동적일 수 있는 다른 방법들에 대해 생각해 보는 것이 유용할 것 같아요. 좀 더 생각해 볼 필요가 있네요.

리더 2: 당신은 이미 생각을 해 봤고, 때로는 생각하는 시간을 갖는 게 결국에는 당신을 성공하도록 도움을 줄 것 같습니다. [인정하기; 자기효능감 강조하기]

조안: 저도 그렇게 생각해요.

리더 1: 그렇다면 조안, 이번주 당신의 목표는 어떤 것입니까? [유발하기; 변화 계획하기]

조안: 바로 제가 할 수 있는 만큼 운동을 해보고, 일주일 후에 시도할 몇 가지를 계획해 볼 거예요.

리더들은 조안이 이미 달성한 것과 실행에 옮길 수 있었던 경험을 이끌어 내도록 하는 것에 초점을 맞추어 방해물에 대해 설명한다. 집단은 서로의 생각을 공유하고 집단 구성원들이 성공한 변화들을 이야기함으로써 집단 구성원들을 독려한다. 리더들은 한 번 더 반영하기를 통해서 변화대화를 강화한다.

결론

집단개입을 제공할 때는 단순히 어떤 것들이 변화되어야 되고 집단 구성원들이 어떻게 해야 되는지에 대한 방법을 제공하기보다는 복잡한 행동의 변화 과정을 설명해 주는 것이 더 중요하다. 집단 MI는 사람들이 좀 더 자신의 질병을 관리할 수 있도록 권한을 주고, 질병에 대한 부담을 줄이고, 만성질환이 잘 관리되지 않아 드는 비용을 절감시켜 주는 데 도움을 준다. 또한 이 집단이 평소 소외되어 있다고 느끼는 사람들에게 가치 있는 사회적 지지를 제공할 때, 그들은 건강관리를 좀 더 효율적으로 하게 될 뿐만 아니라 그 과정을 더 인간적인 것으로 만들어 간다.

집단 MI는 사람들이 좀 더 자신의 질병을 관리할 수 있도록 도움을 주고, 질병에 대한 부담을 줄이고, 만성질환이 잘 관리되지 않아 드는 비용을 절감시키는 데 도움을 줄 수 있다.

참고문헌

Bennett, P. (2000) *Introduction to clinical health psychology.* Buckingham, UK: Open University Press.

Bodenheimer, T., Long, K., Holman, H., & Grumbach, K. (2002). Patient self-management of chronic disease in primary care. *Journal of the American Medical Association, 288*(19), 2469–2475.

Butterworth, S., Linden, A., & McClay, W. (2007). Health coaching as an intervention in health management programs. *Disease Management and Health Outcomes, 15*(5), 299–307.

Classen, C., Butler, L. D., Koopman, C., Miller, E., Dimiceli, S., Giese-Davis, J., et al. (2001). Supportive–expressive group therapy and distress in patients with metastatic breast cancer: A randomized clinical intervention trial. *Archives of General Psychiatry, 58,* 494–501.

DeVol, R., Bedroussian, A., Charuworn, A., Chatterjee, A., et al. (2007). An unhealthy America: The economic burden of chronic disease–Charting a new course to save lives and increase productivity and economic growth. The Milken Institute. Retrieved September 27, 2008, from *www.milkeninstitute.org/publications.*

Dowler, E., Turner, S., & Dobson, B. (2001). *Poverty bites: Food, health, and poor families.*

London: Child Poverty Action Group.

Hibbard, J. H., Mahoney, E., Stock, R., & Tusler, M. (2007). Do increases in patient activation result in improved self-management behaviors? *Health Services Research, 42*(4), 1443–1463.

Jepson, R. (2000). *The effectiveness of interventions to change health related behaviours: A review of reviews.* Glasgow: Medical Research Council Public Health Sciences Unit.

Knight, K. M., Bundy, C., Morris, R., Higgs, J. F., Jameson, R. A., Unsworth, P., et al. (2003). The effects of group motivational interviewing and externalizing conversations for adolescents with Type-1 diabetes. *Psychology, Health and Medicine, 8,* 149–157.

Lindon, A., Butterworth, S. W., & Prochaska, J. O. (2010). Motivational interviewing-based health coaching as a chronic care intervention. *Journal of Evaluation in Clinical Practice, 16,* 166–174.

Pedersen, S. S., Middel, B., & Larsen, M. L. (2002). The role of personality variables and social support in distress and perceived health in patients following myocardial infarction. *Journal of Psychosomatic Research, 53,* 1171–1175.

제18장

체중 관리를 위한 집단 동기강화상담

Erin C. Dunn, Jacki Hecht, and Jonathan Krejci

체중 문제로 갈등을 겪는 사례

브리애나의 체중에 대한 고민은 대학교 1학년 시절 축구를 하다가 무릎을 다치면서 시작되었다. 그녀는 수술로 인해 몇 주 동안 움직이지 못했다. 브리애나는 부상을 당하기 전에는 체중에 대해 깊게 생각해 보지 않았다. 하지만 수술 후부터 그녀는 체중이 늘고 몸매가 좋아지지 않은 것에 대하여 걱정하기 시작했다. 이로 인해 그녀는 인스턴트 음식(Junk food)을 줄였다. 하지만 나중에는 칼로리까지 제한하며 하루에 몇 번씩 몸무게를 측정하였고 극단적으로 운동을 하여 몇 달 만에 40파운드(18.1kg)의 체중을 감량했다. 하지만 이를 걱정한 그녀의 운동 트레이너는 그녀가 도움을 받도록 했다. 그녀는 코치와 계속 좋은 관계를 유지하고자 치료받을 것에 동의했다.

래리는 46살의 사업가로 6년 전에 담배를 끊었고, 이후 70파운드(31.8kg)의 체중이 증가했다. 그는 일주일에 몇 번씩 테니스를 쳤지만, 현재는 스케줄로 인해 테니스를 치는 것조차 어렵다. 최근에 그는 혈압과 콜레스테롤 수치 증가로 체중을 줄이지 않으면 약물치료를 해야 한다는 것을 알게 되었다. 그는 사업 회의로 인한 잦은 출장과 외식으로 인해 어떻게 해야 식단을 변화시키고 체중감소 프로그램에 참가할 수 있을지 알 수 없었다.

체중 관리 스펙트럼

음식섭취의 생물학적 목적은 매일 생활의 영양을 공급하는 것뿐만 아니라 에너지 소모에 영향을 미치는 심리학적, 행동적, 문화적, 환경적 욕구를 제공하는 것이다. 문제성 음식섭취는 음식섭취를 제한하고 운동으로 칼로리를 소비하는 저체중인 사람들, 폭식하고 난 뒤 보상 활동을 하는 평균체중의 사람들. 그리고 습관적으로 폭식을 하고 체중 조절을 위한 보상 운동을 하지 않는 비만인 사람들에게서 발생할 수 있다.

섭식장애는 심각한 신체적 · 심리학적 결과, 기분장애, 낮은 자존감, 제한된 사회적 활동의 원인이 된다. 비만은 대부분의 만성질환, 즉 2형 당뇨, 고혈압, 심혈관 질환, 암의 위험을 증가시킨다. 식욕부진과 폭식장애는 종종 우울과 자살 위험의 증가, 불안 및 물질남용뿐만 아니라 심각한 신체적 합병증을 증가시키기도 한다(Kaye, Bulik, Thornton, Barbarich, & Masters, 2004; Keel et al., 2003).

체중 관리를 위한 치료 목표

과체중인 사람들이 가지는 표준 치료 목표는 의미 있는 건강 증진을 위해 체중의 5~10%를 감소하는 것이다(National Institutes of Health, 1998). 보통 성공적인 결과는 의지력보다는 학습된 행동의 결과로 나온다. 많은 체중 감소 프로그램은 구체적인 칼로리와 운동 목표, 그리고 결과에 도달하기 위한 전략으로 개요를 구성한다. 이 프로그램은 매일 일기를 쓰는 것과 같이 규칙적으로 몸무게 측정하기와 하루 소비 열량, 목표 범위 내 지방 함유량, 증가한 신체활동, 자기-감시행동을 기록하는 것을 포함하도록 한다. 비록 체중 감소 유지의 기본 공식이 균형 잡힌 규칙적 식사와 운동을 포함하지만 이 단순한 공식은 실천하기 어려울 수 있기 때문에 중도 하차를 많이 발생시키고 결국 집단 구성원들의 체중이 다시 증가하게 한다(Fabricatore & Wadden, 2006).

거식증과 폭식장애의 전형적인 치료 목표는 문제행동(예, 식사제한, 보상 전략, 체중에 대한 집착)을 감소시키고 식사 정상화, 적절한 대응 전략 세우기, 인지

행동 치료와 가족치료를 병용하여 신체 이미지 향상시키기 등을 포함한다. 비만 치료와 비슷하게 거식증과 폭식장애의 치료 이후 재발은 흔하다. 따라서 이런 상황에 대한 치료결과를 향상 시킬 수 새로운 접근이 필요하다(Treasure & Schmidt, 2008).

체중 관리를 위한 동기강화상담

체중 관리에 어려움을 겪는 사람들은 흔히 양가감정을 경험한다. 이는 체중 관리를 위한 MI에 관한 연구에서 분명히 보여주고 있다(Treasure & Schmidt, 2008). 체중 관리를 위한 집단 MI의 선행연구에서도 역시 같은 결과를 보여주고 있다(Feld, Woodside, Kaplan, Olmstead, & Carter, 2001; Minniti et al., 2007; Stahre, Tarnell, Hakanson, & Hallstrom, 2007; West et al., 2010).

체중 관리를 위한 집단 동기강화상담

이 장에서는 MI 원리에 기반을 둔 집단 내에서 체중관리 문제들을 다루는 방법을 간단히 서술한다. 우리는 집단이 안정적으로 진행되도록 전개해 나가는 것을 기본으로 하여, 집단치료에 순차적인 접근을 그려 가도록 한다. 집단 MI의 첫 단계에서 *집단 관계 형성하기*와 *관점 탐색하기* 등의 MI 전략과 기술을 사용하여 공감적이고 자율적-지지적인 환경을 조성함으로써 집단과 관계를 형성한 후, 집단 구성원들의 경험을 탐색하고, 변화에 대한 목표와 동기강화에 초점을 맞춘다. 다음 단계인 *관점 확대하기*에서는 과거의 성공 경험과 개인의 강점을 반영해 줌으로써 집단 구성원들이 변화를 위한 선택을 발전시키고 자신감을 강화할 수 있도록 돕는다. 마지막 단계인 *행동으로 옮기기*에서는 집단 구성원들이 각자 개별적으로 그들의 목표에 적절한 변화를 구체화하고, 계획하고, 수행할 수 있도록 돕는다.

집단 관계 형성하기

집단 구성원들과 관계를 맺고 치료에 대한 계약을 유지하도록 그들을 돕는 것은 어려울 수 있다. 집단 구성원들은 다양한 변명을 하거나 침묵을 선택할 수 있다. 비만 치료에서 체중 감량을 이룩한 집단 구성원들 중 일부는 성공 경험을 집단 구성원들과 나누고 싶어할 수 있는 반면, 다른 집단 구성원들은 그것을 심하게 자랑하는 것으로 인식하기도 한다. 거식증과 폭식증 치료 집단에서 집단 구성원들은 폭식하거나 토하는 횟수가 감소할 때, 성공 경험을 흥분하여 나눌 수도 있다. 반면, 체중이 증가한 집단 구성원들은 증가한 열량섭취에 대해 이야기 하는 것이 당황스러울 수 있다. 사회적 비교는 집단 치료에서 또 다른 도전을 보여준다. 변화에 대해 갈등을 지속하는 집단 구성원들은 때때로 그들보다 성공한 동료들과는 다른 느낌을 가질 수도 있다. 결과적으로, 그들은 지속적인 갈등을 이야기하는 데 어려움을 겪는다. 때때로 이 시점에서 집단 구성원들은 참여하는 것을 중단하기도 한다. 이런 복잡한 집단 역동 속에서 참여와 응집력을 이끌어 낼 수 있도록 안내하는 원칙을 갖는 것이 요구된다.

구조 설정하기: 안전하고 생산적인 집단 환경 확립하기

집단 구성원들을 소개한 이후, 집단의 지침과 기대사항을 점검하는 것은 유용하다(예, 집단 참여의 중요성과 결석 시 사전에 리더에게 보고하기, 누락된 집단에 대한 지침, 할당된 과제 완수 등).

다음으로, MI 접근과 상호작용 방식에 대해 집단 구성원들에게 오리엔테이션을 제공할 것을 추천한다.

> "이 집단은 당신이 기존에 참여했던 집단과는 조금 다릅니다. 우리는 새로운 것에 대해 가르치거나 알려주는 것에 많은 시간을 쓰지 않습니다. 이 집단은 당신이 무엇 때문에 변화해야 하는지, 어떤 강점이 변화에 도움을 줄 것인지, 무엇이 변화를 방해하는지를 알게 되어 좀 더 나은 결정을 하도록 도울 것입니다. 이런 목표를 이루기 위해서 저를 포함한 집단 구성원 모두가 따라야 할 몇 가지 행동지침이 필요합니다. 첫째로, 모든 집단 구성원들이 같은 관점을 가질 필요는 없습니다. 어떤 사람들은 변화에 대해 혼란스러운 반면, 또 다른 사람들은 변화를 위한 욕구가 확실한 경우도 있습니다.

> 우리는 각자 다른 상황에 있는 사람들로부터 배울 수 있습니다. 우리가 할 수 있는 최선의 방법은 서로의 이야기를 경청하고 서로를 도와줌으로써 자신의 목표에 집중하는 것입니다. 그런 이유로, 상대가 조언을 받고 싶어하는 경우가 아니라면 먼저 조언하지 않도록 합니다. 저를 포함하여 여기 계신 모두가 변화를 위해 노력해야 합니다. 즉, 우리는 개인의 의사결정을 존중하면서 서로가 서로를 지지하는데 최선을 다할 수 있습니다. 여러분, 어떠신가요?"

관계 형성하기 전략

리더는 주로 변화에 대한 중요성, 자신감과 준비도에 대한 진술을 이끌어 내기 위해 정확하면서도 공감적 경청하기와 OARS(열린 질문하기, 인정하기, 반영하기, 요약하기) 상담 기술을 적용할 때 개인의 변화에 대한 타당성은 내담자에게 더 분명하고 의미 있게 된다. 집단 형식에서 MI를 실행하기 위해서는 개별적이고 내담자 중심의 초점을 유지하는 것도 중요하지만, 집단 역동과 모든 집단 구성원들이 참여하는 것에 적절히 대응하는 것도 필요하다. 이를 촉진하기 위해서는, 다른 사람들이 갈등하는 영역에서 성공적으로 지내고 있는 다른 집단 구성원들에게 의지하도록 하는 것이 필요하다.

> "일정한 기준에 따라 완벽한 식단을 찾아내는 것이 어떤 사람들은 어렵다고 하지만, 다른 사람들은 성공하는 데 가장 중요한 도구라고 말하고 있습니다. 성공적으로 유지하고 있는 사람들은 어떻게 이것을 관리하십니까?"

여기에는 세 가지 이점이 있다. 첫째, 전문가 역할을 하지 않음으로써 집단 구성원에게서 저항이 일어나는 것을 피할 수 있는 동시에 다른 집단 구성원의 성공 경험에 관심을 갖도록 강조할 수 있다. 둘째, 동료들의 결정, 헌신, 그리고 이전의 성공 이야기를 들은 집단 구성원은 그들이 노력하고 있는 변화의 방향으로 자신의 관점과 행동을 이동시킬 수 있다. 셋째, 초기에 성공을 경험한 집단 구성원의 변화대화를 이끌어 내는 것은 집단 구성원들이 변화를 위한 노력에 전념하도록 도움을 준다.

리더는 특별한 주제에 참석할 집단 구성원을 초대하여 집단 구성원들이 지켜야 할 지침을 만들기 위해서 동의서를 받는 것을 고려해야 하지만, 집단 구성원들이 그 사항을 거부할 수 있음을 존중해야 한다. 또한, 리더는 지난주 동안 변화된 결과(예, 체중 변화)에 초점을 맞추는 대신, 주로 행동전략의 성공과 방해 요소를 이끌어 내기 위해 OARS 전략을 사용하도록 한다. 이런 방법은 일부 집단 구성원들이 불편을 느끼지 않고, 침묵하는 집단 구성원들이 적극적으로 집단에 참여할 수 있도록 한다. 집단 구성원들이 성공과 도전의 경험을 나누고 서로 독려할 때, 이러한 세부사항들이 다른 집단 구성원에게 어떻게 영향을 주는지 인식하도록 한다. 당신은 옷의 사이즈나 열량 소모와 같이 잠재적으로 불안정할 수 있는 정보를 나누기보다 행동의 빈도와 심각성에 초점을 맞추라고 제안할 수 있다. 그런 행동의 예를 들면, "나는 하루에 한 번으로 폭식하는 것을 줄였다", "나는 이번주에 세 번의 저녁식사에서 단백질을 추가적으로 섭취했다", "나는 이번주에 규칙적 활동으로 산책을 두 번 했다"와 같은 것이다.

집단 구성원들이 그들의 성공과 도전의 경험을 나누도록 독려하고 그런 세부사항들이 다른 집단 구성원에게 어떻게 영향을 주는지 인식하도록 하라.

다른 관계 맺기 전략들로는 짝과 나누게 한 후 지침에 따라 집단으로 돌아와 보고하는 것과 조용히 앉아 있으면서 다른 사람들의 결정에 침묵하는 집단 구성원들에게 질문을 해서 집단에서 경험을 나누는 것이 균형을 이루지 못하고 있다는 점을 공개적으로 다루는 것 등이 있다.

관점 탐색하기

집단 MI에서 각 집단 구성원의 양가감정과 가치를 탐색하는 것은 당신이 그들의 관점을 이해하고 후반부에서 변화에 초점을 맞추는 토대를 구축하도록 돕는다. 집단 구성원들은 자신의 경험을 분명히 하고 그들이 간과했던 문제들에 관심을 갖게 되는 데에 동료들의 생각을 듣는 것이 도움이 된다는 것을 알게 된다.

양가감정 탐색하기

MI의 기본 전제 중 하나인 양가감정을 해결하는 것은 행동변화의 특징이다. 내담자는 흔히 초반부에 체중 감량에 열광하지만 여전히 근본적인 복잡한 감정이 숨겨져 있다. 그들은 체중을 감량하려고 필사적으로 노력하여, 달라진 상황에 *일시적인 희망*을 가질 수 있다. 하지만 자기통제력의 부족을 인식하면서 *수치심*을 *느끼고* 동시에 장기 목표를 달성할 능력이 있는지 *의심하기*도 한다. 게다가 제각기 다른 집단 구성원들은 변화하려고 하는 행동에 대한 동기 수준에서 다양한 차이를 보인다. 일부 사람은 운동은 쉽게 하지만, 섭취 열량을 줄이는 것을 어려워한다. 다른 사람은 다이어트에는 집중하지만 운동하는 것을 힘겨워한다. 거식증이나 폭식증이 있는 개인은 필사적으로 폭식과 토하기를 멈추기 원하면서도 이런 행동을 제한하는 것은 내켜 하지 않는다. 그들 또한 신체 이미지나 체중에 대한 신념을 바꿀 수 없다고 느낀다. 집단에서 집단 구성원들은 이런 양가감정이 정상이며 예상되는 과정의 일부라는 것을 알게 되고, 충격적인 느낌을 갖는 사람이 자신만이 아니라는 것을 들으면서 안도감을 찾을 수 있다.

기능 탐색하기

집단 구성원들은 흔히 체중과 관계없이 자신들의 생활을 지나치게 방임하거나 통찰력이 부족하여 자신을 구속한다는 것을 집단에서 나눈다. 집단 구성원의 섭식 결정에 영향을 주는 요인에 대한 집중탐구를 통해, 변화를 위한 인식을 증진시키고 동기를 강화할 수 있다. 이런 대화들을 통해 집단 구성원들이 변화에 미치는 긍정적인 역할과 방해 역할을 이해하도록 돕는다. 예를 들어, 집단 구성원들은 부정적 감정으로 발생한 혼란스러운 마음을 달래려고 음식을 먹는데, 폭식을 줄이다 보니 상대적으로 이런 정서적인 고통이 증가하게 된다. 부정적 감정을 관리하기 위한 역동 탐색과 대안 전략 개발은 식습관을 개선하려는 집단 구성원들의 준비성을 증가시키는 것을 돕는다. 또 다른 전략은 많은 집단 구성원들이 공통적으로 나누는 건강하지 않은 행동(예, 식이 제한, 늦은 밤 과식하기)을 계속하는 장단점에 대해 논의하는 것이다. 이것은 집단 구성원들이 계속적으로 위험한 행동을 하는 이유를 고려하지 않거나 그들 스스로 습관이나 갈등에 대해 엄격하게 판단하는 집단 구성원들에게 특히 도움이 된다. 집단에서 이 전략을 사용하는 것은 실수와 고통과 개인의 부족함이 자신 혼자에게만 발생하는 것이 아니라 보편적인 인간의 경험이며, 모든 사람들이 겪는 것이라는 것을 인식하도록 돕는다.

가치 탐색하기

양가감정을 다루는 것은 가치에 대한 논의를 분명히 하는 것을 포함한다. 양가감정은 어떤 확고한 행동을 변화시키기 위한 행동과 깊숙이 자리 잡은 가치 사이의 모순으로부터 발생한다. 우리의 경험으로 볼 때, 이 가치는 가끔 세 가지 범주로 분류된다.

(1) *역할*(중요한 책임을 다하려는 능력)
(2) *관계*(다른 사람과의 인간적인 관계)
(3) *자아개념*(자율성, 도덕성, 일관성 있는 개인으로서의 욕망)

구체적으로 식이와 체중에 대한 이런 가치와 변화 사이에서 분명하게 다리 역할을 구축하는 것은 변화를 위한 결심을 굳히는 것에 도움이 된다.

집단 구성원들에게 각자 가장 중요한 가치를 확인하는 질문을 하고 문제행동들이 어떻게 그 가치에 부합하는지 토의한다. 대신, 문제행동 자체에 집중하지 말고, 집단 구성원들이 가치와 일관적인 삶을 보다 더 잘 상상할 수 있도록 돕는다. "당신이 만약 내일부터 당신 가치대로 살아간다면 당신의 하루는 어떠할까요? 어떻게 시간을 보내게 될까요?"

마찬가지로, 집단 구성원에게 직접 자신의 하루를 돌아보게 하고, 우선순위에 맞게 지속적으로 생활하는지를 평가하도록 한다.

중요성과 자신감 탐색하기

양가감정을 해결할 수 있는 또 다른 전략은 척도를 사용하여 식습관 변화에 대한 중요성, 자신감, 준비도 등 MI의 세 가지 요소들을 측정하도록 하는 것이다. 초기에 식습관을 바꾸려는 중요성과 자신감, 준비도에 대한 점수가 높다고 하더라도 어느 정도 양가감정을 느끼기 마련이다. 변화에 대한 집단 구성원들의 반응을 관찰하고 그들이 정한 가치/목표와 결과로 보인 행동 사이의 불일치를 탐색하도록 함으로써, 이러한 양가감정에 적절히 대처하도록 한다. 이것은 집단 초기에 점검하고, 그날 주제에 대한 요약과 다음주에 나눌 목표를 검토하는 과정을 통하여 가능하다.

관점 확대하기

집단 구성원들이 집단에 참여하여 관계를 맺고 현재 상황과 관점을 집중적으로 탐색하기 시작하면, 집단 MI 변화를 위한 노력의 증가와 새로운 행동을 시도하려는 능력에 있어 더 큰 자신감을 이끌어 낸다. 이는 일반적으로 미래의 변화 가능성에 대한 고려와 개인의 강점과 과거 성공 경험을 점검해 봄으로써 성취할 수 있다. 이런 주제에 대한 집단 구성원들의 생각을 유발시키는 것은 그들의 관점을 넓히고, 변화를 위한 튼튼한 기반을 구축하도록 돕는다.

중요성 증가시키기

내적인 동기는 집단 구성원들에게 변화의 가능성을 보여주고 개인의 이득을 명확하게 설명할 때 향상시킬 수 있다. MI의 전략 중 하나인 *미래 예상해 보기(looking forward)*는 집단 구성원들이 장기적인 목표에 대한 변화 효과를 상상해 보도록 하는 데 도움이 된다. 예를 들면, 과체중인 많은 사람들은 혈압이 낮아져서 만성질환 때문에 복용하는 투약을 줄일 정도로 자신의 상태가 개선되었으면 하는 기대를 가진다. 또 다른 사람은 가족간의 활발한 교류 또는 장수와 삶의 질 향상 같은 사회적인 이유에 초점을 맞춘다. 식욕부진장애(거식증) 환자는 인지와 신체적인 기능 향상에 목표를 두고, 폭식장애(폭식증) 환자는 자신이 몰래 하는 행동에 대한 고립감, 수치심 또는 죄책감을 줄이고 싶은 희망을 가질 수 있다. 다음 질문들은 집단 구성원들에게 변화에 대한 가능성을 보여주는 데 도움을 줄 수 있다.

- "5년 후의 당신의 모습은 어떠했으면 좋겠습니까? 당신이 확인한 가치와 어려움에 대해 생각해 보세요. 이것들이 어떻게 달라질까요?"
- "당신의 식습관을 바꾸지 않기로 결정했을 때를 상상해 보세요. 5년 후 당신의 삶은 어떠할까요?"

다른 방법으로는 집단 구성원들에게 지금부터 일 년 동안의 삶의 모습을 간단하게 가상 시나리오로 적어 보도록 하여 자신의 모험을 선택하도록 하는 방법이 있다. 첫 문단에는 만약 변하지 않는다면 또는 과거의 습관으로 돌아간다면 어떤 삶을 살게 될지를 기술한다. 그 다음 문단에는 만약 자신의 운명을 마음대로 해본다면 어떠할지 기술한다. 마지막 문단에는 집단을 통하여 배우고 경험한 것이 현실적으로 그들의 삶에 어떤 희망을 주게 될지를 적어 보도록 한다. 다른 시나리오와 비교함으로써 집단 구성원들은 변화하지 않았을 때의 결과를 점검해 볼 수 있고, 꿈을 어떻게 현실화시킬 것인지 생각해 볼 수도 있다.

> 집단 구성원들에게 지금부터 일 년 동안의 삶의 모습을 간단한 가상 시나리오로 적어 보도록 하여 자신의 모험을 선택하도록 하라.

자신감 구축하기

변화에 대한 자신감을 개선시키기 위한 두 가지 주요한 전략이 있다. 첫째는 변화에 성공했던 예를 이끌어 내는 것이다. 둘째는 변화단계에서 집단 구성원이 활용할 수 있는 개인의 강점을 찾아내거나 강조하는 것을 포함한다. 다음 예를 참고할 수 있다.

리더: 여기 계신 분들 중에 몇 분이나 체중감량을 해 본 적이 있으신가요? (*많은 집단 구성원들이 손을 든다*) 많은 분들께서 경험을 하셨네요. 체중감량을 했을 때 어떤 기분이었습니까?

라지: 기분이 정말 좋았어요. 에너지가 넘치고, 옷들이 잘 맞았거든요. 지금은 다시 옷이 꽉 끼고, 체중이 증가하니 행동도 느려지네요.

지넬: 혈압이 떨어졌고, 스트레스를 더 잘 관리할 수 있게 되었어요. 나 자신이 좋았어요! (*다른 집단 구성원들도 비슷하게 말한다*)

리더: 에너지가 더 느껴지고, 더 건강해지고, 자신의 모습이 자랑스럽게 느껴졌군요(*많은 집단 구성원들이 동의한다*). 과거에는 어떤 방법으로 체중감량을 하셨습니까?

소냐: 다른 체중감량 집단에 참여한 적이 있는데, 그게 도움이 많이 됐어요. 대체적으로 열량을 계산하고 무엇을 먹는지 관리했어요. 하지만 그 방법은 지속적으로 하기 힘들다 보니 작년부터 체중이 다시 늘었어요.

마르코: 매일 운동을 했어요. 그것이 제가 체중감량할 수 있는 유일한 방법이에요. 운동을 중단했을 때, 바로 체중이 늘었어요.

리더: 여기 있는 분들 각자가 변화를 하겠다는 결심을 할 때 그 계획에 최선을 다하는 것으로 보입니다. 소냐는 집단의 지지가 도움이 되었네요. 마르코는 운동하러 가는 것이 당신의 계획에 전념하도록 도움을 주었구요.

마르코: 음, 그렇게 생각해 보지는 못했지만 체육관에 다녀오면 인스턴트 음식을 먹어서 배를 채우고 싶지는 않았어요. 그래서 아마도 저는 적게 먹고, 건강한 음식을 선택했던 거 같아요.

지넬: 그건 정말 사실이에요. 퇴근 후 체육관에 운동하러 가면 저녁을 늦게 먹게 되니 야식은 먹지 않게 돼요.

리더: 시작하기는 어렵지만 운동에 전념하면 변화상태를 유지하는 데 도움이

되는군요.

캘빈: 군것질을 끊는 것이 정말 도움이 돼요. 그것이 저의 체중감량의 이유예요.

리더: 모두 분들이 각자 다른 방법들로 시도해 보셨군요. 목표에 집중하면서 체중감량을 할 수 있었네요. 열량을 줄이고, 식습관을 신경 쓰고, 높은 열량의 음식을 먹지 않고, 지속적으로 운동을 한 것이 도움이 되었네요. 만약 여러분이 이 모든 방법을 합쳐 변화에 대한 결심을 강화시킨다면 어떨까요?

집단 구성원들이 자신에 대해서 좋은 생각이 들었을 때의 기억을 연결하면 변화에 대한 열망과 이유를 강화시킬 수 있다. 이런 예로, 리더는 마르코의 결정과 지속성을 인정하고, 반영적 경청과 변화대화를 유발하는 열린 질문을 통하여 그들의 과거 성공을 좀 더 분명히 하도록 돕는다. 리더는 정보를 제공하기보다 개인적인 사례들을 상기시킴으로써 집단 구성원들이 변화과정에 주도권을 갖도록 격려하고, 개인의 경험이 그들에게 의미 있음을 확인시켜 준다. 또한 리더는 위에 설명한 모든 행동들에 대한 집단 구성원들의 반응을 탐색하여 변화하고자 하는 의지를 굳건하게 다질 수 있도록 한다.

집단 구성원들의 자신감을 증가시키는 또 다른 방법은 그들의 장점을 이끌어 내는 것이다. 이것은 그들이 잘하는 것이 섭식장애밖에 없다고 말하는 이들에게 특히 도움이 된다(예, 식사 제한이나 심한 운동과 같은 장점을 끌어내는 것). 리더는 이를 다루기 위해 모든 집단 구성원들이 서로 안전감과 신뢰감을 느끼고, 다음 과정에 동의를 한다면, 다른 집단 구성원들에 대한 긍정적인 부분을 무기명으로 적거나 말하게 하여 의견을 나누게 할 수 있다. 이런 활동을 무기명으로 할 때는 다음과 같은 방식으로 할 수 있다.

"우리는 지금까지 여러분이 잘하는 것뿐만 아니라 변화에 대한 자신감과 내가 소중한 사람이라는 인식이 얼마나 중요한지 이야기했습니다. 때로 사람들은 자신의 강점에 대해 이야기하는 것에 어려움을 느끼면서도 다른 사람의 강점을 찾는 것은 쉽게 합니다. 다른 사람들이 자신을 어떻게 생각하는지 아는 것은 매우 중요하기 때문에 이 곳에 있는 집단 구성원들이 각자 어떤 강점을 갖고 있는지 적어보는 활동을 해보려고 합니다. 강점은 집단을 하면서 서로에게서 발견한 것도 좋고 집단 밖에서의 모습을 보고 알게 된 것도 좋습니다. 각 쪽지에 해당 집단 구성원의 이름을 쓰고, 강점을 하나 적어 주십시오. 여러분 자신의 이름은 적으시면 안 됩니다. 다 적으시면, 이 방 가운데 있는 상자에 쪽지를 넣어 주십시오. 누가 적었는지 알 수 없도록 제가 읽도록 하겠습니다. 여러분이 적을 수 있는 강점의 예시를 하나 이야기하자면, '*저는 보조 리더가 사람들을 진심으로 보살핀다고 생각합니다*'와 같은 것입니다."

집단 구성원 모두가 다 적은 후 회수까지 완료한 다음, 공동 리더 중 한 명이 쪽지를 읽고, 남은 리더는 각 강점을 집단 구성원의 이름과 연결 짓지 않고 차트에 적는다. 집단 구성원들이 다른 집단 구성원들의 긍정적인 부분들을 적을 수 있도록 다음과 같이 격려한다.

"여러분의 동료들이 언급한 좋은 자질을 받아 적어 보시기 바랍니다. 그리고 그 목록을 자신을 칭찬하는 계기로 삼아 봅시다. 평소에 가지고 다니는 물건이나 잘 볼 수 있는 곳에 붙여놓는 것도 좋습니다. 여러분이 가진 이러한 좋은 자질을 되새길 수 있는 방법들을 찾아서 활용합시다. 아울러 여러분이 가진 다른 강점이 떠오를 때마다 목록에 추가하는 것을 잊지 마시기 바랍니다."

이 과정이 끝나면, 리더는 집단 구성원의 강점과 능력에 대한 리더 자신의 견해와 함께 집단 구성원들이 집단을 어떻게 바라보는지 요약할 수 있도록 이끌어낸다.

행동으로 옮기기

집단 구성원들이 관계를 맺고 장기 목표와 가치에 초점을 맞추고, 변화에 대한 흥미와 중요성을 유발시키며, 그들이 시도하려는 방법에 대해 초기에 자신감을 북돋아 준 이후에는 집단의 마지막 단계로 나아가도록 한다. 이 단계에서는 집단 구성원들로 하여금 각자의 체중 조절 목표를 세분화하고, 계획하고, 변화를 시작하도록 한다.

변화 계획하기

집단 구성원 각자의 변화에 대한 준비도가 다르기 때문에 집단 내에서 변화를 계획하는 것은 까다로울 수 있다. 집단 구성원이 변화의 중요성을 크게 인식하고 자신감을 갖고 있다고 하더라도, 어떤 이들은 아직 변화를 행동으로 옮길 준비가 되어 있지 않을 수 있다. MI의 정신에 따르면, 집단 구성원들을 행동 변화로 몰아가는 것은 옳지 않다. 그렇지만 리더는 집단 구성원들과 함께 만약 그들이 변화하기를 시험 삼아 해본다면 어떤 행동을 할 수 있을지 이야기해 볼 수 있다.

변화 계획하기의 한 가지 방법으로 이끌어 내기-제공하기-이끌어 내기(elicit-provide-elicit) 방식을 통해 집단 구성원들이 어떻게 하면 건강과 삶의 질을 높일 수 있는지에 대해 생각하게 할 수 있다.

> "우리는 지금까지 여러분의 목표와 각자의 중요한 가치, 변화의 좋은 점과 나쁜 점, 각자의 강점, 변화를 시도하고 성공했던 과거의 경험에 대해서 이야기를 나눠 보았습니다. 이제, 여러분이 앞으로 변화할 수 있는 부분들에 대해서 이야기해 봅시다. 여러분의 건강과 행복을 증진시키는 방법에는 어떤 것들이 있다고 생각하시나요?"

집단 구성원들은 가능한 변화들(예, 음식 일지 쓰기, 비율 조절하기, 사회적 지지 늘리기)에 대해서 열거할 것이다. 하지만 집단이 갈등 상황에 있을 때는 리더는 그들의 동의하에 조언을 해 줄 수 있도록 준비해 두어야 한다.

> "변화를 시작하려 할 때에는 어디서부터 해야 할지 알기 어려울 수 있습니다. 다루어야 할 어떤 주제를 선택하는 것도 매우 부담스러울 수 있습니다. 혹은 어떤 일을 해야 하는지는 잘 알고 있지만 어떻게 시작해야 하는지 알지 못할 수도 있습니다. 만약 여러분이 듣고 싶다면, 몇 가지 주제를 가지고 함께 이야기할 수 있습니다."

만약 집단 구성원들이 리더의 말에 흥미가 없거나 미온적인 반응을 보인다면 리더는 집단 구성원의 자율성을 수용해 주고, 그들이 계속해서 토의하기 원한다면 이야기를 들어 보도록 권유한다. 만약 그들이 당신의 말에 흥미를 보인다면 리더는 개인이 해 볼 수 있는 변화 몇 가지를 제안한다. 정보를 제공한 다음, 아래와 같은 질문을 통해 과정에 대한 피드백을 유발한다.

"제가 드린 제안에 대해서 어떻게 생각하십니까? 저의 제안이 당신에게 어떤 효과가 있을까요? 제 말에 추가하고 싶은 것이 있나요?"

논의된 모든 내용을 차트에 적고, 활동이 끝날 때쯤 집단 구성원들에게 소리 내어 읽어준다.

좋은 뜻에서 도와주려는 마음을 가진 몇몇 집단 구성원은 누가 요구하지도 않았는데 조언을 하거나 다른 집단 구성원에게 변화하도록 강요할 수도 있다. 이는 다음과 같은 구조틀 *재구조화하기*, *상기시키기*, *돌아가기(returning framework)* 기법을 이용하여 다룰 수 있다.

줄리: 제가 그래야 한다는 건 알지만, 저는 남자친구가 쿠키를 주려고 저희 집에 찾아오는 것을 하지 말라고 말할 수 없을 것 같아요. 시도는 해보겠지만, 남자친구가 화를 낼까 봐 걱정돼요.

마이크: 줄리, 당신은 결심을 하고 그대로 실천해야 해요. 그가 어떻게 생각할까 걱정하지 마세요. 만약 그가 당신의 변화를 도와주지 않는다면 그는 진정으로 당신을 사랑하는 게 아니에요.

리더: 마이크, 저는 진심으로 당신이 줄리에게 보여준 관심에 감사하다고 말씀드리고 싶습니다. [재구조화하기] 하지만 제가 여기 계신 모든 분께 다시 알려 드리자면, 우리는 만약 누군가가 조언을 요청하지 않을 경우 그에게 조언을 해주지 않기로 결정했습니다. [상기시키기] 줄리, 제가 생각하기엔 당신은 지금 어떻게 해야 할지 모르는 것처럼 보입니다. 당신은 집단을 통해서 어떤 것을 얻기 원하십니까? [구조틀로 돌아가기]

마이크에게 관심이 주목되는 것을 막기 위해, 리더는 집단 구성원들에게 이전에 결정했던 것을 상기시킨 이후 초점을 줄리에게 옮겼다. 대안으로, 리더는 줄리에게 남자친구에 대한 걱정과 집에 쿠키를 사놓는 것에 대한 양가감정, 혹은 남자친구에게 단호하게 말하는 것에 대한 장점과 단점에 대해 이야기하도록 요청함으로써 줄리에게로 돌아가는 방법을 선택할 수도 있다.

변화에 대한 결심공약 강화하기

집단 구성원들에게 결심공약의 개념을 소개하여 그들을 도울 수 있다. 즉, 개인이 말하는 것이 행동실천에 어떻게 영향을 미치는지 토의하고, 결심공약의 범위를 점검하는 것과 집단 구성원의 말을 통해 결심공약과 관련된 것에 관심을 기울이도록 격려하는 것이다. 예를 들어, 다음 삽화는 열량 섭취를 심각하게 제한하는 집단 구성원이 외식에 대한 두려움에 도전하는 것이 그녀의 변화 열망이라고 말하는 상황이다.

알레잔드라: 지난 밤 친구들과 샌드위치를 먹을 생각으로 나갔지만, 음식점의 메뉴를 보고 몹시 두려운 생각에 그나마 안전하다고 생각되는 저지방 드레싱을 뿌린 샐러드를 시켰어요. 그 일 이후, 저는 제 자신에게 매우 화가 났어요.

리더: 어떤 것을 새로 시작하고 싶었지만 두려워진 자신에 대해 실망감을 느끼셨군요.

알레잔드라: 네, 맞아요. 어떤 음식을 도전 삼아 먹어 보았을 때 제게 어떤 변화가 있을지 정말 알고 싶었는데 저는 두려웠던 것 같아요.

리더: 당신이 계획한 것을 보다 쉽게 실행해서 당신에게 어떤 변화가 일어날지 확인이 가능하게 하려면, 다음에 무엇을 할 수 있을까요?

알레잔드라: 제가 어떤 메뉴를 주문할지 미리 결정하고 메뉴판을 보지 않으면 될 것 같아요. 제가 친구들보다 먼저 주문을 하게 된다면 제 주문을 쉽게 바꾸지 않을 것 같아요.

리더: 이 방법이 다른 분들에게도 적용될지 궁금합니다. 여러분은 결심공약을 시험 삼아 해볼 때 언제 망설여집니까? 그때 여러분은 어떻게 결심공약을 지켜나갈 수 있을까요?

이 부분에서 리더들은 알레잔드라의 양가감정을 강조하기 위해서 "어떤 것을 새로 시작하고 싶었지만"과 같은 양면반영을 사용하고, 행동과 목표 사이의 차이를 강조하기 위해 "당신은 실망감을 느끼셨군요."와 같은 근원적인 감정을 반영해 준다. 리더는 열린 질문을 사용하여 양가감정 속에서 결심공약을 지키기 위한 알레잔드라의 의견을 이끌어 내도록 한다. 그런 후 리더는 모두를 참여시키기 위해 대화를 알레잔드라에서 집단으로 확장시키고 변화라는 목표달성을 위해 집단 구성원들을 연결시켜 준다.

시작하기

일단, 집단이 초점을 맞추기 위해 가능한 영역들에 대한 목록을 작성하고 변화하기 위한 결심공약을 견고히 했다면, 그 다음에는 집단 구성원들이 목표를 명확히 하고 변화를 실행하도록 도와야 한다. 하지만 여전히 어떤 집단 구성원들은 행동으로 옮길 준비가 되어 있지 않을 수도 있다. 집단 구성원들에게 치료는 하나의 실험이고, 작은 변화들을 시작하기 위해 *완벽하게* 준비될 필요가 없다는 것을 상기시키는 것이 도움이 된다. 리더는 목표 설정과 건강한 목표를 만드는 요소들에 대한 일반적인 논의를 시작할 수 있다.

> "오늘 우리는 효과적인 목표 설정의 기술과 전략에 대해 논의할 것입니다. 목표의 가장 중요한 측면에 대해 점검하는 것으로 시작하겠습니다. 그렇다면 무엇이 '좋은' 목표를 만드는지에 대해 누가 말씀해 보시겠습니까?"

구체적이며 의미 있고 현실적인 목표들을 만들어야 하는 중요성에 대한 정보를 제공하는 것은 집단 구성원들에게 도움이 된다. 이것은 또한 그들의 목표를 다른 사람들에게 알리고 수시로 점검할 수 있는지의 가능성에 대해 논의하는 데 유용하다.

치료는 하나의 실험이고, 작은 변화들을 시작하기 위해 완벽하게 준비될 필요가 없다는 것을 집단 구성원들에게 상기시켜라.

> "어떤 사람들은 다른 사람들에게 자신의 목표를 알리도록 하여 결심공약을 더 잘 지키고 더 많은 지지를 받을 수 있습니다. 규칙적인 점검이 성공의 가능성을 높이기 위해 수정되어야 할지도 모를 목표들을 알려줄 수도 있습니다. 당신은 목표들을 나누고 이런 방법에 따라 목표들을 수정해 보는 것을 어떻게 생각하십니까?"

집단 구성원들이 그들의 삶에서 성공적인 목표들을 설정했을 경우와 반대로 목표들을 잘 설정하지 못했던 예를 이끌어 내는 것은 실질적인 사례가 될 수 있으며, 이전에 목표들을 성공적으로 설정하고 달성했던 사람들에게는 자신감을 키워줄 수 있다. 마지막으로, 구체적인 목표 설정에 대한 논의를 해보도록 한다. 예를 들면, "이제 우리는 어떤 요소들이 좋은 목표들을 설정하는 데 도움이 되는지 알아보았습니다. 다음주를 위해 당신은 어떤 목표들을 설정하고 싶습니까?"와 같은 말로 할 수 있다.

대부분의 집단 구성원들은 다가오는 주를 위한 하나의 현실적인 목표를 설정할 수 있어야만 한다. 만약 어떤 집단 구성원들이 침묵을 유지하거나 아직 변화될 준비가 되어 있지 않다면, 그들의 양가감정이 정상적이라는 것을 말한 후, 그것에 대하여 일반적인 논의를 한다.

"지금 모든 사람들이 변화할 준비가 되어 있지 않은 것은 괜찮습니다. 가끔은 현재 우리의 행동들이 강력한 역할을 합니다. 어떤 때에는 우리가 변화할 확신이 없다고 느끼게 됩니다. 아직 변화할 준비가 되지 않은 사람들 중에 우리가 좀 더 잘 이해할 수 있도록 그 기분에 대해 설명해 주실 분 있으십니까?"

변화에 대한 장애물을 간단하게 논의한 후에, 이 집단 구성원들이 다음주를 위해 설정할 수 있는 어떤 목표가 있는지에 대해 질문하도록 한다.

"아직 행동 목표가 설정되어 있지 않아도 당신은 척도를 이용하여 점수를 측정하다 보면 변화에 대한 중요성, 자신감 또는 준비도를 높일 수 있는 목표들을 설정하는 것을 고려해 볼 수 있을 것입니다. 이 중에 어떤 것이 당신이 목표 설정에 초점을 맞추도록 하는 데 도움이 되겠습니까?"

예시들은 장단점의 목록을 완성하거나 더 높은 가치 활동을 다시 논의하는 것을 포함할 수 있다. 자신감이 부족한 사람들은 그들이 변화할 수 있었거나 목표를 달성했던 때에 기록했던 일기나 긍정적으로 기여했던 카드를 다시 읽음으로써 목표를 설정하도록 한다. 또, 해볼 수 있는 다른 것은 삶의 질을 향상시키는 것(예, 고립감의 감소)이나 건강 행동과 관련된 또 다른 것을 변화시키는 것(예, 수면, 흡연, 음주)에 초점을 둔 목표를 설정하는 것이다.

변화의 주도권 강화하기

리더는 전문적인 지도와 조언을 제공하는 것이 자신의 역할이라고 믿는 함정을 피해야 한다. 그러한 역할이 리더나 집단 구성원들 모두에게 편하게 느껴질 수 있는데, 그것은 집단 구성원을 변화에 대해 자기 주도적이기보다 방관자로서 수동적으로 만드는 위험을 가져온다.

집단 구성원들에게 변화에 대한 주도권을 강화시키기 위해서는 변화하는 데 개인이 선택할 수 있는 역할을 논의하고, 그들의 삶에서 자신이나 다른 사람을 위해 변화하기를 결정했을 때를 회상해 보도록 권고한다.

집단 구성원들은 일반적으로 다른 사람들에 의해 변화할 때(예, 사랑하는 사람이 최후통첩을 했기 때문에)보다 자기 스스로 변화하고 싶은 경우(예, 그들 스스로가 좀 더 나아지고 싶어서)에 변화에 더 전념하게 되고, 변화를 더 오랫동안 유지한다는 것에 동의한다. 변화에 대한 주도권을 강화시키는 또 다른 방법은 집단 구성원들이 목표들을 충족시키는 데 어려움이 있을 때 문제를 해결할 수 있도록 하는 것이다. 체중, 음식 섭취량, 신체 활동 기록을 자주 검토하여, 집단 구성원들에게 그 기록을 알려주고, 의견을 언급해 준다. 집단 구성원들이 자신의 아이디어, 문제해결을 실천하도록 격려하기 위한 글, 열린 질문 또는 반영적인 진술을 제공하도록 한다.

> "당신이 먹은 음식의 기록을 훑어보니 주말과 비교해서 주중에는 어떤 양상(패턴)이 눈에 띕니까?" 또는 "야식 섭취 빈도가 증가했는데, 어떤 이유 때문일까요?"

당신은 이런 문제들을 집단으로 가져와서 경험을 공유함으로써 추가적인 의견을 이끌어 낼 수도 있다.

> "어떤 사람들은 서너 시간마다 소량의 음식이나 간식을 먹는 것에 어려움이 있습니다. 이런 문제에는 어떤 것들이 도움이 될까요?"

집단 구성원들에게 한주간의 기록들에서 자신의 반영적인 의견을 제공하도록 격려하는 것과 그들이 한 주간의 기록과 집단 토의를 통해 다음 단계로 가는 것은 자신감과 자기 주도성을 향상시킬 수 있다. 한 집단 구성원이 말한 것을 살펴보자.

> "처음에 저는 당신이 우리에게 교재에 우리 활동에 대한 의견을 적도록 요청했을 때 실망했어요. 하지만 한 주를 지내본 후, 저는 스스로 문제를 해결할 수 있었고 그것이 많은 진전을 가져왔다는 것을 발견할 수 있었어요."

변화 유지하기

종종 집단 구성원들은 새로운 건강한 습관이 과거의 습관을 완전히 대체하길 기대하다 보니 예전의 오래된 습관이 다시 조금씩 나타날 때 실망한 모습을 보이기도 한다. 이때에는 그들의 노력을 인정하고 그동안 진전된 것을 상기시킴으로써 그들이 현실적인 기대를 가질 수 있도록 도와준다. 집단 구성원들이 얼마만큼 와 있는지, 그들이 이미 해낸 변화들과 이 변화들이 그들에게 왜 중요한지에 대한 이유들을 상기시킴으로써 희망을 강화시킬 수 있다.

시간이 지남에 따라 어떤 사람들은 인지된 결점이나 과거의 실패 또는 완전하게 회복될 수 없을 것 같다는 걱정스럽고 절망적인 기분에 초점을 맞출 수도 있다. 융통성 없이 정해진 방법으로 문제를 해결하고, 교육과 인식된 결점을 교정하는 방법으로 서툴게 초점 맞추는 것을 피함으로써 집단 구성원들 스스로 결함이 있고 부족하다는 암묵적 합의에 빠지지 않도록 해야 한다. 대신에 개방과 나눔의 문화를 만들고 집단 구성원들과 관계를 맺어 신뢰관계를 구축하며 강점과 문제를 탐색하고 집단 구성원들의 노력을 지지하기 위해 열린 질문과 인정하기를 사용하도록 한다. 리더는 지속적으로 집단 구성원들의 강점을 강조하고 인정함으로써 집단 구성원들의 자신감과 변화하기로 한 결심공약을 강화시킬 수 있다.

줄리아나: 평생 동안 식사일지를 써야 한다는 생각이 저를 굉장히 힘들게 해요. 처음에는 꽤 잘했는데, 왜 갑자기 이러는지 잘 모르겠어요.

리더: 이런 자기 관찰이 당신에게 약간의 실망을 줄 수도 있어요.

줄리아나: 저는 항상 잊어 버리는 것 같아요. 아니면 생각은 났는데 일지를 어디다 뒀는지 잊어 버려요. 그리고 나중에는 따라잡기가 너무 힘들어져 버리는 거죠.

리더: 이 경험을 나눠 주셔서 감사합니다. 어떤 면에서는 이 부분에 대해 조용히 지나가는 것이 더 편할 수도 있을 것입니다. 하지만 저는 이 집단 안에 이런 갈등을 가진 다른 분들이 있다고 확신합니다.

알렉스: 저도 공감합니다. 저는 시작은 잘 했는데, 그때 손쉽게 가려고 했고 결국 일지 쓰는 것을 중단하게 됐어요. 지금 저는 건강한 식사를 하기 이전의 습관으로 살고 있죠.

리더: (*다른 사람들이 고개를 끄덕이자*) 여러분 중 몇 분은 지금도 갈등하고 있습니다. 여러분은 원하는 방향을 정말 유지하고 싶지만, 계속 추진해 나가는 것은 어렵다고 느낍니다. 무엇이 여러분을 도울 수 있다고 생각하십니까?

리나: 저도 동의해요. 저는 일지를 쓰게 되면 음식 선택과 비율의 크기를 좀 더

생각하게 되기 때문에 확실히 도움이 돼요. 그렇지 않으면 저는 이전의 습관으로 돌아갈 거예요.

리더: 정말 의미 있는 말들을 해주셨어요. 저는 여러분이 말하는 것에서 결단과 많은 강점을 들을 수 있었어요. 비록 가끔은 실패하는 것 같더라도, 여러분의 노력이 식습관을 정상화시키고 체중을 관리하도록 돕는다고 믿고 계시잖아요!

여기서 리더는 집단 구성원 한 명이 초반에 표현한 좌절을 중심으로 집단에 개입한다. 리더는 다른 집단 구성원들의 비슷한 경험과 연결함으로써 줄리아나의 경험이 정상이고, 그녀의 정직함과 의지를 인정하여 해결에 초점을 두고 다시 방향을 잡도록 돕는다. 리더는 그런 행동에 직면하거나 집단에서 문제를 해결하기보다 집단의 지혜를 활용하고 그들의 결심공약을 굳건히 하기 위해 "무엇이 당신을 도울 수 있다고 생각하십니까?"와 같은 열린 질문과 "정말 의미 있는 말들을 해주셨어요. 저는 여러분이 말하는 것에서 결단과 많은 강점을 들을 수 있었어요."와 같은 인정하기를 사용한다.

도전과 방해물 다루기

변화를 위한 동기강화는 특별한 치료 전략에서 사용하는 동기강화와는 의미가 다르다. 중요성, 자신감과 준비도는 각 행동에 따라 상당히 다를 수 있고, 시간이 지남에 따라 열심히 하다가 시들해질 수도 있다. 다음의 예에서, 과체중 집단 구성원인 카라는 자기관찰을 원하지 않기 때문에 중도하차를 고려하고 있다. 리더는 그녀의 불편함을 인정하고, 집단에서 거론된 다양한 성공의 길을 상기시키며 선택사항을 제공한다.

카라: 저는 이제 모든 것을 다 적을 수가 없어요. 저는 이 프로그램을 못할 것 같아요.

리더: 꾸준히 지속하는 것이 당신을 힘들게 하는군요.

카라: 저는 체중감량을 원해요. 하지만 일일이 다 적는 것은 무의미하게 느껴져요.

리더: 이 이야기를 해주셔서 정말 감사합니다. 오직 한 방법만 옳다고 할 수는 없습니다. 자신에게 맞는 것으로 시작해 보면 어떨까요? 운동을 하는 것

도 하나의 방법이고, 또 하나는 식이조절 계획을 하지만 먹는 모든 것을 기록하지 않는 방법도 있어요. 어느 것이 가능할 것 같은가요?

카라: 운동은 할 수 있어요. 하지만 이 프로그램에 있는 식이조절 프로그램은 하고 싶지 않아요.

리더: 식사일지를 꾸준히 작성하는 것은 자신들이 하고 있는 행동을 인식하도록 도울 수 있습니다. 하지만 그것이 오히려 당신의 목표에 도달하는 데 방해가 된다면, 그것은 원래 목적과 다른 일이 됩니다. 사람들은 각자 다른 방법으로 변화합니다. 가장 중요한 것은 당신에게 도움이 되는 방법을 찾는 것입니다.

섭식장애를 가진 많은 사람들이 음식기록을 쓰는 것을 싫어하는데, 그것이 의무가 되면 치료를 중도하차할 위험이 있다. 자기관찰일지의 찬성과 반대를 논의하는 것은 이런 일반적인 불평을 다루는 한 방법이다. 식사일지를 쓰는 것에 대해 스스로 결정하도록 격려받은 개인은 대개 치료를 유지하고, 결과적으로 자기관찰일지가 도움이 됨을 알게 된다.

또한 선택할 수 있는 사항들을 탐색할 때 그 집단의 지혜를 활용하는 것이 가능하다. 집단 구성원들은 특별히 이러지도 저러지도 못할 것 같은 느낌이 드는 사람들에게 종종 빠르게 해결책을 제공한다. 저항을 유발하는 것을 피하기 위해, 우선 집단 구성원들의 생각을 물어보고, 그 다음 집단 구성원들의 선택에 대해 사전에 개개인의 동의를 구하도록 한다. "당신이 이 방향을 유지하는 데 있어 어떤 다른 전략들이 도움이 될까요? 집단과 함께 하는 몇 가지 의논이 도움이 될까요?"와 같은 질문을 사용한다.

만약 개인이 동의한다면, 한 번에 너무 많은 아이디어들을 만들지 않도록 한다. 그 집단 구성원이 선호하는 생각이 어떤 것인지 질문하기 전에 차트에 각각의 아이디어를 적도록 한다. 그 전략들에 대한 다른 사람들의 경험에 관해 그 집단 구성원에게 질문할 기회를 준다.

"우리는 식사일지를 유지하기 위한 잠정적인 대안들의 목록을 만들었습니다. 카라, 어떤 선택사항이 당신에게 적절하겠습니까? 당신은 이런 대안을 가진 다른 사람들의 경험에 대해 좀 더 듣기 원하십니까? 당신은 어떤 것을 알고 싶습니까?"

마지막으로, 사람들이 치료를 중단하는 데에는 많은 이유들이 있다. 일반적인 이유는 과거 습관으로 빠져든 것에 대한 당황스러운 감정과 수치심이다. 이때에는 리더가 집단 구성원에게 관심을 표현하면서 연락하면 그들을 다시 참여시킬 수 있다. 실수한 후에, 집단 구성원들은 종종 옛 습관으로 돌아간 것에 대한 좌절 및 굴욕과 다시 집단 동료들을 대면해야 하는 두려움에 대해 고백한다. 이런 느낌이 정상적인 것이라고 말해줄 때 그들은 다시 집단으로 안전하게 돌아올 수 있게 된다.

> "당신은 최근에 일어난 일로 실망한 것 같습니다. 즉, 그 일은 당신이 가고자 했던 방향은 아닙니다. 사람들은 일반적으로 하는 일이 잘 안 될 때, 집단 참여를 피하려고 합니다. 하지만 그때가 바로 집단의 지지를 가장 많이 받을 수 있는 때입니다. 당신이 집단에 참여하지 않는다면 우리 역시 당신이 집단에 기여하는 것을 놓치게 됩니다. 다시 여기 오신 것에 대해 당신은 어떻게 생각합니까?"

결론

수백만 명의 사람들이 체중문제로 갈등하고 있다. 그렇기 때문에 많은 사람들이 집단치료를 찾을 것이다. 새로운 접근은 변화를 위한 결심공약을 강화하고 향상시키기 위해 집단과 개인 모두의 필요를 충족시킬 수 있어야 한다. 집단 MI는 집단 구성원들의 체중관리 노력을 통해 대상자들을 지지할 수 있다. 리더는 행동변화로 인해 얻게 된 혜택을 확인하는 한편, 열정을 새롭게 하고, 종종 과거의 습관으로 돌아간 반복된 실망과 재발로 인한 수치심을 감소시키기 위해서 강점과 과거 성공 경험을 강조하도록 한다. 또한 리더는 변화를 위한 동기와 결심공약을 강화하기 위해 식이 및 운동 습관과 심도 깊은 개인의 가치 사이의 관련성과 불일치를 집단 구성원들이 이해할 수 있도록 돕는다. 마지막으로, 집단 구성원들이 변화에 대한 논의를 돕기 위해 열린 질문, 인정하기와 반영하기를 사용한다. 그렇게 함으로써, 중요성, 자신감과 변화를 위한 준비도에 대한 인식을 향상시킨다.

집단의 핵심은 내담자 중심 태도와 상호작용 방식이다. 집단 구성원들은 집단

MI의 리더가 집단 구성원들에게 무조건적 관심과 긍정적 강화, 비판단적 지지를 제공하고, 그들이 혼란스럽고 의욕이 저하될 때는 인내심을 가지고 도움을 제공한다고 보고한다. 다음은 집단 구성원 중 한 명이 리더에게 말한 것이다.

> "당신은 제가 집단에 결석하거나 식이습관을 변화시키지 못한 이유를 댈 때, 절대 비난하지 않았어요. 저는 누군가가 저를 판단하기를 기다렸어요. 그러면 저는 집단상담을 중단할 것이고, 이 프로그램을 비난할 수 있기 때문이죠. 그런데 당신은 저를 부르며 이렇게 말했어요. '우리는 오늘 당신이 보고 싶었어요!'라고. 그 말은 제가 변명을 계속할지 아니면 마지막으로 변화를 시도할 것인지가 저에게 달려 있다는 것을 깨닫게 했어요."

참고문헌

Amrhein, P. C., Miller, W. R., Yahne, C. E., Palmer, M., & Fulcher, L. (2003). Client commitment language during motivational interviewing predicts drug use outcomes. *Journal of Consulting and Clinical Psychology, 71*(5), 862–878.

Fabricatore, A. N., & Wadden, T. A. (2006). Obesity. *Annual Review of Clinical Psychology, 2,* 357–377.

Feld, R., Woodside, D. B., Kaplan, A. S., Olmstead, M. P., & Carter, J. C. (2001). Pretreatment motivational enhancement therapy for eating disorders: A pilot study. *International Journal of Eating Disorders, 29,* 393–400.

Kaye, W. H., Bulik, C., Thornton, L., Barbarich, N., & Masters, K. (2004). Comorbidity of anxiety disorders with AN and BN. *Archives of General Psychiatry, 161,* 2215–2221.

Keel, P. K., Droer, D. J., Eddy, K. T., Franko, D., Charatan, D. L., & Herzog, D. B. (2003). Predictors of mortality in eating disorders. *Archives of General Psychiatry, 60,* 179–183.

Minniti, A., Bissoli, L., Di Francesco, V., Fantin, F., Mandragona, R., Olivieri, M., et al. (2007). Individual versus group therapy for obesity: Comparison of drop-out rate and treatment outcome. *Eating and Weight Disorders, 12,* 161–167.

National Institutes of Health. (1998). Clinical guidelines on the identification, evaluation and treatment of overweight and obesity in adults–the evidence report. *Obesity Research, 6,* 51–209.

Stahre, L., Tarnell, B., Hakanson, C., & Hallstrom, T. (2007). A randomized controlled trial of two weight-reducing short-term group treatment programs for obesity with an

18-month follow-up. *International Journal of Behavioral Medicine, 14*(1), 48–55.

Treasure, J., & Schmidt, U. (2008). MI in the management of eating disorders. In H. Arkowitz, H. A. Westra, W. R. Miller, and S. Rollnick (Eds.), *Motivational interviewing in the treatment of psychological problems* (pp. 194–224). New York: Guilford Press.

West, D. S., Gorin, A. A., Subak, L. L., Foster, G., Bragg, C., Hecht, J., et al. (2010). A motivation-focused weight loss maintenance program is an effective alternative to a skill-based approach. *International Journal of Obesity, 35*(2), 259–269.

제19장 배우자 폭력 남성을 위한 집단 동기강화상담

Ann Carden and Mark Farrall

"내 잘못이 아니다. 아내는 내 설명을 들으려 하지 않았고 항상 자기 마음대로 생각한다. 아내는 어떤 것에도 만족하지 못한다."

"난 쓰레기 같은 잡일을 참으면서 열심히 하고 집에 왔는데 집은 완전 엉망이야. 아내는 그런 집안 꼴이 날 얼마나 미치게 만드는지 알면서도, 집안일에 신경 쓰지 않는 거야."

"나를 무시하잖아! 아내에게 설명하려고 노력했지만 아내는 날 무시하고 거실에 그냥 있었어. 그런 행동에 대해 난 정말 기분이 좋지 않았어. 그렇지만 아내에게 상처를 줄 의도는 없었어. 그 순간 어떤 감정이 나에게 엄습해 왔는지 모르겠어."

가정폭력으로 인한 치료 프로그램에 참여하도록 법원으로부터 수강명령을 받은 남자에게서 위와 같은 말을 들었을 때 당신은 그들의 폭력행동이 남성의 권리의식과 여성을 바라보는 잘못된 관점에 기인한 것이라고 판단할 수 있으며 이들을 교정이 필요하고 관계에서 힘을 행사하고 통제하는 것에 중독된 망나니처럼 볼 수도 있다. 그런 가정에서 당신은 그 남성의 폭력을 막는 최선의 방법은 여성에 대한 그의 태도를 변화시키고, 그의 분노와 공격성을 관리하도록 만드는 것이라는 결론을 내렸을 수도 있다. 아마 당신은 즉각적이고 단호한 처벌적 결과들이 그의 미래 폭력행동을 예방해 줄 것이라고 가정할 수도 있다. 이러한 관점은 배우자 폭력과 학대(intimate partner violence and abuse: 이하 IPV)의 한 가지 측면만을 반영하고 있다. 배우자 폭력과 학대는 다양한 요인과 차원들이 결합되어 있는 매우 복잡한 행동패턴이다. 몇몇 사례에서 보면, 배우자(혹은 애인)에 대한 폭력이 배우자를 통제하려는 의식적이고 미리 계획된 시도로 보이는 경우도 있지만 혼란스럽거나 고통스럽거나 위협적으로 느끼는 상황에 대한 그 남성의 정서적인 반응 행동인 경우도 있다.

폭력행동의 기저에 어떠한 역동이 작용하든 간에 그 행동패턴은 중독의 특성을 띨 수 있다. 배우자에게 폭력적인 남성은 일반적으로 더 나은 행동이 무엇인지는 알고 있지만 그의 내부에 있는 무언가가 더 나은 행동을 가로막고 있다. 이러한 남성의 경우, 치료적 개입은 그에게 자신의 "폭력성", "공격성" 및 "자기중심 신념"을 극복할 필요성을 납득시키는 데 초점을 맞추는 직면적 접근보다는 의미 있고 지속적인 변화를 이끌어 내는 것에 초점을 맞출 가능성이 높다. 관계폭력을 감소시키는 데 있어서 결점들보다는 다양한 능력에 초점을 맞추고, 공감적이고 비판단적이며 협력적인 자세와 자율성을 존중하는 정신(MI의 핵심 요소들)은 교육이나 처벌보다 더 효과적일 것이다(Carden, 1994; Dutton, 2006; Gondolf, 1997).

저항, 양가감정 및 동기와 관련된 문제

가정폭력 프로그램에 참여하는 남성들은 법원의 수강명령처럼 강제적으로 치료를 받는 경우가 대부분이다. 그들은 치료를 의뢰하는 사회서비스 기관, 판사, 혹은 가족 구성원에 대한 부정적 시각 때문에 가정폭력 프로그램에서 자신들이 무시당할 것이라고 예상하는 경우가 많다. 많은 사람들은 강제로 참여하는 것에 대해 분개하고 그러한 분노를 굳이 숨기려 하지도 않는다. 그들은 매우 방어적이고, 기저의 두려움은 매우 강하며, 치료에 참여하거나 자신의 행동을 변화시키려는 동기는 주로 내적 동기보다는 외적 결과(투옥시간, 이혼위협, 사랑하는 사람들의 존중과 신뢰의 상실)에 근거해서 형성된다. 그들은 초기 면담에서 자신들이 두려워하는 수치심과 거부당하는 느낌을 갖게 될 위험을 무릅쓰기보다는 방어적 자세를 유지하는 경향이 있다. 우리는 이러한 내담자들에게 치료적으로 반응할 때, 그들의 방어자세를 병리나 개인적 결함으로 간주하기보다는 심리적 "곤경에 빠져있음(stuckness)"을 알려주는 신호로 본다. 우리는 의도적으로 "구타자"나 "가해자"와 같은 명칭을 사용하지 않는다. 우리의 목표는 변화하도록 압박하는 것이 아니라 그들이 자신의 긍정적 속성을 바탕으로 긍정적 기회를 만들어 가도록 돕는 것이다.

우리는 새로운 집단 구성원과의 첫 만남에서 발생될 수 있는 저항을 최소화시키기 위해 긍정적 작업관계를 함께 만드는 작업에 집단 구성원이 가능한 한 빨리 참여하도록 모든 노력을 다한다. 우리는 치료 프로그램에 대한 참여 여부를 선택할 수 있는 권리가 집단 구성원에게 있고 또한 그 권리를 존중한다는 점을 집단 구성원에게 분명히 전달한다. 우리는 여기에 오게 만들었던 것이 무엇인지에 대해 집단 구성원과 함께 탐색하여 그 윤곽을 잡고, 개인적 가치와 삶의 목표들을 탐색하도록 돕는다. 집단 구성원이 얼마나 폭력적으로 행동했던 간에 우리는 MI 정신으로 규정하고 있는 태도, 즉 자율성 존중, 내담자의 관점에 대한 진솔한 관심, 긍정적 변화를 성취하는 방법을 파악하도록 돕고자 하는 열망과 함께 그들에게 접근한다. 강력한 치료동맹(therapeutic alliance)을 확립하면 집단 구성원은 치료에 적극적으로 참여하고 삶의 질을 향상시켜 주는 태도와 행동을 취할 가능성이 더 높다(Dutton, 2003; Gondolf, 1999).

집단 동기강화상담 서비스의 구조화 및 촉진

사전집단 평가 및 오리엔테이션 미팅으로 시작하기

우리는 집단상담에 참여자를 의뢰하기 전에 포괄적인 생리심리사회적 평가(Carden & Boehnlein, 1997)를 실시한다. 평가는 신체 및 심리적 건강에 관한 정보를 제공할 뿐만 아니라, 상담 의뢰를 촉발시킨 폭력 삽화, 기타 폭력, 부부관계 상태, 알코올 및 기타 약물사용 등을 다룬다. 우리는 평가 피드백을 *이끌어 내기-제공하기-이끌어 내기(elicit-provide-elicit)* 방식으로 제공한다. 처음엔 지금까지의 평가과정에 대한 집단 구성원의 반응(우리가 던졌던 질문에 대한 집단 구성원의 생각과 느낌, 평가결과가 집단 구성원에게 유용할 것인지에 대한 집단 구성원의 기대)을 *이끌어 내기*로 시작한다. 우리는 집단 구성원의 진술을 경청하고, 집단 구성원이 학습한 것을 공감적으로 반영해 주고 필요하다면 정교화하고 명료화하도록 집단 구성원을 격려한다. 그 다음 우리는 평가결과에 대한 비판단적 검토를 *제공*하는데, 즉 각 문항을 제시하고 집단 구성원의 의견을 요청한다. 마지막은 이 과정에 대한 집단 구성원의 생각과 느낌, 그리고 이 평가결과의 개인적 의미에 대한 *이끌어 내기*로 마친다.

우리는 MI 핵심 의사소통 기술—열린 질문, 인정하기, 반영하기, 요약하기(OARS)—을 사용하여 자기 삶의 열망과 현재 상태 간의 불일치에 초점을 맞추도록 집단 구성원을 돕는다. 행동이나 태도를 변화시키는 것의 중요성에 대하여, 그리고 만약 집단 구성원이 변화를 선택한다면 그러한 변화를 실행할 자신감에 대하여 집단 구성원이 표현하고 있는 양가감정이라는 측면에서 동기화 가능성이 내포된 모든 신호들(즉 집단 구성원의 변화대화)에 대한 정교화와 명료화를 집단 구성원에게서 이끌어 낸다. 그 후 집단 구성원과 협력하여 폭력중단 계획을 수립하고 집단상담에 참여하기 위한 선결 조건으로 비폭력 계약서를 작성한다. 그 다음 집단 과정에 대한 오리엔테이션을 *이끌어 내기-제공하기-이끌어 내기* 방식으로 제공한다.

- *이끌어 내기*: 각 구성원들에게 집단상담에 대한 기대나 걱정에 관하여 이야기해 줄 것을 요청한다(예, "집단 상담의 작업 방식에 대해 이미 알고 있는 것은 무엇인가요?", "우리가 지금까지 의논했던 문제들을 함께 검토하는 집단에 참여하는 것에 대해 어떻게 생각합니까?"). 우리는 집단 구성원들의 반응을 반영해 주고, 그들이 지닌 기대와 걱정의 더 깊은 의미를 "풀어 놓도록" 격려한다(예, "이 집단이 당신에게 어떻게 유익할지 몰라서 힘드시군요", "당신은 당신 생활에 대하여 집단에서 이야기하는 것이 편하지 않은 것 같습니다").
- *제공하기*: 우리 집단 프로그램에 대한 자세한 설명을 제공한다.
- *이끌어 내기*: 구성원의 반응을 이끌어 낸다(예, "이 프로그램에 대해 더 알고 싶은 것은 무엇입니까?", "조금 전의 프로그램 설명에 대해 어떤 느낌이나 생각이 듭니까?", "이 프로그램이 당신에게 어떤 효과가 있으리라고 봅니까?").

구성원이 집단에 참여할 의지도 있고 집단상담의 효과를 볼 수 있다고 가정한다면 집단 의뢰가 이루어진다. 대부분의 남성들은 이러한 개인 접수면담을 받게 되면 집단개입으로 옮겨갈 준비가 된다. 그러나 준비되어 있지 않은 남성들의 경우엔 집단상담으로 옮기기 전에 일대일 개인상담을 제공한다.

공동 리더 이용하기

IPV 과거력이 있는 남성을 위한 집단 MI는 두 명의 유능한 집단 구성원에 의해 촉진될 때 더 효과적이다. 공동 리더들은 집단 구성원들에게는 물론이고 서로에게 MI 정신의 핵심 요소(*협동정신, 수용, 연민, 유발*)에 대한 본보기가 될 수 있다. 각 리더는 집단 구성원들로부터 서로 다른 반응을 이끌어 내는 경향이 있다. 예상치 못한 집단역동을 다루기 위해 *재구조화하기(reframing)*나 *초점 이동하기(shifting focus)*와 같은 MI의 전략적 반응이 요구될 때 공동 리더들은 더 큰 유연성과 창의성을 지닌다. 집단 논의의 많은 부분이 정서적으로 긴장된 특성을 띤다고 한다면, 두 명의 리더를 둠으로써 문제가 있는 집단 구성원에 대한 개별적인 지지가 가능해지고, 부정적인 자극을 받을 수 있는 집단 구성원에게 추가적인 안전조치가 된다. 각 회기 후 공동 리더들은 집단 구성원들의 강점과 욕구에 대한 느낌이나 생각, 그리고 전체로서의 집단역동에 대한 생각을 서로 비교한 후 자신들의 접근방식을 수정할 수 있다. 그들은 집단에서 듣게 된 변화대화를 기록할 수 있고, 다음 상담회기에서 변화대화를 모니터하고 강화시킬 계획을 수립할 수 있다. 그들은 자신들과 특정 집단 구성원 사이의 저항 신호를 알아차려서 기록할 수 있고, 이러한 저항을 최소화시키기 위한 반영적이고 전략적인 반응에 대해 논의할 수 있다. 남성-여성으로 구성된 공동 리더들은 건강한 남성-여성 상호작용의 본보기가 되는 기회와, 관계에 대한 상이한 관점들을 탐색할 수 있는 기회를 제공한다. 두 명의 공동 리더들은 가정폭력 및 학대, 정신건강, 물질남용 및 집단 과정에 대한 전문성을 갖춘 유능한 MI 리더여야 한다.

매월 단기 개인회기 제공하기

매월 1회의 단기 개인 MI 회기(필요하다면 더 많은 회기)는 매주 제공되는 집단회기에 대한 가치 있는 보충회기가 된다. 이러한 매월 제공되는 회기는 각 집단 구성원에게 자신의 진전상태를 평가하고, 집단 리더들에게서 피드백을 받고, 집단에서 논의하기엔 불편감을 줄 수 있는 걱정이나 가치 및 목표들을 탐색할 수 있는 기회를 제공한다.

동기강화상담의 네 단계 이용하기

Miller와 Rollnick(2013)은 관계 형성하기(engaging), 초점 맞추기(focusing), 유발하기(evoking), 계획하기(planning)라는 네 단계를 포함시켜 MI를 구조화하고 있다. 우리가 진행하는 집단상담에서는 정보를 제공하고 설명하기보다는 집단 구성원들을 연결하고 안내하기에 더 초점을 맞추고 있다(관계 형성하기). 우리는 집단 구성원들과 협력하여 안전한 분위기를 만듦으로써 각 집단 구성원들이 핵심 가치와 삶의 목표들을 탐색할 수 있고 자세한 과거의 공격행동—폭력행동에 선행하거나 수반하는 사고와 느낌을 포함—에 대해 논의하도록 한다(초점 맞추기). 이러한 비판단적 환경에서는 집단 구성원들이 과거 행위를 스스로 인정할 수 있고, 자신의 고유한 속도와 방식으로 변화의 중요성에 대한 숙고를 시작할 수 있다. 그들은 강점에 초점을 맞추고 성취가 아무리 작더라도 인정을 받게 되면 관계를 맺는 또 다른 방법을 선택하는 자신의 능력을 신뢰하게 될 수 있다(유발하기). 이러한 새로운 자각을 바탕으로 각 집단 구성원은 구체적인 개인변화계획을 수립할 수 있다(계획하기).

이끌어 내기-제공하기-이끌어 내기 집단 프로토콜 이용하기

이끌어 내기-제공하기-이끌어 내기 의사소통 형식이 집단 MI 과정을 구체화시킨다. 즉 각 회기의 시작과 마무리 시점에서 구성원들에게 집단작업에 대한 피드백을 다음과 같이 요청한다.

- 시작 질문: "오늘 이 자리에 있는 것에 대해 당신의 느낌은 어떻습니까?", "지난 주에 배웠던 것 중에서 오늘 얘기를 나누고 싶은 것은 무엇입니까?", "이번 주에 당신이 했던 일 중에서 당신이 원하는 인생목표에 더 가까워지는 데 도움이 되었던 일은 무엇입니까?"
- 마무리 질문: "어떤 식으로 얘기를 나누는 것이 유익했습니까?", "이번 회기에서 인상적이었던 것은 무엇입니까?", "당신이 원하는 인생목표에 더 가까워지기 위해 이번 주에 하려고 계획하고 있는 것은 무엇입니까?", "집단회기에서 지금까지와는 다르게 시도하고 싶은 것은 무엇입니까?"

배우자 폭력과 학대 남성을 위한 집단 동기강화상담

이제 우리는 *어떻게* 할 것인가에서 *무엇을* 할 것인가로 관점을 전환하고 있다. 우리는 집단이 어떻게 진행되는지에 대하여 설명할 것이다. 다음 네 개 단계는 집단 구성원들의 관계를 형성시키고, 그들의 개인적 관점을 탐색하고 확대시키고, 행동에 옮기도록 촉진시키기 위한 것이다.

집단 관계 형성하기

"당신의 첫 인상이 결정되는 데 한 번의 기회만 주어진다"는 옛 격언은 치료관계의 질과 내담자의 목표 성취에 있어서 첫 만남이 중요하다는 경험적 증거에 의해 지지되고 있다. 우리는 첫 회기를 시작할 때 이 격언을 마음에 새긴다. 첫 회기에서의 전형적인 시작은 기본적인 이슈들을 소개하고 검토한 후 다음과 같이 진행된다.

리더 1: 오늘 밤 힘든 걸음을 해주신 모든 분께 감사드립니다. 여러분 모두는 접수면담을 통해 존과 나를 만났고, 우리가 여기서 무엇을 하는지에 대해 조금 알았습니다. 여러분이 오늘 밤 여기 온 것에 대하여 어떻게 생각하는지 알고 싶습니다. 이 프로그램에 대해 이미 알고 있는 내용이나 알고 싶은 것은 무엇입니까? [존중하는 마음으로 환영; 열린 질문]

제이크: 제가 알고 있는 것은 이 모든 것이 과장되었다는 거예요. 난 폭력적인 사람이 아닙니다. 내가 6개월 동안 여기 와서 치료를 받아야 한다는 판결에 정말 화가 치밉니다. 기분 나쁘게 하려는 건 아니지만, 사실 난 이 시간을 내 아내, 아이들과 함께 보내고 싶고, 여기에 사용되는 비용을 가족들을 위해 사용하고 싶습니다.

코리: 적어도 당신에겐 가족이 있습니다. 난 내 집에서 쫓겨났고, 지금은 내 모든 움직임을 감시하는 귀찮은 사회복지사와 함께 내 아이들을 볼 수 있을 뿐입니다. 나는 내 아이들을 어디에도 데려갈 수 없고 어떤 즐거운 것도 함께 할 수 없습니다.

리더 2: 제이크는 여기에 오는 것에 대해 기분이 좋지 않은 것으로 이해됩니다. 그리고 자신이 여기에 올 필요가 없다고 생각하는 것으로 이해됩니다. 코리는 아이들과 즐거운 시간을 갖지 못하는 것에 대해 안타까워하는 것이 느껴집니다. 게다가 여기에 오는 것이 제이크가 힘들게 번 돈을 낭비하는 고통을 주고 있군요. 매우 좌절스럽게 느껴질 것 같아요! [공감적 반영; 수용]

리더는 집단 구성원들의 자율성에 대한 위협감, 자기 가족생활을 간섭받는 느낌, 재정적으로 고갈되는 느낌 등에 대한 집단 구성원들의 부정적 반발성 반응들을 인정해 준다. 리더는 이러한 첫 공감적 반영을 할 때 집단 구성원들을 이해하고 싶다는 열망과, 자기 상황에 대한 각자의 관점에 대해 존중한다는 마음을 전달하면서 비판단적인 분위기를 확립한다. 두 리더가 이러한 부정적 태도와 정서들을 더 반영해 주는 몇 번의 의사소통 후에 대화는 다음과 같이 진행된다.

코리: 당신도 알다시피 그것은 그렇게 큰 문제는 아닌 것 같아요! 내 경우가 정말 짜증스럽죠! 내 마누라는 정말 골치예요! 난 마누라를 거의 손대지도 않았었어요.

안드레: 네. 법원에서 내가 여기에 올 필요가 있다고 보는 이유를 알 수 있을 것 같아요. 난 여자 친구를 대하는 방식을 완전히 변화시키고 싶어요. 그녀를 결코 잃고 싶지 않거든요!

리더 1: 코리도 이 모든 것이 과장된 것일 뿐이라고 느끼시는군요. 그리고 나머지 몇 분들도 여기에 오게 된 것에 대해 매우 실망한 것처럼 보여요. 그리고 안드레는 여기에 온 것에 대해 약간 다른 생각을 가지신 것 같아요. 안드레는 여기에 참여하는 것에 대해 어떤 유익한 것이 있다고 보시는 것 같아요. 특히 여자 친구를 놓치고 싶지 않은 것이겠죠. 여자 친구와의 관계는 안드레에게 정말 중요하다는 말씀으로 이해됩니다. 안드레가 여자 친구 때문에 혼란스럽고 곤경에 빠졌다고 느낄 때 대처하는 방법에 대해 여기에 와서 얘기하는 것이 여자 친구를 잃지 않도록 안드레를 돕는 일에 어떻게 도움이 될지에 대해 안드레에게 말씀해 주실 좋은 아이디어는 무엇일까요? [수집요약; 열린 질문; 협동정신].

여기서 리더는 간단한 *수집요약*을 하고 있다. 리더는 코리와 안드레의 시각에 대해 판단하지 않고 서로 대조시키면서, 다른 집단 구성원들의 걱정하는 진술들도 간략하게 반영하고 있다. 리더가 안드레가 이 치료회기에 참여하는 것의 잠재적 이점들을 탐색해 보도록 집단 구성원들에게 요청하는 것은 집단 과정에 대한 믿음과 집단 구성원들의 의견에 대한 존중을 보여주는 것이다. 상담 후반부에서는 리더가 집단에서 이루어진 몇 가지 대화 줄거리들을 다음과 같이 모으는 작업을 한다.

리더 2: 가정 내에서 하지 말아야 할 것에 대하여 교육을 받아야 한다는 외부인들의 주장에 대해 모욕감을 느끼는 참여자분들도 있는 것 같습니다. 게다가 이 프로그램에 참여하는 비용도 참여자분들이 직접 지불해야 하니까요. 또 어떤 분들은 더 이상 곤경에 빠져들지 않으면서 자신의 욕구를 충족시키는 것에 관하여 배우고 싶어합니다. 스트레스와 좌절을 겪고 있음에도 불구하고 여러분은 오늘 밤 이 모임에 참여하기로 결정하셨습니다. 여러분은 이 시점에서 얘기할 준비가 되어 있지 않은 내용에 대해 얘기하도록 우리가 여러분에게 강요하거나 혹은 여러분을 비난하지나 않을까 하는 우려도 했을 겁니다. 그리고 어떤 분들은 이 집단의 다른 사람들이 바라는 것이 무엇인지 궁금했을 겁니다. 또 어떤 분들은 오늘 밤 여기에 오고 싶지 않았고 … 법원을 대상으로 혹은 아내나 여자 친구에게 혼자서 어떻게 해보고 싶었을 겁니다. [수집요약; 인정하기]

코리: 네. 그렇지만 난 법정 사람들을 결코 신뢰할 수 없다는 사실을 배웠습니다. 그래서 난 여기에 오신 분들과 함께 해결책을 찾아보고 싶습니다.

안드레: 여기에 참여하는 것이 여자 친구에게서 정말 대단한 호응을 받았을 것이라곤 생각하지 않습니다.

리더 1: 네. 어떤 분들은 여기 오는 것을 좋아하지 않았고, 또 어떤 분들은 여기에 오지 않는 결정을 할 경우 발생될 수 있는 좋지 않은 상황에 대해 생각하고 있습니다. 여러분이 내린 결정에 대해 어떻게 느끼시나요? [양면반영; 열린 질문; 초점 이동하기]

리더 2는 집단 구성원들의 지금까지 대화 내용(언어적 및 비언어적 대화)을 요약했다. 그리고 이 첫 회기에 참여한 집단 구성원들을 인정하고, 몇몇 집단 구성원들이 휘말려 들었다고 느끼는 딜레마에 대해 양면반영을 시작한다(리더가 경청하고 있음을 구성원들이 느끼고 있다는 점을 리더가 인지하고 있다). 리더 1은 구성원의 대화를 반영해 준 후 지금까지 진행된 집단 과정에 대한 집단 구성원들의 인상을 탐색하는 방향으로 초점을 바꾸고 있다.

집단 구성원들이 어떻게 살고 싶은지 그리고 프로그램에 참여하고 싶은지에 대한 선택과 통제권은 각 집단 구성원에게 있음을 공손하게 강조하는 것은 다음의 사실을 집단 구성원들에게 알려주는 효과가 있다. 즉 당신을 대신해서 선택하거나 변화시켜 줄 수 있는 사람은 아무도 없다는 것이다. 집단 구성원의 선택권을 강조하는 것은 차료동맹을 강화시키고, 수강명령 서비스에서 너무도 쉽게 볼 수 있는 *레슬링* 효과를 최소화시킨다.

*나란히 가기*와 *개인의 자유선택권과 통제력 강조하기*(리더들이 이번의 초기 상담회기에서 사용했던 것과 같음)는 집단 구성원들과 관계하는 생산적인 방법이다. 이 기법은 집단 구성원들이 무력감을 느끼고 있는 시점에 생활에 대한 통제력을 갖도록 고무시킨다. 그리고 이 기법은 집단 구성원들이 무시받거나 잘못된 판정을 받고 있다고 느낄 때 그들의 관점에 대한 비판단적 존중을 집단 구성원들에게 전달하는 효과가 있다. 또한 이 기법은 시간이 지나면서 변화가 발생할 가능성이 더 높은 비위협적 환경을 만들어 준다.

관점 탐색하기

집단 프로그램을 받게 된 이유가 되었던 사건들에 대한 집단 구성원들의 관점을 탐색하는 작업은 "나는 나쁜 사람이다"라는 결론과 "나는 나쁜 일을 했다"는 관찰된 사실을 구분하고, "그것을 한 것은 내 선택이었다"는 깨달음과 "그 사건은 단지 우발적으로 발생했다"는 믿음을 구분할 수 있는 기회를 제공한다. 지지적인 환경에서 이러한 식견들을 솔직하게 검토해 보는 작업은 집단 구성원들의 핵심 가치를 삶의 목표들과 더욱 일치하는 선택을 하고 싶은 동기를 증진시킨다.

개인의 관점을 탐색할 때 집단은 가치 있는 도구이다. 집단에서 발생되는 동료애, 동료 동일시, 역할모방은 강력한 재사회화 경험을 제공한다. 집단은 집단 구성원들이 감정을 탐색하고, 자신들이 성취한 것들을 인정받을 수 있고, 자신들의 성공 사례를 축하받을 수 있으며, 대인관계를 형성하는 새로운 방법을 시도해 볼 수 있는 안전한 장소가 된다. 집단에서의 공동체의식은 많은 집단 구성원들이 겪고 있는 고립감을 해소해 준다.

집단에서의 공동체의식은 많은 집단 구성원들이 겪고 있는 고립감을 해소해 준다.

"당신이 원하는 삶이라는 측면에서 당신에게 가장 중요하고 가치 있는 두세 개를 선택한다면 무엇일까요?"와 같은 유발질문은 집단 구성원들에게 자신의 핵심 가치에 초점을 맞출 기회를 제공한다. 각 집단 구성원들에게 집단상담을 받게 된 이유가 되었던 사건들을 진정성 있게 검토해 보도록 요청하면서 이루어지는 이러한 유발질문에 대한 집단 구성원들의 심층적 집단 논의는 집단 구성원들의 삶을 이루어 왔던 행동과 그들의 가장 깊은 가치 간의 불일치에 대한 통찰력을 집단 구성원들이 발달시키기 시작할 기회를 제공한다.

가정폭력 치료 프로그램에서 일반적으로 사용되는 모델들은 통찰력 촉진제가 될 수 있다. "권력과 통제력 핸들(Power and Control Wheel)" 모델(Pence & Paymar, 1986)은 역기능적인 친밀 관계에서 일반적으로 관찰되는 부정적 패턴을 기술하고 있다. 우리는 집단 구성원들이 자신의 삶에서 발생했던 것들을 검토할 수 있는 가능한 한 가지 방법으로 이 모델을 제공한다. 우리는 모형에서 기술된 구성원들의 개인적 경험과 행동 간의 공통점과 차이점에 대한 논의로 집단을 시작한다. 우리는 집단 구성원들과 연속적인 일대일 상호작용을 하기보다는 변화대화를 이끌어 내기 위한 열린 질문 대화에 집단 전체를 참여시킨다(예, "당신과 아내 사이에 무슨 문제가 있습니까?", "당신이 이 프로그램에 참여하지 않기로 선택했다면 무슨 일이 일어나리라고 생각합니까?"). 에너지의 근원은 참여도가 매우 높은 몇몇의 집단 구성원이나 리더에게 있는 것이 아니라 집단 내에 있다. 우리는 변화대화를 들으려고 귀 기울이고, 변화대화를 듣게 되면 정교화와 명료화를 요청하고, 발생되는 힘든 이슈들을 언급하는 구성원들의 용기를 인정한다.

"폭력의 순환" 모델(Walker, 1984)은 긴장형성에서부터 시작하여, 공격, 사과 및 약속, 긴장형성으로 다시 복귀되는 순환적 행동패턴을 묘사해 주고 있다. 이러한 행동패턴이 모든 집단 구성원들의 경험에 적용되는 것은 아니지만 이 모형은 집단 구성원들의 과거 공격행동에 선행하거나 수반하는 내적 및 외적 사건을 검토하는 시작점을 제공한다. 우리는 집단 구성원들과 함께 고통스러운 기억을 더듬어 보면서 구성원들이 자신의 현재 비폭력 목표들과 일치되었던 행동을 선택했을 때 이를 강조해 주고 인정해 줌으로써 그들의 자기효능감을 지지해 줄 기회를 찾는다. 그리고 우리는 앞으로 갈등에 대해 비폭력적 해결책을 선택하는 기회를 찾아보도록 구성원들을 격려한다.

이와 같은 모델들을 전통적인 교육 형태로 제시하는 방식은 집단 구성원들의 방어성을 유발하고, 탐색을 억제하고, 현재 상태를 유지시키려는 행동을 강화하며, 변화동기를 향한 움직임을 차단한다. 모델이란 정확하지 않을지도 모른다는 가정을 담고 있기 때문에 모델을 마치 "진리"인 것처럼 제시하는 방식은 집단 구성원들의 방어성을 유발한다. 잠정적인 것으로 제시되는 모델은 탐색을 고무할 수 있고, 현재 상태를 유지시키려는 동기에서 벗어나서 변화동기로 향하도록 집단 구성원들을 도울 수 있다. 이러한 도전적인 교육 자료를 공손하고 온화하며 비판단적인 대인관계 환경에서 다루는 방식은 어떤 집단 구성원들에게는 자기반성을 불러일으키고, 다른 구성원들의 마음에는 씨를 뿌리며, 각 집단 구성원들이 자기가치를 인정받는 느낌을 갖게 해주면서 방어적이지 않게 만든다.

관점 확대하기

과거의 태도와 행동을 검토하는 작업은 집단 구성원들이 *지금까지 해왔던 것(what has been)*을 인정할 수 있도록 돕는다. 미래의 선택을 검토하는 작업은 구성원들이 *될 수 있는 것(what can be)*을 상상해 볼 수 있도록 돕는다. 전자는 집단 구성원들의 변화 중요성에 대한 느낌을 향상시킨다. 후자는 또 다른 방식이 가능하다는 구성원들의 신념과 희망에 영향을 미친다. 우리는 의뢰사유에 대한 질문지에 정직하게 답변한 집단 구성원들을 지지해 준 후, 변화가 없는 미래("당신이 지금까지 해왔던 행동방식으로 계속하는 것을 선택한다면 1년 후에 당신의 모습은 어떨 것 같습니까?")와 변화를 이룬 미래("당신이 좌절감과 실망감으로 배우자를 상대하는 방식을 어떤 식으로든 변화시킨다면 가정이 어떻게 달라질 수 있을까요?")에 대해 상상해 보는 작업에 초점을 맞춘다.

다음 대화문에서 집단 구성원들은 변화(친밀 관계에서의 갈등과 긴장을 해소하기 위해 비폭력적 접근을 선택하는 것)의 이득을 탐색한다. 리더들은 OARS와 세 가지 MI 전략반응—*초점 이동하기, 관점 재구조화하기, 개인의 자유선택권과 통제력 강조하기*—을 사용한다.

리더 2: 당신이 크리스티나를 존중하는 식으로 대했을 때 얻을 수 있는 이점은 무엇인가요?[열린 질문]

안드레: 글쎄요, 내가 그렇게 할 때 그녀는 우리 관계가 더 행복하다고 생각하는 경우가 많아지겠죠.

리더 1: 그건 당신이 의지를 가지고 무언가를 하는 것이네요. [인정하기] 관계를 더 좋게 하기 위해 할 수 있는 방법에는 어떤 것이 있을까요? [열린 질문]

안드레: 항상 스트레스를 받지는 않을 거예요. 우리는 함께 무언가를 더 할 수 있고 더 로맨틱해질 것 같아요.

리더 2: 두 분의 관계에 대해 긍정적인 기대를 가지고 있군요. [반영하기] 또 뭐가 있을까요? 폭력행동을 하지 않은 것에 우선순위를 둔다면 관계에 어떤 일이 일어날까요? [변화대화를 유발하는 열린 질문]

코리: 아이들을 만날 때 자유로운 방식으로 만나는 것이 안전하다는 판단에 확신을 가질 수 있을 것 같아요.

리더 1: 당신에게 있어 아이들은 정말 중요하군요. [반영하기]

코리: 네, 제 아이들은 아주 어려요. 아이들에겐 제가 필요하죠.

리더 2: 아이들에게 좋은 아빠가 되는 것이 당신에겐 정말 중요하군요. [인정하기]

코리: 그렇게 될 수 있었어요. 판사만 아니었다면 말이죠. 나는 부모로서의 권리를 돌려받아야 해요. 그는 아이들을 제게서 데려갈 권리가 없어요. *내* 아이들이라구요!

리더 2: 아이들 혼자 시간을 보낼 수도 있다는 것이 당신에게 의미가 큰 거 같네요. [관점 재구조화하기] 다시 당신 혼자 아이들을 보게 된다면 아이들과 함께 무엇을 제일 먼저 하고 싶으세요? [열린 질문; 비난하기에서 미래 예상해 보기로 초점 이동하기]

코리의 변화대화를 반영해 주는 것은 코리의 변화대화가 더 진행되도록 만드는 시작점이다. 그러나 리더가 아이들에게 더 좋은 아빠가 되고자 하는 그의 욕구를 인정하는 반응을 함으로써, 코리는 그의 상황에 대한 판단을 비난하는 것으로부터 초점을 이동시킨다. 리더는 아이들을 자유롭게 만나는 것에 대한 코리의 이전 진술을 반영함으로써 그의 불만을 재구조화한다. 리더는 코리의 초점을 비난에서 그가 바라는 미래 상황을 언어화하고 생각하는 것으로 바꾸기 위해 열린 질문을 하며 상담을 진행해 간다.

코리: 아이들과 팬케이크를 만들고 싶네요. 아이들은 제 팬케이크를 정말 좋아

하거든요.

윌: 제 아들은 가출했고 약물도 복용하는데. 절대로 저에게 전화를 걸거나 저를 만나러 오지 않아요. 저는 상황을 당신과 같이 바꿀 수 있는 기회가 있었으면 좋겠어요.

코리: 네, 그건 더 좋은 기회이긴 해요. 하지만 판사는 제게 그런 기회를 주지 않을 거예요.

이반: 당신은 그 기회를 얻어야 해요.

리더 1: 그래요, 코리! 당신은 정말로 방문권을 다시 돌려받고 싶어하는군요. 당신은 당신이 좋은 아빠가 될 수 있다는 걸 알고 있고 당신이 아이들의 삶에서 없다는 것이 아이들에게 좋지 않다는 사실을 알고 있어요. 판사가 지금 당장 당신에게 방문권을 왜 돌려주지 않는지 이해하기는 어려운 일이에요. 윌, 당신은 아들과 함께 할 수 있는 그 기회를 코리가 가지고 있어서 행운이라고 생각하시는군요. 그리고 이반, 당신은 코리가 원하는 기회를 얻을 수 있는 방법이 있을 것이라고 생각하시는군요. 그러나 코리, 저는 당신이 희망이 없다고 생각하고 있다는 점이 인상적이었어요. 판사는 당신이 무엇을 하더라도 당신의 상황을 이해해 주지 않을 거예요. [확대반영을 통해 요약으로 마무리하기]

코리: 나는 판사가 제가 이 집단에 오는지 여부를 지켜볼 것이라는 점을 알고 있어요. 그는 제가 이 집단에 끝까지 참여했는지에 대해서 제 교도관에게 보고를 받을 거예요.

리더 1: 그래서 당신은 당신이 원하는 것을 얻기 위해 당신이 할 수 있는 범위 내에서 실제적인 일이 적다고 보고 있네요. 그건 당신에게 달려 있어요. [반영하기; 개인의 통제력 강조하기] 만약 당신이 문제를 풀 수 있는 새로운 방법을 찾거나 당신의 관계에서 긴장을 해결한다면 당신의 남은 인생 동안 어떤 좋은 일이 일어날 것 같아요? [열린 질문]

리더는 요약에 있어서 반영하기와 강조하기를 선택한다. 리더는 코리가 법원에 바라는 바를 이루기 위해 자신이 할 수 있는 일이 무엇인지 스스로 생각해 볼 기회를 주기 위해 그의 "무력감"을 확대반영하면서 의도적으로 판사에 대한 코리의 관점을 과장하고 있다. 코리는 변화대화로 대답을 했다. 리더는 그의 통찰을 격려하고 변화에 대한 생각을 이끌어 내기 위해 다른 집단 구성원들에게 질문을 돌려주었다. 이 회기가 끝나기 전에, 리더들은 이 논의에서 중요한 점을 다시 되짚어 보도록 집단 구성원 전체를 참여시킨다.

> "이 회기를 마무리하기 전에, 여러분이 관계에서 좌절감과 긴장을 다루는 방식에서 변화를 이루었을 때 여러분이 얻을 이점에 대해 잠시 생각해 볼까 합니다. 우리가 이야기한 내용이거나 이야기하지 않은 다른 내용들이 무엇이든지 그것들의 이점을 생각해 보세요. 그리고 생각나는 것들을 한 번 적어 보도록 합니다."

잠시 생각하는 시간을 가진 후, 리더들은 집단 구성원들이 과정을 주도할 수 있도록 논의를 더 이어간다. 이 마무리 단계는 각 집단 구성원들에게 자신의 삶에서 가치와 욕구가 무엇인지에 대해 생각해 보고 표현해 볼 수 있는 기회가 된다. 이러한 활동에서 우리가 듣게 되는 변화대화에는 다음의 내용들이 포함된다.

- *열망*: "나는 아이들이 나를 존경하고 믿어 주기를 원해요"; "나는 아내에게 내가 믿을 만한 사람임을 증명하고 싶어요."; "나는 아이들에게 돌아가길 원해요."; "나는 내 감정을 조절할 수 있었으면 좋겠어요."; "나는 이 법원 모니터링에서 벗어나고 싶어요."
- *능력*: "나는 정말로 스트레스를 느낄 때 침착하게 있을 수 있는 방법이 있다는 걸 이제 알았어요."; "나는 문제에서 벗어나기 위해 내가 취할 수 있는 조치가 무엇인지 알아요."; "나는 사랑을 할 수 있는 사람이고, 노력만 하면 더 좋은 아버지와 남편이 될 수 있다는 것을 알아요."
- *이유*: "내가 이 행동을 멈추지 않는다면 법적인 문제는 계속될 거예요."; "아내는 내가 함께 노력하지 않으면 나를 떠날 거라고 말했어요."; "아이들이 커서 훌륭한 사람이 되길 원해요. 그래서 나는 아이들을 위해 좋은 본보기가 되어야 해요."
- *필요*: "나에겐 가족이 필요해요."; "아내가 아이들을 데려간다면, 나는 뭘 어떻게 해야 할지 모르겠어요."; "나는 직장을 유지하고 이 법적 구속상태에서 도움을 받아야 해요."

우리의 목표는 각 집단 구성원들이 다음과 같은 점들을 이루기 위한 방법에 대해 인식을 확장하는 것이다.

- 자신의 공격적인 행동과 목표, 가치 사이의 불일치감을 더 분명하게 탐색하는 것
- 새로운 행동을 선택하고 그랬을 때의 결과를 가지고 미래를 그려보는 것
- 삶에서 자신이 원하는 것을 이루기 위한 선택을 해나갈 수 있다는 자신의 능력에 대한 인식을 증가시키는 것

집단 구성원들이 자신의 목표와 가치 그리고 과거의 행동과 태도 간 차이를 더 명확하게 인식하게 되면서 변화의 *중요성*은 점차 증가하게 된다. 새로운 행동들을 배우고 연습하면서, 그들의 가치와 열망에 더 가까워질 수 있게 하는 변화를 만들어 낼 수 있는 능력이라는 측면에서 그들의 *자신감*은 증가한다.

행동으로 옮기기

우리 집단 프로그램에 참여하려면 비폭력 계약서가 필요하다. 리더에게 이러한 과제는 외부적으로 강화된 진술에서부터 변화를 위해 개인적으로 의미 있는 결심을 추동하는 계약으로 변화하는 것을 촉진시킨다. 결심공약으로 가는 각 집단 구성원들 속도와 방향이 다르기 때문에, 변화동기를 형성하는 것에서부터 개인의 관점을 확대하는 과정을 지나 변화 결심공약을 강화하고 행동으로 옮기기까지 이동하는 그 전환점이 언제인지 리더들은 그들의 임상적 판단을 의지해서 결정해야 한다.

> 외부적으로 강화된 강제 진술에서 변화를 위해 개인적으로 의미 있는 결심을 추동하는 비폭력 계약의 진화를 촉진하라.

집단 구성원들의 행동에 옮기려는 계획을 발전시키기 위한 준비도에서 조짐이 발견되면, 우리는 이 에너지를 가지고 작업을 진행해 간다. 우리는 집단 전체 회기 동안 우리가 들을 변화대화 진술문에서 "당신(you)"이라는 용어를 사용한 ("여러분 중 몇몇은 ~" "여러분 중 많은 분들은 ~" "여러분 모두는 ~") 광범위한 개괄을 통해 전환요약을 시작한다. 우리는 집단 구성원들을 재진술하게 만드는 기회를 주기 위해 어떤 이들을 전략적으로 생략하면서 가장 강력한 사례부터 순차적으로 반영한다. 우리는 이전 회기에서 들었던 변화를 막는 장애물을 확인하고 유지대화를 검토한다. 요약을 하는 중 간간이 그리고 마지막에 다시 한 번 요약한 내용이 정확하고 빠진 것은 없는지 확인을 하고 집단 논의를 하도록 격려한

다. 생략된 변화대화에 선택된 사람이 없다면, 우리 중 한 명이 다음 단계로 진행하기 전에 요약된 진술을 추가할 수 있다. 집단 구성원들이 우리의 요약을 수정하고 확장하는 시간을 가진 후, 우리는 다시 *당신(you)*이라는 용어를 사용해 핵심 질문을 한다(즉, "지금 당장 당신의 삶에서 변화하기 원하는 것이 정확히 무엇인가요?" "목표에 한 걸음 다가서기 위해 당신이 지금 시작할 수 있는 한 가지 변화는 무엇인가요?").

우리는 클 수도 있고 작을 수도 있지만 그 순간에 준비가 된 각 집단 구성원들의 구체적인 변화목표를 확인하고 정확히 하는 것을 돕기 위해 MI적 반영과 전략적 반응을 사용한다. 그 후, 다음 7개의 프롬프트를 제시하며 변화계획 활동지를 배부한다.

1. " 지금 당장 나 스스로 시작하는, 변화하기 원하는 한 가지는 ~"
2. " 0점(전혀 중요하지 않음)부터 10점(정말 중요함) 척도에서, 이 변화는 나에게 _____점이다. 왜냐하면 ~"
3. "0점(전혀 확신하지 않음)부터 10점(내가 이 변화를 이룰 수 있다고 매우 확신함) 척도에서, 나는 나 스스로에게 ____점을 줄 것이다. 왜냐하면 ~"
4. "내가 실제로 할 일은 무엇인가, 그리고 변화를 만들기 위해 언제 이것을 할 것인가?"
5. "내가 이 변화를 이루기 위해서는 __________가 나를 도울 수 있다."
6. "내가 이 변화에 성공하는 것을 방해하는 어려움은 __________ 등이다. 반면 이 문제를 다룰 수 있는 방법은 __________ 이다."
7 "내 삶에서 ___________라는 일들이 일어나는 것을 볼 때 나는 내가 변화되는 과정에 있음을 알 수 있을 것이다."

집단 구성원들 전체에게 한 문항에 대한 작업을 마치고 난 후, 우리는 그 문항을 다루는 작업을 한다. 각자 이 작업에 몇 분의 시간을 보내게 한 후 집단 구성원들을 짝지어 파트너와 특정 문항에 대한 그들의 생각을 나누도록 한다. 집단 구성원 간 부정적인 역동을 피하기 위해, 우리는 미리 집단 구성원들을 짝지어 놓는다. 시작 전 우리는 집단 구성원들에게 Thomas Gordon(1970)의 12개의 *장애물*을 상기시킨다(우리는 종종 집단 회기에서 이를 검토한다). 우리는 집단 구성원들을 교정하고 비판하고 동의나 비동의를 하고 수정하고 설득하는 것이 아니라 이해하고 배우기 위해 들을 것을 요청한다. 우리는 집단이 다시 모일 때 집단 구성원들에게 문항들에 대한 파트너의 반응을 기술하라고 말하고 파트너의 생각을 한 문장으로 기술할 것을 요청하고 그 묘사에 대해 파트너들이 확인해 주고 수정하며 확장할 것을 요청한다. 우리는 그 활동지에서 집단 구성원들이 원하는 어떠한 변화라도 괜찮다고 격려한다. 우리는 각 집단 구성원들이 변화의 긍정적인 면을 탐색해 보고 다른 사람의 관점—미래의 상호적 관계를 위한 중요한 기술—을 이해하고자 하는 목적을 가지고 경청하는 연습을 해볼 기회를 제공하기 위해 자주 이 짝 작업을 사용한다. 우리는 대화가 과제에 맞고 긍정적으로 이루어지고 있음을 확인하고 필요하다면 코칭을 하고 재교육하기 위해 집단 구성원들을 둘러본다.

회기 마무리 시점이 되면, 우리는 집단 구성원들에게 그들의 계획을 검토하고 어떤 변화가 필요한지 질문한 후 그것에 대해 서명을 하도록 요청한다. 우리는 월별 개인 상담에서 이러한 변화계획에 대해 논의하고 개선해 보라고 말한다. 이 회기 이후 다음 회기에서 집단 구성원들은 자신의 성공을 축하하고 변화계획 실행을 위해 자신들이 얼마나 노력했는지에 대해 이야기를 나눈다. 우리는 방해물을 다루기 위한 가능한 다양한 전략들을 탐색하고 집이나 직장, 사회적 상황에서 그들에게 특별히 어려움을 주는 상황을 연습해 본다. 여기에 목표와 도전과제 그리고 성공 사례를 한두 가지 소개하고자 한다.

> 데이브(47세 공장 관리자)는 집단상담에 참여했다. 1년간 법원 명령하에 있고 집단상담에는 자발적으로 참여했다. 14번째 달에, 그의 작업 목표 하나는 "다른 사람들의 관점을 이해하기 위한 목적을 가지고 그들의 말을 경청하는 것"이었다. 그는 집에서뿐만 아니라 공장과 사회적 상황에서 이러한 목표를 설정한 것에 대해 강한 결심을 표현했는데, 이미 집에서는 이 목표를 성공적으로 잘 달성하고 있는 상황이었다. 또한 데이브는 12단계 회복 집단 프로그램에도 참여했다. 그는 12단계 알코올 프로그램과 병행해 이 목표를 세웠는데, 이 프로그램은 "우리의 모든 집단 작업 동안에" 앞선 11단계에서 배운 원리들을 실행해 보는 것이었다. 어느 날 저녁, 데이브는 하루 전날 어떤 직원과의 만남에 대해 이야기했는데, 그녀는 데이브가 생산 프로토콜에 대해 내린 결정에 대해 의문을 가졌다. 자신의 목표를 기억

> 하며, 데이브는 그 직원을 무시하고 그녀의 피드백을 거부하려는 충동을 이겨냈다. 그는 그녀의 말을 들었고 그 과정에서 이전에 생각하지 못한 중요한 점들을 발견했다. 리더들과 집단 구성원들은 그의 성공을 인정해 주었다. 그러고 난 후 집단은 그 직원의 메시지에 대한 데이브의 처음 생각과 감정 그리고 목표를 이루기 위해 그가 내린 결정, 그 사건 직후 그의 생각과 감정이라는 일련의 사건 과정과 결과를 탐색해 보는 작업을 했다. 데이브는 자신의 능력에 대해 지각된 모욕감으로부터 공격적으로 스스로를 방어하고자 하는 충동성이 나타난다는 것을 명확하게 이해하게 되었다(우리 집단 프로그램에 참여하는 많은 남성들에게 나타나는 경향이다). 그는 피드백을 무시하려는 충동을 증가시킨 그 직원이 여성이라는 것을 인지하게 되었다. 데이브는 두 가지 터닝 포인트를 정확히 찾아냈는데 (1) 감정적으로 반응하기보다 목표를 달성하는 것이 더 중요하다는 점과, (2) 목표를 실행하기 위해 의식적인 결정을 했다는 점이다.
>
> 에릭(24세 지붕 수리공)은 브렌다의 부모님 집에서 브렌다에게 폭력을 휘두른 후 법원에 의뢰되었다. 브렌다는 이들의 3살짜리 아이의 어머니로 사건이 있기 며칠 전 아이와 함께 그곳으로 이사했다. 에릭이 가정폭력 문제로 체포된 것이 이번이 처음은 아니지만, 치료 의뢰를 받은 것은 이번이 처음이었다. 에릭은 아버지와 두 형에게 신체적 학대를 받은 불안정한 가정에서 자랐다. 치료 두 번째 달에, 그의 목표는 “브렌다가 집으로 돌아오도록 하는 것”이었는데, 우리는 “다시 자신과 함께 사는 것이 브렌다에게 안전하다는 것을 자신과 브렌다에게 입증하는 것”으로 그가 목표를 바꿀 것을 제안해 주었다. 어느 날 저녁, 그는 불안한 목소리로, 브렌다에게 전화 메시지를 몇 개 남겼는데 그녀가 자기에게 전화를 하지 않는다고 말했다. 리더들은 그의 좌절과 실망감을 반영하고 전화한 목적에 대해 호기심을 표현하면서 공감반응을 했다. 집단에서 리더들은 충고와 판단보다는 에릭의 좌절감과 상황에 대한 그의 관점에 대해 나누었다.

에릭은 불일치감이 적절히 생겨 우리 집단 프로그램에 참여하게 된 많은 사람들의 전형적인 모습이다. 이들은 문제 상황이 저절로 사라지기를 바라며 자신의 삶이 과거 방식으로 되돌아가기를 바라는 사람들이다. 그들은 상실에 대해 낙담하고 때론 "경험에서 배움을 얻기도 하며" 배우자가 "용서하고 잊어주기"를 바란다(많은 이들이 과거에 이러한 패턴을 반복 경험해 왔다). 그들은 때로 자신의 행동이 가져오는 부정적인 결과에 대해 곧 손상된 관계가 재건될 것이라는 비현실적인 관점을 가지고 있고, 그들의 초점을 다른 사람의 행동에서 자기 자신에게 돌리는 데 어려움을 겪는다. 집단상담의 한 가지 장점은 다른 사람을 통제하려고 했던 집단 구성원들이 의미 있는 변화를 가져올 수 있는 밝은 미래에 대한 생생한 본보기가 된다는 점이다.

결론

배우자에게 폭력행동을 일으킨 남성들과의 집단 MI 프로그램에 대한 연구가 시행된 것이 초기 단계이기는 하지만, 이러한 사람들과의 개인 MI에 대한 증거들은 있다(Morrel, Elliott, Murphy, & Taft, 2003). 이와 유사하게, 공감과 정직함, 온화함과 존중이라는 MI의 상담 특성들이 형사 법원 시스템 집단상담에서의 긍정적인 결과들과 의미 있고 지속적으로 관련되어 있다(Marshall & Serran, 2004). 집단 구성원들은 자신이 경청되고 이해받고 존중받는다고 느낄 때 방어적 태도를 내려놓고 자기반성을 위해 노력한다. 처음에는 공격성을 부인하던 많은 남성들이 결국은 학대행동으로 법원 의뢰를 받게 한 행동을 돌아보고 자신의 폭력행동을 인정하게 된다(Carden, 1993). 많은 집단 구성원들이 우리가 그들을 대하는 방식이 그들이 예상하고 두려워했던 방식이 아니라는 점에 안도감을 느꼈다고 말한다. 그들은 우리가 자신들의 삶을 반성해 보고 스스로 답을 찾도록 지원해 준 것에 감사를 표한다. 특히 그들은 비록 자신들의 폭력행동이 수용되지 않을 수 있지만 한 개인으로서는 수용될 수도 있다는 점에 감사를 표한다.

배우자에게 폭력행동을 한 남성들 대부분은 높은 수준의 양가감정을 경험한다. 그들은 행동에 큰 문제가 있음을 알지만 그러한 행동이 주는 보상을 포기하는 것을 주저한다. 그들 중에는 사회적 지지가 낮은 사람들도 있다. 집단 MI는 그들의 양가감정과 사회

공감, 정직함, 온화함, 존중은 형사 법원 시스템의 집단상담에서 긍정적 결과들과 지속적으로 연관되어 있다.

적 고립 이 두 요소의 조합을 그들의 치료적 필요와 함께 다루는 훌륭한 상담방법이다. 이 집단 MI적 접근이 이런 사람들에게 가능성 있는 처치라는 우리의 관점을 지지하는 실증적이고 임상적인 관찰연구들이 있다(Carden, 1994: Dutton, 2006; Hamel & Nicolls, 2007; Morrel et al., 2003).

이러한 우리의 집단상담 개입의 효과를 극대화하기 위해, 우리는 MI *정신*, *원리*, *전략*과 집단 구성원들 간의 치료적 역동을 필요로 한다. 이 요인들은 각 집단 구성원들이 (1) 자신의 핵심 가치와 인생 목표를 확인할 수 있게 하고 (2) 자신의 과거 태도와 행동을 평가하게 하며 (3) 자신이 삶에서 원하는 바와 현재 자신의 태도와 행동이 만들어 내는 불일치에 대해 생각해 보게 하고 (4) 강점에 기초한 변화계획을 수립하며 (5) 변화에 성공하기 위해 장애물을 다루고 (6) 개인의 강점과 성취를 인정할 수 있게 한다.

가정폭력에서 내재된 잠재적 위험성이 있지만, 집단상담 리더들은 각 집단 구성원들의 자발성과 어떤 집단 구성원들의 인지적 왜곡이 다른 집단 구성원들의 안전과 안녕감에 위협이 될 수도 있다는 냉철한 자각을 진심으로 존중하면서 끊임없는 균형을 유지해야 한다. 우리는 반응적이고 전략적인 반응을 통해 현재 상황에 대해 신중하게 지지적인 진술을 한다. 그리고 우리는 집단상담 진행이 어려워질 때, 변화를 촉진하는 핵심 요소는 집단 구성원들과 리더 간 관계가 수용적이고 공감적이어야 한다는 점임을 스스로 상기시킨다.

참고문헌

Carden, A. (1993). *Characteristics of men in a diversion treatment program for spousal abuse/violence: A gestalt/ecological perspective.* Dissertation, Kent State University, Kent, OH.

Carden, A. (1994). Wife abuse and the wife abuser: Review and recommendations. *Counseling Psychologist, 22*(4), 539–582.

Carden, A., & Boehnlein, T. (1997, September). Intervention with male batterers: Continuous risk assessment. *Ohio Psychologist,* pp. 9–16.

Dutton, D. (2003). Theoretical approaches to the treatment of intimate violence perpetrators. *Journal of Aggression, Maltreatment and Trauma, 7*(1), 7–23.

Dutton, D. (2006). *Rethinking domestic violence.* Vancouver, BC: University of British

Columbia Press.

Gondolf, E. W. (1997). Patterns of re-assault in batterer programs. *Violence and Victims, 12*(4), 373–387.

Gondolf, E. W. (1999). A comparison of four batterer intervention systems: Do court referral, program length and service matter? *Journal of Interpersonal Violence, 14,* 41–61.

Gordon, T. (1970). *Parent effectiveness training.* New York: Wyden.

Hamel, J., & Nicolls, T. (Eds.). (2007). *Family interventions in domestic violence: A handbook of gender-inclusive theory and treatment.* New York: Springer.

Marshall, W. L., & Serran, G. A. (2004). The role of the therapist in offender treatment. *Psychology, Crime and Law, 10,* 309–320.

Miller, W. R., & Rollnick, S. (2013). *Motivational interviewing: Facilitating change* (3rd ed.). New York: Guilford Press.

Morrel, T. M., Elliott, J. D., Murphy, C. M., & Taft, C. (2003). A comparison of cognitive-behavioral and supportive group therapies for male perpetrators of domestic abuse. *Behavior Therapy, 24,* 77–95.

Pence, E., & Paymar, M. (1986). *Power and control: Tactics of men who batter: An educational curriculum.* Duluth: Minnesota Program Development.

Walker, L. (1984). *The battered woman syndrome.* New York: Springer.

제20장 성폭력 가해 남성을 위한 집단 동기강화상담

David S. Prescott and Marilyn Ross

성폭력으로 인해 치료를 받는 사람들은 자의가 아닌 강제에 의해 치료를 받으며 처벌의 차원에서 치료를 경험한다. 어떤 사람들은 변화하고자 하는 욕구가 있지만, 대부분은 투옥생활이 연장되는 것의 대안으로 치료 현장에 참여한다. 집행유예나 가석방 상태에 있는 사람들에게, 감옥으로 되돌아갈 수 있는 가능성은 계속적인 위협이 된다. 내담자가 치료를 받는 것을 어려워할 때, 상담자들은 법원에 보고할 의무를 지기도 한다. 내담자들이 임상가들을 경찰권의 연장선으로 인식하는 것은 놀랄 만한 일이 아니다. 하지만 내담자들이 단지 법적인 의무에만 집중한다고 할지라도, 집단 MI는 집단 구성원들에게 양가감정을 해결하고 성에 대한 태도와 행동에 있어 의미 있는 변화를 경험할 기회를 제공할 것이다.

온화함, 공감, 지지적이고 지시적인 상담 접근법이 개인의 성폭력 행동을 변화시킬 수 있다고 제안하는 연구들이 있다(Marshall, 2005). 과거 모델들은 치료사들이 통제적인 방식으로 치료할 것을 강조했지만, 오히려 덜 통제적인 접근이 내담자들의 균형을 잡아주고 자기결정적인 생활방식을 발전시키는 데 도움을 준다.

변화에 대한 양가감정

성폭력 남성들은 사회적인 비난을 받는다. 이들 중 일부만 위험한 범죄자 프로파일에 속한다고 하더라도 일반적으로 이들 모두는 개선의 여지가 없는 사람들로 인식된다. 이들은 상담을 받으러 오는 동안 새로운 상황에 대해 낙인찍히는 것에 위압감을 느끼고 성폭력자라는 일반적인 관점으로 자기 자신을 받아들이기 어려워한다. 많은 이들이 노후 생활 대비 저축, 직업, 직계가족, 정체성 등에서 막대한 상실을 경험하고, 구금되지 않았더라도 직장과 가정을 유지하는 것이 계속적인 위험 상태에 처해 있음을 발견하게 된다. 또한 성폭력자로서 공적인 기록이 남는 상태를 경험하고 일상에서 지속적인 제약들을 경험한다.

치료장면에서는 변화에 대한 양가감정이 발생한다. 초기에 집단 구성원들은 자신을 낙인찍고 자유(개인적인 자유, 자발성)를 박탈한 행동의 결과에 대한 본인의 관점을 개방하고자 하는 열망을 가지고 있다. 일단 치료에 참여하게 되면, 집단 구성원들은 그들이 야기한 문제를 살펴보고 새로운 태도와 신념을 발전시킴으로써 자신의 삶을 다르게 이해하는 과정에서 양가감정을 경험한다. 집단 구성원들은 변화하고자 하지만, 자신이 진정으로 새로운 기술을 배우고 연습해 보고자 하는 열망이 있는지, 익숙한 행동 패턴을 포기하고자 하는지, 그리고 많은 경우에는 자신의 성적 판타지 레퍼토리와 성적인 표현을 포기하고자 하는지에 대해 양가감정을 경험한다.

성폭력 남성을 위한 집단상담

집단상담은 실용적이기 때문에 이러한 사람들에게 적용 가능한 선택 양식이다 (Jennings & Sawyer, 2003; McGrath, Cumming, & Burchard, 2003). 성폭력에 대한 치료는 2년 이상의 기간이 걸린다. 이렇게 지속되는 프로그램은 집단 구성원들이 민감한 문제들을 표현하는 데 있어서 안전감을 제공하는 집단 내에서 의미 있는 관계를 확립하도록 도울 수 있다.

치료는 미래에 해로운 행동을 할 가능성을 감소시키는 데 초점을 둔다. 여기에는 집단 구성원들이 지극히 사적인 성적 충동과 행동을 기술하는 것이 필요하다. 집단 MI 접근법에서 나타나는 온화하고 지지적이며 지시적인 치료환경은 집단 구성원들이 자신의 문제들을 탐색하는 데 있어서 안전감을 제공한다. 특히, 내담자들의 스스로에 대한 생각에 도전하기보다는 존중해 주고 불일치감을 탐색할 때 비판단적인 태도로 대하며 초기에 그들의 행동에 대한 전적인 책임을 회피하는 내담자를 수용하는 것을 통해 당신은 자기개방성을 촉진하는 집단의 상호존중하는 분위기를 조성할 수 있다.

인지행동 치료(CBT)의 효과에 대해 Hanson 등(Hanson et al., 2002; Reitzel & Carbonell, 2006)은 대부분의 집단에서 MI와 CBT 요소를 결합하는 것이 긍정적이라는 연구결과를 제시했다.

기존의 상담에서는 집단 구성원의 목표에 대해서 상대적으로 관심이 적었다. 집단 구성원들은 때로 다른 사람들이 원하는 것과 같은 것들을 원하는데, 유능감, 내면의 평화, 목표와 지역사회에서의 소속감이 그것이다. MI 접근법에 따라 집단 구성원들은 치료의 다른 측면에 대한 참여를 증가시키면서 개인적인 목표를 탐색하고 그것을 변화계획 내에 통합시킨다. 이러한 MI적 접근은 집단 구성원들의 자발성과 자기결정권을 지지하면서 그것을 금지하기보다는 오히려 더 작용하도록 하는 데 초점을 맞추도록 돕는다(Mann, Webster, Schofield, & Marshall, 2004).

성폭력에 대한 동기강화상담 치료

다른 사람에게 성폭력을 행사한 사람들은 치료에 대해 저항감을 보인다. 자신의 행동에 대한 감정을 방어하는 데다가, 전통적인 치료기법과 자신의 생활환경 사이에서 부적절한 조화를 경험하기도 한다(Ward & Maruna, 2007). 구금과 집행유예, 가석방으로 인해 발생하는 생활상의 많은 변화를 경험한 사람들은 자신에 관한 이야기를 말할 수 있는 기회를 가지는 혜택을 누린다. 직면적인 상담법이 내담자들을 치료환경에 순응시키는 것에 초점을 두는 반면, MI 관점은 치료에 참여한다는 차원을 넘어서 내면의 변화에 초점을 돌린다. 집단 MI는 집단 구성원들이 불편한 행동에 대한 점검을 시작할 수 있게 지지적이고 따뜻한 환경을 제공한다.

MI는 변화에 대한 양가감정 해결에 초점을 맞추는데, 성폭력 행동으로 인해 치료에 참여하는 사람들은 자신의 경험의 많은 부분에서 혼합된 감정을 갖는다(Levenson & Prescott, 2009). 이들은 상담자가 거절과 범행에 대한 시인, 공격성이나 *성폭력자*와 같은 낙인하는 용어의 사용을 자제할 경우 더 적극적으로 반응하는 경향이 있다(Coffey, 2010). *자신을 성폭력 범죄를 저지른 사람*들로 인식하는 집단 구성원들을 격려하는 것은 *새로운 나*에 대한 인식을 발전시키고 공격성으로부터 자유로움을 느낄 여지를 주면서 미래에 대한 희망을 촉진시킬 수 있다.

사전치료 집단

치료 초기단계에서는 집단 구성원들이 공격적인 행동을 야기한 요소들을 확인하고 불법 행위의 정도를 탐색하도록 돕는다. 처음에 어떤 이들은 이 단계에 대한 준비가 되어 있지 않아 체포 상황에 놓이게 한 자신의 공격행동을 부인하거나 자신의 행동에 대한 책임을 인정하기 어려워한다. 성폭력 행동으로 인해 체포되지는 않았지만 그러한 행동을 계속하고 있는 사람들을 포함해 모든 집단 구성원들을 적극적으로 참여시키는 것이 중요하다. 부인하는 것 그 자체가 상습적 범행에 대한 위험 요인은 아니지만, 치료에서 중도하차하는 것은 미래에 위험한 행동을 할 위험 요인과 관련이 있다(Hanson & Bussiere, 1998).

치료집단에 잘 참여하여 집단에 통합되는 것은 변화에 대한 생각을 촉진시키는 분위기를 만들 수 있다. 이것이 불가능하고 집단이 잘 구조화되지 않거나 집단이 집단 구성원들의 존재로 인해 위협을 받는다면, 법원에 의해 기소되거나 유죄 판결을 받게 한 자신의 행동에 대해 책임을 부인하는 사람들에게 사전치료 집단이나 "탐색하기"를 제공하는 것을 고려해야 한다. 이 집단의 목표는 본인이 비행이나 범죄 행동에 *적극적으로 신속히* 임한 것에 대한 집단 구성원의 인정을 요구하지 않는 맥락에서 집단 구성원 간의 관계를 형성하고, 이후 성폭력 행동에 초점을 둔 치료에 집단 구성원들의 참여를 준비시키는 것이다. 집단에 들어온 사람들은 온화하고 수용적인 환경의 치료적 요인들에 대한 경험을 필요로 하고 폭력 행동을 인정하는 것을 요구받는 데서 자유로움을 느끼고 싶어한다. 예를 들어, 당신은 집단 구성원들이 *만약* 법원으로부터 기소받은 것이 정당하다면 자신의 과거 행동을 검토해 보게 할 수 있다. 이러한 방식으로 집단 구성원들은 자신의 입장이나 상황을 공적으로 바꾸거나 밝히라는 압박감 없이 그들의 상황에서 일어날 법한 현실과 공적인 입장 사이의 불일치감을 개인적으로 알아차리게 된다. 우리는 당신이 집단상담이 종결되는 날짜를 염두에 두고 집단 구성원들에게 시간과 범위를 제한할 것을 권고한다. 이 집단의 치료 목표는 집단 구성원들이 자신의 상황을 변화시키지 않고 특별한 방법으로 자신의 생각을 재고해 보도록 돕는 것이다.

집단 동기강화상담

집단 관계 형성하기

집단 구성원들은 치료에 참여하는 것에 대해 강한 양가감정을 경험할 수도 있다. 협동정신과 자발성을 지지할수록 변화가 성공할 가능성은 높아진다. 그들이 처한 현재 상황과 상관없이 내담자를 그 자체로 수용하는 것은 집단 구성원들의 저항을 최소화시켜 준다(Marshall & Marshall, 2007; Serran & O'Brien, 2009).

집단 구성원들로부터 집단 규칙을 이끌어 내는 것은 특히 폐쇄집단인 경우에 참여를 촉진하는 한 가지 방법이 된다. 필요하다면, 당신은 다른 집단 MI 규칙을 제안할 수 있다. 또한 당신은 초기 3회기에 초점을 맞추고 집단의 주제를 규정하는 요약을 제공하면서 OARS(열린 질문, 인정하기, 반영하기, 요약하기)를 설명할 수 있다. 피드백을 주기 전에 허락을 구하고 또 다른 피드백을 주기 전에 집단 구성원들을 격려하라. 이는 상담시간 외에까지 집단 구성원들을 격려하는 것이 될 수 있고 집단이 제공하는 이해와 수용을 통해 긍정적인 환경이 어떻게 자기탐색을 촉진하고 변화를 고려하게 만드는지에 대해 기대하게 만든다.

> 그들이 처한 현재 상황과 상관없이 집단 구성원을 그 자체로 수용하는 것은 집단 구성원들의 저항을 최소화시켜 준다.

당신은 다른 집단 구성원들로부터 개인에 대한 지지와 격려를 이끌어 냄으로써 당신은 집단을 더 응집력 있게 할 수 있는데, 이는 궁극적으로 치료에 더 도움이 된다. 당신의 행동은 집단 분위기를 형성한다. 집단 구성원들은 당신이 갈등을 다루는 방식을 보고 다른 사람들을 더 수용적으로 대하는 법을 배우게 된다.

할: 이 집단은 다른 사람들에게는 도움이 되지만 저는 여기에 해당되지 않아요. 저는 여러분들이 했던 행동의 반도 하지 않았어요.

리더: 이 집단이 본인에게 적합한 장소라고 느껴지지 않는군요.

프랭크: 당신이 느끼는 감정에 대해 우리에게 말해줘서 진심으로 감사드려요. 나 또한 치료를 시작할 때 그렇게 느꼈어요.

도전 다루기

저항을 성공적으로 다루는 것은 의무적으로 집단에 참석한 사람들에게 중요한데, 이 집단의 내담자들은 때로 그들에게 부과된 의무에 대해 방어적인 태도를 보이기 때문이다. 저항은 치료 과정과 반비례 관계에 있다는 연구 결과가 있다 (Levenson & Macgowan, 2004). 치료 과정 중에 저항을 인정하고 집단 구성원들이 자신을 탐색해볼 수 있도록 하는 지점을 발견하는 것이 가장 좋다.

로버트: 저는 여기에 강제적으로 왔어요. 그렇지 않았다면 여러분들이 저를 여기서 볼 일은 없었겠죠.

리더: 당신은 지금 여기에 있는 것에 대해 상당히 불쾌감을 느끼는군요.

로버트: 맞아요. 당신은 이 집단에서 저를 변화시킬 수 없을 거예요.

리더: 그럴 거예요. 사람들은 변화하기로 결정하는 그 순간 변하니까요.

관점 탐색하기

집단 구성원들이 서로를 더 편안하게 여기고 신뢰할수록, 당신은 그들을 이 집단으로 오게 만든 문제에 더 예리하게 초점을 맞출 수 있다. 초기에는 집단 구성원들에게 자신의 행동에 대한 양가감정을 탐색하고 그에 대한 책임을 받아들일 기회를 준다. 집단 구성원들에게 과거 생각과 행동을 버려야 한다는 압박감을 주기보다 양가감정을 탐색할 시간과 자유를 주는 것은 외부 압력에 의한 변화보다 더 장기적이고 지속적인 변화 동기를 강화하는 기초가 된다.

범죄를 저지른 것을 부인하거나 변화해야 할 이유를 거의 알지 못하는 집단 구성원들과 작업하는 경우, 당신은 유지대화(과거 행동을 방어하고 변화의 필요성에 대해 논쟁하는 것 등)를 더 많이 듣게 될 것이다. 의도적으로 양가감정의 부정적인 측면에 대한 논의를 끌어내는 것은 꼭 필요하지 않을 수 있다. 하지만 초기에 직접적으로 유지대화에 도전하는 것은 변화에 대한 정직하고 개방적인 고려를 막을 수 있고 집단 분위기가 더 응집력 있게 되는 것을 막을 수 있다. 집단 구성원들이 양가감정에 대한 *부정적인 측면*을 탐색할 경우, 그들은 단지 이미 생각했던 것을 나누고 새로운 생각을 가져오는 것을 더 어렵게 만드는 방어적인 태도에 갇힐 수 있다. 또한 유지대화를 통해 집단 구성원들이 변화계획을 발전시킬 때 중요한 장애물이 무엇인지 드러나게 된다. 유지대화의 표현이 억제된다면 중요한 장애물을 보지 못하게 하며 집단 구성원들이 이후에 과거에 대해 작업을 할 수 있도록 하는 당신의 능력도 감소시킨다.

일단 부정적인 측면이 조금이라도 드러나고 집단 구성원들이 이해받았다고 느끼면서 집단에서 이방인이라고 느끼기보다 동질감을 느끼기 시작하면, 기회가 발생하면서 긍정적인 변화를 향해 나아가는 중심축이 된다. 당신은 이러한 기회들을 촉진시키기 위해 DARN요인을 평가하는 데 집중해야 한다(Desire 욕구, Ability 능력, Reason 이유, Need 필요).

리더: 당신을 이곳으로 오게 만든 명령에 대한 당신 입장이 이해되네요. 동시에 저는 이 집단이 당신에게 어떤 긍정적인 면들을 가져다줄 수 있는지도 궁금합니다.

로버트: 제가 해야 하는 것들을 현재 하고 있고 문제에 관여하지 않으려는 것을 사람들에게 보여줄 수 있을 거예요. 그리고 무언가를 배우게 될 것이고 사람들이 생각하는 것처럼 제가 괴물이 아니라는 사실을 그들에게 보여줄 수 있을 거예요.

또한 당신은 예를 들어 “당신이 이 행동에 연루되었음을 인정하게 된다면 어떤 부분은 받아들이기 어려울 수 있다”라는 말로 *끌려왔다(coming alongside)*는 점에 대해 생각해 볼 수 있다. 또한 “이를 인정하는 것이 지금 당장은 가치 있는 것처럼 보이지 않을 수 있다.”와 같은 형태의 말도 고려할 수 있다. 당신의 목표는 집단 구성원의 상황에 대해 민감함을 보여주는 것이다. 당신은 부정적인 관점들을 드러내는 집단 구성원들에 대해 위기감을 느낄 수 있지만 저항을 유발하지 않도록 조심하는 것이 중요하다. 당신이 어떤 결과를 내야 한다는 압박감을 느끼는 경우 특히 집단 구성원들이 그러한 압박감을 느낄 때, 변화대화를 찾는 것이 어려운 것처럼 느껴질 수 있다. 당신은 회기의 방향에 영향을 미치기 위해 선택적으로 반영을 사용할 수 있고 집단 구성원들에게 스스로 변화를 만들도록 할 수 있다. 다음의 예에서 리더는 비유를 사용해 집단 구성원의 감정을 반영하고, “반보” 앞으로 나아가 *계속적으로 단락반영을 하고* 마지막으로 인정을 한다.

짐: … 이것 보세요. 제가 제 자신을 이곳에 있게 만들었다는 걸 … 저는 알아요.
리더: 이것이 당신에게는 힘든 일이었군요.
짐: 저는 다시 … 가족을 잃고 싶지 않아요.
리더: 자신과 다른 사람들을 위해 다시 바로잡아야 하는 때라고 생각하시는요.
짐: 맞아요. 저는 많은 사람들에게 상처를 줬어요.
빌: 우리 모두 그랬어요. 내게 도움이 됐던 건 이를 악물고 참고 그것을 견디는 것이었어요.
리더: 당신이 이 문제를 얼마나 심각하게 생각하는지가 참 인상적이군요.

이 집단 구성원은 자발적으로 자신이 중요하게 여기는 가치에 대해 언급했다(다시 가족의 일원이 되는 것). 집단 구성원들의 가치는 집단이 나아갈 방향을 알게 하는 데 도움을 주는 이정표로 기능할 수 있고, 가치를 탐색하는 것은 집단 구성원들의 변화 동기를 강화하는 데 도움이 될 수 있다.

리더: 당신은 다시 가족 내에서 당신의 위치를 찾고 싶어하시는군요.
짐: 저에게 그것보다 더 중요한 것은 없으니까요.
리더: 그것을 위해서 당신이 할 수 있는 일은 무엇일까요?
짐: 모르겠어요. 나는 가족들의 신뢰를 다시 찾아야 해요.
리더: 당신은 신뢰 있는 사람이 되고 싶어하네요.
짐: 가족들이 다시 나를 믿어줄지 잘 모르겠어요. 그런 일이 일어날지 생각할 수도 없고요. 나조차도 나를 믿고 있지 않은 것 같아요. 나는 단지 가족들에게 돌아가기 위해 무언가를 할 수 있기를 바랄 뿐이에요.
리더: 그건 당신에게 아주 버거운 문제이지만 당신은 노력하기 원하네요. 당신은 다시 자신을 믿을 수 있게 되기를 바라고 있고 가족들에게 신뢰를 줄 수 있는 사람이 되고 싶어하고요. 당신은 밖에서 바라보기만 하는 게 아니라 가족의 일원이 되고 싶어하네요.
짐: 그게 제일 중요하거든요. 그렇지만 어떻게 해야 할지 모르겠어요.

당신은 집단 구성원들이 자신에게 가장 중요한 것에 우선순위를 두어 초점을 맞출 수 있도록 도우면서 그들의 가치에 대해 함께 터놓고 논의할 수 있다. 그들의 가치를 파악하는 것을 통해 그들의 가치와 행동 사이의 일치 정도를 탐색하거나 그들이 원하는 모습과 행동을 분명히 하는 데 도움을 줄 수 있다.

의무적으로 참석하는 집단 구성원들에게 있어서 치료에서의 낙오는 사소한 문제이지만, 가석방의 폐지는 큰 문제로 다가온다. 초기에 의미 있는 치료 참여는 가석방 폐지의 원인이 되는 위법행동과 관련된 문제를 감소시키는데 도움이 될 수 있다. 새로운 집단 구성원들에게 치료 프로그램에 대해 생각하는 바를 말할 기회를 주는 것 또한 도움이 된다. 때로 그들은 기대와 다르다고 말하고, 기대했던 것에 비해 다른 집단 구성원들이 더 그들과 비슷하다는 점을 발견한다. 이는 집단 구성원들로 하여금 뭔가를 제공받을 수 있는 자원으로서의 집단을 수용하게 되는 변화대화를 말하도록 한다. 때로 집단 구성원들은 자신이 집단의 다른 사람들과 많이 다르다는 느낌을 받는다는 점을 개인적으로 표현한다. 이러한 관점은 자신을 방어하는 생각("내가 그렇게 나빴던 건 아니야")과 다른 사람들에 대한 믿음("이 사람들은 나보다 더 문제가 심각했어")에서 오는 것일 수 있다. 보통 이러한 관점은 점차 사라진다.

도전 다루기

때로 집단역동은 치료 과정에 위협을 주면서 부정적으로 변하기도 한다. 다음 사례는 MI 전략을 사용하여 집단을 운영할 때 당신이 도움을 줄 수 있는 방법을 보여준다.

브라이언: 내가 좀 더 어렸거나 그녀가 좀 더 나이가 많았다면 이런 일은 일어나지 않았을 거예요(눈물을 흘리며).

조지: 그렇지 않아요. 그들은 당신에게 그렇게 하지 말았어야 했어요(집단 구성원의 피해자로서의 입장을 인정하기).

필: 시스템은 항상 사람들에게는 관심이 없어요. 그들은 실제 일어난 일에 관해서는 신경 쓰지 않고, 법률규정에만 관심이 있습니다(피해자로서 발언자의 입장을 인정하기).

리더: 당신은 그녀가 신고한 이유를 이해하는 데 힘든 시간을 보내고 있어요.

브라이언: 우리는 잘 지내는 것처럼 보였어요. 심지어 나는 그녀에게 내 휴대폰 번호를 알려 줬어요.

리더: 당신은 경찰과 검사 그리고 판사가 그녀의 신고를 인정한 이유에 대해 혼란스러워하고 있네요.

브라이언: 맞아요.

리더: 당신은 처음과 같은 입장에 있었어요. 그리고 그녀는 경찰에게 당신을 신고했어요.

브리언: 나는 그녀에게 술 한잔 하러 간다고 말했지만, 정말로 단순히 그녀를 내 차에 태워주고 싶었을 뿐이에요. 아마도 그녀는 내가 자신에게 해코지를 한다고 느꼈을지도 몰라요.

팀: 그 일에 대해 잘 말씀해 주셨어요. 정말 솔직하시군요.

리더: (팀에게) 이 집단의 분위기를 진실되게 반영하고 있군요.

짐: 당신이 집단에서 자신을 드러내는 이런 일은 쉽지 않은 일이에요. 당신의 관점이 이 집단에 처음 들어오셨을 때와 달라졌다는 것을 알게 되었어요.

MI와 일치하지 않는 진술은 무시하고 집단 구성원들의 생각 일부를 반영해 주는 것을 통해 그들을 변화로 향하게 하는 인정하기와 반영하기에 초점을 다시 맞추도록 도와준다.

집단 구성원들의 인식을 탐색하는 것은 폭력행동을 기술한 보고서에서 "발생한 사건"에 대한 공무원들의 인식과 집단 구성원들의 인식 간 불일치를 살펴본다는 것을 의미한다. 당신은 이러한 민감한 내용을 다뤄보고 싶을 것이다. 당신이 집단에서 논의할 때 개방적이고 유쾌하며 사실에 입각하여 집단 구성원들이 불일치감을 탐색하도록 도움을 줄 수 있다. 특히 동료 집단 구성원들은 자신이 처음 느꼈던 어려움을 이 시점에서 서술하고 무비판적인 헌신을 통해 격려해 줄 수 있다.

유지 대화를 무시하고 긍정적인 생각과 감정을 반영해 줌으로써 집단 구성원들이 다시 변화를 향한 동기를 획득할 수 있도록 도와라.

관점 확대하기

점차적으로 집단 구성원들은 서로에게 유대감을 갖게 된다. 자신들이 공통된 목표를 가지고 있음을 인식하게 되면서 이러한 유대감은 서로 간의 차이점을 최소화해 준다. 일반적으로 많은 집단 구성원들의 첫 번째 의미 있는 친구관계가 다른 집단 구성원들이었다고 보고한다. 개인의 가치와 목표에 비추어 과거 행동을 공유하고 수용되며 이를 재고해 보도록 부드럽게 격려하는 것은 대부분의 집단 구성원들이 과거 행동을 인정하고 어느 정도의 책임을 받아들이며, 미래를 예상해 보도록 준비시켜 준다.

중요한 과제는, 다른 미래를 상상해 보는 것이다. 집단 구성원들은 자신들이 배운 기술들을 연습해 봄으로써 성공할 수 있다는 믿음을 더 쉽게 가지게 된다. 집단 구성원들이 원하는 미래를 기대하고 마음속에 그려 보도록 요청하는 것은 그 미래로 가는 길이 보이지 않는다고 할지라도 그들로 하여금 미래의 초점을 명확하게 하고 미래로 나아갈 수 있도록 도와준다. 짝을 지어 하거나 집단 전체로서 하거나 상관없이 자신들의 미래를 그려보게 하는 것은 집단 구성원들이 자신과 자신의 미래에 가치 있는 투자를 하도록 하고 이전보다 더 나은 미래로의 여정을 만들 수 있도록 소통하는 것이다.

과거 범죄에 불가피하게 초점을 맞추게 되면 스스로에 대해 변화해야겠다는 집단 구성원들의 필요성에 초점을 맞추는 것과 그러한 변화를 만들도록 하는 긍정적인 에너지를 유지하는 것 사이의 균형을 맞추는 것이 어렵게 된다. 이러한 어려움을 도와주는 두 가지 MI 전략은 *강점 탐색하기*와 *성공 경험 이끌어 내기*이다.

살면서 잃어버린 시간이 많은 집단 구성원들은 과거의 성공과 관련된 내용을 이해하기 어려울 수 있다. 그러나 과거 성공을 한 일들에 대해 나누도록 하고 과거의 어떠한 목표를 성취했을 때 사용했던 특별한 기술들을 이끌어 냄으로써 가능할 수 있다. 집단 구성원들이 이러한 기술들을 확인하게 되면, 당신은 그들이 이러한 기술이 현재에도 유용하다고 생각하도록 도울 수 있다. 집단 구성원들은 새로운 아이디어를 격려하고 확인하며 브레인스토밍하기 위한 피드백에 더 적극적으로 참여하게 된다.

만약 당신이 이끄는 집단 구성원들이 집단에 들어온 시기가 다르다면, 이 과정에 먼저 들어온 사람들은 새로 들어온 사람들에게 모델로서 그들의 강점을 확인하는 데 도움을 줄 수 있다. 예를 들어, 아투로는 집단에 들어왔을 때 매우 조용했고 극도로 예민해 보였지만 시간이 지나면서 집단 구성원들에게 좋은 피드백을 주기 시작했다. 다음은 리더로서 당신이 확인해야 할 몇 가지 방식을 제안하고자 한다.

"저는 당신이 사람들에게 했던 피드백에 대해 항상 고맙게 생각해요. 그것은 당신이 사람들의 말을 주의 깊게 듣고 있다는 점을 보여 줍니다. 어떻게 하면 그 기술이 당신의 삶의 다른 영역에서 도움이 될 수 있을까요?"

아니면, 당신은 과거를 돌아보고 미래를 예상해 볼 수 있도록 집단 구성원들에게 피드백을 할 수도 있다.

"당신은 처음 집단에 왔을 때 이후로 크게 달라졌어요. 처음에 당신은 말없이 앉아있곤 했지요. 어떻게 하면 이러한 변화가 당신의 미래에 도움이 될 수 있을까요?"

또한 당신은 자신감을 평가하고 변화대화를 이끌어 내는 척도질문을 사용할 수도 있다.

아투로: 저는 다른 사람들, 특히 여자친구들의 말을 항상 귀담아 듣지 않았고 격렬하게 화를 내곤 했습니다.

존: 당신은 정말 잘 들어주는 사람입니다. 저는 당신이 진심으로 시간을 갖고 생각한다는 것을 발견했습니다. 그리고 그게 저에게 도움이 됐습니다.

리더: 아투로씨 고맙습니다. 앞으로 남은 삶을 예상해 볼 때, 0~10점 중 당신은 당신의 경청 기술을 계속 유지할 수 있다고 얼마나 확신하나요?

아투로: 많은 변화가 있었음을 볼 때 아마도 7점 정도인 것 같습니다. 하지만 아직까지도, 아이들과 잘 지내려고 노력하고 좋은 아버지가 되어 주면서 결혼생활과 직장을 지켜 나가도록 노력하는 데 문제들은 여전히 있을 것이라고 생각합니다.

리더: 이러한 어려움들이 있는데 꽤 높은 점수군요! 왜 자신감 점수를 0점이나 4점이 아니라 7점으로 매겼나요?

아투로: 속도를 줄이고 경청하는 것은 제가 정말 잘했던 것이었습니다. 속도를 줄이면, 저는 당신이나 존이 말하듯이 사람들에게 좋은 피드백을 줄 수 있습니다. 사람들의 피드백을 듣고 그들에게 피드백을 줄 수 있다는 것은 정말 기분 좋은 일입니다. 저는 이것을 좀 더 잘하고 싶습니다. 다음에 당신은 저에게 9점을 요구하겠죠. 하지만 이를 위해서는 연습을 해야 하고 바로 이러한 연습이 저에겐 필요합니다.

도전 다루기

집단 MI 작업에서 이 단계는 도전이 될 수 있다. 때로 집단 구성원들은 일시적인 변화 상태를 보인다. 그들은 변화를 돕는 수단들을 배우기 전에 변화하겠다는 결심공약을 표현한다. 다행스럽게도, 개인에게 효과적인 MI 전략은 이러한 부분을 다루고 집단 응집력을 구축하는 데에도 유용하다. 집단 전체의 분위기는 온화해지고 수용적이 되며 우리는 협동적이고 비전문적인 방식의 상호작용 방법을 사용한다.

제이슨: 나를 믿어요. 결국에 저는 모든 과정을 지나왔어요. 다시는 그런 일을 하지 않을 거예요.

리더: 당신은 경험을 통해 많은 것들을 배웠네요.

제이슨: 맞아요. 제가 또다시 그런 방식으로 미성년자에게 접근한다면 저는 바보일 거예요.

해리: 처음 치료를 받으러 왔을 때 어렵지 않을 거라 생각했어요. 하지만 저는 여전히 저 스스로에 대해 배워야 할 것이 많고 저 자신과 싸워야 할 것이 많다는 것을 알게 되었죠.

리더: 당신에게 안정감을 주는 데 있어 어떤 방법들이 가장 도움이 되었는지 궁금하네요.

집단 상담은 집단 구성원들을 대할 때 독특한 도전과 기회를 제기한다. 집단 MI에서 집단 구성원들은 분노를 치료환경 외 상황에서 경험할 수 있지만 분노가 명시적이고 공공연하게 표현되는 경우는 드물다. 그러나 때로 집단 구성원들은 매우 직접적이고 공격적이며 도발적으로 되기도 한다. 리더가 이를 주의 깊게 다루지 않는다면 이는 다음 사례와 같은 논쟁을 일으킬 수 있다.

더그: 제가 처해있는 모든 제한들을 고려할 때, 제가 할 수 있는 것은 아무 것도 없습니다. 저는 왜 아내가 저를 떠났으며 우울감을 느꼈었는지에 대해 생각하면서 집에만 앉아있을 뿐입니다.

폴: 당신은 외출을 해야 해요 [전문가/해결책을 제시하고자 하는 함정에 빠져있음]

더그: 저는 제가 피해야 하는 어린이 안전지대들을 다 모르겠습니다.

라이언: 당신은 자전거를 타러 밖으로 나가야 합니다.

더그: 저는 자전거가 없어요. 그리고 살 돈도 없습니다.

크리스: 비디오를 대여해서 영화를 보는 건 어떤가요?

더그: 저는 DVD 플레이어도 없습니다.

집단 구성원들이 무심코 전문가 함정에 빠져들게 되면서 점점 짜증을 느끼게 되는 상호작용이 계속되었다. 리더는 집단이 더 생산적인 것에 초점을 맞추기 위해 애썼으나 실패했고, 결국 역설적인 유머를 통해 커져가는 부정적이고 심각한 분위기를 깨뜨리기 위한 시도를 했다.

> "그래요, 여러분들 임무는 (*집단 구성원들을 보며*) 더그가 할 수 있는 것을 계속해서 제안하는 것이고, 당신의 임무는 (*더그를 보며*) 다른 사람들의 아이디어를 거절하는 거네요."

집단 구성원들이 웃고 있는 가운데, 두 명의 집단 구성원이 해결책을 제안했고 더그는 계속해서 거절을 했다. 집단은 어떤 올바른 해결책을 결정하고자 하는 시도를 포기해야 한다는 사실을 이해했고 방어적인 행동도 멈췄다. 더그의 양가감정이 변화하지 않는 측면을 강조함으로써(화내지 않고 유머로) 집단 구성원들은 더그가 문제를 탐색해 보고 해결해 나가도록 했다. 집단의 분위기는 좋아졌고, 더그는 스스로 레저활동 목록을 만드는 것에 대해 동의했다.

행동으로 옮기기

치료 과정 중에 집단 구성원들은 문제적 행동으로 다시 돌아가는 것을 피하기 위해 행동계획을 세우기 시작한다. 이때 그들은 자신들이 계획한 행동을 통해 받는 보상을 이해하고 경험하기 시작하므로 이는 매우 긍정적인 시간이 될 수 있다. 이러한 보상들은 확대된 특혜 또는 긍정적인 미래에 대한 명확한 비전의 형태로 주어질 수 있다. 이렇게 되면 내담자들은 변화에 대한 결심 공약에 좀 더 초점을 맞추게 된다.

위협적이지 않은 한 가지 접근법은 집단 구성원들의 앞으로에 대한 생각이나 가상의 방식으로 변화를 고려해 보는 것에 대한 선택안을 작성해 보는 것이다. 예를 들어 당신은 집단 구성원들에게 친밀감, 자기관리 또는 다른 위험 요소들에 대해 이야기를 나누게 하고, 미래에 이러한 영역에서 긍정적인 변화를 가져올 수 있는 방법에 대해 생각해 보도록 할 수 있다. 변화에 대한 결심 공약을 이끌어 내는 것을 목적으로 하여 지역사회 감독을 벗어난 이후 또는 석방된 이후의 시점 같은 가까운 미래에 초점을 맞추는 것이 도움이 될 수 있다.

리더: 법적인 규제에서 벗어난다면 당신은 무엇을 하고 싶은가요?

존: 아마 맥주 한잔 할 겁니다. 오랫동안 그러지 못했거든요. 아직 결정은 못했지만요. 제 삶의 일부는 오랜 기간 동안 법적 규제 아래에 있었고, 제가 이외에 다른 어떤 것을 할 수 있을지 모르겠어요.

릭: 당신에게 일어날 수 있는 좋은 일과 나쁜 일은 무엇인가요?

존: 감시하는 사람이 없이 술을 좀 마실 수 있다면 좋을 거예요. 하지만 열심히 일했던 것들을 잃는 것은 진심으로 원하지 않아요.

리더: 현재까지 당신에게 좋은 일이란 술을 한잔 마시는 것과 직장을 유지하는 거네요.

존: 네. 술 한잔이 좋기는 하지만 그것이 문제로 가는 출발점이라면 가치 있는 일인지는 잘 모르겠어요. 당신도 알다시피 그것은 파멸로 가는 지름길이잖아요(*웃으며*).

릭: 우리 모두는 그 길을 잘 알고 있죠(*집단 구성원들도 동의하며 웃음*).

리더: 어떻게 하면 당신의 목표에 맞는 음주가 가능할까요?

존: 그건 정말 힘들어요. 사실 저는 지금 되돌아가기에는 너무 멀리 왔어요. 제가 하고 싶은 것을 마음대로 할 수 있는 자유를 원해요. 하지만 다시 그 길을 걷기 시작한다는 건 유익하지 않을 것 같아요. 술을 마실 때 내 판단력이 흐려진다는 것을 아는데, 왜 이런 위험을 감수하죠?

리더: 여러분은 원하는 일을 할 때의 자유로움과 인생에서 주의를 흩뜨리거나 파멸로 이끌 수도 있는 위험성 간의 균형을 어떻게 맞춥니까?

(*논의를 계속함*)

성폭력 행동으로 체포된 남성들의 변화계획은 일반적으로 꽤 복잡하며 이 장의 범위를 넘어서는 것이다. 집단 구성원들은 석방 시기가 가까워짐에 따라 계속적인 분노에 대한 개인적인 위험 요소를 확인하는 과제를 완수하고 재발을 예방하기 위한 계획을 수립한다. 또한 그들은 스스로에 대한 새롭고 확대된 관점을 가지면서 단순히 위험을 피하기 위한 차원을 넘어 더 광범위한 변화계획을 발전시킨다. 집단 MI에서 집단 구성원들은 서로 자신들의 변화계획을 공유하고 다른 집단 구성원들과 리더로부터 정보를 모으며 유혹과 위협, 장애물에 대해 자신의 계획을 점차 광범위하고 다차원적이며 유연하게 수정해 나간다. 조언은 정보 교환을 이끌어 내는 방식으로 주어질 수 있고, 비록 집단 구성원들이 위험이라는 주제를 회피하고 축소하는 것처럼 보인다고 할지라도, 계획수립의 과정은 직면적인 방식으로 접근하는 것이 아니다. 어떤 위계적 요소에 의해서, 불가피하게 집단 구성원에게 도움을 주고 일반 대중을 보호하는 두 가지 역할이 리더에게 주어지는 경우, 당신은 행동과 상황에 대해 공정한, 집단 구성원들이 개인적인 공격으로 인식하지 않는 방식의 피드백을 주어야 한다. 집단 구성원들이 위험 요소를 축소하고 왜곡할 경우, 때로는 집단 구성원들의 계획에서 잘못됐거나 불완전한 점이 있다고 단순하게 말하는 것이 유용할 수 있다. 그리고 그것이 무엇이었는지 집단 구성원이 어떤 방식으로 방어적이었는지 알아보고, 곁길로 빠지지 않고 다른 집단 구성원의 계획과 함께 앞으로 나아가며 다른 집단 구성원으로부터 좋은 아이디어를 들었을 때 계속해서 스스로의 계획을 수정해 나갈 것을 제안한다.

변화계획은 어떤 재발 위험 요인뿐만 아니라 목표와 목표로 향해가는 단계, 변화를 위한 개인적 강점과 대인관계적 지지 그리고 잠재적인 도전들을 인식하고 해결하기 위한 계획까지 포함하는 것이다. 변화계획을 발전시키고 검토하는 과정에서 불안과 긴장감이 생길 수 있다. 상실과 도전이라는 점에서 양가감정이 발생하고 집단 구성원들의 자신감이 약해지기 때문이다. 당신이 이 단계의 치료를 얼마나 잘 다루는지의 여부가, 어려운 과제에 직면하는 것에 대해 잘 준비되어 있고 개방적이며 자신감이 있는 집단 구성원들과 이에 잘 준비되어 있지 않고 과도한 자신감이나 자기 의심을 가진 집단 구성원들 간의 변화 또한 이루어 낼 수 있다.

도전 다루기

행동으로 옮기는 것은 의미 있는 변화를 촉진시키지만, 계속되는 양가감정과 저항의 징후를 주시해야 한다. 집단 구성원들이 행동과 선택에 대해 피드백을 받을 때, 또는 변화에 대한 준비가 덜된 다른 집단 구성원들에게 위협감을 느끼는 변화를 시도할 때 저항이 발생할 수 있다.

최근 몇 년 동안 프로그램들은 집단 구성원의 진실성, 위험, 성적 흥분의 패턴을 평가해야 한다는 압력을 계속적으로 받아왔다. 이러한 프로그램들은 생리학적인 것이고 내담자들은 이러한 프로그램들에 대해 거부감을 느낀다. 한 개인이 어떤 프로그램에 참여하기 시작한 후에 집행관들은 더 강력한 관리감독과 더 집중적인 치료가 요구되는 위험집단 또는 내담자가 예상치 못했거나 방어적이 될 수 있는 어떤 다른 요인에 내담자를 노출시킬 수 있다. 미래의 성공과 관련 있는 요소의 가치를 강조하는 관점에서 측정 틀을 만들고, 내담자가 치료에 얼마나 잘 임하고 있는지 스스로 설명하도록 허용해야 한다. 집단에서 이러한 평가들에 대한 논의가 이루어질 때 집단 구성원들은 자신들의 성공적인 수행에 대해 확신을 더 할 수 있으며, 이러한 경우가 아니면 미래에 더 성공적인 결과를 만들어 내기 위해 변화를 위한 열망과 능력, 이유와 필요성에 대해 부드럽게 물어보라.

집단 구성원의 신뢰는 성폭력에 대한 치료에 있어서 중요한 문제이다. 이러한 부분에서 MI가 매우 유용할 수 있지만, MI가 증명할 수 없는 내담자 자기보고의 한 방식이 되도록 하지는 말아야 한다. 이러한 사람들을 치료함에 있어서 위험 요소가 크다면, 당신은 집단 구성원들의 성 문제와 상태탐지검사가 동반되는 보호관찰 명령을 준수한 이력에 대해 확인하는 위치에 서기 쉽다. 이것이 거슬리게 느껴질 수도 있지만, 어떤 연구에서는 상태탐지검사가 참여한 사람들의 4분의 3에게 도움되는 과정이었고 90%의 참가자가 검사 결과에 동의했다(Kolish, Levenson, & Blasingame, 2004). 당신은 그러한 결과들이 신뢰할 수 있다는 점을 보여주기 위해 집단 구성원들에게 기회가 됨을 제시하고 지역사회의 감독자들의 조건을 따름으로써 이러한 도구들을 긍정적으로 표현할 수 있다.

사람들은 보호관찰이나 가석방 상태에서 기술적으로 위반행위를 하거나 비이성적인 위법행동을 할 수 있다. 법이 바뀌는 것은 개인에게 새로운 결과를 야기할 수 있는데 이들 중 어떤 이들은 치료의 말미에까지 거의 남아 있었던 사람들이었다. 모든 사례에서 집단 구성원들은 이후 일어날 일들에 관해 매우 걱정했다.

조: 등록을 하러 갔을 때 사람들은 저에게 바뀐 법안의 개요가 포함된 책자를 주었습니다. 일 년에 한 번이 아니라, 우리는 앞으로 일 년에 네 번 등록을 해야 되는 것처럼 보입니다.

(*집단 구성원들이 그 책자를 돌려본다.*)

론: 법안들을 소급해서 적용할 수는 없지요?

짐: 그렇습니다.

피터: 정말 화가 나네요. 그들은 항상 우리에게 새로운 짐을 지게 해요.

리더: 당신은 화가 났고 그러한 변화들이 당신의 특정 상황에 걸림돌이 될까 봐 걱정을 하고 있네요.

(*집단은 계속해서 그러한 변화들에 대해 논의한다.*)

리더: 이러한 변화들이 영향을 미치게 된다면 당신은 그것들을 다룰 수 있을 거라 생각합니까?

당신은 반영하기 이후에 DARN-CAT 질문을 통해 불만을 토로하는 것(유지대화)에서 행동(변화대화)으로, 집단 구성원들의 반응을 계속해서 이끌어 낼 수 있다.

성폭력 행동을 다루는 집단 동기강화상담의 잠재적 함정

집단 MI에서 치료서비스를 제공하는 동안 당신이 경험할 수 있는 많은 잠재적인 어려움이 있다.

- *집단 구성원들이 변화하지 않은 상태를 지지한다.* 집단에서 표현된 감정은 증폭될 수 있다. 지역사회에서 받는 관리감독 상황에 대해 화가 난 사람들 내지는 다른 사람들의 행동들에 대해 비난하는 사람들끼리 영향을 주고받기 시작한다. 당신은 반영적 경청이나 DARN-CAT 그리고 변화를 지지하는 진술에 대한 인정하기를 통해 이를 다룰 수 있다.
- *리더는 MI와 맞지 않는 자료들을 사용해야 한다.* 당신은 MI적 접근과 상충되는 요소들이 포함된 커리큘럼을 사용하도록 요청받을 수 있다. 가능하면, 당신은 "범죄자"와 같은 낙인과 변화를 강제하는 단어들(다시 말해, "당신은 ~해야 한다" "당신은 ~해야 할 필요가 있다")을 제거하면서 최대한 내용을 바꾸지 않는 선에서 그 커리큘럼상의 언어를 바꿔 써야 한다. 다른 요인들은 일반화, 보편화를 통해 다룰 수 있다. 예를 들어, "사고 오류"에 초점을 둔 치료매뉴얼이 일반화되어 있다. 이러한 오류들을 모든 사람들에게서 확인하고 지적한다면 그것은 집단 구성원들이 자신의 사고 패턴에 대한 논의

를 함에 있어서 더 안정감을 느끼는 데 도움이 된다.

- *스타일에 고착되지 말아야 한다.* 집단 구성원들은 많은 도전들을 직접적(통지) 또는 간접적(집단에 참여하는 것에만 의미를 두는 것을 통해)으로 표현할 수 있다. 당신은 내담자들을 "고쳐줘야"한다는 위급함을 느꼈거나 불법행위에 대해 엄격하게 반응했을지도 모른다. 때로 초보 MI 상담자들이 저항을 고조시킨 경험을 한 후, 스스로에 대해 "나는 MI적 접근을 취하려고 노력했지만 되지 않았다"라고 말하는 것을 발견한다. 복잡한 형식의 집단에서 MI를 시도할 때 더 그럴 수 있다. 당신과 집단 구성원들이 안정감을 얻고 그것에 능숙해질 때까지 집단에 순차적으로 MI 요소들을 도입하는 것이 유용할 수 있다.
- *집단이 교정반사에 관여한다.* 때로, 집단 구성원들은 다른 집단 구성원들의 문제를 고쳐주기 위해 요청하지도 않은 충고를 할 수 있다. 이는 저항과 좌절을 만들 수 있다. OARS를 사용하는 것은 이러한 문제를 예방하는 데 도움이 된다. 이러한 상황이 발생하면 리더는 집단 구성원들의 문제해결을 돕기 위해 집단 전체의 욕구와 집단 구성원 개인의 명확한 욕구에 대해 코멘트할 수 있고 이는 그들이 스스로 문제를 해결할 수 있도록 돕는다.
- *개인과 지역사회의 목표 간 일치성을 잃는다.* 성적 학대를 가했던 사람들을 치료하는 일은 집단 구성원들의 필요를 존중하는 것과 지역사회의 필요를 충족하는 것 사이에서 균형을 이루는 것이다. 지역사회의 반대편에 집단 구성원을 두고 집단 구성원들을 가혹하고 처벌적인 방식으로 다루는 것은 어려운 일이 아니다. 어떻게 하면 집단 구성원들에게 해가 되지 않으면서 공동체에도 그러한 방식으로 집단 구성원들의 이익과 공동체의 이익을 같게 할 수 있는지에 대해서 집단 구성원들과 탐색하라. 집단 구성원들이 치료 초기부터 이에 동의하고 지역사회에 해가 되지 않으면서 지역사회의 일부로 살아가는 것에 초점을 둘 수 있다. 때로 집단 구성원들 내에서 표현되는 감정이 증폭될 수 있기 때문에, 이러한 초점은 특히 중요하다.

동기강화상담에 기초한 접근의 근거

역사적으로, 많은 전문가들은 상반되는 증거들에도 불구하고, 성폭력 행동에 적절하고 필요한 것은 강력한 직면 반응이라 생각되어 왔다(Matravers, 2003). 때때로 이것은 개인들이 순순히 따르지 않는다면 치료에서 배제시키겠다는 의미였다(Laws, 2003). 대신, MI를 사용하면 당신은 저항이 예상되는 때에 더 효과적으로 상담을 할 수 있다. 저항을 변화 과정의 자연스러운 부분으로 생각하면, 당신은 양가감정을 더 잘 이해하고 근본적으로 해결할 수 있다. 비록 이러한 사람들에게 초점을 둔 MI의 통제된 실험이 있는 것은 아니지만, MI는 재판을 받은 집단 구성원들을 대상으로 일하는 전문가들의 철학과도 일치한다(Walters, Clark, Gingerich, & Meltzer, 2007). 또한 일반적인 범죄행동을 다루는 데 있어서 성공적인 치료기법은 성폭력으로 상담을 받는 사람들과의 치료와 많은 측면에서 일치한다(Hanson, Bourgon, Helmus, & Hodgson, 2009).

결론

성폭력 행동에 대한 집단 치료는 집단 구성원들의 문제들에 대한 인내와 기술, 지식이 필요하다. 내담자들은 단기적인 법률적 요구사항에 따르는 것처럼 보이기를 원하거나 혹은 집단의 문화에 부합하는 장기적인 변화를 희망하며 치료에 임할 수 있다. 꼬리표 붙이기를 피하고 개인에게 초점을 맞춤으로써, 집단 MI는 개인에게 중요한 것과 가치들이 무엇인지 보여준다. 사람들은 반영에 기초한 안전하고 무비판적인 수용적 분위기에서 자신들의 문제들을 볼 수 있는 기회를 갖는다. 집단 구성원들이 사회적으로 더 책임감 있는 삶을 사는 방향으로 변한다는 점에서, 집단 MI 치료는 비폭력적인 생활방식이라는 가치의 전형적인 예가 된다. 그 가치는 위협 대신 협동정신, 의무 대신 안내, 스스로 선택하는 사람들의 권리를 지지하는 것이다. 그 결과, 내담자와 지역사회는 더 이상 피해자가 되지 않는다.

집단 MI 치료는 비폭력적인 생활방식이라는 가치의 전형적인 예가 된다. 그 가치는 위협 대신 협동정신, 의무 대신 안내, 스스로 선택하는 사람들의 권리를 지지하는 것이다.

참고문헌

Coffey, P. (2010). Public policy and juvenile sexual offending: What should we call the boy next door? In D. S. Prescott & R. E. Longo (Eds.), *Current applications: Strategies for working with sexually aggressive youth and youth with sexual behavior problems* (pp. 95–116). Holyoke, MA: NEARI Press.

Hanson, R. K., Bourgon, C., Helmus, L., & Hodgson, S. (2009). The principles of effective correctional treatment also apply to sex offenders: A meta-analysis. *Criminal Justice and Behavior, 36*, 865–891.

Hanson, R. K., & Bussiere, M. T. (1998). Predicting relapse: A meta-analysis of sexual offender recidivism studies, *Journal of Consulting and Clinical Psychology, 66*, 348–362.

Hanson, R. K., Gordon, A., Harris, A. J. R., Marques, J. K., Murphy, W., Quinsey, V. L., et al. (2002). First report of the collaborative outcome data project on the effectiveness of treatment for sex offenders. *Sexual Abuse: A Journal of Research and Treatment, 14*(2), 169–194.

Jennings, J. L., & Sawyer, S. (2003). Principles and techniques for maximizing the effectiveness of group therapy with sex offenders. *Sexual Abuse: A Journal of Research and Treatment, 15*(4), 251–268.

Kokish, R., Levenson, J. S., & Blasingame, G. D. (2004). Post-conviction sex offender polygraph examination: Client reported perceptions of utility and accuracy. *Sexual Abuse: A Journal of Research and Treatment, 17*, 211–221

Laws, D. R. (2003). Harm reduction and sexual offending: Is an intraparadigmatic shift possible? In T. Ward, D. R. Laws, & S. M. Hudson (Eds.), *Sexual deviance: Issues and controversies* (pp. 280–296). Thousand Oaks, CA: Sage.

Levenson, J. S., & Macgowan, M. J. (2004). Engagement, denial, and treatment progress among sex offenders in group therapy. *Sexual Abuse: A Journal of Research and Treatment, 16*, 49–63.

Levenson, J. S., & Prescott, D. S. (2009). Treatment experiences of civilly committed sex offenders: A consumer satisfaction survey. *Sexual Abuse: A Journal of Research and Treatment, 21*, 6–20.

Mann, R. E., Webster, S. D., Schofield, C., & Marshall, W. L. (2004). Approach versus avoidance goals in relapse prevention with sexual offenders. *Sexual Abuse: A Journal of Research and Treatment, 16*, 65–75.

Marshall, W. L. (2005). Therapist style in sexual offender treatment: Influence on indices of change. *Sexual Abuse: A Journal of Research and Treatment, 17*(2), 109–116.

Marshall, W. L., & Marshall, L. E. (2007). Preparatory programs for sexual offender treatment. In D. Prescott (Ed.), *Applying knowledge to practice: Challenges in the treatment and supervision of sexual abusers* (pp. 124–142). Oklahoma City: Wood'N'Barnes.

Matravers, A. (2003). Setting some boundaries: Rethinking responses to sex offenders. In A.

Matravers (Ed.), *Managing sex offenders in the community: Managing and reducing the risks* (pp. 1–28). Cullompton, UK: Willan.

McGrath, R. J., Cumsning, G. F., & Burchard, B. L. (2003). *Current practices and trends in sexual abuser management: The Safer Society 2002 Nationwide Survey.* Brandon, VT: Safer Society Foundation, Inc.

Reitzel, L. R., & Carbonell, J. L. (2006). The effectiveness of sexual offender treatment for juveniles as measured by recidivism: A meta-analysis. *Sexual Abuse: A Journal of Research and Treatment, 18,* 401–421.

Serran, G. A., & O'Brien, M. D. (2009). A treatment approach for sexual offenders in categorical denial. In D. S. Prescott (Ed.), *Building motivation to change in sexual offenders* (pp. 96–117). Brandon, VT: Safer Society Foundation, Inc.

Walters, S. T., Clark, M. D., Gingerich, R., & Meltzer, M. (2007, June). Motivating offenders to change: A guide for probation and parole. Washington, DC: U.S. Department of Justice National Institute of Corrections (NIC Accession Number 022253). Retrieved February 22, 2008, from *http://nicic.org/downloads/PDF/Library/022253.pdf.*

Ward, T., & Maruna, S. (2007). *Rehabilitation.* New York: Routledge.

제21장 청소년과 청년을 위한 집단 동기강화상담

Sarah W. Feldstein Ewing, Scott T. Walters, and John S. Baer

학생 중 절반이 무릎 위에 손을 올려놓고 초롱초롱한 눈으로 기대하며 앉아있다. 나머지 학생들은 고개를 젖히고 눈을 굴리며 팔짱을 끼고 있다.

"저는 제가 왜 여기 와 있는지 모르겠어요." 파코가 말한다.

"학생이 오늘 여기 와야 되는 이유가 무엇인지에 대해서 말해준 사람이 없었군요." 상담자가 온화하고 공감적인 톤으로 대답한다.

"아니요, 저는 그 이유를 알아요. 하지만 그건 제가 여기 올 이유가 되지 않아요."

"학생은 원하지 않는 어떤 것을 하도록 강제받았군요." 상담자는 진심으로 호기심 어린 태도로 말한다.

"네, 우리들에겐 항상 그래요." 마크가 말한다. "선생님은 이해 못할 거예요."

청소년들과 청년들이 치료를 받는 일은 매우 드물다. 때로 그들은 그들의 흥미 수준을 *무시한* 프로그램에 등록하고 참가한 것에 대해 양가감정을 느끼기도 한다. MI는 집단 작업을 수행하는 데 있어서 합리적인 전략을 제공한다. 집단에서 청소년들과 청년들은 자신들의 의견을 마음껏 그리고 안전하게 말할 수 있다. MI 접근은 이들의 생각(특히 머뭇거림에 대해)을 가치 있게 여기고 그것을 존중하고 적극적인 치료적 상호작용을 위한 중요한 기초로 여긴다.

"여러분 말이 맞아요." 리더는 학생들과 행동을 같이하며 말한다. "저는 여러분의 삶을 살아본 적이 없고 제가 여러분이 아니니까. 저는 이곳에 있는 것에 대한 여러분들의 감정을 충분히 이해합니다. 오늘 우리는 건강한 방식으로 삶을 살기 위한 행동들에 대해 이야기를 나눌 거예요. 그것이 무엇인지에 대해 말하기보다는, 여러분의 경험에 관해 이야기 나누고 싶어요. 왜냐하면 여러분 삶의 전문가는 바로 여러분이기 때문이에요. 자, 그럼 시작해 볼까요."

청소년과 청년, 그리고 동기강화상담

간단하면서도 효과적인 개입에 대한 필요에 의해 젊은이들에게 MI를 사용하는 것에 대한 관심이 증가하고 있다. 청소년들과 청년들은 성인과 중요한 차이가 있다. 성인을 위해 개발된 프로그램을 이들에게 통째로 적용할 수는 없다. 젊은이들과의 집단 MI에 대해 설명하기 전에, 발달적으로 중요하게 고려할 점들을 이야기하고 청소년들과 청년들에게 MI를 적용하기 좋은 이유에 대해 설명하겠다.

청소년들은 생물학적, 심리적, 사회적으로 의미 있는 변화가 있는 발달 단계에 있다. 청소년들은 급격한 성장을 하고 2차 성징과 고차원적인 사고 능력이 발달하여 성인의 사회적 행동들을 습득해 나간다. 그들은 논리적으로 생각하기 시작하며 타인의 관점에서 숙고하며 자신들의 미래와 관련된 복잡한 선택들을 어떻게 해나가는지에 대해 배우기 시작한다. 청소년기의 과업 중 하나는 부모와 분리된 자신의 정체감과 개인적인 자발성을 발달시키는 것이다. 이 기간 동안 또래집단과의 상호작용과 이들과 주고받는 영향이 증가한다. 대부분의 청소년들은 적응과 관련한 문제 없이 성인기로 넘어간다. 그러나, 건강한 개별화는 규칙을 시험해 보고 권한에 도전하는 것과 관련이 있다.

청소년기가 끝났다는 한 가지 표식은, 자립을 하고 성인 역할을 맡는 것이다. 위험 행동은 20대에 증가하기도 한다. Arnett(2000)은 약 18세에서 25세의 사람들에게, 이들보다 나이가 더 적거나 많은 사람들과는 인구학적이고 개인적이며 심리학적으로 차이가 있는 *성인 초기*라는 중간자적 발달 단계를 제안했다. 사랑과 일, 세계관이라는 측면에서 성인 초기 청년들이 하는 정체감 탐색 수준은 청소년보다는 높지만 성인 수준에는 미치지 못한다. 청년들은 학교 시스템에 더 오래 머물면서 결혼과 부모역할을 미루고 직업을 가지기 위한 일련의 교육과 확대된 전문적인 훈련을 받는다. 청년들은 위험 행동(약물 사용, 위험한 운전, 위험한 성 행동)을 벌임으로써 정체성과 역할을 탐색하기 때문에 건강학적으로 위험 요소들이 증가한다. 대부분의 청년들은 20대 중반에서 30대 사이에 자연스럽게 위험행동을 줄여 나간다. 효과적인 개입과 개입 프로그램들은 위험행동들이 가져오는 유해성을 감소시키고 위험행동을 하는 집단규준에서 벗어나도록 하는 전략을 강화한다는 점에서 특히 유익하다.

MI는 젊은이들의 양가감정을 탐색하고 자발적으로 결정하는 능력에 이르게 하며 자기효능감을 지지하고 증진시키며 변화에 대한 동기를 촉진시키는 데 유망한 접근법이다. MI의 유연성은 청소년들과 청년들이 집단 치료과정에 더 쉽게 참여하도록 만든다. 또래들에 대한 이들의 민감성은 집단 활동을 위험 요인들에 대한 예방과 개입 활동을 위한 강력한 전략으로 만든다.

청소년과 청년을 위한 집단 동기강화상담에서 임상적으로 고려할 사항

MI는 다른 접근법들과 구별되는 특징이 몇 가지 있는데, 규준 교육과 건강 정보 또는 심리교육 집단 등이 있다. 첫 번째 차이점은 집단의 핵심 목표이다. 정보나 지식을 전달하는 교육 기반 집단과는 다르게 집단 MI의 목표는 *최종적으로 행동 변화를 가져오는* 대화를 발생시키는 것이다. 집단 MI에서 행동 변화를 촉진하는 중요한 방식은 집단 구성원들의 변화대화를 이끌어 내고 강화하는 것이다. 당신의 목표는 "나는 음주량을 줄일 것이다." "나는 콘돔을 사용할 것이다." "나는 음주운전을 하지 않을 것이다."와 같은 진술을 이끌어 내는 것이다.

집단 MI의 두 번째 차이점은 집단의 리더에게 지침이 되는 결정규칙과 관련 있다. 젊은 층으로 구성된 모범적 집단이 안전한 환경에서 참가자들과 생각을 공유하려고 하는 반면, 집단 MI는 *집단 구성원들이 자신들의 행동 변화와 관련된 생각과 의도를 자발적으로 탐색할 기초가 될*, 안전하면서 비판받지 않는 분위기를 제공하려고 한다. 많은 젊은이들은 옳은 행동과 옳지 않은 행동이 무엇인지와 함께 해야 할 행동이 무엇인지에 대해 들어왔다. 그러나 그들은 의견을 피력하는 데 있어 방해를 받거나 교정을 받지 않는 안전한 환경에서 건강과 관련된 위험 행동을 탐색할 기회를 거의 갖지 못한다. 청소년들과 청년들은 자신이 왜 그런 행동을 하는지에 대한 관점을 설명할 수 있는 기회를 즐기는데, 이들은 자신의 이야기를 이해해 줄 사람들을 원하기 때문이다. 따라서 보다 전통적인 교육적 접근과는 대조적으로 우리는 집단 구성원들 스스로의 이야기로 집단을 시작하고 마무리하기 위해 노력한다. 특별히 우리는 어떤 경험들이 청소년들을 이 집단으로 이끌었는지 나누는 것으로 시작하며 여기에서 어느 곳으로 가기를 원하는지 나누는 것으로 마무리를 한다. 집단 MI의 목적은 위험행동에 관한 집단 구성원들의 생각을 알아내는 것이 아니라 그것을 탐색하고 변화시키는 것이다. 그러므로 우리는 규범적인 행동에 관한 어떤 정보를 제공하기보다는 변화대화를 이끌어 낸다는 분명한 목적을 가지고 MI 정신에 부합하는 방식으로 작업한다.

청소년과 청년을 위한 집단 동기강화상담의 구조와 과정

집단 MI는 다양한 맥락에 적합하다. 위험행동은 학교 직원과 의학 전문가 또는 청소년 형사사법제도의 관심을 받게 된다. 이러한 맥락 내에서 청소년들과 청년들은 의무적으로 참석하거나 혜택을 받은 대가(소송 비용과 수업료의 삭감)로 참석하거나 또는 전문가들의 추천에 의해 참석하게 된다. 이 장은 청소년들의 건강 위험행동에 초점을 맞추고 있지만 집단 MI가 목표로 하는 행동은 건강 위험행동에만 제한을 두지 않는다.

본서의 초반부에서 논의한 바와 같이, 개인 MI와 집단 MI는 대인관계 역동, 집단 구성원 간 다양한 경험과 욕구 그리고 여러 집단 구성원들에게 전략을 적용하는 리더에게 요구되는 필요를 포함하여 본질적으로 다른 몇 가지 요소가 있다. 한 가지 독특한 요소는 사회적 바람직성인데, 이로 인해 청소년들과 청년들은 진짜 자신의 생각과 행동에 대해 과장되게 이야기하거나 축소하여 이야기하며 그들이 혼자일 때와 다른 방식으로 집단에서 행동하는 경향이 있다. 게다가, 집단 맥락에서 발생하게 되는 말해야 한다는 사회적 압력(과 잠재적인 오해)으로 인해 집단 구성원들은 실제 또는 가상의 비판에 대해 스스로를 보호해야 한다는 욕구, 그리고 자신의 모습과 자신의 긍정적인(그리고 덜 긍정적인) 성취들을 밝혀야 한다는 욕구가 이끌어 나오게 된다.

우리는 6명에서 8명 정도의 소규모로 집단을 구성하기를 제안한다. 리더는 두 명이 있는 것이 좋다. 그리고 참가하는 청소년들의 나이대는 두 살 정도의 범위 내로 제한할 것을 권고한다(즉 14~16세, 16~18세). 청년들의 경우는 네 살 범위로 하는 것이 좋다(18~22세). 또한 동성으로 청소년 집단을 구성하는 것을 권한다. 이는 집단과 무관한 사회적 상호작용(연애나 작업 걸기 등)을 감소시키기 때문이다. 청년 집단은 성별 요인에 대해 좀 더 융통성을 둘 수 있다. 집단 환경에 따라 청소년 집단 MI의 기간은 짧을 수 있는데 때때로 한 회기만 진행하기도 한다. 긍정적인 상호작용을 격려하기 위해, 당신은 긍정적이고 무비판적인 분위기를 촉진하고 유지하는 데 목소리를 높여야 할 수도 있다.

집단의 장점과 효과성을 유지하라. 고위험 청소년들과 함께 집단 작업을 할 때 발생할 수 있는 부정적인 과정과 결과를 예방하기 위한 전략을 사용하라(Dishion, McCord, & Poulin, 1999). 첫째, 집단을 만드는 데 있어(그리고 집단 작업을 하는 동한 초점을 유지하는 데) 확실한 이유를 가져라. 둘째, 집단을 구성함에 있어 신중하라. 특별히 집단 구성원들이 비슷한 나이와 경험 수준을 갖는 것이 중요하다(동질의 여학생 집단이라면, 14세의 어린 여학생들과 18세 고위험군 여학생으로 구성하는 것보다는 비슷한 수준의 16세 여학생으로 구성하는 것이 더 낫다). 셋째, 집단 구성원들을, 궁극적으로는 친사회적으로 살기 희망하는 사회의 주요한 일원으로서 긍정적이고 능력이 뛰어난 사람으로 보라. 이러한 관점을 갖는 것은 자기충족적 예언을 성취한다. 성인들이 청소년들에 대해 뛰어난 긍정적 능력과 친사회적인 대인관계를 기대한다면 그들은 그 기대에 부응하게 된다(이와 유사하게, 부정적인 기대는 부정적인 집단으로부터 부정적인 행동을 유발하여 변화를 촉진하는 것보다 훨씬 더 많은 시간을 집단을 통제하는 데 쓰게 하는 경향이 있다). 넷째, 부정적인 상호작용이 발생하면 집단 MI 전략에 더하여 1) 학생들에게 명확한 집단 가이드라인을 알려주고, 2) 가까이에서 다시 집단 논의로 돌아갈 수 있도록 부드럽게 안내해 주며, 3) 학생들이 집단 작업을 지속하도록 도울 수 있는 이들을 초청하고, 4) 가끔씩 집단의 조화를 위해 집단 구성원들이 노력하고 있는지를 체크하는 것과 같은 보완 전략을 사용해야 한다. 고위험군 청소년들을 대상으로 하는 집단 MI는 작업을 하면서 어려움을 경험한 적은 없지만, 개인 MI는 집단 과정상에서 어려움을 겪는 이들에게 더 선호될 수 있는 방법이다.

많은 집단 MI의 목표는 현재 행동과 현재 또는 미래의 목표 간 불일치감을 발달시키는 것이다. 이러한 목표가 잘 달성되더라도, 청소년들과 청년들의 신념(예, 술을 마시면 차분해진다 또는 모두가 마리화나를 피운다 등)에 대해 질문하는 것은 저항을 불러일으킬 수 있음을 명심하라. 어려움을 느끼는 사람들은 신념을 유지하기 위해 변화에 대해 (큰소리로 하거나 조용히) 반대 의견을 낼 수 있다. 변화에 대한 저항과 함께 구르면서 집단 구성원들의 참여를 격려하고 논쟁에 개방적이기를 제안한다. 변화와 관련된 논쟁에 귀 기울이고, 선택적으로 강화하라.

청소년과 청년을 위한 동기강화상담 실행하기

청소년들 및 청년들과의 MI는 유쾌할 수 있다. 이들은 가설을 만들고 평가하는 새로운 기술을 가지고 다양한 관점으로 상황을 보는 데 능숙하다. 게다가, 이들은 주변 사람들의 행동을 잘 알고 있고 이를 자신의 행동과 비교한다. 이 두 영역에서의 고조된 관심은 이들을 다양한 MI 전략에 매우 적합하게 한다. 실제적인 사례를 위해, 우리는 건강 위험행동을 감소시키는 데 초점을 둔 청소년 집단 MI를 실례로 들어 설명하고자 한다. MI 개념은 몇 가지 단계를 통해 우리에게 안내를 제공한다. 관점을 탐색하고 현재 행동에 대해 의구심을 갖도록 탐구하며 변화의 이유를 탐색해 보고 스스로 바라는 변화를 이뤄낼 수 있는 능력을 지원하는 자기효능감을 촉진시키는데, 이를 통해 토의를 위한 안전하고 무비판적인 환경을 조장한다.

집단 관계 형성하기

청소년 MI는 집단의 초기에는 가벼운 마음으로 즐길 수 있는 분위기를 만들고 집단 구성원들이 자기개방을 시작하며 상호작용할 수 있도록 하며 안전한 환경을 조성하는 데 초점을 맞춘다.

집단 MI는 매우 다양한 이유로 만들어진다. 집단의 목적에 따라 시작은 다양할 것이다. 집단의 맥락과 한도를 명확하게 규정 짓는 것이 중요하다(즉, 집단에서 비밀이 보장될 것인가? 비밀보장 원칙이 위반되었다고 할 때는 언제인가? 집단 운영기간은 어떻게 정할 것인가?). 문제를 명료화하는 것은 안전하고 따뜻하며 편안한 분위기를 만드는 데 도움이 된다. 집단의 한도를 규정 지은 후, 우리는 집단 구성원들 스스로 집단 가이드라인을 만들도록 한다. 이것은 그들의 대화를 통해 얻을 수 있는데, 이는 더 민감한 주제로 가기 위한 몸풀기 작업이 된다. 또한 이는 집단에 대한 소속감과 통제감을 집단 구성원들에게 가져다준다. 그들의 생각과 노력을 명확히 하기 위해, 우리는 그들이 만들어 낸 규칙을 (칠판에) 써보고 표현하며 말해본다. 청소년 · 청년 집단 구성원들은 스스로 만든 가이드라인을 위반하는 것에 민감하기 때문에, 이러한 전략은 또한 부정적인 행동을 다루는 데 도움이 된다.

> "오늘 이 자리에 와줘서 고마워요. 저는 여러분이 여기 오는 것 대신에 해야 할 일이 많다는 것을 알고 있어요. 이 집단에서 우리는 위험행동에 대해 논의할 거예요. 우리는 음주와 마약 복용 그리고 위험한 성 행동에 관해 이야기 나눌 거예요. 이 집단은 개인적이고 비밀이 보장되므로, 여러분이 상처를 입었거나(자기 때문에 아니면 다른 누군가에 의해) 누군가에게 해를 끼치지 않는다면, 여러분의 부모님과 선생님 또는 어떤 누구라도 여러분이 한 말에 대해 이야기하지 않을 거예요. 비밀보장을 위해, 우리는 사람들이 여기서 나눈 이야기를 다른 누군가에게 이야기하기를 바라요. 이 자리를 떠나서 다른 사람들과 오늘 나눈 주제에 대해 이야기하는 것은 괜찮아요. 왜냐하면 이 주제들은 중요하고 우리는 여러분이 그 주제들에 대해 생각해 보기를 원하기 때문이에요. 하지만 그 말을 누가 했는지에 대해서 말해서는 안 돼요. 이는 콘돔을 어떻게 사용하는지 또는 술 마실 때 어떻게 자신을 안전하게 지키는지에 관해 친구들과 이야기할 수는 있지만 마크의 사적인 이야기에 관해서는 이야기를 나누어선 안 된다는 뜻이에요. 또한 집단이 안전하게 예의를 갖추며 목적의식이 있도록 하기 위해서 우리는 여기서 할 일과 하지 말아야 할 일에 대한 가이드라인이 필요해요. 오늘 우리가 만들어야 할 중요한 가이드라인은 무엇이라고 생각하시나요?

집단 구성원들에게 규칙에 대해 말로 하기보다는 그들에게서 이끌어 낸다. *이름 부르지 않기*, *끼어들지 않기*, *서로의 의견 존중하기*와 *모든 사람들에게 말할 기회 보장하기*와 같은 것들이 포함될 수 있다. 가이드라인에 관해 브레인스토밍을 할 때 집단 구성원들이 중요한 이슈들에 대해 생각하지 않는다면, 우리의 관심사를 제시하고 그것을 집단 구성원들과 나누기를 청한다.

> "여러분은 훌륭한 가이드라인을 만들어 냈어요. 아주 인상적이었어요. 우

리가 살펴볼 다른 가이드라인이 여기 있어요. 우리는 어느 누구의 경험이라도 비판하지 않을 거예요. 다른 가능한 가이드라인에는 무엇이 있을 수 있을까요?"

가이드라인이 만들어졌다면 집단 구성원들이 서로 알아가는 것이 중요한데, 특히 그들이 이전에 만난 적이 없다면 더욱 그렇다. 우리는 집단 구성원들에게 자기소개를 하고 자신에 관한 것들을 이야기하도록 하며 미래의 목표에 관해 말하도록 요청하며 집단을 시작한다. 이는 건강한 친사회적 행동을 발전시키는 데 기초가 되며, 자기효능감에 초점을 맞추는 긍정적인 집단 역동을 만들어 준다. 우리 중 한 명이 이를 시작함으로써 모델이 되는 것이 가장 쉬운 방법이다.

"안녕하세요? 저는 사라 박사예요. 저는 술 끊기가 어려운 청소년들과 청년들과 함께 상담을 해왔어요. 저에 대해 이야기하고 싶은 것은 제가 생각하는 것을 항상 말한다는 것이에요. 앞으로 제 목표는 여러분 나이 또래 친구들이 건강하게 살아갈 수 있도록 도움을 주는 프로그램을 만드는 거예요. 엔젤, 다음은 엔젤이 해보도록 할까요?"

청소년들이 자신에 대해 이야기하고 싶지 않다고 말할 때, 당신은 다음과 같이 반영해 줄 수 있다.

"여러분은 지금 당장 어떤 것을 내놓지는 못할 수도 있어요. 그와 동시에 여러분은 여기에 와있고 꽤 멋진 이 집단에 자발적으로 참여하고 있어요. 지금부터 시작해 보아요."

집단 구성원들이 목표를 만들어 내지 못하면 다음과 같이 반영해 줄 수 있다.

"여러분이 나아가야 할 방향을 알기란 쉬운 게 아니에요. 우리는 미래에 하고자 하는 일에 관해 이야기를 계속해서 나눌 거예요. 좋아요 파코, 일어나서 이야기를 들려주세요."

이 과정이 진행되면 우리는 이후 활동과 관련 있을 수 있는 집단 구성원들의 반응을 기록한다.

관점 탐색하기

집단 구성원들이 서로 어우러지게 되면, 다음 과업은 그들 나이 또래집단에서 위험행동의 경향과 사회적 규준에 대한 그들의 관점을 탐색해 보는 것이다. MI 관점에서 우리가 할 일은, 해야 할 행동에 대해 그들이 들어왔던 것에 대한 느낌 없이, 그 정보에 관해 생각해 보도록 하는 것이다. 저항을 불러일으키지 않으면서 위험행동 경향에 관한 집단 구성원들의 생각을 비교하기 위해, 우리는 직면하지 않으면서 부드럽고 신중한 방식으로 다른 청소년들의 행동을 탐색한다. 우리는 위험행동을 포함해 지역의 음주와 마리화나, 담배 사용 비율과 성적 위험행동의 비율을 탐색해 나가기 시작한다. 인구통계학적으로 대응되는 비교집단에 관한 정보를 제공하는 것이 중요하다. 미국의 청소년 건강위험행위 감시체계(Youth Risk Behavior Surveillance; www.cdc.gov/healthyyouth/yrbs/index.htm)는 비교자료를 얻을 수 있는 중요한 시스템이다. Chan, Neighbors, Gilson, Larilmer, Marlatt(2007)은 미국 대학생들의 음주 행동에 관한 자료를 보유하고 있다. 다른 나라의 경우, WHO에서 연령과 지역별 음주 관련 데이터를 만들어 내는 훌륭한 데이터베이스를 제공하고 있다(www.who.int/globalalatlas/dataquery/default.asp).

해야 할 행동에 대해 그들에게 말하지 않고, 그에 관해 생각해 보도록 하라.

다음으로, 우리는 얼마나 많은 사람들이 목표행동을 가지고 있는지에 대해 집단 구성원들이 추측하고 있는 바를 조사한다. 우리는 다음과 같이 이야기함으로써 이를 시작한다.

> "좋아요. 우리는 이 지역에서 여러분과 같은 친구들에게 일어나는 일과 여러분의 경험을 비교하는 데 관심이 있어요. 그럼, 여러분이 본 바에 의하면 여러분과 같은 16세 친구들이 지난 한 달 동안 술을 한 잔이라도 마신 날이 며칠이 될까요?"

또래집단의 위험행동에 관해 이들이 추측하는 바를 소리 내어 말해 보도록 하는 것은 위협적이지 않고 직면하지 않는 방식으로 대화를 오가게 한다. 젊은이들은 또래집단의 위험행동에 관해 논의할 때 유쾌하게 장난치듯 이야기하는 경향이 있고(특히 그들이 다른 사회적 집단이라면), 자신의 행동에 관해 스스로 이야기할 수 있는 것은 훌륭한 기초가 된다.

어떠한 반응도 없다면, 다음과 같이 이야기한다. "여러분은 여러분 또래의 학생들이 술을 얼마나 많이 마시는지 모르군요." 청소년들은 집단에 참여하는 것의 가치를 결정할 시간이 필요할 수 있다("내가 집단에 참여한다고 해도 친구들이 나를 여전히 좋아할까"). 그들에게 리더와 또래들에 대한 평가를 내릴 시간을 주는 것이 중요하다. 우리가 반영을 한 후에도 여전히 집단 구성원들의 반응이 없다면, 우리는 다른 방식으로 질문하거나 다음 행동으로 진행해 나갈 수 있다.

> "좋아요. 여러분 또래의 친구들이 지난 한 달 동안 마리화나를 피워본 날이 며칠이나 될까요? 담배는 얼마나 피울까요? 성관계 횟수는 얼마나 될까요?"

우리는 집단 구성원들이 추측해 보도록 하고 그들의 가정을 반영해 준다.

> "거의 모든 친구들이 매일 마리화나를 사용하고 있는 것 같네요. 좋아요! 다른 사람은? 더 많거나 적다고 생각하는 사람 있어요?"

관점 확대하기

집단의 환경을 확립하고 집단 구성원들의 현재 관점을 탐색한 후, 우리는 이들의 관점을 확대시키고 변화동기를 이끌어 내는 데 초점을 맞춘다. 우리는 세 가지 요소에 초점을 맞추기 위해 노력한다. (1) 의구심 갖게 하기 (2) 변화의 이유와 열망, 필요 탐색하기 (3) 변화에 대한 자기효능감 증가시키기. 집단 환경 내에서 이러한 변화는 미묘하게 일어나고 불필요한 저항이 발생되는 것을 예방하기 위한 것이므로, 우리는 그에 대해 관심을 돌리지 않는다.

의심 키우기

청소년들은 다양한 수준의 양가감정으로 집단에 참여했기 때문에, 우리는 그들의 생각과 불일치감을 부드럽게 점화시키기 위해서 의구심 키우기 활동을 사용할 수 있다. 예를 들어, 일단 우리가 또래들의 행동 패턴에 대한 추측을 하고 난 후, 설문 응답으로부터 나온 결과를 보여주는 포스터를 제시한다. 이후 집단과 함께 포스터에 제시된 결과가 우리의 추측과 어떻게 비교되는지 탐색할 수 있다.

> "여러분 중 몇 명은 모든 사람이 고등학교에 들어가기 전 적어도 한 번은 성관계 경험이 있을 것이라고 말했어요. 그리고 대부분은 최소한 5명과 관

계를 가졌다고 말했죠. 우리 자료에는, 이 지역 대부분의 학생들(10명 중 9명)이 14세 이전까지 성 경험이 없는 것으로 나타났어요. 고등학교를 졸업할 때까지, 5명 중 1명 미만이 4명 이상의 사람들과 관계를 가졌어요. 이에 대해 어떻게 생각하나요? 여러분에게도 해당하나요?"

자료에 대해 질문하거나 자료가 잘못됐다고 말하는 집단 구성원들이 있다. 청년들과의 집단 작업에서는, 설문조사의 특성들(규모, 수행 연도, 참조 집단 등)에 관해 설명해 주는 것이 적절할 수 있다. 그러나 우리는 집단과 논쟁을 벌이는 것을 피하고 대신 이를 불일치감을 반영하는 기회로 사용한다.

"이러한 자료가 여러분의 경험과 맞지 않군요. 정말 놀라워요." 또는 "알다시피 그들은 이 집단 구성원들과는 다르죠. 그에 대해 더 이야기해 주세요."

또한 우리는 이를 조금 덜 위험한 행동을 하는 집단 구성원들의 반응을 격려하는 기회로 사용하기도 한다.

"사람들은 다른 많은 경험을 갖고 있어요. 여러분은 이에 대해 어떻게 생각하나요?"

우리는 집단이 우리의 내담자라고 생각한다. 집단 상호작용은 어떤 개인을 배제한 채로 진행되어서는 안 된다. 예를 들어, 가장 위험한 행동을 하는 청소년들의 행동이나 양가감정을 탐색해 보려는 시간을 가지려 할 수 있다. 그러나 이는 무심코 고위험군 청소년과 그렇지 않은 청소년들을 나누어, 집단의 양극화를 초래할 수 있다. 또한 이는 집단 구성원들이 위험한 행동을 기술할수록 더 관심을 받는다는 메시지를 전해 줌으로써, 고위험 행동을 강화하는 것이 될 수 있다. 대신에 공유하기 원하는 청소년들의 경험과 양가감정을 간략하고 체계적으로 다루고 집단 구성원들의 양가감정을 *선택적으로* 요약해 주는 것이 중요하다.

"앨리사, 당신은 술 마시는 것이 정말 좋다고 말했지만 그것이 당신의 가족 중 누군가에게 문제가 됐다고 말했어요. 크리스티나, 당신은 술이 엄청 좋거나 그렇지는 않다고 생각하고 있고. 메리, 당신은 주변 사람들이 행동하는 것처럼 하는 것이 중요하다고 말했어요. 여러분 모두는 술과 관련하여 각기 다른 경험을 갖고 있어요. 사람들은 흥을 좋아하고, 그것은 다른 사람들과 어울리는 데 도움이 되며 때로 기분을 더 좋게 만들어요. 또한 여러분은 술에 관해 썩 좋지만은 않은 많은 점들에 대해 이야기했어요. 사람들은 상처를 받아왔고, 여러분이 학위를 따는 것을 더 힘들게 만들며 술로 인한 토사물은 역겹다고 이야기했어요. 잘 하셨습니다."

집단 전체가 우리의 *내담자*이기 때문에, 우리는 집단 내에서 집단 구성원들의 생각을 이끌어 내기 위해서도 노력한다. 단지 몇몇 집단 구성원들이 이야기를 하고 있다면, 우리는 질문을 할 때 그 외 다른 집단 구성원들을 응시하고 그들 옆에 서있거나 그들의 의견을 직접 물음으로써 격려한다. 물론, 목표는 집단 구성원들이 가진 생각이 틀렸다거나 그들이 위험행동 전부를 포기해야 한다는 것을 확신시키는 데 있지 않다. 우리의 목표는 다른 사람들이 하는 행동과 정상이라는 것이 무엇인지 그리고 선택이라는 것이 무엇인지에 대해 의구심과 호기심을 불러일으키는 것이다.

MI의 안내적 접근에 따라, 우리는 다음 활동으로 이행하기 전에 요약을 한다.

"좋아요. 여러분 중 절반은 매일 술을 마시는 학생들을 알고 있고 나머지 절반은 한 달에 한 번 정도만 술을 마시는 친구들을 알고 있어요. 그리고 이 지역의 평균은 그 가운데 어느 지점이겠죠. 마리화나를 보면, 여러분 중 절반은 꽤 자주 마리화나를 피우는 또래친구들을 알고 있고 나머지 절반은 피우지 않는 친구들이 있어요. 다시 한 번 평균적으로 보면, 여러분 또래 학생들 10명 중 3명은 규칙적으로 담배를 피우고, 이는 여러분 중 어떤 사람들이 보아온 수치보다는 적지만 여러분 중 또 다른 사람들이 보아온 수치보다는 많은 거예요. 여러분 중 대부분은 담배 피우는 친구가 있는 것 같아요. 이 지역에서 여러분 또래의 친구들 중 아주 많은 수가 그래요. 그리고 여러분 중 대부분은 성 경험이 있고 여러 명의 파트너를 가진 친구들이 있어요. 여러분 친구들의 술과 마리화나 경험은 대략 평균에 가깝고 흡연과 성 경험은 평균보다 훨씬 높아요. 내가 전부 맞게 이야기했나요? 그 밖에 더 추가할 이야기가 있을까요?"

변화 이유와 필요 탐색하기
("하지만 내 친구들은 전부 나보다 술을 많이 마셔요!")

우리는 집단 내에서 양가감정과 불일치감을 탐색하기 위해 비교자료를 사용한다. 집단 구성원들의 또래 친구들에 대한 경험을 요약하고 난 후, 집단 구성원들에게 또래 친구들의 행동과 자신의 행동을 어떻게 비교할 수 있는지를 질문한다.

> "이제 우리는 여러분이 알고 있는 사람들이 이 지역의 여러분과 비슷한 또래 친구들보다 담배를 더 많이 피운다는 것을 알게 되었어요. 여러분 친구들이 담배를 피우는 것은 여러분의 경험과 비교했을 때 어떠한가요?"

대답을 꺼리는 집단 구성원들이 있는데, 특히 형사법 체계 내에서 범행을 저지른 집단이라면 더욱 그렇다. 관심을 고양시키기 위해 우리는 집단 구성원들에게 집단 내에서의 반응은 비밀이 보장된다는 사실을 재인식시킨다. 많은 집단 구성원들이 자기보다는 자신의 친구들에 대해 언급하거나 또는 술을 매우 많이 마시지만 어떤 문제도 없었다고 말하며 양극단의 방식으로 반응한다.

일단 집단으로부터 반응을 이끌어 냈다면, 당신은 그것을 탐색해 나갈 수 있다.

> "와, 정말 여러분은 다양한 경험을 가지고 있군요. 여러분 중 일부는 여러분보다 여러분 친구들이 술을 더 많이 마신다고 느끼고 있고, 또 일부는 본인이 술과 관련된 아무런 문제도 없다고 느끼면서 그것이 큰 문제가 아니라고는 확신하지 않고 있어요. 어떤 것부터 다뤄보고 싶으세요?"

친구들이 자기보다 더 높은 수준에서 위험행동을 하는 청소년들과 집단 작업을 할 경우, 또래집단의 규준과 행동, 신념과 비교자료들을 탐색해 보는 것이 좋다.

> "여러분의 친구들은 주말마다 술을 마시고 있나 보군요. 그리고 그것은 학교 친구들이 하는 행동이고, 여러분 친구들은 어떻게 생각할까요?"

> "또래 친구들 중에서 누군가가 술을 마시지 않는다면 무슨 일이 일어날까요? 여러분이 마시지 않는다면 무슨 일이 일어날 것 같아요?"

우리는 진심 어리고 공감적인 태도로 집단 구성원들 모두의 관점을 탐색하고 행동에 따른 복잡한 영향에 대해 호기심을 갖는다. 다시 한 번 이 영역에 대해 집단 내에서 스스로 생각을 고안해 내도록 격려한다.

> "파코, 당신은 마리아가 술을 마시는 것에 대해 그녀의 친구들이 어떻게 생각할 거라고 보세요?"

집단이 부정적인 행동을 북돋아 준다면, 개입을 하거나 다음 주제로 넘어간다.

> "좋아요. 여러분의 친구들 중 꽤 많은 친구들이 술을 마시는군요. 술을 마시지 않는 친구들은 어때요? 술을 마시지 않는 이유가 뭘까요? 사람들이 술을 마실 때 일어나는 일에는 어떤 것이 있을까요?"

집단 MI의 단계를 설명할 때 특별히 우리는 다른 방식으로 대화를 시작하는데 사용하는 질문의 예를 준다. 그러나 반영을 통해 이러한 다른 주제들을 이끌어내고 그것에 집중하는 것이 더 좋다. 청소년 집단 MI에서 내용의 대부분은 집단에서 나온 견해나 리더들에 의한 반영이어야 한다.

그들의 비교적 짧은 위험행동 경험에서, 위험행동의 긍정적인 효과만 경험한 경우는 드문 경우가 아니다. 우리는 사람들이 약물을 사용하고 긍정적인 이유로 위험 행동에 개입한다고 가정한다. 이러한 행동들은 친구관계를 발전시키고 사회적 상황을 다루거나 새로운 관계를 맺을 때 동반될 수 있는 두려움을 해소하는데 도움이 될 수 있다. 따라서 우리는 청소년들과 작업을 할 때, 위험행동의 부정적인 측면을 탐색하기 전에 양가감정의 이러한 측면을 탐색하는 것이 중요하다고 믿는다.

> "좋아요. 잠시 방향을 바꿔보죠. 여러분 중 일부는 술을 마시면서 어떤 문제를 겪지 않았으며 문제가 무엇인지 보지 못하고 있어요. 사람들이 술을 너무 많이 마셨다는 것을 나타내는 징후가 무엇이라고 생각하세요?"

집단 구성원들이 생각해 내지 못하면, 개방적이고 진실한 태도로 잠재적인 부정적 결과를 반영하는 작업을 진행해 나간다.

청소년들이 성인들로부터 받은 메시지들은 양가감정의 또 다른 측면을 이해하는 데 도움이 될 수 있다.

> "여러분이 무분별한 성 행동을 할 때 어떠한 나쁜 일도 발생하지 않았어요.

> 성 문제로 인해 여러분 또는 여러분이 아는 누군가에게 무서운 일이 일어날 거라는 상상을 하기란 어려운 일이에요. 여러분의 부모님과 선생님, 의사선생님이 성 관계에 관해 말씀하시는 것에 대해 이야기를 해주세요. 왜 그분들은 그것을 걱정하실까요?"

부정적인 결과들이 발생하면, 우리는 이러한 부정적인 결과들이 미래의 목표들에 얼마나 부합하는지를 탐색한다. 참가자들이 이전에 언급했던 말을 끄집어내면서 다음과 같이 말할 수 있다.

> "좋아요. 성 문제로 인해 여러분 또는 여러분이 아는 누군가에게 무서운 일이 일어났던 적이 없었어요. 여러분의 어머니는, 학생은 성매개 감염병에 걸릴 수 있으며, 임신도 가능하다고 말씀을 하세요. 임신을 한다면 그것이 여러분의 삶과 계획에 어떤 영향을 미칠까요? 에이즈는 어떨 것 같아요?"

우리는 척도질문을 사용하기도 한다.

> "여러분의 파트너가 임신을 하지 않는다는 것이 여러분에게 얼마나 중요한가요? 더 낮은 점수가 아니라 ____를 선택한 이유는 무엇인가요?"

집단에서 각자가 공헌한 점을 선택하여 요약해 주는 것은, 집단 구성원들이 위험행동을 하는 이유를 반영하는 데 있어 중요하다. 우리는 우리가 놓친 부분이 있는지를 보기 위해 확인을 하며, 위험행동이 가져오는 부정적인 결과들에 대한 집단 구성원들의 생각을 요약하는 것으로 마무리짓는다. 우리는 집단 구성원들에게, 먼저 다른 주제들을 다루기보다는, 이 주제로 다시 돌아올 것임을 말해준다.

능력 탐색하기/자신감 증진하기

집단 MI의 행동 단계로 넘어가기 전에, 집단 구성원들의 자기효능감을 강화하는 것이 중요하다(LaChance, Feldstein Ewing, Bryan, & Hutchison, 2009). 이것은 집단 구성원들이 (1) 위험행동을 하지 않고 (2) 덜 위험한 행동을 하며 (3) 다른 행동을 하도록, 적극적으로 결정을 내릴 수 있게 격려하기 위한 것이다. 이는 집단 구성원들에게 어려운 일이고 또래집단 내에서 유행하는 행동들과 맞지 않는 것일 수 있다. 이러한 변화를 이루어 내도록 집단 구성원들을 격려하기 전에, 우리는 변화를 수행할 수 있는 능력에 대한 집단 구성원들의 자신감을 증진하고자 한다. 우리는 특히 젊은이들과의 집단 MI에서 세 가지 접근법이 유용하다는 점을 발견했다.

첫째, '성공한 청소년들의 특성에 관한 목록'이다(Feldstein & Gisberg, 2007). 이 활동은 다음과 같은 방식으로 시작할 수 있다.

> "에릭 박사님과 제가 종이 한 장씩을 나눠줄 거예요. 잠시 동안 생각한 후, 이 종이에 여러분을 묘사하는 단어들을 쓰고 둥글게 놔두세요."

집단 구성원들이 적절한 형용사들을 쓰고 나면, 각 단어들이 자신과 얼마나 맞는지에 대해 서로 이야기를 나누고 간단히 설명하게 한다. 집단 전체가 이해할 수 있도록 종이에 이 단어들을 쓰게 하는 것은 매우 강력한 힘을 발휘할 수 있다. 모든 집단 구성원들이 자신들에 대한 이야기를 공유하고 난 후, 우리는 집단의 강점을 반영해 줄 수 있다.

> "여러분은 매우 힘이 있는 집단이에요. 여러분은 '생동감' 있고 '정직'하며 '영리'해요. 여러분 대부분은 모두 전심전력을 다하고 있어요."

청소년들이 자신의 강점에 대해 생각하는 바를 말하는 경우가 드물긴 하지만, 그들의 또래친구들로부터 긍정적인 특성에 관해 듣는 일은 더 드물다. 그래서 우리는 다음 활동으로, 집단 구성원들의 긍정적인 특성에 관심을 기울여 강조하도록 한다. 다음과 같이 말함으로써 이 활동을 소개한다.

> "우리는 우리 자신에 관한 좋은 점들을 이야기했어요. 이제는 여러분의 집단 구성원들 중 누군가의 강점에 대해 말해 봅시다. 저는 오늘 집단을 시작할 때, 파코가 친구에 대해 정직하다고 말한 점부터 이야기할 거예요. 그것이 꽤 좋다고 생각해요. 또한 저는 파코가 정말로 어려운 문제에 관해 생각하기 힘들어하고 있다는 것도 알게 되었어요. 조쉬, 마크에 대해 칭찬할 만한 점을 저한테 이야기해 주세요."

변화에 성공한 이야기들을 이끌어 내면서, 세 번째 접근방법도 집단 맥락 내에서 강력한 힘을 발휘할 수 있다. 이 전략을 통해 집단 구성원들은 그들이 할 수 없을 것이라 생각했던 어떤 일을 할 수 있게 되었을 때를 묘사한다. 이는 말하는 사람에게 강력하게 작용하며, 집단 전체의 자기효능감을 증가시킨다. 다음과 같이 말함으로써 이 활동을 소개한다.

> "이제 우리는 우리가 원래부터 할 수 없을 것이라 생각했던 일을 할 수 있게 되었을 경우에 대해 생각해 볼 거예요. 잠시 생각하는 시간을 줄게요. 에릭 박사님부터 시작하고 나서, 돌아가면서 이야기를 나눠 봅시다."

누군가가 성공한 이야기를 말하지 못하면, 기준을 낮출 수 있다.

> "메리, 걱정하지 마세요. 이건 세상을 바꿀 만한 대단한 사건을 말하는 것이 아니에요. 단지 당신이 아침에 일어났을 때 할 수 있을 것이라 생각하지 못했던 일을 어떤 식으로도 해낸 그 순간에 관한 일이죠. 이제 크리스티나가 이야기해 보고 잠시 후에 다시 당신 차례가 될 거예요."

행동으로 옮기기

청소년들과 청년들과의 집단상담에서 고무적인 측면 중 하나는 그들이 변화에 대한 많은 잠재력을 가지고 있다는 점이다. 그들에게는 희망 찬 미래가 있다. 그들의 관점을 탐색하고 확대시키는 앞선 두 단계는 변화에 대한 사고의 기초를 만드는데, 이는 행동으로 옮겨가는 첫 번째 중요한 단계이다. 우리는 준비도 이상으로 압력을 가하지 않는 것에 주의를 기울이며, 이 단계에서 수행 변화로 이동할 준비가 된 집단 구성원들이 다음 단계로 가도록 촉진한다.

가상적인 변화와 변화계획

개인 MI에서, 집단 구성원 중 일부는 공식적인 변화계획을 만들 준비가 되어 있지 않을 수 있는데, 그들의 준비도 이상으로 압력을 가하지 않는 것이 중요하다. 그러나 그들이 어떠한 행동 변화를 원한다면 할 수 있을 것이라는 가상적인 생각을 하도록 만드는 것이 도움이 된다. 우리는 (집단 구성원들의 강점과 자기 삶의 전문성을 요약해 줌으로써) 집단 구성원들의 자기효능감을 촉진하고 가능한 옵션들에 관해 브레인스토밍하며, 현재 행동의 문제점을 재논의함으로써 이 접근법을 소개한다.

> "음주에 관해 이야기를 나누었을 때, 우리는 여러분 중 절반이 술을 자주

마시는 친구들이 있다는 점을 알게 되었어요. 또한 여러분은 술로 인해 지붕에서 떨어지거나 차 사고 같은 어떤 사고가 날 수 있다는 것은 알지만, 만약 술을 끊는다면 친구들이 여전히 친구로 남을지 모르겠다고 말했어요. 우리는 여러분이 영리하고 창의적이라는 것도 알고 있어요. 그리고 여러분은 이러한 점들이 학교에서 어떻게 발휘되는지에 대한 전문가들이에요. 여러분은 이러한 상황을 가장 잘 알고 있는 사람들이에요. 따라서 우리는 여러분이 함께 머리를 맞대고 상황을 다루는 방법에 대해 생각해 보고 그래서 술 때문에 친구들을 잃고 상처받지 않기를 바라요. 만약 여러분이 파티에 있다고 하고, 모든 친구들은 여러분이 술을 마시는 것을 기대하고 있지만 술을 마시지 않기로 선택한다면, 여러분은 무엇을 할 수 있을까요?"

이때 집단 구성원들은 유용한 아이디어를 생각해 낼 것이다. 우리는 집단 구성원들을 웃기게 하거나 말하게 하는 유머러스한 아이디어나 하지 말아야 할 행동에 대한 아이디어가 나오도록 격려해준다. 만약 집단 구성원들이 가능성에 대해 말하는 것을 어려워한다면, 아이디어를 준비해 놓는 것이 도움이 된다. 청소년들과 함께 피해를 감소시키는 집단상담을 할 때, 집단 구성원들이 어떠한 아이디어를 만들어 내지 못하면 우리는 논의할 주제로 세 가지를 준비해 놓는다. (1) *반 잔의 술이나 소다를 마시며*, 홍청망청 술을 마시지 않고 친구들과 함께 있는 방법 (2) *운전자를 지정하고 밤샘파티 계획을 세우는* 등 친구들과 어울리다가 무사히 집으로 돌아오는 방법 (3) *"보호자" 친구를 만들어* 성적인 위험성을 감소시키는 방법(특히 여학생들을 위한 방법이다).

> 유머러스한 아이디어나 집단 구성원들을 웃기려 하거나 말하게 할 때 하지 말아야 할 행동에 대한 아이디어가 나오도록 격려해준다.

집단 구성원들이 브레인스토밍을 통해 문제를 발견하게 되면, 우리는 3단계의 이끌어 내기-제공하기-이끌어 내기(elicit-provide-elicit) 방식을 통하여 논의를 더 촉진시킨다.

"자신의 안전을 지키고 건강을 유지하며 성 문제에 대해 결정 내릴 수 있는 방법에 대해 알고 있는 바가 있다면 이야기해 보세요. 그러면 여러분은 친구들과 함께 있으면서 술을 마실 때 여러분 스스로의 안전을 지킬 수 있는 방법이 얼마 없다는 사실을 알게 될 거예요. 여러분은 친구들 모임에 가지 않기로 결정할 수 있고 그러면 위험을 만나지 않게 되죠. 그리고 항상 콘돔을 가지고 다닐 수 있는데, 이건 좋은 아이디어에요. 저는 안전을 지킬 수 있는 다른 아이디어들을 가지고 있어요. 이에 대해 이야기 나눠봐도 될까요?"

제공하기 단계 동안 집단이 우리의 아이디어를 듣기 원하지 않는다면, 우리는 진실한 태도로 반영을 하며 이 활동을 마무리한다.

"여러분은 이런 상황들을 꽤 잘 다루고 있어서 지금 당장은 다른 아이디어들에 대해서 듣고 싶지 않은 거군요."

집단이 우리 생각을 듣기 원하면 계속 진행해 나간다.

"좋아요. 여러분이 좋아하는 그 학생이 거기에 있기 때문에 여러분은 친구들 모임에 가고 싶어하지만 아직은 성 관계를 하고 싶어 하지 않는군요. 그 친구들 모임이 성적으로 자유롭고 활동적이고 여러분이 원하는 것보다 더 나아가도록 부추긴다고 느낄 때 어려움이 있을 수 있어요. 세 가지 아이디어가 있어요. 첫째, 여러분은 여러분을 체크해 줄 친구를 지정할 수 있어요. 둘째, 파트너에게 오늘 밤에는 성 관계를 하고 싶지 않다고 분명히 말하는 거예요. 그리고 셋째는 음주량을 정해놓고 밤이 지나는 동안 여러분이 그렇게 할 수 있다는 생각을 분명히 하는 거예요."

그리고 나서 우리는 그들의 생각을 더 이끌어 낸다.

"이 의견들에 대해 어떻게 생각하세요? 여러분이 선택하는 것이고, 저는 무엇이 여러분에게 최선일 것이냐에 관심이 있어요."

집단 구성원들은 문제해결 기술을 계속해서 발전시키는데, 그들이 함께 문제해결 전략을 통해 작업하는 것은 가치 있는 일이다. 다음과 같은 단계가 포함된다. (1) 문제에 대해 정의 내리기 (2) 가능한 해결책 고안하기 (3) 가장 높은 세 가지 가능성 확인하기 (4) 각 선택지 평가하기 (5) 가능한 장애물들에 대한 해결방안 고안하기 (6) 새로운 정보를 가지고 가능성 업데이트하기 (7) 최종 전략 결정하기. 만들어 낸 전략들을 시도해 보고 가능한 장애물과 최종적인 전략을 결정하는 데 역할놀이가 도움이 되기도 한다. 이 활동은 다음과 같이 말하며 시작할 수 있다.

> "술 취한 친구들 모임을 떠나 집으로 돌아오는 세 가지 방법을 생각해 냈어요. 여러분은 부모님이나 형이나 언니에게 전화를 하거나 걸어서 집으로 돌아올 수 있어요. 이 세 가지 전략이 어떻게 발휘될 것인지를 이해하는 것은 그렇게 했을 때 일어날 가능성에 대해 충분히 생각해 보는 것을 통해 가능해요. 함께 생각해 봐요. 파코, 당신은 '형에게 전화하기' 전략을 이야기했어요. 마크가 당신이 되고 당신은 형이 돼 보는 거예요. 어떻게 되는지 한 번 볼까요? 당신 형은 여자친구와 함께 시간을 보내느라 바빠서 당신에게 오고 싶어하지 않을 수 있어요. 조쉬, 당신은 나이 많은 형제가 없어서 이 전략을 쓰기가 더 어렵다고 말했어요. 그리고 당신을 데리러 올 누군가에게 전화를 하겠다는 전략은 좋은 생각이에요. 이 전략을 더 잘 쓸 수 있으려면 어떻게 해야 할까요?"

이 활동의 마무리 시점에서 우리는 집단 구성원들의 아이디어를 칠판에 쓰고 이 전략들을 소리 내서 말하며 다시 검토해 본다.

청년과의 집단 동기강화상담: 추가 고려사항

우리는 일관성 있는 사례를 제공하기 위해 청소년들의 위험행동에 초점을 맞춰 왔지만, 청소년들과 청년들 간의 차이점을 생각해 보는 것이 중요하다. 음주는 인구통계학적 특성에 따라 차이가 있다. 나이 많은 집단은 더 확실하게 자리잡은(만성적이지는 않다고 할지라도) 알코올과 다른 위험행동을 가지고서 참여할 수 있지만, 더 어린 집단은 '실험자'들이 더 많이 포함돼 있을 수 있다. 연령과 발달 수준만큼 청년들은 더 많은 경험을 가지고 있고 이를 더 안정적으로 공유할 수 있다. 위험행동에 대한 동기 또한 차이가 있다. 청년들은 집을 떠나오거나 새로운 생활과 사회적 상황에서 마주치는 삶의 전환 상황을 다루기 위해 술을 마시고 약물을 사용할 수 있다. 그들은

> 청년들은 집을 떠나오거나 새로운 생활과 사회적 상황에서 마주치는 삶의 전환 상황을 다루기 위해 술을 마시고 약물을 사용할 수 있다.

위험행동을 하는 이유에 대해 잘 정리된 의견을 가지고 있기도 하다. 연령이 많은 집단의 경우 이미 약물사용에 대한 엇갈린 견해들을 가지고 있기 때문에 진지한 논의에 대해 참여하라는 독려를 덜 하는 것이 필요할 수 있다.

집단을 구성하고 논의하는 차원에서, 청소년과 청년이라는 두 연령대에는 아직 위험행동에 개입하지 않은 이들을 포함하여 다양한 참가자들이 포함된다. 일부 청년들은 자신들의 경험과 리더십 지위 때문에 더 지적으로 이야기할 수 있다. 이러한 자연스러운 여론 주도자들 중 한 명이 집단의 목표에 지지적이라면, 집단의 리더로서 우리가 해야 하는 진술을 이 사람이 하게 하는 것이 도움이 될 수 있다. 또한 청년들은 안전을 위한 더 복잡하고 정교한 전략을 만들어 낼 수도 있다.

Walters와 Baer(2006)는 특별히 청년들과의 집단상담에 대한 추가적인 안내를 위해 유용한 자원을 제시했다. 특히 본서 7장은 대학생 음주자들과의 1~3회기 MI를 기술하고 있는데, 여기에는 의제 설정하기, 음주에 대한 양가감정 불러일으키기, 개인과 집단 간 불일치감 발생시키기 등이 포함되어 있으며 문제해결 시나리오와 어려운 상황 다루기 등도 제시되어 있다.

동기강화상담에 대한 근거

많은 상담자들이 젊은 층과 집단 MI를 실행하지만 청소년에 대한 집단 MI 연구는 비교적 최신연구이다(D'Amico et al., 2011). MI는 청소년들에게 효과가 크다는 질적 평가를 받았고(Stern, Meredith, Gholson, Gore, & D'Amico, 2007), 다른 위험행동에 대한 개입법(개인과 웹 기반) 이상으로 대부분의 청소년들이 참여할 기회가 주어진다면 MI에 참여를 한다(O'Leary et al., 2002). 몇몇 파일럿 연구가 수행되었는데, 당뇨병 관리 문제를 다루기(Knight et al., 2003), 성적 위험행동을 감소시키기(Schmiege et al., 2009), 알코올 사용과 관련된 위험행동을 감소시키기(Bailey, Baker, Webster, & Lewin, 2004) 위해 집단 구성원들의 관점과 행동이 개선될 것이라는 희망을 가지고 MI를 사용했다.

음주와 관련해서는 청년들을 대상으로 한 연구가 더 많이 수행되었지만 연구결과는 일관되지 않았다. 어떤 연구들은 대학생 대상의 1회기 MI를 통해 과음자들의 음주량을 감소시켰다는 결과를 보여준 반면(LaBrie, Lamb, Pedersen, & Quinlan, 2006; LaBrie, Thompson, Hutching, Lac, & Buckley, 2007; LaChance et al., 2009), 다른 연구들에서는 그렇지 않았다(Walters, 2000; Walters, Bennett, & Miller, 2000; Walters, Ogle, & Martin, 2002). MI와 기술중심 전략을 조합한 집단에 참여한 과음자 학생 집단은 6주 후 음주량이 감소되었다(Baer et al., 1992). MI와 기술 요소들을 조합하여 자발적/비자발적 참여 학생들로 집단을 구성하고 통제집단과 비교했을 때 음주량이 감소했다(Baer et al., 1992). 결론적으로, 사회적 규준 교육과 결정 균형, 예상되는 어려움과 재발 방지에 초점을 둔 대학생 집단을 대상으로 한 MI는 전체적으로 음주량을 감소시켰다(Fromme & Corbin, 2004).

결론

집단 MI는 청소년들과 청년들을 위한 상담에서 기대되는 방안이다. 하지만 이 분야에서의 집단 MI는 이제 막 시작되었다. 집단의 구성, 콘텐츠 유형, 전달 체계와 특별히 관련 있는 집단 MI 참가자에 대한 향후 연구 결과들은 궁극적으로 집단 MI의 접근법 중 어떤 유형이 무슨 행동과 누구에게 더 효과적인지 결정을 내리는 데 도움이 될 것이다. 대부분의 집단상담 형태에서 같이 사용되는 양가감정 불러일으키기와 규준 비교, 기술 강화와 같은 집단활동에 대한 평가도 이루어져야 한다. 또한 다양한 집단 크기, 참가자 구성, 리더 전략에 대한 비교도 이루어져야 한다. 덧붙여, 집단 MI에서 변화의 메커니즘에 대한 연구는 집단의 작동 원인에 대해서도 밝혀내야 한다. 더 나아가, 자기효능감이 청년들과의 집단 MI 개입에서 행동 변화의 강력한 구성요소가 된다는 점이 밝혀졌다(LaChance et al., 2009). 결국 이러한 데이터는 집단 MI 개입법이 청소년들과 청년들에게 어떻게 효과적인지에 대한 기제를 설명하는 데 도움이 될 것이다. 이러한 데이터는 이 유망한 접근법을 통해 청소년 · 청년 문제행동 해결의 기초가 되어 이를 개선시키는 데 도움이 될 것이다.

참고문헌

Arnett, J. J. (2000). Emerging adulthood: A theory of development from the late teens through the twenties. *American Psychologist, 55*(5), 469–480.

Baer, J. S., Marlatt, G. A., Kivlahan, D. R., Fromme, K., Larimer, M. E., & Williams, E. (1992). An experimental test of three methods of alcohol risk reduction with young adults. *Journal of Consulting and Clinical Psychology, 60*(6), 974–979.

Bailey, K. A., Baker, A. L., Webster, R. A., & Lewin, T. J. (2004). Pilot randomized control trial of a brief alcohol intervention group for adolescents. *Drug and Alcohol Review, 23,* 157–166.

Chan, K. K., Neighbors, C., Gilson, M., Larilmer, M. E., & Marlatt, G. A. (2007). Epidemiological trends in drinking by age and gender: Providing normative feedback to adults. *Addictive Behaviors, 32*(5), 967–976.

D'Amico, E. J., Feldstein Ewing, S. W., Engle, B., Osilla, K. C., Hunter, S., & Bryan, A. (2011). Group Alcohol and Drug Treatment. In S. Naar-King & M. Suarez (Eds.), *Motivational interviewing with adolescents and young adults*(pp. 151–157). New York: Guilford Press.

Dishion, T. J., McCord, J., & Poulin, F. (1999). When interventions harm: Peer groups and problem behavior. *American Psychologist, 54*(9), 755–764.

Feldstein, S. W., & Ginsburg, J. I. D. (2007). Sex, drugs, and rock 'n' rolling with resistance: Motivational Interviewing in juvenile justice settings. In A. R. Roberts & D. W. Springer (Eds.), *Handbook of forensic mental health with victims and offenders: Assessment, treatment, and research* (pp. 247–271) New York: Thomas.

Fromme, K., & Corbin, W. (2004). Prevention of heavy drinking and associated negative consequences among mandated and voluntary college students. *Journal of Consulting and Clinical Psychology,* 72(6), 1038–1049.

Knight, K. M., Bundy, C., Morris, R., Higgs, J. F., Jameson, R. A., Unsworth P., et al. (2003). The effects of group motivational interviewing with externalizing conversations for adolescents with Type-I diabetes. *Psychology, Health, and Medicine, 8*(2), 149–157.

LaBrie, J. W., Lamb, T. F., Pedersen, E. R., & Quinlan, T. (2006). A group motivational interviewing intervention reduces drinking and alcohol-related conse quences in adjudicated college students. *Journal of College Student Development, 47*(3), 267–280.

LaBrie, J. W., Thompson, A. D., Hutching, K., Lac, A., & Buckley, K. (2007) A group motivational interviewing intervention reduces drinking and alcohol-related negative consequences in adjudicated college women. *Addictive Behaviors, 32*(11), 2549–2562.

LaChance, H., Feldstein Ewing, S. W., Bryan, A., & Hutchison, K. (2009). What makes group MET work? A randomized controlled trial of college student drinkers in mandated alcohol diversion. *Psychology of Addictive Behaviors, 23*(4), 598–612.

O'Leary, T. A., Brown, S. A., Colby, S. M., Cronce, J. M., D'Amico, E. J., Fader, J. S., et al. (2002). Treating adolescents together or individually? Issues in adolescent substance abuse intervention. *Alcoholism: Clinical and Experimental Research, 26*(6), 890–899.

Schmiege, S. J., Broaddus, M. R., Levin, M., & Bryan, A. D. (2009). Randomized trial of group interventions to reduce HIV/STD risk and to change theoretical mediators among detained adolescents. *Journal of Consulting and Clinical Psychology, 77*(1), 38–50.

Stern, S. A., Meredith, L. S., Gholson, J., Gore, P., & D'Amico, E. J. (2007). Project CHAT: A brief motivational substance abuse intervention for teens in primary care. *Journal of Substance Abuse Treatment, 32*(2), 153–165.

Walters, S. T. (2000). In praise of feedback: An effective intervention for college students who are heavy drinkers. *Journal of American College Health, 48*(5), 235–23 8.

Walters, S. T., & Baer, J. S. (2006). *Talking with college students about alcohol: Motivational strategies for reducing abuse.* New York: Guilford Press.

Walters, S. T., Bennett, M. E., & Miller, J. H. (2000). Reducing alcohol use in college students: A controlled trial of two brief interventions. *Journal of Drug Education, 30*(3), 361–372.

Walters, S. T., Ogle, R., & Martin, J. E. (2002). Perils and possibilities of groupbased MI. In W. R. Miller & S. Rollnick, *Motivational interviewing: Preparing people for change* (2nd ed., pp. 377–390). New York: Guilford Press.

찾아보기

ㅇ

ㅈ

ㅊ

[역자 소개]

신성만

한동대학교 상담심리학과 및 심리학 대학원 교수로 재직 중이다.

미국 위스콘신대학교에서 심리학 석사, 보스턴대학교에서 재활상담학 박사 학위를 받고 심리치료전문가로 일했으며, 하버드 의과대학 정신과 병원에서 연구했다. 현재는 정신재활분야와 중독관련분야에 집중하고 있으며 한국상담학회, 한국심리학회, 한국가족상담협회 등에서 활동 중이다. 한국중독상담학회 학회장이며 법무부 자문도 하고 있다. 저서 및 역서로는 [동기강화상담](공역, 시그마프레스, 2007), [실존치료](공역, 학지사, 2014), [중독상담](공역, 박학사, 2013) 등 다수가 있다. 연구 관심분야는 중독상담, 인터넷 중독, 정신재활, 실존치료, 동기와 정서, 호스피스 상담 등이다. 그 간의 중독분야 활동을 인정받아 2016년 국무총리 표창을 받았다.

권정옥

현재 대구에서 세인트(심리상담)연구소를 운영하고 있다.

미국 인디아나주립대학교 상담학석사, 세인트루이스대학교 상담과 가족치료학 박사 학위를 취득하였으며 한국상담학회 및 한국 중독상담학회 수련감독자로 활동하고 있다. 저서 및 역서로는 [동기강화상담](공역, 시그마프레스, 2006), [중독상담](공역, 박학사, 2013), [안구운동둔감화재처리법 EMDR](시그마프레스, 2011)이 있다. 가족치료 및 부부상담 전문가이며 특히 외상후스트레스장애 환자의 고통완화를 위해 미국에서 훈련받은 EMDR 치료를 적극적으로 활용하고 있다. 중독문제 해결에도 관심이 많아서 중독자 가족 및 중독자 개인의 치료에 많이 관여하고 있다.

김성재

서울대학교 간호대학 정신간호학 전공 교수이며 학장으로 재직 중이다.

서울대학교 간호대학을 졸업하고 동 대학원에서 정신간호학 석사 및 박사 학위를 받았으며, 중독관련분야의 실무와 전문가교육훈련, 간호실무를 이끄는 철학과 이론에 관심이 있다. 현재 한국정신간호학회 회장, 대한스트레스학회 부회장으로 활동 중이다. 저서 및 역서로는 [정신건강간호학](공역, 정담미디어, 2016), [간호실무에서의 동기강화상담](공역, 정담미디어, 2013), [중독상담](공역, 박학사, 2013) 등 다수가 있다.

유채영

충남대학교 사회복지학과 교수로 재직 중이다.

서울대학교 사회복지학과에서 학사, 석사, 박사 학위를 받고, 아동가정상담, 정신보건, 교정복지 분야에서 임상사회복지사로 활동했다. UCLA의 '알코올/약물 남용 연구 및 상담 기술' 자격을 취득한 후, 물질남용 상담 및 예방과 중독전문가 양성에 노력을 기울여 왔고, 한국중독전문가협회장을 역임했다. 또한 UCLA 의과대학의 '도박연구 프로그램'에서 연구를 수행했으며, 한국도박문제관리센터 이사장을 역임했다. 저서 및 역서로는 [중독재활총론](공저, 학지사, 2011), [중독전문가 윤리](공역, 학지사, 2010), [중독자를 치료로 이끄는 가족훈련접근](공역, 용의 숲, 2009) 등 다수가 있다. 관심분야는 중독, 가정폭력, 정신재활, 위기, 문화적응, 실천윤리 등으로 연구와 실천에 초점을 맞추고 있다.

이미형

인하대학교 간호학과 정신간호학 교수와 인하중독연구소장으로 재직 중이다.

가톨릭대학교에서 학사, 정신간호학 석사, 박사 학위를 받고, 한국정신간호학회 회장, 중독전문가협회 회장, 한국치료공동체 회장을 역임했다. 1993년에 우리나라 지역사회에서 알코올중독자 재활사업을 처음으로 시작했고, 2000년도에 국가 시범사업을 시작한 것이 현재 중독관리통합지원센터 모태가 되었다. 현재 인하중독연구소에서는 '수원시와 연수구 중독관리통합지원센터', 알코올중독자 이용시설인 '경기다사모'와 '연수새누리' 사회복귀시설, 그리고 알코올중독자 주거시설 '리앤리', 공동가정시설 '해피 하우스'와 도박중독관련 '문제도박관리센터-인천센터'를 운영하고 있다. 저서로 [중독전문가를 위한 치료공동체 훈련]과 [중독자 재활을 위한 치료공동체 적용], [인간관계론 및 실습] 및 [정신건강간호학] 등이 있다.

최승애

포항공과대학교 상담교수로 재직 중이며, 최승애심리상담센터 소장이다.

이화여자대학교 영어영문학과를 졸업하고, 서울대학교 대학원 심리학과에서 상담심리 석사 학위, 계명대학교 대학원 교육학과에서 상담심리교육 박사 학위를 받았다. 한국상담심리학회, 한국상담학회, 사티어 부부 · 가족치료학회 등에서 수련감독으로 활동 중이며, 집단상담, 가족상담, 중독상담 등 다양한 영역의 상담실제에 관심을 두고 있다. 저서로는 [상담사례공부하기](박영사, 2007), [노인상담의 실제](법문사, 2012), [노인심리상담연습](법문사, 2014), [집단상담 이론과 실제](법문사, 2015)가 있다.

집단 동기강화상담
Motivational Interviewing in Groups

발 행 일 | 2016년 7월 29일 초판 1쇄 발행
엮 은 이 | Christopher C. Wagner, Karen S. Ingersoll
옮 긴 이 | 신성만, 권정옥, 김성재, 유채영, 이미형, 최승애
발 행 인 | 구본하
발 행 처 | 도서출판 박학사
주 소 | 서울시 마포구 월드컵북로5길 33 동아빌딩 2층
전 화 | (02)3142-3764~5
팩 스 | (02)3142-3766
웹사이트 | www.pakhaksa.co.kr
등록번호 | 제10-2230호

정가 28,000원 ISBN 978-89-98521-44-8